新文科建设教材
市场营销系列

CONSUMER BEHAVIOR

消费者行为学
数智视角

王海忠　江红艳◎主编

清华大学出版社
北京

本书封面贴有清华大学出版社防伪标签，无标签者不得销售。
版权所有，侵权必究。举报：010-62782989，beiqinquan@tup.tsinghua.edu.cn

图书在版编目（CIP）数据

消费者行为学：数智视角 / 王海忠，江红艳主编.
北京：清华大学出版社，2025.2. -- (新文科建设教材).
ISBN 978-7-302-68115-1

Ⅰ. F713.55

中国国家版本馆 CIP 数据核字第 20250HL915 号

责任编辑：吴　雷
封面设计：李召霞
责任校对：宋玉莲
责任印制：刘　菲
出版发行：清华大学出版社
　　　　　网　　址：https://www.tup.com.cn，https://www.wqxuetang.com
　　　　　地　　址：北京清华大学学研大厦 A 座　　邮　　编：100084
　　　　　社 总 机：010-83470000　　邮　　购：010-62786544
　　　　　投稿与读者服务：010-62776969，c-service@tup.tsinghua.edu.cn
　　　　　质 量 反 馈：010-62772015，zhiliang@tup.tsinghua.edu.cn
　　　　　课 件 下 载：https://www.tup.com.cn，010-83470332
印 装 者：大厂回族自治县彩虹印刷有限公司
经　　销：全国新华书店
开　　本：185mm×260mm　　印　张：32.5　　字　数：741 千字
版　　次：2025 年 2 月第 1 版　　印　次：2025 年 2 月第 1 次印刷
定　　价：88.00 元

产品编号：096589-01

作 者 简 介

　　王海忠，中山大学二级教授、市场营销学科带头人、品牌战略与国际企业研究中心主任、博士生导师、国家级一流本科课程负责人。国家自然科学基金项目的会议评审专家。担任粤港澳高校市场营销研究联盟创始理事长；亚太营销国际学术会议（Asia Pacific Marketing Academy Annual Conference，APMA）创始理事长；中国高校市场学研究会副会长；中国管理现代化研究会营销管理专委会副主任；中国《营销科学学报》联合主编（2016—2023）、学术委员会副主任等学术职务。兼任国家市场监管总局品牌建设专家、"品牌管理"主讲教授；国家工信部"工业企业品牌培育专家委员会"成员。他在品牌管理、消费者行为领域的研究成果发表于全球顶尖期刊 Journal of Marketing（UTD，美国市场营销学会 AMA 会刊）、Journal of Consumer Psychology（FT，美国消费者心理学会 SCP 会刊），以及《管理世界》《管理科学学报》《心理学报》等国内权威期刊。主持国家自然科学基金市场营销学科第一个重点项目群项目（2019—2023），主持教育部市场营销学科第一个重大课题攻关项目（2009—2011）等重点重大项目。主持的本科生和博士生教育层次的教学成果分别获得特等奖、一等奖等荣誉或奖励。主编的全国通用系列教材包括：《品牌管理》《高级品牌管理》《消费者行为学：数智视角》。《品牌管理》教材（清华大学出版社 2021 年第二版）获中山大学党委组织部 2022 年 9 月推选，参加中央相关部门组织的第六届全国党员教育培训教材展示交流活动。他与美国达特茅斯学院市场营销教授、国际权威学者凯文·凯勒合作，首次将《战略品牌管理》改写为中国版。他在自主品牌战略、"中国制造"品牌战略等方面的观点与建议，被中央有关部门的刊物综合采用，供中央领导参阅；相关理论观点被《人民日报》、新华社、中央广播电视总台等权威媒体引用或转载。

　　获市场营销学博士学位；清华大学博士后。美国密歇根大学 Ross 商学院访问学者；美国哈佛商学院案例教学研修班（PCMPCL）结业。他在市场营销与品牌管理领域的学术研究成果具有国际影响力。兼任美国华盛顿大学、新西兰奥克兰大学等名校的客座教授/研究员。多次受邀到澳大利亚西澳大学、新西兰奥克兰大学等世界名校作学术讲座。为美国 Google（中国）、日本永旺（中国）、中国银行（总行）、招商银行（总行）、美的集团（总部）、广药集团（总部）等全球财富 500 强企业提供品牌营销咨询与培训服务。

前 言

敏锐消费洞察，造就卓越营销

本教材在借鉴国际经典权威知识体系的基础上，创新性融入数智时代前沿理论和案例，致力于实现国际精品教材目标定位，为培养创新型、复合型、高阶型管理专业人才作出积极贡献。

一、消费者行为学——现代营销的基石

观察人们的日常消费并将其用之于生意中，古已有之。但"消费者行为学"作为一门科学，却始于一个世纪前，它与现代市场营销相伴而生。这里分享一个消费洞察实现营销突围的故事。20世纪40年代末，雀巢公司首次把速溶咖啡引进美国市场时，自以为这种新式饮料比传统现磨咖啡更方便，花费也更少，顾客定会喜欢和购买。但结果事与愿违，公司花重金大做广告，速溶咖啡销量却毫无起色。为找出症结，公司请心理学家Mason Haire来解惑。Haire并没有采用直接询问消费者对雀巢速溶咖啡的看法的传统调查法，因为消费者并不总是真实表明自己的态度。相反，Haire指导雀巢经理人制作了两份虚拟购物单，它们各包含七项商品，其中六项完全相同，只有咖啡不同——A主妇的购物单上是速溶咖啡，B主妇的购物单上是咖啡豆。Haire让前来参加座谈会的人们谈谈对购物单上A和B两位主妇的看法。这些参会者纷纷评头论足，他们把A主妇描述成"凑合的""懒""不顾家的"；而把B主妇描述成"勤快能干""明晓事理""热爱家庭"。心理学家Haire让消费者评论他人（第三者）的行为洞察方法叫"心理投射技术"，这种方法更易探测消费者的真实态度。此时，雀巢经理们恍然大悟：原来速溶咖啡在消费者心目中存在负面形象但又不愿意直白说出来。于是雀巢迅速调整了广告，重点宣传速溶咖啡能让丈夫、孩子有从容时间应对工作、学习，能让女主人腾出更多时间从事更重要的家务。就这样，雀巢速溶咖啡购买者转而成为体贴丈夫、关心孩子的积极画像。消费洞察让雀巢速溶咖啡扭转败局。不久，雀巢速溶咖啡将美国市场打造为全球最大的海外市场。

"消费者行为学"课程是市场营销、工商管理、管理科学与工程专业，乃至整个经济管理类学科相关专业培养学生综合素养与能力的基础课，也是企业经营管理者创造卓越营销的必修课，更是每个人明智消费的应修课。

二、本教材主体知识框架体系——"消费者行为五片花瓣"

本教材致力于构建国际前沿、权威、系统的消费者行为学知识框架体系。消费者行为学应围绕影响消费者行为的主要因素构建知识体系。本书兼顾内部与外部、宏观与微观等维度，将影响消费者行为的因素划分为五大类：个体心理、社会文化、行为决

策、行为结果、公共消费行为与政策。五大因素对消费者行为的影响，以及五大因素相互之间的关系，共同构成本教材的主体知识框架。本书将消费者行为学的主体知识框架形象概括为"消费者行为五片花瓣"（见图1）。从图1可知，"五片花瓣"由中心向外围展开，寓意本教材主体知识框架以"消费者行为"为核心，它是消费者行为学的研究对象或客体。"五片花瓣"外围由圆环与箭头连接，表明影响消费者行为的内部与外部、微观与宏观维度的各因素之间相互关联、共同作用的特征。基于"消费者行为五片花瓣"主体知识框架，本书将"消费者行为学"形容为"消费者行为学之花"，寓意"消费者行为学"是市场营销学科繁荣兴盛的种子，它在市场营销学科中占基础性地位。学者们的教学与研究则为种子的茁壮成长供给源源不断的养分。全书主体内容包括六篇十三章。

第一篇由第一章"导论"构成。该章讲解消费者行为内涵以及学科属性、历史演进，展望数智时代消费者行为学的发展方向，从文化和技术情境两种视角提出建设有中国特色的消费者行为学的努力方向。这些内容体现了一本主流教材所具有的厚重感、权威性、创新性特质。以下对本书"消费者行为五片花瓣"主体知识框架作一鸟瞰。

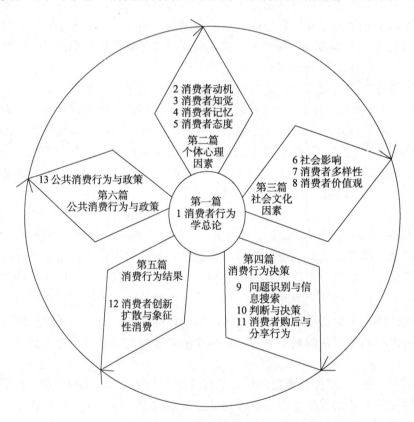

图1 "消费者行为五片花瓣"主体知识框架

1. 个体心理因素——消费者行为五片花瓣之一

个体心理是消费者行为的内在动力，是消费者行为的起点。第二篇聚焦消费者个体心理因素，它由四章构成。第二章"消费者动机"讲解动机及其成因、动机转化为行为的影响因素，其知识体系概括为"MAO"（motivation, ability, opportunity 的简称）。"MAO 框架"仍然适用于洞察人工智能时代的数字信息消费。社媒信息分为两类。一类是优性信息，它向用户提供具有长期知识收益的信息。《福布斯》个人理财知识就属于优性信息，它不会逗人乐，但会让人明白长期财务稳健的重要性。另一类是劣性信息，它向用户提供即时满足感信息，让用户及时行乐，如八卦趣闻等。人们应该早上还是晚上浏览八卦趣闻呢？有学者在消费者行为学顶尖期刊 *Journal of Consumer Research* 上发表论文，发现人们的自我控制力从早到晚逐渐趋弱，提出人们早上更应接受优性信息，而晚上接受优性信息的能力显著降低。可见，"MAO 框架"对人工智能时代人们消费社媒信息具有指导意义。第三章"消费者知觉"讲解消费者在接触和处理产品信息过程中经历的信息暴露、注意、知觉、理解等过程。第四章"消费者记忆"讲解消费者记忆的形成、提取，以及知识对记忆变化的影响。第五章讲解"消费者态度"。其中态度有正面、中立、负面之分，负面态度对消费行为的预测力更强；态度中立群体往往是品牌营销策略争取的目标群体。

2. 社会文化因素——消费者行为五片花瓣之二

第三篇关注社会文化因素对消费行为的影响，包括三章内容。第六章"社会影响"讲解影响消费行为的个人、群体、媒介等因素及其影响渠道和方式。第七章"消费者多样性"讲解个体在世代、经济地理区域、性别、社会阶层、家庭等方面的差异及其对消费行为的影响。第八章"消费者价值观"讲解消费者价值观、人格特征、生活方式等对消费行为的影响。社会文化因素助力品牌提高营销策略的针对性。钉钉办公软件被教育部指名为首批教育应用后，2020 年 2 月 5 日上线当天下载量就超过微信，但网上口碑直线下降，应用商店里评分一度低至 1.3 分。阿里巴巴从学生群体诙谐评论里敏锐觉察到一星差评的诱因是学生们得了"假期综合征"，刷一星发泄不满。顺着这种心理，钉钉团队在微博、B 站的官方账号发布自黑视频《钉钉本钉，在线求饶》："我知道，你们只是不爱上课，但别伤害我，拜托、拜托"；"不要再打一星了，不然我只能自刷……"文字、视频诙谐，结果仅用 3 天就成功疏导负面情绪，还涨粉 10 万。钉钉正是觉察到青年学生的心理，以他们喜欢的方式与他们互动，扭转了负面口碑，提升了品牌声誉。

3. 消费者行为决策——消费者行为五片花瓣之三

个体心理因素和社会文化因素共同影响消费行为决策。第四篇"消费者行为决策"分为三章。第九章"问题识别与信息搜索"讲解消费者何时以及如何意识到消费需求并进行信息搜索。第十章"判断与决策"讲解高努力与低努力条件下，消费者认知与情感对决策的相对影响力。第十一章"消费者购后与分享行为"讲解消费者购后心理行为，重点突出消费者消费体验的社交分享。数字超链接时代，消费者分享成为品牌的创新营销策略。年轻人第一口茅台要花多少钱？2023 年 9 月 4 日，瑞幸咖啡在全国门店上线与茅台的联名产品"酱香拿铁"，每杯白酒咖啡官方零售价为 38 元，使用优惠券后只需 19 元。发布首日，"酱香拿铁"刷屏朋友圈，引发购买狂潮，单品首日销量突破 542 万杯，销售额突破 1 亿元。

4. 消费者行为结果——消费者行为五片花瓣之四

第五篇"消费者行为结果",包括第十二章"消费者创新采用与共创"。它讲解影响消费者新产品采用、扩散、共创的运行规律。传音手机占整个非洲市场近一半的份额,被业界誉为"非洲手机之王",全球销量排名第四。传音的秘诀在于敏锐洞察非洲消费者需求,实现兼容性创新。例如,传音开发的"智能美黑"深肤色影像引擎技术让非洲消费者拍出了满意的自拍照,俘获了非洲用户的心。

5. 公共消费行为与政策——消费者行为五片花瓣之五

本书创新性将公共消费行为与政策纳入消费者行为学主体知识框架。第六篇包括第十三章"公共消费行为与政策"。规模适度、运行高效的公共消费能提高人们的生活福利。新加坡 1950 年代末建国时存在严重"房荒"问题,今天为何能成为解决国民住房问题的"全球典范"?因为新加坡政府公屋计划将住房纳入公共消费,让年轻人只需交不高的费用,就能买到政府分配的房屋,成功实现了"居者有其屋"的理想。该章还讲解了保护消费者权益的政策,包括新兴的消费者数据隐私权益保护等。

综上,"消费者行为五片花瓣"知识框架体系使本教材主体内容具有全面、系统、前沿、权威等特色优势,有利于实现消费者行为学国际精品教材的目标定位。

三、本书的国际知识创新

为适应人工智能时代对消费者行为学教育教学的需要,本书从四方面实现国际知识创新。

第一,新视角。全书各章均包括数智新视角的消费者行为学理论知识与案例实践,引导读者以新视角学习领会数智消费者行为。一方面,数智新视角已融入全书各篇章字里行间。例如,第一章第一节将虚拟消费纳入消费者行为范畴。以腾讯 QQ 虚拟亲子乐园里 AI 主为 AI 崽崽的花销为例,指出新型数字虚拟消费中消费者以数字化身(avatar)进行消费活动,数字化身就是个体在数字空间的延伸自我(extended self)。另一方面,数智新视角也体现在全书的主体知识框架。例如,第一章第二节讲解"消费者行为学数字新时代"、第三节讲解"中国技术情境的消费者行为学研究"……这些专题内容有助于读者领会数智时代消费者行为学的发展方向。

第二,新理论。本书将数智时代消费者行为学前沿理论纳入主体知识框架,每章均设置"前沿研究"专栏,系统梳理数智消费者行为最新权威成果。全书涉及的前沿主题包括但不限于:消费者数字自我(含数字化身、虚拟试衣、网红营销等);数字信息消费(含消费时间偏好、内容偏好、游戏消费传染、App 生命周期消费决策等);消费者 AI 体验(含算法厌恶、身份与自动化抑制、独特性忽略与医疗 AI 抵制等)……这些数智消费行为前沿成果发表于全球顶尖期刊。本书在国际上率先将数智前沿成果吸收到主体知识框架,彰显了教材内容的创新性、前沿性、权威性等特色优势。

第三,新案例。本书包括了中国市场上消费者数智洞察的系列品牌案例。每章设置"开篇案例",围绕该章主旨解析消费者洞察与营销创新的最佳实践案例,它们既包括数智技术领域的一流品牌(如华为手机、小红书、微信等),又包括成功数智营销突围的国民老品牌(如大白兔奶糖、百雀羚等)。每章的"洞察案例"专栏,针对特定主题,画龙点睛式分析品牌的数智洞察经验。它们既包括中国新锐品牌（如泡泡玛特、瑞幸等），又包括国际经典名牌（如麦当劳、雅诗兰黛等）。数智洞察新案例强化了本书时代感和实践性。

第四，新格局。本教材将市场营销的地理疆界界定为全球。中国已拥有相当数量的世界一流规模企业，不少企业已在海外市场开展自主品牌营销。这就呼吁主流教材要拓宽人们对市场的地理边界认知格局。全书字里行间传递出洞察不同文化消费行为的意识和方法，除了探讨中国、美国等超大规模市场的消费行为，还提到了法国、澳大利亚、新西兰、新加坡、日本、土耳其、印度等国家，以及非洲市场的消费行为洞察与营销创新。我们期望本书有助于拓宽读者对市场地理疆界的认知格局。

四、高品质教学资源

本教材教学资源具有实用、易用、好用等特点，旨在推动消费者行为学的国际高质量教育教学。

第一，教学大纲。教学大纲重点讲解课程的教学进度、教学方式，以及平时测验、期末考试、学期总评等内容。本教材旨在实现国家级一流本科课程高阶性、创新性、挑战度等教学目标。

第二，教学讲义。本教材制作了完整的PPT教学讲义，每章PPT讲义内容包括开篇案例、正文、前沿研究、洞察案例等。每版教材均会更新PPT教学讲义，读者可与清华大学出版社联系获取最新版本。

第三，课后练习与实践。全书为各章配备了三类课后练习与实践演练题。一是"即测即练"。"即测即练"试题以客观题型为主，方便学生自测该章知识掌握程度。任课教师可灵活多样使用本书"即测即练"试题，如每章内容讲解完之后选用"单项选择题"，让学生通过手机端高效便捷地完成自测。二是"实践应用题"。"实践应用题"要求读者运用该章理论知识点分析"开篇案例"，针对问题寻找解决方案，推动实践创新。任课教师可组织学生对"实践应用题"采用小组讨论方式，每个成员都能从小组讨论的头脑风暴中受益。三是"本章讨论题"。"本章讨论题"针对核心知识点，能引导读者重温该章知识，提升知识应用能力。

第四，试题库。本教材开发设计了覆盖各章知识点的多套期末考试试卷，形成试题库。它旨在检测学生对全书重要知识点的掌握与应用创新能力。试题库试卷题型全面，兼顾客观题（如单项选择题、多项选择题、填空题等）和主观题（如简答题、案例分析题等）。任课教师可直接沿用试卷，也可根据本校情况调整试卷题型及其结构。

第五，讲座资源。教材主编每年会多次受邀，围绕教材教学、学术研究、学科建设等主题进行讲座，已有相关讲座视频公开发布，欢迎本教材师生观看参考。同时，教材主编也期待未来能在讲座现场与使用本教材的师生面对面交流，分享相关心得体会。欢迎读者来信交流讨论消费行为与市场营销问题。

五、致谢

首先，我要感谢教材第二主编江红艳教授的合作。江红艳教授目前任教于中国矿业大学经济管理学院，担任副院长、工商管理一级学科负责人。她本科和硕士攻读心理学专业，博士期间进入市场营销学领域，具有心理学和市场营销学交叉学科背景。这使她很适合撰写消费者行为学教材。近年来，她以第一（或通讯）作者身份在国际权威期刊 Annals of Tourism Research、Marketing Letters，以及国内权威期刊《心理学报》等发表系列高质量研究成果。感谢她组织管理团队卓有成效地推动撰写工作。在教材撰写工作中，本人负责确定教材定位、目标、特色等总体方向，设计全书主体知识框架体系，规划推动整个撰写出版进程，最后进行教材统稿、修改、定稿。在此要感谢协助本教材编写工作的多位青年学者，他们参与了本书资料收集工作，对教材顺利出版作出了重要贡献。来自中山大学的青年学者包括：陈雅琪（博士生）、姜正（博士生）、陈璐瑶（博士生）、李冰莲（硕士生）、陈合兴（硕士生）、凌桐欣（硕士生）。来自中国矿业大学的青年学者包括：许梦梦（博士后）、孙雨笛（博士生）、王亚萍（博士生）、张梦婷（博士生）、刘恬（博士生）、秦银燕（硕士生）、赵爽余（硕士生）等。这些青年学者工作严谨认真、学术思绪活跃，非常感谢他们的辛苦付出和重要贡献。

其次，要感谢多位消费者行为学者对本教材给予的方向性建议。新加坡国立大学 Leonard Lee 教授重点就教材如何兼顾中国市场和国际市场的消费环境提出了宝贵建议。香港大学万雯教授提出了消费者行为学教材要处理好知识学理性和阅读流畅性之间关系的意见。香港中文大学张萌教授对本教材构建的主体知识框架"消费者行为五片花瓣"给予积极肯定，她对相关篇章顺序的建议有助于教材的不断优化。澳大利亚阿德莱德大学 Sally Rao Hill 教授分享了自己主编消费者行为学国际教材（亚太版）的经验。香港理工大学涂艳苹教授提供了与本教材数智技术背景密切相关的消费行为权威文献，涉及元宇宙虚拟体验、图像视频心理加工等新主题。

此外，还要感谢多位在国外大学任教的消费者行为学者分享他们对当地消费行为现象的洞察。他们分享的消费行为现象是当地消费文化的一部分，已融入本教材相关章节，对拓宽教材的全球视野具有重要启发作用。他们是：雷静（澳大利亚墨尔本大学）、张岩（新加坡国立大学）、朱莉·李（Julie Lee，澳大利亚西澳大学）、刘芳（澳大利亚西澳大学）、罗德里克·约翰·布罗迪（Roderick John Brodie，新西兰奥克兰大学）、司马经武（新西兰奥克兰大学）、孟燕（法国格勒诺布尔高等商学院）、温晓寒（土耳其 Ozyegin University）。

最后，感谢本教材的每位读者朋友，恳请你们来信来电分享你对本教材的宝贵建议。我们会以臻于至善的精神，持续推动本教材不断迈向更高品质。

2024 年 11 月 18 日

目 录

第一篇 消费者行为学总论

第一章 导论 3
开篇案例：华为手机品牌：洞察消费者心理，塑造象征性意义 3
第一节 消费者行为学的性质与意义 7
第二节 消费者行为学的历史演进 33
第三节 建设有中国特色的消费者行为学 44
第四节 消费者行为学知识体系与教材框架 58

第二篇 个体心理因素

第二章 消费者动机 73
开篇案例：平安健康：读懂数字化时代下国民健康需求 73
第一节 动机与需要 77
第二节 动机的前因变量 90
第三节 动机转化为行为的影响因素 102

第三章 消费者知觉 109
开篇案例：大白兔奶糖：撬动感官，赢得注意 109
第一节 知觉概述 112
第二节 暴露 121
第三节 注意 123
第四节 理解 127

第四章 消费者记忆 137
开篇案例：百雀羚：重塑老品牌的记忆符号 137
第一节 记忆概述 141
第二节 记忆的提取 151
第三节 知识 155

第五章 消费者态度 169
开篇案例：卡萨帝："懂生活、知冷暖"的高端家电品牌 169

  第一节 态度概述 173
  第二节 态度的认知基础 178
  第三节 态度的情感基础 188
  第四节 态度与行为 201

第三篇　社会文化因素

第六章　社会影响 211

  开篇案例：洛天依：虚拟偶像的影响力营销 211
  第一节 一般信息源 215
  第二节 意见领袖信息源 219
  第三节 参照群体信息源 229
  第四节 规范性影响 236
  第五节 信息性影响 243

第七章　消费者多样性 256

  开篇案例：拼多多：洞察下沉市场 256
  第一节 人口统计多样性与消费行为 260
  第二节 社会阶层多样性与消费行为 276
  第三节 家庭多样性与消费行为 281

第八章　消费者价值观 292

  开篇案例：内外：新概念品牌承载女性价值观 292
  第一节 消费者价值观 297
  第二节 消费者人格特征 309
  第三节 消费者生活方式 317
  第四节 跨文化消费行为 323
  第五节 象征性消费 332

第四篇　消费行为决策

第九章　问题识别与信息搜索 347

  开篇案例：欧绒莱：洞察消费者痛点，打造爆款出海品牌 347
  第一节 问题识别 351
  第二节 内部信息搜索：从记忆中搜索信息 354
  第三节 外部信息搜索：从环境中搜索信息 361

第十章　判断与决策 374

  开篇案例：携程：打造全生态旅游，简化消费者决策 374

第一节	判断过程	378
第二节	决策过程	383
第三节	基于认知的决策	390
第四节	基于情感的决策	400

第十一章 消费者购后与分享行为 407

开篇案例：小红书：国民级生活分享平台的成功奥秘 407

第一节	消费者购后过程	411
第二节	消费者分享概述	421
第三节	消费者分享动机	426
第四节	分享对象对消费者分享行为的影响	431
第五节	消费者分享方式	433

第五篇 消费行为结果

第十二章 消费者创新采用与共创 441

开篇案例：微信：满足社交需求，惊人创新扩散 441

第一节	消费者创新采用	445
第二节	创新扩散及其影响因素	451
第三节	消费者共创	459

第六篇 公共消费行为与政策

第十三章 公共消费行为与政策 469

开篇案例：消费券：特殊时期增加公共消费的妙方 469

第一节	公共消费品	473
第二节	亲环境消费行为	480
第三节	健康消费行为	485
第四节	数字共享消费行为	489
第五节	消费者权益保护与政策	493

附录 503

附录1	新时代健全完善消费者权益保护的五项原则	503
附录2	人工智能时代下的消费者权益保护	503
附录3	建设世界一流品牌要跨越"四道坎"	504

第一篇

消费者行为学总论

第一章

导　　论

学习目标

本章旨在帮助读者理解消费者行为和消费者行为学的内涵,并展示本书主体知识框架。本章具有为全书导航的重要作用。

- 了解消费者行为的内涵、特性和主要决策内容。
- 理解消费者行为学的学科特性、研究范畴,以及消费者行为学的意义。
- 纵览消费者行为学的历史演进,展望其未来发展趋势。
- 思考有中国特色的消费者行为学的基本特征,以及建设有中国特色的消费者行为学的基本认识和关键思路。
- 展示消费者行为学的核心知识框架,描绘本书的主体结构图。

本章案例

- 华为手机品牌:洞察消费者心理,塑造象征性意义
- 海尔在印度:"不弯腰的冰箱"
- 泡泡玛特:打造潮玩藏品
- 麦当劳:麦麦卡滋脆鸡腿堡,数字藏品消费新潮

前沿研究

- 数字化身营销新理论
- 早上吃瓜,晚上学习?消费者数字信息偏好的时间不对称性

开篇案例

华为手机品牌:洞察消费者心理,塑造象征性意义

2024年4月底,华为披露2024年一季报,期内公司实现营业收入约1784.5亿元,

同比增长36.66%，净利润高达约196.5亿元，同比增长约564%。盈利能力大幅增长的背后，离不开华为在手机业务上的强势回归。根据Canalys的最新报告，2024年一季度华为手机出货量为1170万台，重夺中国市场份额第一。亮眼的市场数据彰显华为手机强大的品牌影响力和消费者忠诚度。面对美国的出口制裁和国内手机市场激烈的竞争，华为是凭借什么在消费者心中站稳脚跟的？本案例深入解析华为手机品牌如何通过精准洞察消费者心理，塑造品牌的象征性意义，进而与用户建立深度的情感联结。

1. 塑造品牌奋斗者象征

在2013年的世界移动通信大会上，华为手机推出了"Make it Possible"的全新品牌理念，中文名称为"以行践言"。董事长余承东解释为"以行动来证明说过的每一句话，把不可能变为可能"，传递了华为奋力拼搏的企业文化和崇尚奋斗的价值观。

（1）发布"芭蕾脚"广告，宣扬艰苦奋斗的华为精神。2015年华为公司发布主题广告——"伟大的背后都是苦难"，源自美国摄影家亨利·路特威勒的作品《芭蕾脚》。照片中呈现出一双醒目的大脚，一只伤痕累累，另一只包裹在华美的芭蕾舞鞋中，并配有一句话"我们的人生，痛并快乐着"。华为CEO任正非对"芭蕾脚"做出这样的阐释："我们除了比别人少喝咖啡，多干活，其实不比别人有什么长处……所以我们有一只芭蕾脚，一只很烂的脚，我觉得这就是华为人，痛并快乐着。华为就是那么一只烂脚，它解释了我们如何走向世界……"尽管"芭蕾脚"广告没有直接宣传产品，但它形象地将华为艰苦奋斗、以苦为乐的品牌精神传递到旗下的手机品牌，成功在广大消费者心中构建了华为手机品牌的奋斗者形象。

（2）签约巨星梅西，展现品牌"拼搏者"形象。2016年3月，华为正式宣布足坛巨星梅西成为华为全球品牌大使。梅西身上"拼搏""奋斗"等精神符号与华为手机的品牌定位与内涵高度一致。梅西追求完美的态度，与华为手机追求技术创新、产品精益求精的态度也相契合。华为手机品牌形象广告"Connecting Greatness"中，面对嘲笑和内外巨大压力时，梅西不畏惧、勇往直前，在华为Mate8手机记录下，主人公梅西最终突破自我，赢得属于自己的胜利时刻。广告场景、昂扬的英文解说、主人公奋斗者形象、华为品牌标识……整个画卷，鲜活传达出梅西式的华为品牌形象，一个勇于踏足海外市场、积极进取和敢于突破的华为形象。

2. 塑造品牌的技术硬核象征

华为在推广新品时，巧妙地融合了技术的理性与用户的感性，把高深晦涩的技术语言转化成清晰易懂的用户语言，进而更有效地与消费者沟通互动。这一转变使它在品牌传播上变得更加幽默、开放和大胆。例如，华为在 2018 年推出了 Mate 20，该机型在用户重视的多个核心技术领域——包括手机拍照、游戏、人工智能和手机信号等都显著超越了 iPhone。为了更好地凸显出产品的技术优势，华为精心策划并推出了以下两支视频广告。凭借精良的画质制作与充满喜感的台词，这两条视频火速出圈，一度成为现象级的创意作品。

"一张来自太空的照片"。这则广告短片讲述了宇航员小马为了给月球拍摄一张完整的全景照，结果一波三折。他先是不断后退意外把挂锁挣脱，接着又误关了飞船舱门，把自己遗留在了太空中。最后宇航员好不容易登陆到月球表面，登月舱上戏剧性地展示出具有中国特色的横幅，宇航员为了将整个横幅拍入画面，不断后退，竟踩在人类第一次登月足迹上，最终借助 Mate 20 相机的大广角功能，顺利完成了拍摄任务。这部视频巧妙地以人类登月的宏大叙事为背景，辅以诙谐的人设和逼真的场景，让许多消费者记住了华为 Mate 20 系列产品出色的影像功能。

3. 塑造品牌的情感纽带象征

温情，能超越种族，超越国界，引起消费者人心共鸣。一直以来，华为以技术立身，在品牌上令人感觉更像一个不善言谈的理工男。但华为手机品牌学会了洞察消费者人心，通过营销创意，恰当地传达了消费者情感，为品牌注入温情。这让华为开始变得更酷，而且更亲。

（1）Dream it possible。2016 年，华为联手好莱坞影视制作公司 Wondros 共同打造，生动讲述了一个女孩追逐梦想的故事。小女孩从 5 岁开始受到爷爷琴声的吸引，对钢琴产生喜爱，在远涉他乡寻梦的过程中，虽屡受挫折，却不言放弃。广告中女孩的表情、动作都承载着坚韧。爷爷慈目相伴，与孙女四指连弹间，温情与教诲交织。广告最后画面中，女孩登上舞台，把手机放到舞台中央的钢琴上，将琴声透过手机传给爷爷，而爷爷也在心满意足中闭上了双眼。女孩在一片掌声中谢幕，将手机紧紧地抱在胸口。伴随着故事的展开，广告画面下方显示"Dream it possible"歌词。广告画面与歌词的配合向消费者传达更深刻的人间温情和人生意义：尽管经历磨难，只要不言放弃，梦想终会成真。相比技术的生硬与冰冷，这支宣传片是柔软的、有温度的，令不少消费者产生情感共鸣。

（2）消防员。2017 年，华为发布 Mate 10 Pro，是华为首款达到 IP67 级防尘防水标准的智能手机。一段突出 Mate 10 Pro 防水卖点的广告在微博上曝光，获众多网友转发。这则短片中，一位消防员执行完危险灭火任务，在向女儿用华为 Mate 10 手机进行视频报平安时，可爱的女儿看到爸爸脸脏了，就迫不及待拿着手机用水冲，想给爸爸洗个脸。该片父女情深让人感动，也完美展现了 Mate 10 强大的防水性能。

华为手机，经历了无品牌时代的苦与痛，决然走上自主品牌之路，走出彷徨，最终成就世界一流品牌的魅力和影响力。在此过程中，它立足于对消费者深刻的洞察，运用富有创意的营销手段展现出品牌奋斗的精神、硬核的技术及与用户之间的温情连接，进而让品牌的力量超越产品本身，触达每一位消费者的心灵和大脑深处。世界一流品牌，不仅要具有超强技术实力，还要有文化魅力优势。华为手机品牌已进入世界一流品牌阵营，我们希望更多中国品牌，和华为手机品牌一样，在世界市场更多消费者中塑造出实力、魅力和影响力。

资料来源：

[1] 王海忠. 建设世界一流品牌要跨越"四道坎"，新华社客户端，2022-5-9.

[2] 胡左浩，洪瑞阳，朱俊辛. 中国领先企业的品牌国际化营销之道——以消费电子行业为例[J]. 清华管理评论，2021(03)：14-23.

[3] 南方略咨询. 华为新版芭蕾脚：有一种风光叫沧桑！[EB/OL] (2020-05-07) [2022-11-13] https://www.sohu.com/a/393586113_479829.

[4] 张真真. 华为手机：一个硬核直男的崛起往事[EB/OL] (2019-05-10) [2022-12-30] https://www.163.com/tech/article/EEQCMH2900097U7S.html.

引　言

正如开篇案例所示，华为手机品牌能成为世界一流品牌，与其转变工业参照思维，重新站在消费者立场设计营销战略与策略，密不可分。华为不只是生产制造出功能可靠的产品，更通过技术创新，塑造硬核的品质形象，满足新时代消费者对信息、社交、娱乐等移动数智生活的需求。转变思维后的华为手机团队意识到，消费者不是抽象的，而是有血有肉的、有情感的生动个体，其营销传播展现了品牌如何联结人间真情、亲情，以及品牌如何将温情传达到消费者内心世界。华为手机品牌成功的背后，蕴藏着任何卓越品牌相似的心路历程，那就是拼搏、奋斗、进取等正能量价值观，这对于公众的意义，已超越物质层面而升华为精神激励。本章作为全书的开篇，聚焦于消费者行为及消费者行为学的特性、范畴、历史演绎等根本性问题。图1.1描绘了第一章的内容要点及第一章在全书中的位置。消费者行为学的根本宗旨是让人们从消费行为中实现最大获得感。企业经营管理者和公共政策制定者需要学习消费者行为学，学会敏锐洞察消费者需求，借助于产品或服务向消费者传递功能、情感和精神等多方面利益，不断把人们对美好生活的向往变成现实。

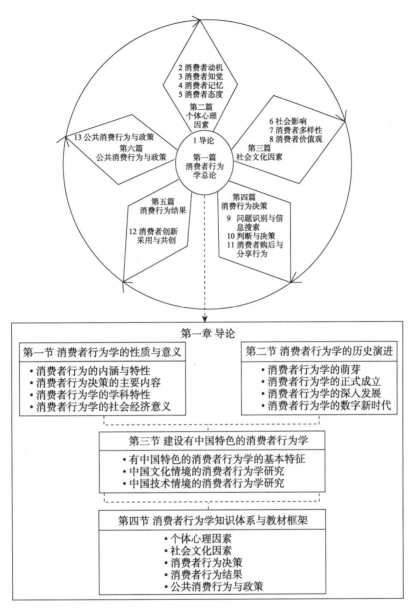

图 1.1　第一章逻辑结构图

第一节　消费者行为学的性质与意义

这一节我们重点讲解消费者行为学的基本属性,让读者厘清对消费者行为学的认识。为此,我们将先讲解消费者行为学的研究对象即"消费者行为"本身的内涵。消费者行为是否等同于购买行为?数字新时代出现了很多新现象,如打卡、在虚拟空间的开销等,它们是否属于消费者行为的范畴?解答这些问题能帮助读者把握消费者行为的内涵。在此基础上，我们进一步介绍消费者行为决策涉及的主要内容，洞察消费者各种行为决策的特性将有助于创新营销思维。正确认识消费者行为本身的内涵之后，本节再介绍消费者行为学作为学科的创立背景及学科属性，理解消费者行为学研究对企业营销战略策略创新、促进消费者福利、提高公共决策科学性等的重要意义。本节将分四个问题进行讲解。

一、消费者行为的内涵与特性

（一）消费者行为的内涵

当我们开启"消费者行为学"课程学习时，需要了解的第一个问题便是：什么是消费者行为？很多人将消费者行为等同于消费者购买行为。虽然"购买行为"（buying behavior）是消费者行为的核心内容，但消费者行为所覆盖的范畴要超越购买行为。以下三点有助于正确认识消费者行为的范畴。

第一，消费者行为包括不发生产品或服务的实际购买的行为。例如，"打卡"是近年来出现的、与消费关联的热词，城市打卡、景点打卡、餐厅打卡……打卡行为并不发生产品或服务的实际购买，消费者不一定要为打卡本身支付任何费用，但却具有重要的消费行为意义。"打卡"虽然不一定要发生任何消费支出，但"我看到、我来过、我拍过、我分享"等行为却能引发点赞、评论、转发等社交互动，整个过程会提高"打卡地"（景点、餐厅等）的曝光度，增加浏览量，对"打卡地"品牌的无形资产产生积极影响。正是洞察到近年来兴起的消费者"打卡"心理，网红城市重庆近年来在创建旅游品牌活动中，精心设计了很多打卡景区。其中，洪崖洞景区2018年国庆假期每天接待游客数接近12万人次，成为全国数一数二的热点景区。"打卡"行为中，对旅游景区洪崖洞而言，游客就是消费者（consumer），他/她即使在这里不发生任何购买行动，对景区也是很有价值的。通过打卡分享，景区信息在社交媒体中广泛传播。游客还是数字信息的生产者（producer），在数字信息作为消费行为客体的新时代背景下，很多消费者同时兼有生产者的角色，于是产消（prosumption）、产消者（the prosumer）等新概念随之产生。[1] 产消行为是指当消费者、生产者（或创业者）之间的界限消失时，同时包含消费和生产且并不强调一方要重要于另一方的活动；产消者是指同时行使了生产者、消费者角色的新型市场参与者。

第二，消费者行为包括发生在数字虚拟空间并不产生商品所有权的体验行为。例如，腾讯QQ虚拟亲子乐园里，乐园主人被称为AI主，他们在真实社会中的身份不得而知。在那里，AI主享受着他们在真实社会里所缺失的身份地位——为人父母及被尊重、被理解、被倾听的需求；同时也承担相应的责任与义务。人们之所以以数字化身形态在数字虚拟空间发生消费行为，是因为这种消费行为同样具有相应的使用价值与价值[2-3]。当人们在数字虚拟空间产生的购买、娱乐、信息获取等活动越来越多时，消费者数字虚拟体验行为也成为消费者行为的范畴。前沿研究1-1介绍了数字化身的内涵、分类，以及影响顾客线上体验的新型数字营销原理。

第三，消费者行为还包括并不发生任何付费行为的数字信息的消费活动。例如，人们在电商平台阅读他人对某品牌的评论，或者写下自己对某品牌的评论；浏览明星或网红的微博信息；在抖音上观看视频并点赞、转发；在微信朋友圈浏览信息、点赞、转发……凡此等等活动，并不需要个体支付任何费用，但这些活动却成为消费者行为的重要范畴。这里，人们在消费字节信息（digital information），数字产业里的厂商为人们供应字节信息，而人们消费字节信息的活动对数字厂商而言，是有价值的数字行为轨迹。品牌方通过分析这些数字行为轨迹就能洞察到消费者需求，并转化为新产品和新业务。

前沿研究 1-1

数字化身营销新理论

综上，消费者行为包括个体并不需要做出实际购买或支付行动，这些行动也不仅仅发生于现实世界。本教材将拓宽人们对消费者行为范畴的理解。消费者行为是个体或群体作为决策单元，在某时点或某时段，对产品、服务、活动、体验、观点、字节信息等市场或社会供给物，进行认知、获得、使用或消费、处置等活动在内的行为及其决策的总称。

 消费者行为：

是指消费者作为决策单元，在某时点或某时段，对产品、服务、活动、体验、观点、字节信息等市场或社会供给物，进行认知、获得、使用或消费、处置等活动在内的行为及其决策的总称。

（二）消费者行为的主要特性

为了进一步理解消费者行为的内涵，我们接下来讲解消费者行为的特性，它主要包括消费者行为的主体、客体、活动、过程动态性等四个方面。

1. 消费者行为的主体

第一，个体消费者。消费者行为的主体之一是个体消费者（individual consumers）。每个人一出生来到人世上，就需要衣食住行，就有消费需求。但婴儿欠缺消费行为能力，不属于个体消费者。他们的消费行为要由父母等监护人代为行使。一般来说，婴幼儿从两三个月大开始就需要在母乳之外增加辅食，大人们开始为他们选购食物。雀巢的生意正是以生产婴儿辅食起家，这家 1867 年诞生于欧洲阿尔卑斯山麓小国瑞士的食品公司在相当长时间内保持着世界最大食品制造商的纪录。公司名雀巢（Nestle）源自创始人亨利·内斯特（Henri Nestle）的姓氏，和英文"鸟巢"（Nest）同音同义，有"舒适安顿下来""依偎"等含义。于是，公司就将"鸟巢"图案作为品牌标识的一部分，再加上嗷嗷待哺的小鸟和鸟妈妈的形象，生动地将雀巢食品与慈母之爱、健康营养等含义联系在一起。人们未成年之前，缺少信息甄别和辨别能力，不能行使消费者行为。因而不少国家专门制定政策，禁止针对未成年人做广告。例如，英国广告标准局（Advertising Standards Authority，ASA）发布新规，全面禁止整形机构向 18 岁以下青少年投放有关隆胸、隆鼻和吸脂等医疗整形类广告,该项规则从 2022 年 5 月起生效。在中国,不少针对儿童青少年近视的防控产品,违法违规商业宣传,严重误导近视儿童青少年和家长,已经威胁到儿童青少年的视力健康。为维护公平有序的市场环境,中华人民共和国国家市场监督管理总局(简称国家市场监管总局)2021 年 11 月发布《关于开展儿童青少年近视防控产品违法违规商业营销宣传专项整治行动的通知》(以下简称《通知》),明确告诉青少年本人和家长,在目前医疗技术条件下,近视不能治愈。《通知》要求各地市场监管部门依法从严查处使用"康复""恢复""降低度数""近视治愈""近视克星""度数修复"等误导性表述,依法从严查处对儿童青少年近视防控产品进行商业宣传的行为,加大对欺骗消费者行为的打击力度。

同样,个体到一定年龄之后,消费行为能力逐渐退化,也需要公共立法加以保护其消费权益。国内不少媒体报道过多起老年群体被骗取钱财的案例,案例中主要以销售保健品、健康保险、理财产品等为欺骗手段。忽视对老年人传授、分享消费信息,缺少对老年人的情感沟通,家人、社会对老年人的保护意识不强,等等,是导致老年人被骗现象屡见不鲜的主要原因。

可见,虽然每个人都天然存在消费需求,但不是每个人都具有消费行为能力。青少年和年老者在消费行为方面属于脆弱人群,需要建立健全相关法制加以保护其权益不受侵害。因此,消费者行为主体中的个体消费者,准确地说,是指有消费需求或欲望并有能力实施产品获得、购买、使用、处置等行为能力的个人。

第二,群体消费者。消费者行为的主体还包括群体消费者。很多时候,消费行为涉及一群人,包括全家人,或者一群朋友,三五同事,等等。例如,生日聚会、出游或共进午餐等消费活动,涉及的主体超过单个人。此时,群体成员之间的信息交流或决策方式,成为消费者行为学关注的内容。人们是通过面对面交流、电话、社交媒体(如微信)、短信,或者电子邮件等方式来交换信息,做出消费决策。个体在群体消费中担当的角色具有丰富的市场营销意义,不同成员可能担当信息收集者、影响者、决定者、购买者、使用者等不同角色。例如,购买小汽车的行为,家庭中有的成员要担当信息收集者角色,调查了解不同型号的小汽车;有的成员担当影响者角色,通过发表意见影响其他成员的购买决策;有的成员要担当购买者角色,做出购车的实际支付行动;但家庭所有成员都可能是使用者。小汽车使用后的处置行为则可能需要多位家庭成员介入决策。

有些消费行为现象将群体作为关键的消费情境加以研究,以找到更有效的解决方案。例如,餐饮消费行为中,相对于单个人或单个家庭,社交群体的消费更容易导致浪费现象。据 2018 年《中国城市餐饮食物浪费报告》披露,中国餐饮业人均食物浪费量为每人每餐 93 g,浪费率为 11.7%,而大型聚餐的浪费率达 38%,是餐饮业平均浪费率的近 4 倍。可见,研究群体就餐消费行为能为餐饮浪费问题找到解决方案,促进可持续消费。

消费行为的主体无论是个体还是群体,其消费行为中的权益存在被厂商操纵、利用,甚至侵害的可能性。因为,单个的、分散的消费者或群体难以形成力量,抗衡厂商,获得公平权益。为此，政府公共部门需要通过立法来维护消费者行为主体的权益。本书第十三章《公共消费行为与政策》将进一步讲解这方面的知识。

洞察案例 1-1 表明，像冰箱这类家用电器，其消费者行为主体可能是家庭，冰箱一般是全家一人或多人使用，家庭中的成人（如父母）可能共同影响其购买决策；但消费者行为主体有时也可能是个人，对冰箱购买决策起主要作用的可能是家中的女主人。世界一流品牌海尔通过洞察印度市场消费者使用冰箱冷藏室（冷藏蔬菜水果）的频率要远高于冷冻室（冷冻肉类），创新发明了冷藏在上、冷冻在下的冰箱，解决了令消费者头疼的"冰箱病"，成为印度市场消费者喜爱的品牌。

 消费者行为主体：

> 是指具有消费需求或欲望、实施购买决策和处置产品等行为能力的个人或群体。它包括个体和群体消费者。

洞察案例1-1

海尔在印度："不弯腰的冰箱"

冰箱是现代人不可或缺用于储藏食材的家电。但不同文化下的消费者，长期生活习惯形成了对冰箱规格、功能等的设计偏好。全球家电领先品牌海尔在印度市场，洞察到当地消费者独特的需求痛点，开发出"不弯腰的冰箱"，深受市场喜爱。海尔是如何洞察到印度消费者的这一独特需求的？又如何做出营销创新？

1. 消费者洞察：印度流行的"冰箱病"——腰疼

受到当地经济发展及宗教因素的影响，印度居民以素食为主，素食成为印度饮食文化的主流。加之处于热带地区，印度消费者购买食物时习惯一次性购买大量食材放进冰箱储存。因此，在印度，用于存放蔬菜水果的冰箱冷藏室的使用率要远远高于用于存放肉类的冷冻室。

过去，印度市场的冰箱基本上以 TM 冰箱为主，其冰箱设计习惯于将冷藏室置于冰箱底部，冷冻室置于冰箱顶部。这样的设计对于印度市场消费者来说有一个明显缺陷，打开冰箱取拿常用食材时必须弯腰。长此以往，频繁弯腰拿取食材导致腰疼，这成了流行的"冰箱病"。

2. 创新设计：海尔 BM 冰箱，有效减轻 90%腰疼

洞察到消费者的这个痛点后，海尔在印度针对性设计了一款全新冰箱——BM 冰箱。BM 冰箱将传统冰箱的设计颠倒过来，将大容积冷藏室设计在冰箱上层，而不常用、小容积冷冻室则放置在冰箱底部。海尔在当地市场的调研发现，这样的新型冰箱设计使印度居民人均每天减少 15 次弯腰拿食材的次数。据海尔集团相关负责人介绍，海尔 BM 冰箱设计可以有效减轻 90%以上因弯腰造成的疼痛。

海尔针对印度市场推出的这款冰箱获得了当地消费者认可,成了印度市场的爆款产品,市场份额上升到70%,同时这一产品设计也荣获了印度市场当年的"年度产品奖"。可见,海尔根据当地消费者痛点进行的产品升级改进和本土化创新,取得了显著的经济效益。

3. "三位一体"本土化——海尔品牌全球营销秘诀

海尔在全球市场营销时,提出了"三位一体"本土化战略(即研发设计、产品制造、营销全过程本土化)。这一本土化战略思路不仅体现在印度市场设计出"不弯腰的冰箱",还包括在欧美及全球市场积极推行的"研发设计本土化"。例如,针对泰国市场海尔设计了Navicooling+冰箱,让冰箱拥有可以变温的"第三空间",不仅能实现冰肉分储、生熟分储,还能实现−18 ℃到5 ℃的变温控制,进行特定保鲜。这是因为,泰国天气炎热,居民习惯喝各式各样的冰酒、冰果汁、冰茶等冰饮,但传统冰箱只区分冷藏室和冷冻室,泰国居民只能把冷冻冰饮和冰冻肉放在一起,这就导致较为严重的串味甚至交叉污染。海尔 Navicooling+冰箱为泰国消费者的夏季生活带来了极大方便。例如,为了让泰国用户对冰啤酒有美好的使用体验,Navicooling+冰箱技术让用户选择海尔冰箱"−10 ℃模式",将啤酒放入变温区4个小时,之后倒出的啤酒就是用户钟爱的冰沙酒。这款本土化创新产品,让海尔冰箱品牌2019年在泰国的销售收入较上年增幅高达28%,是行业平均水平的4倍,成为当地市场增长速度最快的品牌。与此类似,海尔在俄罗斯则推出了节能高效、大容量的三门冰箱产品,那是因为俄罗斯居民普遍身材较高,海尔设计了1.9 m至2 m高度的冰箱。

总之,全球家电领军品牌海尔冰箱,坚持本土化"自主创牌"之路,从当地用户需求出发,为当地用户带来健康、美好的生活,收获了海外消费者青睐,以当地化创新展示了中国品牌的商业文明新风尚。

资料来源:

[1] 《市场周刊·商务营销》:从海尔看本土化战略-海尔集团官网[EB/OL]. [2023-01-04]. https://www.haier.com/press-events/news/20110601_137213.shtml.

[2] 从"不弯腰"冰箱到零水压洗衣机 海尔产品创新紧扣印度消费者需求_央广网[EB/OL]. [2023-01-04]. http://news.cnr.cn/native/gd/20171220/t20171220_524068327.shtml.

2. 消费者行为的客体

消费者行为的对象或客体,包括了有形实体产品(如洗发水、手机或汽车等)、无形服务、活动、体验、观点等。消费者行为的客体,甚至包括消费时间选择。例如,在看电影这件事上,一些人选择去实体影院观看,而另一些人选择通过移动端观看,此时消费者行为的客体涉及观影场所;有的人选择影片上映第一时间观看,而另一些人选择过一段时间再观看,这时消费者行为的客体又涉及观影时间。人们如何利用时间,能够反映或折射出他们是谁、他们的生活方式是怎样的、他们相互之间的相似或相异点等。正因为消费者行为包括如此多的客体或对象,市场营销常常使用一个术语"供应物"(offering),来代指所有这些消费者行为的对象或客体。供应物是指由市场营销组织机构为消费者提供的产品、服务、活动、体验、观点等所有对象或客体的总称。

消费者行为客体：

是指由市场营销组织机构为消费者提供的产品、服务、活动、体验、观点等所有对象或客体的总称；又称为市场供应物。

3. 消费者行为的主要活动

市场营销经理人不仅对消费者如何获得产品感兴趣，还对与产品使用、处置有关的、更为广泛丰富的消费行为感兴趣。此外，个人财务能力及管理风格也影响人们的消费购买行为。所以，消费者行为还包括个人在获得、使用、处置产品或服务过程中对待金钱的方式及财务决策风格。以下我们对消费者行为涉及的主要活动加以详细解释。

第一，产品获得。"获得"（acquisition）包括了产品或服务的购买行为（buying），但"获得"产品或服务的方式超越了购买行为，还包括租用、交换、共享等。市场越发展，满足人们消费需求的"获得"途径或方式就越丰富，越是超越狭隘的购买行为。例如，共享租衣商业模式于 2009 年最先出现于欧美国家，美国的 Rent the Runway（服装租赁网站）、德国的 Myonbelle 等成立得比较早。2012 年以来，共享租衣在国外得到快速发展，美国的莱尔托特衣箱（Le Tote）是其中影响力较大的品牌，它推动形成了"日常时装共享"的消费新模式。有了这种模式，女性日常穿衣不再仅仅依靠传统的时尚买卖制，而能通过月费租衣形式获得。从首饰到时装，莱尔托特衣箱为无数爱美女性打造了一个充满多种选择的时尚搭配平台。它在美国被称为"服装业的网飞"（Netflix for clothes），用户遍布美国 48 个州，每天有数以万计的美国女性享受着它提供的"共享时尚"服务。总体上看，随着市场经济的高度发达，这种通过购买而获得消费的商业形态有越来越弱化的趋势，相反，通过租用、共享等方式而获得消费的形态越来越得到强化。因此，消费者会倾向于减少获得消费的购买途径，倾向于增强获得消费的"接口"（access）方式（如租赁、共享等）。

第二，产品使用。消费者在获得产品之后，就要使用它们（usage）。产品"使用"或"用法"是消费者行为的核心活动。消费者是否使用、如何使用产品意味着这些产品被赋予相应的意涵。产品使用活动本身表明消费者是谁、看重什么、相信什么。例如，同一个消费者在服装使用方面，就存在多样化的使用场合，服装企业因而选择专注于休闲服装、职业套装、运动服装等产品细分领域。又如，消费者在啤酒饮用量方面也存在差异，商家就此将消费者区分为轻度、中度、重度的使用者，并采取差异化营销策略。产品使用时长一般随技术进步而变得更为短暂，也就是说消费者会越来越快地更换产品。例如，在手机（或移动电话）发明之前，人们使用固定电话的时间就相当长，固定电话的更换频率相对更慢，而手机的更换频率则更快；同样是手机，人们对传统的、非智能手机的更换频率相对更慢，智能手机到来之后，因为需要不断升级换代操作系统，人们更换智能手机的频率更快。一般来看，消费者更换产品的频率越快，他们对产品就会产生更强烈愧疚感，而为了减轻愧疚感，消费者对产品会变得更加粗暴。因此，有学者从产品耐用性视角研究发现，人们购买精品服装，如路易威登（Louis Vuitton，LV）、阿玛尼等，看起来价格高但因其更耐用，与快时尚服装品牌相比，在二手市场持续交换使用的比例也更高，结果，精品服装使用寿命更长，可持续性消费更强，对生态环境的破坏性相对更小。这项研究从消费对环保可持续发展的影响新颖视角，为客观看待精品消费行为提供了新的思路。[4]

第三，产品处置。处置（disposition）是指消费者如何停止使用或摆脱他们已经获得的产品。理解消费者如何处置产品具有重要的市场营销意义。消费者有可能将他们使用过的物品赠送他人，也可能拿到二手市场去出售，还可能托付给古玩店出售、通过共享平台出租，以及借给其他人使用等。洞察到整个社会在消费者处置产品方面的问题所在，意味着发现新的商业机会或社会问题解决方案。一般来说，市场经济越成熟，产品处置方式也越为丰富多样。2016年5月18日阿里巴巴集团旗下成立"闲鱼"，"闲鱼"取义"闲余"，意欲为消费者使用过的产品提供一个平台，它涵盖了拍卖、二手交易（尤其是二手车）等在内的多种分享经济形态。产品处置这个消费行为的末端环节，还会影响消费者行为前端的产品评估、选择、购买等活动。例如，坚持生态文明理念的消费者，因为更关注环境保护（产品处置），会倾向于购买采用可回收材料生产制造的可降解产品（产品评估或购买）。各地公共管理部门迫切需要教育人们采取对地球友好的产品处置行为。产品处置的理念与手段，能够反映经济社会治理的水平。以垃圾分类管理为例，据悉德国是世界上最早施行循环经济立法的国家，它早在1904年就实施城市垃圾管理，并将垃圾管理视为"垃圾经济"，垃圾处理产业每年收益达到数千亿欧元。

4. 消费者行为过程的动态性

消费者行为作为一个过程，具有动态性特征，主要从三方面反映出来。

第一，产品获得、使用或消费、处置三大环节的顺序，长期看是一个动态过程。为了理解这一点，我们以家庭购车为例来加以说明。当一个家庭已经购买并正在使用一辆新车，那么"使用"或"消费"这个环节带给整个家庭成员的相应体验（包括驾驶感觉如何、性能是否可靠、乘坐是否舒服等）就会影响家庭成员对这辆新车的处置行为（是否处置、何时处置、如何处置等）。但因为家庭总是存在通勤需求，小车处置行为又会影响接下来的购买决策，包括家里是否购买、何时购买、如何购买另一辆新车。这个例子中，消费者行为活动的三大环节表现出的顺序是：使用—处置—获得。所以，产品获得、使用（或消费）、购买三大环节的顺序长期来看是一个动态过程。消费者行为三大环节（获得、使用、处置）的动态循环具有重要营销意义。这些年，由三箭头标志组成的特殊三角形在全世界已经越来越流行，它就是循环再生标志，有人把它简称为"回收"标志。回收标志被印在各种各样的商品及其包装上（如可乐、雪碧的易拉罐上）。回收标志具有两点含义，一是提醒人们在使用完印有这种标志的商品后，要把包装送去回收，而不要把它当作垃圾扔掉；二是它标志着商品或商品包装是用可再生材料做成的，是有益于环境的，能够保护地球。

第二，将消费者产品处置与获得有机连接起来的市场，更能实现资源良性循环和可持续发展。例如，当一些消费者购买二手车时，他们是在购买另一些消费者处置的汽车。

成熟的市场经济需要培养和健全二手车市场。市场经济体系越是成熟，连接消费者产品处置与产品获得的商业模式也就越活跃。美国二手商品市场已有很长历史，从小规模的社区跳蚤市场到规模不菲、治理完善的全国汽车二手市场，这些市场既满足了相关人群的消费需求，也实现了"物尽其用"。以美国二手车市场为例，它发展得相对健全，存在由政府牵头，行业协会、大汽车公司等机构共同参与的鉴定评估、认证等组织体系，为美国众多汽车消费者提供权威的二手车标准参考价。其中《凯利蓝皮书》(Kelly Blue Book, KBB)在美国就被称为买卖二手车的"指南"。当今互联网时代，美国市场继续为产品妥善处置发展了创新的商业模式，易贝（eBay）是其中典型代表。皮埃尔·奥米迪亚（Pierre Omidyar）于1995年了创立了这间以二手商品拍卖为特色的互联网公司。原来奥米迪亚的女朋友酷爱皮礼士（Pez）糖果盒，但因找不到同道中人交流而苦恼，正是抱着能帮助女友和全美Pez糖果盒爱好者交换商品的初衷，奥米迪亚创立了拍卖网站。但令他没有想到的是，易贝二手商品拍卖非常受欢迎，网站很快就被收集Pez糖果盒、芭比娃娃等物品的爱好者挤爆。后来知名女经理人梅格·惠特曼成为易贝的首席执行官，推动易贝步入辉煌发展阶段。在中国，绿色发展理念成为新发展理念的重要内容。消费者对环境的态度和行动已发生显著变化。因此，企业在规划市场营销活动时必须考虑消费者的环保需求。产品处置阶段符合消费者环保需求的品牌，在未来更能赢得中国消费者的喜爱。

第三，消费者行为将不断变化演进。过去，消费者的品牌选择范围要小得多，所接触到的资讯也要少得多。而今天，消费者进入了超链接时代，很容易获得众多品牌（包括线上和线下），也更容易接触到来自大量媒介的传播推广。而且，消费者不是处于被动消费的状态，还担当了与市场营销人员或其他消费者共创产品和营销内容的角色。例如，激浪（Mountain Dew）饮料利用众筹形式寻求新的软饮料口味、标识或广告文案的创意时，成千上万的消费者就同时肩负起生产者的角色。消费者担当品牌方营销创作者的方式或途径，不胜枚举。例如，中国小红书平台上关键意见领袖（key opinion leader, KOL）的产品体验分享，消费者对它们进行点赞、评论、转发等行为，就构成了消费者共创营销行为。在此趋势下，产消和产消者等概念应时而生。从今往后的数年，将是数字科技迅速转化为产业和商业应用的时期。消费者行为将发生更多新变化，消费者行为学需要拥抱动态的消费者行为。

二、消费者行为决策的主要内容

消费者行为涉及的主要决策内容表现在以下七个方面[5]。

（一）是否要获得、使用或处置产品的决策（whether）

消费者首先决定是否需要获得、使用、处置产品或服务。当消费者手头拥有可支配现金时，他们需要决定是花销出去还是储蓄起来。例如，消费者需要决定是订外卖还是自己烹饪；是去电影院观赏大片，还是在家里线上收视；等等。厂商如能洞察到消费者需要获得、使用、处置某种产品或服务，就能刺激某些新的商机。例如，泡泡玛特正是洞察到消费者爱好收藏潮玩物品，从而创造出一个购买、售卖、运输、存储、担保和交换收藏品等在内的巨大市场。中国泡泡玛特2010年成立，最初不过是中国香港潮玩品牌的内地代理商（销售文创、杂货、玩具等潮玩产品），2015年在代理潮玩Sonny Angel时偶然洞察到抽盲盒的销售形式特别受年轻消费者偏爱，创始人获得了盲盒灵感。基于对潮玩爱好者的心理洞察，泡泡玛特注重与艺术家们独家联名开发新品，并通过提前发布新品消息的方式来创造稀缺，让玩家对潮玩产品充满好奇心。抽盲盒的形式让玩家充满惊喜；抽到之后的分享让玩家拥有满足感和炫耀心理……这些营销创新方式，让泡泡玛特仅仅成立5年后，就于2020年底在香港交易所上市。

（二）获得、使用、处置什么产品的决策（what）

消费者每天都要做出购买什么的决策。据悉美国消费者2010年平均每天要花费90美元购买相关产品或服务，这些钱用到了哪些方面具有重要营销意义。

第一，消费者需要先在产品品类（product categories）之间做出决策。比如，一笔钱到底是花在购买食品上，还是花在购买在线音乐上。一国或一地消费者的消费支出结构能表明其经济发展水平的高低，也能表明相同经济发展水平下的消费质量。企业若不能洞察消费品类将要或正在发生的转变，就要患上"营销短视病"。例如，中国广视索福瑞媒介研究（CSM）发布的《2021年短视频用户价值研究报告》显示，中国网民近年来闲暇时间分配给不同媒介的比重已发生明显变化。2018年，30%的网民选择短视频为"未来三天唯一接触"的媒体娱乐形式；到2019就上升到43%，这些网民选择短视频作为"结束一天忙碌"的唯一放松方式；到了2021年，在"如何丰富自己的周末闲暇时光"中，高达51%的网民选择看短视频作为"唯一"休闲娱乐方式。相反，看网络视频、电视节目、玩网络游戏、看网络文学或电子书、听网络音频、看纸质书的网民占比分别为14%、7%、7%、4%、4%。短视频正在收割网民的更多闲暇娱乐时光，这就为视频电商的兴起创造了条件。

第二，消费者获得、使用或处置什么产品的问题还涉及同一品类不同品牌之间的决策。例如，根据上面提到的中国广视索福瑞媒介研究发布的《2021年短视频用户价值研究报告》，中国网民在选择短视频时，往往会在抖音、快手、中视频等独立客户端之间选择，这三大短视频自然会争夺用户注意力和时间。这些短视频客户端服务也呈现差异化。目前，抖音已在用户心中形成了"创新活力"的短视频品牌形象，快手则形成了"有趣好玩"的品牌形象，中视频则形成了"积极向上"的品牌形象。可见，独特的、有竞争优势的品牌形象是赢得消费者品牌选择的重要法则。

（三）为何要获得、使用、处置产品的决策（why）

消费者为何要消费某种产品或服务，这个问题构成消费者行为研究的核心。消费者消费某种产品或服务的原因是众多且复杂的。

第一，能以某种方式满足消费者的需要是人们消费产品的最重要原因。消费者的需求本身是多样化的。人们购买某种产品或品牌的原因，可能受到消费者在金钱、物质主义、地位、心情、自我控制等方面的态度影响。

第二，有时人们使用某种产品的动机或原因还充满矛盾心理。例如，青少年对吸烟就充满了矛盾。很多时候，青少年本人知道吸烟有害身体健康，但他们内心又认为吸烟有助于获得他人的接纳或认同。洞察到青少年对吸烟的这种矛盾心理，公共管理部门就需要制定有效政策来减少或阻止青少年的吸烟行为。有消费行为研究发现，电影院放映的电影中的吸烟镜头会让青少年产生模仿行为，但电影放映前如果播放反吸烟广告将能够有效制止吸烟镜头带来的负面影响[6]。公共管理部门可以运用消费者行为学理论与方法来提高公众健康宣传教育的效果。当消费者自己不能制止有害消费行为时，公共管理部门就需要建立健全法律法规来强行禁止。

第三，营销经理人需要知道消费者不愿意获得、使用、处置某产品的理由。例如，消费者即便有购买能力，也可能延迟购买某种新的消费电子产品。消费者不购买、不使用、不处置产品的理由是多样化的，规避风险是消费者延迟购买的重要理由之一。消费者也可能担心产品很快过时而不愿购买新产品。消费者还会审视企业伦理和社会责任，他们拒绝购买对环境可持续发展有负面影响的产品、存在不公正劳动用工制造的产品等。社会经济越发达，消费者越会根据公司对社会议题所持的立场和观点来作出是否购买其产品的决定。

（四）如何获得、使用、处置产品的决策（how）

这涉及消费者获得、使用、处置产品的方式方法等问题，兹解释如下。

第一，获得产品的方式。获得产品的方式首先反映在从哪些零售渠道获得产品：是到连锁超市购买还是到大型购物中心购买，还是通过线上购买，或者通过投标竞标获得。获得产品的方式也包括使用什么支付方式获得产品，是使用现金、信用卡，还是移动支付（如微信、支付宝等）。此外，获得产品的方式也并非只有购买。如上所述，时尚服装这种传统上被视为消费者身份象征的产品，也可通过共享方式获得。

第二，使用产品的方式。厂商要洞察、研究消费者的产品使用方式并借此推动消费者正确使用产品。如果产品使用不当，那么其产生的负面影响轻则不能实现产品原计划的使用效果，重则会导致生命危险。营销经理们重点从 3 个方面关心消费者的产品使用方式。

（1）通过创造独特的产品使用方式来和竞争对手形成差异化竞争优势。例如，奥利奥夹心饼干品牌（1912 年诞生于美国）通过其全球知名广告语"扭一扭，舔一舔，泡一泡"，形成独特的吃饼干仪式，生动又温馨的广告画面深入人心。奥利奥塑造的经典消费仪式现已流行一个多世纪，影响了几代消费者，对品牌至今保持强劲生命力功不可没。

（2）洞察消费者如何解读产品使用警示及指引信息，避免产品使用不当带来负面后果。一些功能风险高的产品，如果消费者使用不当就会带来很严重的负面影响。例如，治疗咳嗽或感冒之类的非处方药品，以及酒精类产品，如果使用不当就有可能导致生命危险。消费者有可能忽略那些潜在危险产品包装上的警示标签或指示说明，这类厂商尤其需要了解怎样的警示信息才能对消费者更有效。例如，药品采用棕色或红色的包装，相对于绿色或黄色的包装，会被消费者解读为更有药效；消费者认为胶囊型药品比片剂型药品的药效更好，外形更大的药片的药效比更小粒药片的药效更强。中国消费者面对理化性质（通用名）完全相同的药品，更倾向于购买患病时所在地的药品厂商出产的药，认为本地药药效更好，这种本地药偏好的心理倾向在那些整体式思维的消费者之中尤其明显。这很大程度上源于中国消费者深受东方医学思想的影响，认为地域环境与疾病存在着紧密联系。

（3）洞察消费者的产品存储行为对厂商规划产品营销活动具有借鉴意义。有的消费者喜欢把产品买回家整齐地存储起来，对这类消费者来说，物品整齐有序会让他们更少程度地感到不安或焦虑，会让他们对自己的生活有更大的掌控感。一般来看，当突发事件（如疫情、金融危机、地震等自然灾害）发生后，消费者更容易去抢购物品、囤货，而被抢购和囤积的大多是保质期相对较长的用品。2020—2021年新冠疫情期间，全球多个国家的消费者不约而同地囤积卫生纸，使卫生纸销量暴增。据报道，澳大利亚、美国、新西兰、英国、加拿大等国家的民众加入了抢纸大军。面对民众疯抢卫生纸，日本政府特地提醒居民不要囤积卫生纸，并对"卫生纸短缺"进行了辟谣。电商销售数据显示，促销售卖量排名前十的家庭清洁用品品牌中，生活卫生纸品牌占了一半（如维达、洁柔、清风、心相印、棉时代等）。卫生纸能给人们带来控制感，让人觉得可以在卫生和清洁方面占据主动，加之卫生纸不易腐坏且经常用得着，这些是人们囤积它的重要原因。

第三，处置产品的方式。众多情形下，消费者要更换新产品时需要考虑如何处置现有的产品。一般来看，产品处置有几种选择方案。

（1）为产品寻找新用途。用过的牙刷可以保留下来，再用于清洗洗衣机内的污垢，或作为清洁盆景的工具；有些显得过时了的衣服，可以再改造作为清洁家具的抹布。寻找新用途可以减轻产品废弃给地球造成的负担。

（2）暂时摆脱用过的产品。将产品租或借出去是暂时摆脱产品的一种方式，可以延缓产品的使用周期。新加坡航空公司总是致力于采购最新型号的飞机用于提升旅客飞乘体验，因而也非常重视适时将用过的飞机通过租或借等方式来延长产品使用时间，并为公司创造收益。

（3）永久性摆脱用过的产品。将产品扔掉、送到回收中心、出售等都是永远摆脱用过产品的方式。但有些消费者对有些产品不愿扔掉，即使产品没有什么功能价值，这些消费者仍视这些产品为特殊物品，留住这些产品往往是为了留住某些记忆。洞察到消费者的这种心理，会对某些公司的业务拓展战略带来重要启发。例如，那些经营钻戒、名贵手表、精品玩具、名画、名人手稿等具有收藏意义的公司，它们经营的产品某种程度上随时间流逝其象征价值更加突出。2021年11月23日，世界著名理论物理学家爱因斯坦的一份罕见手稿在法国巴黎拍卖，这份54页的手稿包含爱因斯坦的关键成就——相对论的准备工作，由爱因斯坦和他的同事兼知己、瑞士工程师米歇尔·贝索于1913年至1914年期间在瑞士手写。这份手稿拍卖的最终成交价高达1160万欧元（拍卖前估价350万欧元），被誉为"有史以来最有价值的爱因斯坦手稿"。

（五）何时获得、使用、处置产品的决策（when）

消费者行为发生的时机取决于众多因素。人们对时间本身的感知与态度会影响消费者行为。以下，我们从5个方面来解释消费者行为的时间特性。

第一，消费行为在全年具有季节性特征。当寒冷季节来临，火锅、厚衣服、拖车等之类的购买或使用量就会大大提升。例如，天气稍冷之后，中国全国各地的火锅就餐消费量大大增加，人们不仅去餐厅吃火锅，还购买火锅料和相关食材在家自制火锅。中国的火锅分为川渝、粤系和北派火锅三种。据调查，中国北上广深的大学生秋冬季每周至少吃一次火锅的人数占比达71%，他们最常去的前三位火锅品牌为海底捞、呷哺呷哺、小龙坎。但冬季到来，冰激凌、啤酒、饮料等产品的销量则大减。看房的人数在冬季也是大减的，中国粤港澳一带将看房说成"睇楼"，房地产商偏爱在金秋季节组织看房团"睇楼"，形成"金九银十"楼市促销旺季的规律。

第二，消费行为在全天具有时段性差异。相对而言，中国北方店铺每天开门时间晚，关门歇业时间早，这或许一定程度上能解释为何中国南方商业更为繁荣。随着人们生活和工作的时间安排多样化，品牌方也在调整自己的服务时间。例如，麦当劳以前有专门的早餐菜单，过了某个时点就不再供应早餐了，但现在全天候都有早餐菜单供应。7-11便利店在大城市的繁荣商业区推行每天24小时营业，但深夜售出的商品单价往往利润更高。

第三，人生关键时间节点会产生特定的消费行为。出生、毕业、婚嫁等都是人生关键节点，人们会产生一些特定的消费行为，以便为这些节点赋予特殊的纪念意义。戴比尔斯（De Beers）洞察到婚嫁是人生的关键节点之后，推出了经典广告语"钻石恒久远，一颗永留传"（A Diamond is Forever）。自1888年创立以来，戴比尔斯品牌便成为婚戒代名词。

第四，何时获得、使用、处置产品也受到其他人行为的影响。也就是说，我们何时购买或使用某品牌，会受到我们知道其他人是否正在购买或使用这个品牌的影响。有时候，我们对购买某物持等待观望态度，直到我们知道这种产品将要打折促销。另一些时候，我们即使不得不排长队去购买某件流行产品，但如果我们看到很多人还在我们后面排队等候，我们也就很愿意持续等候下去。这说明，消费者在服务场所是否乐意排队等候，是受到后面还有多少人等候这一因素的影响的。消费者后面排队等候的人越多，消费者越能接受自己继续等候。

第五，消费者会做出何时购买现有产品的新版本的决策。如果现有版本产品本身还使用得很好，甚至消费者为现有产品赋予了特定情感，那么更换成新版本的动机就不强。品牌方如果提供了更换现有版本产品的促销刺激，就可能促使消费者尽快购买品牌升级版产品。对智能手机来说，软件系统对用户的使用体验至关重要，智能手机厂商通过更新软件系统提高用户加快更换手机硬件的频率。一项有趣的消费行为研究发现，消费者姓氏的首字母会影响他们何时获得更新的产品。在西方国家，一个人从入学开始，在一个团队中的排名一般根据姓氏字母先后顺序，那些姓氏首字母位于24个字母中后段（如W、X、Y、Z）的消费者，一般会比姓氏首字母靠前名次（如A、B、C、D等）的消费者，在购买新产品、流行产品等方面，显得更快更先购买获得。这是什么原因呢？有研究认为，当人们还是小孩时，那些姓氏首字母靠后的人，总是最后才被点到或排到，童年时期总是被排到最后的经历使他们的心理需要得到某种补偿。他们想更快更先购买和拥有新产品就反映了这种补偿心理的需要。消费者行为科学家称这种现象为"家族姓氏效应"。[7]如果人们在童年时期不得不学会等待，那成年之后很可能培养起一种不愿等待的心理，导致他们更快更先做出产品更新行为。

（六）到哪里获得、使用、处置产品的决策（where）

到哪里购买、获得、使用或处置产品的决策是重要的。以下从三方面加以解释。

第一，到哪里购买、获得产品的决策是消费者最重要决策之一。例如，鉴于个人隐私或尴尬的考虑，那些自我感知患上难以启齿的疾病（艾滋病、男性病等）的消费者，会更倾向于从线上购买药品而不是线下实体店；即便早期从线上购药还存在假药等风险，这些患者也愿意冒着风险最先尝试线上购药。

第二，消费者需要做出到哪里使用或消费产品的决策。对于女性消费者来说，基于隐私需要，当使用测试纸或测试剂来检验自己是否处于排卵或怀孕状态时，会愿意选择在家里使用。当今，移动互联技术让消费者可以在公共区域（大街上、公园里等）使用电话、发送信息，甚至写微博、玩电子游戏、下载图片、听音乐等。这就推动了消费的流动性（liquidity）。

第三，消费者需要做出到哪里处置产品的决策。例如，如何劝服消费者将不再使用的旧书报放进回收循环箱而不是垃圾桶，这涉及消费行为促进环境可持续发展的问题。又如，越来越多消费者将自己不再想要的产品通过循环回收机构回收，或通过网络交换、送给其他消费者再用。这对于实现碳中和、碳达标等"双碳"目标，具有重要意义。此外，老年消费者特别关注个人财物的身后处置问题，除了子女晚辈继承遗产遗物之外，捐赠资助社会公益事业是值得鼓励倡导的处置办法。公共治理政策越完善，人们处置产品的方式方法就越多。

（七）产品购买、使用、处置的多少及频次的决策（how many, how often）

第一，消费者需要做出购买多少的决策。为避免浪费，人们应该想想自己是否购买了过多的产品。很多时候消费者对使用多少是适量的会给出错误预估。例如，近几十年来中国人口中超重和肥胖人数及占比呈上升趋势。根据世界卫生组织的标准，中国儿童肥胖人数最多，成人肥胖率仅次于美国。如果按照中国的标准，预计不久将来中国会成为世界上肥胖人数最多的国家。这种情况驱使中国人需要对吃多少才适量要有科学、精准的估算。但是，消费行为研究发现，不管是体重大还是体重轻的人，都存在低估食物卡路里含量的倾向；随着个人饭量的增加，消费者对食物量的增多的敏感性会降低。这一发现不禁让人惊愕，因为即使是体重轻的人，一旦饭量增多，他对饭量的增加却变得更不敏感，那么体重轻的人也会变得超重；而体重大的人，饭量本身就大，对饭量的增加也会变得更不敏感。有什么办法提高人们估算食物中卡路里含量的准确性呢？有研究建议采用分段分解法（piecemeal decomposition），也就是说，每餐食物由肉、蔬菜、主食等构成,对每种食物分开装盛、分开估算,这将提高卡路里含量估算的准确性,促进人们每餐食量更合理,从而提高人口健康水平[8]。

第二,多少才算适量还受到文化和经济因素的影响。据说瑞士消费者食用的巧克力是俄罗斯人的两倍,而俄罗斯人食用的巧克力却是墨西哥消费者的十倍。那么,瑞士人消费的巧克力和墨西哥相比,是不是就太过量了呢?这就涉及消费文化问题。人们愿意在购买单件产品上花费多少还受到经济状态的影响。不管外部经济环境是否处于萧条境况,经济条件更好的消费者,对价格的总体敏感性更低。一般情况下,人们会低估支出金额的量,不管消费者多么想要精打细算,他们常常会有一些预算之外的额外购买行为。人们每到月底就常常会问:钱包里的钱去哪儿了?一般来说,尚未工作而纯粹花父母钱的学生会更多地遇到类似问题,而靠自己挣钱生活的成年人一般会更清晰自己在如何花钱。

第三,购买或使用过多会给消费者造成困扰。获得、使用的产品量比应该的量更多,会给消费者造成困扰。因此,消费者要避免冲动性购买导致购物过多、饮食过度、吸烟上瘾或赌博成瘾等负面消费行为。消费者行为学需要研究哪些因素有利于消费者养成消费自控能力,因为消费者自我控制力衰退会带来负面消费行为。公共治理部门需要在科学理论的指导下制定有效政策,力争控制或杜绝有害消费行为。本书第六篇会进一步讲述这些问题。

综上,消费者行为是作为消费者的个体,对产品、服务、活动、体验、观点、字节信息等市场或社会供给物,实施获得、使用或消费、处置等的行为活动与过程。这些消费者行为活动包括但不限于是否需要获得、使用或消费、处置产品,以及需要哪些产品、为何需要这些产品、何时需要这些产品、需要多少产品,以及如何实现消费需要等内容;这些消费者行为活动还会随时间变化(以小时、天、周、月、年等为单位)而发展演进。消费者行为的内涵反映在图 1.2 之中。可见,消费者行为是消费者对产品、服务、活动、

图 1.2　消费者行为的内涵

体验、观点、字节信息等市场或社会供给物，实施获得、使用或消费、处置等活动，以及相应的是否需要获得、使用或消费、处置产品，需要哪些产品、为何需要这些产品、何时需要这些产品、需要多少、如何实现需要等行为决策内容的总称。

消费者行为学是研究以上消费者行为要素及其运行规律的科学。研究消费者行为及其运行规律，旨在提高工商企业和公共部门制定营销战略与策略的科学性，旨在让消费者从消费行为中实现最大获得感和福祉。接下来我们重点讲解消费者行为学的学科特性，我们重视学科属性的研究，以提升本教材作为消费者行为学国际主流教材知识体系的权威性。

三、消费者行为学的学科特性

消费者行为学的学科特性涉及消费者行为学与市场营销学的相互关系，以及消费者行为学的研究范畴等基本问题。以下从三方面阐释消费者行为学的学科特性。

（一）消费者行为学的学科自主性

消费者行为学的学科自主性主要从以下几方面反映出来。第一，消费者行为学发端于商科教育迈向现代科学的历史背景，是促成市场营销学迈向现代科学的核心驱动力量。消费者行为学成为现代科学，发端于20世纪50年代末至20世纪60年代初的美国市场。当时福特基金资助了一个多年一期的项目，委托专门小组研究美国商科教育的现状与改革方向。该项目研究后提议，美国高校的商学院教育有必要从当时的职业技能教育模式转变为科学研究教育模式，学术研究要从描述性研究转型为包括定性与定量研究方法相结合的现代科学研究模式。市场营销学科和商学院其他学科领域一样，改变了传统的描述性研究范式，着手培养学术研究导向的博士生。为适应市场营销学转型迈向规范的、正宗的现代科学，商学院在招聘新生的营销师资力量时，将从心理学等相邻学科招聘师资从事消费者行为学研究作为师资发展重点，当时已经在市场营销学专业岗位的教师也主动学习心理学理论与方法，实现现代化转型。这样，消费者行为学就正式迈向了现代科学。因此，将20世纪50年代末至20世纪60年代初界定为消费者行为学迈向现代正宗科学的阶段是较为准确的。

消费者行为学作为现代科学成立后，最初学者们的研究动机仍然是出于为企业市场营销战略与策略服务。学术界最初将"消费者"（consumers）等同于购买者（buyers），将购买行为作为消费者行为学的核心研究范畴（本章开篇我们就强调，消费者行为的范畴远超越购买行为）。例如，1969年霍华德（Howard）和谢斯（Sheth）提出"购买者行为理论"（the theory of buyer behavior）并撰写了相应的教材[9]。但将消费者行为等同于购买行为的学科视野很快就得以拓展。

第二，消费者行为学的正宗性体现为它在现代市场营销学科中的基础性地位。现代市场营销学的核心理念是承认企业实施营销活动要以消费者需求为基础，要遵循消费者获得、使用或消费、处置产品或服务等行为规律。因此，消费者行为学对现代市场营销学理论的构建、发展起到基础性作用。消费者行为学的自主性特性，推动了美国市场营销学术界的早期带头人，主张消费者行为学研究不能受制于市场营销学的传统立场，而要建立自主的学术研究身份识别。市场营销学的传统立场是站在企业营销经理人角度来研究消费者行为的，将消费者行为研究的目的界定为完全或主要为企业营销决策服务。为了建立消费者行为学的正宗性身份，一批消费者行为学者在1969年正式成立了"消费者研究学会"（the Association for Consumer Research，ACR），随后创办了消费者行为研究第一本顶尖学术期刊《消费者研究学报》（Journal of Consumer Research，JCR）。ACR成立伊始，就和美国市场营销学会（American Marketing Association，AMA）相互独立运作和发展。

第三，消费者行为学的自主性体现在其独特的学术价值主张。消费者行为学强调其学术研究立场不只是为企业市场营销经理人的营销决策服务，更重要的是以消费者福利最优化为宗旨，学术研究要为实现消费者福利最优化而服务。这种独立的价值主张是由美国商业发展历史决定的。20世纪60年代晚期，美国社会开始反思企业（尤其是大型企业）的所作所为，承认有的企业市场营销实践（如广告等）给消费者造成了潜在负面影响（如强制性消费、欺骗性广告等行为）。消费者行为学表明其存在的价值是为了提升消费者福利，而不是以提高企业市场营销收益为研究目的。消费者行为学的价值主张，正好与当时人们对社会公共问题的关切相一致。消费者行为学强调其自身存在价值不是作为企业的女佣，而是具有超越于服务企业营销决策之外的自身独特价值。

（二）消费者行为学的学科分支性

虽然消费者行为学有显著的自主性、相对独立性，但消费者行为学不是一门独立的学科，它是市场营销学的分支学科。因此，消费者行为学具有分支学科属性。

一方面，从学科范畴看消费者行为学不是一门独立学科。科学社会学（sociology of science）认为，"学科"（discipline）是拥有自身独立的追随者或门徒（如学术界、导师、学生等）、思想系统（如研究范式、理论、分析工具等）和基础设施（如系科或专业、期刊、协会组织等）等在内的科学研究领域。根据科学社会学对"学科"的界定标准，消费者行为学不是一门独立学科，它不满足独立学科的条件[10]。①从学科认同看，自我定义为消费者行为学的成员，大多数来自市场营销专业的学者和博士生。②从学科权威体系来看，消费者行为学领域的期刊（如 Journal of Consumer Research, Journal of Consumer Psychology, Journal of Marketing Research 等），以及协会（如 ACR、SCP 等），大都由市场营销学专业的学者发挥学术主导作用。③从学科知识生产来看，学术期刊和会议上发表的消费者行为学研究成果，主要是由市场营销学的学者来完成。可见，尽管消费者行为学有其自主性、相对独立性，但它是市场营销学的分支学科。

另一方面，消费者行为学作为市场营销学分支学科强化了市场营销学作为现代科学的正宗性和合法性。消费者行为学作为市场营销学分支学科并不意味着它在市场营销学科中的地位不够高，或者失去了消费者行为学本来的价值诉求。相反，消费者行为学作为市场营销学分支学科，本身源于现代商科教育以更高标准推动市场营销学成为正宗和现代科学的历史背景。市场营销学在20世纪50年代末和20世纪60年代初重点从两大方向将市场营销学"扶正"为现代科学。一是将心理学引入市场营销学，开启消费者行为学研究；二是培训统计学、数学等计量科学方法，开展营销计量模型研究。随后半个多世纪的发展表明，消费者行为学研究队伍已经成为市场营销学科内部门徒最多、贡献新理论和新概念最多的分支学科。

总之，消费者行为学已发展成为市场营销学供给基础理论、自主性和相对独立性强的分支学科。这种分支学科特性，为市场营销学的正宗性及发展繁荣奠定了基础，作出了巨大贡献。消费者行为学拓宽了市场营销学的科学视野，因其正宗性和自主性，市场营销学不仅服务于企业营销经理人的营销决策，也服务于市场需求端的消费者，以及与消费者福利相关的公共政策制定者。同时，消费者行为学大大拓宽了市场营销的实践视野，市场营销不仅是企业的一项内部职能，还涉及企业处理与外部众多利益相关者（如消费者、政策制定者、社会等）的关系。

（三）消费者行为学的核心范畴和相邻范畴

1. 消费者行为学的核心范畴

从科学社会学的角度看，消费者行为学的核心研究范畴是反映消费者对产品、服务、体验、观点、信息字节等市场或社会供应物的需求或欲求、获得、使用或消费、处置等行为，以及影响这些行为的因素和受这些行为影响的结果。在此范畴内，消费者行为不仅被定义为通过经济交换来获得产品或服务等供应物，还包括产生需求或欲求、使用或消费、处置这些供应物在内的相关活动。我们进一步从几方面来理解消费者行为学研究的核心范畴。

其一，消费者行为学关注的主体是最终消费者。这使得消费者行为学区别于市场营销学的其他相关分支学科。例如，营销战略分支学科关注的主体是机构（含工商企业、营销中介、医院、公营机构等）。

其二，消费者行为学不仅关注最终消费者的产品或服务获得，还关注产品或服务的需求或欲求、使用或消费、处置等关联活动。消费者行为学诞生的最初时期，学术界曾将关注重点仅仅放在产品或服务的购买行为（buying），即通过经济交换手段获得产品或服务，因而那时消费者行为学的研究范畴近似于购买者行为学。当消费者行为学的研究范畴从产品获得，拓展到需求或欲求、使用或消费、处置等相关活动环节时，消费者行为就不仅仅是和企业营销活动关联，也和围绕营销活动的更为宏观的社会治理相关联。这就拓宽了市场营销的理论与实践范畴，市场营销不只是企业内部的经营职能，还具有社会治理功能。将产品获得、使用或消费、处置等内容置于消费者行为学的核心范畴，一方面有助于消费者行为学知识为促进消费者个体及整个社会的消费福利最大化、最优化做出更大贡献；另一方面也有助于推动企业营销活动给消费者个体及整个社会带来更多积极影响，规避消极影响（如面向未成年人的广告、引起过度物质主义的广告等）。

其三，消费者行为学重点以行为科学为基础学科，借鉴其理论与方法，但其基础学科也会随时代演进而调整。消费者行为学研究最终消费者在产品等市场供应物的需求或欲求、获得、使用或消费、处置等方面的行为规律，研究影响这些行为的因素，以及这些行为引起的相关结果，因此，消费者行为学迄今主要以行为科学为基础学科。

但是，随着科技、经济的发展演进，消费者行为学的基础学科也会随之调整。例如，当数字技术越来越多运用于市场营销活动中，消费者行为学研究也越来越普遍地从计算机科学领域借鉴相应的理论与方法，计算机科学在将来可能成为消费者行为学的基础学科。

2. 消费者行为学的相邻范畴

与消费者相关的行为还有很多，如生育、地理流动、教育、医疗等。这些行为活动规律与消费者行为学的核心研究范畴是何种关系？以下从两方面解释这个问题。

一方面，市场营销学之外的学科对"消费者"的研究有利于加深对消费者行为的理解，但它们本身并不构成消费者行为学的核心研究范畴。例如，在金融学的分支学科"消费信贷"（consumer lending）领域，"消费者"只是起到修辞限定作用；法律学的分支学科"消费者权益保护法"中，"消费者"也只是发挥修辞限定意义。但市场营销学中"消费者行为学"（consumer behavior）分支学科是以主题词而不是修辞词出现的。消费者行为学分支学科之外的这些学科领域的研究范畴，是由其他学科来界定的，它们有其自身的研究使命、范式、期刊、影响力标准、博士生培养体系等；加之，这些学科也不可能将消费者行为列入它们的研究范畴。因此，消费者行为学没有必要也不可能将所有凡带"消费者"措辞的消费者相关问题作为其核心研究范畴。

另一方面，消费者行为学需要有选择性地与重要相邻学科合作，拓展有价值的跨学科研究。这可以发挥消费者行为学对商业和社会的创新贡献。市场营销学科之外的学者们（如医学、政治科学、教育学、地理学等）也研究假定行使消费者角色的个体的行为。例如，当人们在看一个疾病预防广告，或患者要做出看哪位医生、选择什么药物的行为决策时，他/她的行为就和消费者非常接近。消费者行为学视这些学科为相邻学科，消费者行为学和相邻学科之间相互借鉴各自的知识。但这并不意味着消费者行为学要将核心范畴扩宽到这些领域。例如，消费者行为学的目的不是要作为临床医学的一部分去理解患者行为，相反，是医学为消费者行为学研究提供了有价值的研究场景。鉴于消费者行为学自身资源是有限的，它需要从人类社会重大关切的领域选择相邻边界加以跨学科研究，以提高消费者行为学对商业和社会的贡献。目前，人类医疗健康、教育、经济及社会公平等重要社会议题是消费者行为学需要重点研究的相邻范畴，相关的跨学科研究成果将对商业及社会发展做出重大贡献。

例如，20世纪90年代美国出现青少年吸烟率不断上升的社会问题。青少年从哪些渠道接触吸烟行为并学习、模仿呢？有几位消费者行为学者独辟蹊径，实地到学校附近的两家小型电影院进行了田野调查，他们最后确认电影里的吸烟镜头会引起青少年模仿并增加吸烟行为。那又有什么办法解决这个问题？他们随后研究发现，对影片的严格审查显然很重要，能直接减少吸烟镜头；但有些历史题材电影，吸烟镜头反映了当时的事实，完全省略会导致历史失真。学者们系列实验研究发现，电影正式放映前播放反吸烟广告能有效制止吸烟镜头产生的负面影响。这项研究引起了美国中小学校、公共卫生部门和国家疾控中心等的高度关注，它们共同呼吁反吸烟公共政策吸取此项研究的建议[6]。可见，消费者行为学研究对社会公共治理决策具有重大借鉴作用。

四、消费者行为学的社会经济意义

（一）对企业市场营销战略与策略的意义

消费者行为学最重要的社会应用价值体现在对市场营销实践的借鉴。为此，本教材每章的开篇案例，遵循消费者行为洞察——品牌营销创新的逻辑，撰写知名案例，引导该章知识体系。消费者行为学对企业制定市场营销战略与策略具有不可替代的借鉴意义[5]。

1. 对市场细分与定位战略的借鉴意义

第一，消费者行为学有助于企业从战略上对潜在顾客进行科学细分。①寻找有效细分的标准。消费者行为学通过洞察消费者看重的产品利益点，将消费者划分为不同的细分群体，从而为满足相应的消费者细分群体需求，开发具有吸引力的产品或服务。②为细分群体画像。通过消费者行为洞察，营销经理人将各消费者细分群体的形象生动地刻画出来。例如，消费者行为学发展早期，研究者们从消费者人口统计特征，如年龄、教育、职业、经济收入等这类基本特征来刻画细分群体；后来发展出一套以活动-兴趣-观念（即 activities, interests, opinions, AIO）为框架的消费者刻画工具。今天，刻画消费者的工具更为灵活多样。例如，将消费者价值观、生活方式，与针对特定社会议题的看法相结合，品牌就能及时更新其消费者细分群体画像。③评估细分市场的经济可行性。消费者行为学研究有助于市场营销人员了解到特定细分市场具有的支付能力与规模，测算各消费者细分群体的预期经济价值，从而决定进入还是放弃某细分群体。④监测消费者细分群体的满意度。市场营销人员通过消费者细分群体的线上评论或社交信息，可以监测消费者对品牌及其营销活动的满意度。例如，"小熊电器"作为新锐品牌，2006 年才成立，但其品牌经理运用新型大数据技术洞察消费者行为，创新营销思维，将目标消费群确定为不被老一代家用电器品牌关注的"一人食"细分群体（即女大学生、独身白领女青年等新锐女性），这群独居年轻人越来越多，具有强大消费能力。小熊家电瞄准这个细分群，满足其"悦己"心理需求，深受该顾客细分群体喜爱。到 2018 年，小熊电器就建立起在小家电市场的单品龙头地位。

第二，消费者行为学有助于推动公司产品或服务在消费者心中占据独特位置。①有助于品牌树立独特的和具有竞争优势的定位。营销人员通过消费者行为研究能洞察到消费者是如何将本公司品牌与竞争品牌进行比较的，从而将结果绘制成知觉图（perceptual map）。在知觉图中，处于同一象限的品牌被消费者视为具有相似的利益点。营销人员利用知觉图决定自己品牌如何区别于、不同于竞争品牌，由此建立品牌独特性。例如，了解到国内消费者很看重手机的拍照功能，华为手机 2016 年推出 P9 系列产品时，首次和国际知名专业照相机品牌徕卡合作，引入徕卡双摄，希望将手机拍照提升到新的手机摄影的专业水平，从而在消费者心中形成了华为手机摄影效果更佳的优势心理定位。②有助于重新定位。消费者行为研究有助于营销人员对产品进行重新定位。例如，发达市场从互联网环境成长起来的女性消费者追求自然和舒适的观念越来越强，"维多利亚的秘密"（简称"维秘"）若能洞察这一趋势，就会重新审视先前确定的性感、时尚、浪漫的定位；但是，"维秘"没有及时调整自身品牌定位，当它为2014年新品打出"perfect body"（"完美身材"）广告时，立刻引来网民的不满，成千上万网民签署请愿书，要求"维秘"修改广告文案。后来"维秘"对品牌进行了重新定义：无惧他人眼光，遵循内心选择。

2. 对产品与品牌策略的借鉴意义

开发能满足消费者需要和想要的产品或服务是一项关键营销活动，市场营销人员在这个过程中要广泛运用消费者行为学研究。①新产品创意。传统上，市场营销人员通过消费者问卷调查、观察、焦点访谈等方式获得目标市场对于新产品开发的意见。今天，营销人员还可以利用数字技术，让消费者数字参与新产品共创。例如，大疆创新每年在全球主办多场照片和视频比赛，鼓励消费者将作品上传到社交及视频网站，以此吸引无经验的大众消费者试用大疆产品用于航拍，并将消费者试用数据用于改进产品。②增加或减少产品属性。例如，美国邮政这家市场营销实践相对保守的公司，在数字技术浪潮中却不断创新。当了解到很多订婚夫妇仍坚持邮递印刷的婚礼请柬时，它就改进了自身多年定期发行邮票的传统做法，而尝试专门设计用于婚礼请柬的美国邮政邮戳。现在美国邮政提供多样化的婚礼邮票定制服务，消费者可以设计自己个性化的婚礼邮票，这项服务开始两年内就为公司创造了近4亿美元的收入。③产品名称、包装与标识外观。洞察消费者对产品的名称、包装或标识等的视觉反应，能帮助市场营销人员改进消费者对产品或服务的美学体验。例如，2015—2017年北美票房排行榜（互联网电影资料库，internet movie database，IMDB）年度票房排名前10的电影（3年共30部）中，续集电影多达16部，占比超过50%。而续集电影片名策略总体上采用两种方式，一种是在原电影名后面加上数字序号（如"蜘蛛侠3"），可称之为数字片名策略；另一种是在原电影名后面加上新的文字叙述（如"复仇者联盟：奥创纪元"），可称之为文字片名策略。两种命名方式哪一种更能吸引观众呢？通过对1960—2017年长达57年的美国市场上映的547部续集电影的分析发现，前瞻性题材（将故事重点放在未来，讲述未来的、虚构的、想象的内容，多为科幻片、魔幻片等）的电影，续集电影采用文字片名带来了更好的市场效果；而回溯性题材（将故事重点放在过去，讲述已发生事实，多为纪录片、历史剧等）的电影，续集电影采用数字片名带来了更好的市场效果[11]。可见，续集电影片名的不同策略，能激起消费者不同的心理想象和体验。而另一项针对中国股市2013—2018年真实数据和个体股民行为的实验研究发现，中国股民对股票简称中含有"中""国"等具有母国文化象征符号意义字眼的股票，表现出显著更高的投资意愿，而股民对此类上市公司的文化心理认同驱动了这种偏爱；这类股票又确实产生了更高的投资收益，不论其来自国有还是非国有所有制上市企业[12]。可见，人们的购买行为受到产品名字符号线索的影响，而这种影响很多时候来自潜意识层面。一般来说，功能导向的产品品类（如汽车轮胎、除草机、电动工具等），品牌标识宜选用功能性颜色（如灰色、黑色、蓝色等）；而社交性产品（如香水、巧克力、高档餐馆等），品牌标识则宜采用社交型颜色（如红色、黄色、粉色、紫罗兰色等）。洞察案例1-2讲述了泡泡玛特洞察年轻消费者探究未知新奇和分享的心理需求，高效创造出千亿市值的潮玩品牌，其消费者心理洞察的理念与策略为众多品牌提供了经验借鉴。

洞察案例1-2

泡泡玛特：打造潮玩藏品

2016年，泡泡玛特凭借Molly（茉莉，一款潮流玩具）系列盲盒产品风靡全国。随后，其净利润呈爆发式增长。到2019年，其净利润上升到4.51亿，直接助推泡泡玛特2020年12月在香港成功上市，并且最高市值一度高达1500亿。泡泡玛特为何深受年轻消费者喜欢？其走红的背后蕴藏哪些消费者心理洞察的理念和策略？

1. 创立独特的拥有仪式——抽"盲"盒

泡泡玛特潮玩火爆的秘诀是其"盲盒"销售模式。2014年泡泡玛特开始在中国经销Sonny Angel（日本超人气娃娃）盲盒产品，掀起一波盲盒抢购热潮。透过Sonny Angel，创业团队嗅到了盲盒机制蕴藏的商机，于是，与设计师合作开发推出了Molly、Pucky（一款潮流玩具）等盲盒系列。"买盲盒"一半买的是"盲"，另一半才是"盒"。盲盒里面的具体产品，打开之前无法预知，这就创造了惊喜的购买体验。抽盲盒的未知刺激令无数消费者着迷。消费者在购买盲盒时会经历这样的情绪体验。首先是看到盲盒时充满未知与好奇；其次高兴挑选并充满期待地摇盒；再次紧张开盒，或是惊喜（抽到心仪款）或是失望（没抽到心仪款）；最后将心情分享给亲朋好友。拆盲盒的心路历程让他们对到手玩偶视若珍宝。

2. 搭建数字平台，促进藏品分享交流

泡泡玛特还为消费者创建了围绕盲盒的产品分享交流平台。2016年6月，泡泡玛特自主开发潮流玩具社区电商平台——葩趣小程序（APP），向用户提供最前沿潮玩资讯，发布活动信息，让玩家能更轻易找到与自己爱好相同的朋友。APP上"玩具百科"板块提供最新国内外玩具资讯、艺术家深度访谈和品牌资讯；"玩具柜"板块帮助玩家实现展示及分类收藏自己玩具的功能。此外，泡泡玛特制订了会员计划，在"葩趣"上建立了"粉丝小区"，强化粉丝之间的互动，通过多种会员福利提高消费趣味性、增强用户黏性与参与度，包括促销、活动优先参与权、限量版优先购买权等。于是，大量年轻玩家涌入，在这里"转娃""改娃""换娃"。泡泡玛特在线上建立了800多个社群，助力消费者购买、收集、分享喜欢的藏品，共吸引超10万用户。用户在交流过程中形成了"养娃"部落，找到了归属感。

3. 自创优质IP，强化拥有物的象征性价值

产品知识产权（intellectual proterty，IP）形象是泡泡玛特的业务核心，其蕴含的文化象征性是潮玩的生命力源泉。泡泡玛特格外重视IP源头——设计师。从2016年开始，泡泡玛特与日本等地一批头部潮玩艺术家签约。目前，它与超过350名艺术家保持紧密关系，签约合作了28位全球顶级艺术家。通过挖掘艺术家，泡泡玛特迄今打造了Molly、Pucky两个头部IP，Dimoo、BOBO&COCO、Yuki、The Monsters、SATYR RORY 5个腰部IP，和其他众多IP构成的矩阵，构建了自己的品牌组合。截至2020年上半年，泡泡玛特共运营93个IP，包括12个自有IP、25个独家IP及56个非独家IP。例如，Pucky就是旗下第二大IP，经王信明推荐，他徒弟毕奇拥有了与泡泡玛特合作的机会，泡泡玛特将自己经营潮玩中洞察到的消费者颜色偏好，使Pucky新品精准满足用户。2018年、2019年Pucky分别创造了7508万、3.15亿的收益，成为旗下第二大IP。

4. 跨界合作，突破圈层

泡泡玛特与人气IP、品牌跨界合作获得双赢。例如，泡泡玛特与日本设计师小夏屋合作推出罐头猫朋友系列，产品艺术气息浓郁，产品线丰富，强化了潮玩收藏价值。泡泡玛特还与迪士尼、王者荣耀、凯蒂·怀特（Hello Kitty）、非人哉等热门IP联名，覆盖影视、游戏等多个方面，渗透到年轻人多维的娱乐生活，占领消费者心智。例如，泡泡玛特与《王者荣耀》联名推出"峡谷萌新"系列产品，总共有14款公仔，这套新品展现了王者英雄可爱稚嫩的萌新设定，与平日里驰骋峡谷的英雄形象形成了巨大"反差萌"，吸引了大量潮玩爱好者和游戏玩家的关注。又如，在食品领域，2022年圣诞期间，泡泡玛特与高端奢侈酒店品牌"上海半岛酒店"联名合作，推出节庆限定下午茶。在美妆领域，泡泡玛特旗下Pucky森林系列与资生堂旗下美妆品牌Za（姬芮）梦幻联名，选择了与云朵、小树、梦幻、独角兽、种子、鹿、长帽子7个Pucky精灵推出限定合作款，以梦、宇宙、森林作为主题，推出四色隔离霜家族、净透卸妆水、8色眼影盘，每一款都时尚可爱，深受年轻女性用户喜欢。

综上，泡泡玛特以盲盒出圈，却又不局限于盲盒。它善于挖掘优质IP，通过积极跨界联名，持续扩大IP影响力。泡泡玛特以社群运营的花样玩法及潮玩文化的推广与培育，赋予一个个面无表情的玩偶丰富的象征意义，让用户乐此不疲地购买、交易、收藏、展示，建设他们专属的"藏品帝国"。泡泡玛特洞察当代年轻消费者的理念与策略，值得更多品牌学习借鉴。

资料来源：
[1] 赵息，郭兆峰.泡泡玛特：领跑中国潮玩全产业链[J].中国管理案例共享中心，2021.
[2] 郝越，张洁，侯娜，刘雯雯.泡泡玛特：似火燎原下，潘多拉的盲盒能否跑得更远？[J].中国管理案例共享中心，2021.

3. 对定价策略的借鉴意义

企业市场营销需要洞察消费者对价格的反应并将其应用到定价决策中。消费者行为研究对价格策略具有借鉴意义，以下重点讲解几种基于消费者心理洞察的定价策略思维。①心理定价。尾数定价（如9.99元、99.99元）和整数定价（如10.00元、100.00元）各自在什么情形下让消费者觉得感知成本更低？为何很多公司的定价愿意用数字9来结尾（如109元）？有时定价太低反而不受消费者待见，因为他们由此怀疑质量。同样，一般情形下，降价时采用打折百分比（%）和采用绝对数相比，前者更受消费者喜欢。例如，原价300元的T恤，营销人员采用打折10%要比直接说降价30元让消费者感受到的获益更大。②消费者价格敏感性。不同消费者在价格敏感性方面存在差异。有的消费者对价格异常敏感，价格少量改变就会影响其购买意愿；但另一些人则对价格不敏感，不管市场营销人员如何变动价格，这些消费者都会购买。对于声望性产品而言，高价象征地位，看重社会地位的消费者对价格一般不敏感。还有，同样一件产品，消费者站在卖和买的角度，感知到的产品价值存在显著差异，一般来说，消费者在卖产品时总是倾向于高估产品价格，而在买产品时总是倾向于低估产品价格。这种现象被称为"禀赋效应"（endowment effect）。例如，在中国城市，人们总是喜欢谈论房产价格涨落话题，而人们对自己正在住的房子总是倾向于过高估价。③价格调整。消费者可能在某些特定时间，对调价策略反应更为强烈。例如，中国房地产市场形成了"五一""十一"两个买房黄金季，商家在这期间推出调价策略更容易有销售业绩方面的积极反应。据说，美国消费者对一月份的床单打折活动反应最为积极。美国超级碗（Super Bowl）职业橄榄球大联盟年度冠军赛一般在每年一月最后一个或二月第一个星期天举行，那一天被称为超级碗星期天（Super Bowl Sunday）；每年大约有500万消费者会专门为了观看超级碗而购置新电视机，而零售商在超级碗来到的前几周会大打折扣，以便抢占市场份额。

4. 对终端渠道策略的借鉴意义

消费者行为学研究对市场营销终端渠道决策具有重要借鉴意义。①目标消费者会到哪里购买、何时购买。市场营销人员可以从消费者行为学研究中理解人们在购买时间、购买地点等方面的行为倾向。消费者总是选择在购买时间和地点上对自己更为方便的零售渠道。零售业发展演化的本质就是让消费者在购物时间、地点等方面拥有越来越大的灵活性。现在，美国和中国这两个数字经济大国，消费者足不出户就能完成购买行动，而手机端几乎可以选购所有日常所需，并确定预定时间让快递员送货上门。②产品终端陈列。消费者可根据产品特征相似或用途相近来安排产品在零售终端的陈列，市场营销人员把相似或互补的商品摆放在邻近货架。例如，婴儿纸尿裤一般应放在婴幼商品区，而啤酒放在饮料区，但沃尔玛超市却把这两种产品摆放到一起。是不是店员出现了疏忽呢？原来店员并没有出错，这是沃尔玛根据用户购买大数据做出的货架管理创新。用户购买大数据分析表明，来超市购买婴儿纸尿裤的大多是年轻爸爸，他们很多时候每趟购物都同时买了纸尿裤和啤酒，沃尔玛为了方便顾客，干脆就把啤酒和纸尿裤放在一起。货架管理方面的这点小调整，不仅提高了沃尔玛纸尿裤的销量，而且啤酒也同样卖得更多了。③零售购物体验。消费者洞察能为营造美好的店内购物体验发挥借鉴作用。例如，女性时装区散发的味道和女性香水味一致时，女性消费者会增加在店里的逗留时间和开销数目。但对冲动型购物者来说，店里香味对购买行动的影响效应并不突出；对深思熟虑型消费者来说，商店环境气味对促进购买的积极作用更显著。消费者如何获得线上购物环境体验呢？网络购物者除了想要获得视觉、触觉等方面的体验外，还要求网站功能要好，能传递特定品牌形象和购物氛围。例如，美国服装专卖店阿贝克隆比&费奇（Abercrombie & Fitch，A&F）成立于1892年，专门为户外探险者提供运动装备；进入21世纪，它洞察到在线购买服装变得越来越普遍时，就想着如何优化线上购物体验。于是，它在官方网站增加了在线音乐播放曲目，顾客线上购买服装时能听到和实体店相同的音乐，这种线上到线下（online to offine，O2O）链接实现了数字零售创新。

5. 对营销传播策略的借鉴意义

围绕消费者对营销传播信息引起的心理、生理、神经反应研究，是消费者行为学集中的研究领域，一直稳定地为市场营销实践界提供借鉴。①制定传播目标。消费者行为学研究能了解消费者的品牌知晓度高低（awareness）。当品牌知晓度不高时，品牌方需要将营销传播目标确定为消费者教育；如果品牌知晓度已较高，但对品牌内涵知之甚少，营销人员就要将传播目标确定为提高消费者品牌认知（knowledge）。如果消费者从品牌联想到的积极、正面成分不够丰富，那么营销目标就是为品牌创建品质、形象等方面的积极联想，如知晓度曾经很高但现在却越来越少人购买问津的品牌，此时品牌传播的目标就是为品牌再定位（repositioning）。②确定传播内容。互联网时代来临后，欧美地区的市场营销实践曾经将电子邮件作为一种营销传播工具，而对特定目标消费群发送定制的邮件内容能有效提升品牌官网访问量。营销传播中如何运用情感要素呢？那些能同时唤醒人们情感和生理心理反应的广告更容易成为病毒式广告。又如，《广告时代》2015年曾刊发了舒洁（Kleenex）"看似最好朋友"的广告文案，画面中一位绅士和一位爱犬同坐在轮椅里，这个广告吸引了千万人在线浏览，爱犬对主人的关爱，深度唤醒了人们心理深处的情感。③确定广告投放时间。消费者行为学能告诉市场营销人员消费者的消费需求与季节、天气、节日等存在某种特定规律。例如，百事可乐、王老吉等饮料品牌在中国春节前后几周会大量投放广告，百事"把乐带回家"广告已持续多年，它很好地把农历春节欢聚与"乐"文化相结合；中国国产品牌王老吉则突出"吉"文化传统。

6. 对促销策略的借鉴意义

与广告相比，促销更侧重于刺激消费者短期内采取购买行动，尽快提升品牌的市场绩效。①制定有效促销策略。当品牌希望为应用商店或公众号"拉新"时，采取关注获"赠券"（coupon）促销策略可能很有效；但如果促销是为了激活老顾客，那就需要采用"买一赠一"（buy one get one free coupon）促销策略。例如，名创优品2013年成立于广州，公众号创立初期为了迅速"拉新"，名创优品在实体门店采取扫码送购物袋的方式，如果关注名创优品公众号就可免费获得价值1元一个的购物袋，否则要支付0.5~2.0元不等的价格。这种扫码加关注获购物袋的促销方式，让名创优品微信公众号日均增粉3万人左右，不到1年就积累了1000多万粉丝；成立3年就拥有3000多万粉丝，成为社交电商+实体零售相结合的新零售典范。②监测促销效果。对比促销前后消费者购买量的变化，就能确定促销是否有效。消费者研究还能揭晓到底是免费派发样品还是降价促销，更能提升消费者的购买量……③安排合适的前线销售人员。一般来说，店员和消费者之间拥有越多的相似性，消费者对店员的依从性程度就越高（comply）。

（二）对促进消费者福利的意义

消费者行为学的最大利益相关方是消费者自身。消费者行为学的使命是促进消费者从产品需求认知、获得、使用或消费、处置等全过程中享有最大收益，实现长期福利最优化。消费者从消费者行为学中获益的途径主要有两类。一类是直接途径。消费者学习、运用消费者行为学知识，增强消费者素养，使自己成为更为明智的购买和消费决策者。另一类是间接途径。消费者会因企业和公共政策制定者借鉴消费者行为学知识而从相关政策行动中受益。例如，企业因洞察消费者行为而实施了以顾客为导向的市场营销战略与策略，消费者便成为最终的受益者。公共政策制定者借鉴消费者行为学研究成果会提高政策执行效果，消费者也成为最终受益者。这里重点讲解消费者从消费者行为学获益的直接途径。以上消费者行为学对企业市场营销战略和策略的借鉴，以及以下消费者行为学对公共治理政策的借鉴和对消费者权益保护组织的借鉴，是消费者行为学让消费者获益的重要间接途径。

消费者能从消费者行为学中直接获益。每个消费者都应该自觉坚持学习消费者行为学知识，这能大大提升每个消费者的消费素养。例如，当消费者观看柱状图、矩阵图、方格图，而不是曲线、纯文字或散点图时，消费者就能更准确地理解、领会不同品牌之间存在的属性差异。据悉，美国知名的消费者报告（consumer reports）在其纸质印刷报告和网站中均显著的使用矩阵图，以帮助消费者更好地理解这家机构专门为消费者提供的丰富而又有价值的市场信息。当消费者了解到互联网平台企业或企业品牌方利用数字技术手段跟踪消费者行为轨迹时，每个消费者就会有更强的隐私保护意识。同样，当为人父母者通过学习消费者行为学知识，了解到不当广告对幼童会产生负面影响时，他们会在家里保护未成年人，并通过自己的行动，推动公共政策，以保护幼童免受不当商业广告影响。总之，一个国家或地区要培育起成熟的市场体系，需要推动公众成为拥有消费者行为学知识及消费素养的消费者，这对于社会的发展进步是极其必要的。

前沿研究 1-2 揭示，消费者在一天中，早上更利于吸收有利于自我长期发展的优性信息内容，而晚上更容易倾向消费仅供短期娱乐的信息内容，该项研究对促进消费者信息消费健康福祉具有重大价值。

早上吃瓜，晚上学习？消费者数字信息偏好的时间不对称性

（三）对制定公共政策的意义

消费者行为学从三方面提升公共政策制定者及执行者的政策效果。[13-14]

第一，理解消费者行为学是公共政策制定者适时立法，将消费者权益保护制度化、法律化的基础。回顾历史，20 世纪 60 年代和 20 世纪 70 年代是美国消费者行为学者为联邦政府制定相关政策提供专业知识支撑的黄金期。例如，20 世纪 60 年代，发达市场经济国家的政策制定者们意识到，与大企业集团相比，个体消费者在购买行为中的经济实力是弱小的，在买卖交易中处于不利地位。因为相对于厂商，消费者的产品知识相对欠缺，在权益受损时掌握的话语权、解释权显得不足够；个体消费者还可能受企业营销手段的操纵，导致情绪性冲动性购买，等等。在此认识基础上，美国于 1962 年颁布了著名的《关于保护消费者利益的总统特别咨文》，提出消费者享有"四项基本权益"，即有权获得安全保障、有权获得正确资料、有权自由决定选择、有权提出消费意见。这部法案激发了美国市场的消费潜力，对推动其成为世界最大消费市场具有历史性贡献，也将美国经济成功地转型为消费拉动型增长模式。又如，在人们迈进数字经济时代，数据成为资源的今天，欧盟领会到保护消费者信息数据安全的重要性，率先于 2018 年 5 月颁布出台了《通用数据保护条例》，对个人数据信息加以保护。中国于 2021 年 11 月施行了《中华人民共和国个人信息保护法》，为个人以电子或者其他方式记录的与已识别或可识别的自然人有关的各种信息的权益保护，提供了法律保障。

第二，消费者行为学有助于制定公共政策，以便约束限制对公众有害的消费行为。例如，政府通过提议和行动可以让消费者免受不健康消费行为的影响。当肥胖在全球范围内"流行"时，中华人民共和国国务院新闻办公室（简称国新办）发布的《中国居民营养与慢性病状况报告（2020）年》表明，过去五年中国肥胖人口一直在增加，18岁以上人口体重超重率、肥胖率分别达到34.3%、16.4%。不健康饮食是导致肥胖的直接原因，要让消费者减少或杜绝不健康饮食，公共治理就需加强对包括生鲜农副产品、包装食品、餐厅酒楼等在内的，与人们饮食相关的产品品质、广告宣传等，进行严格监管。公共政策还通过研究消费者的成瘾消费行为，来制定政策让消费者免受负面影响。例如，中国2014年元月正式出台《禁止室内公共场所吸烟条例》，禁止电视、电台的烟草广告。在调查了解网络成瘾行为尤其是未成年人的游戏成瘾行为后，中国也呼吁通过立法保护未成年人免受网络成瘾伤害。可见，公共政策制定者从消费者行为学中会获得启发，提高消费者权益保护立法成效，有助于最终提高消费者福利，为人们实现美好生活提供政策保障。

第三，引导社会建立消费者权益保护组织。在很多国家或地区，消费者权益保护组织是由消费者自发组织起来的维权机构，它们会针对厂商对消费者的不当营销行为，通过媒体声明或消费者抵制运动等行动，来引起公众关注，表达诉求。这些消费者权益机构也会从消费者行为学研究获益。要使保护消费者权益的诉讼获得法律支持，就需要对消费者行为学进行深入研究。国际消费者联盟组织（Consumers International）是消费者权益保护组织的典型代表，它是一个独立的、非营利的、非政治性的组织，于1960年由美国、英国、澳大利亚、比利时和荷兰5个国家的消费者组织发起成立，在荷兰登记，总部原设在荷兰海牙，现迁到英国伦敦。1983年，这个联盟倡议每年将3·15确定为"国际消费者权益日"，其目的是让全社会能听到为消费者而发出的声音。我国于1984年成立中国消费者协会，这是中国半官方的消费者权益保护机构，并于1987年9月加入国际消费者联盟组织。国际消费者联盟组织需要学习消费者行为学知识，以便帮助各国更好地维护消费者权益，也帮助消费者实施更为明智的购买与消费行为。

第二节 消费者行为学的历史演进

洞察人们的生活消费活动并用之于生意的看法或实践，古已有之。但消费者行为学成为一门现代科学，就需要专门的学术队伍来研究消费者对产品或服务的需求或欲求、获得、使用或消费、处置等方面活动的运行规律。本书将现代消费者行为学发展演进划分为四个阶段，并从研究内容、范式、方法等方面阐释各阶段的主要特点。

一、消费者行为学的萌芽：20世纪20年代至20世纪50年代末

消费者行为学发源于企业市场营销实践的需要。20世纪20年代，美国市场的全国性制造商品牌已经成长壮大并出现激烈竞争，商店品牌开始涌现，市场上产品供给大于购买需求，买方市场开始形成。在20世纪20年代和20世纪30年代，美国社会兴起了规模不小的"消费者运动"（consumer movement）。消费者表达出对产品定价、产品信息、

广告等企业市场营销策略的怀疑。因此，市场营销学科就不能只是站在企业或厂商立场思考如何赢得销售，还要从消费者立场，研究什么样的营销战略与策略才符合消费者利益。于是，消费者行为学作为一门特定的学科分支，开始萌芽了。这期间消费者行为学呈现以下几方面的特点。

（一）消费者行为学的一般及中度科学属性

处于萌芽阶段的消费者行为学主要关注消费者购买行为（buying behavior），对产品获得之外的需求或欲求、使用或消费、处置等消费活动环节，涉及得很少。围绕"购买"（buying）关键词，这一阶段的消费者行为学开展了消费者态度和动机等方面的研究，论文集成为当时熟悉、了解消费者行为学研究的主要知识来源渠道。例如，克拉克汇编的论文集《生命周期与消费行为》就登载了消费者行为学领域多位学术先驱的论文。相当多的消费者行为学先驱并没有接受市场营销专业的教育，而是来自社会学、心理学、经济学等更为基础的学科。[15]

在消费者行为学萌芽阶段，对市场营销学科发展具有里程碑贡献的消费者行为学概念开始出现了。例如，市场细分、态度理论、动机理论、人格、社会阶层、生活方式等。其中，尤其值得一提的是消费者行为一般及中度属性理论，其含义是消费者行为学作为科学研究领域，当时尚未发展到通过实证研究来得到科学结论的阶段，不管是情境化描述（contextual description）还是实证推广（empirical generalization）都还不存在。所谓消费者行为学一般理论（general theories of consumer behavior）是指当时消费者行为学研究所能得到的科学结论表现为基本前提（fundamental premise）；而消费者行为学中度属性理论（middle-range theories of consumer behavior）是指消费者行为学研究所能得到的结论的表现形式是推论（proposition）、假设（hypothesis）[16]。一般及中度属性理论说明，消费者行为学当时所处的发展阶段尚不能得到证实或证伪的结果（empirical findings）。因此，当时的消费者行为学作为学术研究领域主要是运用市场营销学科之外的基础性学科的理论、知识来对消费者行为研究形成某些基本的前提、推论、假设，对消费者行为本身作为研究客体的理解及运用的研究方法或技术，尚未发展到能对其加以实证检验的阶段。

（二）消费者产品态度测试与探究

第一阶段的消费者行为学研究具有典型的描述性特征，即重点分析描述消费者的人口统计特征。消费者行为学最初的研究内容集中于消费者的产品态度。除了大学里开设购买行为方面的课程之外，现代市场营销专业中介服务机构（如市场调查公司、广告代理等）在消费者行为研究中发挥了重要作用。例如，1923年现代市场调查业奠基人之一尼尔森先生在美国创建了AC尼尔森公司，它开始调查电视收视观众的人口统计信息，服务于广告主选择电视频道和投放广告。广告公司为了让消费者对品牌形成独特而深刻的印象，开始研究消费者行为。例如，有名的李奥·贝纳广告公司1935年成立，创始人李奥·贝纳（Leo Burnett）坚持"广告要与消费者共鸣"的理念。他20世纪30年代末的成名作"绿巨人乔利"，整个广告没有一个字平铺直叙地宣传豌豆品质，但该片标题"月光下的收成"耐人寻味、充满诗情画意，起到了超俗拔尘的效果。李奥·贝纳本人十分珍爱这一成名广告作,他评价说"如果用'新鲜罐装'作标题是非常容易说的;但'月光下的收成'则兼具新闻价值与浪漫气氛,并包含着对消费者的关切"。李奥贝纳广告公司还有"老虎托尼""万宝路牛仔""狮子胡伯特""金枪鱼查理"等广告名片。众多市场调查和广告公司开展的消费者调查研究,对现代消费者行为学的萌芽功不可没。

(三)早期研究方法

消费者行为学萌芽阶段的研究方法或技术主要包括问卷调查研究、焦点组访谈、深度访谈、实验与面板设计(panel designs)、动机投射技术等。例如,投射技术(projective technique)作为一种定性研究方法,早在 20 世纪 40 年代末就已应用到速溶咖啡的产品测试中。作为新饮品,当速溶咖啡首次出现在美国市场时,人们并不容易改掉磨咖啡的传统习惯。雀巢在美国做了大量广告也事与愿违。后来雀巢请来了心理学家梅森·海尔(Mason Haire),海尔先通过问卷调查,但没能了解到消费者对不购买使用速溶咖啡的真实原因。后来,他改变了传统的问卷调查方法,而是设计了两份各包含六项商品的购物清单,两张清单中只是咖啡不同,其他商品完全相同,A 顾客清单里购买了速溶咖啡,B 顾客清单里则购买了现磨咖啡(咖啡豆)。海尔把这两张购物清单表交给两个焦点组(focus group)的女性消费者看,让她们描述每张清单中的"主妇"特征。结果发现,这些女性消费者将购买速溶咖啡的主妇描述成为:一个喜欢"凑合"的妻子、"懒"、"不顾家";而把购买了现磨咖啡(咖啡豆)的主妇描述成为:"勤快能干""明晓事理""热爱家庭""喜欢做饭"。海尔清楚洞察到速溶咖啡在消费者心目中的消极印象之后,品牌商的广告就转而宣传速溶咖啡有效、省时、易做的特点。这是心理投射技术最经典、最著名的应用之一,而采用直接询问的方法,消费者就不会说出这个真相[17]。

二、消费者行为学的正式成立:20 世纪 50 年代末至 20 世纪 70 年代初

20 世纪 50 年代末至 20 世纪 70 年代初是消费者行为学作为正宗现代科学的正式成立期。作为市场营销学分支学科,消费者行为学诞生伊始,就表现出鲜明的自主性和相对独立性特征。

(一)现代营销实践和商科教育变革为消费者行为学迈向正宗科学奠定了客观基础

消费者行为学能在 20 世纪 50 年代后期向正宗的现代科学迈进,企业现代营销实践为其奠定了客观基础。当时美国市场迅速发展成为买方市场,这就呼吁市场营销学要将研究重心从站在营销经理人立场,关注企业营销战略与策略,拓宽到站在消费者立场,关注消费者对企业营销战略与策略的反应及相应的行为规律。于是,市场营销学从 20 世纪 50 年代末期开始面向心理学、社会学等基础学科招聘师资,未经心理学等基础学科训练的市场营销学者也自行学习相关知识。从基础学科招聘来的师资对市场营销学没有既成的刻板框架,他们一边力求对市场营销学科有所贡献,一边保持对自身基础学科的研究兴趣。消费者行为学的多学科交叉背景一开始就让它保持了与市场营销学科的相对独立性。在现代营销实践和商科教育变革的推动下,消费者行为学向正宗科学迈进。

20世纪60年代早期出版的消费者行为学教材或专著,对促进消费者行为学成为正宗科学,如同及时雨,发挥了重要作用。当时有影响力的几本教材包括:扎特曼的《市场营销:来自行为科学的贡献》[18]、恩格尔、柯尔特和布莱克韦尔的《消费者行为学》[19]、霍华德和希思的《购买者行为学理论》[9],以及卡沙基和罗伯特森主编的研究文集《消费者行为视角》[20]。可见,消费者行为学在20世纪70年代初就取得了现代科学的合法身份。

(二)消费者行为学的正式成立凸显其自主性和相对独立性

消费者行为学的核心主体是消费者,而消费者是与企业形成交换关系并位于市场的另一端。因此,消费者行为学研究并不是一定要服务于企业市场营销实践。消费者行为学的研究立场不是要为企业市场营销实践服务的,而是要站在消费者立场,以消费者的消费福利最优化为宗旨。如图1.2(第一节)所示,消费者行为学研究可以通过服务于企业市场营销实践(中介环节)而促进消费者福利。因此,很多消费者行为学者与市场营销学科主流学术组织美国营销学会刻意保持着小心翼翼的距离。追求相对独立性的动力促使消费者行为学在迈向现代科学伊始,就着手创办自己新的学术组织ACR。这个学术组织1970年成立,仅10年时间就拥有1000位学术会员且遍布全球20多个国家。随后,消费者研究学会年度学术会议从一开始就健康有序地发展。1974年,标识消费者行为学分支学科的顶尖学术期刊Journal of Consumer Research创刊。很多年轻学者及博士毕业生涌入到这个充满机会的新兴领域,消费者行为学成了市场营销学术领域的主力军。例如,以绝对数量计算,1977年AMA博士生论坛(doctoral consortium)统计表明,近三分之二博士学位论文选题属于消费者行为学范畴。因此,消费者行为是一个自主性鲜明、相对独立性强的分支学科。

(三)消费者行为学的经典理论与方法

消费者行为学正式成立这一阶段涌现出一些影响深远的学术概念。这包括但不限于:期望价值理论(expectancy value theory);广告过程和效果理论(theories of advertising processes and effects);信息处理理论(information processing theory);态度改变理论(attitude change theories);归因理论(attribution theory);感知过程(perceptual processes);广告重复(advertising repetition);反驳与干扰假设(refutation and distraction hypotheses);前景理论(prospect theory)等。例如,态度改变理论由奥斯古德(Osgood)和坦南鲍姆(Tannenbaum)于1955年提出的认知一致性观点发展而来,至今仍很有影响力。两位心理学者认为,个体在态度与自身行为发生矛盾时,往往倾向于自我调整,做出改变原有信念、态度,或否定自身行为的行动,以达到或恢复认知一致性[21]。又如,可接近-可诊断模型认为[22],某一信息是否及多大程度用于认知判断取决于三个条件:其一,可接近性(accessibility),指消费者从记忆中提取信息的难易程度。新近接触、频繁接触及反复接触的信息容易被提取,其可接近性高。其二,可诊断性(diagnosticity),指该信息用于认知判断的有效性程度。信息或概念之间的关联性越高,共享知识就越多,信息用于判断的作用就越突出,可诊断性就越强。其三,相对可诊断性,指相对于其他信息,该信息的可诊断性程度。由于注意力有限,当存在两个或更多可提取信息时,一个信息的诊断性提高,其他信息的可诊断性会降低。这个理论框架在消费者信息处理研究方向具有广泛影响力。

与学术概念一同发展进步的还有研究方法与技术。这些研究方法包括但不限于:心理图案法(psychographics);活动–兴趣–观点;无干扰测量法(unobtrusive measures);反应潜伏期(response latency);生理心理技术(physiological techniques,如眼动);等等。它们在推动消费者行为学迈向现代科学的过程中发挥了重要作用。例如,活动–兴趣–观点就是心理图案法的其中一种主要方法,通过采集消费者在这三方面的大样本数据,就能刻画出消费者行为的表现形态。"活动"主要指工作、社会活动、度假、娱乐、运动、购物等;"兴趣"主要指社交、消遣、时尚、媒体、美食等;"观点"主要涉及对自我、社会热点议题、政治、商业、教育、文化、未来等方面所持的见解。在消费者行为研究实施中,一般要求消费者对融合这三个维度的诸多问题表明赞同程度,再配合人口统计信息,消费者的生活方式就刻画出来了,包括:他/她如何使用时间,觉得哪些活动是有趣的又重要的,如何看待自己和身边的世界,等等。心理图案法具有深远影响和广泛的营销应用价值,根据消费者活动–兴趣–观点划分出的消费者细分市场可用于界定目标市场、品牌定位与定位更新、传播产品利益点、设计整合营销策略、表达品牌观点或主张等。

(四)消费者行为学对消费者福利和公共政策的关注

在消费者行为学正式成立的1960年,消费者福利合理化自然成为消费者行为学关注的重要内容。这一时期,整个美国社会开始反思企业(尤其是大型企业)的市场营销活动给个体消费者造成的负面影响(如强制性消费、欺骗性广告等行为)。在此背景下成立的消费者行为学将自身定位为富有社会行动意义的事业,消费者行为学者们声明消费者行为学的价值不是作为企业的女佣而存在,而具有超越服务企业营销战略策略之外的自我价值。也正是在消费者行为学诞生的那些年,美国消费者运动上升到新的高度。1962年发生了具有政治里程碑的事件,时任总统约翰·肯尼迪在国会演讲中提出了著名的《关于保护消费者利益的总统特别咨文》,首次在美国社会架构里提出了消费者"四项基本权益",即有权获得安全保障,有权获得正确资料,有权自由决定选择,有权提出消费意见。从此,美国市场的厂商受到这个方案的正式约束。美国消费者权益委员会还于1967年正式出版学术期刊《消费者事务学报》(*Journal of Consumer Affairs*,JCA)。从此,众多消费者行为学者在这个期刊论文,表达对消费者权益的关切。

此外,消费者行为学研究在为联邦层面的公共政策制定提供科学支撑方面,作出了突出贡献。例如,当时美国国际商学院协会(The Association to Advance Collegiate Schools of Business,AACSB)和西尔斯–罗巴克基金会(Sears-Roebuck)共同资助,全美商学院每年推荐20位教师到联邦政府相关机构担任长达一年的研究和政策咨询工作。而消费者行为学者为联邦政府提供咨询和研究的相应部门正好是美国联邦贸易委员会(Federal Trade Commission,FTC),它是美国市场的监管机构。从1971年开始,消费者行为学每年都有学者在联邦贸易委员会担任长达一年的全日制顾问职位,这样确保联邦政府的市场监管政策制定具有消费者行为学的科学支撑。此后10年一共有30位左右的消费者行为学者担任联邦贸易委员会内部顾问一职,为公共政策如何体现消费者权益保障作出了巨大贡献。整个20世纪70年代,联邦贸易委员会在保护消费者权益方面的议题成为市场营销期刊和会议的关注焦点内容。例如,美国营销科学研究院(Marketing Science Institute,MSI)这期间发布了涉及公共政策研究领域的市场营销学术资助项目。联邦政府官员也经常到消费者行为学术会议去演讲。有时候,联邦政府官员、学者、企业营销实践部门的经理人还会碰头一起讨论如何解决有争议的消费者权益问题。例如,据载1978年ACR年会在迈阿密召开时,一群律师和营销经理人专程从纽约、华盛顿来参加整个上午"儿童广告"专题会[23]。这说明消费者行为学科对联邦贸易委员会的政策制定具有显著影响力。

三、消费者行为学的深入发展:20世纪80年代至2010年

20世纪80年代至2010年左右,是现代消费者行为学迄今最为重要的历史发展时期。消费者行为学在20世纪70年代初成为正宗的、合法的现代市场营销分支学科之后,迎来了发展与繁荣。现代消费者行为学主要以现代化工业、服务业等为情境,围绕消费者对产品或服务的需求或欲求、获得、使用或消费、处置等行为活动开展深入研究,形成系统的理论知识框架。以下是该阶段的几个主要特征。

(一)全球化发展

从1980年代开始,世界贸易与投资迅速全球化。尤其随着中国以建立健全社会主义市场经济体制为特征的改革开放政策,使新兴经济体逐渐从卖方市场变为买方市场,企业日益认识到学习洞察消费者行为,对于经营管理决策的重要性。如果说20世纪60年代末消费者行为学还主要是在北美、欧洲(含英国)、大洋洲等地高校得到认可,那么,到了20世纪90年代中期全世界绝大多数国家或地区已经认同这门分支学科了。

消费者行为学的全球化发展集中体现在国际学术队伍(即在北美地区之外从事教学科研的学者)急剧增多,并在创造新知识方面作出了显著贡献。美国商学院市场营销学科从20世纪70年代开始大规模培养市场营销学科博士研究生,他们当中很多来自于美国本土以外,毕业之后就如同种子播种到了世界多个国家或地区。加之,在美国商学院任教的不少知名学者从20世纪90年代中期开始也流动到北美之外的高校任教。这些因素大大推动了消费者行为学的全球化发展。例如,分析顶尖学术期刊《消费者研究学报》(JCR)的论文作者和编委会成员的构成发现,1986—1987年作者署名单位为美国和加拿大的占比达78%(域外占比为22%),到2002年这一占比已降低到61%(域外占比提升到39%);而且,在四本顶尖期刊中,这本期刊论文的国际学者占比是最低的,远低于其他三本(即 *Journal of Marketing*, *Journal of Marketing Research* 和 *Marketing Science*)[23]。

(二)研究专业化

在这一阶段,消费者行为学研究迅速朝专业化方向深入发展。比较消费者行为学顶尖期刊《消费者研究学报》(JCR)前期(1980年)和后期(2000年之后的十年)发表的论文,就能清晰看出消费者行为学研究向深入化、专业化方向的发展[24]。其一,研究

领域。前期发表论文所界定的研究领域多集中在少数几个领域，使用数量少但通用性强的术语，如"消费者行为""消费者研究"等；后期界定的研究领域则相当发散，主题也严重分化，如"现场研究""选择""自我构念""自我控制""禀赋效应"等。其二，论文关键词。前期论文的关键词在今天看来显得相当大众化，如"满意度""儿童""消费者选择"等；后期论文的关键词显得更为学术"行话"，如"边界条件"（boundary condition）、"概念模型"（conceptual model）等。其三，论文重点关注内容。前期重点关注消费者如何处理信息、如何购买决策或处置等一般性理论问题，如论文中出现"证据"（evidence）、"预测"（prediction）、"程序"（procedure）、"实证"（empirical）等通用的方法论术语，说明当初非常关注这门分支学科的研究技术与方法问题。后期则使用更专业化、更加体现消费心理机制的专业化术语，如"目标达成"（goal attainment）、"对比同化效应"（contrast/assimilation effects）、"社会排斥"（social exclusion）、"认知资源"（cognitive resource）等。该阶段消费者行为学对消费者行为的认识深度和广度都得到了加强，消费者行为学也进一步夯实了自身的科学正宗性。

（三）研究碎片化

这一阶段，消费者行为学研究也形成知识碎片化特征（fragmentation）。例如，消费者行为分支学科内部形成了三大学术路径——消费者信息处理、消费者决策、消费者文化，它们形成了各自特有的专门化的语言、理论和方法。知识碎片化的潜在风险是有的学者认为自己"学术领地"之外的知识不那么重要。因此，整个学术界对消费者行为学未来发展方向的主导性见解已越来越少。消费者行为学碎片化趋势起码带来三方面负面后果：不利于跨学术领域的交流；不利于培养博士生应有的学术视野（纵向和横向）；对来自本学科之外的外部挑战反应显得较为滞后并缺少应对方法。

（四）关注消费者福利和公共治理问题

该阶段消费者行为学对市场营销和消费者行为中的公共治理问题的关注更加深入细化，关注重点放到脆弱人群的权益保护和促进社会可持续发展等方面。例如，儿童问题成为顶尖期刊《消费者研究学报》（JCR）论文摘要里一直出现的高频关键词。这和上一阶段重点关注一般的消费者权益保护问题有所不同。1982年，美国营销学会创办了专注于公共政策与营销的旗舰期刊《公共政策与营销杂志》（*Journal of Public Policy & Marketing*），这标志着市场营销尤其是消费者行为学研究，和公共政策联系得更加紧密了，市场营销实践中的公共治理问题研究具有了专门的学术阵地。这一阶段，消费者福利（consumer welfare）成为新的关键词，显著区别于前阶段的消费者权益保护。该阶段还兴起从消费者行为角度的社会营销研究，旨在促进消费者行为学研究服务于教育、健康、贫困救助、减少或避免犯罪等社会公共治理领域，以便提高社会营销项目的效果。有的社会营销项目是捐赠者出资，特定目标人群受益，如预防艾滋病宣传活动的受益人是病毒携带者；儿童免疫接种宣传的受益人为儿童及父母。有的社会营销项目是捐赠者出资，整个社会受益，如，宣传循环再用（recycling）、献血等类型的社会项目。

四、消费者行为学的数字新时代：2010年——现在

到2010年，人们的生活消费行为进入到另一个新阶段。这一年苹果公司发布新产品iPhone4，移动数字智能技术从此应用于大众的日常生活消费。人们一旦可以从智能移动端接受信息、获得娱乐体验、做出购买决策等，消费者行为学的部分基本原理就会发生变化。因为，迄今消费者行为学知识体系形成于实体终端的消费场景，来源于现实市场的产品信息接触和知觉。数字化消费者行为场景，会推动消费者行为学进入一个新的数字时代。以下谈谈推进数字新时代消费者行为学发展的几点看法。

（一）拓宽消费者行为学研究的范畴

消费者行为包括了消费者萌发产品或服务的需求或欲求，以及获得、购买或使用、处置等在内的所有行为活动，但迄今的消费者行为学研究却过于狭窄地局限于购买行为。例如，投稿论文大多以产品评价、购买（意向或行动）等作为结果变量，期刊的评审专家也过于关心与购买行为相关的结果变量。数字时代，仅仅以产品获得环节为例，消费者获得产品的方式就更为多样化（如共享、租赁等），因而需要研究购买行为之外的更多的产品获得方式。此外，消费者行为学还需要研究消费者需求或欲求的激活方式或压抑的表现形态；需要研究消费者在产品实际使用或消费方面的更为丰富的内涵或维度（如定制化消费、消费体验等）；也需要研究消费者在产品处置或剥离的方式。例如，消费者分享行为就是数字时代兴起的尤为突出的购买后行为。

（二）将消费者置于消费者行为学研究的中心地位

消费者行为学要将个体以消费者身份行使的消费行为作为研究中心，包括消费者要在商品、服务、体验等方面花费多少资源（金钱和时间），如何分配这些有限资源及它对消费体验、福利、社会身份等所产生的短期或长期影响。坚持消费者是消费者行为学研究的中心主体，便于丰富消费者行为学的知识体系，并区别于其他学科。例如，农民工在乡村与城市之间的地域流动会成为消费者行为学、人口统计学、经济学、社会学等学科都关注的研究问题，但消费者行为学却关注农民工在城乡之间移动而引起的特定消费行为问题；其他学科的研究可能并不涉及农民工城乡移动过程中个体的消费行为。进一步，如果消费者行为学将研究问题聚焦到返乡农民工数字社交媒体影响力对乡村消费者素养（consumer literacy）的提升作用，那就强化了消费者行为学研究对社会宏观事业的理论和政策意义。

（三）坚持研究重要的消费者行为问题

数字时代，新消费现象不断涌现。但消费者行为学要聚焦研究重要的消费行为问题。什么才是重要的消费行为问题？研究问题的重要性需要同时得到学术界和实践界的认可。但一段时间以来，什么是重要的研究问题在学术界内部也缺少共识。例如，《消费者研究学报》（Journal of Consumer Research）2004—2008年期间发表的论文年均被学术界引用10次以上的寥寥无几，多达70%的论文年均被引次数在4次以下[25]。可见，顶级

期刊发表的很多论文并未能得到学术界内部的一致认可，遑论得到学术界之外的重视。消费者行为学的研究客体是真实世界存在的消费行为问题，其重要性应该同时获得学术界和营销实践界的认可。本教材认为，衡量研究问题的重要性有这样几条标准：①属于非常普遍的消费行为现象；②多重利益相关者（如消费者、企业营销决策者、公共治理决策者等）均能从研究中受益；③时效性、时代性强的消费行为问题；④紧迫性强的消费行为问题。

（四）重视研究揭示新兴消费行为现象本身

数字时代的诸多消费行为现象具有与过去截然不同的特征或属性，重视消费行为现象本身的研究能满足知识建构的紧迫性需要。在消费者行为学专业化、深入化阶段（1980—2010 年），学术界尤其重视消费者行为心理过程或机制的研究，这是可以理解的。但当我们回顾消费者行为学的正式化阶段（20 世纪 20 年代—20 世纪 50 年代），我们就不难明白，当时解析消费者行为现象本身对这个学科的奠基发挥了多么重要的作用，那时的广告公司、市场调查公司，连同学术界，付出相当多精力来描绘消费者行为本身。今天，新型数字消费现象又驱使学术界和产业界做类似的、带有创新探索的研究工作。因此，重视新型数字环境消费行为现象本身的解析对推动消费者行为学发展具有重要意义。例如，科兹内茨（Kozinets）等人针对博客中产品植入营销，分析博客博主及其粉丝帖子，六个月跟踪研究（植入营销活动实施前后各 3 个月）后提出了"网络化叙事"（networked narrative）概念，总结出博主对线上社群的四种信息劝服战略。①评估（evaluation）。博主不仅分享信息，还与在线社群建立信任、友谊和联盟，将市场化叙事方式转化为社交性叙事方式。②拥抱（embracing）。博主既要站在品牌商的角度，又要站在消费者、粉丝/受众的角度，叙事中提及品牌商营销活动时要强调自己本人的参与度，自身是否充满热情影响品牌植入营销活动的效果。③背书（endorsement）。博主坦承这是品牌商的商业性活动的叙事不会唤起粉丝敌意。④解释（explanation）。博主要对营销植入活动对粉丝的利弊进行说明，也要强化自己传递安全有效信息的角色。这项研究率先聚焦线上口碑传播本身，深度描绘了在线影响者发布口碑信息过程中，与社群互动、经社区规范塑造等方面的特征，揭示了数字新时代网络共创口碑模式（the network coproduction model）生动而丰富的内容[26]。

（五）从理论上多视角看待新型消费者行为

任何一个消费行为是多重影响因素共同作用的结果。消费者行为学如同一个同心圆，消费者信息处理与判断决策构成圆心层，相关概念如注意、感知、分类、记忆、信息搜索、推断、态度、启发与偏差、心理账户……构成消费者行为学的核心内容。紧挨圆心层的是情感层（affective layer），包括消费者感觉、情绪、情感、情意等；情感层与圆心层相互影响，即感觉、情绪、情感等会影响消费者的信息处理与判断。情感层的外围是动机层，包括消费者动机、目标、需求、价值等，动机层与情感层相互影响，并进而与圆心层之间相互影响。从动机层再往外，形成社交关系层，消费者自我是嵌入到其所属的社会关系之中（即家庭、社会关系之中）并受其影响的。最后是文化背景层，消费者行为还要受到语言、历史、经济制度等的影响。虽然同心圆构成消费者行为学的总体理论知识体系，但迄今的消费者行为研究往往将圆心圆各层孤立开来，默认为静态和互不影响；还把消费者视为商品信息的机械式加工者。对消费者行为采取多理论视角的研究则不同。例如，穆尼兹（Muniz）和奥吉恩（O'Guinn）的品牌社群（brand community）研究改变了仅仅对单个消费者行为的研究，转为针对使用相同品牌产生纽带关系并连接在一起的群体消费者的行为研究；该研究视消费者为品牌社群及其行为的共创者而非被动接受或加工者；视消费者行为为双向互动的和系统依赖的决策情境，而非机械式信息加工与决策行为；最重要的是，该研究从消费现象映射出概念而不是先带着既成消费者理论来检验变量间关系。此外，该项研究还结合了线下定性访谈、线上社群观察、线上文本信息研究等多种创新技术手段。这项研究对消费者行为理论和商业实践都产生了变革性影响[27]。

（六）寻找新的基础学科理论

借鉴吸收新的基础学科理论有助于推动数字新时代消费者行为学取得理论突破。一方面，消费者行为学迄今主要以心理学、经济学为基础学科。作为应用基础学科，消费者行为学早在20世纪50年代开始迈向正宗的现代科学之时，就将心理学视为主要的基础学科。心理学家自然而然地加入并担当创立消费者行为学分支的重任，心理学融入消费者行为学几乎没有遇到任何来自市场营销学科内部的阻力。这与数学、统计学等相对"硬"学科成为基础学科需要市场营销学内部接受"硬灌输"的方式形成了鲜明区别。此外，消费者行为的核心活动是购买决策，它属于微观经济学范畴，这决定了消费者行为学的另一基础学科是经济学（尤其是行为经济学）。心理学和经济学对解读消费者个体如何处理厂商的市场营销信息、如何做出购买风险评估决策等，提供了基础性理论框架，形成了消费者行为学最初的两个学术方向，即消费者信息处理和消费者决策。后来，社会学也为消费者行为学研究提供了理论和方法养分，构成新的消费者文化研究方向。总之，心理学、经济学、社会学（含人类学）构成了消费者行为学的基础性学科。

另一方面，数字新时代消费者行为学的发展需要从计算机科学寻求理论和方法养分。计算机科学有潜力成为新的基础学科。首先，计算机科学能为消费者行为新数据源提供新分析方法。消费者行为学现在能接触到保存海量消费者跨数字平台的行为轨迹数据。要分析这些数据并洞察消费行为规律，需要新的分析方法。例如，当消费者接收到的信息以图像、视频等非结构特征存在时，计算机科学的图像识别、机器学习等方法就显示出优势。这是利用计算机科学领域文本挖掘技术和机器学习方法的消费者行为学研究案例。可见，新的消费者行为数据需要计算机科学提供新的研究方法。其次，在消费者行为学科加强培训计算机科学理论与方法，有助于消费者行为学提高在数字新时代的科学地位。当市场营销学科1950—1970年确立其科学地位时，就主动强化在数学、统计学等"新方法"的培训，科特勒、麦卡锡等第一代营销学者接受了这些新的研究培训方法[23]。今天，有必要通过工作坊的形式推动消费者行为学者掌握计算机科学领域的新理论、新方法。消费者行为学顶级期刊《消费者研究学报》（JCR）新一任主编团队施密特（Schmitt）等履职后在寄语中表达了类似观点：多年来消费者行为学以心理学为基础理论，从亚马逊平台（MTurk）运行行为实验收集数据，同时伴以中介调节效应分析的范式，现在是时候加以更新了[28]。计算机科学领域的机器学习、AI、大数据等理论与方法将提高消费者行为学在新时代的科学地位。例如，计算机科学领域的机器心智（machine mind）、机器学习（machine learning）等方面的新哲理对于研究人工智能及人机协同对消费者行为的影响，可能带来新的突破性创新。借鉴运用计算机科学领域的理论，近年来消费者行为领域提出的数字化身概念，为虚拟现实（virtual reality，VR）、元宇宙等新技术环境下消费者行为研究奠定了新的理论基础。[2][29]今天，计算机科学等学科理论，如同 20 世纪 50 年代心理学理论一样，对于处在新的十字路口的消费者行为学具有重大理论奠基性作用。

（七）强调多学科交叉融合消费者行为研究

随着新一轮科技革命和产业变革的加速发展，学科交叉的范围不断拓展，消费者行为领域的研究范式和研究方法也出现了多学科交叉贯通的新潮流。学科交叉不仅需要管理学科内不同领域的跨专业交叉与融合，还需要跨学科的交叉与协同。其一，我们可以利用多学科的研究手段解决消费者行为研究领域的重要科学问题。通过研究方法的多元化，相互验证支持研究结果。不仅要融合"硬科学"（包括计算机与信息科学、经济学、心理学等自然科学偏向）的研究范式，而且要融入"软科学"（包括社会学、人类学、民族学等社会科学偏向）的研究方法。要鼓励学者采用多学科方法获取与分析数据，包括案例分析、民族志分析、行为脑电、眼动、计算机非结构化文本等，从而实现多种方法互补融合，提高结果的稳健性和可靠性。其二，我们可以将消费者行为领域取得的研究成果，应用于其他学科和领域，促进其他学科的发展。比如，我们可以关注医疗健康消费行为中的关键问题，将消费者行为研究结论应用于公共健康、政府公共治理方面。其三，消费者行为领域还可以与计算机、工程学、农业等学科开展深度交叉合作，共同解决某个重要、复杂的科学问题。比如，任（Ren）等关注农村人口老龄化带来的行为决策改变对农业可持续发展的威胁，为解决这一问题提供了管理政策经验。这项研究是一项社会科学与自然科学融合的交叉研究，共同探究农村和农业可持续发展这一关键社会问题[30]。

（八）研究技术路线与方法创新

消费者行为学在数字新时代的发展呼吁创新研究技术路线与方法。具体而言，需要在数据收集和分析方法等方面寻求创新与突破。从数据收集方法来看，通过抓取数字平台的消费者真实行为数据，可以揭示出消费者行为轨迹；还可以设计精美的现场实验，通过数字平台或移动应用程序来实施真实行为实验。这些数据收集方法，比传统的线下收集方法能获得更大量的数据，更有利于揭示出消费行为规律。从数据分析方法来看，随着大量非结构文本数据的出现，需要运用自然语言处理技术，运用机器学习方法进行文本挖掘。例如，随着数字平台短视频广告在品牌营销中的重要性日益突出，消费者行为学就需要运用图像信息分析方法。又如，当元宇宙概念提出来后，要理解消费者与品牌在沉浸式多感官虚拟环境中的互动行为，就需要寻找相应的技术来测量和分析这些行为数据。总之，消费者行为学需要摒弃仅从互联网平台（如 MTurk、问卷星等）收集数据，再进行中介调节分析的传统技术路径。

第三节　建设有中国特色的消费者行为学

一、有中国特色的消费者行为学的基本特征

有中国特色的消费者行为学，需要体现出以下几点主要特征。

（一）从中国情境构建消费者行为学知识

有中国特色的消费者行为学需要深入中国文化、技术和制度情境，从中国市场的消费行为现象中挖掘科学问题，揭示消费行为原理，为中国市场的企业营销决策和公共治理政策提供科学支撑，最终提高消费者的消费福利。以下从三方面解释有中国特色的消费者行为学的中国情境的内涵。

第一，文化情境。中国消费文化衍生了丰富的消费行为现象，蕴含深刻的消费行为原理，它们既体现中国的消费行为特色，又能为国际消费者行为学贡献知识体系。例如，中国历史上形成了"崇俭抑奢"的消费文化，它不仅在历史上为维系中国社会的稳定发挥了重要作用，对当今各国消费者建立稳健的个人及家庭财务也具有积极意义。研究发现，人们或多或少存在大手大脚花钱而自己却意识不到的心理倾向，这种行为增加了个人和家庭的财务脆弱性。[31]有中国特色的"崇俭抑奢"消费文化有利于提升各国消费者的储蓄意愿，为个人或家庭构筑财务稳压器。

第二，技术情境。当前中国在第五代移动通信技术（5th-generation mobile communication technology，5G）、AI、大数据、元宇宙等方面的技术创新居世界领先地位，它们在改变传统生产方式的同时，也引发了新的消费行为现象。揭示新技术情境下中国消费者行为规律，既能体现出中国消费的时代特征，又能提高中国消费者行为学研究对国际学术共同体的知识贡献。重视从数字技术情境建设有中国特色的消费者行为学，有潜力提高中国消费者行为学对国际消费者行为学的贡献。一方面，蛮荒情境更有可能给消费者行为学现有知识体系带来新生力量。基于文化情境的消费行为现象及其产生的消费者行为学知识具有异质性和相对稳定性的特点；相反，基于新技术情境的新兴消费行为现象及其产生的消费者行为学理论，却具有更强烈的动态性，能给消费者行为学现行知识体系新的正能量。中国在新一代数字技术应用方面已迈入世界先进行列，其引发的新型消费行为现象为产生新兴理论创造了契机。例如，基于数字技术情境的新消费模式、新消费关系等催生的消费者行为学新理论，必将为国际消费者行为学现行知识体系注入新血液。另一方面，基于新技术情境产生的有中国特色的消费者行为学新理论，更容易获得国际共识。因为这样的新理论与国际消费者行为学之间具有更多的话语共通性，新兴理论或概念更易得到国际公认，也更能进入国际消费者行为学的理论体系。例如，新近提出的"数字化身营销"（avatar marketing）概念，就是中外学者团队针对中美两国数字化身前沿实践进行的溯源研究成果，它借鉴了计算机科学领域的相关理论［如计算机社会角色

理论（computers as social actors）AI 理论等］，从消费者新兴的日益普遍的线上购买与娱乐体验现象中，前瞻性探究品牌数字化身的拟人化外形和智能化行为之间的匹配性及其对消费者线上体验的影响[2]。"数字化身营销"理论对新兴的消费者非凡虚拟体验理论框架具有奠基性作用。因为"数字化身"是被誉为新一代互联网即元宇宙的基本构成要素，脸书母公司元宇宙的创始人扎克伯格称元宇宙中的"人"为"化身"。

第三，制度情境。中国由计划经济向市场经济转型过程中，供给端多种经济所有制并存的制度特色，必将产生相应的有中国特色的消费行为现象，有必要加强研究。例如，近年来，每到逢年过节，中共中央都要反复强调"中央八项规定"，明令强调禁止党政机关公款请客吃喝送礼等不良消费行为。针对相关问题的消费者行为学研究能为党和国家的现代化治理提供重要借鉴。

建设有中国特色的消费者行为学遵循"实践—理论—实践"的逻辑，即"理论从实践中来，再到实践中去"。从上述三大中国情境的消费行为现象挖掘本质的科学问题，是建设有中国特色的消费者行为学的起点；从中国消费者行为科学问题的研究中凝练核心概念和基本原理，就为有中国特色的消费者行为学积累了理论框架；将有中国特色的消费者行为学理论框架应用于中国市场的企业营销决策和公共部门治理决策，不断检验和校正，就能完善有中国特色的消费者行为学，建成相应的学科知识体系。

（二）中国特色的消费者行为学具有开放性特征

有中国特色的消费者行为学是国际消费者行为学知识体系的重要组成部分。它具有开放性特征。一方面，国际消费者行为学发展离不开中国消费者行为学。中国市场及其消费行为现象的重要性，决定了有中国特色的消费者行为学是国际消费者行为学重要的、不可或缺的组成部分。中国拥有世界最大数量的消费人口，最大规模的线上消费人群，城乡之间、各地区或城市之间还具有显著的消费异质现象，这些都决定了中国市场及其消费行为现象是消费者行为学分支学科不可多得的研究情境。将有中国特色的消费者行为学作为国际消费者行为学理论体系的重要组成部分，消费者行为学科就具有更强的说服力。另一方面，有中国特色的消费者行为学需要吸收国际消费者行为学的先进知识。开放性特征意味着有中国特色的消费者行为学需要不断吸收国际消费者行为学的先进理论和方法，尤其要吸收针对中国市场的消费者行为现象的先进研究成果。事实上，中国市场的消费行为在历史上已形成了鲜明的开放性特征。例如，今天中国市场上的"胡姓"食物（如胡瓜、胡豆、胡椒、胡萝卜等），它们原本不是中原的正宗、传统食物，而是从北方和西北少数民族地区引进的。今天中国市场上的"番姓"食物（如番茄、番薯、番石榴等），它们是南宋至元明时期由"番舶"（外国船只）从西亚、南亚、东南亚等地区引进而来。而"洋姓"食物（如洋葱、洋芋、洋白菜等）则多是清代至近代从欧美大陆引进而来。可见，消费者行为的最主要客体即食物，中国市场从古到今已形成开放性的特色。建设有中国特色的消费者行为学需要保持开放性乃是顺理成章的事。

有中国特色的消费者行为学的开放性特征，意味着要与国际消费者行为学之间处理好知识的共通性和差异性并存的关系。迄今，国际消费者行为学理论体系主要以发达市场为参照情境，发达市场消费行为现象成为研究的主要客体。建设有中国特色的消费者行为学,需要坚持与国际消费者行为学之间共通性和差异性并存的原则。有中国特色的消费者行为学和国际消费者行为学之间的关系如图 1.3 所示。有中国特色的消费者行为学(图 1.3 的集合 A)包括由中国和发达市场相似的消费情境所产生的共通性知识体系(图 1.3 的交集 C),以及由中国本土市场特有的消费情境所产生的差异性理论知识体系(图 1.3 的集合 A-C)。有中国特色的消费者行为学(集合 A)和国际消费者行为学(集合 B)之间的共通性大于差异性,即图 1.3 中的交集 C 要大于集合 A-C,也要大于集合 B-C。这是因为,有中国特色的消费者行为学挖掘中国市场消费行为的本质规律,它既能指导中国市场的企业营销决策和公共治理政策,也是国际消费者行为学知识体系的重要组成部分。

有中国特色的消费者行为学中独立于国际消费者行为学的那部分知识(图 1.3 中的集合 A-C),具有突出的本土独特性的。因其独特性,这部分知识无法解释或应用于其他海外市场,但对中国市场而言是非常有价值的。国际消费者行为学也有独立于有中国特色的消费者行为学之外的理论知识体系(图 1.3 中的集合 B-C),它们也不能解释中国市场的消费行为现象,但对于解释当地市场是有价值的。可见,有中国特色的消费者行为学和国际消费者行为学有各自独立存在的部分(图 1.3 中的集合 A-C 和集合 B-C),遵循相互尊重、独立发展的原则。

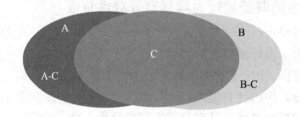

图 1.3 有中国特色的消费者行为学和国际消费者行为之间的逻辑关系

有中国特色的消费者行为学包含的共通性、差异性两部分知识的构建方法,略有不同。第一,与国际消费者行为学差异性的理论知识的构建方法。即对于图 1.3 中的集合 A-C,其理论知识构建是一个"从无到有"的过程,主要运用两种建构方法。一是以"溯因逻辑"为主的探究式方法,针对中国本土的消费行为现象多追问"为何"(why),从而探究出消费行为运行规律。二是以"归纳逻辑"为主的方法,从中国本土的消费行为现象中提取共性的本质的行为规律,从而映射出消费行为概念、理论。第二,与国际消费者行为学共通性的理论知识的构建方法。即对于图 1.3 中的交集 C,其理论知识构建,除了采用上述"溯因逻辑"和"归纳逻辑"外,更普遍的是采用以"演绎逻辑"为主的实证研究方法。

可见,有中国特色的消费者行为学和国际消费者行为学之间共通性与差异性并存。这样的辩证逻辑关系表明,有中国特色的消费者行为学既能满足中国市场的营销实践和人民美好生活的需要,又能构成国际消费者行为学知识体系不可或缺的重要组成部分。因此,有中国特色的消费者行为学对国际消费者行为学的发展能够发挥积极作用。

(三)中国特色的消费者行为学体现高质量特征

有中国特色的消费者行为学需要具备高质量特征。这主要表现在实践和理论两个方面。一方面,有中国特色的消费者行为学能有效满足中国市场实践的需要。和其他社会科学研究一样,消费者行为学研究具有受"目的"引导的特性。消费者行为学的研究旨在服务于个人和家庭的消费购买决策、企业的市场营销决策,以及与人们消费有关的公共治理决策等。有中国特色的消费者行为学强调从中国情境提炼消费者行为学本质问题,揭示其科学原理,其研究结论能更有效地满足中国市场实践的需要,因而是高质量的。另一方面,有中国特色的消费者行为学能对国际消费者行为学做出创新贡献。有中国特色的消费者行为学研究中国市场消费行为现象中的本质问题,同时保持与国际消费者行为学之间的开放互动,所以能推动国际消费者行为学的发展。总之,有中国特色的消费者行为学在科学和实践两方面的目的、任务均决定其高质量特征。

二、中国文化情境的消费者行为学研究

基于中国文化情境的消费者行为学可重点围绕以下方向开展研究,构建创新知识体系。

(一)"崇俭抑奢"消费文化

第一,"崇俭抑奢"消费文化源于中国自然和社会因素的长期影响。"崇俭抑奢"是源于中国文化情境的重要消费传统,为建设有中国特色的消费者行为学提供了研究土壤。在古中文里,"奢侈"二字通常连用,"奢"为形声字,由"大"和"者"两部分构成,"者"指"非农家庭""城里人家"。"大者"合起来的原意为"城里的大户人家"之意,主要指封建社会的皇家,含有宅院大、排场大的意思。而"侈"指"人多",主要指佣人多、随从多。由此可见,"奢侈"消费总体上是指不必要的讲排场和浪费;"崇俭抑奢"就是强调要抑制、避免不必要的浪费行为。"崇俭抑奢"成为中国社会的主导消费价值观,有其自然社会原因。中国历史上人口众多,人均拥有的物质财富匮乏;同时还存在严重和普遍的社会比较,如果消费不平等就很容易激化社会矛盾,给社会治理带来难题,因而"节俭"在国家社会治理中发挥重要的价值导向作用。《荀子·富国》中说道"欲多而物寡,寡则必争矣",此处"争"有矛盾、纷争、不公平感等含义。中国历史上,国家治理对个人消费行为中"节俭"行为赋予道德含义。李商隐《咏史》写道"历览前贤国与家,成由勤俭破由奢"。中国历史上流传下来很多奉行"崇俭抑奢"价值观念在操持小家和治理国家方面的正面典故。据说,季文子是春秋时代鲁国的贵族、著名外交家,他出身于三世为相的家庭,为官30多年中一生俭朴。他自己穿衣只求朴素整洁,除了朝服以外没有几件像样衣服;每次外出所乘坐的马车也极其简单。他还要求家人也过俭朴生活,在家里不准妻妾穿丝绸衣服,也不准家人用粮食喂马。这位春秋鲁国官员季文子在和朋友的交谈中明确表示,自己也希望把家里布置得豪华典雅,但看看鲁国平民百姓还生活在粗茶敝衣环境下,如果官员在生活上有装扮妻妾、精粮养马的现象,就是丧失为官良心。国家治理将"俭"上升为美德加以倡导,整个社会就自然会把奢侈行为视为一种恶习而加以鄙弃。在"崇俭抑奢"消费文化下,如果个人消费支出远远超出普通人的支出水平,就容易在不经意之间被赋予负面含义。例如,前些年中国流传"皮

带哥"绰号,该人来自商界,2012年在参加全国重要会议时穿着爱马仕皮带,其耀眼标识被媒体捕捉、报道,从而流传开来。可见,中国社会大众倾向于将过度消费视为"恶",而"过度"又是相对于社会的整体生活水准而言的。《左传》有"俭,德之共也;侈,恶之大也"。司马光《训俭示康》中有"有德者皆由俭来"。这些记载都表明了中国文化中存在"崇俭抑奢"的消费观念。

第二,杜绝消费浪费。消费浪费是明显背离中国"崇俭抑奢"文化的消费行为,带有突出的负面效应。两类情境下的消费浪费行为尤其值得防范。其一,和单独消费相比,共有消费情境更容易产生浪费行为。中国重视以社会关系为纽带的共有消费行为。而共有消费中,个人消费行为更容易受到他人评价,因此,很容易因为社会比较而滋生消费浪费现象。例如,聚餐是中国文化下突出的共有消费行为(joint consumption)。这种由多人共同参与的群体消费场景,与一个人或核心家庭的单独消费行为相比,更容易产生食物浪费。中央纪委国家监委网站2021年5月9日报道,对河南郑州市行政中心机关食堂的5个月督查中,该食堂日均食材消耗量与年初相比下降10%,日均餐厨垃圾量减少30%,由此推知督查前该机关食堂的浪费行为。中国烹饪协会调查显示,大型餐馆在承接宴席时,很多地方对宴席有几碟几碗的习俗,加上主人盲目攀比,导致菜品远远吃不完,宴席浪费异常严重。2018年《中国城市餐饮食物浪费报告》披露,中国餐饮业人均食物浪费量为每人每餐93 g,浪费率为11.7%,而大型聚会浪费达38%,是餐饮业平均的近4倍。减少共有消费中的浪费行为具有重要的社会意义。《2022年世界粮食安全和营养状况》显示,2021年全球受饥饿影响的人数已达8亿多,较2019年增加了1.5亿;2022年更是灾难性饥饿之年,38个国家的4400万人在饥荒边缘徘徊。

其二,"饭圈"消费中的浪费。数字时代的年轻人照样出现消费浪费,而"饭圈"浪费现象成为消费异化的突出表现形式。2021年5月4日,选秀节目《青春有你3》中,粉丝为了帮助偶像,购买赞助商(蒙牛真果粒)大号奶制品但不饮用,也销售不了,最后,粉丝们在扫描瓶盖内二维码为偶像助粉之后,就把牛奶倒掉了。粉丝疯狂集资买牛奶,然后整箱整箱倒掉牛奶的行为引发了公众的强烈谴责。这种浪费行为属于"消费异化"。人民网5月9日发文评论说,客观来说,出于喜欢,粉丝愿意拿出自己的时间、金钱、精力为偶像造声势、博资源,是个人的选择,但"饭圈消费"既助长了演艺圈企图一夜成名的不正之风,消费异化造成的浪费又有伤社会公德,必须加以制止、惩戒。

消费者行为学围绕浪费消费的研究,将为遏制公务接待、机关食堂、宴席聚餐等情形下的浪费寻找解决之道。例如,"面子"或自我呈现顾虑(self-presentational concern)使中国消费者更容易在共有消费中出现浪费现象,那么如果能将"财务尽责"(financial responsibility)作为积极自我呈现的社会标准,就能减少浪费;如果共有消费场合下让每个人都参与点菜,责任分担也能减少浪费;移动数字技术让量化消费成为可能,共有消费行为中如何有效使用智能提醒点菜适量,能节制浪费现象;等等。

第三,正确理解精品的内涵,通过消费提质促进经济增长模式转型。建设有中国特色的消费者行为学需要正确理解精品的内涵,要践行不断满足"人民日益增长的美好生活需要",推动消费者行为学理论与实践创新。近些年来,国家希望将经济增长方式从投资拉动型转变为消费拉动型,让消费对经济增长发挥更大作用。例如,《扩大内需战略规划纲要（2022—2035年）》中已将"消费"视为扩大内需、促进经济增长的"基础性作用"。要让消费活动成为推动经济迈入新发展格局的有生力量，就需要消费者行为学的理论和实践创新。其中，正确理解精品的内涵，鼓励有条件的个人和家庭通过消费提质，为转变经济增长方式做贡献，就具有理论和实践创新意义。精品是高品质产品，加强质量品牌建设，实现制造强国已写进《中国制造 2025》。要推动精品生产制造，必须要有相应的消费需求作为保障。因此，应该鼓励有条件的个人和家庭通过提高消费质量和水平来支撑经济增长方式转型。精品和"奢侈"的内涵是不同。如上所述，"奢侈"的原意是不必要的浪费。有研究表明，精品消费对社会可持续发展具有重要贡献，学者们从产品耐用性视角，发现购买精品看起来价格高但因其更耐用，其结果因产品使用寿命更长给社会生态环境带来的压力相对更小，能更好践行生态可持续发展理念[4]。确实，在市场经济成熟的地方，精品品牌的首位购买者在使用之后还会拿到二手市场售卖，产品循环再用的比例要远高于一般产品。可见，在新时代满足人民日益增长的美好生活需要大背景下，如何引导社会客观、全面看待精品消费行为，具有重大的理论与实践意义。

（二）宗族观念消费文化

宗族是中国市场消费行为的重要文化情境，它反映了中国人的"根文化"。根文化消费是指人们在宗族、家族等事务上投入较大比例支出的消费传统。重视宗族、家族首先表现在中国人对"家"的独特理解。西方文化多将"家"理解为"核心家庭"。中国人除了核心家庭是最重要的"家庭"之外，还往外拓展到家族、宗族。《财富》全球500强企业广州医药集团有限公司（简称广药集团）旗下知名品牌王老吉正是洞察到中华民族的宗族消费文化，2019年推出"百家姓罐"营销，将品牌核心精神"吉"拓宽到家族、宗族。王老吉在春节、端午节、中秋节等传统节日大力推广"百家姓罐"凉茶。"百家姓罐"营销让王老吉连续登上新浪微博、抖音、快手、小红书等主流社交媒体平台热搜榜，2022年春节期间在全网视频、图文、新闻等阅读量突破百亿，直接拉动数字平台的销售。以下谈谈宗族观念消费文化的几点重要表现，包括：重视下一代教育消费、重视上一代赡养消费等。

第一，教育消费——重视下一代。全球华人家庭都有重视子女教育的传统，在子女教育上舍得支出，这在世界各民族当中表现得最为突出。"再苦不能苦孩子，再穷不能穷教育"成为许多华人父母的信条。父母们在孩子教育上很舍得砸钱消费，除了支付孩子正常的学费之外，买学区房、参加各种补习班、送孩子留学深造……都是中国家庭愿意支付的昂贵教育费用。在其他民族可能视为"非必须"的教育支出项目，华人家庭却认为"必须""必要"，只要孩子想要受教育。子女教育费用占整个家庭支出的比例也非常之高。据北京大学中国教育财政科学研究所对全国4万户家庭的调查，2016年下学期和2017年上学期（即一学年），全国基础教育阶段家庭教育支出总体规模约19042.6亿元，占2016年全年国内生产总值（gross domestic product，GDP）比重达2.48%。这个比例到底有多高？当年（2016年）全国财政中的教育经费总投入（即含学前、9年基础教育、高中、大学及以上学历教育）为38888.39亿元。这说明中国家庭仅在基础教育阶段承担的支出就占国家财政教育总投入的近50%，和国家对基础教育的投入相当。另外，中国家庭的很多教育消费并不发生在学校里面，而是发生在了学校外面。据统计，2016年基础教育阶段学生平均参加校外补习的比率高达40%。舍得在下一代教育培养方面花钱是"根文化"消费的集中体现。

第二，赡养孝敬父母的支出。中国人有尊敬孝顺父母的传统美德。百善之首，以孝为先，孝顺父母，天经地义。中国人骨子里认同孝敬父母的支出是必须的。很多中国人在春节会给父母红包，以此作为对父母多年养育之恩的回报。据腾讯理财调查显示，近七成受访者表示春节时会给长辈红包，其中近30%受访者表示给长辈的红包是春节里的最大单笔支出，一般会占到个人春节期间总支出的30%。可见，赡养孝敬父母是"根"消费文化的另一重要表现。

（三）"性本善"衍生的消费文化

"性本善"是指中国文化对人的自然本性的设定。"性本善"来源最多被提及的是宋代启蒙读物《三字经》中"人之初，性本善"。但早在战国时期儒家重要代表人物孟子对人性本善就进行了系统阐述，他把人的本性概括为"四心"，并明确指出，"恻隐之心，仁之端也；羞恶之心，义之端也；辞让之心，礼之端也；是非之心，智之端也。人之有是四端也，犹其有四体也"。可见，孟子的人性思想把"人"的标准定得很高，要成为一个人，就需要达到仁、义、礼、智"四端"，而且要让他人、社会看到这"四端"，即"四端"是"做人"的基本入门标准。不论经济收入多少，受教育水平高低，自己和社会要用"四端"标准衡量是否够做人的资格。中国传统文化对于"人性"的假设促进了中国人向个人修养的最高境界发展；同时，也形成了中国人特别关注、特别在意他人对自己言行的看法的传统。

"性本善"人性假设反映在消费行为上，就形成了消费者在做出消费行为时，也更为在意他人对自己行为的看法，个人消费行为不完全由自我喜好来决定。因而人们在评判自己、他人消费行为时会把重点放在对消费行为与做人之间的"联系"上，对消费行为的描述中会带有更多的主观评价而非事实陈述。这是因为中国人更习惯对事实做评价（主观），而不是对事实做直接描述（客观）。例如，现代汉语词典中描写人格特点的形容词有6000多个，评价性的词（态度倾向）明显多于描述性的词（事实倾向），比例达1.6∶1。让中国大学生描述他们所熟悉的人时，他们使用评价性的词占70%多，而描述性的词不到30%。消费行为是人们日常行为的重要组成部分，社会自然对个人消费行为的描述带有是非、道德等评价成分。

（四）"和"文化衍生的消费

"和"文化传统在中国由来已久。3000多年前甲骨文"和"的字形构成很好地诠释了"和"文化的含义。甲骨文"和"字的右上部是连接在一起的竹管之形，下部的"口"把能吹响的竹管聚合在一起，象笙的形状；左上部"禾"则表读音。因此，"和"的本意就是指各个不同组成部分之间虽存在显著差别，但又能相互协调地联合在一起。"和"文化情境衍生的相关消费行为现象值得研究，研究结论将推动有中国特色的消费者行为学知识的发展。

第一，公开与私下场合消费行为的对立与统一。"和"意味着中国人价值观的双重属性，即既注重个人目标达成，又重视与团体/场合的协调。这使得中国人的消费行为能够在满足个人需要、保持与场合、环境的和谐一致之间达成平衡。不过，消费者只有在购买或使用公开产品时才需要考虑他人反应，才需要处理与场合/环境的和谐一致问题。这就可能产生一系列值得研究的问题。例如，不同职业人群的消费行为在满足个人目标、保持与集体或场合的和谐方面存在哪些差异？比如说，管理者这个职业群体，研究表明，东西方相比，前者更为重视处理与他人关系方面的胜任能力，后者更重视处理具体事务或问题的胜任能力[33]。依此推理，在公共管理部门工作的群体相对于其他群体更注重处理消费的个人目标与集体或场合的和谐关系。又如，不同性格、不同年龄等人口统计特征的消费者，在消费个人目标与团体/场合协调、和谐方面，又存在哪些差异？还有，人们在处理虚拟数字空间消费行为与线下消费行为之间的一致性方面，有何特征或规律呢？这些都是很有理论创新意义的研究问题。

第二，"不同而合"的消费。相对于西方文化，中国"和"文化下的消费者对"不同而合"的产品搭配的接受意愿更高。中外学者合作研究发现，中国消费者对混杂着正负评价信息的产品，比西方消费者表现出更小程度的心理不适感，也就是说我们比西方文化下的消费者更能忍受矛盾、冲突、正负混杂的信息[34]。比较中餐与西餐菜肴的烹饪组合也能形象说明"和"文化下消费者对"不同而合"产品的消费行为倾向。西餐中荤、素、佐料（汁）均单独烹饪，在盘子里鲜明地分开摆放，一般是荤菜置于核心地位，摆放在中间；素菜摆放在盘子两边，荤、素绝不混杂在一起。例如，西餐"蜜汁蒜香鸡"这个菜，呈现在消费者面前的是鸡肉在盘子中心位置，周围单独摆上切好的土豆，由蜂蜜、橄榄油、盐和胡椒粉等混合而成的佐料也是单独端上来，可由顾客根据需要适量浇上。相反，同样是主打鸡肉的中餐"宫保鸡丁"呈现给消费者的就是典型的"不同而合"图景，它将鸡丁（小鸡肉块）、花生米、辣椒等一起爆炒，再将混合后的佐料在起锅时一起下去拌好进味。围绕"不同而合"的消费行为现象，建设有中国特色的消费者行为学需要进一步研究：消费者愿意接受多大程度的"不同而合"产品？"不同而合"消费的心理驱动机制是什么？迄今，认知负荷理论（cognitive load theory）、朴实辩证（dialecticism）等虽能做出部分解释，但需要从中产生更多的原创新理论，推动中国特色消费者行为学的发展。

三、中国技术情境的消费者行为学研究

基于中国新技术情境的消费者行为学可重点围绕以下方向开展研究，构建国际前沿的理论知识体系。

（一）消费者新角色——"产消者"

随着数字技术的深入，消费者行使了参与产品研发（尤其是贡献思路）、提供产品评论、分享产品使用体验、提供广告内容、租赁个人拥有物（如房屋、数字收藏品等）等功能，消费者由此参与了价值共创。可见，个体从行使纯粹消费职能的消费者角色，转

变为同时行使生产和消费的产消者角色（prosumer）。当个体兼顾消费者、生产者、企业家三重角色时，或者在三重角色之间转换时，这些角色之间原有的界限就消退了，产消（prosumption）概念应时而生，它同时包含消费和生产，且不强调一方要优于或重要于另一方。过去那种消费者–生产者的两分法也显得不足够了，消费者同时承担了市场供应物及其意涵的生产的新角色。当消费者演变为产消者，消费者行为学的研究对象就不再局限于只纯粹担任消费功能的消费者，还包括同时担任生产和消费功能的产消者。由此，消费者行为学需要研究一系列新的重要课题。

第一，产消者对消费（consumption）的影响。当一个成年人要买自己人生的第一辆汽车时，他可能要思考这辆车是作为消费品还是同时作为加入共享出行平台的生产工具。这两种不同的购买导向，会影响个体的品牌选择，以及购买者与品牌之间的关系。单纯的消费者可能视首辆车为自我概念的一部分，汽车品牌更能体现自我身份认同；而作为产消者角色的个体，首辆车则带有工具性质，是生产工具，品牌需要发挥最大的工具价值。面对产消者这一新角色，消费者行为学需要研究：影响消费者和产消者品牌选择的因素各自有哪些？其影响因素存在哪些差异？影响消费者和产消者培育品牌关系的因素和路径有何差异？等等。

第二，推动消费者向产消者角色的转变。当消费者演变为产消者时，消费者行为学和创业或企业家精神等分支学科就产生了交集。消费者行为学需要研究：个体成为微型创业者时，产品购买可以行使哪些功能？哪些社会和技术因素能推动个体从消费者角色转变为产消者角色？消费者角色的哪些经验可以帮助其履行产消者角色？等等。

第三，产消者的消费福利问题。当个体成为产消者时，他一方面应该享有作为消费者的社会福利；但同时，作为生产者，他既要给消费者应有的福利，又要从共享经济平台中享有相应权益，如此他才有能力向消费者传递相应的满意度。此时就会出现矛盾。以私人汽车拥有者为例，当他加入共享出行平台时，如果平台并没有给汽车拥有者个体提供平等的权益；那么，这位产消者向消费者提供驾驶服务时，他的服务如何能让顾客愉悦呢？这就是开放性悖论（paradox of openness），它是消费者行为学应该研究的前沿理论课题。要解决开放性悖论问题，消费者行为学需要将平台衍生的相关消费者行为作为新的重要研究内容。例如，有研究发现，房东作为产消者，参与房屋共享平台爱彼迎（Airbnb）的动机主要有"赚钱""分享美丽""结识新人"；这些动机越强，房东在共享平台分享的描述房屋的文本、照片就越丰富；房东的这些生产行为，短期内会提高房客对房屋的星级评价，长期则强化了房东与房屋出租平台的合作关系[35]。可见，消费者行为学需要将平台相关的消费行为作为新的重要研究内容。

（二）消费者数字化身

数字时代，消费者不只在真实世界进行消费体验，还在数字世界产生消费活动。消费者在数字世界以化身（avatar）形式参与生产生活消费。[2-3]那么，消费者化身以什么形式、以什么行为而存在？一方面，消费者化身的外形（forms）。在早期计算机为主要传播媒介的时候，任何能标识用户身份的数字化符号均会被认可并作为消费者化身的外在形式，包括文字昵称、声音、照片或电子邮件地址等。但随着富媒体时代的到来，消费者数字化身要求越来越拟人化，消费者在数字世界可以自行定义性别、种族、年龄等人口特征，以及五官、发型、服饰等外表特征。另一方面，消费者化身的行为（behavior）。消费者化身需要具备行为能力，它是指消费者化身在数字世界完成相关活动、达成目标的能力，包括但不限于化身与环境之间，以及化身相互之间的互动能力。本质上，消费者化身的外形和行为都是由背后的智能技术支持的，也受到智能技术的控制。但消费者本人对化身的外形和行为拥有一定程度的定制权。

正如本章开篇介绍的腾讯 QQ 虚拟亲子乐园，真实的人在虚拟数字世界行使"为人父母"角色，这里的乐园主人被称为 AI 主，而他们在真实世界中的身份是虚拟世界的其他化身不得而知的。AI 主在虚拟亲子乐园会发生消费、支出行为，他们从虚拟世界获得的使用价值与价值，与真实世界是不同的，但对他们来说却是同样重要的。今天，消费者以化身角色在数字世界进行游戏、观展、教育、社交等多方面体验，并为此产生支付行为。可见，消费者数字化身成为消费者行为学科需要研究的新问题。

第一，消费者化身以何种外形与行为来强化个体的化身认同。根据自我提升理论（self-enhancement theory）和自我肯定理论（self-affirmation theory），个体总是偏向于形成积极的自我概念并寻求他人的积极反馈。因此，个体对数字世界的化身，偏向于设计高度理想化的外形、行为。健康管理领域研究发现，理想的化身外形，有助于个体养成积极的日常锻炼、维持体重等健康行为[36]。外形或行为高度理想化的化身能使消费者与化身的心理联结更紧密，从而对化身形成更高的认同。但是，化身的外形和行为理想化程度还要受到 AI 系统或算法的控制。而且，消费者用于装扮自己化身的外形（如皮肤、服装等）、行为（如游戏中化身拥有的器具等）等要素，也要受到平台供给的限制，要提高自己的化身外观或行为的理想化程度，就要在数字空间发生更多的支付或购买行为。对此，消费者行为学需要研究消费者为武装数字化身会发生哪些购买行为，而所购买的产品均属于非实体形式的数字体验产品，这些消费行为现象构成消费者行为学新兴的前沿研究内容。

第二，消费者数字化身的普罗透斯效应。普罗透斯效应（proteus effect）用来解释数字化身在数字空间的行为如何影响个体在真实世界的行为表现。当消费者在数字世界行使不同的化身角色时，他或她到真实世界后的行为，会带有在数字空间的化身行为的痕迹，或者说受到数字化身行为的影响。普罗透斯效应研究发现，高大的化身形象在数字空间所提升的自信会持续到线下真实世界面对面的访谈[37]。消费者行为学科需要研究消费者选择、设计什么样的化身外形或行为，能够趋利避害发挥普罗透斯效应，促进个体在真实世界的心理健康。例如，2020 年疫情期间任天堂开发的《健身环大冒险》采用了"虚拟世界+健身"游戏，游戏中用户选择自己的化身角色，用户使用时需要一些设备进行动作识别和传感，记录用户的运动时长、消耗的卡路里等。人们可以利用生活碎片的时间实现 60 种健身运动，并将自己的运动记录上传，与自己的数字化身玩家的运动进行比拼，这种带给消费者健康的娱乐行为，激发了疫情受限环境下人们的健身运动，具有积极的创新意义。

不同场景下，消费者数字化身的普罗透斯效应存在哪些差异呢？消费者化身在虚拟空间参与的活动具有不同的价值导向，包括功能性场景、情感性场景、社交性场景等。不同场景下化身的外形或行为理想化程度带来的沉浸体验有何差异？进而对真实空间行为的普罗透斯效应影响如何？这些均需要消费者行为学开展系统的前沿研究来揭示。

第三，消费者数字化身的品牌体验效应。目前，已经有品牌开始针对消费者数字化身推出品牌的数字衍生虚拟产品。这样，消费者有可能第一次接触品牌名的场景已经不是线下真实世界，而是线上虚拟数字世界。例如，古驰（Gucci）在 Roblox 和 VRChat 虚拟社区独家销售"Gucci Virtual 25"数字运动鞋；推出的经典手包数字版在 Roblox 上售价达 4115 美元。相应的问题是，品牌在虚拟数字空间与消费者数字化身的接触，是否、如何转化为消费者在真实世界对品牌的积极购买行为。消费者行为学需要研究虚拟空间消费者数字化身与品牌的相遇体验，是否影响及如何影响现实世界里的消费者与品牌关系；品牌以哪些数字形态在虚拟空间与消费者化身相遇；等等。

（三）去物质化消费

去物质化消费（dematerialization）是指消费者生活中越来越少地使用由实体物理材料制成的产品，但照样能从中获得相同水平的功效或使用价值。去物质化消费表现为几大特征。其一，数字化消费。例如，人们已习惯于在音乐播放平台购买数字音乐，借助移动通信的便利和智能手机，实现随时随地听音乐（如在上下班路途中，在地铁、公共汽车、教室、商场、餐厅、机场等）；而越来越少的人会继续购买由盒子装着的实体音乐唱片。又如，数字和移动互联技术到来之前，人们要购买胶卷，胶卷拍摄的照片要拿到专业的相片冲洗店去冲洗。而现在人们使用智能手机拍照，越来越少的人会去冲洗照片并使用影集保存相片。同样，人们比过去更加习惯于在网上购物，减少到线下实体店购物的频率。其二，实体产品向轻薄化方向发展。实体产品倾向于使用更少材料，产品变得越来越轻、越来越小、越来越便携。例如，彩电和笔记本电脑变得越来越轻薄。宜家已经将基于工艺家具的耐用性产品转变为一次性产品，通过使用轻薄的非木质材料，方便消费者频繁更新款式，快速交付和安装。其三，去物质化消费还意味着人们倾向于拥有更少的实体产品而经历更多的消费体验。消费体验比物质占有让消费者更快乐。比如，在赠礼行为中，请朋友去消费体验可能比送实物更让接受者喜欢。这是因为，体验与我们的内在自我更为密切相关，我们所做的行为，相对于所拥有的实物，更能代表我们是谁及我们的世界观。相对于实物产品，服务体验越来越作为精品消费被加以重视，因为人们总体上存在从炫耀性消费向低调消费转变的趋势。

去物质化消费趋势为消费者行为学提出了新的重要研究问题。其一，不同消费者从去物质化消费中的获得感有何差异。尤其是不同社会经济地位的消费者对去物质化消费的态度有何差异。例如，当前数字支付现象普及，使用现金（硬币或纸币）频率越来越少，但是在捐赠情境中现金捐赠（纸币或硬币）可能比数字支付捐赠，能带给接受者更大的获得感。因而，适当情境下保留现金支付有其社会意义。其二，去物质化消费对消费者-品牌关系的影响。例如，对同一个摇滚歌手，消费者购买他的盒装音乐唱片可能比从数字音乐平台听他的歌，对歌手产生更多喜爱。其三，去物质化消费对消费者情感的影响。例如，当全家人一起欣赏影集里几年前的全家合影照片，一般来说要比一起看保存在电脑或手机里的照片，更能引起深层次的怀旧感。总之，消费者行为学需要针对去物质化消费趋势，研究能够维持、提高消费者心理获得感的产品或服务形态。

（四）消费者 AI 互动体验

AI 人工智能正在加速融入消费者的日常生活。从 Fitbit 健身追踪器、阿里巴巴的天猫精灵、云鲸扫地机器人等智能家居，到谷歌 Photo 编辑建议、Spotify 音乐播放列表，以及微软的 Chat GPT，消费者每天多次、不重复地与 AI 产生互动。AI 在赋能企业、服务消费者的同时，它作为中性工具，同样无法规避对消费者个体可能造成的潜在负面影响。消费者在与品牌 AI 互动环节中的以下体验值得消费者行为学进行研究创新突破[38]。

第一，消费者 AI 数据捕获体验。"数据捕获"（data capture）是指人工智能收集有关消费者和他们所在环境相关数据的过程。数据捕捉虽然给消费者带来一些好处，包括给消费者提供免费的个人定制服务、信息和娱乐等。例如，当人们准备度假旅游时，旅游软件上 AI 助手为出行者制定最优行程方案供消费者选择。虽然 AI 能预测、满足消费者的行为偏好，但也让消费者感受到自己的消费行为数据被剥削、被利用。今天，数据采集方式越来越具有侵入性，互联网上的流氓软件、霸王条款层出不穷；消费者数据还被掮客出售获利，其行为难以受到有效监管。科技公司一方面通过数据监控，为消费者提供便利性、生产效率等好处，使消费者乐于接受监控监视；另一方面通过复杂的通知、提醒，来推动、诱发行为改变，不断突破消费者信息隐私的界限。随着消费者不断"数据缴械"，AI 将消费者转变为"剥削自己"的资本同谋，促进知识和权力集中到那些拥有消费者数据信息的人手中。互联网大厂的大数据杀熟、垄断、不当竞争等是资本挥舞数据大棒对"市场弱者"实现控制或侵害的常见现象。因此，消费者行为学科应该研究 AI 数据捕获带给消费者的影响及其公共监管对策，包括：信息产消者对信息的获得、使用、处置行为是怎样的？数据透明性对消费者情绪有何影响（如焦虑、无助等）？数据透明对消费者控制感及心理健康有何影响？消费者数据隐私敏感性问题？等等。总之，消费者行为学研究要有助于数据捕获更好地服务于消费者，提升消费者福利。

第二，消费者 AI 分类体验。"分类体验"（classification）是 AI 通过提供个性化预测而将消费者分为特定类型的过程。消费者在数字空间的行为积淀了海量数据，在 AI 算法支持下形成系列化的消费者个性标签，厂商由此利用这些标签进行"猜你喜欢"式的个性化推荐。AI 消费者分类的积极效应是它能为消费者提供个性化服务，为满足消费者身份需求动机提供了可能。但也带来负面影响。当 AI 的消费者分类不准确，或产生偏见时，AI 分类会让消费者产生被误解、被歧视的体验。"分类"在社会学语境中本身就显示不平等性的叙事特征。例如，如果某银行使用 AI 来决定是否值得给某消费者贷款，虽然算法帮助银行人员完成了很多烦琐细碎工作，但 AI 也系统性地排除居住在信用违约率高的社区的所有消费者，这就加剧了社会群体歧视。因此，针对 AI 消费者分类，消费者行为学需要研究的重要问题包括：实现基于消费者行为的更精准的 AI 消费者分类；AI 分类对消费者被歧视心理的影响效应及其缓解对策；AI 分类对消费者隐私敏感性的影响效应及其缓解对策；等等。总之，消费者行为学研究要推动 AI 为消费者提供更高品质的定制化服务而不是对消费者实施更多歧视性方案。

第三，消费者 AI 代理体验。AI 代理（delegation）是指消费者在日常工作和生活中使用 AI 来完成本该他们自己执行的任务。这些任务可以是简单决策（如智能出行方案等），也可以是复杂决策（如虚拟世界数字行为等）。AI 代理体验的好处在于消费者可以把时间和精力放在他们觉得更有意义的活动上。消费者也可以专注于自己更擅长的活动，而将表现不佳的活动留给 AI 去完成。但 AI 代理也可能给消费者带来糟糕的负面影响。AI 代理会使消费者产生被取代的负面影响。为此，消费者行为学需要针对 AI 代理现象研究相关重要问题，包括：AI 代理对消费者沉浸度的影响效应与机制；AI 代理对消费者自我效能、自我价值及个人控制感的影响效应与机制；提高消费者在 AI 代理功能中的参与度和参与方式；促进 AI 代理与消费者分工协作，以优化消费者体验，如自动驾驶汽车允许消费者定制外围功能，以避免消费者失去控制感；又如电脑游戏中数字助理不被高度拟人化，便于维持玩家的自主意识。总之，消费者行为研究要让 AI 代消费者行事而不是让消费者感觉到被 AI 取代。

第四，AI 社交体验。AI 社交体验（social）是指消费者在与 AI 交流互动中的心理感受。AI 社交体验有两种情况，一种是消费者知道其沟通交流对象是 AI（如用户与苹果语音助手 Siri 的互动）；另一种是消费者不确定对方是不是 AI（如收到来自自动聊天机器人的客户服务）。消费者的 AI 社交体验需要有利于消费者与公司之间更主动、更自然、更高效的双向互动。中外研究团队认为，多数情况下，AI 技术融入拟人化特征会增加消费者信任，有利于提升消费者社交体验；同时具备高度拟人的外形、个性或行为能力的 AI，能向消费者传递更好的社交体验；但仅仅是外形上拟人化程度高，而智能程度上难以满足人们高度个性化需求的 AI，会导致社交疏离（social alienation）[2]。例如，外形越是拟人的 AI，如果在对话中制造了种族、性别等对立，就会导致更强的社交疏离。AI 社交体验会导致两种类型的消费者心理疏远。其一，与一般消费者之间发生糟糕的沟通体验。如 AI 没有共情能力，难以识别"话里有话"，无法站在对方的立场回应。其二，与特殊人群之间的沟通失败。如 AI 在向残障弱势群体发放贷款补助时表现得毫无人情味。针对 AI 社交体验，消费者行为学需要围绕重要问题开展研究：AI 社交导致了哪些消费者疏远行为？消费者被冒犯、被疏远的信息线索有哪些、如何测量？如何通过 AI 与人工的工作配合来提高消费者体验？总之，消费者行为学研究要推动 AI 为消费者创造更共情、更具同理心的社交体验。

（五）接口式消费获得

接口式消费（consumption of access）是指以市场为产品介质但不发生产品所有权转移的交易行为。数字时代，越来越多的消费，不管是物质的还是非物质的消费，将通过接口方式而不是占有方式来获得。基于接口的消费"获得"方式包括租赁、共享、借用等。接口式消费获得有几方面的特征。其一，接口式获得能减少消费者负担，让消费者更自由。如果只能通过购买方式来获得消费，那会让消费者产生经济的、物理的、情感的、社会的负担。而通过接口方式获得消费能让消费者拥有更自由、更灵活的生活方式，将消费者从上述负担中解脱出来。"断舍离"入选国家语言资源监测与研究中心发布的"2019 年度十大网络用语"，它是指将不必要、不合适的东西统统断绝、舍弃。因为现代社会，某些拥有本身可能变成人们的负担。其二，接口式获得能助力消费者实现想要的生活方式。对那些缺少必要经济手段的消费者来说尤其如此。因此，经济资源不那么充足的年轻消费者更愿意通过接口式获得来达到使用想要的高档品牌产品或服务的目的等。例如，时尚租衣平台托特衣箱让女性可以共享衣橱，每月只需花费一件快时尚服装的价格，就能换穿 6～20 件美衣美饰。过去被认为最能标识女性社会身份的精品时装，在数字时代能够通过与共享平台的接口方式而消费，这一定程度上满足了女性"买买买"的穿衣欲望。艺术博物馆可以从接口式消费行为趋势洞察到创新的经营管理思路，让无力购买或收集艺术品的消费者获得艺术欣赏的机会，从而提升大众的艺术素养，同时又减轻政府在维护博物馆方面的财政负担。其三，接口式获得满足了消费者多样化寻求的需要。例如，当消费者想要使用多个不同品牌或类型的汽车时，通过租、共享等接口，就比自己买一辆车更能实现多样化寻求的欲望。

接口式消费趋势为消费者行为学提出了新的研究课题。其一，消费者品牌关系的变化。接口式获得消费而非通过拥有产品来获得消费，是否会让消费者对品牌产生疏离的关系，因为当消费者拥有品牌产品时，品牌更能成为消费者身份的一部分。其二，消费者勤劳品质退化的担忧。勤劳的美德在某种程度上是受到拥有更美好生活的动机所驱使的。如果越来越多的消费对象可以通过接口方式获得合法的消费权益，长此以往，勤劳这类传统美德的价值是否会被弱化，不同文化情境下接口式获得让人滋生懒惰心理的强度或机制有何差异，等等。

（六）消费效用短暂化

短暂性（ephemerality）是指产品购买、使用或消费所产生的价值失效的时间正在加速缩短。消费效用短暂化特征与多种因素有关，如社会结构的溶解步伐加快、技术转型导致产品生命周期缩短等。消费效用短暂化特征意味着消费者与消费行为客体（产品、服务或体验等）之间的关系，以及从中获得的价值感，变得更为短暂化、情境化。消费效用短暂化具有以下特征。其一，产品处置短暂化。例如，消费者现在不断升级换代智能手机的系统，但对此可能产生心理愧疚，为减轻愧疚，消费者反过来可能无意识地更粗心对待自己的手机。也就是说，短暂性消费可能驱使消费者粗心对待产品。其二，人际关系短暂性。这可能是消费效用短暂化所处的当代社会氛围。社交媒体便捷性使人们可以轻易与他人建立连接，这也造成了人际关系的短暂性和不稳定性。例如，今天消费者微信朋友圈里的朋友数量增多了，但朋友之间的友谊却不如从前那么坚固。其三，品牌营销策略灵活性。这是品牌应对消费效用短暂化的策略。今天，零售店、美术馆和大型活动场地的空间设计变得更为临时性、多用途和方便调整。例如，快闪店（英文为 pop-up shop）是指在商业发达地区设置的临时性店铺，供零售商在短时间内（若干星期）推销其特定品牌，以此抓住一些季节性消费者，或增加品牌对该区域潜在目标消费人群的曝光。"快闪"的英语 Pop-up 具有"突然弹出"之意，之所以称为"快闪"，很大程度是因为这种业态的经营方式往往事先不作任何大型宣传，到时店铺突然涌现在街头某处，快速吸引消费者注意，经营短暂时间之后旋即又消失不见。"快闪店"也被比喻为不在同一地点久留的品牌游击店（guerrilla store）。

消费效用短暂性为消费者行为学提出了新的重要研究问题。其一，消费者心理所有权问题。消费者如果不断更换新型号、新版本的智能手机，就会对正在使用的手机更加漠不关心，这种弱心理所有权导致消费者可能不如从前那样爱惜自己拥有的产品，消费者与品牌之间关系会弱化；同时，适度的心理所有权有利于提升消费者心理幸福感。其二，消费者内隐人格问题。短暂性消费趋势下消费者追求更多的消费体验，寻求多样化体验。因此，过去通过长期或持续拥有、使用某品牌来传达自我身份认同的动机发生了改变。这种现象是否、如何影响消费者的内隐人格观，将是一个具有理论创新的重要课题。内隐人格观（implicit theory）是指人们对于人的特性所持有的基本认知图式，一般分为实体论者（entity theorists）和渐变论者（incremental theorists），前者认为人的特性是固定不变的，倾向于用抽象的、宽泛概括化的、静态的内在特质来理解人的行为；后者认为，人的特性是可塑的和发展变化的，他们倾向于用影响心理动态过程的内外具体调节因素来理解人的行为。数字迭代环境下消费效用短暂性趋势迫使消费者行为学要回答：和此前相比，人本身是否会变得更为渐变、更为灵活？其三，消费者品牌情感融入。消费效用短暂性趋势下如何让消费者对品牌产生"一见钟情"的情感融入，"一见钟情"式情感融入如何转换为品牌忠诚。这些都是极具理论和实践意义的重大理论问题。

第四节　消费者行为学知识体系与教材框架

消费者行为学围绕影响消费者行为的主要因素构建核心理论知识体系。消费者行为包括消费者激起产品需求或欲求、获得产品、使用和消费产品，以及处置产品等在内的所有相关活动。影响这些消费者行为活动的主要因素涵盖了五大范畴，包括：个体心理、社会文化、行为决策、行为结果、公共消费行为与政策。这些因素对消费者行为的影响，以及这些因素与消费者行为之间的相互关系，共同构成消费者行为学的核心理论知识体系。

本教材根据以上五大范畴构建核心篇章结构（见图 1.4）。本教材将消费者行为学的核心理论知识体系生动形象地概括描绘为"消费者行为五片花瓣"。"消费者行为五片花瓣"代表本教材的五篇主体内容，它们构成本教材的核心知识框架。"五片花瓣"形态由中心向外围散开，寓意本教材构建的消费者行为学知识框架始终围绕"消费者行为"这个核心展开；五片花瓣外围由圆环和剪头连接，体现消费者行为学需要处理消费者行为内与外、因与果、微观与宏观等重要维度上的逻辑关系。本教材首次正式确立并提出"消费者行为五片花瓣"的称谓，其所代表的核心理论知识框架，全面、系统、形象地概括了消费者行为的影响因素及其运行规律。学习、研究消费者行为学的目的，在于提高工商企业和公共部门制定营销战略与策略的科学性，从而让消费者从消费行为活动中实现最大获得感，提升消费福祉。本教材围绕消费者行为学核心理论知识体系，构建相应的消费者行为学主体知识框架，全教材共六篇十三章。开篇为"消费者行为学总论"；然后分别从个体心理、社会文化、行为决策、行为结果、公共消费行为与政策等方面出发，构建五大篇共十二章主体内容。本教材构建的消费者行为学理论知识框架体系，具有全面性、科学性、权威性、前沿性等特征。

鉴于"消费者行为五片花瓣"核心理论知识体系,我们将"消费者行为学"形容描绘为"消费者行为学之花",寓意"消费者行为学"能为市场营销学科的发展、繁荣,源源不断供给理论养分和种子,在市场营销学科中具有基础性地位。

在第一章最后一节,我们将精要介绍消费者行为学核心理论知识体系和本教材的主体知识框架内容。

一、个体心理因素

要揭示消费者的消费行为活动,首先需要了解消费者个体心理因素,它们是消费者各种外在消费行为表现最核心的内在驱动力量。个体心理因素对消费者行为的影响,是研究分析消费者行为的起点,它们构成本教材第二篇(图1.4)。消费者先要有足够的动机、能力或机会(即 motivation、ability、opportunity,MAO),然后才能产生特定的消费购买行为;对于市场上各种营销信息,消费者需要接触、感知并理解其含义;还要对接触到的市场营销信息形成印象、记忆;进而产生相应的态度和行为。这些因素构成本教材第二篇"消费者个体心理",它由四章组成,它们共同构成消费者行为学的理论基础。

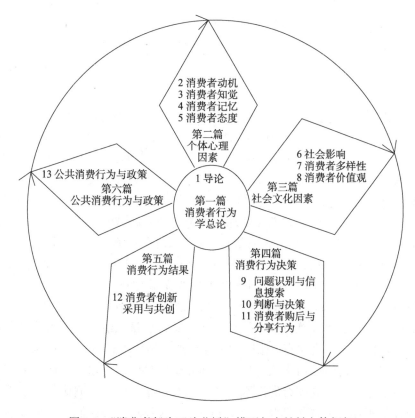

图1.4 "消费者行为五片花瓣"模型与本教材主体框架

(一)消费者动机

要发生某项消费行为活动,消费者先要有足够强的内在动机;在强烈动机驱使下才能形成相应的能力，并选择恰当机会将想法付诸实际消费行动。第二篇第二章主讲"消费者动机"。以一位在校大学生张同学为例，暑假来临，张同学正在做潜水旅游计划。在张同学的心里，暑期旅游尤其是以潜水为主要活动内容的旅游，是一项郑重的决策，因此他要为此事花费一些金钱和时间。他需要把暑期潜水旅游规划得尽可能细致详尽。有哪些可能的动机促使他将潜水活动确定为暑假旅游的主要内容呢？这可能与其个人经历有关。例如，他很可能初中阶段就开始接触学习潜水并从中享受到了乐趣，但他迄今只在中国近海做过潜水运动。他可能早就萌发了到国际知名海域做潜水旅游的想法，只是到这个暑假，旅行条件更为成熟。他做了一些攻略，查询了赤道附近的太平洋诸岛、印度洋的马尔代夫、南太平洋地区澳大利亚黄金海岸等地方。在做这些攻略时，他便在心里想象这些地方的海水有多么的碧蓝、清新、透亮，同时也会估计相关潜水所需基本设施是否优良。在对比过程中，张同学结合自己的潜水技能选择一处适合自己潜水的旅游目的地。在这个过程中，张同学的关注点很可能先放在抽象事项上（abstract construe），如想象或回忆潜水是多么的富有乐趣等；然后会落在具体事项上（concrete construe），如一次潜水旅游需要多少费用等。如果张同学本来就表现出探究未知世界的习惯或特性，那他可能会减少花在具体事项上的精力，反而愿意听从旅游代理机构在这些方面给出的建议。旅游目的地的经营机构洞察影响消费者行为的这些个体基本心理因素，就能更科学地实施营销战略与策略。本教材第二章主要讲解动机、动机成因，以及推动动机转化为行为的因素（如能力、机会等）。

（二）消费者知觉

当消费者产生了足够强的动机去做某项消费行动时，他/她接下来就会开始主动搜索信息并进行理解、加工。这个过程构成本教材第二篇第三章"消费者知觉"。搜索或回忆相关线索的过程，称之为信息暴露（exposure）。例如，上面例子提到张同学的潜水旅游，这是比较小众的旅游项目。为此，张同学可能并不会将大众化旅游广告作为搜集信息的渠道。相反，他更可能从潜水相关的俱乐部、机构或旅游代理那里获得咨询意见。据悉，国际上潜水机构有两大系统，它们在全球有固定的公开海域潜水点，能够提供较丰富的潜水旅游信息。PADI 潜水认证系统是国际潜水教练协会的英文缩写（全称为 Professional Association of Diver Instructor），创建设于 1966 年，它设计出一套完整的潜水培训系统，促进了国际潜水活动的兴盛，它以训练潜水执业人员的经验见长。另一个机构叫 SSI（Scuba Schools International），直译为"国际水肺潜水学校"，创建于 1970 年，它并不只是一所学校，还是潜水训练及执照管理机构，其特点是训练自由潜水爱好者，在全球拥有众多会员和公开海域潜水点。张同学可能重点会留意（attention）这两个机构的各类社交媒体，了解它们提供的潜水旅游信息。而要确定具体的潜水目的地，他还要查询、了解各目的地是如何描述其拥有的潜水资源，以及价格、配套的酒店住宿条件等。这些信息搜索与评估工作，形成了知觉（perception）。这些知觉会让他做出初步推断，如可能会形成澳大利亚黄金海岸更适合他。如果他随后发现黄金海岸在媒体中被广泛提及并获得游客在社交媒体平台的正面评价或推荐，这会让他更深入地了解这个旅游目的地，此过程就是理解（comprehension）。总之，消费者会在产品信息处理过程中，形成信息暴露、信息留意、信息知觉、信息理解等心理过程。如果各个信息处理环节都正向影响消费者，那消费者就向最终的购买行动顺利推进。第三章主要讲解消费者知觉及其影响消费者知觉形成的暴露、记忆和理解等主要因素。

（三）消费者记忆

消费者行为要受到消费者在记忆里能够储存多少与消费行为有关的信息的影响。这就是消费者记忆（memory）对消费者行为的影响。第二篇第四章称为"消费者记忆"。记忆让消费者在做出相关消费行为时回想起相关信息。此外，随着消费者不断学习与该行为相关的新知识，他还会再次将记忆中的已有信息和新的知识加以重组。这个过程就是习得新知（knowledge），它也会影响消费者行为。仍以张同学的暑假潜水旅游为例。他之所以产生潜水旅游，和他年少时学习潜水这项特别运动技能所形成的记忆有关，对于潜水这项运动要考虑的海洋地理环境、水质、装备、基础设施等方面的记忆，影响他对潜水旅游目的地的感知、理解。而张同学后来习得掌握到的潜水知识，又会重组到他的记忆系统之中。需要注意的是，张同学可能在记忆里储存了很多潜水目的地信息，但他选择哪一个地方作为其潜水旅游目的地则主要取决于他能从记忆中提取的信息（retrieve）。而"被提取信息"正是营销经理人要致力创造的强有力的品牌形象和令人难忘的品牌诉求。第四章主要讲解消费者记忆形成和提取，以及消费者新知对记忆发展变化的影响。

（四）消费者态度

消费者在激发起内在动机、接触到相关产品信息并形成记忆之后，就可能对产品、品牌形成态度（attitude）。"消费者态度"构成本教材第二篇第五章。态度有正面、中立、负面之分。相对而言，消费者负面态度对消费行为的预测力更强。在消费者不断接收到新信息的过程中，态度还会发生改变。以张同学潜水旅游为例，根据他收集的世界各地潜水旅游目的地的信息，并进行分析比较之后，他就会针对主要的目的地的费用、乐趣、基础设施、地理生态环境等重要方面，形成自己的评价与态度。张同学最终究竟选择哪一处海域作为其潜水旅游目的地，则不完全由其态度决定。态度和良好意向并不总是那么匹配。例如，即使张同学对澳大利亚黄金海岸有正面评价，但如果潜水俱乐部组织前往巴厘岛的旅行项目在时间上与他的暑假计划更为匹配，他最终很可能选择态度仅仅是中立状态的巴厘岛，作为此次暑假潜水旅游目的地。第五章主要讲解消费者态度及其形成的两种模式即认知和情感，以及消费者态度转化为消费者行为的影响因素。

二、社会文化因素

很大程度上，人们的消费行为决策及对信息的加工处理方式，要受到所属社会文化因素的影响。文化是指一个群体已经表现出来或将要表现出来的具有独特性的行为、规范、观念等的总称。文化对个体各方面的行为均会产生强大影响。消费者行为也是如此。个体对产品或品牌之所以形成某种感觉、知觉、态度，乃是他所属群体及这些群体对他的价值观、人格、生活方式的影响所综合作用的结果。上例中的张同学在暑假做出潜水旅游的决策，就可能受到他所在城市的地理气候、所成长的家庭等外部因素的影响，这些因素形成了张同学具有自身特色的生活方式，正是这些生活方式让他产生了潜水旅游行为。影响消费者行为的外部社会文化因素主要有五种，我们统称为"消费者社会文化"，即本教材第三篇（图1.4）。

（一）社会影响

社会影响主要是指市场上有社会影响力的个体或群体通过其提供的信息对消费者行为施加的影响。第三篇第六章称为"社会影响"。参照群体（reference groups）是指消费者视为与自己有某种相似、相像但又不是消费者所属的群体。参照群体一般是有社会影响力的人群，消费者与之共享价值观并认同其观点。很多时候，品牌在营销策略中所运用的参照群体，往往是消费者的渴望群体，消费者钦佩渴望群体并乐意听取渴望群体的建议，仿效他们的行为；渴望群体的建议形成口碑传播（包括人际传达或大众传媒传播），进而影响消费者的行为偏好。参照群体往往以社会规范的方式对消费者行为施加影响，也就是说，人们从参照群体那里意识到自己应该以某种特定方式行事。一般而言，同学、邻居、同事属于离消费者较近的、对消费者影响较大但对整个市场影响相对较小的参照群体，他们属于消费者的相似性参照群体。而公众人物如体育明星、影视明星、文化名人等则离消费者的社会距离相对较远，但他们对整个市场的影响却较大，他们属于消费者的渴望性参照群体，或者称为意见领袖。意见领袖属于特殊的参照群体。以上述张同学潜水旅游为例，他在做出潜水旅游行为决策时，参照群体可能包括他参加潜水培训时的教练、队友，这是相似性参照群体。如果某些公众人物也有潜水爱好，张同学潜水旅游行为还可能受到他们的影响，他们是影响张同学潜水行为的渴望性参照群体。因为潜水行为是相对专业的消费行为领域，撰写此类图书的作者也可能成为张同学的渴望性参照群体，这类图书的作者本人就有丰富的潜水运动经验。除参照群体提供的信息之外，很多来自营销（如商业广告等）或非营销（如社交网络上偶遇的朋友等）渠道的信息对消费者行为同样施加影响，他们共同构成社会影响的渠道。第六章要讲解营销及非营销的信息源对消费者行为施加的规范性影响和信息性影响。

（二）消费者多样性

消费者在人口社会统计（如年龄、地理或经济区域、性别等）、社会阶层、家庭等方面，具有多样性特征，它们直接或间接影响消费者的消费购买行为。第三篇第七章称为"消费者多样性"（consumer diversity）。现代市场营销学早在1920年代研究消费者伊始，人口社会统计因素就成为影响消费者行为的基本外部因素而受到关注。上述张同学可能并不多加思考就决定独自一人到海外的潜水目的地去旅游，这与他是男生有很大关系。他的同班女同学可能就不一定愿意独自远涉海外去潜水旅行了。地理也是非常重要的消费行为影响因素。例如，在中国，生长于北上广深一线城市的女生可能有胆量独自到海外旅游，但在偏远地区长大的女生是否也敢就成为疑问。成长于什么样的家庭是影响个体消费行为的原生家庭因素。消费者年龄、性别、教育背景等人口统计因素可能影响到他们对特定品牌的评价与选择。例如，同一个高中班的同学对安踏、李宁、耐克、阿迪达斯等运动服装品牌的态度与评价，可能存在显著差异，部分原因来自高中生人口统计背景（特别是家庭因素）。在众多人口社会统计因素中，世代成为消费者行为的重要社会文化因素。同一时期出生和成长的人群，因其经历共同的社会事件与思潮从而促成了具有相似或相互认同的消费观念、生活方式，因此，消费者世代成为研究消费者多样性（diversified consumers）的核心内容。第七章"消费者多样性"首先讲解消费者在世代、地理或经济区域、性别等人口社会统计特征方面的差异性。

消费者所出生的家庭（又称为原生家庭）、自己成人后所组建的家庭，以及家庭所属的社会阶层会影响其消费行为。第七章"消费者多样性"还要讲解消费者在社会阶层、家庭等方面的差异性。在一个发展相对成熟的社会，中产阶级构成了整个人口的最大比例，也是消费市场的最主要力量；上层和基层所占人口绝对数量相对更少，但高收入阶层的消费总量及占比都很高。同一社会阶层内部又有细分；即使人们所属社会阶层完全相同，个人阶层促成的背后因素不同也会使其消费行为方式存在巨大差异。例如，在欧美国家，同属于高社会阶层的消费者，但通过家族世袭或通过自我创业两种不同途径，其消费行为（包括消费内容及消费价值观）会存在巨大差异。上述张同学形成潜水业余爱好，可能缘于他成长于典型的中等收入家庭，其原生家庭具有开明包容的特点，倾向于重视教育并形成了崇尚勤俭健康的消费习惯。第七章"消费者多样性"还要讲解影响消费者行为的社会阶层和家庭因素。

（三）消费者价值观

个人或家庭即使处于同一社会阶层，拥有相同的经济收入或财富，其消费行为也可能存在很大的差异，其原因是人们在信念、个性、活动、兴趣、观念等诸方面存在差异，这些因素切实影响人们的消费行为、活动。第三篇第八章主讲"消费者价值观"。首先，个人所持有的价值观，直接影响其消费行为，包括产品信息接触、产品获得、产品使用或消费、产品处置等行为。其次，一个人是安静平和还是激情豪放，这种个性特征也影响消费者行为及其品牌选择，因为品牌本身也被市场营销赋予了个性。某种程度上，消费者选择什么品牌反映了消费者的自我概念。最后，活动、兴趣、观念（activities, interests, opinions，简称 AIO）也影响消费者的品牌选择、品牌使用场合。例如，上述张同学选择潜水这项带有激情的运动，可能是因为他喜欢带有刺激感的活动；这次潜水旅行他选择入住品质不错但并不昂贵的酒店，很可能是他养成了勤俭的价值观。第八章主要讲解消费者价值观、个性，以及由此形成的消费者生活方式，它们共同影响消费者行为倾向。

跨文化是消费者价值观形成的重要社会因素。不同的文化环境形成独特的消费行为现象。例如，新加坡形成了年轻人到结婚时向建屋发展局（Housing Development Board, HDB）申请房子的文化习俗，因此，一个男生想要向女生表达求婚时，最常见的做法是问女生是否愿意一起向 HDB 申请房子。这里，申请 HDB 的房子意味着男女恋爱已发展到可以结婚组建家庭的阶段了。这种外人看来有趣的文化现象，如果能被敏锐的品牌所洞察，可能成为广告信息表达的灵感来源。文化环境还导致了社会群体价值观及思维方式的差异。东西方市场的消费者思维方式差异导致了他们消费行为的差异。东方文化下的消费者更注重关系，更关注自己的行为对他人产生的影响，从而孕育了以依存关系为导向的消费行为；相反，西方文化下的消费者更关注个人体验，由此产生了以满足自我需要为核心诉求的消费行为。随着经济全球化的快速发展，文化混合现象越来越普遍，外来文化与本土文化之间产生混合,消费者对此会产生排斥性或融合性反应。第八章要专门讲解跨文化下的消费者行为特征。

洞察案例 1-3 表明,麦当劳(中国)的市场营销团队敏锐洞察到数字时代年轻消费者热衷尝试新科技的心理,在餐饮业率先推出数字藏品的促销活动,结果有效提升了消费者对新产品的购买和数字空间分享行为。数字分享体现新一代消费者鲜明的消费价值观与文化,而麦当劳(中国)数字藏品的分享不仅提高了其品牌短期内的营销效果,还强化了其长期的象征性意义。

洞察案例1-3

麦当劳麦麦卡滋脆鸡腿堡:数字藏品消费新潮

2022 年 7 月,麦当劳推出新产品——麦麦卡滋脆鸡腿堡。此次推出新品,麦当劳采用数字藏品营销创意。新品上市时,麦当劳同步推出 10 万份麦麦卡滋脆鸡腿堡"数字藏品",通过 APP 或小程序购买汉堡,就有机会获得一份"卡滋脆鸡腿堡诞生纪念数字藏品"。数字藏品对新品销售起到积极带动作用,在推出后 15 天时间里,麦当劳麦麦卡滋脆鸡腿堡数字藏品售出 8 万多份,在微博的话题讨论量突破 16 万次,"麦当劳新品"相关话题浏览量超过 8000 万次。麦当劳如何洞察消费者数字藏品心理?如何推行数字藏品营销创意?

1. 发布中国餐饮界首个数字藏品

麦当劳成为中国首个发布数字藏品的餐饮品牌。2021 年 10 月 8 日,麦当劳中国为庆祝进入中国内地市场 31 周年暨上海西岸新总部大楼启用,发布了首个数字藏品——"巨无霸魔方"。"巨无霸魔方"是一个具备三维动态的数字创意作品,以麦当劳品牌精神和新总部大楼外形为灵感,它由麦当劳中国与国内知名数字资产创作机构咖菲科技(cocafe)联合推出。依托高性能公链平台 Conflux,"巨无霸魔方"具有独一无二的"非同质化权益证明",确保每份作品的唯一性、不可分割性、不可被篡改。首次 188 份巨无霸魔方数字藏品仅以限定礼品形式赠送给了麦当劳的忠实消费者和部分员工,这让人们感受到了麦当劳的数字化潮流文化。麦当劳中国执行长张家茵针对公司首个数字藏品表示:"麦当劳是一个年轻潮流品牌,一直关注流行趋势和前沿科技。很高兴麦当劳成为中国首个发布数字藏品的餐饮品牌。""巨无霸魔方"是麦当劳紧贴数字潮流的有益尝试,为其发行更广泛的数字收藏品积累了经验。

2. 进阶的数字藏品营销

2022 年 7 月,麦当劳发布麦麦卡滋脆鸡腿堡数字藏品。不同于第一次数字藏品仅面向局部消费者和员工,这一次数字藏品面向全体消费者,是麦当劳中国首个对外发行的数字藏品。它打通了产品购买到会员系统,再到数字藏品平台的完整链路,实现了线下实体与线上虚拟的高度融合,以虚助实,为麦当劳带来了极佳的营销效果。

直接转化会员。通过麦当劳官方小程序和官方 APP 购买产品麦麦卡滋脆鸡腿堡的用户即可获得参与新品数字藏品的机会。但是,用户进入了麦当劳产品购买渠道,成为麦当劳会员之后要获取足够积分才能参与数字藏品流通。通过界定用户获取数字藏品的条件，麦当劳品牌转化了更多会员。

忠诚度培养。获得领取资格的消费者可以在"麦当劳数字藏品专属网站"获得藏品。拥有该数字藏品的消费者会经常到平台回访，这就有利于培养顾客忠诚度，提升品牌运营顾客数据的效率，实现用户资源的低成本高转化。

3. 链接年轻消费者

欧科云链发布《数字藏品消费者用户画像报告》，显示整个数字藏品市场的消费主力军是以"80后""90后"为首的青年一代，"00后"具有最高购买意愿。可见数字藏品是年轻人活跃的领域。数字收藏品满足了年轻消费者的哪些需求？①唯一性。麦当劳的每一份数字藏品都有独特的基于区块链技术的长链接，这个链接能作为每份数字藏品独特的版权保护方案，能确保每份数字藏品都有且仅有唯一的主人。②稀缺性。麦当劳本次发布的数字藏品，限量发售10万份。通过打造数字藏品的稀缺权益，可凸显其独特性，使数字藏品彰显收藏价值。麦当劳"麦麦卡滋脆鸡腿堡数字藏品"让消费者感觉自己拥有了一个个全世界独一无二的数字产品。③社交属性。麦当劳麦麦卡滋脆鸡腿堡数字藏品吸引了众多年轻消费者的注意力，在微博上有超过1000名年轻消费者在麦当劳官方发布的数字藏品话题当中分享消费体验，增强了品牌与年轻消费者之间的连接。消费者通过各种社交媒体账号分享自己的数字藏品消费体验，为品牌扩大了宣传。结果，品牌方发行的10万份数字藏品带来了数以亿计的流量。

综上，麦当劳是传统餐饮业的领导者，它敏锐洞察到年轻消费者的数字收藏心理，积极采纳潮流科技，率先发起数字藏品营销。其创新实践，带给消费者潮流和新奇的品牌体验。传统行业的品牌如何才能"不传统"？领导品牌如何在新时代永葆青春？麦当劳敏锐洞察消费者数字藏品心理，积极主动营销创新的实践案例，为创建卓越品牌提供了宝贵借鉴。

资料来源：

[1] 艾瑞咨询. 中国数字藏品行业研究报告[J]. 2022: 682–731.

[2] 麦当劳官网. 麦当劳数字藏品 [EB/OL]. (2022-08-10)[2023-01-21]. https://www.mcdonalds.com.cn/index/McD/branding-3/McDonalds-NFT.

[3] 欧科学院. 数字藏品，一个"年轻"的行业[EB/OL]. (2022-06-30)[2023-01-21]. https://www.oklink.com/academy/zh/hot-oklink-digitalcollectibles-survey.

三、消费者行为决策

在个体内在心理因素和外部社会文化因素的共同作用下，消费者会做出消费行为决策。消费购买行为决策包括4个重要环节，它们是：问题确认与信息搜索、判断与决策、购后决策，以及消费体验分享。它们构成本教材第四篇"消费者行为决策"，它一共分为三章（见图1.4）。

（一）问题确认与信息搜索

当人们认识到自己有某些消费需求尚未满足和实现时，消费或购买问题就产生了，消费者接下来就要为解决问题而进行信息搜索。第四篇第九章为"问题确认与信息搜索"。

上例中的张同学可能因为前几年正处于高中阶段，学习任务繁重，虽然掌握了潜水技能但一直未能到远距离的国际公开海域练习潜水；考上大学之后决定假期去海外潜水是对自己前几年抑制消费的补偿。问题确认之后，张同学就要搜索信息，包括去哪里潜水、潜水旅行的开支要多少、何时出发与返程等。个体内在的心理因素也会在问题确认和信息搜索阶段再度被激活。张同学一旦认识到他需要一次海外潜水旅行，他开始信息搜索时就暴露于信息之中，并去注意、归类和理解这些信息，最后形成记忆和态度。同时，消费者问题确认和信息搜索也会受到他所处的外在社会文化因素或环境的影响。对张同学的潜水旅行来说，有的文化思维对此行为起促进作用，而另一些文化思维则起防御作用。第九章主要讲解消费者问题确认，以及接下来的内部和外部信息搜索行为。

（二）判断与决策

在问题确认和信息搜索之后，消费者就面临判断与决策了。消费者对是否及如何做出某项消费行动，需要运用时间、脑力、情感等努力去判断和决策。第四篇第十章主讲"判断与决策"。在高努力决策情形下（high-effort decision），消费者需要在购买行为的重要维度上确定相关标准。上例中张同学要对海外潜水旅游目的地的重要维度确定出标准，如潜水海域安全性、水质、费用等。但并不是所有的消费行为决策都是高努力决策情形，虽然潜水旅行总体上属于高努力决策情形，但旅行中的餐饮消费项目就可能属于低努力决策情形了，张同学可以不需要在这方面花太多精力、时间去准备，也无需付出太多思考。

在做出判断和决策时，消费者个体内在的心理因素和外在社会文化因素仍会发挥作用。在高努力决策中，消费者内心有动力接触更多信息，并对信息进行深度加工，通过批评性分析形成态度。这种判断和决策过程，留给消费者的记忆深刻而持久。但如果遇到低努力决策，消费者就不会有动力搜索太多信息，对信息也不会进行深度加工，而是倾向于快速决策。这种判断和决策过程不会给消费者留下太深的印记。一般而言，越是需要消费者付出高努力的判断与决策，来自消费者自身内在的心理因素之外的社会文化因素所起的作用就会相对较小。第十章主要讲解消费者判断与决策的过程，以及基于认知和情感的消费者决策特征。

（三）购后与分享

购后决策评估（post-decision evaluation）是指消费者在做出消费行动之后做出的判断，消费者会确认此次决策是否正确，以及是否会再次购买消费。第十一章主讲"消费者购后与分享行为"。一般而言，如果消费者事前的预期得到满足，消费过程中所获得的体验又在其预期之内，消费者就会对此次决策及消费购买行为感到满意（satisfied）。如果消费体验所获超出了预期的积极体验，消费者甚至还会感到喜悦（delighted）。消费者购后决策评估，同样会受到消费者个体的内在心理因素和外在社会文化因素影响。从内在心理因素来看，消费者会通过搜寻新的信息来更新其消费体验，因此，消费者需求存在不断拉高的自然驱动力量；消费者还会选择性记住某些积极或消极的消费体验，从而对态度加以更新。同时，消费者事后对消费体验的分享会受到他人的评价和反馈，社会比较会让消费者在事后改变消费体验当时的感受。上例中张同学从海外潜水旅行回到校园，他和同学们分享了自己的潜水旅行体验，在分享中他也知晓了其他同学的假期旅行，这就会让张同学产生社会比较，这种比较会影响他对此次潜水旅行的评价和满意度；如果他以后还准备在假期安排潜水旅游，这种比较就会影响他下一次的旅行目的地的选择。第十一章先讲解"消费者购后行为"，主要包括消费者决策后冲突、产品处置，对消费行为满意和不满意的判断、反应，以及从消费行为经验中学习等内容。

消费者分享是消费者在购后对自己消费经验公开的社会化过程，他们会向近处或远处、熟悉或陌生的人分享消费经历和感受。"消费者分享行为"构成第四篇第十一章的核心和主导内容。本教材创新性将消费分享行为列入消费者行为学的重要组成部分。我们认为，如同问题确认与信息搜索、判断与决策、购后决策评估一样，消费者分享成为数字时代市场营销高度重视的消费决策环节。数字超链接时代，品牌异常重视消费者分享，消费者本人也离不开分享。对于消费者来说，从消费分享渠道搜索信息，可以减少自己与商家之间的信息不对称；消费者也可以因分享而形成消费者线上社群。对于厂商来说，正面的消费者分享是低成本的营销策略，可以提高品牌知名度，促进其他消费者的购买意愿。消费者分享行为也受到个体内在心理因素和外在社会文化因素的影响。就内在动机而言，消费者可能希望通过分享表明自己的身份、生活方式、人格魅力等，也可能因情绪需要而分享。消费者在分享过程中更新了自己对品牌的记忆和态度。就社会文化因素而言，当朋友更大程度上倾向于从你的社交媒体（如微博、微信朋友圈等）去了解你的生活动态时，与他人联结的社交需求促使人们做出消费分享行为。然而人际间地位高低、关系强弱等因素会影响分享行为。外在经济刺激也影响人们的分享意愿。上例中张同学自从开始海外潜水之旅，他可能分享一些旅程见闻，包括搭乘航班的机上餐食服务、入住酒店的风景、潜海的感受等内容。第十一章还将重点讲解"消费者分享行为"，主要内容有消费者分享的动机，以及分享对象和分享方式等数字时代消费行为前沿内容。

四、消费者行为结果

消费者行为结果是指消费者完成认知了解产品、获得产品、使用或消费产品、处置产品等消费行为全过程或某阶段之后，积极参与公司新产品共创，以及推动公司创新产品扩散等方面的活动。教材第五篇讲解"消费者行为结果"。"消费者行为结果"是厂商新产品得到市场广泛认可，或厂商强化消费者与品牌深度融入的过程，因而是创新扩散的过程。第五篇"消费者行为结果"受到前三篇涉及因素的共同影响，即消费者个体心理、消费者社会文化、消费者行为决策。第五篇主要由第十二章构成，重点讲解"消费者创新采用与共创"。

每年，公司推出的大量新产品石沉大海，究其重要原因，是遇到了消费者不采用甚至抵制采用的问题。在数字互联时代，公司为了让新产品面世之后更受欢迎，采取了吸引消费者参与新产品研发设计和创意等共创的措施，新产品共创成为特殊的消费行为扩散方式。第五篇第十二章主讲"消费者创新采用与共创"。上例中张同学的海外潜水旅程，会通过他本人亲口告诉他人而形成扩散；数字超链接时代，他也可能通过社交媒体向远端和陌生的消费者分享、传播潜水的过程体验，从而形成无地理限制的创新扩散。消费者新产品扩散是一个品牌不断构筑影响力的过程。市场营销人员需要洞察创新扩散规律，包括消费者创新采用的前提和时机、创新扩散曲线等。第十二章"消费者创新采用与共创"主要讲解创新采用和扩散及其影响因素，以及消费者共创的影响因素。

五、公共消费行为与政策

到目前为止，本教材所谈的消费者行为是基于消费者个体从市场通过交换方式获得工商企业产品的消费情境。第六篇则从另一个侧面，重点讲解政府与公共管理部门在消费者行为中所担当的重要角色。首先，公共消费行为。消费者除了通过支付购买的方式，从市场获得、使用或消费、处置产品之外，还会通过非市场手段从政府与公共部门获得相关生活服务消费。这部分消费行为称之为公共消费行为。其次，消费者权益保护。消费者从市场通过支付获得产品或服务时，与供给方厂商相比，总是处于相对弱势地位。因此，政府需要出面对消费者进行专门保护。立法、政策监管等是保护消费者权益的手段。新兴市场更需要加强消费者权益保护工作，这有利于释放消费潜力，推动经济增长方式从投资驱动型转变为消费拉动型，更好地满足人民美好生活需要。第六篇讲解"公共消费行为与政策"，它由第十三章构成，主要包括公共消费行为和消费者权益保护。

（一）公共消费行为

公共消费包括国家行政管理和国防支出、教科文卫事业支出、社会救济和劳动保险等方面的支出，这是一种区别于消费者日常生活但又与之息息相关的消费形式。第六篇第十三章重点讲解"公共消费行为"的几种主要类型。公共消费和居民消费密切相关，适度规模和高效的公共消费可以提高居民的消费水平与质量，但公共消费比例过高、过低或低效，则会降低居民消费水平和质量。所有国家或地区都一致地将各自认为居民应该享有的基本生活生存保障纳入公共消费范畴。但不同国家或地区，公共消费的范畴又存在显著差异。首先，制度是重要影响因素。例如，在有的国家，从日常生活消费品，到住宅、医疗、教育等都由政府按计划供给，人们绝大多数消费行为都属于公共消费；而在另一些国家，除了现役正规军人之外，几乎所有人的消费行为都是由市场通过交换来决定。其次，经济发达水平也决定了公共消费的范畴。例如，有的国家能让每个公民免费或以极其优惠的价格享有数字通信保障，但贫穷落后国家却难以获得基本的信息通信。再次，国情也影响公共消费范畴。例如，在新加坡，房屋就成为年轻人的公共消费领域，房屋问题是新加坡十分重要的社会问题，因为国土面积太小，那里的年轻人只需交不高的费用，就能买到政府分配的房屋。如果房屋任由市场供需决定，那相当多年轻人很难拥有自己的房屋。第十三章"公共消费行为与政策"将"公共消费行为"作为重点内容加以讲解，本教材主要介绍公共消费行为的特征和类型，以及非常重要的三种公共消费行为——亲环境消费、健康消费、数字共享消费。

（二）消费者权益保护

公共政策在消费者行为领域的核心角色之一就是保护消费者权益。消费者权益广义上来说是指消费者在消费活动全过程中依法享有的权益，以及该权益受到保护时而给消费者带来的应得利益。消费者权益是一定社会经济关系下适应经济运行客观需要而赋予产品最终使用者享有的权益，它不仅对消费者，而且对整个社会，都有极其重要的积极意义。1983年国际消费者组织联盟确立每年3月15日为国际消费者权益日。我国于1984年12月经国务院批准成立了中国消费者协会，该协会于1987年9月被国际消费者组织联盟接纳为正式会员。1994年1月1日我国正式实施《中华人民共和国消费者权益保护法》。政府需要通过立法和制定公共政策来保护消费者权益，这是因为，消费者在消费购买活动中付费获得产品时，有可能难以享有应得的权益保障。而任何国家或地区要激活和健全市场，也必须通过立法和公共政策来保护消费者权益。"问渠哪得清如许，为有源头活水来"。生产经营者和消费者本是市场主体的两端，二者缺一不可。只有当市场上的生产供给与购买消费两端能受到同等关注、享有平等权益时，这个市场才能释放出最大潜力、激发出最大活力。而且，相对于生产经营者，单个消费者天然需要公共政策给予保护，因为单个消费者的经济实力相当弱小，在买卖交易中处于不利地位；其购买行为还容易受到企业的营销操纵。第十三章中"公共消费行为与政策"将"消费者权益保护"作为公共政策在消费者行为方面的重要体现，主要讲解消费者权益保护的内涵与演进历史，以及新兴的消费者数据隐私权益保护等数字时代消费行为前沿内容。

本章小结

1. 消费者行为是指消费者作为决策单元，在某时点或某时段，对产品、服务、活动、体验、观点、字节信息等市场或社会供给物，进行认知、获得、使用或消费、处置等活动在内的行为及其决策的总称。

2. 消费者行为主体是具有消费需求或欲望、实施购买决策和处置产品等行为能力的个人或群体。消费者行为客体是由市场营销组织机构为消费者提供的产品、服务、活动、体验、观点等所有对象的总称；它又称为市场供应物。

3. 消费者行为决策包括是否需要获得、使用或消费、处置产品，以及需要哪些、为何需要、何时需要、需要多少，如何实现需要等消费行为决策内容的总称。

4. 消费者行为学是研究消费者对产品、服务、活动、体验、观点、字节信息等市场或社会供给物，产生认知需求，进而获得、使用或消费、处置等行为活动的运行规律的科学。它具有自主性强和独立性相对突出等特性，是市场营销学的重要分支学科。

5. 消费者行为学的受益者包括消费者、企业经营管理者、公共政策制定者、消费者组织等，其最终目的是让消费者从消费行为中实现福利最优化。

6. 消费者行为学萌芽于20世纪20年代，而后经历了正式成立、深入发展等阶段。当前，发源、发展、繁盛于现代化工业大生产、大营销模式下的消费者行为学正面临数字新时代的挑战，发展数字新时代消费者行为学需要寻找新的基础学科并与之建立亲近关系，引入新的研究方法，重视洞察新型消费行为现象背后的规律性。

7. 建设有中国特色的消费者行为学需要重视中国情境、坚持国际开放性原则和高质量标准，要重点从文化情境和技术情境构筑有中国特色的消费者行为学创新理论知识体系。

8. 本教材作为国际权威教材，从五大视角探索洞察消费者行为，构建消费者行为学核心理论知识体系，这五大视角包括：个体心理、社会文化、行为决策、行为结果、公共消费，它们构成消费者行为学五大篇主体理论知识框架。本教材将消费者行为学五大核心理论知识体系形象概括为"消费者行为五片花瓣"，将"消费者行为学"形象地称为"消费者行为学之花"，寓意"消费者行为学"能为市场营销学科的发展、繁荣，源源不断供给理论养分和种子，在市场营销学科中具有基础性地位。

实践应用题

研读"开篇案例"，讨论分析回答以下问题：

1. 华为手机在创建自主品牌初期实施的市场营销活动中，对消费者的洞察存在哪些问题？

2. 华为手机从哪些维度构筑品牌在消费者心中的积极形象与影响力？你如何评价华为手机将消费者心理洞察运用于构建品牌无形资产的思维逻辑？

3. 结合案例素材及华为手机品牌的最新市场表现，请讨论华为手机提升世界一流品牌软实力的努力方向。

本章讨论题

1. 请举例比较消费者行为和购买行为两者内涵的异同点。
2. 请结合所学课程，谈谈消费者行为学的自主特性的含义及其表现形式。
3. 请举例讨论基于文化情境，建设高质量的有中国特色的消费者行为学的努力方向。
4. 请举例讨论基于技术情境，建设高质量的有中国特色的消费者行为学的努力方向。
5. 请比较中国图书教材出版界主要的消费者行为学教材，分享你对"消费者行为五片花瓣"核心知识框架的主要期待。

即测即练

自学自测　　扫描此码

参考文献

第二篇

个体心理因素

第二章

消费者动机

学习目标

本章旨在帮助读者理解作用于消费者行为的动机及其相关影响因素。
- 了解动机和需要的内涵、特征与其分类。
- 讨论哪些因素会影响消费者信息加工、作出决策或采取行动的动机。
- 解释经济、认知、情感、生理、社交和文化资源及年龄和教育,如何影响个体参与消费行为的能力。
- 明确影响消费者是否有机会进行信息加工及获取、购买或使用产品的三种主要因素。

本章案例
- 平安健康:读懂数字化时代下国民健康需求
- 海信智能电视:适老化设计开启"银发消费"

前沿研究
- 挖掘消费者心智——共享房屋平台房东的房屋分享动机研究
- 克服算法厌恶:人们何时更愿使用不完美算法

开篇案例

平安健康:读懂数字化时代下国民健康需求

互联网医疗正发挥优化医疗资源配置的效用,它改变了人们的就医方式。与传统就医模式相比,互联网医疗能让就医变得更省时、省心、省力,提高患者就医体验。近年来,互联网医疗迅速发展,而平安健康(即平安好医生)是其中的代表品牌。平安健康 2014 年 11 月成立,以家庭医生与专科医生的在线咨询服务为切入口,力图满足用户一站式全方位健康就医需求。截至 2024 年,平安健康累计注册用户数达 4.4 亿人,累计咨询量超 13 亿次。平安健康是如何捕捉用户的健康需求的？这将为其他互联网医疗企业提供有益的参考。

1. 健康医疗专业知识在线科普传播

健康是人类永恒的追求，普及健康知识、提高全民健康素养水平是提升健康水平的有效措施之一。因此，《健康中国行动（2019—2030 年）》将健康知识普及行动列为 15 个专项行动的首位。贝恩公司《2024 年亚太地区医疗健康一线报告》显示，85%的受访消费者对健康维护和生活方式转变感兴趣，比 2021 年高出 6 个百分点，表明亚太消费者日益主动管理自身健康。

平安健康通过汇聚医生团队，利用生动图文、直播和音视频等形式创新地传递医学知识。例如，其线上科普直播栏目《好医生来了》得到了全国百位医疗专家的支持。节目第一阶段聚焦 400 多种常见疾病和健康问题，借助名医直播向用户提供科普服务，提升国民健康常识、疾病预防和应急处理能力。通过这一直播 IP，平安健康解决了传统科普手段难以触达用户的问题，让"名医"成为"民医"，致力于打造医疗健康垂直内容的顶级消费平台。

2. 多元化医疗服务方式，全方位满足问诊需求

（1）线上线下结合，医疗健康服务及时触达。看病难的问题普遍存在。从整套就医流程来看，要从线上咨询、问诊、预约，到线下取号、就诊，再到后续复诊复查……这对于用户来说十分烦琐，而平安健康通过整合优质医疗资源，简化用户的问诊过程。平台涵盖 20 个科室，拥有超 4.8 万名医生及健康师、营养师和心理咨询师，满足多元化需求。平台的全职医生团队 24 小时守候在"云"端，患者线上咨询后，无需漫长等待，即可获得 24 小时不间断的一对一即时回复。线下合作网络广泛，覆盖 3600 家医院（含 50%三甲医院）、20.2 万家药店和 9.6 万家健康机构，全面提升用户的医疗体验。

（2）健康领航员——家庭医生。平安健康设定"家庭医生"作为用户诊前、诊中、诊后全场景服务的"领航员"，弥补就医断点，提供有温度的服务。家庭医生是"平安好医生"的核心业务，提供全天候在线咨询、转诊、挂号、住院安排、第二诊疗意见，以及 1 小时送药等服务。家庭医生不仅扩展了平安健康的边界，还提供综合医疗健康支持，包括一位家庭医生、五大专业服务和一份会员健康档案。通过长期追踪用户健康状况，生成连续、完整的个人健康档案，满足用户在健康管理、亚健康管理、疾病管理、慢病管理以及养老管理等需求。2023 年，平安健康医疗服务收入达 20.75 亿元，毛利率为 40.0%，同比提升 4.9 个百分点。

（3）科技赋能——平安 AI 医疗助手。平安好医生推出了自主研发的智能辅助诊疗系统和 AI 助手，利用机器人辅助问诊，针对部分疾病实现分级问诊。这依赖于对海量数据的学习和分析。过去几年，平安好医生服务了上亿的健康医疗用户，积累了数亿条互联网问诊、电子处方和用药等大数据,为 AI 在医疗健康领域的应用奠定基础。通过智能辅助诊疗系统,平安好医生与大型医院、基层医疗机构合作,构建线上线下一体化的诊疗、用户日常健康管理等服务体系,扩展服务场景,形成多源数据库,从而能训练提升问诊机器人的自我学习能力。此外,平安健康的"一分钟诊所"是国内首个商业化运营的"无人诊所",为用户提供包括问诊咨询、康复指导、用药建议和付费购药等自助式医疗健康服务。

3. O2O 购药送药,保障及时用药需求

互联网科技也加速了医药零售的变革,医疗去中心化及线上线下融合等成为新趋势。平安好医生在药品配送方面,力求做到 7×24 小时有温度的线上线下融合式购药和送药服务。

(1)线上服务。平安健康通过在线电子商城——健康商城,提供配送药品。健康商城有自营和平台两种模式运营,在线上为用户提供中西药品(非处方药)、营养保健、医疗器械、母婴育儿及运动健身等众多品类的商品。平安健康还联合中国知名中医师,合作开发了降血糖、降血压系列茶饮,商品在健康商城上架销售,以满足不同特征人群尤其是慢性病用户的健康医疗需求。

(2)线下服务。平安健康通过自建大仓、中心仓和 O2O 等渠道,满足用户多层次的用药需求。首先,平安健康为用户匹配最近的药房及中心仓,确保诊疗过程中用药能快速送达。其次,平安好医生与第三方物流公司合作,利用自建大仓、中心仓和 O2O 网络,实现用户在线下单后药品的迅速配送。截至 2023 年年末,平安好医生合作药店数量达 23 万家,在 271 座城市实现 1 小时送药服务,使随时随地"求医问药"成为可能。此外,平安健康推出基于 AI 技术的"智能药柜+一分钟诊所"服务。企业通过购买该服务,其员工可在智能药柜旁的"一分钟诊所"实时与医生交流,诊断后即可从药柜中获得 100 多种常见药,实现即时用药。

4. 保险直付,助力解决"看病贵"

平安健康利用集团保险业务优势,实现医疗健康服务与保险服务的相互赋能,为个人和企业用户开发不同特色的健康保险组合。

(1)个人用户。平安健康协同平安健康险推出商保直付功能的产品。符合条件的用户通过平安健康 APP 的"互联网医院"入口体验问诊、购药、送药服务,在保额内享受免支付服务。平安健康作为纽带,实现医、药、险生态的有效互动,提供无感化理赔服务。例如,诊疗过程中,责任内问诊和药品费用由保险公司与平台直接结算,实现商保直付,用户无需收集资料,自动理赔结算。以"安诊无忧"服务为例,该产品区别于传统百万医疗产品,通过平安好医生的线上赋能,及时响应"云看病"需求。平安好医生 7×24 小时"云问诊"平台提供不限次数的专家问诊服务,药费可直抵优惠,每次抵扣比例 80%,年度累计 10 次,总额达 5000 元,打造看病买药新模式。

（2）企业客户。平安健康推出了"易企健康"服务项目，为企业员工提供全面健康管理解决方案。为了满足不同企业的多元化需求，平安健康在2023年进一步升级"易企健康"体系，推出"体检+"和"健管+"两大解决方案，创建具有竞争力的差异化服务矩阵，以满足不同企业的需求。以某大型国有金融企业为例，平安健康整合了属地资源，为超万名员工及家属提供了全国三甲医院和知名体检机构的预约服务、就医协助、陪检陪诊和诊后报告解读等定制套餐，有效解决了员工健康管理中的地域跨度、员工体量和需求多样化问题。调查显示，该企业员工满意度高达98%。同时，平安健康推出了"1问3无忧"产品体系，为企业用户提供日常咨询、体检、就医和重疾管理等全方位服务，助力综合金融业务的发展。

总之，平安健康近年来一直探索使用大数据、云计算、人工智能等创新技术，推出新的数字化健康管理工具，促进互联网医疗健康与商业保险等业态融合，为用户健康保驾护航。

资料来源：

[1] 平安健康官网. 关于我们-平安健康[EB/OL]. [2024-12-05]. https://www.jk.cn/allPage/aboutUs.
[2] 马向阳, 李劭峰, 刘伟廷. 突围交响曲:平安好医生的商业模式探索之路[Z]. 中国管理案例共享中心库, 2020–08.
[3] 杨善林, 丁帅, 顾东晓, 等. 医联网:新时代医疗健康模式变革与创新发展[J]. 管理科学学报. 2021, 24(10): 1–11.

引 言

正如开篇案例所示，平安健康互联网医疗平台通过洞察影响患者和医生的内外部动机因素，制定了更精准的营销策略，取得了线上医疗问诊领域领先的市场业绩。个体的消费行为会受到动机的影响，本章聚焦于动机（motivation）对消费者行为的影响。动机是驱使人们购买、使用产品的内在力量，而消费者动机的基础是人类的各种需要。在现实生活中，消费者的动机作为一种驱动力促使人们作出某种决策或行为去满足他们当下的某一种或几种需要。例如，本田和大众的车主一般都是在城市中工作，且已婚的中等收入人群。在广告宣传时，本田汽车主打节省油耗、容易养护来满足目标消费人群的省钱购买动机，而大众汽车着重于较大的乘车空间和乘坐舒适感来迎合目标消费人群需要家庭代步的消费动机。由此可以看出，两个汽车品牌的营销策划和广告创意会根据各自目标消费人群的动机不同而有所差异。因此，营销人员需要了解消费者的购买动机，以及这些动机的影响效果及其会受到哪些因素的影响。第二章重点介绍消费者的动机、需要和影响动机的前因变量，以及影响动机转化为行为的两种因素（即能力和机会）的内涵与特征。图2.1描绘了第二章的内容要点及其在全书概览中的位置。

第二章 消费者动机

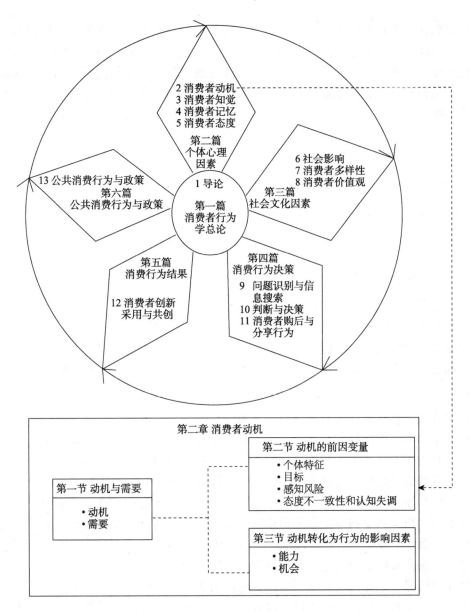

图 2.1 第二章逻辑结构图

第一节 动机与需要

一、动机

（一）动机的内涵

动机（motivation）来源于拉丁语"movere"，意为"引起行动"。动机是驱使人的心理动力，心理学家将推动和指引人们去从事各种活动的内部动因或动力叫作动机[1]。

有人将动机比喻为汽车的发动机和方向盘。这个比喻意味着动机既给予个体行为活动的动力,又可以指引或调整个体行为活动的方向。因此,动机的概念核心就是动力和方向。被动机所驱使的消费者会充满活力地、有所准备地、积极地参与到目标相关的活动中。例如,如果你得知一款备受期待的电子游戏将于下周二发布,你可能会在当天一大早就开始准备购买和下载。消费者可以被动机驱使着参与行为、作出决定或处理信息,这种动机主要体现在获取、使用或处理某种物品的情境中。

 动机:
被定义为一种为实现目标提供所需能量的内在驱动力量,此种驱动力量会导向一定的目标。

(二)动机的类型

驱动消费者作出消费决策行为的动机多种多样,不同的动机激励消费者作出消费决策行为的有效性各有不同。即针对同一种产品或服务,采用不同的方式刺激消费者购买会收获截然不同的效果。因此,在企业制定营销策略时对于消费者动机的区分是非常重要的一部分。动机的分类方法有很多种,本章介绍其中最为经典的四种分类方法[2]。

1. 内在动机和外在动机

消费者的动机既可以来自内在也可以被外在的因素所激发。其中,内在动机指的是人们追求事物本身的乐趣和意义等,它不依赖于外界条件和环境。例如,购买油画等艺术品如果是为了追求艺术本身的乐趣和美感,这就是由内在动机驱动的。而外在动机指的是个体以外的其他刺激,如奖金、惩罚等。比如,为了获得超市的抽奖机会而选择购买更多的商品来凑足抽奖最低消费金额,这就是由外在动机驱动的。在前沿研究 2-1 中,研究学者们剖析了共享房屋平台上房东分享房屋的内在动机(好屋共享和邂逅他人)和外在动机(赚取现金和环境迁移),并进一步分析了不同的动机对房东初始参与行为、客人满意度、房东长期参与行为及客户终身价值的影响。

外在动机通常是在内在动机强度不足时被引入,为人们作出行为决策提供足够的动力。例如,消费者在网上购买手机时没有足够的动机去购买额外的手机配件(如耳机、手机壳等),企业一般会采用组合销售策略给予一定的价格优惠来刺激消费者的购买。然而,外在动机的引入,往往会削弱或剥夺人们的内在动机[3]。例如,外卖服务最开始是为了满足顾客方便地购买和享用美食而产生的。后来,随着美团和饿了吗外卖平台的出现和激烈竞争,商家和外卖平台为了吸引消费者纷纷采用发放或赠送用户优惠券和开展减免活动的营销方式来提升自己的订单量和销售额,导致现在很多消费者已经习惯了使用优惠券在外卖平台下单,而没有优惠券或该食物无法使用优惠券或者未参与减免活动时基本上无人问津。同时,这种外在动机的引入也

前沿研究 2-1

挖掘消费者心智——共享房屋平台房东的房屋分享动机研究

会降低人们在该行为过程中的享受和愉悦心情。例如，研究发现当儿童给图画上色后给予奖励会降低他们的愉悦感[4]。

 内在动机：

指的是人们追求事物本身的乐趣和意义等，它不依赖于外界条件和环境。

 外在动机：

指的是个体以外的其他刺激，如奖金、惩罚等。

2. 趋近型动机和规避型动机

希金斯（Higgins）提出人们通常具有两种动机类型，分别是趋近型动机（promotion）和规避型动机（prevention）[5]。其中，趋近型动机意为追求想要实现的和趋近的目标所引导的动机，规避型动机是指由于想要回避和预防消极后果产生所引导的动机。这一划分也与趋近（approach）和回避（avoidance）动机相类似[6]。例如，同样是去健身房锻炼身体的行为，有些人是为了获得健康或者苗条的身材，这就属于是趋近型动机，而另一些人则是为了防止长胖或者预防身体机能下降，这就属于规避型动机。

消费者的个人特质和取向往往会对自己的动机倾向产生影响，进而导致不同的消费决策和行为。例如，有研究发现高权力感个体具有使用资源获得奖励的能力，更倾向于趋近型动机，也更关注自身的提升、成长和需要；而低权力感的个体需要听从和配合他人和环境的要求，更倾向于规避型动机，更加倾向于去避免失败和惩罚，以及预防负面事件的发生[7]。营销人员可以根据目标市场消费者的心理特质来调整自己的营销策略和宣传方式。例如，补习班针对规避型的家长可以将课程产品宣传为"不要让你的孩子输在起跑线上"，而针对趋近型家长打出"要让你的孩子赢在起跑线上"这一类似口号。

 趋近型动机：

意为追求想要实现的和趋近的目标所引导的动机。

 规避型动机：

是指由于想要回避和预防消极后果产生所引导的动机。

3. 享乐动机和实用动机

享乐动机源自人类追求快乐、远离痛苦的原始动机，人类追求享乐的动机往往能够给个人带来情绪上的满足感。而实用动机是带有较明确的、达成某件事情的目的性。例如，给汽车加油这件事是出于实用，但做这件事不会给消费者带来什么愉悦感，因此它不是享乐动机。

在消费者研究领域，学者们常常使用这两种动机来解释和刻画各种购买行为[8]。例如，享用一份巧克力蛋糕是一种典型的享乐行为，而购买洗衣机则常常是出于实用动机。

当然，许多购买行为可能是由两种动机共同激发的。比如，针对按摩这类服务消费行为，如果是为了消除酸痛，那就是一种实用动机；但如果是为了享受放松，则可以被理解为出于享乐动机。因此，针对同一项消费，营销人员可以用不同的营销沟通策略来唤醒消费者的享乐动机或者实用动机。比如，T3出行的广告口号是"出行本该安全"迎合了消费者的安全等实用性需求，滴滴专车却号召人们"滴滴一下 美好生活"，为打车出行赋予了享乐动机。

享乐动机：

是指消费者更关注购物体验的趣味性、娱乐性和享受性。

实用动机：

是指消费者更关心能否及时便捷地满足自我的需要，或者解决当前所面临的问题。

4. 理性动机和感性动机

理性动机指的是人们经过理性的逻辑思考而产生的动机，感性动机则是指人们完全依赖个人主观感受而产生的动机。典型的理性动机驱动的消费者会考虑诸如价格、大小、约束条件等值得推敲和商榷的因素，而感性动机驱动的消费者则全凭自己的主观好恶来决定。在我们的日常生活中，一些消费决策，如购买笔记本、房产等往往更加理性，人们经过权衡利弊以后决定是否要购买，而给小朋友买玩具、母亲节送妈妈康乃馨等行为，大都出于感性动机。而有些购买决策同时满足了消费者的理性动机和感性动机，某些企业在产品广告上会侧重宣传该产品的理性动机和感性动机相关的属性。例如，比亚迪宋DM款新能源汽车在其广告上一方面主打"4.9秒全时电四驱SUV"优越的功能属性来迎合消费者的理性动机，另一方面打出"全速进取 全擎·进享#激情#"的口号来激发消费者的感性动机。

理性动机：

指的是人们经过理性的逻辑思考而产生的动机。

感性动机：

是指人们完全依赖个人主观感受而产生的动机。

（三）动机的功能

动机是发起和维持消费者行为的内在原因和直接动力，因此，动机在激励消费者行为活动方面主要具有以下功能[9]。

1. 发起和终止行为

动机是人们行为的内在驱动力，它具有引发个体行为活动的作用。消费者的购买行为往往是由购买动机的发动引起的。而当购买动机指向的目标达成时，即消费者在某方面的需要得到满足之后，该动机会自动消失，相应的行为活动也会终止。

2. 指引和选择行为方向

动机不仅能引发行为，而且还能使行为指向一定的方向。动机这种功能在消费活动中主要体现在两个方面。首先，表现为在多种消费需求中遴选确认基本的需求，如生理、安全、社交或成就需求等。其次，表现为促使基本需求具体化，成为对某种产品或服务的基本购买意愿。在指向特定产品或服务的同时，动机还会影响对选择标准或评价要素的确定。据此，动机使消费行为指向特定的目标或对象。与此同时，购买动机还可以促使消费者在多种需求的冲突中进行选择，使购买行为朝需求最强烈、最迫切的方向进行，从而使得消费行为效用和消费者需求满足的最大化。

3. 维持和强化行为

动机的实现和需要的满足会经历一定的时间过程。在这个过程中，动机会贯穿于某一具体行动的始终，为人们的行动提供动力，直到动机实现。另外，动机对行为还具有重要的强化功能，即由某种动机引发的行为结果对该行为的再次发生具有加强或减弱的作用。行为的结果对动机的"反馈"，满足动机的结果能够保持和巩固该行为，叫作"正强化"；反之，减弱或消退该行为，叫作"负强化"。

（四）动机的特征

消费者的动机有着明确的目的性和指向性，但同时也具有更加复杂的特征。具体而言，动机的特征包括转变性、模糊性、内隐性和冲突性。

1. 转变性

动机是可以相互转变的，这是指主导性动机和辅助性动机的相互转移或转化。现实生活中，每个消费者通常都同时具有多种动机。这些复杂多样的动机之间以一定的方式相互联系，构成完整的购买动机体系。在这一体系中，各种动机所处的地位及所起的作用互不相同。有些动机表现得强烈、持久，在动机体系中处于支配性地位，属于主导性动机；有些动机表现得微弱而不稳定，在动机体系中处于依从性地位，属于辅助性动机。一般情况下，人们的行为是由主导性动机决定的。例如，对于大部分在城市中工作的年轻人来说，买房、买车、外出旅游是很普遍的购买动机，但受经济条件的限制，上述购买动机无法同时实现时，需要改善住房条件或等房结婚的年轻情侣大多会把钱投向买房这一主导动机上，不敢轻易随便花钱买车和外出旅游，这就是主导动机起作用的结果。一旦消费者的优先购买行为实现，主导性动机得以达成，或者消费者在购买决策过程中或购买过程中出现了较强的新刺激，主辅动机可能会相互转化。比如，在上面的例子中，由于受到后疫情的影响，旅行社推出很多性价比上乘的旅行套餐，年轻人可能会受到其诱惑而表现出较为强烈的对旅行套餐产品的购买动机。

2. 模糊性

动机是模糊的，这主要是由于人们动机的复杂性、多层次和多变性等造成的。实际消费场景中，动机可能是在消费者有意识的心理状态下体现，也可能是在潜意识下体现的,有时还可能是许多种动机交织在一起,连消费者本人也不清楚自己真实的购买动机是什么。例如,有的消费者会在客厅安装豪华水晶吊灯,既可能是为了显示家庭富裕,也可能是出于对水晶灯款式的喜爱,抑或为了保持装修风格的一致性。而且在动机引发行为时可能存在多种情况。有些动机本身直接促成一种购买动机,如饥饿会直接促使消费者购买食物。而有些动机会促成多种消费行为的实现,也有可能在多种动机的支配下才促成一种消费行为。例如,现今一些年轻人为了减肥可能会购买减脂餐、办理健身房年卡及购买某些具有减肥功效的药物等。

3. 内隐性

动机是内隐的,消费者往往出于某种原因而不愿让别人知道自己真正的购买动机。动机是消费者的内在心理活动,主体意识的作用,往往使动机形成内隐层、过渡层、表露层等多层次结构。而在现实生活中,消费者较复杂的行为活动常常将真正的动机隐蔽起来。比如,某些人购买宝马汽车,也许会表面上陈述买车是家里出行需要,但真正的购买动机可能是要向他人展示自己事业的成功、生活的优越和家庭的富裕。

4. 冲突性

动机有时是会相互冲突的。众所周知,人的欲望是无止境的,而拥有的时间、金钱和精力却是有限的。当消费者同时具有两种意向的动机且同时发生作用时,动机之间就会发生矛盾和冲突。这种矛盾和冲突可能是由于动机之间的指向相悖或相互抵触,也可能是出于各种消费条件的限制。这时,人们往往采用"两利相权取其重,两害相权取其轻"的原则来解决矛盾。例如,消费者想要买一台洗烘一体式洗衣机,但价格较高;仅具备洗涤和脱水功能的洗衣机价格虽低,但是阳台空间较小且采光不足,使用起来可能不够理想。这时,消费者便在价格和功能两者之间徘徊。最后,或是选择价格昂贵、功能齐全的洗衣机,或是选择价格低廉、功能不全的产品。此种情形的动机冲突常常在消费者决策和购买过程中出现。

二、需要

在日常生活中,由于个体在某个方面出现"缺乏",进而就会激活"需要",当这种需要被个体捕捉和识别到之后,会调动个体的内部资源,有选择地指向可以满足该需要的外部对象,于是"动机"产生了。换言之,人们的各种活动和行为都是由一定的动机引发的,它体现了人们的需要对其行为活动的激励作用。因此,需要和动机是密切相关的,它们都是消费行为的内在因素,是达到满足需要的行为动力。例如,当消费者由于饥饿产生了食物的心理需要时,会成为一种内在的驱动力,促使他产生去购买食品的动机,进而导致他作出点外卖、去饭店点菜或去超市买菜等行为决策并付诸行动。所以,动机是由个体需要引起的达到满足需要的行为动力,是需要的具体体现。这也意味着,产生消费者行为的根本原因在于个体的需要,需要也是动机产生的最基础的条件。

(一)需要的内涵

需要是一种内在的"紧张"感,源自现实和理想或期望之间的不一致。例如,一天中的某个时间，你的胃开始感到饥饿，你意识到需要去吃点食物，那么你就会产生相应的动机去做出某些特定的行为，如点外卖。在这种情况下，吃饭能够满足你的需要，消除饥饿即消除此时的"紧张"感。当人们产生动机去满足一种特殊的需要，与该需要无关的事物会变得没有那么吸引力。例如，当长期伏案工作的员工因为腰酸背痛而想要舒缓筋骨时，类似按摩推拿这样的产品会比爆米花之类的产品更具有吸引力和重要性。

在现实营销情境中，企业往往将消费者的需要和需求混淆。其中，需要指的是人们对于事物的欲望或者要求，而需求指的是消费者具有支付能力的"需要"。换言之，需要生而存在，而只有那些消费者能够负担得起的需要才会被企业视为需求。如果不能区分消费者的需要和需求，对企业来讲可能会导致重大的失误。2020年新冠疫情暴发后，一部分用户的健身习惯改变了，家庭健身成为更多用户选择的运动场景。在借鉴了风靡欧美的家庭智能健身魔镜 Mirror 这一产品的基础上，国内健身镜品牌沸彻魔镜（FITURE）为迎合国内消费者的健身需要，推出了自己的首款魔镜产品，售价 7800 元，然而高昂的预付费用和前期成本使得它的销量并不尽如人意。虽然它的失败是多种因素所造成的，但价格过高与目标客户群体的消费水平不吻合是它失败的主要原因之一。

需要：

当现实和理想或期望之间出现不均衡时所产生的一种内在的"紧张"感。

（二）马斯洛需要层次理论

消费者的需要有哪些呢？根据心理学家亚伯拉罕·马斯洛的"需要层次理论"，将需要划分为 5 个层次[10]，如图 2.2 所示：①生理需要（对食物、水和睡眠的需要）；②安全需要（住所、保护、保障的需要）；③社交需要（对情感、友谊和归属感的需要）；④尊重需要（对声望、成功、成就和自尊的需要）；⑤自我实现需要（对自我实现和丰富经验的需要）。在这个层次结构中，较低层次的需要通常必须在较高层次的需要被激活之前得到满足。例如，在人们考虑名声和声望之前，必须先满足食物、水等较低层次的生理需要。

尽管马斯洛需要层次理论对需要这一复杂问题提供了一个初始的、重要的划分参考依据，但仍旧存在某些局限和缺陷。第一，需要并不总是按照这个层次结构中的顺序排列。例如，某些沉迷网络游戏的年轻消费者可能会熬夜通宵打游戏，而抑制或忽略对于睡眠和吃饭等基础的生理需要。因此，在高阶需要对消费者来说变得重要之前，低阶需要并不总是必须要得到满足。第二，对于不同的个体或文化群体而言，需要的顺序可能不一致。例如，在集体主义文化的国家中，大部分个体可能会认为社会需要和归属感比个人需要更为重要。第三，这种层次结构忽视了需要的强度及由此产生的对动机的影响。在短期内，低阶需要可能会比高阶需要更为重要。因此，层次等级是一个重要的影响因素。所有的个体和文化群体具有一定的基本需要，并按照层次等级高低依次满足，即低阶需要通常会在高阶需要得到满足之前就会被满足，同时这些需要会影响消费者的动机和相应的购买决策。

相关产品	需要层次	举例
业余爱好、旅游、教育	自我实现需要 （对自我实现和丰富经验的需要）	川藏之旅：让心灵去旅行
汽车、酒、家具装修、信用卡、VIP卡、俱乐部	尊重需要 （对声望、成功、成就和自尊的需要）	茅台酒：厚德品质 尊天下
服装、服饰、饮料	社交需要 （对情感、友谊和归属感的需要）	蜜雪冰城：第二杯半价
保险、报警系统、退休金	安全需要 （住所、保护、保障的需要）	平安保险： 你的平安 我的承诺
药品、日常用品	生理需要 （对食物、水和睡眠的需要）	今麦郎凉白开： 喝熟水真解渴

图 2.2　马斯洛需要层次理论

（三）需要的类型

需要的还可以划分为社会需要和个人需要，或者划分为功能性、象征性和享乐性需要（图 2.3）[11]。

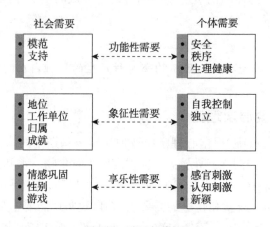

图 2.3　需要的类型

1. 社会需要和个体需要

社会需要（social needs）是外部导向的，即与他人相关。因此，满足这些需求取决于他人的存在和行为。例如，对地位的需要驱使我们渴望他人能够尊重我们；对支持的需要促使我们期望他人帮助我们减轻心理负担；对榜样的需要反映了一种期望有人能够指引我们如何去做的愿望。消费者可能会有动机去购买类似于故宫文创、咆哮野兽等国潮产品，或者使用类似微博、微信的社交媒体，因为它们可以帮助我们满足归属感需要。消费者甚至可能会购买毒品等非法产品来满足更高层次的需求，如成为某个群体的一员。消费者也可能去购买一些有象征性价值的产品，因为它们可以满足他们对地位或独特性的需要，如茅台和汉服。

个体需要（personal needs）是指那些不依靠于别人就能获得满足的需要。人们对于睡眠、新奇感、控制感和理解的需要只涉及自己，也可以影响某些产品和服务的使用。人们可能会反复购买相同的品牌来保持自我的一致性，或者消费者可能会购买不同的产品来满足对多样性的需求。产品可以满足消费者的个人需要,如红牛可以满足个体对于提神的需要。

2. 功能性需要、象征性需要和享乐性需要

功能性需要(functional needs)可以是社会需要,也可以是非社会需要。功能性需要会促使消费者寻找能够解决相关问题的产品。例如,你可能会考虑购买一辆配备了倒车摄像头的汽车,因为它能够满足你的安全需要(一种功能性的、非社交的需要)。对于需要外出聚餐喝酒的人们来说,酒后代驾可以满足支持需要(一种功能性的、社交的需要)。

象征性需要(symbolic needs)会影响个体对自身及他人对其的感知和看法。换言之,象征性需要是一种反映个体的消费行为对自己和他人产生意义的需要,也就是该消费行为可以表达"我们如何看待自己、他人如何看待我们、我们如何与他人相处以及我们在他人心目中的地位。"成就、独立和自我控制需要都属于象征性需要,因为它们都与自我感知相关。类似地,独特性需要也是一种象征性需要,因为独特性需要会驱使消费者做出表达自己身份的消费决策。避免被拒绝的需要和对成就、地位、亲和及归属的需要也是象征性需要,因为它们反映了消费者的社会地位或角色。例如,一些成功人士喜欢戴百达翡丽(Patek Philippe)品牌的手表来彰显他们的社会地位。

享乐性需要(hedonic needs)是一种与感官愉悦相关的需要,包括感官刺激需要、认知刺激需要和新颖性需要(非社交的享乐性需要),以及对强化、性和玩乐的需要(社交的享乐性需要)。这些享乐性需要反映了消费者对感官愉悦的内在欲望。例如,与没有感性营销线索时相比,受到感性营销线索引导的消费者更倾向于购买感官奖励型产品,如零食。如果满足享乐性需要的欲望足够强烈,就可以激发消费者对特定产品的幻想,同时也会带来愉悦感和不安感。每逢节假日,迪士尼乐园之类的游乐场会吸引成千上万的游客前去游玩。过山车、跳楼机和海盗船等惊险刺激的游乐项目往往会让游客又爱又怕、欲罢不能,享受感官的刺激。

 功能性需要:

是一种促使消费者寻找能够解决相关问题的产品的需要。

 象征性需要:

是一种反映个体的消费行为会对自己和他人产生意义的需要。

 享乐性需要:

是一种与感官愉悦相关的需要。

3. 认知需要和刺激需要

认知需要和刺激需要(needs for cognition and stimulation)同样会影响消费者的动机和行为。现实生活中,消费者会想要了解自己的世界,并理解其中的一些层次结构。高认知需要(一种对理解和精神刺激的需要)的消费者喜欢参与耗费脑力的活动,如阅读或者在行为决策过程中喜欢深度加工处理信息。低认知需要的消费者会更加喜欢不需要

较多思考的活动，如看一些轻松幽默的喜剧片，而且不太可能会去积极地加工处理信息。此外，在行为决策过程中消费者通常需要其他类型的刺激。具有高度的最佳刺激水平的消费者会喜欢大量的感官刺激，并倾向于购物和寻找品牌信息。这些消费者也会对广告表现出较高的涉入度。具有刺激寻求倾向的消费者会喜欢像跳伞和冲浪这样的活动。相比之下，那些感知超载的消费者会想要远离人群、噪声和欲望，如现实消费中人们去自然休养地或修道院度假的流行就体现了这类人的需要。

（四）需要的特征

人们的需要具有以下几方面的特点。

1. 由内部或外部唤起的

需要可以由内部或外部激活。虽然大部分的需要是个体内部激活的，但一些需要可以通过外部线索激活，如周围环境、社会风气、人际交流和宣传教育等。例如，当你闻到隔壁邻居吃火锅的味道时，可能会引发你对食物的心理需要。消费者的需要可以引导、调节而激发，也可以由外界的干扰而消退或转变。比如，人们在最开始对于转基因大豆油的态度是抵触的，很多人怀疑转基因对人体健康有害，但是在专家和国家政府的宣传引导下，部分人已经转变了对转基因大豆油的态度，逐渐接受它作为食用油的一员。

2. 动态的

需要满足是动态的。人的需要只能得到暂时性的满足，而不会得到永久性的满足。很明显的一个例子，吃一次并不会永远满足我们的饥饿需要。而且，一旦一种需要得到满足，其他的需要就会随之而来。在我们吃完饭后，我们可能会需要与他人聊天（亲和需要）或者去完成一件私人的有创意的工作（自我实现需要）。因此，需要是动态的，日常生活是一个不断满足需要的过程。

3. 有层次的

需要是有层次的。尽管在同一时间消费者可能会同时激活多种需要，但有些需要会比其他需要更重要。需要的层次性就体现在人们对于各种需要追求的高低层次、多寡项目和强弱程度上。在现实生活中，个体的需要，尤其是通过享乐性或者象征性产品在精神层面来满足的心理需要，具有很强的层次性，可多可少、时强时弱。当某些客观条件限制了需要的满足时，需要可以被抑制、转化、降级，也可以滞留在某一水平上。例如，高考复习阶段的学生可能会想要在周末出去看电影放松一下，但当他对成绩的需求占据更重要的位置时，可能会选择继续做练习题或者上辅导班。不考虑需要的层次，多种需要可能会同时被激活，并影响消费者的获得、使用和处置行为。此时，消费者可能会选择只满足某一种需要而放弃其他的需要，或者以某种方式同时或部分地兼顾满足几种不同性质的需要。例如，节假日时，部分员工可能会为了满足赚钱或事业追求的需要选择加班，也有一部分员工会出于放松、休息和陪伴的需要而选择和家人或朋友一起聚餐娱乐。

4. 冲突的

需要是冲突的，并且存在着多种需要的冲突类型。

（1）当消费者既想要参与又想要避免某种行为时，就会发生趋避冲突。趋避冲突（approach-avoidance conflict）是指当获得或购买一个可以满足一种需要但不能同时满足另一种需要的产品时消费者的内心挣扎。例如，青少年在决定是否吸烟时可能会经历一种"趋避"冲突。尽管他们认为别人会觉得他们吸烟很酷（符合归属需要和亲和需要），但他们也知道吸烟有害身体健康（与安全需要不相符）。

（2）当消费者必须在两个或多个能够满足不同需求的同等期望的选项之间进行选择时，就会发生双趋冲突。双趋冲突（approach-approach conflict）是指当每个产品都能满足一个重要但不同的需要时，消费者在做出购买决策过程中所经历的内心斗争。例如，当某个大学生被老师邀请参加其科研项目的讨论会（与成就需要一致）的同时，又收到同寝室舍友一起聚餐的邀请，当他认为这两种行为活动同等重要时，可能会体验到一种"双趋"冲突。

（3）当消费者必须在两个同样不想要的选项中作出选择时，就会产生双避冲突。双避冲突（avoidance-avoidance conflict）是指当两个选项都不能满足一个重要但不同的需要时，消费者必须选择其中一个时经历的内心斗争。例如，当你刚开完一个很晚的会议后，可以选择直接独自回家（不满足安全需要）或等待一个小时后会有朋友送你回家（不满足方便需要）。当消费者面临两种都想要规避的选项时，就会产生"双避"冲突。

（五）需要的识别

由于需要可以影响动机及其效果，因此营销人员对如何识别和衡量它们非常感兴趣。然而，消费者往往意识不到自己的需求，也无法简单易懂地与他人沟通表达自己的需要，即使是与有经验的营销研究人员沟通消费者也很难阐述清楚自己真实的需要。从消费者的行为推断需求也是一项挑战，因为给定的需求可能与特定的行为没有关联。换句话说，相同的需要可以表现在各种不同的行为中，如归属需要可以通过拜访朋友、参加聚会等行为得到满足，而相同的行为可以反映出不同的需求，如参加聚会可以表现归属需要和社交需要。甚至当消费者选择一个代表加入他们想要的群体的品牌来满足他们的归属需要时，他们也可以通过选择特定的颜色或风格来表达他们的个性，使他们与该群体区分开来。此外，有时很难区分不同需要的满足情况。

另一个比较典型的情境就是线下购物行为。购物情境本身就可能激发某些特定的需要。一项研究发现，当女性在药店购物时，她们大多是在寻找能让人安心的信息（满足对安全和健康的需要）。当人们在进行密室逃脱类消费时，主要是在寻求冒险和娱乐（满足刺激需要）。即使对于同样的日常消费产品，需要的重要性也存在跨文化差异。例如，一些研究表明，美国消费者使用牙膏主要是为了减少蛀牙（功能性需求）；相比之下，英国和加拿大一些法语地区的消费者使用牙膏主要是为了清新口气（享乐性需求）。

面对这些挑战，营销人员通常会使用定性和定量的研究方法来识别消费者的需要。其中，定性方法包括深度访谈、焦点小组、人种志研究和投射法；定量方法包括描述性研究、相关性研究和实验性研究。下面我们将具体介绍上述研究方法。

1. 定性方法

定性研究方法是依据一定的理论与经验，直接抓住事物特征的主要方面，暂时忽略同质性在数量上的差异。使用定性方法研究消费者需要，得出的结论往往是结论性的、方向性的。例如，消费者是否更喜欢主动热情的导购员，或者消费者喜欢网上店铺按照功能分类呈现还是按照销售量顺序摆放。面对这些挑战，营销人员通常会使用定性的研究方法来识别消费者的需要。但是这些方法最终得出的结论无法准确告知企业消费者对这些需要的强度有多大。以下简要介绍四种常见的定性方法及其在挖掘消费者需要中的应用。

1）深度访谈

深度访谈是一种一对一的访问形式。一般由调查员主导，按照特定的主题，对消费者进行深入的访问，用以揭示其对某一问题的潜在动机、态度和情感。访问可以是有特定提纲的（结构化），也可以是开放式的（非结构化），常用于探索性调查。通过对话的形式，可以引导消费者主动表达在产品或者服务使用场景中的一些需要，也可以通过他们对现有消费活动的态度和情感来判断他们的潜在需求。例如，巴黎欧莱雅在开发高级头发护理系列产品之前，研发团队花费大量的时间与女性顾客聊天。尤其是在扩展美国的头发护理市场时，通过与顾客的谈话和观察，了解到美国女性更多使用电动工具修剪头发，愿意对头发进行更多的化学处理。然而，这种头发处理方法同样使得她们对头发可能会受到的损伤感到压力和焦虑。由此，欧莱雅负责人意识到美国女性消费者对头发护理的需求，促进了高级头发护理产品系列的概念完善和新产品开发，最终新产品获得了美国头发护理市场中女性消费者的认可和信赖。

2）焦点小组

与一对一式访问的深度访谈不同的是，焦点小组是针对一小组人的访问。小组的人数没有固定要求，6~12人比较常见。调查者在召集小组的时候往往会选择更多样的消费者，然后围绕特定主题引导大家发表意见并相互讨论。焦点小组的优势在于消费者之间的互动能够告诉调查者许多单独访谈中无法获得的信息，如消费者对其他被采访人发言的态度和反应。而且，焦点小组下的消费者之间的讨论范围往往更加宽泛和发散，能够激发调查者的创新思路。

3）人种志研究

人种志研究是主要应用于人类学的一种定性研究方法，它通过在真实环境中进行第一手观察和参与来进行对人类社会的描述研究。在人种志研究中，调研者往往会通过人员跟随或者智能监控设备等手段全程观察消费者完整的生活场景，以期用一种"上帝的视角"来客观地看待消费者在产品使用过程中的需求。著名的环球影城游乐场曾在美国佛罗里达州进行了一项人种志研究，以挖掘消费者对访问环球影城和迪士尼乐园的不同需求。通过全程跟随14个家庭在游乐场中的活动、情绪和行为，结合事后的深度采访，调研人员总结出了环球影城游乐场与迪士尼乐园在消费者心目中的差异："在迪士尼玩耍就像坐在一条小溪旁边，而玩环球影城就像攀岩一样。两者都是愉快的，都十分亲近大自然，但环球影城会让人体验到更多的肾上腺素分泌带来的紧张刺激感。"

4）投射法

对那些消费者不愿意或者自己也没有意识到的需求，投射法是一种间接获得信息的方法。投射是个人把自己的思想、态度、期望或情绪等特征不自觉地反映于外界事物或他人的一种心理作用。一种间接的方法是要求消费者解释一组相关且模棱两可的刺激物，如卡通、单词联想、不完整的句子和不完整的故事。例如，给被试看一张漫画，画中一位男士正在对身旁的一辆轿车产品做出评价，而被试被要求对这位男士评价的话语加以补充。当被试用"我的朋友会认为我坐在这辆车里真的很酷"来解释漫画中男人的想法时，可能会被识别出对尊重的需要；而在漫画中填上"我可以带我所有的朋友和我一起去兜风"，此时可能体现的是归属需要。

2. 定量方法

与定性方法相对应，定量方法需要回答消费者需要在数量、程度上的存量或者差异，即不是简单给出消费者有没有这个需要或者喜欢 A 还是喜欢 B 这样判断性的回答，而是要通过数据反映消费者对某项产品或属性的需要有多大。一个直观的区别就是，定性方法的结论一般来说是文字描述的形式，而定量方法的研究结果往往以数据的方式来表达或者支持结论。定性方法有助于企业探索消费者的需要，而定量方法更有利于验证判断的正确性。也就是说，企业在定性研究中发掘的用户需求，往往需要定量方法提供客观证据来检验。

1）描述性研究

描述性研究可以告诉你消费者需求的现状如何，即回答"是什么"问题。例如，市场份额、消费者满意度、品牌忠诚度等都是企业一直追踪的描述性统计。描述性研究几乎是所有企业必须进行的数据统计，它本身也能反映许多消费者需要。例如，谷歌在其发布的《消费者研究报告》中就曾揭示，"如果一个手机页面加载时间超过了 3 秒钟，53% 的消费者都会选择离开"。基于这样的描述性结果，手机软件的设计者可以将页面加载速度作为手机设计的第一要务，而不仅仅是考虑它的外观等属性。

描述性研究可以解释消费者需要。例如，一家餐厅想要知道消费者为什么喜欢来此就餐，只需发放一批问卷，将餐厅的各个属性，如食物、服务、环境逐一罗列，然后等待消费者打分后汇总统计就可以大致知道自己哪里做得好，哪里做得不好了。但这些结果并不能预测消费者需要，不论消费者今天或者过去如何喜欢这家餐厅，这些数据并不能保证他们明天不会转投其他餐厅就餐。即使研究结果发现消费者对餐厅的环境评价明显低于食物等其他方面，也无法预测是否只要改善就餐环境，消费者就会更多地来光顾。因此，如果企业需要预测消费者的需要，还需要进行其他的定量研究。

2）相关性研究

相关性研究旨在揭示变量之间的关系，即它能够回答现象会在"何时、何地、何种条件下发生"这类问题。近年来火爆的大数据本质上也是一种相关性研究，它采用海量数据来揭示变量的趋势、规律和相互联系。例如，通过分析超市结账时的扫描数据，研究者发现，在每周五下午 5~7 点来超市购物的 30~40 岁的男性当中，如果他们的购物车中有给婴儿买的纸尿裤，那么有很大的概率他们也会购买啤酒。纸尿裤和啤酒，这两个看似毫不相关的产品却在购物数据中呈现高度的正相关。根据这个发现，许多超市（包括沃尔玛）开始将这两种商品摆放在相近的位置，结果在这两个产品品类中都获得了 35% 的销售增长。

相关性研究可以解释消费者的需要和什么变量相互关联，但是无法指明消费者的需要如何启动或者如何抑制。这是由于它只能解释两个变量之间存在相关关系，却无法证明"因果关系"。也许有人会问，上述纸尿裤和啤酒的例子当中，不就是因为知道了两者的相关关系，通过将两者摆放在一起而提高了销量吗？然而，在这个例子当中，并非购买纸尿裤的行为影响了消费者对啤酒的需求，或者啤酒影响了纸尿裤的消费，而是将两者摆放在一起更加便于消费者同时满足两种购物需求，因而导致了两者销量的上升。也就是说，如果不理解其中的"原因"是什么，企业难以有效地改变"结果"。

3）实验性研究

如上所述，单纯的相关性研究无法确定因果关系，如果我们想要理解驱动消费者需要的原因，以便能够驱动消费者的决策和行为，那么我们就要进行实验性研究。实验性研究指的是研究者有意识地操纵、改变一个或者多个变量，控制其他无关变量，然后观察结果变化，以验证变量之间因果关系的一种研究方法。按照对无关变量的控制程度，实验性研究可以分为随机控制实验、田野实验和自然实验等。

其中对实验环境控制最严格、研究结果最接近真实因果关系的就是随机控制实验。它的特点是将所有的参与者按照随机原则分配到不同的实验组当中，以期通过随机化来平衡个体及环境差异，仅保留研究者希望操纵的变量差异。如果不同组之间的结果出现了差异，则认为是由于唯一有差异的变量导致了这个结果的出现。由于对环境和实验操纵的控制要求较高，随机控制实验大都发生在实验室环境中。

第二节 动机的前因变量

动机对消费者决策和行为的影响是营销人员所感兴趣的问题，包括购买、高努力信息加工等，因此了解影响动机的前因变量是非常重要的。如果营销人员了解消费者动机的驱动因素是什么，那么他们就可以制定更加有效的营销策略来刺激消费者产生相应的动机，进而促进消费者的购买偏好。如图 2.1 所示，当面临以下四种情况时，消费者的动机可能会受到影响：第一，某事物与个体特征相关时；第二，与目标相一致时；第三，存在风险时；第四，与态度中度不一致时。下面我们将逐一详细介绍上面四类影响消费者动机的因素。

一、个体特征

（一）个体相关（personal relevance）

影响动机的一个重要因素就是事物与个体相关的程度。也就是说，如果某些事物是个体相关的，那么该事物会引发消费者产生某种动机。例如，在 2022 年三月份的好丽友"双标"事件中，有网友爆料称好丽友宣布仅在俄罗斯和中国对其产品涨价，其他国家不涨价。爆料还称好丽友存在配料双标问题，在国外生产的好丽友使用可可粉，而在中国生产销售的是代可可脂配料，该配料会对人身健康产生一定的危害。尽管事后好丽友也对此作出声明，但因该声明仅通过备忘录形式发布，也未加盖公章，因此遭到了不少网友质疑和抵制，进而使得消费者产生了相应的规避型动机，最终导致好丽友旗下产品在中国市场的口碑急剧下滑,营业收入也逐步下降。在现实生活中,职业、恋爱关系和爱好等都是和个体紧密相关的,且对个体来说是至关重要的,这种个体相关性会激发消费者处理信息、行为决策和采取行动的动机。例如,由于外貌吸引力是与家庭主妇息息相关的,帅康牌抽油烟机打出"不做黄脸婆"的广告宣传语来吸引家庭主妇的注意力,并以此来突出产品的高效吸油烟的功能属性。

  个体相关:

是指某种事物对个体的生活产生直接的影响且具有重要的意义。

(二)自我概念一致性

任何事物,包括产品、服务、人员或者地方等,都可能在某种程度上与个体的自我概念、对自身的认知及感知到他人对自己的评价有关。自我概念(self-concept)帮助我们定义我们是谁,通常会引发相应的行为[12]。值得注意的是,在不同的时间消费者可能会通过购买产品或服务来体现自我概念的某一个或某些方面。自我概念的不一致会让个体产生负面情绪,如愤怒和抵触等。当自我概念受到类似威胁时,消费者就会采取行动来修复受损的自我[13]。例如,当人们在某些人生重要的时刻(如高考、面试)因为突发的外界因素(如堵车、意外丢失证件)错过了重要的机会,他们可能会认为自己是运气不好,自我概念便会受到威胁,便选择购买转运手串或转发锦鲤图片,期望能够提升自己的好运气。

当品牌的地位与消费者的自我概念相一致时,消费者会对该品牌产生认同并与之建立情感联系。这种一致性在增强消费者品牌忠诚度的同时,还会降低消费者对该品牌的价格敏感度。例如,花西子的顾客认为"天然健康、品质生活"的品牌个性与他们的自我概念相一致,因此获得了较高的品牌忠诚度。对品牌具有较高的情感涉入可能会使得消费者对品牌产生一种类似人类的喜爱。类似地,当观众认同综艺节目中人物的生活时,电视真人秀也可以与消费者的自我概念相一致。例如,《向往的生活》这款慢综艺以节目成员间简单放松、温馨治愈的生活化场景来打动观众,并获得了大量都市青年的情感共鸣。然而,当消费者感到自己的社会身份受到威胁时,他们会通过"动机遗忘"来应对。如果你是中国篮球队的忠实球迷,而这支球队赛季表现不佳,那么你很可能会忘记与该球队相关的一些负面新闻报道中的信息细节。

  自我概念:

是指个体心理上对自己的知觉和评价。

(三)价值观

当消费者发现某些事物与他们的价值观相关时,会更有动机去关注和加工处理相关信息。价值观是一系列可以引导消费者判断事物是否重要或好坏的抽象信念。当人们认为智力开发是非常重要的,可能会很有动机去做出与这一价值观相一致的行为,如为孩子报名乐高课程。个人的价值观对其消费行为有非常重要的影响。消费者购买许多产品和服务是因为他们认为这些产品或服务有助于达成与他们的价值观相一致的目标。另外,价值观还包括文明作风、生活理念和保护环境等。比如,有些消费者购买无印良品的产品,正是因为这个品牌提倡的极简的价值观和生活方式与消费者自身的价值观一致。(你将在第九章阅读更多关于价值观的内容)

> **价值观:**
> 指一系列关于什么是对错、重要、好坏的抽象且持久的信念。

二、目标(goals)

(一)目标的内涵

目标是人们想要达到的某种特定的终极状态或结果,比需要更具体、更确切。例如,在夏季开始前可能会有减肥的目标,或者为买一辆新车攒一笔钱的目标,或者为即将到来的考试每天学习的目标。而且,目标对个体相关性和动机有重要影响。

> **目标:**
> 是一种个体的动机行为所追求的或想要达到的特定的最终状态结果。

(二)目标的类型

1. 具体目标和抽象目标

虽然目标(如减肥目标)通常比需要(如安全需要)更具体,目标依然可以根据具体和抽象的程度进行分类[14]。有些目标是具体的,特定于一些给定的行为或行动,且取决于所处的周围环境。例如,如果你在冬季的时候经常会因为温度变化而感冒,你的目标之一可能是在冬天开始之前就准备好御寒物品(如提前买羽绒服、暖水袋等)或者提前买板蓝根等药品以备不时之需。其他的目标则比较抽象,且会持续较长的时间。比如,当你的目标是让自己变得更加漂亮,可能会持续地购买和使用护肤品,甚至是去美容医院做整形手术等。

2. 促进定向目标和预防定向目标

目标还可以划分为促进定向(promotion-focused)和预防定向(prevention-focused)两种类型[15]。具有促进定向目标的消费者一般具有动机去采取积极的行动达成目标。也就是说,此时的消费者更加关注希望、愿望和成就。具有预防定向目标的消费者则更有动机去采取避免负面结果的行为,更加关注责任、安全和防范风险。

然而,只有那些相信世界是变化的,即相信他们的行动会产生影响的消费者,才会受到促进定向或预防定向相关信息的影响。举例来说,如果你打算买一辆新车,那么你会把注意力集中在驾驶它的乐趣上（促进定向目标），还是集中在你需要支付多少保险上（预防定向目标）呢？换言之，只有当消费者认为自己的消费决策和行为与自己的目标会有正向或负向的影响关系，才会促使其更加关注于相应的促进定向或预防定向的相关信息。但是，有的时候消费者的行为可能不是为了达成某一个目标，而是为了了解自己的喜好、目标和需求。例如，你计划假期外出旅游，可能在搜索相关信息后，选择了一个目的地来探索和表达自己的喜好。

总而言之，就像人的大脑和身体之间有系统的联系，个体的目标也会促使其相应的动机被激活。当消费者有一个高度活跃的目标就会产生动机，如当人们有获得权力的目标时，他们可能会对与该目标相关的物质奖励（如金钱）分泌唾液，这是在生理层面上对他们渴望的东西表现出"饥饿"感。

（三）目标设定和目标追求

随着时间的推移，消费者会设定他们想要追求的目标。目标设定包括追求什么目标（如减肥或省钱）和追求的目标达到什么水平（如减肥 2.5 kg 或存款 5000 元）。如图 2.4 所示，目标追求过程中的活动遵循一定的顺序[16]。在设定一个目标后（如一个月内减掉 1.816 kg），消费者会有动机去明确目标的方向，计划去采取行动（吃低脂食品，去健身房），实施和控制行动（通过饮食和锻炼），评估目标的达成是成功或失败（每周称量体重）。

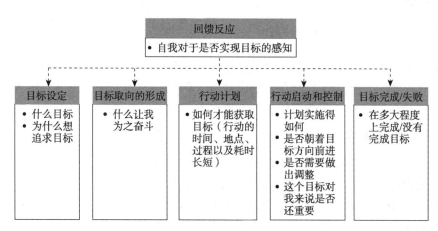

图 2.4　消费者行为中的目标设定和目标追求

消费者会将他们在成功或失败的目标追求中学到的内容作为反馈信息，进而来指导未来目标的设定和追求。消费者行为是一个设定目标、追求目标、确定目标追求的成败、调整目标的不断连续循环的过程，这一切都与市场营销有关。当消费者未能实现日常的子目标（如不回收快递盒）时，他们可能会对长期的最终目标（如保护环境）更不坚定，未来提高环境质量的行动意愿也更弱。当实现一个中期目标后，如在节食的前两周体重减掉 1 kg，可能会让消费者设定更高的目标。这是因为消费者认为较低的数字更容易获得，而较高的数字则代表着一种挑战，如果实现了就会带来成就感。

设计一个有方向的实施计划是有助于目标达成的。事实上，当消费者有一个固定的而不是一个灵活的实施计划时,他们更有可能实现目标,这是因为固定的实施计划提供了一套达到目标的明确步骤。有计划的消费者在追求目标时,如果他们认为自己离目标很远,可能就会失去动力,但当距离实现目标成功只差一小步时,他们会有强烈的动机去继续实施这个计划。当消费者为多个目标的达成设定计划方向时,他们的预期难度会更大。因为完成过程中的一个步骤意味着推迟或忽略其他目标的步骤,而这会降低目标承诺。此外,研究还发现当个体与任务目标的心理距离通过增大与任务的物理距离(例如,后倾靠在椅子上的简单动作)而拉大时,可以使得个体以抽象性思维来对目标信息进行加工处理进而降低目标追求的复杂性和难度,使得追求目标过程更加顺利[17]。

消费者对不同事物的兴趣取决于他们距离目标的远近。当消费者距离目标较远时,他们关心的是自己能否实现它。在这个低目标进展阶段,消费者会被自己能够实现目标的方法所激励。当消费者距离目标较近时,他们关心的是何时能实现它。事实上,追求目标的过程被中断的最糟糕时机就是在目标即将实现的这个阶段。在这个高目标进展阶段,消费者如果被告知他们所做的是有效的,就会被激励着继续追求目标。如果消费者设定的是一个目标范围(如这周减掉 1~2 kg),而不是一个单一的、非常具体的目标(如这周减掉 1.5 kg),他们更有可能继续朝着目标努力。

在目标追求过程中,当消费者认为他们的目标前进方向是更好的、更准确的,动机会更强烈。换句话说,当他们认为自己已完成的或是需要完成的计划是准确有效的,他们的动机会被增强。当消费者在一个目标上没有取得或取得较少的进展时,如果有多种方法来帮助实现这个目标,他们就会更有动力。相反地,当消费者朝着一个目标取得了相当大的进展之后,实现这个目标的方法途径种类越少,他们就会越有动力。最后,设定目标的能力会影响消费者对结果的满意度,这意味着当个体设定的目标是其有能力达成并且最终实现时,会激活其对自己的满意度。例如,当表现较差的员工被告知他们自己设定的低目标被实现了,他们就会和表现优秀的员工一样满意。

(四)目标和努力

消费者为达到目标所付出的努力各不相同。你可能为了节省一大笔钱,选择在 4~7 月份旅游淡季时去海南三亚度假。此外,如果你觉得无法实现一个目标(如存一定数额的钱),你的动机就会减弱,而后甚至会导致在后续目标追求过程中你的表现会更差。消费者越容易想象他们的目标,他们就越有动力和决心为实现这些目标而努力。一些研究还表明,人们为实现目标所付出努力的多少不仅取决于目标对他们的重要性,还取决于他们在实现其他可能不相关的目标时做得如何。例如,当你正在朝着取得好成绩的目标前进的同时,也可以选择追求一个不相关的目标。比如,每天给窗台上养的花浇水,见证这盆花逐渐长大盛开的过程,这可能会激励你坚持学习直到取得好成绩。

为实现目标所付出努力的多少也取决于消费者是否获得积极的反馈,即告知他们朝着目标有所进展。例如,如果你注意到自己的力量和耐力有所提高,你就会倾向于坚持锻炼。当你成功地实现了一个可重复的目标,如用飞行积分换取一张免费的旅行机票,如果你的目标仍然具有挑战性,你会更加努力地去实现这个目标。然而,当消费者对自己未来追求的目标持有乐观态度时,把自己的行为看作对目标的承诺而不是朝着目标取得的进步，会增强他们的动机。值得注意的是，人们往往努力实现多个目标，如减肥、省钱、尝试演奏乐器、在工作中取得成就，以及成为好朋友、好父母和好配偶。当消费者接近实现他们众多目标中的一个时，他们倾向于减少追求这个目标的努力，想要"滑行到终点"，并转向其他目标付出努力。因此，刚开始锻炼减去体重1.5 kg的时间可能比减去最后500 g所花费的时间更短，不仅因为后面的更难，也是因为消费者对减去最后500 g的努力减少了，此时的注意力可能已经转移到其他的目标上，如享受品尝美食带来的快乐。

（五）目标和情感

我们获取目标的成功或失败程度决定了我们的感受。换言之，获取目标的结果会对消费者的情感产生影响。当人们在实现目标过程中取得了足够的进步或已经实现目标时，如攒够了钱买一辆新自行车，他们会心情愉悦；而当人们在实现目标过程中没有取得足够的进步或没有实现目标时，如花费太多钱购买衣服，就会感觉很糟糕。根据评价理论（appraisal theory），我们的情绪是由我们如何看待或"评价"一种情况或结果所决定的[18]。如图2.5所示，评价理论认为当结果与我们的目标一致时，我们会感受到积极的情绪，如喜悦和骄傲。同时，评价理论提出我们的情感也会受到其他因素的影响。其他评价维度包括规范/道德兼容性（结果与我们的期望相关吗或我们应该做些什么呢？）、确定性（结果肯定会发生吗？）和归因（是我自身的原因产生了这个结果，或是别人、环境所造成的，还是碰巧产生的？）。

情感会对消费者行为产生广泛的长期影响和短期影响，而且当消费者经历某些特定情绪时这些影响也会更加明确。例如，当消费者因做了不好的事情而感到内疚时，他们

缘由：	积极影响（与目标一致）		消极影响（与目标不一致）		
	确定的	不确定的	确定的	不确定的	
自己	骄傲	希望 兴奋	内疚 羞愧	害怕 焦虑	与我应该做或本来应该完成的相关
	幸福	希望 兴奋	痛苦	害怕 焦虑	与我应该做或本来应该完成的不相关
他人	钦佩 爱	希望 兴奋	蔑视 厌恶 嫉妒	害怕 焦虑	与我应该做或本来应该完成的相关
	感激 爱	希望 兴奋	愤怒 激怒 愤慨	害怕 焦虑	与我应该做或本来应该完成的不相关
环境	满意 宽慰 高兴	希望 兴奋 兴趣 挑战	失望 受到威胁 挫败 后悔	害怕 焦虑	与我应该做或本来应该完成的相关
	愉悦 高兴 宽慰	希望 兴奋	悲惨 无聊	害怕 焦虑	与我应该做或本来应该完成的不相关
其他	欣喜 高兴	希望 兴奋	遗憾	害怕 焦虑	与我应该做或本来应该完成的相关
	幸福 乐趣	希望 兴奋	悲伤 悲惨	害怕 焦虑	与我应该做或本来应该完成的不相关

图2.5 评价理论

倾向于在其他领域进行补偿,如购买自我提升性产品(跑步机等)。另外,当消费者面临财务困境并且感到悲伤时,他们更有可能选择一个具有短期收益但从长期来看回报较少的选项,只是为了眼前的满足。当消费者在诸如分手这样的情感事件后感到被拒绝时,他们倾向于做出风险更大的金融决定。在购买某种产品和服务过程中或之后,消费者所经历的积极和消极的、愉悦和不愉悦的情感会随着时间的推移而发生变化。当消费者重复一种情感类型的消费体验时,随着时间的推移,他们会越来越不喜欢这种体验,这一过程被称为餍足(satiation)。然而,当消费者在重复购买过程中能够区分他们所感受到的消极情绪和积极情绪时,由于认知重新评价,餍足感的产生速度会降低。

  评价理论:

　　是一种情感理论,认为情感取决于个体对情境、结果及其与自身目标的相关性的评价。

(六)自我控制(self-control)和目标冲突

　　人们一般会通过自我控制来调节他们的情感、思想和行为以符合他们的长期目标。当我们面临与冲突目标相关的决策时,就容易产生自我控制冲突。各种可能的冲突在本章节的前面已有所描述,如趋近–趋近冲突(如既想要去商场看电影,同时又想要去商场唱歌)。在选择追求何种目标时所涉及的心理努力可能会导致自我损耗(ego depletion),这意味着消费者控制自己行为的能力会受损。

　　假设你的一个目标是饮食健康,另一个目标是享受美味但不那么健康的食物。面对糖果和酸奶的选择,你可以选择酸奶来追求你的健康目标。再过一段时间,当你在薯片和糙米饭之间选择时,你的自我控制能力可能会失败,薯片会因为自我损耗而获胜。此外,时间也会对个体的自我控制产生影响。例如,当你反复面临同样的选择(如糖果或酸奶),你首先选择酸奶,这个最初的决定加强了你的自我控制,你以后更有可能会选择酸奶。因此,一方面,个体可能会通过训练获得自我控制;另一方面,当面临类似的选择时,个体也可能会由于过于自信,认为将来面对类似的选择时不会自我放纵,因而选择在当下放纵自己。而当个体的自我控制与目标发生冲突时,会对后续的信息加工和情感调节产生影响。接下来,我们将会对上述这些冲突的影响进行进一步的讨论。

  自我控制:

　　是指个体根据长期目标调节自己的行为感情、思想和行为,而不是追求短期目标。

  自我损耗:

　　是一种由于决策过程中的努力导致心理资源被耗尽的结果。

1. 对信息加工的影响

上述类似的冲突会给信息加工带来挑战。例如,在评估一顿饭的营养价值时,当这顿饭中包含了互为对立面的食物，如健康的（糙米饭）和不健康的（油炸鸡排）食物，消费者往往会低估整体的卡路里含量。有研究表明，当消费者接触到的营养信息能够帮助他们了解放纵食物可能会导致的体重增加和健康威胁时，他们在饮食方面的自我控制能力会更强。当面临放纵的机会时，消费者会回顾过去的行为，以确定他们是否在实现自我控制目标方面取得了足够的进展，从而证明在这种场合放纵是正当的。冲动的消费者倾向于去曲解他们对目标进展的记忆，从而允许自己进行放纵。而且，当重要目标发生冲突时，消费者可能会在面临选择时不止一次地改变他们的想法，这是因为选择中的竞争目标会由于最初被忽视变得更强烈。例如，当完成学业和外出旅行游玩的目标发生冲突时，大部分大学生在临近毕业答辩时会选择认真写毕业论文以完成学业，而在大一的暑假时通常选择外出旅行游玩。

消费者在进行自我控制时，会陷入欲望和意志力之间的冲突。欲望是短期的，享乐性驱动的，如我们现在想吃糖果，即使我们以后会后悔；意志力是长期的、更加功利性驱动的，如我们会用思考和行动来阻止自己现在吃糖果，来拥有长期健康的生活方式。在自我控制方面，大脑和身体之间具有一个有趣的联系。如果你认为你需要意志力来抵抗一些眼前的欲望，你可以"绷紧你的肌肉"。事实上，当消费者意识到抵抗欲望带来的长期好处时，甚至可以通过坚定意志力来使得身体上的肌肉收缩，进而抵制诱惑行为（现在就吃糖果）。

另一个加强自我控制的方法是授权自己拒绝。例如，在追求一个内在目标，如健康饮食时，告诉自己"我不吃这个"而不是"我不能吃这个"。需要完成的任务的数量对自我控制也有影响。即使消费者有强烈的动机，当完成一个任务后也可能会耗尽他们的资源，使得他们在之后随机出现的任务中拥有较低的自我控制能力。因此，另一个人们可以用来抵制诱惑和保持自我控制的方法是"捆绑成本"。例如，人们通常认为吃冰激凌蛋筒是一种很小的放纵，也很容易将这种行为正当化、合理化。当把吃冰激凌蛋筒和"之前刚吃了一块油炸鸡排，然后又喝了奶茶"之类的放纵行为都联系在一起更有助于自我控制。

2. 对情感调节的影响

消费者不仅会在对某些行为做出正确或错误的反应时体验到情感，他们也会参与到某些消费行为中去体验积极情绪和避免体验消极情绪。因此，消费者会积极地调节自己的情绪或感受。

消费者经常会有目标去体验他们想要或不想要的感受。当消费者感到沮丧时，可能会有一个让自己感觉积极一点的目标，可能去看电影或者吃个冰激凌。这些目标解释了为什么那些感到悲伤的消费者会认为"购物疗法"会让他们高兴起来。事实上，这可能是通过让他们感到对环境有一定的控制感来减少悲伤感。悲伤会让个体花更多的钱购买新产品，吃比平时更不健康的食物，更加意识不到自己做过的事情。然而，当人们感到悲伤时，如果看到的是放纵事物的照片或描述，就会联想到不健康饮食带来的负面后果，便不再会为了让自己感觉更好而过度放纵消费。此外，消费者在设定他们的消费活动计划时也会尽力调节他们的情绪，以获得最大的快乐。例如，在度假时，游客可能会计划活动内容和活动顺序，以使得整体的乐趣最大化。

积极追求自我控制目标的消费者可能会在他们想要的东西（如糖果）在时间或地理上距离很远时失去控制。然后，他们更多地关注于短期的愉悦体验（如美味的口感），而较少关注长期的成本和不愉快的体验（如体重增加、健康问题）。如果消费者不能从外部渠道获取产品信息（如营养标签），而只是依赖于记忆，他们也更有可能失去自我控制能力，因为他们更关注消费带来的愉悦感。

虽然自我控制可以帮助消费者朝着长期目标前进，并因此激发积极的情绪，如快乐和骄傲，但同时也会产生消极的情绪，如愤怒或后悔。而且，绷紧肌肉可以增强意志力，而运用意志力也可以使肌肉紧缩并可能导致愤怒。如前所述，思想（感到愤怒，运用意志力）和身体（收紧肌肉）之间的这些联系是具身化（embodiment）的另一种体现。

 具身化：

是心理和身体之间的联系，可以影响和表达消费者的自我控制和行为。

三、感知风险（perceived risk）

（一）感知风险的内涵

感知风险是指消费者对购买、使用或处理产品的后果的不确定程度，是影响消费者对产品或品牌进行信息加工处理动机的重要因素。感知风险包括两个组成部分：对结果的预期及其确定或不确定性程度（不确定因素），以及结果的消极程度及其严重程度（后果因素）。当消极结果出现可能性较大，或者积极结果出现可能性较小时，消费者的感知风险较高。当感知风险较高时，消费者更有可能集中注意力，并且认真地进行信息加工。随着感知风险的增加，消费者倾向于收集更多的信息并仔细评估。

感知风险可以与任何产品或服务联系在一起，在下述情况下感知风险会提高：①新的产品或服务；②较高的价格；③复杂的产品研发技术；④当品牌在质量上存在较大差异，可能导致消费者做出较差的选择时；⑤消费者对产品评价缺乏信心或者经验时；⑥当消费者认为其他人的意见很重要，并且以此为基础作出购买、使用或处置决策时；⑦当产品或服务的相关信息很少时。

不同文化和社会群体的风险感知不同。例如，前人关于风险感知研究中发现存在感知风险的"白人男性效应"，指的是在社会风险感知时，相较于女性和美国其他种族肤色的男性，美国白人男性会低估风险的规模和严重性[19]。此外，当消费者在特定领域缺乏专业知识并意识到这一点时，感知风险通常会更高，如旅游时在国外购买商品或服务。

 感知风险：

是指消费者预期在购买、使用或处理产品时出现负面后果和不出现正面后果的可能性程度。

（二）感知风险的类型

消费者的感知风险可以分为以下六种类型[20]，接下来我们将分别进行详细介绍。

1. 感知性能风险（perceived performance risk）

感知性能风险反映了产品或服务是否能达到预期效果的不确定性程度。消费者在专业二手车平台上购买经过认证的二手车的数量逐年攀升，因为买家知道这些轿车、SUV和皮卡都经过了专业检查，并得到了保修的保证。这意味着，当消费者对某一产品或服务的感知性能风险降低时，会增强其购买动机，进而促进消费决策和行为的产生。

 感知性能风险：
是指产品或服务的表现没有像希望或预期的一样好的可能性程度。

2. 感知财务风险（perceived financial risk）

感知财务风险（perceived financial risk）是指消费者感知到的购买、使用或处置产品或服务所造成经济损害的可能性程度。如果某件产品或服务的价格昂贵，如买房的成本，那财务风险就会升高。研究表明，当消费者因高价格水平而感知到产品类别的高风险时，如果他们使用识货、得物等 APP 分析对比产品，那么会降低购买产品的感知财务风险。

 感知财务风险：
是指消费者感知到的由于购买、使用或处置产品或服务所造成经济损害的可能性程度。

3. 感知生理或安全风险（perceived physical or safety risk）

感知生理或安全风险意味着产品或服务可能对个体的安全造成的潜在危害。许多消费决策的做出都是出于避免生理风险的动机。例如，消费者通常不愿意购买过期的易腐食品，因为他们害怕食用变质的食物会生病。

 感知生理或安全风险：
是指消费者感知到的由于购买、使用或处置产品或服务会造成生理危害或危害个人安全的可能性程度。

4. 感知社会风险（perceived social risk）

感知社会风险是指人们购买、使用或处置产品或服务可能对个人的社会地位造成潜在的危害。根据研究发现，在影响青少年不吸烟的意愿方面，反吸烟广告传达吸烟所带来的严重社会不赞同风险的信息比强调吸烟会造成疾病等不健康后果的信息更有效。

感知社会风险：

是指消费者感知到的由于购买、使用或处置产品或服务会损害个体的社会地位的可能性程度。

5. 感知心理风险（perceived psychological risk）

感知心理风险反映了消费者认为产品或服务与他们对自我的感知之间相匹配或一致性的程度。举例来说，如果你认为自己是一个环保主义者，那么购买一次性塑料袋可能会产生心理风险。

 感知心理风险：

是指消费者感知到的由于购买、使用或处置产品或服务会损害个体的自我概念进而导致消极情感的可能性程度。

6. 感知时间风险（perceived time risk）

感知时间风险反映了购买、使用或处理产品或服务所需时间长短的不确定性。如果产品或服务涉及长期的时间承诺，那么时间风险可能很高。例如，学习使用某件产品或服务是一个漫长的过程，或者购买它需要一个很长的承诺期（如相比于2~3年交房期的房子，购买需要5~6年交房期的房子会使得消费者感知到更高的风险）。

 感知时间风险：

是指消费者感知到的由于购买、使用或处置产品或服务所必需投入时间长短的可能性程度。

（三）感知风险和涉入度

产品和服务与个体相关或涉及个体的程度不同。感知风险是一个关键的决定因素。与购买相框、卫生纸或咖啡相比，消费者可能会在购买房屋、运动服装、人寿保险和电脑等产品时表现出更高的涉入度。这是因为房屋、运动服装、人寿保险和电脑等产品会产生较高的绩效、财务、安全、社交、心理或时间风险，进而会对个体行为结果产生重要影响。

高风险通常会让消费者感到不适。因此，他们通常会很有动力去参与各种行为和信息处理加工活动，以减少或解决风险。为了减少风险中的不确定性因素，消费者可以通过咨询社交媒体、开展线上调查、阅读新闻文章、进行比较购物、与朋友或销售专家交谈或咨询专家等方式来收集额外的信息。消费者还可以通过购买知名品牌和保持品牌忠诚度来减少感知风险的不确定性因素。此外，消费者试图通过各种策略来降低感知风险带来的影响效果。一些消费者可能会采用简单的决策规则，从而得到更安全的选择。例如，有人可能会购买价格昂贵的产品，或者选择一个投放过大量广告的品牌，因为他们相信这个品牌的质量比其他品牌高。

四、态度不一致和认知失调

（一）态度不一致性

影响动机的最后一个因素，是新信息与之前获得的知识或态度的一致性程度。我们倾向于被动机驱使着去处理那些与我们的知识或态度中度不一致的信息，这是因为这些信息被认为只是适度的威胁或不舒服。因此，我们会试图消除或至少理解这种不一致性。例如，如果消费者看到一个汽车广告中提到了他们目前拥有的汽车品牌的一些负面信息，如他们拥有的汽车品牌的油耗比竞争对手高，他们就会想要加工处理这些信息，以理解并解决这种不舒服的感觉。

消费者加工处理与他们之前的态度高度不一致的信息的动机较低。因此，忠诚于华为手机品牌的消费者就很少有动机去处理来自一些竞争对手品牌的比较广告中的负面信息，如一些关于华为手机不好或其他手机品牌更好的信息。消费者会认为其他手机品牌是不可信的，直接选择拒绝。

（二）认知失调

认知失调是指由于认知水平的前后不一致，而引发的一种心理不适感等情绪，这种认知包括观点、学识、价值感等心理认知。认知失调最早来源于费斯汀格提出的认知失调理论（theory of cognitive dissonance）[21]。该理论主要用以探讨个体态度与行为不一致的问题，是社会学、心理学、消费者行为学领域研究和解释个体心理和行为的重要理论。认知失调理论认为，一般情况下，个体对事物的态度及态度与行为之间应该是协调的，如果个体的行为与感知不一致，就会产生不和谐，进而产生认知失调，并导致心理的紧张和不安。这种紧张或不适的心理状态代表了认知失调的情感维度，并被称为厌恶动机状态（aversive motivational state）[22]，从而驱动认知系统运作以缓解认知失调。

具体而言，个体为减少认知失调所带来的不安，就会努力去避免认知失调的产生，如改变态度、改变行为、添加辅助认知、分散注意力等。比如，消费者在购买产品前，如果商家和外界所提供的产品信息与个人的认知不一致，就会产生认知失调，进而产生怀疑和不信任等情绪，并使得购买动机减弱导致后续的不再购买、负面口碑传播、举报等行为。而在购买产品后，如果对产品使用效果的感知与预期不一致，也会产生认知失调，进而产生焦虑和后悔情绪，并使得重复购买动机减弱导致后续的退货、差评、投诉等行为。换言之，认知失调会降低消费者的购买动机，并且会通过改变消费行为来减少这种不适感。商家通常会采取营销手段来减少消费者的认知失调所带来的负面效应，甚至在认知失调产生前就采取一定的措施来避免或者降低消费者认知失调产生的可能性。例如，在网购过程中，网店商家可以增强在线客服的互动性，营造一个温馨的购物情境，让消费者在购物过程中能够感受到商家的热情，降低消费者的失调感，既能提高消费者的忠诚度和满意度，也能提高回购率。

第三节　动机转化为行为的影响因素

一、能力（ability）

（一）能力的内涵

动机可能不会导致行动，除非消费者有能力去进行信息加工、作出决定或开展行动。能力反映了消费者是否拥有必要的资源使行为结果发生。如果我们拥有较高的信息加工能力，那么我们可能会作出积极的行为决策。消费者对品牌信息的加工处理能力，以及对购买、使用和处置产品或服务的决策能力会受到以下五种资源的影响，具体包括：①经济资源；②认知资源；③情感资源；④生理资源；⑤社会和文化资源[16]。反过来，这五种资源也会受到其他因素的影响，包括教育水平和年龄。

能力：
是指消费者拥有使行为结果发生所需的资源的丰富程度。

（二）资源的类型

1. 经济资源（financial resources）

在某些情况下，消费者可以使用金钱来替代其他资源，并以此提高他们的行为决策能力和执行能力。例如，许多消费者会雇用理财经理为他们提供投资指导，或者邀请导游带他们参观讲解某些特定的旅游景区。显然，金钱的缺乏会限制那些原本可能有动机参与某些购买行为的消费者。虽然没有钱但有动机的消费者仍然可以进行信息加工处理并作出购买决定，但他们在市场上的即时购买能力受到了限制。关于金钱意义的深入讨论详见第八章。

2. 认知资源（cognitive resources）

消费者对于同一产品的知识和经验有很大的区别。他们可以从产品或服务的体验或经历中获得知识，如广告曝光、与销售人员的交流互动、来自朋友或媒体的信息、之前的购买和产品使用及记忆。当购买动机的强度一样时，相比于产品知识较少的消费者（如"新手"），产品知识渊博的消费者（如"专家"）更能深入地思考产品信息[23]。因此，产品知识储备的差异会影响消费者的决策。在现实生活中，有许多消费者看了网红博主的宣传视频去盲目跟风购买网红产品，却很少了解这些网红产品的适用人群、原材料和功效等信息，最终使得大部分买来的网红产品由于不适用被闲置丢弃，或者因网红产品的功效虚假宣传被骗。

在金融业务中存在一种特殊类型的专业知识，被称为金融素养。不考虑教育水平和收入，金融素养较低的人有较高的负债率和较低的储蓄，也不太可能为自己的退休做规划。一项针对湖北、河南两省的调查数据显示[24]，农村居民金融素养水平较低，且女性居民的金融素养水平显著低于男性。比如,较少农村居民知道关于利率和通货膨胀及其影响的知识,同时还发现这与较低的教育水平有关。教育水平还会影响个体的认知能力,进而会影响消费行为。

3. 情感资源(emotional resources)

消费者的移情能力和共情能力会影响他们对信息的处理,还会影响他们对品牌选择、购买、使用、支付等方面的决策。情感资源也会影响消费者在慈善活动或捐赠事业方面的行为,而某些突发公共危害事件会促使人们的情感资源快速集聚[25]。例如,2021年7月河南"7·20"特大暴雨灾害发生后,鸿星尔克5000万元驰援灾区的消息在各大社交平台传播,当晚鸿星尔克淘宝直播间涌进大量粉丝,上架一款产品就抢空一款。鸿星尔克直播间两位主播劝说观众不要一时激动冲动消费;总裁吴荣照7月23日凌晨1点也到直播间向消费者致谢并呼吁网友"理性消费"。可见,公共危机事件发生后,企业品牌的行动很容易激起消费者的共情反应。

4. 生理资源(physical resources)

生理能力,或者称为"身体力量",可以影响消费者如何、何时、何地及是否做出决策并采取行动。正如本章前面所讨论的,思想和身体的联系是影响消费者自我控制的重要因素之一。生理资源也会影响消费者使用某些产品或服务的能力。即使消费者没有准确地评估自己的生理资源,这些资源也会影响他们的决定。例如,那些觉得自己身体有力量的消费者可能会选择进行一次艰苦的徒步旅行或购买具有挑战性的运动设备。

5. 社会和文化资源(social and cultural resources)

社会资源来源于人们与其他人之间的社会关系网络,以及他们可以在多大程度上利用这些关系中所包含的资源。文化资源来源于社会中(次级)文化知识架构的系统了解和接触。对这些资源的了解和获取会影响消费者的购买、使用和处置行为。其中,消费者的社会资源会产生重要影响,特别是其在微博、抖音或其他社交媒体上进行的营销活动是否会产生强大的口碑支持,并且能否给潜在买家或品牌粉丝产生推荐效果。在社会和(次级)文化上,了解风俗习惯、社交礼仪可以帮助消费者按照规范行事,表现出恰当的礼仪风范。穿着合适的衣服、听合适的音乐、说合适的语言会增加消费者进入特定的社交群体的可能性,如足球俱乐部、大学社团、公司和社区团体。

(三)教育和年龄(education and age)

教育和年龄也与信息加工和行为决策的能力有关。特别是,受过良好教育的消费者将有更多的认知资源来加工处理复杂的信息并且作出行为决策。研究发现家庭财务决策者的教育水平对其认知能力具有补偿效应,而且随着教育程度的提高,家庭投资风险资产的可能性越大、风险资产配置占比更高、投资收入和收益率也会提高[26]。此外,年龄会对生理资源和加工能力起到决定性作用。年龄大一点的孩子可能更加认可搜索信息的好处有时超过了搜索信息的代价,而幼小的孩子较小可能具有这种能力或认知[27]。而且,当年龄越大时,某些认知能力就会下降,从而降低了信息加工的能力。由此,企业应当有针对性地根据目标消费人群的年龄分布情况对产品进行相应的设计和宣传,以此达到更好的营销效果和市场反应。

洞察案例2-1

海信智能电视：适老化设计开启"银发消费"

中国第七次人口普查显示，截至2020年11月，60岁及以上人口达2.64亿，占总人口比重为18.7%。在人口老龄化加剧背景下，卓越品牌需要关注老年消费者，并从生活点点滴滴做起。根据中国家电网发布的《2022中国适老化电视调研报告》数据显示，近五成老人找不到想看的电视节目，"开机后不能直达想看的电视节目""设备多（机顶盒、电视机），不知道互相怎么切换""操作复杂，不知道怎么找想看的内容"……海信智能电视，结合老年人的观看习惯，专门开发了简洁操作、语音模式、远程社交等人性化功能，深受市场尤其是老年消费者喜爱。2022年3月，央视报道了海信智能电视"适老化"功能并给予高度评价。海信电视如何进行适老化设计来满足老年消费者的需要呢？本案例从操作、观看体验、社交三方面加以解析。

1. 操作便捷，降低学习成本

市场上很多智能电视虽然功能齐全，但操作起来极不方便，不只老年消费者，很多年轻人也不太懂如何操作。"智能"变成了生活中的麻烦。但海信智能电视从2012年开始，就坚持"智能就是简单"的理念，以此主导智能产品的产品开发设计。

其一，减法原则。2012年当普通电视遥控器有近80个按键时，海信智能电视遥控器按键数量减少到28个。到2022年，又将按键数量减少到10个左右，智能功能按键仅有4个，老人不用1分钟就能掌握使用方法。为了让老年消费者能体验到玩游戏、健身、视频聊天、居家学习、办公及购物等智能化多元场景，海信还专门设计了适合老年人使用的"简洁模式"，让智能电视的操控比传统电视更简单。例如，和标准模式相比，"简洁模式"下字号更大、更照顾老龄用户的视觉体验；在页面编排上，洞察到老年群体的观看习惯和点播偏好，优先展示免费电视剧、电影、新闻资讯、戏曲等内容，让老年消费者轻松玩转智慧大屏。

其二，语音操控。针对"看不清遥控器按键""遥控器老按错"等老年人普遍遇到的问题，海信智能电视通过智能语音操控解决这一难题。传统智能语音存在收音不清楚、远场无反馈等问题，海信电视为此搭配了远场语音+精准识音，无论声音远近、大小，都能精准识别，使用智能语音功能时不需近距离操作，舒服地坐在客厅沙发上也能控制。例如，海信电视U7G-PRO可以支持粤语、四川话、长沙话、上海话等24种方言，是智能识别方言种类最多的电视品牌，对不会说普通话的消费者很实用。要搜剧、搜电影、搜天气……只需一声"海信小聚"就能轻松唤醒，用声音指挥电视机。总之，海信电视让"智能"带来方便而不是麻烦。

2. 画面护眼，提升观看体验

随着年龄增长，人的视力会逐渐衰弱，而普通液晶显示屏采用直射光的方式，时间长了会让人产生视疲劳、眼睛酸涩、视力下降等问题。基于此，海信电视推出了激光电视，以保护消费者眼睛视力，尤其是老年人消费者。据中国标准化研究院测试，激光反射舒适度比纸质阅读高 20%，具有强护眼特性，能最大程度保护老人眼部健康，防止白内障等疾病。例如，海信激光电视 75L9S 主要采用反射成像原理，非直射光源可减少光线对人们眼部的刺激，采用红绿蓝三色纯净光源纯天然成像，有纯净、护眼的效果。又如，海信激光电视 75L9S，具有 380 col/m^2 高亮度，搭配符合人眼舒适度的菲涅尔仿生屏幕，可实现 4K+HDR 高动态范围成像，让画质清晰、细腻，亮部通透，暗部细节也能完美呈现。

3. 智能交互，加强社交联系

智能技术需要助推老年消费者享受社交收益。因为老年人空闲时间多，更需他人的陪伴和交流。为此，海信电视致力打造适宜老年人的社交电视，打造"中国特色的养老模式"。

例如，海信 S7 社交电视，主打 TV+AI+IOT（电视+人工智能+物联网）和社交，建立在 VIDAA 互联网电视 AI 系统基础上的 Hi Table 系统，针对用户身份、行为、空间、环境的全方面感知，整合多种社交功能，为用户提供智慧生活服务，满足了老年消费者社交需求。其一，首创 6 路视频畅聊。这款电视最突出特点在于可以突破传统社交模式中两人通话的限制，首创 6 路视频畅聊，这也是当前其他手机和电视机不具备的功能。举例来说，当 2021 年需要人们配合防疫拒绝走亲访友时，这种社交电视能让亲朋好友们共享欢乐，远程感受新年氛围。其二，共享放映厅。这一功能让消费者和身处异地的亲朋好友在线共同看电影、看球、打游戏、K 歌，最高可实现 6 路共同观看，开创了多路共享观看的先河。其三，家庭留言板。这一新功能让用户可通过手机给家中留言，留言板支持图文、语音和视频三种留言类型。当检测到生日、节日等特殊字符时，电视端还会展示霸屏动效。这就能方便外出工作年轻人与居家老人进行日常的交流与互动，同时满足了年轻人与老年人之间的家庭情感维护需求。

综上，从老年人痛点出发，海信智能电视让老年消费者易操作、观看体验好，并能满足社交需要。海信智能电视的适老化设计将创新技术和设计落地到产品功能和操作细节，让原本冰冷的家电产品带有情感温度，提升了老年人的幸福生活指数。

资料来源：

[1] 中国日报网. 智能就是简单 海信电视适老化智能操控引央视关注[EB/OL]. (2022-03-31) [2022-06-18]. https://baijiahao.baidu.com/s?id=1728786458593079489&wfr=spider&for=pc.

[2] 中华科技网. 智能电视适老化标准发布，海信激光电视以"智"服务全家庭[EB/OL]. (2021-08-04)[2022-06-18].https://baijiahao.baidu.com/s?id=1707151209738055848&wfr=spider&for=pc.

二、机会（opportunity）

（一）机会的内涵

影响动机是否导致行为的最后一个因素是消费者参与该行为的机会。例如，假设一个消费者有强烈的动机去锻炼，并且有足够的金钱去参加健身俱乐部（能力），然而，当地的健身俱乐部正在翻修，那么他可能就没有机会实施这一计划。缺少对个体而言有吸引力的选择是有动力且有能力的消费者无法完成他们的计划的一个重要原因。人们可能由于以下三个关键因素的影响而导致自己采取行动或作出行为决策的机会发生改变，包括：①时间；②分心；③信息的复杂性、数量、重复和控制程度[16]。接下来我们将围绕上述三个方面分别进行阐述。

（二）时间

时间会影响消费者信息加工、行为决策和开展某些行为的机会。在直播带货过程中，时间压力感较强的消费者更有可能去购买产品，以防错过享受此次优惠的机会。而在现今社会上，随着科技发展，生活节奏也随之加快，人们越来越没有时间或者耐心去做一些日常清洗类的家务，尤其是拖地，而小米针对这类人群率先推出了智能扫地机等智能家居产品，赢得了消费者的一致好评和认可。

有时间压力的消费者在行为决策时，容易产生以下行为倾向：①获取的信息更少；②对信息的加工处理不那么系统；③更重视负面信息。例如，假设某个消费者必须在15分钟内从超市中购买30件商品，他将没有时间处理关于每件产品的大量信息。而时间压力较小的消费者愿意花越多的时间在思考购买问题上，他们就越能想出新颖的解决方案。

（三）分心

分心指的是任何会分散消费者注意力的情况。例如，地铁里的其他人可以转移消费者用手机看热点新闻的注意力。如果其他人在消费者看广告或作行为决策时说话，这种干扰会抑制消费者信息加工的能力。广告本身的某些背景因素（如音乐），也会分散消费者对广告信息的注意力[28]。如果电视广告中出现的节目非常引人入胜，消费者可能会从广告中分心。这意味着，分心主要是在消费者对他们的选择进行较长时间的思考时发挥影响，而较少会在由他们暂时的情绪对选择发挥影响过程中起作用。

（四）信息的复杂性、数量、重复和控制程度

消费者接触到的信息的复杂性会影响他们信息加工的机会。消费者发现专业的或定量的信息比非专业的和定性的信息更难处理，这种情况阻碍了信息的加工。其中典型的代表就是高科技的和医药类的产品，包含了复杂的信息。此外，只含有图片而没有文字的信息可能会模棱两可，因此很难理解。然而，营销人员可以使用可视化工具来沟通复杂专业的信息，并且可以促进消费者对信息的加工处理。由此，当产品涉及复杂的专业知识时，如果企业能够给予相应的图片或动态视频展示，抑或附加上专家的讲解和点评，更易于消费者进行产品信息处理和加工。消费者的调节定向也起到了一定作用。当消费者遇到一种产品的大量信息时，促进定向的消费者会更多地依赖于积极的信息，对品牌的评价更高，而预防定向的消费者会更多地依赖于消极的信息，对品牌的评价更低。

如果消费者必须从大量的信息中进行判别筛选，信息也可能是复杂的，而如何将复杂的信息有效地呈现给消费者是企业所要重点考虑的方面。例如，在中国家装行业领域，东易日盛借助全景式数字化家装的研发科技，让客户能够体验到灵活、个性和省心的一站式家装整装设计。在新零售大店的数字化体验区，消费者可用裸眼VR进行全屋3D漫游、真实观看不同户型、不同设计风格，还可以亲自参与设计，一键更换木材、地板，选择自己喜欢的材质。更重要的是，借助数字化系统，每一种设计都会及时报价，每一

款产品的价格都会精准呈现,消费者可完全掌控预算。在完成整体设计等前期环节后,后续的产品用材、装修流程、交付质量等多种信息,消费者在裸眼 VR 云台和东易日盛的供应链系统中都一目了然,整个装修全流程科技化、透明化。

尽管消费者信息加工的机会受到时间、注意力分散、信息的质量和复杂性的限制,但重复这一因素可能会增强个体的信息加工能力。如果消费者反复接触到信息,他们就有更多的机会去思考、审视、联想和记住这些信息。因此,特别是使用电视和广播的广告商,需要通过广告设计将他们的信息多次传递给目标受众,以增加信息加工的机会。当然,频繁地接触同一广告可能会导致消费者愤怒,进而可能损害品牌。但消费者会对已知、熟悉的品牌的广告的重复播放表现出更多的耐心。

当消费者能够决定信息呈现的内容、时间和顺序进而来控制信息流时,他们会记住并学到更多。例如,对于纸质广告(如传单、报纸)和许多在线广告,消费者在很大程度上可以控制自己关注哪条信息,花多长时间处理每条信息,以及处理信息的顺序。他们有更多的机会对适合自己需求和目标的产品进行选择、信息加工并据此作出购买决策。随着消费者在控制信息流方面的熟练,他们可以投入更多的精力来加工信息的内容,而不是集中注意力在控制任务上。前沿研究 2-2 表明,因人们对算法有参与的动机需要,所以,让顾客参与算法修改更能提高他们对不完美算法的接受程度。

克服算法厌恶:人们何时更愿使用不完美算法

本章小结

1. 动机反映了一种内在的激活状态,促使消费者对相关的产品或服务进行信息加工处理及作出相应的消费决策和行为。

2. 需要是动机产生的最基础的条件,源自现实和理想或期望之间的不一致所导致的一种内在的"紧张"感。

3. 当消费者认为一个产品或服务与自身相关,或与他们的自我概念、价值观、情感、目标和自我控制有关,或当感知较低的风险时与他们先前的态度和认知不一致程度较低时,他们会产生更强烈的动机去作出消费决策和行为。

4. 即使动机很高,如果消费者实现目标的能力或机会很低,他们也可能无法实现目标。

5. 如果消费者缺乏财务、认知、情感、身体或社会和文化资源,他们可能没有能力作出决定。年龄和教育程度也会影响能力。

6. 如果缺乏时间、注意力分散、面对复杂或大量的信息,或者缺乏对信息流的控制,限制了作出决定的机会,具有强烈动机的消费者也可能无法实现目标。

实践应用题

研读"开篇案例",讨论分析回答以下问题:

1. 结合平安健康的案例素材,谈谈你认为该互联网医疗平台的服务项目满足了用户哪些健康动机?

2. 结合平安健康的案例素材,谈谈该互联网医疗平台基于何种因素来识别用户的健康动机?

3. 结合平安健康的案例素材,谈谈该互联网医疗平台通过哪些方式以促进其健康动机的行为转化?

本章讨论题

1. 请选择一个你熟悉的品牌,谈谈该品牌是抓住消费者的何种购买动机和需求,从而获得市场认可和成功的?

2. 请你列举一些大众熟知的品牌,从个体特征、目标、感知风险、态度及认知不一致性4个方面分别谈谈这些品牌是如何识别消费者的动机?

3. 在针对如何提升消费者能力方面,哪些品牌推出过相应的产品或服务?请举例说明。

4. 请你列举3个品牌,并针对它们在消费者时间、分心以及信息的复杂性、数量、重复和控制程度3个方面的优劣势,分别谈谈它们应该如何设计有效的营销策略来提升消费者机会?

即测即练

参考文献

第三章

消费者知觉

学习目标

本章旨在帮助读者理解消费者如何形成某种知觉。
- 了解消费者的感觉和知觉有何差异和联系,以及什么是感官营销。
- 讨论为什么营销人员关心营销刺激对消费者的暴露,以及使用何种策略来增强暴露。
- 明确注意力的特征,以及营销人员如何利用产品和市场信息吸引和维持消费者的注意力。
- 讨论理解的过程,并了解零售氛围和分销如何影响消费者对产品和品牌的推断。

本章案例

- 大白兔奶糖:撬动感官,赢得注意
- 钟薛高:雪糕"升值"密码

前沿研究

- 一图胜千言?图像内容对社交媒体用户参与度的影响
- 人类报喜,AI报忧

开篇案例

大白兔奶糖:撬动感官,赢得注意

大白兔奶糖是上海冠生园企业出品的奶类糖果,全国知名品牌。它诞生于1918年,距今已有100年的历史。随着食品行业竞争日益加剧,拥有"国民奶糖""中国驰名商标""中华老字号"等殊荣的大白兔也面临生存困境。根据国海证券2018年发布的研究报告,在传统糖果市场,外资品牌阿尔卑斯和雅克分别占据15%和13%的市场份额,而大白兔奶糖则只有12.5%。但2023年,大白兔却能在新国货榜样奋进奖中被评为"国货之光",并在2024年5月10日第八届中国品牌日活动中再次作为"国货潮牌"的代表展示了中国品牌的创新与独特魅力。从面临市场挑战到成为新国潮品牌，大白兔老字号品牌是如何实现破圈并成功抢占消费者注意力的呢？

1. 视觉盛宴，吸引消费者眼球

第一，更新产品包装尺寸，影响消费者视觉注意力。大白兔奶糖的包装设计近年来从早期简单的圆柱形和白底红黑蓝色糖纸，演变为多样化的包装形式，如枕式、条装、纸盒装、罐装和听装等。多样化的产品包装满足了不同消费群体的需求，对他们形成直观的视觉冲击，有效吸引了消费者。包装图案也从卧兔演变为跃兔、卡通兔等，增加了产品的生动性和年轻化，深受年轻消费者喜爱。近年来，大白兔还推出了多款礼盒装，如怀旧铁盒装、奶瓶装、蘑菇兔礼盒和巨白兔等，以增加"礼"的元素。此外，为了满足年轻消费群体对高颜值的需求，大白兔与多个品牌联名推出精美的包装设计。2019年推出的60周年经典怀旧礼盒，以复古为主线设计，蓝白丝带与红色品牌名字相结合，雪白的大白兔卧立于红色背景上，简洁美观，具有强烈视觉冲击力，既表达了对传统品牌的情怀，又蕴含着对历史沉淀的敬意。大白兔与乐町品牌合作，在时装周展示的联名服饰采用大白兔标志性的logo和红白蓝配色，充满活力和童趣，唤起了人们的童年记忆，受到了年轻消费者的喜爱。

第二，以视觉新形象走向国际。2019年，大白兔在纽约时装周中国日亮相，推出与中国日官方联名的限量礼盒。礼盒设计沿用大白兔红蓝主色调，配有中国日Logo和英文名称，以全新年轻形态展示中国传统特色，推动中华文化国际传播。2021年，中国自主品牌博览会上，颐和园携手冠生园推出"吉兔游园"系列奶糖礼盒。青色的清晏舫美景搭配经典原味大白兔奶糖、橘色青色相间的佛香阁背景搭配红豆奶糖、橘粉相间的十七孔桥美景搭配香醇咖啡口味的大白兔奶糖……奶糖与颐和园美景的巧妙结合提升了包装辨识度和视觉体验。

2. 味蕾上的甜蜜，激活消费者味觉

第一，创新口味，激活味蕾。作为童年记忆的一部分，大白兔奶糖以其独特的奶糖味道承载了人们半个世纪的情感。但近年来，大白兔不断推出新口味以满足消费者口味变化。除经典系列的原味、巧克力味、酸奶味、红豆味和玉米味等之外，还推出了冰激凌味、莫斯利安味、香蕉味、芒果味及新奇的芥末味和榴莲味等，不断激活人们味蕾。

第二，与其他品牌跨界合作，满足消费者味觉的猎奇心理。2017年，为庆祝"太平洋咖啡"成立25周年，两者携手重磅推出三款新饮：奶香浓郁的大白兔牛奶其乐冰；融合浓缩咖啡、牛奶、白巧克力酱和法式布蕾糖浆的大白兔拿铁；香甜中带苦味、配有黑糖水晶的大白兔咖啡其乐冰。大白兔与"太平洋咖啡"联手追求的是独特新奇，结果吸引了年轻白领群体，促进品牌形象年轻化。

大白兔还和其他品牌开展了跨界营销。2019年5月，大白兔与热门奶茶品牌快乐柠檬在上海联合开办奶茶店，推出了6款联合饮品，如大白兔奶茶和大白兔提拉米苏奶茶等。这些饮品融合了奶茶和经典大白兔奶糖的口味，满足了Z时代对新奇口味的追求。2020年，大白兔还与光明乳业合作，开发了大白兔牛奶、大白兔冰激凌和花生牛轧糖冰激凌等产品。跨界产品联合营销引发了市场热烈反响，吸引了大量消费者到店打卡，排队时间有的长达4小时。

3. 闻香识品牌，嗅觉抢夺消费者注意力 C 位

大白兔的奶香味作为独特的嗅觉符号，唤醒了消费者甜蜜的回忆。大白兔充分利用这一嗅觉符号，通过跨界产品，将其奶香味延展到新产品中。2018 年，大白兔与老字号品牌"美加净"合作，推出了大白兔奶糖味润唇膏。该唇膏以大白兔奶糖棒的外形为设计灵感，采用经典圆柱形包装，形成乳木果油、橄榄油、甜杏仁油和牛奶精华等系列香味的产品，售价 78 元/两支，联名产品在天猫旗舰店上线 2 秒便售罄 920 支，俘获了大量年轻消费者。

2019 年，大白兔又与国民香氛品牌"气味图书馆"跨界合作推出了快乐童年香氛系列产品，通过气味符号唤起消费者联想，一上市就赚足了关注。不论是大白兔奶糖香水、车载香氛产品还是护手霜、沐浴乳等联名产品，都备受消费者追捧。尤其是大白兔奶糖味香水，融合了甜蜜奶香、蜜糖茉莉花香和马达加斯加香草，甜而不腻，温暖又清新，既唤起童年甜蜜的记忆，又带来花草的清新感。产品上市后，10 分钟内售出 14000 余件，限量 610 份香氛礼包在 3 秒内全部售罄。总之，大白兔与气味图书馆的产品联名打造了专属于中国的"国民香"，淡淡奶香气是童年的珍贵记忆，让人们找回儿时快乐。

注意力资源稀缺时代，如何抢占消费者关注？以上的大白兔感官营销创新，以奶糖为中心，从视觉、味觉和嗅觉等多维度扩展产品矩阵，通过跨界营销，塑造更立体的品牌形象。大白兔"五感营销"案例成为老字号品牌活化的标杆示范，激发了消费者好奇心，提高了品牌话题流量，赋予了品牌新内涵，提升了顾客体验。

资料来源：
[1] 冠生园食品官网. 品牌介绍-大白兔, http://www.gsygroup.com/plus/list.php?tid=20.
[2] 王媛, 吕奇, 杨宇光, 等. "大白兔"的跨界之路还能走多远："国潮"的传承与创新[Z]. 中国管理案例共享中心库, 2020-04-29.
[3] 吴宝澍, 何欣荣. 不止"回忆杀"！国货老品牌潮起来、走出去[J]. 营销界, 2020-01-10.

引　言

只有品牌或者产品首先获得消费者的注意才能提高购买量，而合适的产品暴露是获取消费者注意的关键。产品暴露的方式有很多，如开篇案例所示，除了通过传统的商店展示商品外，大白兔品牌还通过美妆红人、网红博主、意见领袖，以及微博、直播等多触点渠道增加产品暴露，从而增加产品获得注意力的机会。产品暴露及消费者的注意力都具有一定的选择性——企业可以决定以何种形式暴露产品，消费者可以决定注意和忽略哪些暴露信息。因此营销刺激应该如何暴露于消费者，何种方式的暴露能够吸引消费者注意力值得营销人员深思。大白兔打破了产品原来的界限，通过与其他品牌进行跨界联名、更换产品包装，研发新口味等手段增加视觉感、味觉感，增加了年轻消费者的关注和喜爱。最后，如何正确理解营销人员暴露的信息是非常重要和关键的。

第三章首先介绍感觉和知觉的概念，之后重点介绍知觉的 3 个过程（暴露、注意和理解），这样有助于了解外界的营销刺激如何暴露于消费者，并引起注意及对刺激加以解释理解的过程。图 3.1 描绘了第三章的内容要点及其在全书中的位置。

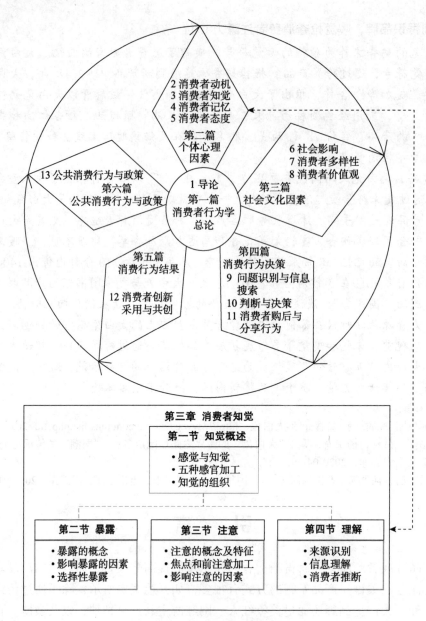

图 3.1　第三章逻辑结构图

第一节　知觉概述

一、感觉与知觉

（一）感觉和感觉阈限

1. 感觉的定义

感觉是一种最简单的心理现象，是人脑对直接作用于感觉器官（眼、耳、鼻、口、指）的刺激物的个别属性的直觉反应。比如，感觉到了寒冷、听到了噪声、闻到了花香，等等。

在消费活动中，当消费者与产品发生接触时，会借助眼、耳、鼻、舌、体肤等感觉器官感受商品的物理属性（如颜色、形状、大小、软硬、光滑、粗糙等）和化学属性（气味、味道等），并通过神经系统传递至大脑，从而引起对产品的各种感觉，包括视觉、听觉、嗅觉、味觉、触觉等。感觉只负责接收、传递、整合信息，但不能解释信息。

2. 感觉阈限

感觉阈限是指能引起某种感觉持续一定时间的刺激量，如一定的强度和时间的光亮、色彩、声音等。我们的感官在任何时间都被暴露在大量的输入信息中。因此个体想要理解每一个信息是极其困难的。幸运的是，人们的感官处理过程被简化了，许多刺激并不能够进入人们的意识，只有足够强烈的刺激才能引起人们的感知。气味的强度可以通过刺激物在物质或空气中的浓度来测量。声音的刺激强度可以用分贝和频率来测量，颜色的刺激强度可以用亮度、饱和度和色调等属性来测量。在触摸区域，刺激强度可以用磅（1 磅 = 453.6 g）或盎司（1 盎司 = 28.35 g）的压力来衡量。比如，啤酒的苦味以 IBUs（International Bittering Units，国际苦味单位）来衡量。

1）绝对感觉阈限

绝对感觉阈限是特定感觉渠道所能察觉到的最小刺激量。换句话说，绝对感觉阈值是一个人察觉某物与无物之间的差别所需要的强度。假设你在高速公路上开车，远处有一个广告牌，这个介于能看到与不能看到之间的距离就是绝对阈限。在这一点之前，广告牌的距离低于绝对阈值，并不足以清楚地被看到。

理解绝对感觉阈限对营销刺激具有重要的意义，因为只有当营销刺激的强度足够高到超过绝对阈值时，消费者才会有意识地感知到它。因此，如果广告中的图像、文字过小或声音水平过低，消费者就无法有意识地感知到这些刺激。

2）差别感觉阈限

绝对感觉阈限是指刺激是否能被感知，而差别感觉阈值是指刚刚能够引起差别感觉的刺激物的最小变化量。因此，差异阈值是一个相对的概念，它通常被称为最小可觉差（just noticeable difference）。比如，当检查视力时会看到一张有一排排字母的视力表。如果你能分辨出同一行上的两个字母，那么这些字母就跨越了你视觉感知的差异阈值。你是否能够准确地分辨出最小字母的那一行表明你的视力敏感性。如果刺激物的数量变化小，则不易被人们察觉到。比如，一件珠宝降价 100 元，消费者并不容易注意到，而一瓶洗衣液降价 1 元就很容易引起消费者的注意。

市场营销人员有时候并不希望消费者注意到两种刺激物之间的区别。比如，在某些情况下，营销人员可能不希望消费者注意到企业通过降低产品尺寸的方法提高了产品的价格，或者使用了不同的配料改变了产品味道。比如，当低糖、无脂肪的冰激凌尝起来和普通冰激凌一样浓郁甘甜时，对消费者可能是有益的。但当消费者在不知不觉中感觉支付的钱获得了更少的价值时，可能会引发商业道德问题。例如，2008 年，可口可乐曾为 355 mL 的易拉罐装可乐更换了 330 mL 的新包装，当时并未引起明显市场波动。采用类似的方式，2020年6月，涪陵榨菜通过缩小包装的净含量，但维持原价的方式将主打产品"乌江榨菜"每袋规格从80 g降至70 g。这种变化对消费者来说可能是"不为人知的"。除此以外，不同感官的差别感觉阈限是不同的，个体之间也存在一定差异。比如，有些人是超级品酒师，而有些人有"超级鼻子"。

3）韦伯定律

19世纪，心理学和生理学家恩斯特·韦伯首次总结出差别阈限的基本属性。韦伯定律（Weber's law）认为，差别阈限与初始刺激的绝对量正相关，即初始刺激的量越大，人们就需要有更大的变化量刺激才能察觉出变化，这种关系可以用下式表示：

$$k = \frac{\Delta s}{S}$$

式中，S为初始刺激值；Δs为差别阈限，即刺激的变化量；k是一个比例常数，也称为韦伯常数。

想象一下，一个营销人员通过测试发现需要在10盎司重的包装中添加一盎司的重量才能使消费者注意到这两种包装的含量不同。假设营销人员有一个50盎司重的包装，那么需要添加多少重量才能让消费者感知到差异呢？根据韦伯定律，正确答案是包装重量的10%，也就是5盎司。

4）阈下知觉

"Limen"在拉丁语中是门槛的意思，"sub"的意思是下面，就像潜水艇一样。低于阈限的刺激所带来的无意识知觉，就是阈下知觉（subliminal perception）。这种刺激在阈限之下时虽然无法被感觉到，却可能引起一定的生理和心理反应。

一项研究发现在电影院内，消费者无意识地接触到屏幕上写着"吃爆米花"和"喝可乐"的极其简短的信息后，会购买更多爆米花和可口可乐产品。这项研究虽然没有发表却仍然引起了公众争论，因为它似乎表明广告可以违背消费者的意愿操纵他们。那么其证据是什么呢？区分阈下广告的"弱"和"强"效应是很重要的。

当潜意识广告违背人们的意愿影响人们的态度和行为时，就会产生"强"效应。然而还没有证据证明这一理论。只有当阈下刺激符合消费者当前的目标或动机时，阈下知觉才会影响消费者的态度。比如说，与用餐完毕的消费者相比，饥肠辘辘、准备进餐的消费者会更有动力对关于爆米花的阈下刺激信息采取行动。此时，消费者动机会影响个体阈下刺激的强弱程度，从而进一步导致不同的行为。

"弱"效应是指潜意识广告能够以与人们当前目标或动机一致的方式影响人们，或者能够提高他们对事物的感知。与强效应不同，有很多证据可以证明弱效应。如果消费者下意识地接触到一个单词（如razor），他们识别这个单词的速度会快于没有接触过这个词的人。这项研究表明，阈下刺激可以改善感知，并激活消费者的各种记忆。在一项研究中，当消费者下意识地接触到IBM或苹果的品牌标识时，那些接触到苹果品牌标识的个体完成后续任务后，显示出更多的创造力。苹果以其创造力而闻名，被其标识下意识激发的消费者在受到激励时会自动地做出创造性的方式反应。潜意识中感知到的刺激也可能影响消费者的感受。与没有植入性潜意识的广告相比，消费者对植入性潜意识广告的反应更为强烈。总的来说，研究表明，阈下知觉的影响在时间上是有限，并且很难在实验室可控的环境之外获得。

(二) 知觉

1. 知觉的概念

个人通过感官得到了外部世界的信息，然后信息经过大脑的加工（综合与解释）产生对事物的整体认识，这就是知觉（perception），它是人脑对直接作用于感觉器官的事物的整体反应。比如，通过视觉看到了这个物体是红色的，通过嗅觉闻到了这个物体是清香的，这是一种"感觉"。当把视觉、嗅觉等多种感官器官感受到的信息加工整理后，再结合过去的经验和知识，形成了"这个物体是苹果"的"知觉"。

2. 知觉形成的三个过程

外界环境中的感官刺激（视觉、声音、气味、味道、触感）被个体的各种感受器（眼睛、耳朵、鼻子、口、皮肤）等感觉到，再通过暴露、注意和理解三个阶段完成知觉过程。本章阐述了感觉和知觉的定义，以及五种感官加工，之后依次阐述了知觉的3个过程。本章首先介绍了暴露的概念和影响因素，其次介绍了注意的概念和特征、焦点和非焦点关注及影响注意的因素，最后从来源识别、信息理解、消费者推断理解三个方面阐述人们对事物的理解。具体如图3.2所示。

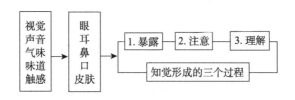

图3.2 知觉过程示意图

(三) 感觉和知觉的共同点和区别

知觉是人对客观事物整体性的反应。感觉是知觉的基础，知觉以感觉为前提。感觉和知觉是两个不可分割的基本心理过程。

1. 共同点

感觉和知觉都是对客观事物的反应，都是客体的具体的形象，属于认知过程的感性阶段。二者的源泉是客观现实，都是对客观事物的直接反映。客观事物作用于感官，感觉和知觉才会产生，事物消失了感觉和知觉也就消失了。

2. 区别

感觉和知觉二者之间也存在一些不同点。第一，知觉以感觉为基础。感觉是对事物个别属性的反映，知觉是对事物整体的反映。一旦刺激物从感官所涉及的范围消失，感觉和知觉就停止了。第二，感觉的产生依赖于客观事物的物理属性，相同的刺激会引起相同的感觉。知觉不仅依赖于它的物理特性，还依赖于知觉者本身的特点，如知识经验，心理状态，个性特征。第三，感觉是某个感官器官活动的结果。知觉是多个感官器官活动的结果。第四，感觉是天生的反映，而知觉则要借助于过去的经验。

二、五种感官加工

当人们接触到一个刺激,并且至少对它投入了一些注意力之后,人们就能够感知它。知觉是用视觉、听觉、味觉、嗅觉和触觉这五种感官中的一种或多种来决定刺激物属性的过程。例如,消费者可以根据软饮料的宽度和高度判断它的容量,根据盘子的大小判断它能装多少食物,根据颜色(红色或绿色)和发动机的声音(低或高)判断哪种汽车速度最快,根据织物柔软剂的气味和颜色判断哪种产品可以使衣服最柔软,等等。消费者不断地,而且大多是主动地利用他们的感官和对世界的了解来决定这些营销刺激的属性。其中一些感知是关于物理属性的,如刺激物的大小、颜色、音高、响度、气味和柔软度,而另一些感知则是与这些属性的价值相关,如是否感觉某产品奢华。接下来,主要介绍视觉、味觉、嗅觉、触觉、听觉五种感官感知[2]。

(一)视觉感知

是什么影响了人们的视觉感知?下面我们将介绍影响产品视觉感知的因素。

1. 大小和形状

消费者认为外观抢眼的包装包含更多的产品[2]。产品或包装尺寸发生变化时,当变化只涉及一个维度(高度、长度或宽度)时,消费者的敏感度要低于三个维度同时发生变化的时候。因此,当产品只在一个维度上变大时,消费者可能会"加大"订单量,但是产品在各个维度都变大时消费者会"减少"订单量,因为这种变化更容易被感知。

2. 字体风格

产品或广告上的字体大小和风格可以吸引注意力,易于品牌识别和传达产品和企业形象[3]。例如,可口可乐产品原本波浪形的"Coca-Cola"标志经过重整,形成向内环抱的模样融入品牌全新的理念。香奈儿 logo 中的所有字母采用大写、加粗的 Geometric 无衬线字体,风格优雅、设计精美,同时彰显出品牌的优雅品质。2021 年,喜茶品牌携手方正字库打造出喜茶灵感字体,提升视觉体验的同时凸显出喜茶独特的气质。

3. 图像特征

产品图像在包装上的位置会影响消费者的感知和偏好。靠近包装顶部、左侧或左上角的图像会增加产品"更轻盈"的感觉。健康零食的产品图像应该放在这些"轻"的地方,降低消费者的热量感知,从而提升购买意愿。在前沿研究 3-1 中,学者们发现高水平的图像内容和风格,如图像质量会影响产品和销售的评价。因此本研究验证社交媒体的四个图像特征(色彩、是否存在人脸和情绪状态、图像来源和图像质量)在影响用户参与度中的作用。

前沿研究 3-1

一图胜千言?图像内容对社交媒体用户参与度的影响

4. 颜色

颜色是视觉感知的一个关键因素。颜色可以根据色相、饱和度和明度来进行描绘。色相是颜色中所含的色素。根据色相,颜色可以分为两大类,即暖色(如红、橙、黄)

和冷色（如绿、蓝、紫）。饱和度（也称为色度）指颜色的丰富性。明度指的是颜色的色调深度。不同社会经济地位的人可能偏好不同的色彩。比如，经济地位和个人控制感较低的群体可能偏好更显眼的色彩，饱和度、明亮度更高的单一色彩和对比强烈的色彩组合，从而吸引其他人的注意，加强自我社会存在感[4]。

产品外观的颜色对于消费者的注意力和感知具有重要的影响。比如，妮维雅（NIVEA）品牌的护肤产品外观通常采用粉色或者蓝色。这样即使信息在视线范围边缘，或有许多竞争广告时，这些颜色也可以帮助消费者快速确定产品和品牌。

颜色也能够影响人们的生理反应和情绪。暖色通常刺激人们产生活力和兴奋的感觉，而冷色则更加舒缓和放松。因此冷色适合出现在水疗中心或医生办公室等场所，个体在这些地方会感到平静。暖色更适合出现在健身俱乐部和快餐店等需要大量活动的场所，提高神经系统的兴奋感。此外，暖色调中红色通常代表活力和优势，并诱发攻击性。比如，在线拍卖屏幕的背景色为红色时，可以刺激竞拍者获得产品的欲望，从而提高产品价格。

最后，颜色对消费者的产品喜爱度有很大的影响。2021年，以性价比著称的国产汽车五菱汽车品牌摒弃传统的黑白灰汽车配色，推出白桃粉、柠檬黄、牛油果绿三款颜色，意在吸引追求颜值、品位的年轻消费者。

（二）味觉感知

食品和饮料产品的营销人员通常在营销刺激中强调味觉感知。比如，低卡路里和低脂产品的营销人员面临的主要挑战是提供口感良好但健康的食品。然而，口味因人而异，不同文化背景的消费者也可能有不同的口味偏好。有趣的是，虽然独立的室内陈列是最可能吸引消费者关注的视觉营销策略，品尝或试吃却是最能影响消费者购买的店内策略。

此外，市场营销人员了解到食物的感官质地会影响消费者的热量感知。有研究表明消费者认为口感坚硬或粗糙的食物时的热量要低于质地柔软或光滑的食物。这可能是因为光滑与脂肪相关，脂肪与卡路里相关，从而消费者推断食品是否光滑与卡路里含量相关。[5]

（三）嗅觉感知

对于大多数消费者来说，蒙上眼睛后可能很难通过气味辨别超市里的产品。同时，消费者辨别气味的能力也存在差异。比如，男性与女性相比，男性比女性更难辨别气味。气味可能对生理反应和情绪、喜好和购买产生影响。

1. 嗅觉对生理反应和情绪的影响

气味会影响人们的生理和情感反应。一些研究表明，是否有某种气味及这种气味是什么可以使人们感到紧张或放松[6]，这一理论是芳香疗法发展的关键，精油通过气味吸入的方式，通过嗅觉脑神经系统影响消费者的情绪、心理和生理。人们一些最基本的情绪也与气味有关。例如，孩子们不喜欢家人清洗自己的安全毛毯，部分原因是这样会洗掉毯子原本舒适的气味。此外，大海的味道、新鲜出炉的饼干或蛋糕香味能唤起人们的情感或童年记忆。

2. 嗅觉对喜爱度的影响

零售商意识到气味可以提高消费者的喜爱度。迪士尼乐园的香味营销是一个典型案例。工作人员使用香气发生器散发出来的仿真爆米花的香味刺激消费者的味蕾，激发他们的购买欲。杂货店的零售商经常把面包店设在商店的前面，这样在主入口处消费者就能闻到新鲜面包的香味。此外，各个行业开始研发属于企业的专属品牌味道。上海悦达889广场的草木香型香氛，香格里拉酒店使用的混合香根草、玫瑰木、佛手柑的香氛，可以增加顾客对产品或服务的喜爱程度。

3. 嗅觉对产品购买的影响

气味（通常结合其他感官感知）可以提高消费者的购买意愿。空气中的气味会对产品产生有效的刺激。而气味和产品的匹配度也是至关重要的。比如，花香更适合内衣店而不是咖啡店，香氛更适合西餐厅而不是中餐厅。但是，如果消费者对气味产生过敏反应或者感觉到不舒服时，这种营销手段可能就会适得其反。

提供一个良好的气味环境还会提高消费者对产品的关注及在商店逗留的时间，从而对购物行为产生积极的影响。据美国香氛供应商阿多玛（Aroma）的研究，在拥有迷人气味的购物空间内，顾客的逗留时间延长了44%，并且购买意向也会大比例提升。阿贝克隆比&费奇（Abercrombie & Fitch）将品牌香水（如男士香水Fierce）在其门店中投放，目的是给顾客带来愉悦的购物体验。

（四）触觉感知

尽管个人偏好不同，触觉（包括人们通过手指触摸的东西和它们与人们皮肤接触的感觉）是许多产品的一个重要方面。消费者喜欢某些产品是因为他们接触时的感觉。比如，一些消费者购买护肤霜和婴儿用品，是因为它们对皮肤有舒缓作用。事实上，对触摸有高度需求的消费者往往会喜欢这种产品提供触摸机会。当需要考虑产品（如服装、地毯）的材料属性时，与在线购买产品相比，消费者更喜欢在实体商店里触摸到产品。那么触觉会导致消费者产生哪些积极的反应呢？下面我们主要从提升消费者的感知所有权和喜爱度两个方面展开详细论述。

1. 触觉能增加消费者的感知所有权

仅仅是触摸产品（或想象触摸它的动作）就能增加消费者对该产品的感知所有权。此外，短暂接触过销售人员的消费者更可能产生积极的感觉和评价。然而，不同的文化中消费者对接触的反应是不同的。拉丁美洲的消费者比美国消费者更喜欢触摸和拥抱。而在亚洲，与相对陌生的人之间产生身体接触通常被认为是不合适的。一个有趣的发现是，如果产品被一个有吸引力的异性成员（如漂亮的销售员或模特）触摸过，消费者会对产品产生更高的评价。

2. 触觉能提升消费者的喜爱度

虽然营销人员尝试去控制消费者如何感知营销刺激，但个体的感官感知有时会受到环境中微妙线索的影响。例如，接触到与干燥相关的图像或文字会使消费者感到口渴和缺乏活力，从而影响他们在做决定时所付出的努力。物品或房间的温度也是一个因素。温暖的感觉会消耗人们的认知资源，因此个体在凉爽的环境中更能有效地处理复杂抉择。较高的温度也会引起积极的反应和产品的评价。比如，消费者通常认为热的食物热量更高，更美味，从而导致更高的支付意愿。但是消费者设置的健康目标会降低对热的食物的选择。

（五）听觉感知

声音是另一种形式的感官输入。声音（听觉刺激）的知觉取决于它的强度，消费者更有可能注意到响亮的声音及刺耳的噪声。当广播或电视广告的播音员语速加快时，会干扰消费者对信息的处理；低沉的声音以比正常速度更快速地说出音节，会引发更积极的广告评价和品牌态度。当一家公司在许多广告中使用同一个人的配音或播放同一首广告曲时，消费者会将这些声音与产品或品牌联系起来。苹果电脑的开机启动"三全音"、Skype（一款即时通信软件）、微软开机声音和其他公司有意识地通过使用特定的音乐或声音让消费者识别自身的品牌。

声音符号化是指消费者使用听到的声音、音节和单词等信息推断产品属性并形成评价的过程。例如，尼桑的 LEAF 电动车的名字使消费者联想到绿叶，从而增加对产品环保功能的认知。此外，由于电动汽车非常安静，尼桑创造了一种令人愉快的、类似涡轮机的嗡嗡声，作为一种独特的、非汽油发动机的噪声，它可以显示 LEAF 平稳地加速和减速。消费者会对品牌名称发音结构重复的产品产生积极的感觉，从而提高品牌评价和购买意愿，如叠音品牌 Sepsop 相对 Sepfut 会获得更高的品牌评价。

三、知觉的组织

消费者往往不会孤立地看待单一刺激，相反，他们将环境和其周围的其他事物进行组织和整合。许多刺激实际上是无数简单刺激的复杂组合，消费者需要使用知觉组织（perceptual organization）将其组织成一个统一的整体。这个过程不是简单地将刺激记录于人们的感官感受器，而是代表了一个更高、更有意义的处理水平。与知觉的组织有关的 4 个基本原则分别是图形-背景原则、封闭性原则、分组，以及整体性偏好。下面我们将依次介绍上述 4 个基本原则。

（一）图形-背景原则（figure and ground）

图形-背景原则是指刺激物的一个部分居于图形主导位置，而其他部分退居为相对次要的背景。将刺激物看作图形还是看作背景、看整体还是看局部，由于观察角度的不同，将分别出现不同意义的画面，便产生了双重意象。电影《彼得与狼》的宣传海报设计充分体现了利用图形与背景原则带来的巨大创造潜力。当以白色为背景时，个体会看到一只长长的狼体的图像。当以黑色为背景时，个体会发现一个男孩的轮廓（图 3.3）。

图 3.3　图形–背景原则

（二）封闭性原则（closure principle）

封闭性原则是指出于个体对组织感知的需要，倾向于将不完整的图形填补完整以便它们形成一个有意义的整体。由此，即使刺激因素本身并不完整，个体对封闭的需求会让个体将它主动补充完整。营销领域中利用封闭性需求的关键则是向消费者提供不完全的刺激，从而激发消费者的探索欲和注意力。最近的一项研究表明，消费者认为那些字体不完整的公司商标具有创新精神和趣味性。[7]比如，苹果公司广为人知的"被咬了一口"的苹果标志。电视广告或者电视剧悬疑的结尾方式也是不完整的刺激，而对封闭性的需要激发了个体对故事或者情节的期待以及想象，从而提高了个体的关注度。

（三）分组（grouping）

分组是指将刺激物分组以形成统一的画面或印象的倾向，从而使得消费者更容易处理它们。比如，将相似或附近的物体归在一起。营销人员可以通过将相关产品归类陈列来影响产品形象。在商店里，当餐巾、餐巾架、银器、碗和碟子被巧妙地组合摆放在一起时，消费者可能会认为桌子的布置很优雅。

（四）整体性偏好（preference for the whole）

整体性偏好是指消费者认为某物的整体比两个或两个以上相当于整体的部分更有价值。比如，目前华为致力于构筑一种新的生态，通过多样化的终端为用户打造全新的体验，实现不同设备（手表、笔记本、平板、音箱和耳机等产品）之间的共享和联动。因此，消费者在购物时，更多地考虑产品之间是否构成一种生态圈。拥有华为手机的消费者在购买平板和手表时会优先考虑华为品牌，通过多种产品带来整体性的联动价值。

 图形–背景原则：

刺激物的一个部分居于图形主导位置，而其他部分退居为相对次要的背景。

封闭性原则：
出于个体有一种组织感知的需要，倾向于将不完整的图形填补完整以便它们形成一个有意义的整体。

 分组：
将刺激物分组以形成统一的画面或印象的倾向，从而使得消费者更容易处理它们。

 整体性偏好：
是指消费者认为某物的整体比两个或两个以上相当于整体的部分更有价值。

第二节 暴　　露

一、暴露的概念

消费者必须首先接触到广告、推文、产品样本或商店展示，才可能受到这些因素的影响。暴露（exposure）意味着消费者与某种营销刺激产生实体接触的过程。营销刺激（marketing stimuli）是通过营销来源（通过广告、社交媒体平台、网络视频、销售人员、品牌符号、包装、价格等）或者非营销来源（如新闻媒体、口碑、在线评论等）来传达关于产品、品牌的信息。

暴露是提高消费者意识的前提，因为即使提供的是最好的产品和服务，如果消费者没有意识到的话，产品的推广也很难获得良好的效果。消费者可以在决策过程的任何阶段对营销刺激做出反应。在某种程度上，人们可以选择自己接触或者避免何种刺激。因为暴露对于影响消费者的想法和感受至关重要，所以营销人员希望对产品感兴趣的消费者能够接触到正面描述其产品的营销刺激。

二、影响暴露的因素

影响产品暴露的因素主要包含以下两个方面。

（一）广告在媒体中的位置

产品在媒体中的位置会影响产品曝光率。当广告出现在搜索列表的前列时，消费者更容易注意到在线广告。当杂志广告出现在封面内侧（目录旁边）或封底上时，对杂志广告的曝光率最高，因为每当杂志面朝下放置时，广告就会直接展现在视野中。此外，消费者最有可能接触到放置在文章周围或电视节目中的广告。当商业广告在节目的间隙或结束时段播出时，其曝光率较高，因为消费者仍沉浸在节目中或等待节目恢复。一些广告商会赞助免费商业广告的电视节目，并会在节目中植入产品，或者在节目前后播放单个广告。此外，广告商将产品图片和视频放在微博、小红书、抖音、Facebook、YouTube（一个视频网站）视频的预告广告和 Twitter 上等社交媒体网站上以增加产品曝光量，从而提升点击购买率。

（二）产品分销分布和货架位置

产品分布和货架位置会影响消费者对品牌和包装的接触。出售产品或品牌的商店数目越多，消费者遇到产品的可能性就越大。同样，产品的位置或分配的货架空间量可以增加产品的暴露。某些产品在超市、汽车商店和餐馆的收银台暴露率增加也会导致产品的销量增加。然而随着时代的进步，人们对移动支付越来越感兴趣，这种支付方式减少了顾客等待付款的时间，传统的配送和货架位置策略的作用效果也需要重新考量。

三、选择性暴露

虽然营销人员可以努力通过一些营销方式影响消费者接触某些产品和品牌，但最终营销刺激的暴露是由消费者自身所控制。换句话说，消费者可以积极地寻找某些刺激并且同时回避或抵制其他刺激。消费者想要回避广告的一个原因是，广告如此之多，他们不可能处理所有的广告。消费者会避开且不使用与自身无关的产品广告；也倾向于回避或屏蔽以前看过的广告，因为他们已经了解广告内容。当消费者避免刺激时，他们会发现分散注意力的东西，如位于他们想要关注的内容附近的在线广告，这种回避行为有可能导致消费者对这些广告中涉及的品牌形成消极的态度。

消费者对营销刺激的回避是营销人员面临的主要挑战。在电视上播放广告时，消费者可以在心理上将其屏蔽，做其他事情，离开房间或通过略过和快速移动来避开它。略过（zipping）是指消费者可以录下电视节目从而在稍后观看节目时快速播放广告。在录制的节目中，消费者可以略过多达75%的广告——但仍然可以识别出品牌或产品类别。

消费者也可以跳过播放前的在线广告。跳过（zapping）是指随着快速播放，消费者会在广告时间切换到其他频道来避免广告。大约有20%的消费者在任何时候都会跳过广告；超过三分之二的拥有有线电视的家庭会经常跳过广告。男性比女性更容易快速切换频道。比起节目本身，人们更有可能在半小时或一小时的整点时间里跳过商业广告[8]。

除了略过、跳过和快速切换之外，越来越多的消费者正在"切断电缆"，即取消有线电视服务或卫星电视订阅，转而选择爱奇艺、腾讯及优酷视频等流媒体服务。由于观众在多种娱乐来源中注意力更加分散，取消有线电视服务进一步对市场营销者如何规划广告暴露提出了挑战。此外，"掐线者"往往有不同的媒体浏览的习惯，他们在电脑屏幕或移动设备而不是在电视上观看娱乐节目，有时会疯狂地观看多集连续剧。

取消有线电视服务显示消费者越来越多地通过在线观看或按需观看，或通过下载节目以便后续观看，来决定他们在何处、何时及在多长时间内受到某种刺激。随着观看转向基于互联网和手机的流媒体，越来越多的消费者观看在线内容过程中使用广告拦截软件。据估计，全球有2亿人下载此类软件以避免接触到广告。在一些国家，近一半的互联网用户安装了这类软件。这对依靠广告收入来支持新闻和娱乐等内容的在线网站和寻求受众的广告营销人员而言是一个重要的挑战。

> **暴露：**
>
> 消费者与某种营销刺激产生实体接触的过程。
>
> **略过：**
>
> 消费者可以录下电视节目从而在以后观看节目时略过广告。
>
> **跳过：**
>
> 随着快速播放，消费者会在广告时间切换到其他频道来避免广告。

第三节　注　　意

一、注意的概念及特征

（一）注意的概念

暴露反映消费者是否遇到了某种刺激，而注意（attention）则反映了对刺激投入的心理活动程度。一定程度的关注信息被感知是必要的，它能激活人们的感觉。消费者感知信息后会更加注意后续高阶的刺激。因此，注意使消费者从接触到的营销刺激中学习到更多内容，从而做出明智的决定。

> **注意：**
>
> 反映了对刺激投入的心理活动程度。

（二）注意的特征

注意具有 3 个重要特征：第一，有限性；第二，选择性；第三，可分配性。

1. 有限性

注意是有限的。人们不可能关注到环境中的所有刺激。但是如果处理某些信息的过程是相对自动的、熟练的、不费力的，人们能够同时关注多种刺激（如货架上的产品）。当人们尝试学习一项新技能，如演奏一种乐器或学习游泳，人们需要密切关注每一个具体的活动。通过不断练习，人们将一系列活动整合到更大的"模块"中，人们的注意力就可以被释放出来做其他事情。

2. 选择性

因为注意力是有限的，消费者需要选择注意哪些事情或事物。由于被潜在的大量刺激所包围，消费者会对以前见过很多次的事物不那么注意。注意力也会受到目标的影响。比如，如果消费者需要学习如何使用产品，消费者可能会看包装上的使用说明，而不是看营养成分。如果消费者多次选择性地注意某种产品，那么更可能再次选择过去引起他们注意的产品，而对之前忽略的产品产生拒绝的倾向。[9]

3. 可分配性

人们可以在一段时间内对注意力资源进行分配，即将注意力分配到不同的任务，或者通过在任务间快速切换注意力，来分配注意力资源。例如，人们集中注意力驾驶时，还可以注意到公路边广告牌上的广告。同时，当人们注意力被另一个刺激物吸引时容易分心；而分心会导致人们投入更少的注意力。[10]

二、焦点和前注意加工

注意的3个特征引发了这样一个问题：当人们专注于一个刺激（集中注意）的同时暴露于其他刺激（非集中注意）时会发生什么？例如，当我们在公路上行驶时，除了关注前方道路上的交通，我们还能否通过周边视觉处理来注意到路边的广告牌信息？这个例子是关于非集中注意过程中可能发生的信息处理。

在某种程度上，即使我们没有意识到，我们也可以处理来自周边视觉的信息，即正在参与前注意加工（preattentive processing）。前注意加工不同于有意识的注意，它发生在注意聚焦之前，是对刺激物是否需要进入注意加工阶段的一个自动化评估过程。[11]在前注意加工处理中，我们的大部分注意力资源都集中在一件事上，这就是注意力处理的重点，而剩下有限的资源用于其他事情。我们对周边视觉中的一个物体投入了足够的注意力来处理它，但我们通常不知道它的一些信息，并且我们通常没有意识到正在吸收和处理这些信息。预先处理的刺激是否会影响对品牌的感觉或选择？研究表明，相比没有接触过的品牌来说，消费者更喜欢以前注意过的品牌。因为人们通常喜欢熟悉的东西，前注意加工会使品牌名称变得熟悉[12]。即使消费者不记得该广告，对广告的前注意加工也会影响产品态度。此外，情绪在前注意加工中起着重要作用。如果电视广告能在情感上吸引消费者，那么在低注意水平情况下，企业也能打造出优质品牌。

 前注意加工：

对在边缘视觉中刺激的无意识加工。

三、影响注意的因素

影响注意的因素主要包括三个层面：刺激物、个体及环境。下面我们将围绕上述三个方面进行详细阐述。

（一）刺激物因素

1. 大小与强度

1）大小

形状大的刺激物比形状小的刺激物更容易引起消费者注意。在介绍新产品时，企业通常采用大幅广告的宣传方式。上海震旦大厦广告作为中国知名的户外LED广告（一种新媒体广告形式），可以覆盖整个浦西外滩，有效增加了曝光率和宣传力，其广告价格也令人叹为观止，在 2020 年就达到一分钟四万元左右的高价。值得注意的是，广告篇幅的增加并不一定会导致消费者对广告的注意力增加相应的倍数，这并非简单的叠加关系。

2）强度

洪亮的声音比微弱的声音更容易引起人们注意。国外的电视节目播出商业广告时，音量会突然增加，正是利用强度原理。但要注意刺激强度不能超过消费者的感觉阈限，否则亦会引起反面效果。

快节奏的音乐，如健美操课上播放的音乐，往往能让人精力充沛；相比之下，节奏较慢的音乐可以舒缓心情。零售店播放的音乐类型会对消费者购物行为产生影响。快节奏的音乐会加快消费者的购物速度，从而增加客流量。相反，慢节奏的音乐能够促使消费者以悠闲的方式进行购物，进而增加销售额，尽管消费者没有意识到这种影响。此外，快节奏的音乐在餐厅更受欢迎，因为这类音乐会加快消费者进餐速度，快速提升翻台率，增加营业额。例如，In-N-Out 汉堡连锁店在其广播广告采用略微复古、快节奏的播音风格，以传达迅捷的服务体验。

2. 色彩与运动

1）色彩

鲜明的色彩比暗淡的颜色更容易引起消费者的注意。一般而言，黑色比白色更引人注目。现在彩色广告到处可见，而黑白对比强烈的广告可以给人新鲜的感觉。颜色偏好在一定程度上也受性别的影响，男人和女人喜欢不同的颜色，这是营销人员在设计营销刺激时必须考虑的因素。因为颜色会强烈影响人们对产品的注意力，所以营销人员经常依赖"颜色预测者"的建议来决定产品和包装上使用的颜色。颜色在服务营销者和员工的认知中也很重要。比如，阿玛尼酒店内部所有的装潢、家具设计全部遵循阿玛尼品牌的风格。员工制服也不例外，员工制服去掉一切繁复，用单色和简单的线条勾勒优雅的气质。而香格里拉酒店的员工制服更善于展现当地浓郁的风俗文化，做到因地制宜。

2）运动

动态刺激比静止的刺激更容易引起人们的注意。例如，晚上忽明忽暗的霓虹灯广告，比静止的广告更引人注目。营销环境中，除了各种动态的广告外，企业也将动态运用在包装上。2021 年，农夫山泉品牌旗下无糖茶——东方树叶的包装上，唯美的仙鹤振翅设计与茶汤的颜色形成了完美的融合，吸引了大量消费者。除此以外，东方树叶茶饮品也将马、帆船、蝴蝶等动态性元素融入包装设计中，增加产品的生动性和美感的同时可以带给消费者更多的视觉冲击。汽车品牌同样喜欢使用动态性的车标作为自身产品的象征。保时捷经典的骏马车标、福特的野马车标、捷豹汽车跃起的美洲豹车标，可以彰显汽车的力量、速度，以及高贵气质。

3. 位置与隔离

1）位置

在自选商场，商品举目可望，那么什么位置最能引起消费者的注意呢？有研究表明与人的胸部和眼部范围持平的位置是最能引起消费者注意的商品陈列位置。而在网页广告中，位置靠上比靠下、靠左比靠右更容易引起读者的注意。而相较于其他位置，视频嵌入广告（视频中悄然植入角标图片或者动画）出现在屏幕右下角时，消费者会受到内隐经验的影响，注意程度会提高。[13]

2）隔离

在大的空间或空白的中央放置或描绘的对象容易引起注意。例如，商业大厦空旷的大厅内，多媒体屏的广告会吸引消费者的注意力，提高品牌的知名度。隔离这种设计方式通常用于画廊、工艺品、奢侈品等场景，突出产品的稀缺性、唯一性，从而使消费者聚焦产品或品牌。

4．对比与刺激物的新颖性

1）对比

人们通常关注与其他刺激存在显著差异和对比的刺激物，刺激物之间的对比度越高越容易引起人们的注意。强音和弱音、鲜艳的色彩和单一色彩、大型和小型轮流出现，比单一出现更容易引起消费者的注意。比如，颜色中三原色的对比是色彩中最鲜明的对比，其中红色和黄色都属于暖色调。麦当劳的平面广告巧妙地运用了这种红黄搭配，提升广告的视觉冲击力的同时，又带来温暖和谐的感觉，大大增加了消费者的注意力。

2）新颖性

相对于其他刺激来说，任何新颖或独特的营销刺激（广告、包装或品牌名称）都可以很快吸引消费者的注意力。比如，继中石化的易捷咖啡和中药老字号品牌同仁堂进军咖啡市场后，2022年中国邮政也加入了跨界大军。特别是厦门的首家邮局咖啡店迅速成为网红商店。迅速变化的 Z 时代，这些新颖的跨界营销方式横空出世，带给消费者全新的视觉体验和与众不同的新鲜感。值得注意的是，虽然新奇的刺激可以吸引人们的注意，但有时人们并非偏好极端新奇的事物。例如，消费者可能不喜欢与平常味道或配料差距较大的食物。广西柳州一家企业推出的"螺蛳粉月饼"，麦当劳推出的香菜口味冰激凌非常新奇，但只对少数消费者具有吸引力。因此，刺激的新颖性可能与产品受欢迎的因素存在差异。

（二）个体因素

个体因素是指个体区别于其他个体的各种特征。通常，动机和能力是影响消费者注意的重要个体层面因素。

1．动机

动机是由兴趣和需要所产生的一种驱动状态。兴趣是目标（如想要成为钢琴家）和需要（如提升自我的艺术情操）的结果。产品介入度反映人们对某一特定产品种类的动机，可能是暂时的，也可能是持续性的。当你洗衣服时，对洗衣液、香皂的介入是暂时性的；但对喜爱的钢琴和音乐的介入则可能是持续性的。总体而言，产品介入度能够引发消费者注意。例如，产品介入度可以增加消费者对广告，特别是对正文而非图片的关注度。因此当消费者高度关注广告中的产品特征时，图片占优效应（即图片能比文字吸引更多注意）反而大打折扣。

营销人员利用消费者兴趣和介入度设计智能广告条。网页上的智能广告条（smart

banners）根据人们使用搜索引擎的情况而激活。这种行为定位策略也被应用于一般的网站设计，并且收效良好。此外，针对性强的广告能够获得消费者的注意，并且能够提高品牌和信息的回忆率。例如，天猫、京东等电商平台会根据顾客的搜索时间和浏览记录向消费者个性化推荐产品。

2. 能力

能力是指消费者注意和处理信息的能力。这种能力与消费者知识及对产品、品牌、促销的熟悉度有关。比如，苹果手机的忠实爱好者比普通人更有能力处理苹果手机相关的专业信息。教育程度越高、健康意识越强的消费者，根据包装营养标签推断产品信息和做出产品决策的能力越强。此外，专家能力可以使消费者免除信息超载的困扰，从而提升处理信息的效率。

（三）情境因素

情境因素是指环境中除主体刺激物（如广告或包装）以外的外部刺激，以及因环境而导致的短暂性个人特征（时间压力、情绪）。我们主要介绍环境方面的外在特征，包含混乱度和节目介入度。

1. 混乱度

混乱度是指环境中刺激的密集程度。比如，处在同一个空间内的广告的数量不宜过多，画家画展只展示少数的名作，电视频道节目赞助商较为单一，这些做法可以有效避免消费者的注意力被分散。

2. 节目介入度

节目介入度是指广告受众对电视节目或广告前后的编排内容（相对于广告或者品牌的介入度）感兴趣的程度。提高节目的介入度可以有效提升受众对广告的信任、回忆，从而增加购买行为。营销人员可以通过提高广告本身的质量来提升节目介入度，增强其可信度和吸引力。比如，《天天向上》的单期广告植入，将脱口秀沉浸式场景营销发挥到了极致。这种植入包含两个特点：其一，植入形式灵活多样，通过名人效应、从情感的角度彰显产品价值。其二，植入话题包罗万象，运用多种方式与品牌进行巧妙结合。比如，在五谷道场的广告中，节目中以宵夜为话题并将五谷道场的产品作为核心道具与艺人进行互动，提升了观众关注度。同时，以大屏内容助力品牌传播，通过节目影响力创造品牌价值。

第四节 理 解

一、来源识别

（一）理解

当人们已经接触到营销刺激，并集中注意力感知刺激之后，人们必须正确识别和理解它所传达的信息。这是理解的两个关键因素。理解（comprehension）是人们从所感知的内容中提取高阶意义的过程。有时人们所接触到的关于汽车品牌广告的刺激信息传达的可能并不那么清晰,因此对于营销人员而言,如何使消费者准确地理解信息是个挑战。此外,人们在信息源的识别方面同样面临挑战,如人们很难判断接触到的刺激是否属于广告。

(二)信息源的识别

来源识别(source identification)是确定人们所接触到的刺激实际是什么的过程。本书第四章将更详细地解释人们如何使用分类过程来快速完成这个识别。来源识别是快速、自动的过程,如确定一个场景,打开一本杂志或者快速浏览杂志、网站页面的内容。当看到杂志上的某一页时,人们几乎会不由自主地问自己:"这是广告吗?"如果是广告,他们自然会关注广告的品牌或产品。这种识别过程是有用的,因为它们帮助消费者迅速确定自身所处的环境及与产品的相关性。消费者非常善于在广告中识别产品和品牌。事实上,在典型广告中,消费者仅需要花费 100 ms(简短的一瞥)的时间,就能辨别其为广告而非信息知识(如文章)。对于典型广告,消费者能够快速识别产品类别和品牌。相反,对于非典型广告,消费者需要更多关注和注意力才能理解产品目的。这就是为什么营销人员试图维持消费者的注意力,以便他们能够识别产品或品牌来源。[14]

由于产品植入(产品在电影、电视节目或数字游戏中展示)等技术的存在,判断某些内容是不是营销信息并不容易。这种模糊的界限也出现在其他媒体中。那篇杂志文章是插页广告(采用编辑内容形式的广告)还是与赞助商无关的故事?那个电视节目是购物节目(由营销者赞助的长篇商业广告)还是关于某个产品或品牌的新闻故事?社交媒体信息是消费者分享的信息还是营销人员赞助的?商业性的营销刺激试图掩盖自身的商业属性,以显得非商业化,从而增加可信度。但这却在一定程度上损害了消费者的来源识别和识别准确程度。FTC 要求对软文、电视购物及赞助推文信息进行明确的标记,以帮助消费者准确地识别信息来源。

二、信息理解

通常人们确定了营销信息的来源和涉及的产品或品牌后,就可以开始从多个层面理解信息的内容。具体体现在消费者对信息的理解,营销人员尤其关注以下几个方面:①客观理解和主观理解;②误解的可能性;③动机、能力和机会对信息理解的影响;④文化对信息理解的影响。

(一)客观理解和主观理解

客观理解(objective comprehension)是指消费者从信息中获得的含义是否与信息本身所陈述的内容一致。主观理解(subjective comprehension)是消费者获取的不同或有附加意义的信息。[15]客观理解反映了人们是否能准确理解发送者想要传达的内容,而主观理解则反映了人们所理解的内容及理解的准确与否。市场营销组合元素,如价格和广告对人们理解信息的内容有着重要的影响。消费者可能推断口香糖在美白牙齿方面和牙膏一样有效,因为广告中的模特有雪白的牙齿,包装上有"增白剂"类似的提示性语言。然而，该产品可能不是一种有效的增白剂，包装上的文字说明可能与产品存在一定差距。

 理解：

是人们从所感知的内容中提取高阶意义的过程。

 来源识别：

是确定人们所接触到的刺激实际是什么的过程。

 客观理解：

是指消费者从信息中获得的含义是否与信息本身所陈述的内容一致。

 主观理解：

是消费者获取的不同或有附加意义的信息。

（二）误解

误解发生在人们不能准确解释信息所包含的意义时，即个人的主观理解是错误的。一些研究发现，人们对电视和杂志广告内容的误解程度之高令人吃惊。据估计，电视广告的客观理解率仅为70%，杂志广告为65%。此外，直接断言信息和隐含信息误解率水平相当高，就像对节目编排、编辑材料和广告的误读率一样。

除了对广告信息产生误解外，消费者有时会对产品描述和使用说明产生误解。知名品牌黑人牙膏在中国国内销量领先，但是在国外其名称饱受争议。对于中国消费者来说，黑人牙膏的寓意是使用产品后牙齿可以像黑人的牙齿一样洁白。但是对于欧美消费者来说，其名称带有种族歧视含义，一度被列入禁止进口名单。由此可见，品牌名称误解会影响品牌的可持续性发展。

（三）动机、能力和机会的影响

当消费者缺乏处理营销信息的动力和机会，或者当信息内容复杂、显示时间过短，信息浏览次数过少时，消费者可能无法准确理解营销信息[16]。在市场营销信息的提示下，专家能够更好地理解关于高度创新产品的信息，这些信息帮助他们建立联系并挖掘多个类别的现有知识[17]。就能力而言，尽管消费者希望理解包装的营养信息（这意味着消费者有强烈的动机去处理它），但大多数人缺少理解信息的能力。理解能力可能随着专业知识和能力的提升而提高。比如，成年人通常比儿童更能够理解信息的细微之处。此外，营销人员应该合理设计呈现给消费者的营销信息，以匹配目标受众的阅读能力。

（四）文化的影响

美国人类学家爱德华·T. 霍尔（Edward·T. Hall）将不同文化划分为高语境文化和低语境文化。在低语境文化下的消费者，如北美和北欧的消费者，通常会将沟通词语和含义与信息出现的语境分开。在这类文化中，消费者更关心沟通的内容而不是交际语境。但在高语境文化中，如亚洲国家，信息的大部分含义不是通过语言传递表达而是通过间接暗示和非语言方式来传递。例如，剑南春酒广为人知的广告语"唐时宫廷酒，盛世剑南春"和"昔日宫廷酒，今日剑南春"，这些广告语没有直接标榜产品的品质，却以"唐时""宫廷"等词语含蓄婉转表达出剑南春产品悠久的历史和高贵品质。除此以外，信息发送者的特征，如社会阶层、价值观和年龄，同样在信息解读中起着重要作用。

语言差异进一步增加了误解的可能性，不同文化中的消费者对词语的理解也是如此。例如，在英国十亿是"万亿"，而在美国十亿就是"十亿"的意思。此外，当以与人们文化相似的想象方式描绘时间时，营销信息可以促进消费者产生积极的态度。例如，从左到右阅读的文化中，水平放置产品图片在左边暗示过去，在右边暗示未来。当消费者在广告中看到产品图像与其时间空间表示一致（不一致）的位置时，会对产品产生更多（更少）好感。这种效应在涉及时间进程的产品（如自我提升产品）及时间是产品所需属性的情况下（如古董）会更加显著。而在从右到左阅读的文化中，水平位置的影响则相反[19]。

三、消费者推断

营销组合中的特定元素会影响消费者对产品进行推断的理解过程。推断是消费者根据信息得出结论或做出解释的过程。品牌符号和名称、产品特性和包装、价格、信息措辞和零售氛围和展示等因素均会影响消费者推断。接下来，我们将针对上述推断因素逐一进行阐述。

（一）品牌符号和名称

1. 品牌符号

消费者对品牌符号的推断可以改变对产品的主观理解。例如，为了迎合年轻市场的需求并与年轻消费者更加接近，肯德基（KFC）通过改变新形象，采用白色山羊胡子的新形象，让自己看起来更加"年轻"。另外，可口可乐（Coca-Cola）在2021年进行了全球性包装更新，摒弃过去的红色圆盘与波浪线经典标志，推出三种新样式。

谷歌（Google）改变了品牌字体，采用现代化的外观，引入了动画效果，并使其在较小的屏幕上更易于阅读[20]。

2. 品牌名称

品牌名称本身可以使消费者产生主观的理解和推断。例如，由字母和数字组成的品牌名称。比如，宝马 X6，往往与复杂的技术联系在一起。当出现品牌名称时，例如，X-500 和 X-700，消费者倾向于推断数值更高的产品具有更高级的属性。此外，当评估一个品牌时，消费者倾向于通过保留与社交媒体信息相关的某些特征来进行推断[21]。

描述性品牌名称是通过品牌名称直接描述品牌的质量、性能，从而影响消费者推断。类似英国轿车捷豹（Jaguar）这样的老品牌推出新产品或进入新市场时，依赖于人们对过去品牌的认知和推断。例如，日产（Nissan）曾经在全球范围内销售低价汽车品牌达特桑（Datsun），但在 20 世纪 80 年代停用了该品牌。几十年后，日产重新在印度、俄罗斯和其他新兴市场上推出达特桑品牌。当电子游戏玩家接触到红牛标志时，在赛车游戏中他们会驾驶得更快、更冒险。

（二）产品特性和包装

消费者可以根据产品包装方式进行主观推断和理解。例如，消费者可能推断维修记录较低的产品具有更长的保修期。消费者可能会利用价格和包装尺寸之间的相关先验知识，推断出尺寸较大、包装精美的产品是较为明智的选择。

消费者根据食品的营养信息做出口味推断，从而决定是否购买和消费。一些研究表明，获得产品营养信息的消费者比没有获得的消费者更可能推断该产品是健康的[22]。与健康产品相比，消费者推断不健康产品的味道更好。使用不同口味或颜色的产品比使用普通口味或颜色的产品更好。

当消费者搜索某一产品是否会带来特定利益的信息时，与利益不相关的属性可能导致产品无法按照预期方式运行。在竞争激烈的产品品类中，产品之间的差异似乎很小，消费者可能推断，尽管主导品牌在可观察属性上表现出色，但某些不可察觉到的属性可能存在劣势。[23]比如，苹果手机作为全球最畅销的品牌在外观等方面首屈一指，却可能存在充电速度慢，信号弱等微小问题。

对产品原产国的了解会影响消费者对产品的看法。正如根据出生地对他人形成刻板印象一样，人们也会根据产品产地形成刻板印象。例如，发展中国家的消费者通常会推断国外品牌的质量更高。相反，发达国家的消费者通常认为自己国家的产品优于其他国家。例如，日本消费者倾向于推断日本比美国制造的产品质量高。因此，新秀丽（Samsonite）行李箱品牌期望通过强调产品是在日本设计和制造的来提升价格。当消费者缺乏动力处理信息时，会更容易根据原产国推断品牌信息。当消费者对某个国家的政治或社会政策持有负面态度时，可能会对其产品表现出消极反应。

随着越来越多的消费者寻找性价比高的商店品牌，零售商重新设计商品的包装来区分商店品牌和全国品牌之间的区别。例如，沃尔格林（Walgreens）作为全球最大的食品和药品零售商之一，对其自有品牌的商品进行了重新命名和包装，以使其在全国品牌之外显得更加突出和独特。而中国的大参林、老百姓等连锁药房也都开始涉足自有品牌的建设，如何通过独特的包装显示自有品牌与其他品牌商品的优势，是中国零售药店面临的机会和考验。

（三）价格

消费者有时会根据价格来推断产品的质量。比如，消费者可能根据以往的经验判断某一特定产品类别的价格和质量往往是高度相关的，从而推断出价格高的产品质量也较好。当消费者认为品牌在质量上存在差异，并且购买前没有品牌的相关信息时，他们通常会做出低质量的产品会有风险这种推断。但是当采用价格作为推断质量的捷径时，消费者可能会高估价格和质量的关系。尤其值得注意的是，部分消费者可能推断低价格意味着质量差，而其他消费者可能推断低价格意味着物有所值。此外，消费者推断同款产品的小包装比大包装的质量更高,因为小包装的单价更高,从而推断产品质量会更好[24]。

洞察案例3-1

钟薛高:雪糕"升值"密码

2018年,在竞争白热化的雪糕市场,"雪糕界的爱马仕"钟薛高作为新锐品牌横空出世,崭露头角。在2018年的天猫商城"双11"活动中,创立刚满8个月的钟薛高仅靠一款单品"厄瓜多尔粉钻"就创下了15个小时售出2万份的纪录,销售额占比达到当年天猫"双11"冰品类的10%。随后的几年时间内,钟薛高又创下了16个月营收1亿元以上、18个月销量突破1500万支,斩获27项比利时ITI美味奖章等诸多业绩。2021年,钟薛高的销售额达到了8亿元,而2022年的6·18活动中,第三次获得了6·18天猫商城和京东POP店冰品类日销售冠军。在普遍定价2~5元的雪糕品类中,钟薛高作为新锐品牌是如何在高溢价的基础上脱颖而出,让消费者对其产生优质产品的推断呢?

1. 高品质塑造品牌底气

"雪糕贵族"钟薛高本身所处的高端市场竞争是异常激烈的。前有哈根达斯、路雪、冰雪皇后(Dairy Queen,DQ)等知名外资品牌独占鳌头,后有伊利、蒙牛、光明等老牌国内厂商虎视眈眈。钟薛高最便宜的雪糕是十几元,火爆全网的厄瓜多尔粉钻雪糕系列单支售价则是高达66元。这款产品能够从品牌云集的雪糕品牌中脱颖而出在于深谙消费者心理——高价一定程度上意味着高质量,高品质。时至今日,"90后",甚至"00后"的年轻一代消费者对雪糕的口味、品质提出了更高的要求,雪糕冰淇淋不再是"消暑""解渴""清凉"的代表,更代表着年轻消费群体对高品质生活的追求。当然,钟薛高的高价并不无道理,正如钟薛高的创始人林盛解释中说的"你不能想喝老母鸡炖的汤,却用鸡精的价格要求我"。钟薛高的品牌定位是高端市场,因此钟薛高对产品的品质进行层层把关,原料上使用稀有、小众但高质量的材料。比如,厄瓜多尔粉钻雪糕采用精选的粉色可可豆,配合稀缺的日本YUZU柠檬油及抹茶等原料制成,其中被誉为"世界上第四种巧克力"的粉色可可豆产量极其有限,而一支厄瓜多尔粉钻雪糕需要使用5g左右的粉色可可,足见产品之品质。除此以外,钟薛高其他产品选材优先选择采用全球优质食材、稀有原材料。例如,吐鲁番盆地的红提、爱尔兰的陈年干酪、加纳的A+巧克力、日本的抹茶等。整个产品从雪糕盒到雪糕棒都是采用环保材料秸秆制成,100%可降解。

2. "巧名称+高颜值"占领心智

品牌名字能够很好地反映出产品特性与定位。为了凸显地道中国本土身份,钟薛高品牌从百家姓中选中"钟""薛""高"三个姓氏组成品牌名,是"中式雪糕"的谐音,赋予品牌文化张力,提高了消费者对品牌品质的推测。钟薛高产品每个系列的命名非常具有诗意,如"小心意""一生所盼""可盐可甜""醉舞霓裳""树上的冰"等系列,给消费者带来浪漫的感觉的同时,又传递出产品对消费者的美好祝愿。

除了在品牌命名上讲究外,钟薛高在包装设计上也极为用心。为了打造独特的东方韵味和品牌的专属符号，产品造型设计上钟薛高以风靡全网的"国潮风"为灵感，将传统建筑屋檐上的中式瓦片融入产品创作中。略带弧度的瓦片设计给人以端庄，悠远的意境，是中华文化的记忆符号，展现出中国素雅古朴的古典美；同时瓦片寓意"家"，雪糕顶部"回"字形设计代表"回归本味"，代表钟薛高做中国式雪糕，传播中国文化理念的初心。此外，钟薛高包装文案设计也将"文艺范""中国风"发挥得淋漓尽致。例如，少年系列包装上印有"银鞍照白马，飒沓如流星""天行健，自强不息""长风破浪，直挂云帆"等中国诗句和插画。雪糕棒上也印有好玩的口头禅或梗命名，如"哈哈哈哈嚯""不随波逐流""今日未成年"等，这些"中国风"的设计获得消费者的喜爱和青睐，提升品牌的辨识度。

3. 跨界联名赋予价值

钟薛高的创始人表明"产品是否高端，除了价格，还要看产品的价值"。为了强化品牌价值，钟薛高采取与其他品牌联名的营销打法提升自身。从五芳斋到小仙炖、从荣威Marvel X 到小米，再到奈雪的茶、泸州老窖、娃哈哈、盒马、百家咖啡等品牌，钟薛高跨界联名的品牌多数是具有文化底蕴，或是知名头部的品牌，消费者会根据其他品牌的产品定位对新产品的价值进行推断。比如，与泸州老窖联名推出的"断片雪糕"，融合酒的醇香和雪糕的清甜，具有独特的口味和新鲜感；与小米手机推出联名款"青春版西柚芝士雪糕"；与娃哈哈推出"未成年雪糕"。钟薛高充分借助泸州老窖、小米、娃哈哈的品牌优势赋予产品独特的社会和文化市场价值。

纵观钟薛高的成长之路，品牌名称、符号、价格包装等因素助力消费者对其产品高品质的推断。需要注意的是，短期爆红的网红品牌，如果没有品牌价值的加持，很难长久。因此，对于高端定位的品牌，品牌需要重点加强品质保障，在质量，颜值、口味等各方面"下足功夫"。同时品牌应当借力国潮崛起的红利，通过跨界等合作方式提升品牌自身价值。

资料来源：

[1] 钟薛高官网[EB/OL]. https://www.zhongxuegao.com/about/index?name=hd.

[2] 米可怡. 品牌吸引年轻人的七大特征[J]. 中国广告，2021, 329(05): 62-65.

[3] 新京报. 66元高价雪糕背后：经纬中国等资本抢食，网红钟薛高能否长红？[EB/OL]. [2021-06-17]. https://www.bjnews.com.cn/detail/162384975314315.html.

由于认知风格的差异，文化也可以影响消费者对价格和质量的感知。通常情况下，与法国、加拿大和美国等个人主义文化程度较高的消费者相比，中国和日本等个人主义文化程度较低的消费者更依赖价格来判断产品质量[25]。

独立于潜在质量推断，四舍五入的价格（如20元人民币）比非四舍五入的价格（19.9元人民币或20.01元人民币）更容易被感知。这可能会增加消费者对价格整数的产品的偏好，当消费者依靠自身感觉（相对于思考）进行购物时，对整数价格的轻松感知会让人感觉良好，而这种感觉也会转移到产品上。

促销中免费提供产品赠品可以增加消费者购买产品的意愿。原因在于，购买高价产品时，消费者会使用昂贵产品的价格来估计赠品的价值，从而高估了赠品的价值。支付

前沿研究 3-2

人类报喜，AI 报忧

方式也会影响消费者对价格的推断，使用现金支付的消费者在评估产品时会更关注成本。相反，使用信用卡支付的消费者往往更关注产品带来的利益或者好处。移动端（PC 端）与低（高）价格产品更容易激发相容的经验性（理性）思维，降低延迟选择倾向。反之，则会同时启动两种相左的决策思维，增加延迟选择倾向[26]。在前沿研究 3-2 中，研究学者们发现随着 AI 的广泛运用，越来越多的交易由 AI 代理来进行。当由 AI 代理（相对于人类代理）进行交易时，比预期更差/更好的价格在降低/提高购买意愿和满意度方面的效果会减弱。

（四）信息措辞

消费者容易从营销信息的措辞中推断产品。假设产品的保修期以月为单位而不是以年为单位表达，此时，消费者更关注数量，而不是衡量单位，导致他们感知产品的保修期之间有着显著的差异。由此，使用较大的数字来描述产品保修期更有利于提高消费者的评价[27]。与度量单位相关的推论在其他情况下也会发挥作用，如，当消费者关注时间度量的大小（周似乎比天长）时会认为"3~4 周"的交付期似乎比"21~28 天"长。如果消费者在心理"预演"有关价格和折扣的信息措辞，仅仅是这些数字就能在无意识的水平上影响消费者个体对数字大小的感知。

（五）零售氛围和分销

1. 零售氛围影响推断

理解会受到零售商营销策略的影响。仓储式的家乐福超市和高档的连锁百货店（银泰百货）带给消费者的推断是不同的。特别是，零售氛围成为建立和改变商店形象的一个重要工具。与一般城市的旗舰店不同，华为全球最大的旗舰店位于上海市中心"中华第一街"南京东路步行街中的一座建筑，这座建筑修建于 1935 年，是国家二级历史保护建筑。旗舰店一楼是产品体验区，二楼则是全场景智慧体验区，设有智慧客厅、智慧运动健康、影音娱乐、办公等体验区，给消费者提供了全面、轻松、愉悦和丰富的零售氛围体验。

与传统零售店不同，随着 VR 的发展势头在零售领域获得牵引力，虚拟零售环境中给消费者带来了不同的体验。硬件和软件的开发迅速发展为最终用户并开发了合适的商用工具。VR 使用者能够通过交互式设备在 3D 模拟商店环境中进行交互。VR 头戴式设备（如 Oculus Rift、HTC Vive）及复杂运动跟踪系统的兴起，为消费者带来了身临其境的虚拟零售体验。但是 VR 零售可能并不适合所有产品类别。比如，基于 VR 的虚拟触摸体验可能对工具（锤子、铅笔）等产品类别有用，但对服装和配饰等物品则没有效果[28]。

2. 分销方式影响推断

消费者可以从企业或者商店提供产品的方式进行推断。例如，消费者认为传统的食品卡车虽然代表便捷，省时，但是却与高质量、创新的饭菜或零食相距甚远。如今，高科技的出现改变了这一推断看法。2021 年在上海、广州厦门等城市，融入了 5G 和 AI 技术的无人驾驶餐车穿梭在街道上。餐车通过设定好的程序规划路线可以自动快速地到达配送目的地。这种融入高科技的新颖分销方式吸引消费者注意力的同时，也改变了消费者对传统食品餐车的推断和看法。

本章小结

1. 感觉是人脑对于直接作用于感觉器官的客观事物个别属性的反映。知觉是指人脑对直接作用于感觉器官的事物的整体反应。当刺激物出现在感觉接收神经范围内时，暴露就产生了。

2. 绝对阈限是指特定感觉渠道所能察觉到的最小刺激量。当刺激在阈限之下时无法被意识到，阈下刺激可能带来的无意识知觉，就是阈下知觉。感觉系统察觉两种刺激之间的差别或者变化的能力，能够察觉到的两种刺激之间的最小差别称为最小可察觉差别。

3. 注意力是指信息加工行为对特定刺激的投入程度。

4. 知觉的最后一个阶段，是个体对刺激物的理解，它是个体赋予刺激物以某种含义或者意义的过程。确定感知刺激的本质，即它属于什么类别的过程。营销人员关注：①信息的客观和主观理解；②可能产生误解；③动机、能力和机会对理解的影响；④文化的影响。营销组合中的特定元素会影响消费者在理解过程中对产品做出的正确或不正确的推断。推论是消费者根据信息得出的结论或做出的解释。

实践应用题

1. 结合大白兔的案例素材，谈谈你认为该品牌用到了哪些暴露方式提高产品注意力。
2. 结合大白兔的案例素材，谈谈该品牌运用哪些五感营销方式来提高消费者对该品牌的记忆？
3. 请举例说明你了解的其他吸引消费者注意力的方法。

本章讨论题

研读"开篇案例"，讨论分析回答以下问题：

1. 请列举 3 个品牌，谈谈品牌应如何从视觉、味觉、嗅觉、听觉、触觉五种感官营销方式入手，吸引消费者注意？
2. 营销人员在提高产品暴露机会方面做出过哪些努力？请举例说明。
3. 请选择一个你熟悉的品牌，从影响注意的因素角度出发，谈谈该品牌是如何吸引消费者的注意力？
4. 请你列举一些大众熟知品牌，从文化的角度谈谈消费者对产品理解有何差异？
5. 请你列举一些品牌，谈谈营销人员如何从零售氛围的角度吸引消费者注意。

即测即练

扫描此码 自学自测

参考文献

第四章

消费者记忆

学习目标

本章旨在帮助读者理解蕴含在消费者行为中的消费者记忆。
- 了解感觉记忆、工作记忆、长时记忆、内隐记忆和外显记忆之间的区别。理解营销人员需要关注不同类型记忆的原因。
- 明确记忆提取的概念,了解记忆提取的过程。
- 理解记忆提取失败和提取错误的原因,并且了解营销人员应该如何影响消费者记忆提取的策略。
- 明晰知识内容、知识结构(联想网络、分类、图式、脚本、原型)与认知灵活性的内涵与分类。
- 思考知识内容、知识结构、认知灵活性与营销活动间产生的重要关联。

本章案例
- 百雀羚:重塑老品牌的记忆符号
- 青岛啤酒:"回忆杀"营销,拨动消费者怀旧DNA?

前沿研究
- "虚拟试衣间"效果如何,取决于身材?
- 数字营销和虚拟现实中的替代触觉效应——观察触摸能否感同身受?

开篇案例

百雀羚:重塑老品牌的记忆符号

提起百雀羚,没有人会不知晓那个深蓝色铁盒包装上绘着四只五彩鸟的护肤品,这几乎是几代人的共同记忆。创立于1931年的百雀羚,是国内历史最为悠久的化妆品品牌。然而,近年来伴随着国外日化巨头进驻国内市场,国产品牌逐渐发觉难以抗衡强大的西方品牌。当我们以为国民品牌百雀羚也难敌新兴个护市场的激烈竞争,即将尘封于我们记忆中时，它抓住了创新变革的机遇，跻身热门个护品牌。英国品牌金融咨询公司（Brand Finance）发布的2024年全球最有价值的50个化妆品和个人护理品牌榜单（COSMETIC 50-2024）中，中国品牌百雀羚排名第13位。从民国时代到21世纪，经历了创立、兴盛再到如今百花齐放的国妆赛道，百雀羚这个老字号如何重塑品牌在消费者心中的记忆符号？

1. 透过集体情景记忆，传递品牌价值观

消费者在购买行为中普遍存在着怀旧的倾向与心理。特别是伴随着互联网发展成长起来的"80后""90后"，生活、工作上的沉重压力使他们更期望以"美化回忆"的方式来寻求心灵慰藉，以填补现实生活遗憾和不满的情绪缺口。2021年，作为历史渊源的老品牌，百雀羚借助一系列照片，唤醒消费者的集体记忆符号。例如，20世纪30年代身着旗袍发梳鬟燕尾式样的民国姑娘，20世纪80年代身披"中国"字样红色运动装的双马尾学生，穿着彩色牛仔衣、化着靓丽妆容的新时代女性，试图唤醒国民的集体情景记忆，引发消费者情感共鸣。同时，百雀羚通过黑白单色到彩色的照片中人物表情从羞涩内敛到阳光自信的转变，展现了时代变迁下国人精神面貌的转变轨迹。黑白到彩色的照片变化以及人物表情的转变，描绘了时代故事，同时传递了品牌始终坚守品质的价值观。百雀羚不仅通过怀旧效应吸引流量，还通过微博和抖音等社交媒体平台鼓励消费者参与共创。在微博上，代言人王一博发起了"向上的我们"话题，邀请网友分享个人故事，激发了对百雀羚90年荣光的期待，并通过新华社等媒体传播。与此同时，百雀羚在抖音发起视频挑战赛，以视频形式激发用户参与，持续为百雀羚品牌话题发酵加码，助力话题触及更广泛人群。

2. 巧用品牌代言，俘获年轻观众

随着"90后""00后"成为消费主力，百雀羚在广告代言方面不断创新，以创造崭新的品牌记忆点。一方面，百雀羚选择了年轻人熟悉的代言人。2016年，华语乐坛天王周杰伦成为品牌代言人，2020年，新晋顶流王一博加入。他们分别为百雀羚拍摄了微电影《时光魔法师》和《帧颜传》。而在两位代言人神仙同框的奇幻广告微电影《逆时帧之轮》中，周杰伦饰演穿越时光的魔术师，王一博则扮演容颜守护者，以"定帧年轻，定格美好"为主题讲述了一段穿越时空寻找美丽的故事。特别是在女主角回到23岁时，背景音乐响起了周杰伦的经典歌曲《回到过去》，将记忆与情感完美交织，为观众带来了强烈的回忆感。国民偶像与当红爱豆强强联合的代言组合为品牌解锁了更广泛的消费者圈层，不断打破"过时""大龄"的记忆标签，着力扭转消费者对于百雀羚老派传统的品牌联想。

另一方面，百雀羚也尝试使用虚拟代言人来增添年轻化色彩。2021年10月，百雀羚宣布由国风超现实虚拟偶像翎担任"帧颜未来推荐官"。翎具有浓厚的东方特色，热衷于京剧、书法和太极，她的形象既符合百雀羚的国潮风格，又体现了未来科技感。她的加入不仅推广了科技与草本融合的"帧颜"系列，还迅速打开了品牌在二次元粉丝中的知名度和好感度，为品牌注入了未来感与酷感，打造了全新的记忆标签，精准俘获Z世代群体。

3. 深耕品牌联名，重塑品牌原型

随着个性化浪潮的席卷，品牌联名成为了吸引消费者目光的有效策略。各大品牌沉迷破圈与跨界，百雀羚也不例外。例如，2020年七夕，百雀羚于89周年之际携手知名珠宝品牌周大福致敬东方美学，分别推出"金红一瞥"限定礼盒。百雀羚礼盒镂空的封套设计灵感来源于太和殿三交六椀菱花窗格，包装设计复古典雅。百雀羚将古建筑的艺术融入礼盒的设计中，让人们看到中国古代美学之风，也让人们看到百雀羚对中国美学的深入探索和研究。百雀羚在礼盒中展现中国古建筑艺术的同时，很好地融入了品牌的元素。在窗格的后面，雀鸟栩栩如生，刻印下了百雀羚的品牌印记。另外，百雀羚还联名安踏玩转色彩趣味包装，围绕"带妆上阵"主题推出便携迷你型（mini）彩妆和女子篮球鞋的限量组合套装。百雀羚从产品包装着手，丰富品牌的记忆提取线索，使消费者在做出消费决策时易于唤起对品牌的记忆。同时，联名产品融入不同品牌的特色，颠覆消费者对百雀羚品牌原型的固有认知，树立国货老字号年轻化的形象。

4. 植入影视作品，增强记忆提取

百雀羚的营销策略不仅限于品牌联名，还广泛植入影视作品和综艺节目，以增强品牌的曝光率和记忆提取。从2010年起，百雀羚开始拓展新媒体宣传，不仅在《快乐女声》和《非诚勿扰》等热门节目中植入广告，还在2012至2015年连续四年冠名《中华好声音》，获得了极高的国民知名度。2016年，品牌独家冠名了民国谍战剧《麻雀》。为了进一步契合品牌调性，2018年百雀羚成为《上新了·故宫》的战略合作伙伴，该节目展示了从故宫藏品中汲取灵感的"雀鸟缠枝"美妆礼盒，凸显了传统东方美。而为了增加粉丝黏性，2020年，百雀羚冠名了古装武侠剧《有翡》，由品牌代言人王一博主演。通过与剧集的深度融合，百雀羚不仅在剧中融入了代言人王一博的形象，还设计了专属广告片，使产品信息贯穿剧集始终。通过阶段性营销事件和内容的跨周期传播，百雀羚成功提升了品牌曝光率和记忆点。

总体而言，百雀羚的成功，离不开其对消费者品牌记忆偏好的深刻洞察、重塑品牌记忆的灵活尝试，以及几十年如一日的"认真"个性。正是在"认真"精神的坚持下，百雀羚才能一步步地在保留品牌初心的同时颠覆陈旧、老派的品牌形象，重获年轻消费者的喜爱。近些年，随着国民文化自信的不断提高，许多消费者不再盲目追逐"洋品牌"，转而支持国货。不少国货老品牌看到了消费者畅怀"当年往事"背后蕴藏着的无限热度与话题性。一时间，打"回忆情怀牌"、逐"复古怀旧风"的现象盛行。潮流之下，唯有百雀羚率先锚定年轻Z世代，在"涨潮"之前提前在怀旧广告、品牌代言、品牌个性、品牌联名和品牌植入方面逐一布局，最终打了一场漂亮的国货品牌记忆"翻身仗"。

资料来源：
[1] 代祺，孙婧. 美丽重逢——经典品牌百雀羚的复兴之道[Z]. 中国管理案例共享中心库，2016.
[2] 黄敏婕，蔡建梅，李欣华. 新媒体环境下传统品牌重塑策略研究——以"百雀羚"为个案[J]. 商业经济，2018(06): 7-10.
[3] 刘钰汶. 跨界营销中"诉诸感性"的传播技巧研究——以故宫联合百雀羚"雀鸟缠枝美什件"为例[J]. 声屏世界，2020(24): 77-78.

引　言

当消费者接触到某种刺激（如百雀羚品牌或标志）并注意到它，个体就会运用自身的感官去感知和理解它（百雀羚护肤产品的古风包装和草本气味都是在提示消费者百雀羚的品牌理念是天然草本与植物精粹）。感觉输入是记忆和知识的起点。我们可以将输入的品牌名称、标识或广告图像存储在记忆中一段时间，以便日后检索使用。这就是为什么百雀羚等品牌热衷使用多媒体营销信息来强化其品牌的原因。例如，通过"专为东方女性肌肤研制""科技新草本"等广告语凸显百雀羚的品牌定位。记忆可以是外显的，也可以是内隐的，这取决于我们是否意识到从记忆中检索信息。记忆的内容（知识内容）和个体在记忆中构建知识的方式（知识结构）影响了我们将新信息与先存信息联系起来的能力，以及记忆提取的能力。最后，记忆提取可以通过多种方式得到增强，从而提高个体决策过程中调用记忆中知识的能力（图 4.1）。第四章重点介绍了记忆的分类、记忆的提取过程、影响记忆提取的因素及记忆中存储知识的内容、结构与灵活性。图 4.1 描绘了第四章的内容要点及其在全书中的位置。

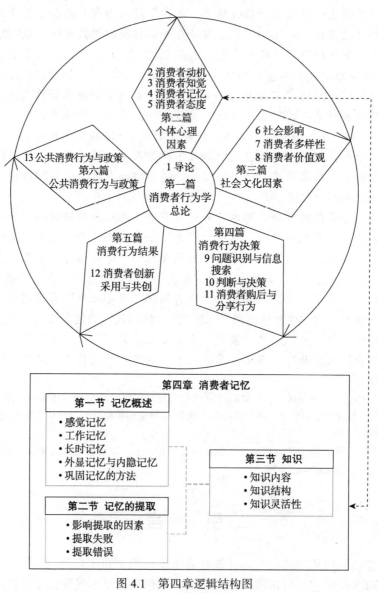

图 4.1　第四章逻辑结构图

第一节 记忆概述

消费者记忆是个体通过有意识或无意识地存储和检索信息从而持续学习的过程。提取是个体回忆或追溯先前存储在记忆中事物的过程。消费者的记忆对象可以是商品，可以是体验，也可以是消费者的态度与评价。具体而言，个体会记住自己在过去曾使用过的品牌、产品、服务和公司；产品或服务的价格与特征；在哪里、什么时间、和谁一起、为什么购买这些产品（体验）；是否喜欢该产品（评估）[1]。消费者会记得自己处置过的旧物品，如已转卖的车。个体还会记住一些特殊场景。例如，生日那天与朋友一起听音乐会。我们存储在记忆中的信息有着多种来源，包括营销广告、媒体、口碑和个人体验。这些信息可能会在我们记忆中保留了一会、几分钟或者很长时间，这取决于记忆类型为感觉记忆、工作记忆还是长时记忆。[2]下面我们将对上述三种类型的记忆进行详细介绍。

 消费者记忆：

个体通过有意识或无意识地存储和检索信息从而持续学习的过程。

 提取：

个体回忆或追溯先前存储在记忆中事物的过程。

一、感觉记忆

（一）感觉记忆的概念

设想你正身处聚会中，音响里放着轻柔的钢琴曲，吧台上的餐点香气扑鼻，你正在与身边人聊天，突然听到不远处有人谈起一部你很想去看的新电影。为了不显唐突，你可能会继续和身边人谈话，但你的内心非常想听一听其他人在聊的电影。虽然你不可能同时在两边的对话中都集中注意力，但你可以关注并意识到另一段对话的点滴片段。也就是说你可以一边跟朋友聊天，一边注意到旁边关于电影的对话。随后，你的朋友邀你出去透透气，即使是身处屋外，你还是能回忆起屋内的音乐与食物的香气。个体具备的这种能够将感官体验暂时性存储起来的能力被称为感觉记忆（sensory memory）。

感觉记忆可以存储来自任何感官的信息，且这些信息是自动存储的。当外部刺激直接作用于感觉器官，产生了感觉之后，虽然刺激的作用停止，但感觉仍可维持极短的时间。这种感觉的短暂维持表明感觉信息可以被瞬间储存。由于感觉记忆的作用时间极短，也被称为瞬时记忆。

（二）感觉记忆的分类

在感觉记忆中，声像记忆（echoic memory）和图像记忆（iconic memory）是两种最受关注的记忆。声像记忆是个体对听到事物的记忆，图像记忆是个体对看到事物的记忆。例如，别人问你问题而你恰好走神，当你反问对方"你刚才问我什么？"的时候，实际上会在"脑中回放"那个人说的话。当你开车经过一个广告牌并迅速瞥了一眼，只有你开过了这个广告牌后你才意识到那是茅台的广告牌，这就是图像记忆在起作用。再比如，当你刚从面包店出来，新烤面包的气味仍然在你的脑海中萦绕，这就是嗅觉记忆在起作用。如果感觉记忆中的信息是有意义的，消费者就有动力进一步加工这些信息，使其进入短时记忆。相反，如果没有对这条信息进行分析，感觉信息将会很快消失。

 感觉记忆：

将五种感官的感觉输入暂时储存的一种记忆。

二、工作记忆

（一）工作记忆的概念

工作记忆（working memory）是在个体现有知识的背景下对输入信息进行编码或解释，并保持信息使其可用于后续处理的记忆。当你阅读图书的时候，就是在使用工作记忆来理解书中的内容。你需要将一个句子中前几个字的意思一直记住，直到读到最后一个字。当你在观看视频广告，或在商场中对比不同商品的性能最终完成购买决策时，也会用到工作记忆。工作记忆十分重要，因为多数有意识的信息加工和处理都是在工作记忆区发生的。它的容量有限，时间短暂，最多 20~30 秒。此外，工作记忆需要注意（attention）参与来记住信息。然而，当我们受到其他信息的干扰时，工作记忆会受损。

（二）工作记忆的特征

工作记忆具有两个主要的特征。第一，工作记忆是有限的。通常情况下，我们只能在工作记忆中存储少量的信息内容。例如，如果你现在必须去商店购买两样东西——薯片和牙膏，通常情况下你不需要特意去记也不会忘记要买什么。但是，假如你需要买九件东西：薯片、牙膏、咖啡粉、饼干、盐、保鲜膜、香蕉、洗衣液和狗粮。除非你列一个购物清单，否则你很可能会遗漏掉一些。

第二，工作记忆是短暂的。工作记忆中信息保持的时间非常短，除非该信息被进一步转移到长时记忆。如果我们不主动去记忆信息，该信息就会很快消失。这种现象可以解释为什么我们会在刚刚认识某个人后，却很快忘记了他的名字。

（三）工作记忆的加工方式

工作记忆中的信息可以通过多种形式呈现。当我们想到一个物品，如苹果，我们可能会使用言语加工（discursive processing），用"苹果"这个词来表示它。或者，我们可以用苹果的图像来表征它的视觉效果，或者用苹果的气味、握住苹果的感觉、咬苹果的声音或者它的味道来代表。用苹果的视觉、听觉、触觉、味觉和嗅觉信息来代表苹果，涉及工作记忆的意象加工（imagery processing）[3]。这些信息大多按照事物原有形式加以保持，按照刺激的物理特性直接进行加工和处理。与言语加工不同的是，意象加工中的事物与现实中事物之间有密切的相似性[4]。因此，如果要你想象一个苹果和一辆汽车，意象加工将确保它们的相对大小与现实相符。另外，研究表明工作记忆存在同类别记忆优势效应。视觉工作记忆可借助概念的方式将同类别客体加以组织，从而有效扩大视觉工作记忆容量。视觉工作记忆的容量并非固定不变的，而是可以灵活变化，如何变化取决于何种类型的信息被识记[5]。视觉意象可以帮助个体提高信息处理量。例如，在广告中出现过多文本信息，可能会造成信息过载从而阻碍言语加工。而通过刺激视觉意象，可以处理和保留更多的信息。基于此，众多服装品牌在线上零售平台推出"虚拟试衣间"，试图通过刺激消费者视觉意象促进购买。前沿研究 4-1 探讨了虚拟试衣间"买前试穿"功能对 BMI 不同消费者的影响，并提出了改善虚拟试衣间对高身体质量指数（body mass index，BMI）消费者产生负面影响的解决方案。

信息无论是以语言还是图像的形式被存储起来，都可以被进一步精加工或深入处理，从而加强这些信息的记忆保持[6]。当动机、能力和机会（motivation、ability、opportunity，MAO）较低时，工作记忆可能是由对物体的简单再现组成，不包含细节。例如，看到"滑雪"这个词语，你可能会将其存储为一个简易模糊的滑雪画面。然而，当消费者 MAO 较高时，可以通过尽情联想完成精细化意象加工，或者使用精细化的言语加工来思考即将发生的事件或解决当前问题。此时，你看到"滑雪"两个字，你可能会想到自己正打算在假期安排一次滑雪旅行，想象你滑了一天雪后，回到度假酒店，与几个知己老友在火炉旁悠闲享受佳肴美酒，畅聊了一晚。你还可以根据言语加工来比较不同旅游热门地的价格和其他属性特点。

 工作记忆：

是在个体现有知识的背景下对输入信息进行编码或解释，并保持信息使其可用于后续处理的记忆。

 言语加工：

运用词语对信息进行的加工。

 意象加工：

运用感官对信息进行的加工。

三、长时记忆

（一）长时记忆的概念

长时记忆（long-term memory，LTM）是指信息被永久存储以备日后使用的记忆。长时记忆是真正的信息库，有着巨大的容量，并能长期保持信息。短时记忆中的信息通过不断重复和充分的加工后进入长时记忆，自此便可在头脑中保持很长的时间。在

前沿研究 4-1

"虚拟试衣间"效果如何，取决于身材？

认知心理学方面的研究识别出了两种主要的长时记忆类型：情景记忆和语义记忆。

（二）长时记忆的分类

1. 情景记忆

情景记忆（或自传体记忆）是指关于自己和曾发生过的事件的知识，包括过去经历及与这些经历相关的情感和感觉[7]。这些记忆往往是感觉方面的，主要是视觉形象，但也包括声音、气味、味觉和触觉。例如，我们可能存有与购买商品有关的情景记忆（如你跑了好几家店为好友生日购买礼物）。我们也会有关于消费（在某餐厅就餐，参加某场音乐会、观看线下脱口秀演出）和处置某件物品（扔掉一件虽然很喜欢但旧到无法使用的 iPod）的记忆。我们每个人都有独一无二的经历，情景记忆往往是非常私人且独特的。如果让你回想考驾照时的路考情况，也许那天发生的一系列事情你都牢牢记住了：你的行车路线经过哪里，考试中你是否紧张，你是否有失误及你通过（或没通过）考试后发生了什么，等等。

情景记忆不仅独特而且可以影响消费者对产品和服务的后续评价。例如，假设你曾经在某餐馆吃饭，发现餐食中有一根头发，那么这段记忆可能会阻止你再去那里光顾。这是操作性条件反射的一种形式，一个生动的事件会产生持久的记忆和改变的行为，积极的体验则会产生相反的效果。当你预约了餐厅包间打算举办生日聚会，到达餐厅后发现该餐厅不仅精心装饰了包间，还赠送你们一个生日蛋糕，这样优质的服务可能会激励你们不断光顾。此外，你可能会记得上次买东西花了多少钱，这种记忆也会影响你未来的选择。例如，如果你认为自己上次花太多钱，你可能会决定这次节约一些，少买些甚至不买东西。另外，对于触觉记忆这种特殊的记忆而言，他人触摸同样会激活我们本身的触觉记忆产生替代触觉效应，影响个体产品估价及后续消费决策。前沿研究 4-2 对上述替代触觉效应进行了阐述。

前沿研究 4-2

数字营销和虚拟现实中的替代触觉效应——观察触摸能否感同身受？

2. 语义记忆

我们记忆里储存的大部分信息与我们生活中的特定事件无关，而是一般事实和常识，这叫作语义记忆。例如，我们知道何为"笔记本电脑"，知道这个概念代表了一种便携计算机设备，既可以用它打字、编程、处理数据，也可以用它来浏览新闻、听音乐、追剧。这些知识适用于所有的笔记本电脑，并不专属于某一特殊的电脑品牌。这种与具体情景相分离的关于事物本身的知识被称作语义记忆（semantic memory）。再如，关于数字的语义记忆会影响我们感知价格，因此会影响我们的购买意向。情景记忆与语义记忆不仅存储的信息不同，而且在其他方面也有区别。如前文所述，情景记忆以一个人的精力为参照，以时间和空间为框架，易受干扰；而语义记忆则以一般知识为参照，很少变换，较为稳定。

（三）长时记忆的营销意义

1. 促进移情与认同

情景记忆可以帮助消费者认同广告中出现的人物或者情景。例如，如果汰渍洗衣液的广告可以让消费者联想到自己的洗衣液难以去除顽固污渍或使衣物褪色等情景，消费者可能会更认同劣质洗衣液洗不掉的污渍，但汰渍洗衣液可以洗净的广告。

2. 提示或保留情景记忆

消费者喜爱某些品牌或产品，对一些广告有积极的态度，因为它们通过引发怀旧（一种对过去的喜爱）的感受来促进情景记忆。例如，2020年京东6·18购物节前夕，上海美术电影制片厂联合京东电商平台，以"不负热爱，成就经典"的品牌主张，集结大批童年动画英雄，绘制多幅6·18购物节户外海报，以童年回忆杀的创意博得了一致好评。人们天生都有一种习惯，把重要的人生节点、重要的里程碑事件深深地放在心里。很多行业包括摄影摄像设备、照片打印设备都是为了满足消费者保留情景记忆的需求。例如，即使拍立得相纸的成本较高，并且产生废片的概率也不低，但是宝丽来、富士推出的一次成像相机（拍立得）仍受消费者热捧。

3. 重新诠释消费记忆

广告可以影响个体的情景记忆，如消费者会将过去的经历与广告产品相联系。一项研究让消费者分别品尝好喝的和难喝的橙汁，然后观看推广该橙汁的广告。结果发现，观看了褒奖橙汁新鲜美味的广告后，原本品尝了难喝橙汁的消费者觉得橙汁没有那么难喝了。[8]这是因为广告信息通过重构记忆过程影响了消费者记忆内容，广告中的语言和意象修正了消费者自己的情景记忆。消费者相信他们对产品的体验就是广告所暗示的那样。拥有百年历史的饼干品牌奥利奥（Oreo）开发了一款游戏应用程序（"扭一扭，舔一舔，泡一泡"），从而不断提醒消费者奥利奥饼干应该配牛奶一起吃。该公司还在YouTube上发布视频，鼓励消费者尝试新的方式享用奥利奥，将享用饼干的美好回忆与对未来消费的预期联系起来。

 长时记忆：

长时间存储信息以备后续使用的记忆。

 情景记忆：

个体关于自己和自己过去经历的知识。

 语义记忆：

独立于个体具体情景，仅与事物本身有关的一般知识。

洞察案例4-1

青岛啤酒："回忆杀"营销，拨动消费者怀旧DNA？

怀旧关乎记忆，是个体记忆与集体记忆的相交集合。当个人怀旧成为一种群体性情绪时，"怀旧营销"也就有了生存的土壤。怀旧营销多用于一些有历史底蕴的老品牌，正适合具有近120年历史的青岛啤酒。天然的历史厚重感和回忆，赐予了青岛啤酒一把营销利器——"怀旧",而青岛啤酒也不负众望地在怀旧营销的舞台上大显身手。那么,青岛啤酒的"回忆杀"营销究竟有何魔力,如何一点点拨动消费者的怀旧DNA?

1. 怀旧广告讲述品牌变迁

2019年,青岛啤酒推出了一则浓浓复古味的广告视频《啤酒瓶盖儿穿越百年潮流》,展现了20世纪30年代到21世纪各个时期女性追逐潮流的不同特点,映衬了青岛啤酒"百年潮品回归活动"的主题,让不同时期的典型潮流形象深入人心。20世纪30年代,那个年代的女性总是身着旗袍,优雅又慵懒地坐在餐桌前独享着杯中的青啤;到了20世纪50年代,装点着那段激情燃烧岁月的麻花辫,学院气息浓郁的长筒袜构成了当时独有的美好回忆,广告中的姑娘把啤酒瓶盖缝在衬衫上,俏皮可爱;一转眼又来到了20世纪70年代,前卫靓女身穿的确良暗纹衬衫和阔腿裤,脚踏厚底鞋,顶着蓬松的短发,戴着时髦的蛤蟆墨镜和夸张的耳饰,帅气地打开青岛啤酒;20世纪90年代盛行港台风,帅气的垫肩西服和性感的黑发红唇碰撞成了当时的时髦风潮,片中干练的职业女性在老式电脑前玩弄着啤酒瓶盖;21世纪新纪元的来临令女性逐渐追寻多面自我与多变个性,风格不再局限,但青岛啤酒依然还在。广告中一波又一波的回忆杀如同海浪般唤起了消费者内心深处最广泛的情感共鸣,也唤起了那时候的自己或一人独饮或三两好友相聚,举杯青啤的往事。"怀旧营销"天然的共情效应能最大程度地囊括消费者共性,强化品牌联想,强化对品牌的认同。各式各样的复古元素与青岛啤酒特有的中国潮流时尚气质不断地交织融合,每一帧广告画面,似乎都在向世界宣告,经典在随着时代的步伐重新焕发生机,进而引领潮流。青岛啤酒也会在延续经典,引领潮流的过程中,不断迸发出生命力。

2. 怀旧场景体验复古风情

2019年3月,青岛啤酒举办了一场百年品牌复古潮品发布会。在活动现场,不仅特邀了旗袍女王陈数细数自己与青岛啤酒的不解之缘,品牌方更是还原了20世纪30年代的上海复古地标——百乐门。重现了时代潮流缩影,为活动来宾打开了时代记忆的大门。"夜上海……夜上海……你是个不夜城……"这怀旧又熟悉的旋律,始于百乐门的传唱,成为全中国人记忆里的独特复古印记。活动现场,颇具旧上海风格的歌舞表演打开了时代的记忆,百乐门旧时的辉煌璀璨得以重现,而青岛啤酒的百年国潮活动也正在这时上演。时尚与经典的碰撞,复古的地标与复古装潮品,让人仿佛一瞬间穿越回了那个年代。青岛啤酒选择将品牌复古潮品发布会在上海百乐门开办,通过对历史与经典的洞察,在延续百年经典的同时,将潮流带向了今日。诞生于1903年的青岛啤酒,作为曾经风靡上海滩的潮流饮品,在百年前就受到了人们的喜爱。如今的青岛啤酒,已经成为全球消费者耳熟能详的中国品牌。它是百年前的潮流代名词,历经了时间的多重考验,才成就了今天的经典。

3. 怀旧包装尽显国潮文化

2019年,青岛啤酒以"百年国潮"为主题,推出了1903怀旧国潮罐。这款限定包装的设计理念来源于老上海广告牌。20世纪初青岛啤酒风靡上海滩,成为国内外电影中十里洋场的印记之一。国潮罐将百年前初版品牌字样、酿造原料大麦与啤酒花的古早瓶标,以及复古女郎手持青啤的霓虹灯老广告牌等怀旧复古元素融入罐身包装设计。在充分释放青岛啤酒"中国制造""百年经典""匠心工艺"品牌价值的同时,强势碰撞当下年轻人"相信国货力量"与"国潮自信"的消费主张。仅天猫独家首发当日便售出 250 000 罐。不仅如此，2021 年，青岛啤酒作为 2022 年北京冬奥会的赞助商，更新怀旧国潮罐产品。以"让世界看好中国"为主题，推出新一代"1903 国潮 2.0 看好罐"，为冬奥助威。与上一代相比，2.0 国潮罐仅在罐身反面印上了青岛啤酒博物馆珍藏的 20 世纪 70 年代老海报中的"好"字。在"好"字前，留出了空白区供消费者自由 DIY（do it yourself，自己动手），写下自己心中期待的"好"。与消费者共创包装，打造"看好中国"的国潮新 icon（图标），将百年国潮上升到了一个全新的高度。

综上，对于青岛啤酒这类拥有深厚历史积淀的大品牌而言，唤醒消费者精神层面最深处、最柔软、最宝贵的回忆，无疑是品牌最有效的情感沟通方式之一。于品牌而言，"回忆杀"并不仅仅是营销的噱头或创意表达方式，更是品牌需要向消费者传递的恒久不变的品牌初心。青岛啤酒深知，怀旧营销虽然突出一个"旧"字，却并非复古元素的简单堆砌，而是历史品牌理念与现在和未来的对话。青岛啤酒一直致力于品牌形象与理念的创新，让具有百年底蕴的老品牌最终破圈，成为当代最新的潮流符号，长存于一代又一代消费者的记忆中。

资料来源：

[1] 周欣悦. 消费者行为学[M]. 北京：机械工业出版社, 2021.

[2] 青岛啤酒集团简介. 青岛啤酒官方网站[EB/OL]. [2022-06-09]. http://www.tsingtao.com.cn/index.html.

[3] 张莎, 石浩然, 张峰, 等. 百年青啤：品牌长青之路[Z]. 中国管理案例共享中心案例库, 2020.

[4] 青岛啤酒官方网站. 以冰雪为媒为冬奥助威，青岛啤酒冰雪国潮欢聚吧重磅开启. [EB/OL]. (2021-04-24) [2022-07-25]. http://www.tsingtao.com.cn/news/1f6b2223-39c1-4b4f-9512-959f222c65a0.html.

四、外显记忆与内隐记忆

前三节按照记忆的保持时间将记忆划分为感觉记忆、工作记忆和长时记忆。但记忆的分类方式并非只有这一种，还可以按照是否有意识参与划分为外显记忆和内隐记忆。

（一）外显记忆

记忆可以是显性的，也可以是隐性的。外显记忆是一种需要个体有意识的努力才能使信息恢复的记忆。换言之，消费者有意识地尝试记住曾经发生过的某些事情。例如，消费者可能会记得他们访问了一个特定的网站，以及他们从该网站订购了什么商品；再比如，消费者记得自己曾看到一则广告，以及这则广告在宣传哪款新品。个体只有先注意到这件事，然后才能记住它，所以很多影响注意力的因素也会影响记忆，并最终影响再认和回忆。

外显记忆包括两种形式，再认与回忆。当我们再次接触到某种刺激时，回想起之前看到、听到、闻到、触摸或品尝过该种刺激的感受，就会产生再认。例如，当有人问你买过哪个品牌的汽车，然后给你一份汽车品牌名称和图片列表供你选择，这就是再认。其中，品牌再认对消费决策尤其重要，因为它有助于消费者认出自己想要购买的品牌或确定该品牌所在的位置。品牌或包装上的商标对于提高品牌再认尤其有效。你可能一时想不起上次买的沐浴露品牌，但是当你在商店货架上看到该品牌时，你却能一眼就认出来。

回忆是指经历过的事物不在眼前出现时仍能在头脑中重现，如背诵幼时学过的诗词就是回忆。一般而言，能回忆的就能够再认，但能够再认的不一定能回忆。回忆涉及记忆中更广泛的联结激活。回忆也包含两种类型，自由回忆和线索回忆。在不需要任何帮助的情况下，从记忆中提取信息的过程就是自由回忆。例如，回忆昨天晚餐吃了什么。线索回忆是指尽管问的是相同问题（昨天晚餐吃了什么？），却需要提示的一种回忆（是中餐吗？）。

（二）内隐记忆

内隐记忆是指无意识的条件下，个体的过去经验对当前任务自动产生影响的记忆。假设你正驱车行驶在高速公路上，刚刚路过一个"茅台"的广告牌。之后，你被问起是否记得曾看到过一个广告牌，如果记得，那广告牌上写着什么。你也许并没有注意到广告牌，更不记得广告牌上的信息。换言之，广告牌上的信息并没有形成外显记忆。但是，如果这时让你以"茅"字开头组词，你很有可能会回答"茅台"。也就是说，你可能会在没有意识到曾看到过广告牌的情况下，对广告牌上的信息进行编码。人们是如何在没有形成外显记忆的情况下产生内隐记忆呢？这是因为看到"茅台"这个词激活或启动了记忆中"茅台"这个词语，但是这种激活水平不足以强烈到让个体有意识地提取这个信息。但是，当问到以"茅"开头的词语时，这种激活程度就会令你想到"茅台"。

内隐记忆使我们更容易处理之前遇到的信息，这种易于处理或处理的流畅性会带来熟悉感。消费者也许不记得他们曾经访问过某个网站，但可能会对它产生一种熟悉感。人们大部分记忆是内隐的，这会让一些简单的行为自动化，这会提高行为的效率，以免信息处理的负担过重。相反，有意识地记住我们所知道的所有内容可能会妨碍许多自动行为，如开车或骑自行车时，试图回忆并大声说出手、脚、身体和头部的具体动作是很危险的。

通过广告和其他营销刺激，消费者不断接触某一品牌从而提高感知流畅性，使消费者更容易识别出这个品牌并处理关于它的感知信息（文字和图片），这通常会提升对品牌的喜爱度。同时，消费者对品牌与产品的正向态度也会促进更高的概念感知流畅性，更容易想到或理解一个广告或品牌的内涵意义。加工流畅性是内隐记忆和学习新行为的关键因素。

（三）外显与内隐记忆的营销意义

1. 外显与内隐记忆影响广告的有效性

营销人员需要通过再认、回忆和内隐记忆对广告及产品名称的有效性进行评价。例如，你正在考虑中午去哪里吃饭，你的备选方案很有可能就是基于你记忆中可以回忆起来的内容。因此，营销人员应该采取一些方式、方法来引导消费者想到某品牌和商品，这样一来，当消费者进行决策的时候就更容易回忆起这一品牌和商品。内隐记忆对市场营销来说也很重要。尽管广告公司经常询问消费者能否回忆和再认广告里的一些信息来测量他们的外显记忆，但内隐记忆的概念意味着消费者的记忆里可能含有一些关于广告的信息而他们却无法识别或者回忆。因此，广告人员可以使用内隐记忆的测量方式来更加准确地衡量广告对消费者记忆的影响。

2. 外显与内隐记忆影响消费者选择

让消费者能够再认或者回忆某个产品的广告语非常关键。了解并记住这些信息不仅影响消费者态度的形成，而且当他们在品牌之间进行选择的时候常常会调用这些信息。不过，让人记忆最深刻的广告不一定是最有效的广告。人们对某个广告记忆犹新，可能是因为这个广告太差了，而非它增加了人们对广告产品的购买欲望。例如，线上招聘平台 BOSS 直聘虽然借助传销洗脑式广告的持续轰炸，将"找工作，直接跟老板谈！找工作上 BOSS 直聘！"的广告语牢牢刻在消费者的脑海中，但弄巧成拙，反而引发了广大消费者的强烈反感。另外，并非只有外显记忆能够影响消费者决策，内隐记忆也会发挥一定作用。比如，虽然我们常常记不住某个产品的实际价格，但我们却能辨别某个价格是否划算。一旦内隐记忆提示我们该产品的实际价格高于记忆中的价格，消费者很可能会打消购买它的念头。

 外显记忆：

需要个体有意识的努力才能使信息恢复的记忆。

 内隐记忆：

无意识的条件下，个体的过去经验对当前任务自动产生影响的记忆。当需要记忆参与的信息加工过程执行得更快或更准确时，就可以证明内隐记忆的存在。

 再认：

过去经验或识记过的事物再次呈现在面前时仍能确认和辨认出来的过程。

 回忆：

经历过的事物未再次呈现于眼前出现时个体仍能在头脑中重现该事物的过程。

五、巩固记忆的方法

由于个体在记住某一事物前必须注意到它，因而影响注意的许多因素（参照第三章）会影响记忆。除此之外，短时记忆中的信息需要经过信息加工才能转化为长时记忆，因此增强信息加工也会提高记忆。增强信息加工的方式有多种，它们分别是划分组块、演练、再循环和精细加工。这些过程会帮助巩固工作记忆，提高信息转入长时记忆的可能性，这对于营销人员来说有重要意义。

（一）组块

组块是一种信息的组织或再编码，将多个项目化为一个单位来加工处理。市场营销人员可以通过提供更大的信息，而把更小的信息拼凑在一起的方式提高消费者将信息储存在工作记忆中的可能性，并促进其转换为长时记忆。例如，首字母缩略词可以将多条信息压缩成一块，像肯德基（KFC）、Urban Revivo（UR）这样的品牌名称就是在营销语境中使用组块促进记忆的例子。研究人员认为个体在工作记忆中可以加工的信息组块数量为 3~7 个，后续研究将该数目精确到 3~4 个[9]。因此，个体通常将电话号码分为 3 个组块来记忆。

（二）演练

划分组块能减少信息从工作记忆中丢失的可能性，而演练则会提高信息转移到长时记忆的成功率。演练是指个体积极地、有意识地重复想要记住的材料内容的过程，既可以默默地不断复习该材料，也可以积极地思考上述信息及其内涵。每个人都有在考试前埋头苦学的经历，备考的过程其实就是在演练。在营销情境中，只有在消费者有动机加工并试图记住一些信息时，演练才有可能出现。比如，当我们将健康饮食或减脂瘦身当作目标时，就有可能仔细研究并认真识记食品的营养成分。当个体动机较低时，营销人员可以使用广告曲、口号等策略以促进消费者演练。例如，蜜雪冰城凭借朗朗上口的广告语和轻快的曲调爆火出圈。上述广告策略通常非常有效，这也是消费者总是热衷哼唱商业广告的广告曲与广告语的原因。

（三）再循环

通过再循环的过程信息也可以转移到长时记忆。当个体反复接触同一信息时，该信息会在你的工作记忆中再循环。与演练不同的是，在再循环过程中，个体并非主动识记信息，而是一个被动接收信息的过程。之所以记住了信息，是因为这条信息在我们的大脑中反复重复了许多遍。由此，营销人员可以通过制作不同的广告使相同的信息不断重复，同时频繁地重现品牌名以加强营销效果。研究表明，在电视媒体和户外媒体之间交替曝光信息的方式是非常有效的。换言之，与短时间内高频呈现重复信息相比，不同时刻重复信息能收获更好的品牌回忆[10]。然而，当一个品牌反复地宣传与一个竞争对手相似的产品声明时，并不会增强消费者对品牌的记忆。正如凉茶品牌加多宝和王老吉，相似的包装与广告语只会增加消费者的疑惑。

（四）精细加工

最后，信息被深度加工或精细加工同样能进入长时记忆。诚然，通过死记硬背或不断演练也能够记住部分信息，但是这种记忆方式并不会保持很久。如果你曾经为了应试而填鸭式地背过考试重点，那么你一定会有类似的经历——几天后之前所学的大部分内容都会被遗忘。更持久的记忆往往来源于更深入的加工，特别是当我们努力把新信息与先存知识和过去经验搭建关联后，记忆才会更深刻牢固。例如，如果你看到一则新产品的广告时，你可能会对这条广告信息进行精细加工，思考如果你购买了该产品将如何使用它，它是否适合，它能满足你的哪些需要，从而对产品和广告形成更为深刻的记忆。

> **精细加工：**
> 通过对信息深度加工而将信息转到长时记忆的一种巩固记忆的方法。

第二节 记忆的提取

营销人员不仅希望消费者在记忆中存储、正确分类信息，建立有益的、独特的、显著的联想，而且希望消费者在做决定时能够从记忆中检索到这些信息。营销人员还想更具体了解影响消费者如何从记忆中检索并记住这些信息的因素。营销传播的目的是强化消费者对品牌名称和品牌标志、品牌特征和优势及品牌个性的记忆点，帮助消费者再认与回忆品牌。然而，令人难忘的广告并不一定是对品牌最有效的。消费者购买某产品的可能性取决于他们在做出消费决策时是否回想起该品牌，与消费者对品牌的态度无关。因此，营销人员希望在消费者做出消费决策时避免提取失败和提取错误。围绕记忆的提取，本节将阐述三部分内容：第一，影响记忆提取的因素；第二，记忆提取失败；第三，记忆提取错误。

一、影响记忆提取的因素

鉴于记忆提取的重要性，如何提高消费者记住具体品牌信息的可能性成为营销人员格外看重的问题。除非某一事物先前已存于消费者记忆中，否则他们不可能再认或回忆出该事物。本章第一节已经论述组块、演练、再循环及精细加工等方法能够提高记忆存储和提取的可能性。除此之外，另外四个因素同样会影响提取，它们分别是刺激的特征、记忆的提取线索、刺激在工作记忆中的加工方式，以及消费者的特征。

（一）刺激的特征

刺激的特征包括以下四类：第一，刺激的显著性；第二，刺激的原型性；第三，刺激的相关线索；第四，刺激的传播媒介。

1. 刺激的显著性

如果某事物因在其环境中明亮、大、复杂、移动、突出而从背景中显露出来，那么该事物就具有显著性。如果你看到了一个十分长的商业广告或一则多页广告，那么相对于其周围较短的商业广告或单页广告，它就显得较为显著。七猫阅读软件选择在许多一线城市的地铁换乘站点投放巨幅广告，使经过该站点的乘客不得不注意到该广告。在广告中，看起来复杂的图形相对于简单的背景会比较显著，动态视频广告要比静态图文广告更显著。刺激的显著性会以多种方式影响记忆提取。显著的物体往往很容易将消费者的注意力从不显著的事物那里吸引过来。由于其突显性，显著刺激还会引起消费者更多的精细加工，从而形成更强的记忆痕迹。这种现象可以解释为什么一些研究会发现消费者更青睐时间长的视频广告和版面大的印刷[11-12]。

2. 刺激的原型性

人们对产品类别中的原型品牌有更好的再认和回忆。这是因为原型品牌经常会被消费者提及和传播，因此原型品牌的记忆线索得到不断强化。这些品牌同样有可能与记忆中的其他许多概念相关联，从而提高了该品牌被激活的可能性。这可以解释为什么许多公司努力要使自己成为品类领导者，以期被消费者牢记。例如，在中国，支付宝付款的普及率极高，因此一旦提到移动支付消费者就会联想到支付宝。

3. 刺激的相关线索

当多条信息自然地一起出现时，记忆会得到强化。因此，当广告中的品牌名称、广告语和广告内容都在传递同一信息时，消费者能更好地记忆这则广告。营销人员可以通过将两个互补品（如洗发露与护发素）一同呈现在广告中，并解释二者结合使用的原因，从而提高消费者对品牌的记忆。有关赞助事件的研究表明，当品牌借助市场占有率而成为品牌原型或者当事件与品牌核心理念相关时，赞助事件能够提升消费者对品牌的记忆，如运动品牌李宁赞助中国男子篮球职业联赛（Chinese Basketball Association，CBA）。即便事件与赞助商之间没有明显的联系，如果公司能够为消费者详细解释二者之间的关系，也会提高消费者对赞助商的再认与回忆[13]。此外，当代言人与产品相关时，消费者对品牌的回忆也会得到提高。例如，婴幼儿奶粉品牌常采用已经为人父母的明星代言，而不选用未婚的明星作为代言人。

4. 刺激的传播媒介

广告商往往会思考哪些媒体形式更能有效地提升消费者的记忆，这也是研究人员一直探索的问题。比如，广告商试图探寻在互联网投放大量广告是否值得。一些研究表明，消费者往往选择跳过广告（例如，通过购买会员获得跳过视频播放前广告的权限），即使观看也不一定记得住互联网广告。但也有其他研究表明，在建立品牌记忆方面互联网广告与传统媒体广告的效果一样好，甚至会更有效[14]。

（二）记忆的提取线索

提取会受到记忆中与刺激相关的联结的影响。联想网络的概念可以解释帮助提取的一种相关方式——提供提取线索。提取线索是指能促进记忆激活的刺激。例如，如果你想要记住购物超市的促销活动，你可以在桌上留个便利贴，上面写着商超的名字。这张便利贴就是一个提取线索，日后你看到它时就会想起促销活动。感冒药品牌吴太感康推出可粘贴的药品包装，不仅能够提醒消费者按时吃药，而且该提取线索也提高了消费者对品牌的记忆。

提取线索可以从消费者自身或者从外部环境产生。内部提取线索指的是消费者的某个念头引发消费者想起另一个相关事件。例如，通过当天日期联想到是某个朋友的生日或者纪念日。对于外部提取线索来说，自动售货机、视频广告或店内陈列都可能成为提取线索，这些相同的提取线索可以用于激活存储在情景记忆中的事件。如果你看到自己最喜爱的冰激凌的广告，这种线索可能会激活曾经品尝这种冰激凌的记忆及你对它的积极评价。记录我们做某件事情的照片或视频可以作为刺激回忆强有力的提取线索。但是，有效的提取线索也存在文化差异。一项研究发现对于英语广告而言，声音是一种更有效的提取线索，而对于中文广告而言，视觉是一种更为有效的提取线索[15]。

品牌名称是最重要的提取线索之一。当看到或听到品牌名称时，脑海中会产生围绕该品牌的丰富联想网络[16]。气味也可以作为提取线索[17]。如果营销人员想让消费者认出商店货架上的品牌，就必须使用消费者高频常见或简单易懂的词汇或名称，如小罐茶、东方树叶、小米。如果目标是让消费者回忆起品牌及其关联，那么能够唤起丰富的意象（威猛先生、太太乐、康师傅）、新颖或出人意料（茶π、三顿半），或能够暗示产品及其好处（舒肤佳、洁柔）都是好的品牌名称。

除了品牌名称外，与品牌名称有密切联系的形象、品牌标志和产品包装也能作为提取线索。吐舌头的双马尾女孩的图画可能会提示消费者想起不二家糖果产品。品牌标志是另一种类型的提取线索。耐克的符号激活了消费者对身体活动和高强度运动的联想。此外，字体的视觉属性可以作为广告产品利益的提取线索。这种反应能解释为什么像福特（Ford）这样的汽车公司要在品牌名称字体上下功夫。

 提取线索：

促进记忆激活的刺激物。

（三）刺激在工作记忆中的加工方式

影响提取的另一个因素是刺激信息在工作记忆中的加工方式。多项研究表明通过意象加工的信息要比话语加工的信息记得更牢[18]。比如，如果消费者先对广告中的信息形成一个心理意象，那么他们对这些信息的记忆就可以大幅提高。心理意象可以在记忆中建立很多关联，而这些关联可以帮助消费者追溯在记忆中的信息[19]。出现这种现象的原因可能是意象加工的事物常常以图画和文字两种形式被加工处理，这种双重编码（dual coding）的过程可以在记忆中构建起更多的关系联结，从而大大提高记忆检索的概率。然而，以语义编码的信息只会按单一言语加工的方式处理，因此只有一种提取路径。信息的双重编码是营销人员在广播广告中加入电视广告部分音频的主要原因，当消费者听到熟悉的言语信息时，可以自行生成与之相对应的视觉影像。事实上，消费者在处理文字信息和相关的视觉图像时，一般都会进行双重编码，从而在其中一种加工方式存在的情况下进行另一种加工方式的记忆提取。

（四）消费者特征

1. 心情

心情对记忆提取的影响是多样的[20]。首先，愉悦的心情能够提高记忆。其次，我们更容易回忆与心情相符的信息。换句话说，当我们心情愉悦时，我们更容易回忆起积极的信息。相反，当我们心情低落时，那么消极的记忆更容易涌上心头。从营销的视角来看，如果一则广告可以引导消费者产生积极的情绪，那么消费者在心情愉悦的时候则会更容易想起这则广告。例如，可口可乐的广告常常呈现合家欢的温馨愉快场景，因而每次亲友相聚时总会回忆起该广告。

心情对记忆提取的影响有几种解释。其中一种解释是消费者把某个概念存储在记忆的过程中会同时记住与这个概念相关的情绪体验。比如，人们关于迪士尼乐园的记忆常与欢乐联系在一起。当你的心情处于一种"欢乐"的状态时，欢乐的概念随之被激活，这一激活会扩散、蔓延到"迪士尼乐园"的概念。研究还表明，当人们的心情较为积极时，常常以一种更加精细的方式来加工信息，精细加工可以转换成阐释，从而进一步加强记忆的提取。此外，心情不仅可以影响阐释，还能影响演练，这两种方式都可以提升记忆。所以，处于积极心情的消费者更有可能记住品牌名称，也更有可能愿意参与品牌活动。

2. 专业性

与新手相比，专家记忆中的范畴结构更复杂，有更多的高低层次的范畴，每个范畴也更详细。因此，专家的联想网络比新手的更为错综复杂。这种复杂的联系和激活概念的扩散能解释为什么专家能比新手回忆起更多的品牌，品牌属性和品牌效益。除了专家型消费者具有的各种优势外，还有一个意料之外的"代价"。当专家们比较产品描述时，他们推断出的许多信息一定程度上是基于自己头脑中丰富的分类结构和图式，而这些信息可能实际上并没有被描述。也就是说，专家比新手更依赖于自己的直觉，这的确可能提高信息加工流畅性，但一旦他们的直觉出错则会引发更大的错误。

二、提取失败

本章第一节提到工作记忆的保存时间很短暂。虽然长时记忆的保存时间相对较持久，但记忆提取失败的现象仍不可避免。导致提取失败的原因主要有以下三种：衰退、干扰和序列位置效应。

记忆联结会随时间的推移发生自然衰退（decay），从而出现遗忘，这通常是因为这些联结长久不用。遗忘在生活中是不争的事实，我们可能都有过出门忘记带钥匙，或者不记得把某件东西放在哪里的体验。因此，我们会忘记童年发生过的事情，因为这些事情发生在很久以前。假如我们通过不断在记忆中提取该信息或者通过再循环而频繁接触同一信息，记忆衰退的可能性便会降低。

消费者会遗忘这一事实能够解释一些有趣的营销现象。例如，消费者对他们听到过的关于品牌很好或很差的评论会有同等强度的记忆。他们会忘掉关于品牌的信息，他们所能记住的是该品牌被他人提到过。遗忘还能解释睡眠者效应，即随着时间推移，消费者会对一则坏广告表现出更积极的态度。研究人员相信随着时间推移，消费者会忘记一则广告缺乏可信性，只会记住该广告曾提到过该品牌。实质上，对信息来源的记忆要比对信息内容的记忆衰退得更快。

激活的扩散和痕迹强度解释了遗忘的第二个原因：干扰（interference）。当一种记忆的强度随着时间推移而下降时就会出现干扰，因为与之竞争的其他记忆也同时存在。产品、品牌和广告之间的相似性增加了记忆干扰的可能性。假设你正在看一则宣传汽车安全性的汽车广告，如果你的记忆中拥有关于类似汽车的大量信息，你可能会混淆某一属性是哪个汽车品牌主打的卖点。

衰退和干扰可被用于解释首因和近因效应（primacy and recency effects）。个体在一个序列中首先碰到或最后碰到的事物通常最容易回忆起来。你有可能记住电视商业广告插播期间播出的第一个广告，因为此时没有其他广告信息对该广告形成干扰，这种情况就是首因效应的一个例子。如果你对这条信息进行演练，该信息也不大可能衰退。首因效应解释了为什么在你准备考试时，你往往能更好地记住首先复习的内容。然而，当对两个差不多的产品（如两首新歌）进行抽样调查时，消费者很有可能由于近因效应而更青睐后者。考虑到首因效应和近因效应，许多广告商相信广告投放的位置最好是在一段商业广告插播时间或一本杂志的最前面或最后面。一些研究支持了将广告投放在最前面的重要性，但放在最后面的情况并没有得到有力的证据[21]。

衰退：
记忆强度随着时间的推移而减弱。

干扰：
由于存在竞争性的记忆，记忆的强度随着时间的推移而下降。

首因近因效应：
个体更易记住序列中最先或最后出现的信息。

三、提取错误

记忆并不总是精确和完整的，人们可能会选择性记住部分事件，同时记忆也有可能会被混淆和扭曲。当你在计划一次旅行时，你可能会记起上次旅行所发生的愉快事情而不是令你不快的事情，说明记忆是有选择性的。这意味着我们只会提取部分信息，通常这部分信息要么是非常正面的信息，要么是非常负面的信息。你也许记得朋友告诉你某一部新电影很不错，但实际上这个信息是你的邻居告诉你的，这意味着你的记忆产生了混淆。最后，记忆可能会被扭曲，比如你会记得实际上根本没有发生过的事件。也许你记得曾经在一家餐馆里就餐时，某位女服务员态度很恶劣，她多次不理会你的呼唤并将你点的菜品重重地摔在桌子上。尽管这段"记忆"与"恶劣的女服务员"形象一致，但也许事实上这种情况根本没发生过。除此之外，与产品的虚拟互动也会导致许多虚假记忆，因为这种互动能产生栩栩如生的图像，消费者日后会认为这种互动曾经真实发生过。

第三节 知　　识

知识内容反映了消费者已经学习和储存在记忆中的关于品牌、公司、商店、人、如何购物、如何使用公共交通或如何烤蛋糕之类的信息。公司有时会使用营销来开发、增加或改变消费者的知识内容，尝试将它们的产品与消费者已有的其他知识联系起来。知识结构是指消费者如何在记忆中组织知识（包括情节知识和语义知识）。消费者经常将知识组织成不同的范畴，将相似的事物存在同一范畴中。当我们说自己"了解某件事"时，这件事与我们的先存知识（知识内容）及该知识在记忆中的组织方式（知识结构）有关。而且，知识内容和知识结构都是灵活的，可以根据衍生目标及目标实现所需时间重新组织知识。本章节将阐述三部分内容：第一，知识内容；第二，知识结构；第三，知识灵活性。

一、知识内容：图式与脚本

知识内容（knowledge content）反映了个体在过去所了解到的事情，它由许多事实组成。例如，我们知晓一根香蕉约含 100 卡路里的能量。知识内容不是以随机的形式存储在记忆中。相反，知识内容采用图式（schema）或脚本（script）的形式。图式是一种关于对象和人是什么，以及它们对消费者意味着什么的语义知识；脚本是一种关于如何处理对象和人的程序性知识，与情景记忆有关。

（一）图式与联想网络

1. 图式的概念与类别

图式是指与某一概念有联系的联想网络[22]。香蕉这一概念的图式包括各种各样的联想——它有 100 卡路里的热量，它是黄色的，很容易被碰伤，人踩到香蕉皮上很容易滑倒。消费者还具有关于人（母亲、周杰伦、篮球运动员）、销售人员（化妆品销售人员、汽车销售人员）、广告（蒙牛广告、士力架广告）、公司（苹果、华为）、地点（天安门、东方明珠、迪士尼乐园）、国家的图式（中国、日本、美国）、动物的图式（熊猫、金丝猴）。香蕉是一个产品类别图式的例子，人们同样拥有品牌图式，并且品牌的图式会受到市场营销行为的影响（图 4.2）。例如，图 4.2 描绘了护肤品牌玉兰油的联想网络[2]。看到玉兰油时，消费者就会联想到该品牌的产品类别（沐浴露、面霜）、

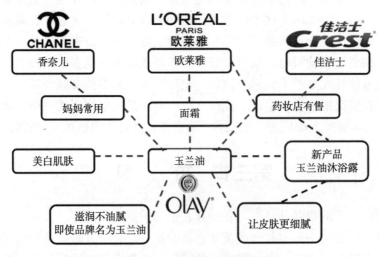

图 4.2　玉兰油的联想网络

产品功效（美白、滋润）、品牌受众（熟龄女性）、销售渠道（药妆店），并且遵循上述几个方面的联想思路继续发散相关品牌的信息，从而不断拓展联想网络。营销人员通常希望消费者更多地接触他们的产品，其中广告、包装和产品属性都是传播产品信息的有效途径。除了产品图式、品牌图式外，人们还有关于自己的图式，即自我图式。有时我们会考虑某个品牌的图式是否与我们的自我图式相匹配。因此，图式包含了关于事物的主观知识。然而，个体对产品、品牌和自我的主观认识可能与客观事实不一致。

> **图式：**
> 个体记忆中与某一概念有联系的联想网络。

2. 联想网络的概念

图 4.3 展示了"三亚度假"的一个联想网络。图中出现的相关联想是基于个人经验和其他信息（如大众媒体、口碑或广告）习得的。网络中的一些关联代表情景记忆，另一些代表语义记忆。在图 4.3 中，联想网络中的关联链条在强度上是不同的。图中用粗线表示强关联，上述关联可能经过了组块、演练、再循环和精细加工等过程，关联稳定并且记忆深刻；用虚线表示的是弱关联，这些关联更具个人化色彩，也许并非所有人都认可它们之间存在关联。

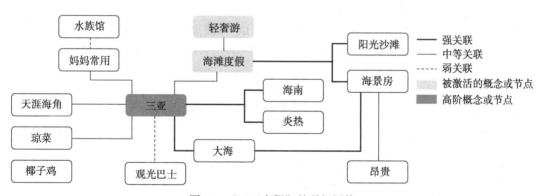

图 4.3 "三亚度假"的联想网络

联想网络中的关联是相互连结的，激活联想网络的一个部分会导致激活扩散到网络的其他部分。在图 4.3 中的例子，当"三亚"概念在消费者的联想网络中被激活时，由于"三亚"和"大海"的关联度非常强，因此"三亚"和"大海"之间的强联系会让消费者从"三亚"想到"大海"。激活会在联想网络中扩散到相邻的概念，特别是沿着强关联扩散。这种激活的传播也可能激活"海南"和"炎热"，或者激活从"海滩度假"传递到"阳光沙滩"和"海景房"。当然，像"炎热""阳光沙滩"和"大海"这样的概念可以与许多联想网络相连。当想到"海滩度假"时，消费者可能会想到这是一种"轻奢游"，而"轻奢游"的品种繁多，可能会引发消费者其他的联想。激活扩散解释了为什么我们有时会产生一些看似随机的想法，这是由于激活会从一个联想网络扩散到另一个联想网络。如果消费者此时处理信息的动机很强,激活关联的数量也会很高。

激活的扩散有时是在个体有意识的情况下发生的。比如,看到金典有机奶包装的消费者可能会因为该产品优质的奶源而联想到内蒙古奶牛,以及它们日常吃的新鲜牧草。激活的扩散也可能是无意识的,这种情况被称为启动效应(priming)。启动效应的发生主要基于内隐记忆的先前经验,可以提高消费者对某些概念和联想的敏感度[23]。当一个概念被刺激物激活时(如"金典"概念被激活时会关联激活其母品牌"伊利"和该品牌的奶源地"内蒙古呼和浩特"等概念),这种激活会在无意识的情况下影响消费者的积极或消极联想。

激活扩散:

当提取某一概念或联想时,其他相关概念或联想也被忆起的过程。

启动:

基于内隐记忆的先前经验,个体对某些特定概念和联想的灵敏度增加。

3. 联想的类型

消费者具有许多类型的联想,图式中的联想可以根据多个维度来描述[24]。例如,香蕉的图式可能会包括下列类型的联想。首先,根据图式关联的内容不同。香蕉的图式可能包括反映其①香蕉的属性(黄色长条状,含 100 卡路里);②香蕉的营养价值(富含钾元素,低脂肪);③吃香蕉的时机(当作零嘴、餐后水果);④吃香蕉的地点(在家里、学校);⑤香蕉的产地(广东、广西)等信息。消费者经常通过产品与品牌和属性的关联来评估产品的优劣。其次,图式中的联想因其抽象或具体程度而存在不同。例如,吃香蕉的地点属于具体的联想,而吃香蕉所表达的价值则属于抽象的联想。

4. 图式中联想的特征

图式中的联想具有三个特征:有益性、独特性和显著性。这三个特征对建立和维护强大的品牌至关重要。下面我们将分别介绍联想的三个特征。

1)有益性

联想因其有益性而相互区别。如果消费者将一根香蕉与其较低的卡路里和较高的营养价值联系起来可能会导致一个有利的评价。品牌可以为产品构建积极的联想从而提高消费者对产品的评价。例如,蒙牛乳酸菌饮品优益 C 推出的红茶与绿茶口味,正是借助中国消费者对茶叶的健康联想提高对该产品的健康感知。

2)独特性

联想因其独特性而相互区别。但这种联想不需要完全独有,一定程度上有别于其他品牌或产品就足以在消费者心中留下深刻印象。例如,奶茶品牌茶颜悦色凭借传统古风的品牌调性,迎合了当下中国风和传统文化复兴思潮,成为奶茶界的一股清流,深受消费者喜爱。

3）显著性

联想因其显著性而相互区别。由于联想的显著性不同，各个联想在脑海中浮现的难易程度也不同。例如，当消费者听到麦当劳的名字时，可能总是会想到金色拱门或麦当劳叔叔。较为不显著的联想可能只在特定的语境中被记住。因此，麦当劳提供早餐的联想就不如其他联想突出，消费者可能只会在有人开始谈论快餐式的早餐时才会想到麦当劳的薯饼。

（二）特殊图式

特殊图式包括以下三个类别：品牌形象、品牌个性和脚本。

1. 品牌形象

形象是联想的子集，它反映了某一事物象征着什么，以及人们对该事物的赞许程度有多高。对于品牌来讲，品牌形象是一种特殊的图式，它描绘了一个品牌所代表的意义及消费者对它的好感程度。例如，麦当劳品牌形象是良好的，它可能包括"适宜家庭欢聚的餐厅"这样的联想。某一品牌形象并不能反映与某一图式相关的所有联想，它只能反映那些最显著的，以及能够使该品牌与其他同类品牌区别开来的联想。因此，尽管我们知道麦当劳也提供低脂食品，但这些知识并不会用于构建人们心中麦当劳的品牌形象。

除了品牌形象外，我们也有其他营销实体的图像，如商店、公司、地方和国家[25]。国家品牌形象来源于传统的原产国效应研究，是指消费者对某一国家的一般性认知和情感，以及由此衍生的对该国品牌的评价[26]。目前，越来越多的中国品牌走向全球，成为新兴市场品牌全球化的标杆。在2021全球最具价值品牌BrandZ排行榜中，腾讯、阿里巴巴、茅台、美团等18个中国品牌出现在榜单中，这对于扭转西方对中国品牌生产"廉价产品"的刻板印象有着深刻的意义。

2. 品牌个性

图式可以包括一些特定联想。比如，反映品牌个性的联想——即消费者将品牌描述为一个人[27]。一项研究发现，许多品牌可以根据真诚、兴奋、强韧等维度进行描述，如图4.4所示。图4.4展示了1997年戴维·阿克（David Aaker）对品牌个性的分类，该学者将品牌个性分为了真诚、兴奋、能力、精致、强韧五个维度，每个维度又细分了2~4个层面。比如，真诚维度包含务实、诚实、健康、愉悦四个层面；能力维度分为可靠、智慧和成功三个层面。每个品牌都可以根据上述类型中一种或多种品牌个性来描述。名人代言的个性可以加强与代言品牌的个性的联系。而且男性化和女性化的观念对品牌个性很重要，在营销决策中这种观念对代言人的选择也有重要的影响。

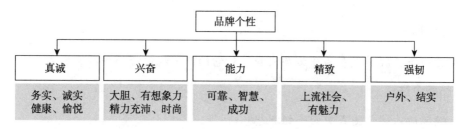

图4.4 品牌个性的分类

相比于看到两个个性相似的品牌一起进入眼帘，当消费者同时看到具有完全不同个性的两个品牌放在一起时，倘若其中一个品牌看起来更别致，该品牌将能激发消费者的更为积极的反应。另外，因为品牌个性具有文化意义且能反映文化价值，所以一个全球性的知名品牌在不同的文化中，甚至在同一种文化中也可能被认为是不同的。一项研究对比了东西方个体对宝马、三星、耐克、可口可乐等13个国际知名品牌的品牌个性评价，发现东方人认为上述品牌更受欢迎、更精致，西方人则认为更有能力、更时尚、更强韧[28]。品牌图式可以反映各种社会和文化价值观，如可口可乐所表达的力量和普世主义。主流文化的消费者，更有可能欣赏反映这些价值的品牌，从而对可口可乐有积极的态度。关于品牌个性的另一个传递方式是通过品牌拟定的虚拟化身。这些品牌虚拟化身造型百变、性格迥异。拥有虚拟化身的品牌更容易得到消费者的认同和追捧，如曲奇品牌趣多多。与此同时，品牌虚拟形象逐渐向真人化过渡，如彩妆品牌花西子的品牌虚拟形象"花西子"、麦当劳的"开心姐姐"及欧莱雅的"欧爷"等。

消费者个性和品牌个性之间的契合程度对于营销而言也极为重要。消费者会因为品牌个性"与自己相似"（like who I really am）而购买产品。此外，研究表明，使用具有特定个性的品牌可以帮助塑造消费者自己的个性[29]。当参与度、自尊和公众自我意识较高时，品牌个性在消费者对品牌形成情感依恋的过程中影响更大。共创趋势（cocreation trend）——消费者与公司合作塑造品牌个性并开发新产品——可以大大增强消费者个性与品牌个性之间的契合度[30]。汽车品牌长城哈弗为推广H6新车型发起的"潮出我的城"创意海报设计大赛正是通过与消费者携手共创，向消费者传递了"国潮"的品牌个性，从而收获了极大的关注度与品牌话题热度。

3. 脚本

脚本（script）也是一类特殊的图式，它代表我们所了解的执行某一活动涉及的一系列操作[31]。例如，你如何从商店购买玫瑰的脚本：你打开玻璃纸包装，拿剪刀，往花瓶里灌水，让玫瑰茎浸入水中，修剪枝叶，然后将其插入花瓶。这种知识可以帮助你快速、轻松地完成任务。但当你初次做某事时，如通过飞猪平台从当地房东那里租一套公寓，若没有脚本协助可能会不知所措。一些品牌和刺激可以激活消费者头脑中的脚本，如宜家的广告让你考虑在店里闲逛的顺序，是否以去一趟宜家餐厅来结束旅程，或者如何一步一步地组装流行的比利书架。2021年淘宝"双十一"活动推出"超级星秀猫，升级领红包"活动。用户需通过收集喵币，喂养猫咪，解锁新的猫咪等级，领取待兑换红包，待兑换红包可在活动开奖日兑换获得"双十一"红包。在集喵币环节，平台通过系列活动脚本，引导用户完成相应任务，从而获得喵币。

 品牌形象：

描述一个品牌所代表的意义及消费者对它的好感程度的一种特殊图式。

 品牌个性：

反映品牌人格化图式中的一组联想。

脚本：

一种特殊的图式，表示个体对执行某一活动所涉及的行动顺序的知识。

二、知识结构：类别

消费者与周围的每一个对象都存在各种各样的关联。人们天然地会把这些物体和人归类到具有某些共同特征的类别中，这种知识结构（knowledge structure）被称为分类范畴。分类范畴（taxonomic categories）是对相似对象的有序分类中具有明确界定的部分。例如，我们对可口可乐、百事可乐、健怡可乐和其他品牌的图式可以归入一个名为软饮的类别；我们还可以使用子类别为基准汇总特定产品，并将它们与其他产品分开。由此，衍生出无糖软饮和含糖软饮的子类别。反观软饮，其实软饮在饮料这个更大的类别中。饮料不仅包括可乐等软饮，还包括咖啡、茶饮、果汁和瓶装水，具体如图 4.5 所示[2]。

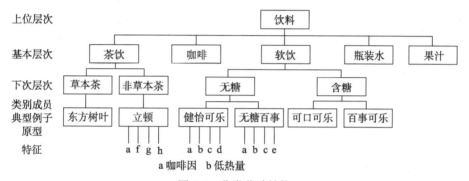

图 4.5 分类范畴结构

注：对象可以按顺序、层次结构的划分类别，在同一类别中的对象有类似的特征。例如，草本茶和非草本茶都属于茶的基本类别。茶、咖啡和软饮都属于上位类别的饮料。每个品牌下面的字母表示与每个品牌相关联的属性。具有相同字母的品牌具有相同的属性。例如，三个品牌共享一个共同属性"a"（例如，咖啡因），而只有健怡可乐和健怡百事共享一个共同属性"b"（例如，低卡路里）。

一方面，一旦个体对一个物体进行了分类，我们就知道它是什么，它是什么样子，它与哪些事物相似。虽然分类可以帮助个体有效地处理复杂的信息，但分类的大小和数量都会影响我们对风险和结果的感知。然而，消费者并不总是正确地对产品进行分类。这也就解释了为什么知名户外鞋履品牌天伯伦（Timberland）通过产品名称（地球守护者靴）和产品描述（由天然和可回收材料制成）帮助消费者将新品靴子归类为"生态友好型产品"。当消费者遇到一个产品或服务似乎不适合归为某一类别时，商家应该向消费者详细提供更多信息以说服消费者。只有当消费者认可该产品或服务的确能够被归类为某一类别，他们才可能推断该品牌具有这个类别的典型特征或属性。

另一方面，营销人员会借助其他产品让消费者在心理上重新对产品分类。例如，通用汽车（general motors）的电-气混合动力车和即将推出的凯迪拉克（Cadillac）全电动车型就面临着这种情况，他们希望消费者将其列入省油的汽车类别。然而，凯迪拉克一向以奢华闻名，消费者头脑中很少将其与省油建立关联。由于这些汽车使用的发动机技术类似于通用汽车公司的雪佛兰全电动沃蓝达（Volt）车型。凯迪拉克可以借助消费者对沃蓝达这款车的高认知度，协助消费者对省油系列凯迪拉克产品进行正确分类。

 分类范畴：
消费者根据相似性将记忆中的一组事物归到一个有序且通常有等级的图式中。

形成上述分类范畴存在以下三种分类方式：第一，根据层级结构分类；第二，根据等级结构分类；第三，根据相关联想分类。

（一）层级结构与原型性

同一分类范畴中的事物共享相似的特征，这些特征不同于其他范畴中的事物。因此某一范畴成员，如健怡可乐，会与它所在的健怡可乐范畴中的其他成员有许多相同的联想，但是与其他范畴中的成员几乎没有相同的联想。在图 4.5 中，健怡可口可乐与健怡百事可乐有很多相同的联想，但又不完全相同。而立顿茶与健怡可口可乐几乎没有相同的联想。在这一类别中，你可能会认为健怡可乐是软饮料的代表，而不是一个鲜为人知的低卡饮料。另外，即使范畴成员共同享有相似的特征，不同成员在范畴中的代表性也会存在差异，这反映了层级结构（graded structure）的原则[32]。例如，你可能会认为可口可乐要比芬达更能代表碳酸饮料。

作为消费者，在某一范畴中，你可以根据自己所认为的范畴成员在多大程度上能够代表其所属范畴对它们进行排序。范畴原型（prototype）被人们认为是最有代表性的范畴成员，就像迪士尼乐园是主题公园的原型，苹果派是西式馅饼中的原型。原型性是指类别成员被认为是该类别的代表的程度。对大多数消费者来说，与手链相比，钻戒可能是更典型的订婚礼物，iPad 可能是平板电脑的原型。表 4.1 中是通常被认为是其所处产品范畴中原型的品牌。

表 4.1 原 型 品 牌

产品类别	原型品牌	产品类别	原型品牌
电脑	联想	花露水	六神
智能手机	苹果、华为	白酒	茅台
社交媒体	QQ、微信、微博	辣椒酱	老干妈
主题乐园	迪士尼	矿泉水	农夫山泉
牛奶	蒙牛、伊利	快餐	麦当劳

原型是消费者用来对一个新品牌进行分类的主要基准点。因此，一个品牌可以通过与原型相似或不同的定位来形成认知。原型品牌定义了产品类别，并且很受消费者关注与欢迎，一个新品牌定位如果能与原型品牌相似就可能吸引大部分有相同品位的消费者。因此，消费者很可能对看起来与原型相似的产品产生积极反应，包括山寨的竞争品。另外，远离原型的品牌定位也是帮助消费者区分品牌的有效方法。例如，长城汽车公司推出新能源汽车品牌欧拉，并拟定了该品牌的定位为"更爱女人的汽车品牌"。虽然远离

了长城原有的品牌定位,却拓展了女性汽车市场。这种策略也适用于定价,因为消费者判断一个产品的价格是高还是低是通过与其他几个品类的价格进行比较,而不仅仅是与原型的价格。

另外,消费者是否将某事物看作某范畴的原型受到一些因素的影响[33]。第一个因素是共享的联想。原型与其所属范畴中的其他成员所共享的联想最多,而与其他范畴中的成员所共享的联想最少。影响原型性的第二个因素是某对象作为范畴成员被提及的频率。因此,拥有最高市场份额的品牌很可能被视为原型。亚马逊在线是一家典型的互联网零售商,因为消费者在上网或搜索书籍的在线来源时经常会提到它。第三,某一范畴中的第一品牌或"先锋"品牌——如亚马逊——也可能是原型品牌,因为它为之后的品牌设定了比较的标准。

那么,一个新的或不太知名的品牌应该做些什么来提高其在消费者心目中的重要性呢?一种方法是与具有主导地位的典型品牌合作,利用后者的优势。例如,通过参与品牌联名活动(co-branding activity)。新兴白酒品牌江小白与饮料巨头雪碧联名推出柠檬气泡酒和白酒柠檬风味汽水的混饮礼盒,奇特混搭与独特口味收获极高的热度。然而,多项研究表明新品牌与知名品牌的联名也存在风险[34]。如果品牌联名中产品与原型品牌相关的联想过于突出与紧密,会弱化新品牌与产品的关联度,弱势品牌将难以在品牌联名活动中受益。2021年国民花露水品牌六神与年轻奶茶品牌乐乐茶推出联名饮品,因该款饮品外包装采用六神花露水的经典玻璃瓶,并追加印制了"玩转冰凉""薄荷清爽"等宣传语,与六神的品牌联想过于密切,大幅削弱了乐乐茶与联名饮品的联系,致使乐乐茶在这场品牌联名中收获甚微。

原型:

个体认知范畴中最具代表性的成员。

原型性:

类别成员能够代表其范畴的程度。

(二)等级结构

分类范畴的一种结构方式是等级结构(hierarchical structure),这关系着联想的数量。如图 4.5 所示,分类范畴可以分成为基本层次、下位层次和上位层次。分类的最广泛的层次是上位层次。在这个层次上,对象可以共享一些联想,但也存在许多不同的联想。这些物体之间更精细的区分是在基本层次上完成的。例如,处于上位层次的饮料可能更精细地分为茶、咖啡和软饮料等基本层次。最细微的分类存在于下位层次。例如,处于基本层次的软饮料可以再细分为无糖软饮和含糖软饮。在这里,无糖软饮范畴中的成员之间要比它们与含糖软饮范畴中的成员之间有更多的共同点。消费者可以十分灵活地组织范畴中的信息。对于饮料而言,可以将软饮料分为含糖型或无糖型、可乐型或者非可乐型、含咖啡因型或者不含咖啡因型。从上位层级到基本层级再到下位层级,消费者会用不断增多的联想来描述层级中的对象。他们可能会使用其他一些联想，如碳酸类、冷的、六瓶装、迷你听装，来描述软饮料范畴中的成员，还会用"低热量"和"人工甜味剂"等更多的联想来描述无糖饮料这一下位层级中的成员。

记忆中信息的层次结构也受到环境线索的影响。忽视环境线索的消费者倾向于整合信息并形成一般的品牌信念，而那些关注环境线索的个体则以更具体的情境存储信息，而不会形成关于产品类别的一般信念[35]。

（三）相关联想

等级结构反映了人们组织知识的一种方式，另一种方式是根据范畴成员的联想是否相关或一致。例如，消费者可能会认为甜腻的蛋糕热量高，或者认为在全国做广告的品牌要比仅在地方做广告的品牌产品质量高。对于汽车，消费者可能认为汽车的大小与燃油效率负相关，或者认为汽车价格与质量或豪华程度正相关。尽管这些属性在消费者心目中可能是相关的，但是对于某个品牌而言，这种关联却不一定是事实。这些属性在消费者的心目中有关联，因此相关联想（correlated associations）的知识会显著地影响消费者对新品牌的推断，也会影响营销人员为克服消费者错误推断所需要采取的沟通方式。

在消费者形成图式或面对模糊信息时，他们会错误地认为如果某个范畴中的某个产品有某种属性，那么在该范畴中的其他产品也有相似的属性[36]，这就是错觉相关（illusory correlation）。例如，一些吸烟者错误地认为无烟香烟要比一般的香烟更安全，他们也会错误地相信低毒素和天然香烟会更安全。利用这些错觉相关的广告会引发伦理问题。

三、知识灵活性

消费者的联想网络的内容与结构是灵活的，可以随时适应消费者此时面临的任务要求。个体的知识灵活性体现在三个方面，第一，个体会根据不同的衍生目标重新组织知识内容和结构；第二，距离实现目标还有多久会影响消费者知识内容的解释水平，个体会据此不断调整决策行为；第三，文化差异和专业水平高低也会导致不同消费者的知识内容和结构不尽相同。

（一）目标衍生范畴

除了创建分类范畴外，消费者还会按照目标衍生范畴（goal-derived categories）来对先存知识进行组织。目标衍生范畴是指消费者根据事物是否服务于同一目标而将其判定归属为某一类别的分类方式。例如，如果你计划去露营，那么你会将打火机、瓶装水、牛肉干、帐篷和睡袋归为"露营旅行必需品"这一范畴。再如，如果你在减肥，你可能会形成一个"在减肥期间可以吃的食物"这样一个范畴。超市也应用了目标衍生范畴的思想。许多实体超市把婴儿奶瓶、尿布和婴儿食品放在同一个货架上，尽管这些产品在分类上有所不同。但这些产品属于一个目标衍生类别——"照顾婴儿需要的产品"，因此父母可以很容易地找到他们需要的东西。在线购物商超也不例外，为方便消费者一并购买居家防疫用品，天猫超市专门划分了"抗疫购物专区"，不仅涵盖洗手液、消毒棉片等卫生用品，还有居家隔离必备的速食以及增强免疫力的保健品。

消费者经常会碰到某些特定目标，因此他们牢牢地建立起了这些目标的范畴。例如，如果你经常参加聚会，"为聚会而买的东西"这样一个目标衍生范畴可能会包括一组内容相当稳定的产品。相反，对于你不常碰到的目标，你可能会根据情况而创建相关的范畴。也就是说，目标衍生范畴结构是较为灵活的，同一对象可以既属于某一分类范畴，也可以是一个目标衍生范畴的成员。因此，健怡可口可乐属于饮料、软饮料、可乐这一分类范畴，还可以属于其他目标衍生范畴，如吃炸鸡必备或看球赛时喝的饮品。

正如分类范畴那样，目标衍生范畴也出现了分层结构。如果某些成员能最佳地实现该范畴的目标，那么消费者会认为这些成员要比其他成员更能代表该范畴。例如，生菜的脂肪和热量比饼干的更低，因此与饼干相比，生菜更能代表在减肥时吃的食物。由于目标衍生范畴展现出了层级结构，因此消费者同样可以识别出目标衍生范畴中的原型。如同分类范畴那样，某事物作为范畴成员出现的频率会影响该事物的原型性。我们更倾向于将蔬菜沙拉看作是减肥食品的原型，也可能会认为蔬菜沙拉要比其他不经常吃的食品——如代餐蛋白棒——更具有原型性。

 目标衍生范畴：

因根据服务于相同的目标，而被消费者划分为同一类别的分类方式。

（二）解释水平理论

消费者联想网络中的联想结构是否被激活依赖于从当下到实现目标之间的时间间隔。也就是说，当消费者离实现一个目标还很远的时候，更多关于实现目标的期许等抽象信息（为什么）会随之凸显，这些抽象信息十分有用，因为它们能够帮助个体阻挡其他竞争目标，坚定地朝着原有目标前进。然而，当接近实现目标时，关于实现目标可行性等更为具体的信息则变得突出，这有助于个体为当下所需的工作任务做准备（如何做）。举例来说，当你的婚礼还有几个月的时候，在"我的婚礼"这个联想网络中，"灵魂伴侣"和"三观一致"等更为抽象的联想就显得尤为突出。然而，随着这一天的临近，"邀请宾客名单"和"喜宴菜品"等更具体的联想变得突出起来。也就是说，采取行动的时间会极大影响个体联想网络中被激活知识的解释水平，从非常抽象的层面逐渐向非常具体的层面推进。

解释水平理论描述了消费者对概念（产品、品牌、个体、活动）的联想中不同程度的抽象性，以及消费者与这些概念的心理距离如何影响概念联想的抽象性及消费者行为[37]。我们既可以根据高水平的解释也可以根据低水平的解释来做出选择。但是，我们倾向于用哪种解释取决于我们所做的决策是要立即执行还是要在将来执行。当我们做出一个需要立即执行的选择时，我们往往会根据低水平的解释来做出选择。例如，如果我们正在决定下周暑假是去三亚还是去新疆时，我们更可能会去考虑该决策中的具体细节，以及我们现在这么做是否可行（例如，往返飞机票要多少钱？）。相反，当我们在做出未来才会发生的决策时，如明年暑假我是该去三亚还是去新疆，我们会使用高水平解释并会对向往性（哪个旅行计划更能让我放松身心？）的关注多于可行性。

我们在不同时候会关注同一个事物的不同方面，这一点能够解释当我们准备要去执行之前所作的某个决定时，会产生和之前完全不同的想法。例如，当购买的时间很长时，产品的价格可能是质量的一个指标；然而，当消费者在商店里准备购买（或不准备购买）时，价格也可能是支付"痛苦"的一个指标[38]。消费者的自信也很重要。当消费者感到自信时，他们会专注于产品的抽象方面；而当个体感到不自信时，他们会专注于具体的细节[39]。

 解释水平理论：

> 是指描述消费者对概念（产品、品牌、个体、活动）的联想中不同程度的抽象性，以及消费者与这些概念的心理距离如何影响概念联想的抽象性和消费者行为的理论。

（三）消费者因素

我们在上面的内容中主要论述了目标与时机如何影响同一个消费者的知识内容和知识结构。实际上，消费者个体层面的文化差异和专业知识水平高低能够解释为何不同消费者之间的知识内容和知识结构差异如此巨大。接下来我们将具体介绍文化差异和专业知识水平如何影响消费者的知识灵活性。

1. 文化差异

消费者所处的文化环境会以多种方式影响他们的知识内容与知识结构。

（1）对概念的不同联想。不同文化中的消费者对同一概念的联想会不同[40]。在欧洲，飞利浦这个品牌是与家用电器联系在一起的；而在美国市场，与飞利浦联系最紧密的却是照明灯泡。

（2）不同的范畴成员。文化群体在如何组织范畴和目标衍生类别方面也有所不同。尽管消费者会有相似的目标衍生范畴，如"早餐吃的东西"，但不同的文化群体对于什么事物属于该范畴却有相当大的差异。在美国，该范畴成员包括麦片、百吉饼、水果和鸡蛋；在中国，包子、馄饨、豆浆等也属于早餐的范畴。

（3）不同的相关联想。文化可以影响联想的关联方式。例如，在美国消费者的认知中，价格和商店规模可能是负相关的，因为像开市客（Costco）和沃尔玛（Walmart）这样的大商店往往把产品价格定得比小商店低。相比之下，在印度和斯里兰卡，价格和商店规模可能是正相关的，因为这些国家的大商店往往会给产品定更高的价格，以弥补更高的成本。

2. 专业水平差异

过往经验在消费者知识内容和结构及使用知识灵活性方面起着重要作用。因此，消费者处理信息的能力会根据他们先前的经验而有所不同。专家是指那些有良好完备先存知识的人，因为他们对某一事物或某项任务十分熟悉并有丰富的经验。专家的知识与新手的知识主要存在以下几个方面的不同。首先，专家型消费者要比新手消费者的总体范畴结构更为完整，拥有更丰富的联想网络，与某一概念相关的具体联想和抽象联想也更多。其次，专家的分类结构更加分级和细化，可以更好地区分品牌。例如，汽车专家对汽车的分类更细致，下位范畴更多元，如越野车和轿车等。新手往往喜欢尝试不同的产品从而收获多样化的体验，这能够拓宽他们对产品类别的知识；而专家则寻求更为集中的经验，从而深化他们某一类别的知识。最后，专家型消费者在激活合适的图式联想（具体或抽象）和分类层级（上级和下级）方面表现出比新手更灵活的能力。因此，专家能够通晓在不同的情况下使用哪些品牌的产品更为合适，并按照特定的产品子范畴来组织这些信息，而不像新手那样有动力去逐一了解每一个新产品。另外，专家型消费者有时会高估自己的知识量，认为他们了解的知识要比他们实际掌握的知识更多。同时，专家有更强的动机来尝试一些比较独特、猎奇的产品，这些产品往往包含其他品牌同类产品中没有的特性。比如，美妆达人热衷限量版美妆产品，红酒爱好者痴迷收藏稀有年份产出的葡萄酒，钱币收藏者不仅热爱收集古钱币或纪念币，甚至愿意高价买入错版印刷的纸币或硬币等。

本章小结

1. 消费者记忆是个体通过有意识或无意识地存储和检索信息从而持续学习的过程。提取是个体回忆或追溯先前存储在记忆中事物的过程。

2. 感觉记忆（包括图像记忆和声像记忆）是一种将五种感官的感觉输入暂时储存的一种记忆。工作记忆是在个体现有知识的背景下对输入信息进行编码或解释，并保持信息使其可用于后续处理的记忆，包括言语加工和意象加工。长时记忆是一种长时间存储信息以备后续使用的记忆，包括情景记忆和语义记忆。外显记忆是指需要个体有意识的努力才能使信息恢复的记忆；内隐记忆是指无意识的条件下，个体的过去经验对当前任务自动产生影响的记忆。组块、演练、再循环和精细加工等方法能够巩固记忆。

3. 影响记忆提取的因素包括刺激的特征、记忆的提取线索、刺激的加工方式及消费者特征。个体遗忘是因为记忆提取失败（由于衰退、干扰、首因和近因效应），或者可能提取错误的信息。

4. 知识内容由一组关于原型和脚本中所联结的对象或活动的相关联想表示。长时记忆中的知识是根据联想网络组织起来的，概念是通过联想联系起来的。

5. 记忆中的对象按照分类范畴来存储。分类范畴是按等级结构划分为上位层次、基本层次和下位层次。图式是个体记忆中与某一概念有联系的联想网络。脚本是一种特殊的图式，表示个体对执行某一活动所涉及的行动顺序的知识。原型是个体认知范畴中最具代表性的成员。

6. 知识内容和知识结构具有灵活性。事物可能会因为相同的目标导向而被划分为同一类别，并且根据消费者对目标的解释水平不同而激活不同抽象水平的联想。

实践应用题

研读"开篇案例",讨论分析回答以下问题:

1. 结合百雀羚的案例素材,谈谈你认为该品牌的营销活动中涉及了哪些记忆类型?
2. 结合百雀羚的案例素材,谈谈该品牌运用哪些记忆策略以巩固消费者对该品牌的记忆?
3. 结合百雀羚的案例素材,谈谈该品牌如何巧用代言人传递品牌个性。

本章讨论题

1. 请列举三个品牌,谈谈品牌应如何从感觉记忆、工作记忆、长时记忆三种记忆类别入手,给消费者留下深刻的品牌印象?
2. 品牌在巩固消费者品牌记忆方面做出过哪些努力?请举例说明。
3. 请选择一个你熟悉的品牌,从刺激的特征、记忆的提取线索、刺激在工作记忆中的加工方式,以及消费者的特征四个方面分别谈谈该品牌是如何提高消费者的品牌记忆提取?
4. 请你列举一些大众熟知的品牌,分别谈谈这些品牌的品牌形象是怎样的?它们的品牌个性是如何传递给消费者的?
5. 请你列举同处于一个领域的两个品牌,它们一个是业内原型品牌,另一个是非原型品牌。请分别谈谈二者的优势和劣势,以及它们应该如何设计有效的营销策略?

即测即练

扫描此码 自学自测

参考文献

第五章

消费者态度

学习目标

本章旨在帮助读者理解消费者态度的形成和改变。
- 理解态度的内涵、功能、特征和说服路径。
- 理解消费者态度形成和改变的认知基础。
- 理解消费者态度形成和改变的情感基础。
- 理解消费者态度预测行为的影响因素,并能灵活应用态度预测消费者行为的三种理论模型。

本章案例

- 卡萨帝:"懂生活、知冷暖"的高端家电品牌
- 世纪之争:"可口可乐"VS."百事可乐"

前沿研究

- 品牌自拍的力量——什么样的买家秀能让品牌赚得更多?
- 责备机器人——聊天机器人拟人化如何激起消费者愤怒

开篇案例

卡萨帝:"懂生活、知冷暖"的高端家电品牌

卡萨帝(Casarte)是海尔旗下的高端家电品牌,于2006年成立。卡萨帝具有高端的原创科技能力,在全球布局了5大研发中心,整合全球资源,服务全球用户。同时,卡萨帝拥有高端的艺术设计能力,在全球拥有14个设计中心,获得全球顶级设计大奖33项,是高端家电获奖最多的品牌。卡萨帝的七星级服务是对传统售后服务的颠覆,是全球家电行业高端服务标准,是对用户的极致关爱。2024年,卡萨帝以821.56亿元的品牌价值再次上榜《中国500最具价值品牌》,也是唯一上榜的高端家电品牌。那么,作为一

个新兴的高端家电品牌,卡萨帝是如何在中国市场走出自己的高端品牌之路?这能为中国同行提供诸多有益借鉴。

1. 用优质产品输出品牌价值观

卡萨帝在全球市场的品牌为 Casarte,源于意大利语,"Lacasa"是"家","arte"是"艺术",Casarte 将二者合二为一,寓意"家的艺术"。家的艺术,对卡萨帝而言是指像做艺术品一样做家电,对用户而言是指高端生活品位。卡萨帝时刻洞悉都市精英人群的家庭情感需求,汲取生活灵感,将爱融入对"科技、精致、艺术"的不懈追求,打造专属高端人群的极致产品体验,真正让家电化身与家人沟通的纽带,让用户在艺术化的家居环境中感知艺术、感知爱。

价值主张就像品牌的 DNA 一样,流淌在品牌的血液里,所有的行为都要围绕它而进行。普通家电是"家的电器",相当于家里的柴米油盐酱醋茶。卡萨帝是"家的艺术",相当于家里的琴棋书画诗酒茶。同样是茶,一个是茶水,是一种日常的物品,是物质需求;另一个是茶道,代表一种美好的体验,是精神享受。用户会更愿意为后者付钱。

而且,卡萨帝把"为爱而生"作为其品牌的核心价值观之一。卡萨帝认为高端家电品牌生产的不应该是冷冰冰的电器,而是有家的味道和爱的产品。而只有站在用户的角度想象真实的场景,才能做出体现一种无言的关爱的产品。以卡萨帝冰吧为例:如果家里来客人,拿水果饮料招待,从厨房的冰箱里面和从客厅的冰吧里面拿给客人,带来的感觉是明显不同的。所以,冰吧产品就是一个有温度的产品,它传递出对人的关爱和人性化的温度。此外,卡萨帝还认为高端品牌的产品,需要超越功能效用,进入一种人文气质、精神内涵的契合。例如,卡萨帝控氧保鲜的冰箱、分区送风的空调、空气洗的洗衣机、零振动零噪音的酒柜、零冷水的热水器、不用弯腰的洗碗机及提醒小孩坐姿的电视等,都是用心、有爱的产品。卡萨帝把关爱注入产品,使过去单纯满足功能需求的家电具备了感性的温度,爱自己、爱家人、爱生活、爱万物。

过去大家只把家用电器当作一个简单的用品,很少想到它前面的定语"家"。而卡萨帝则认为家用电器要有家的味道以及家中无微不至的爱。卡萨帝通过生产优质有爱的产品,来让其产品的用户认为卡萨帝是一个有温度有人文情怀的品牌,从而输出自己品牌的核心价值观——为爱而生。

2. 圈层口碑营销

2014 年,在品牌成立第七年之际,卡萨帝创立了首个由中国家电品牌打造的高端家庭生活艺术体验平台"MLA 思享荟",希望通过这个平台汇聚来自不同领域的名人与知名品牌,共同从家的艺术中发现爱的意义。经统计,2014 全年累计共举办了 5 场精彩的落地活动,邀请到九大社会名人,活动现场累计有 50 家媒体代表与 1000 余位卡萨帝高端用户到场参加,全程共有 200 多条新闻发布。为了延续 2014 年的成功经验,从 2015 年至 2022 年,卡萨帝于每年的 6 月份启动"思享荟",以进一步汇聚爱家庭、懂生活的社会精英人士，结合线上线下资源形成品牌高端用户圈层，同时将优质内容高效放大来赢得口碑。

同时在2014年4月，"一起跑，慢慢爱"卡萨帝家庭马拉松首跑于北京，在整个一年中，累计共有8万余人、数万个家庭同卡萨帝一起跑过了全国14座城市，完成了一场声势浩大的爱的旅行。作为高端生活方式的倡导者，卡萨帝始终用最时尚健康的方式践行着"感知艺术，为爱而生"的品牌理念。为了呼唤更多精英群体回归家庭、回归本真，卡萨帝每年都举办家庭马拉松活动。卡萨帝家庭马拉松不仅仅是一场家庭跑步活动，也逐渐升级为高端运动生活体验圈层，引领着高端生活方式的演进。如今，卡萨帝家庭马拉松覆盖全国百城，与千万跑者凝聚在一起，一起跑，慢慢爱，开创了行业跨界圈层运营的全新模式。

通过"思享荟"和"家庭马拉松"这两个品牌与用户交互平台的构建，卡萨帝为其家电产品赋予了发现的意义，让高端用户在消费中获得探索未知世界的满足感，同时，卡萨帝为品牌持续注入"为爱而生"的品牌精神，在高端用户聚合的平台上与其进行深度交流，为用户构建起一个超乎产品的对话圈层，用户可以通过这个圈层来发现更好的自己。

3. 塑造高端体验的独特仪式感

作为一个高端家电品牌，卡萨帝清楚地意识到高端人群与普通大众在生活品位与态度上存在很大的差异，尤其对时尚与现代生活方式有更高的感悟与差异化需求。为了实现主动服务，打破生态界限，给用户打造一个更加"懂生活、知冷暖"的家，2022年，卡萨帝与三翼鸟深度结合，落地高端场景。卡萨帝把艺术家电做到了极致，它以成套家电为载体，进一步实现了持续迭代；而三翼鸟把智慧生活做到了极致，它以智家大脑为核心，用智慧场景和体验云平台一站式满足用户的所有生活需求。当卡萨帝和三翼鸟结合起来，就创造了"家无界"的美好生活，真正实现了空间无界、生活无界、生态无界。

第一，打破了空间边界，让智慧生活尽在掌握。不拘泥于空间的限制，卡萨帝做到了家电与家、人与家、家与生活的随时随地连接。传统的智能家电只能用手机控制，是浅度连接；而卡萨帝可以实现深层连接，不仅主动为用户提供服务，而且可以多屏互动、跨空间实时管理，所有管理都是可视的。通过智家大脑，家电还可以实现自主决策，懂得用户的喜好、迎合用户的习惯。

第二，创造了生活的无界，让美好生活持续迭代。卡萨帝与三翼鸟的结合，实现了全屋主动服务、个性关怀，懂生活、知冷暖。有管家式主动服务，可以实现无感式交互，全方位感知用户需求；也有千人千面的专属定制，可以根据每个人的兴趣、喜好定制专属的智慧场景。每一个场景还可以自主学习、持续升级。

第三，享受生态无界，让衣食住娱触手可及。在三翼鸟的平台上，已接入2万+设计师、1万+用户管家、2000+生态服务商，可以为所有用户提供超越想象的价值。像卡萨帝整合家装建材、橱柜改造等多方资源，提供送装、设计、局改全周期在内的一站式场景服务，最快三天即可焕新厨房；还接入食联网、衣联网等，无论食材采购、产地溯源，还是成衣购买、洗衣护衣，都可以为用户一站解决。

  随着社会进步，用户的需求迭代是没有止境的。卡萨帝始终以用户需求为使命，不断进步探索，用最好的产品和最好的场景塑造高端体验的独特仪式感，把最好的体验和最好的生活带给千家万户。

  综上可见，卡萨帝在高端家电领域，较先洞察到中国都市精英人群的家庭情感需求，打造专属高端人群的极致产品体验，真正让家电化身与家人沟通的纽带，让用户在艺术化的家居环境中感知艺术、感知爱。卡萨帝用优质产品输出品牌价值观、进行圈层口碑营销、通过换道场景塑造高端体验的独特仪式感……最终，卡萨帝成功吸引中国都市精英人群的注意力，成为高端家电品牌的典范。其成功经验，为其他家电品牌如何在中国市场走出属于自己的高端品牌之路提供了有益借鉴和启示。

资料来源：

[1] 何佳讯，吴婉滢. 卡萨帝：移动互联时代高端家电品牌的创建之道[Z]. 中国管理案例共享中心库, 2016-09-19.

[2] 中国网.李华刚：卡萨帝+三翼鸟，将最美好的生活带给千家万户[EB/OL]. (2022-06-29) [2024-12-06].https://t.m.china.com.cn/convert/c_vMK3gQAE.html.

[3] 人民网. 当科技联动传统文化 这波跨界让"家"很中国[EB/OL]. (2021-07-18) [2022-08-14]. https://mp.weixin.qq.com/s/8xb_3TQedNggj6wJWJ5GVw.

引　言

  正如开篇案例所示，卡萨帝通过洞察消费者态度形成和改变的认知基础和情感基础，制定相应的营销活动，在高端家电行业取得了良好的市场业绩。消费者参与该营销活动的程度会影响其态度和行为，而消费者的态度可以基于对产品的认知基础和情感基础而形成和改变。其中，营销人员如何改变消费者态度并影响其行为，是本章讨论的中心问题。态度产生的一种方式是以个人价值观为基础的。假设环境保护是消费者最看重的一条价值观，当其考虑要买双新运动鞋时，他可能会对使用可回收材料制造运动鞋的品牌比对使用不可回收材料制造运动鞋的品牌持更积极的态度。而以情感为基础的信息加工是另一种形成态度的有效方式。当消费者对信息产生情感涉入时，他们倾向于采取整体性而非分析性的方式处理信息。本章重点介绍了态度的内涵、功能、特征和说服路径，态度形成和改变的认知基础和情感基础，态度预测行为的影响因素和三种理论模型。图5.1描绘了第五章的内容要点及在全书中的位置。

第五章 消费者态度

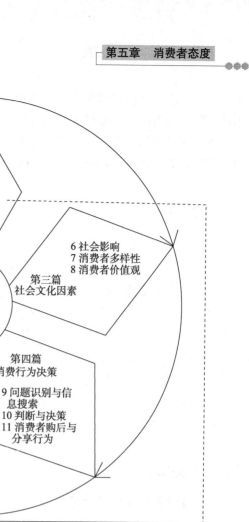

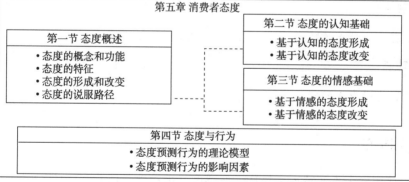

图 5.1 第五章逻辑结构图

第一节 态 度 概 述

一、态度的概念和功能

（一）态度的定义

态度是针对某个对象、问题、人或行动相对全面和持久的评估[1]。态度是一种总体评价，它表达了我们有多喜欢或不喜欢一个对象、问题、人或行为。态度是后天习得的，而且往往会随着时间的推移而持续下去。人们的态度也反映了个体对事物的整体评价，这种评价是基于与之相关的一系列联想。这就是为什么人们的态度取决于品牌、产品类别、广告、人、商店、网站、活动等原因。

 态度：

针对某个对象、问题、人或行动相对全面和持久的评估。

（二）态度的功能

态度重要的原因在于其具有三大功能：①认知功能（the cognitive function）：态度能引导消费者的想法；②情感功能（the affective function）：态度能影响消费者的情感；③意动功能（the connative function）：态度能影响消费者的行为。消费者根据自己的态度决定阅读哪些广告、与谁交谈、在哪里购物及在哪里吃饭。同时，态度也会影响我们获取、消费和处置产品的行为。因此，营销人员需要改变态度以进一步影响消费者的决策和改变消费者的行为。

 认知功能：

态度能引导消费者的想法。

 情感功能：

态度能影响消费者的情感。

 意动功能：

态度能影响消费者的行为。

二、态度的特征

态度可以使用六个主要特征来描述：好感度、可达性、信心度、持久性、抵制力和矛盾性。好感度（favorability）是指消费者喜欢或不喜欢某物的程度。可达性（attitude accessibility）是指态度能被记住的容易程度[2]。如果消费者昨晚去过餐厅吃饭，他可能很容易记住他对餐厅的态度，就像消费者很容易记住对他而言很重要的对象、事件和活动的态度一样（如消费者对自己第一次入住过的五星级酒店的态度）。

信心度（attitude confidence）是指消费者对所持有态度的强烈程度。在某些情况下，消费者对自己持有的态度非常强烈且信心十足，而在另外的一些情况下，消费者对其态度的确定性较低[3]。同时，态度在持续时间上也会存在差异。持久性（attitude persistence）是指消费者的态度能持续多久。消费者有着坚定信心的态度可能会持续很长时间，而其他不太坚决的态度持续时间可能很短暂。此外，消费者改变其态度的困难程度也不尽相同。抵制力（attitude resistance）是指消费者改变态度有多困难[4]。当消费者不忠诚于某个品牌或对产品知之甚少时，他们可能很容易改变态度。然而，当消费者对品牌忠诚度很高或认为自己是产品类别的专家时，消费者态度的改变就变得较为困难。比如，当消费者对"iPhone"有很高的品牌忠诚度时，其选择购买其他手机品牌的可能性较低。然而，当消费者并没有高度忠诚于某一品牌时，其可能会频繁地更换购买的手机品牌。

当消费者对品牌的某一方面有强烈的正面评价而对其他方面有强烈的负面评价，说明消费者对品牌存在矛盾态度。矛盾性（ambivalence）是指消费者对一个品牌的评价褒贬不一。有趣的是，当我们的态度矛盾时，消费者认为对此产品和类别并不是特别了解的人的意见也会对其产生较大的影响。因此，当消费者在购物时，能够同时找到购买某个产品和不购买这个产品的理由，那么在其朋友的鼓动下，消费者更可能受其朋友的影响选择购买产品。比如，当消费者在购买新能源汽车时，其可能会因为新能源汽车环保而选择购买，也可能会因为其二手汽车不保值而选择放弃。此时，如果朋友认为新能源汽车环保而鼓励消费者选择购买，消费者有较大的可能会受其朋友的影响选择购买新能源汽车。

 好感度：

消费者喜欢或不喜欢某物的程度。

 可达性：

态度能被记住的容易程度。

 信心度：

消费者对所持有态度的强烈程度。

 持久性：

消费者的态度能持续多久。

 抵制力：

消费者改变态度有多困难。

 矛盾性：

消费者对一个品牌的评价褒贬不一。

三、态度的形成和改变

当营销人员了解态度是如何形成时，他们可以更好地塑造和影响消费者对新产品和新行为的态度。对态度形成的理解，还能更好地指导营销人员制定营销策略，旨在改变消费者对现有产品和既定行为的态度。图 5.2 总结了本章讨论的态度形成和改变过程的一般方法[5]。

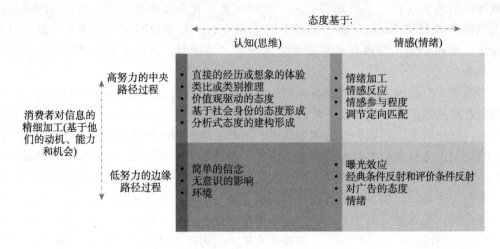

图 5.2 态度形成和改变过程的一般方法

（一）基于认知（思维）

如图 5.2 所示，态度形成的第一种方式认为态度是基于认知（思维）的。这意味着，态度的形成可以基于消费者对从外部来源（如广告、销售人员、社交媒体或朋友）接收到的信息产生的想法，或基于消费者从记忆中提取的信息。一项研究表明，广告信息中宣传有关产品功能的信息，如产品的功能可以做什么，这一信息可以激发人们对产品的思考并激发消费者对产品产生积极的态度。

（二）基于情感（情绪）

第二种方式表明态度是基于情感（情绪）的。消费者对某一个产品的好感有时只是因为消费者感觉其很好或看起来很不错。类似地，消费者可以通过观察其他人使用某一产品的情绪来形成自己的态度。例如，如果消费者看到某人在玩轮滑并且玩得很开心，消费者就会相信如果他玩滑板的话，他也会玩得很开心。事实上，研究表明，消费者对产品类别和品牌的态度不仅会受到产品功利属性（与产品功能相关）的影响，还会受到产品的享乐属性（与产品使用的情感体验相关）的影响。

四、态度的说服路径

消费者进行思考或精细化加工的程度同样会影响他们的态度形成和改变过程。如图 5.3 所示，消费者具有较高或较低的 MAO 去加工信息和制定决策，基于不同水平的 MAO，采用不同路径对信息进行加工。中央路径（central-route processing）是指消费者需要付出努力思考信息的态度形成和改变过程[6]。其称为中央路径是因为消费者是通过仔细和认真分析信息中所包含论点的相对优势和相关性来形成态度。边缘路径

（peripheral-route processing）是指消费者投入精力有限或低精细化的态度形成和改变过程，这些态度的形成往往是基于信息中包含的边缘或表面线索。

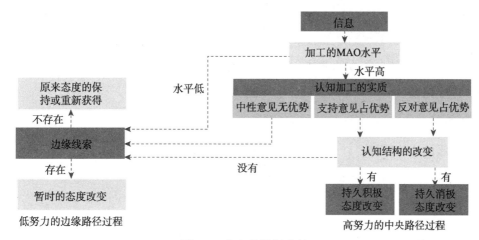

图 5.3　态度的说服路径

当消费者处理信息的 MAO 较高时，消费者倾向于采用中央路径的信息加工过程，更可能在形成或改变态度和制定决策时付出大量努力或参与度较高。这种深度和努力程度较高的加工结果导致消费者形成了强烈的、信心十足的、高可达性的、持续时间长及抵制力强的态度。

当消费者愿意在较高的努力程度下加工信息时，营销人员可以通过以下两种方式来影响消费者的态度：①认知方式——影响消费者对产品的想法或信念；②情感方式——影响消费者与产品有关的情绪体验。此外营销人员可通过说服性沟通的来源特征、信息的类型或上述因素的某种组合来影响消费者的态度。当态度形成后，它们会对消费者的意向和实际行动产生重要的影响。

然而，当消费者处理信息的 MAO 较低时，消费者采用边缘路径的信息加工过程，其态度的形成是以对信息的肤浅或表面分析为基础，而非以仔细分析其真正价值为基础。在这种情况下，消费者不太可能考虑产品对他们意味着什么，也不会与广告中的人物产生共鸣，更不会对品牌信息产生反对或支持。当努力较低时，消费者是消息的被动接受者，通常不会形成强烈的、信心十足的、高可达性的、持续时间长及抵制力强的态度。事实上，在低度努力下形成的态度甚至可能不会在记忆中存储，消费者也不会在每次接触到信息时重新形成态度。

当消费者只愿意在较低的努力程度下加工信息时，营销人员可以采用的一种策略是创造与众不同的沟通内容或者沟通方式。如果信息采用说服的边缘路径（peripheral route to persuasion）而不是将重点放在关键的信息论点上，那么信息将会更为有效。说服的边缘路径是指不依赖于关键信息论点，而用信息的其他方面来影响态度。当消费者的态度不是建立在对信息的深思熟虑或其对品牌移情能力的基础上，而是建立在信息的其他易于加工的方面的基础上，如信息来源或视觉图像，即建立在边缘线索（peripheral cue）的基础上时，这种加工就是边缘加工。边缘线索是指信息中易于加工的方面，如音乐、有吸引力的来源、图片或幽默语言风格。尤其是，如果像视觉这样的边缘线索与产品相关，那么消费者的态度就可能会持续很长一段时间。

 中央路径：

消费者需要付出努力思考信息的态度形成和改变过程。

 边缘路径：

消费者投入精力有限或低精细化的态度形成和改变过程。

 说服的边缘路径：

除关键信息以外的能影响消费者态度的其他方面。

 边缘线索：

信息中易于加工的方面，如有吸引力的图片、音乐或幽默语言风格。

第二节　态度的认知基础

一、基于认知的态度形成

研究人员已经提出了各种理论来解释在消费者付出大量努力加工信息和制定决策时，各种想法和态度之间的关系。基于认知的态度形成是指消费者会基于自身的认知形成态度。在本节中，我们将考察五种认知因素对消费者态度形成产生何种影响，具体包括：①直接的经历或想象的体验；②推理与归因；③价值观驱动的态度；④基于社会身份的态度形成；⑤态度形成的分析式与启发式加工过程。

（一）直接的经历或想象的体验

一方面，仔细思考对某项产品或服务的真实体验（甚至是想象这种体验会是什么样子）能帮助消费者形成积极或消极的态度。当消费者在试驾新车后或在看完电影预告片后，其很可能会形成态度，甚至是当消费者想象驾驶那辆车或看那场电影会有什么样的感觉之后，其同样可能形成态度。宜家在蒸汽（Steam）平台推出"宜家VR体验馆"，用户在下载该应用后，借助HTC Vive（一款虚拟现实头戴式显示器产品），即可提前感受厨房布局，用户还可以改变橱柜和抽屉的颜色，更换成人或儿童的不同视角。运用VR技术有助于消费者想象购买宜家家居之后的体验，形成其积极的态度。

另一方面，如果消费者正在查看包含从不同角度拍摄的产品照片的产品宣传册或者广告，消费者形成的态度将会根据他的需求而有所不同。如果消费者想要通过图片来想象其对于产品的体验，额外的处理信息的难度将导致消费者形成的态度不如消费者只是想象自己获取有关体验的信息所形成的态度显得积极。

（二）推理与归因

1. 类比或类别推理

通过考虑某产品与另外的产品或某一产品类别之间有多大相似性，消费者同样可以形成态度。例如，如果消费者从来没有喝过喜茶的芝芝莓莓，但是他想象芝芝莓莓也许与他喜欢喝的喜茶的多肉葡萄很相似，消费者的这种推理会导致其形成对芝芝莓莓的积极态度。

2. 简单推理

简单推理（simple inferences）是指消费者基于边缘线索形成的信念。消费者会根据简单关联形成简单推理从而形成简单信念。例如，消费者可能会推断某个香槟品牌十分高雅，因为该品牌总是和其他高雅的东西一起出现。如果消费者认为某个广告与某一产品或服务类别的原型广告很相似，那么他们会相信该产品就像原型品牌一样，并会对它形成与原型品牌一样的态度。例如，"东鹏特饮"维生素功能饮料使用与行业领导品牌"红牛"相似的广告语"累了，困了，喝东鹏特饮"，使得消费者对其产生与"红牛"相似的态度，这也帮助"东鹏特饮"在2021年成功上市，市值一度上涨至355亿元。

 简单推理：

消费者基于边缘线索形成的信念。

3. 归因

消费者还会根据代言人的归因和解释来形成简单信念。如果消费者认为代言人代言是为了赚钱，他们将不会相信这条广告信息。如果消费者认为代言人真正在乎其代言的产品，则代言广告会更可信。当林丹代言"李宁"的羽毛球装备时，消费者会认为李宁的羽毛球装备是值得信赖的，其质量是有保障的。因为林丹是世界羽坛唯一的"双圈大满贯"得主，同时其在世界顶级赛事的赛场上也使用李宁的羽毛球装备。

（三）价值观驱动的态度

态度产生或形成的另一种方式是以个人价值观为基础的。假设环境保护是消费者最看重的一条价值观，当其考虑要买双新运动鞋时，他可能会对使用可回收材料制造运动鞋的品牌比对使用不可回收材料制造运动鞋的品牌持更积极的态度。因此，消费者的价值观决定了其对这些品牌的态度。同样地，对于重视真实性的消费者来说也是如此，他们会对自己认为真实、诚恳和诚信的品牌形成积极的态度。

（四）基于社会身份的态度形成

消费者如何看待他们自己的社会身份会影响他们对产品和品牌态度的形成。例如，假设你认为自己是一个真正的体育爱好者，这可能属于你认同的一部分。因此，你可能会形成对某一品牌或产品的积极态度，如由你喜爱的运动员所代言的运动服装品牌，该品牌或产品能使你表达出这种社会认同。因此，喜欢中国国家游泳队的消费者可能会因为安踏签约了中国国家游泳队，而对安踏形成积极的态度。

（五）态度形成的分析式与启发式加工过程

1. 态度形成的分析式加工过程

消费者有时会使用更具分析性的态度形成过程，即在接触营销刺激或其他信息后，他们会根据自己的认知反应形成态度。认知反应（cognitive response）是指当一个人接受某一沟通信息展露时所产生的反应，这种反应可以是识别、评估、联想、印象或观念[7]。假设一名肥胖者看到了一则碧生源减肥茶的广告。他对这则广告的反应可能会是："我就需要这样的产品""这个产品根本不管用"或"广告中的肥胖者是由于收取了品牌商的代言费才说这个产品的好话"。根据认知反应模型，这些自发产生的想法将会影响这名肥胖者对碧生源减肥茶的态度。积极的想法会对态度产生积极的影响，而消极的想法则会对态度产生消极的影响。

根据认知反应模型，消费者对信息做出反应，以至于其会形成不同的信息认知反应：反驳性论据、支持性论据、信息来源贬损和信念差异。

- 反驳性论据（counterarguments，CAs）是指不赞同信息的想法。在前面肥胖者看到碧生源广告的例子中，"这个产品根本不管用"或"这个产品不能让我减轻体重"就属于此类反应。
- 支持性论据（support arguments，SAs）是指赞同信息的想法。先前肥胖者认为的"我就需要这样的产品"或"这个产品看起来不错"则属于这类反应。
- 信息来源贬损（source derogations，SDs）是指贬低或攻击信息来源的想法。看到碧生源减肥茶后，肥胖者产生的"这个代言人在说谎"或"广告中的肥胖者是由于收取了品牌商的代言费才说这个产品的好话"属于这类反应。
- 信念差异（belief discrepancy，BD）是指当信息与消费者所相信的不一致时。如果这名肥胖者认为减肥茶这一产品无法减轻他的体重，即与其在广告中获取的信息内容不一致，消费者就会倾向于产生更多的反对意见，而产生较少的支持意见。

反驳性论据和信息来源贬损会导致不利的初始态度或抗拒态度。像"这个产品根本不管用"或"广告中的肥胖者是由于收取了品牌商的代言费才说这个产品的好话"这样的想法有可能导致消费者对碧生源减肥茶形成负面的态度。消费者并不是盲目接受和跟从说服性信息中的建议，相反，他们会利用对营销人员的目标或策略的了解来有效应对或抵制这条信息。事实上，消费者的确会想到营销人员如何试图影响消费者行为。接着，这些想法会让消费者对营销活动做出反驳性论据或支持性论据的反应。此外，"这个产品看起来不错"这类支持性论据会导致消费者对产品形成积极的态度。

研究表明，当消费者抵制说服并且也意识到他们在抵制说服时，这种意识会强化他们的初始态度。在高精细化加工情境中，当消费者碰到与他们自己的态度不一致的说服性信息时，他们将会产生反驳性论据，这种论点能强化他们的初始态度——除非这条信息是来源于专家。然而在低精细化加工情境中，并不会发生上述情况。

认知反应：

个体接受某一沟通信息时所产生的反应。

 反驳性论据：

不赞同信息的想法。

 支持性论据：

赞同信息的想法。

 信息来源贬损：

贬低或攻击信息来源的想法。

 信念差异：

当信息与消费者所相信的不一致时。

2. 态度形成的启发式加工过程

启发式（heuristics）是指用于做出判断的简单经验法则。消费者可以通过形成启发式或简单的经验法则来辅助做出判断，这些启发很容易激活，且不需要费多大的精力去思考[8]，如消费者可以利用"知名品牌一定是好品牌"这样的启发来推断广告越多的品牌其产品质量也越好。频率启发式法则（frequency heuristic）是一种特殊的启发类型，其指消费者仅基于支持论据的数量多少或重复程度而形成的信念[9]。消费者可能会想："我有 10 个理由喜欢它，因此它一定是好的。"研究表明，当消费者重复听到同一条信息后，他们可能会对产品产生更强的信念，这种情况被称为真相效应（the truth effect）[10]。真相效应是指某个信息由于被多次重复呈现而使得消费者对该信息很熟悉，从而相信该信息是真实的。消费者采用对信息的熟悉程度而非对信息的思考和评价来判断信息的准确性，如"这个听起来很熟，因此它肯定是真的"。

 启发式：

用于做出判断的简单经验法则。

 频率启发式法则：

消费者仅基于支持论据的数量多少或重复程度而形成的信念。

 真相效应：

某个信息由于被多次重复呈现而使得消费者对该信息很熟悉，从而相信该信息是真实的。

二、基于认知的态度改变

基于认知的态度改变是指消费者会基于自身的认知对其态度做出改变。沟通的信息源、信息,以及信息情境和重复都会改变消费者的态度。下面将详细介绍上述三个方面的营销沟通因素如何影响消费者基于认知的态度改变。

(一)沟通的信息源

在对信息进行加工的过程中,那些以认知为基础形成态度的消费者有可能受到信息可信度的影响。这就意味着营销信息必须可靠,以产生支持性论据、限制反驳性论据和信息来源贬损为原则,从而提高信念强度。而信息源的可信度、公司声誉等因素都能够有效提高信息的可靠性。

1. 信息源的可信度

在许多营销信息中,信息是由代言人发布的,通常代言人可以是一位名人、演员、公司代表或者真实的消费者。在销售情境中,销售人员就是公司和产品的代言人。可信度(credibility)是指来源的可信、专业或有地位的程度。这些信息源的可信度和公司的可信度都会影响消费者的态度[11]。研究表明,与信息源的可信度较高的情况相比,当信息源的可信度较低时,消费者往往会更仔细地评估产品信息。

当信息源具备下列五个特征中的一个或多个特征时,信息源会被认为是可信的:可信赖性、专业性、地位、广告代言人只代言一个品牌和礼貌性语言。首先,人们更可能相信一个受人信赖而非不受人信赖的个体。由于消费者往往认为其他消费者的意见要比来自官方的说辞偏见更少,因此他们会考察在口碑APP以及其他消费者在产品评论网站上发布的产品评论。研究表明,高质量的在线评论及越多数量的在线评论对在线购物者的购买意愿有积极的影响。

口碑是一个重要且可信的来源。研究表明,消费者描述消费经历时使用的语言类型会影响其重复购买、推荐购买及将来购买产品的意愿。因此,营销人员应该考虑那些有助于口碑来源理解并以特定方式解释消费者购买经历的信息。

其次,消费者更可能接受来自知识渊博的人或专家关于某个话题的信息,而非对这一话题完全不了解的人所提供的信息。展现出丰富产品知识的销售人员要比一无所知的销售人员更可信。此外,拥有较高的职位和社会地位的人也会被认为是可信的。这也是为什么许多企业在它们的广告中以它们的CEO或创始人作为代言人。例如,小米集团官方宣布其创始人、CEO雷军成为小米手机11系列的品牌代言人。

最后,使用不为其他产品做广告的代言人能够增加消费者相信产品代言的机会。同时,信息源的可信度也受到产品宣传时所用语言的影响。研究表明,消费者在评论产品时,如果他们使用礼貌的语言,并弱化他们所传递的任何负面产品信息的影响,那么他们会被视为更可信的信息源。

 可信度:

来源的可信、专业或有地位的程度。

2. 公司声誉

当营销传播中代言人不发挥主导作用时，消费者会根据传递信息的公司声誉来判断可信度。人们更有可能相信，并根据那些以生产优质产品、公平对待消费者或值得信赖而闻名的公司的信息改变他们的态度。例如，主营体育用品的"迪卡侬"，从未邀请过明星代言，依靠自身过硬的产品质量，2020年的年收入达1012亿元。

公司品牌的感知可信度比公司品牌的专业性更能影响消费者的认知和行为。比如，普通消费者对"阿迪达斯"的感知可信度更高，其有较大的可能会认为"阿迪达斯"的羽毛球鞋比专业性更强的羽毛球鞋品牌"尤尼克斯"的羽毛球鞋品质更好，进而导致消费者更有可能购买"阿迪达斯"的羽毛球鞋。

（二）信息

消费者会对信息本身是否可信进行评估。总结而言，共有七种因素会影响信息的可信度：质量论证、单面与双面信息、比较信息、类别一致性信息和图式一致性信息、信息论据的数量、简单的信息点及信息参与感。下面我们将针对每一种因素进行详细的介绍。

1. 质量论证

影响信息是否可信的一个最重要因素是该信息是否采用强有力的论据[12]。强有力论据（strong argument）是指以一种令人信服的方式展示产品的最佳特征或核心优点。信息也可以展现某些支持性的研究或认可，如产品通过了中国质量认证中心（China Quality Certification Centre，CQC）获证组织或国际标准化组织（International Organization for Standardization，ISO）的论证。当消费者已经思考如何避免不愉快购物经历后，再让消费者接触到强有力论据，则这种信息会更有说服力。

此外，当消费者关注使用产品的过程而非使用产品的结果时，强有力论据对行为意向有更大的影响，尤其是对于低或中等参与度的产品。对高认知需要的消费者而言，广告信息中采用强有力论据和隐性结论相结合的方式将会导致更有利的品牌态度和购买意向，而对低认知需求的消费者不会产生显著的影响。此外，当消费者投入足够的认知资源对信息加工时，包含强有力论据的信息对他们的说服力会更大。

 强有力论据：

以一种令人信服的方式展示产品的最佳特征或核心优点。

2. 单面与双面信息

许多营销信息只呈现正面信息。这种只呈现积极信息的营销信息被称为单面信息（one-sided messages）。但是在某种情况下，呈现一种既有正面信息又有负面信息的双面信息（two-sided message）可能更有效。例如，大众公司的汽车广告采用双面广告信息进行营销宣传，如"朴实无华的轮胎每一个都是独立悬挂"。像强有力论据一样，双面信息能使得信息更可靠，其增加了消费者信念强度，并减少反驳，从而影响消费者的态度。当消费者在广告中看到负面信息时，他们可能会推断这家公司很诚实，这种信念提高了信息来源的可信度。双面信息广告通过为消费者提供尽管产品存在问题但仍对产品感兴趣的理由，促使消费者在头脑中对产品产生新的信念。需要注意的是，双面信息的说服效果部分取决于如何呈现负面信息及负面和正面属性之间的相互作用。例如，在产品评论的情境中，当评论者的观点与评分一致时，信息的说服效果更好。也就是说，当评论评分适中时，双面信息的说服效果更好；反之，当评论评分极端低或者极端高，单面信息的说服效果更好。

单面信息：

只呈现积极信息的营销信息。

双面信息：

一种既有正面信息又有负面信息的营销信息。

3. 比较信息

比较信息（comparative messages）是指与竞争对手进行直接比较的信息[13]。比较信息有两种类型。最常见的一种是间接比较信息，即在信息中将产品与那些没有名字的竞争者的产品进行对比，如"其他领导品牌"或"某品牌"。这种策略能改善消费者对某一个拥有中等市场份额的品牌相对于其他拥有中等市场份额的品牌的知觉，但这一方式不能改变其相对于市场领导品牌的知觉。但是，比较广告的效果存在着文化差异。韩国的文化价值观十分看重和谐，比较广告显然违背了这种价值观，因而很少使用，但是比较广告在美国却被经常使用。一般来说，大多数消费者不喜欢比较广告，如果同类产品中的其他品牌不使用比较广告，那么使用比较广告会对广告说服力产生负面影响。

当比较信息中含有像可信的来源或客观性或经过验证的声明这样的强有力论据、使其更可信的其他元素或宣传的是该产品品类中的重要属性或效用时，比较信息尤其有效。然而，与非比较广告或直接比较广告相比，间接表明品牌优于其他品牌的广告信息相较于在整个市场中对该品牌进行定位更为有效。同样，如果消费者起初通过一则非比较广告接收信息，当他们之后再接触一则比较广告时，他们对其评估修正的幅度要大于当他们之后接触另一则非比较式广告的情况。以负面方式提及竞争对手的比较广告会被认为是不大可信和有偏见的；与无负面竞争性参照的比较式广告相比，以负面方式提及竞争对手的比较广告会导致消费者更多的反驳性论据和更少的支持性论据。

比较信息：

与竞争对手进行直接比较的信息。

品牌洞察案例5-1

世纪之争:"可口可乐"VS."百事可乐"

2008年,百事可乐的广告在网络上流行:一个小男孩在自动售货机前投币按出两罐可口可乐,将其放在地上作为垫板到更高处的百事可乐投币槽投币,然后小男孩拿着百事可乐头也不回地走了,潜台词:"可口可乐只配做垫脚石"。后来可口可乐以同样的讽刺方式迅速作出反击。不同的是,小男孩拿下可口可乐后,又将作为垫板的百事可乐放回原处,潜台词:"我的顾客比你的顾客更有素质"。一个是市场挑战者,一个是市场领导者,百年来,可口可乐与百事可乐的品牌竞争一直纷扰不断。根据《2021年世界品牌500强排行榜》,百事可乐排名第27位,可口可乐排名第11位。如此两大软饮巨头是如何在百年竞争中化解对方的攻击的,又是如何在竞争中获取消费者的喜爱?

1. 目标市场的比较,引导不同的消费群体

可口可乐和百事可乐在早期的对峙中就已经形成了潜在广告比较的趋势。早期的可口可乐强调经典、传统和家庭,因此受众群体比较广,包括了小孩、老人和军人等。1960年,百事可乐将自身的广告业务交给了BBDO(Batten, Barton, Durstine & Osborn)广告公司,BBDO经过市场分析后,将广告矛头放在了可口可乐的"传统"形象上,并全力将百事塑造成年轻、青春和潮流的象征。比如,BBDO在1983年聘请迈克尔·杰克逊拍摄了两部广告,这位世界巨星赢得了年轻一代狂热的追捧。据统计,广告播放后约有97%的美国人收看过,在播放的首个月,百事可乐的销量呈直线上升。站在消费者的视角而言,百事可乐一直在通过广告创造一种认知,即百事可乐等于潮流,并试图引导年轻人的消费,使年轻消费者更加倾向于选择百事可乐。由此,通过目标市场的比较与转变,实现了早期百事可乐对可口可乐的赶超。

2. 产品属性的比较,凸显不同品牌的特征

虽然可口可乐与百事可乐有很多相似的产品属性,但大多消费者都感觉可口可乐气泡更足,而百事可乐甜度略高。20世纪80年代,百事可乐在得克萨斯州举办了著名的口味测试——"百事挑战",具体内容则是让可口可乐的忠实粉丝做盲目的可乐口味尝试,并用录像实时记录被试的反应。在反复试验后发现,有半数以上的被试声称更喜欢装有百事可乐的杯子中的可乐味道。百事可乐顺其大力宣传,不仅使在全美软饮料市场的份额从原先的6%猛增至14%,还使得可口可乐开始怀疑起了自身沿用已经近百年的配方。从产品口味特征的角度来说,百事可乐这种产品属性的比较更加鲜明地将"口味好"的特征表示了出来。差异化的实验结果刺激了消费者对两个产品属性特征的关注,并通过实验来使消费者所信服,提升了消费者对百事可乐的态度,成功从作为市场领导者的可口可乐手中抢夺更多的市场。

3. 品牌形象的比较,快速适应市场的变化

2008年美国正面临着自大萧条以来最严重的经济危机,不景气的市场给社会带来了沉重的负担。12月底,百事可乐在北美市场掀起了"Refresh Everything"(刷新一切)的品牌重塑活动。圣诞节前一天,百事可乐在纽约时代广场大力宣传新的品牌形象,指出商标中的"O"代表着乐观（optimsm）、快乐（joy）和爱（love），鼓舞人们在经济衰退时，要保持积极乐观的态度。而这场活动也顺应了当时奥巴马的"变革"主张，并间接助力了奥巴马在总统选举中胜出，获得了广大消费者的支持。可口可乐不甘示弱，迅速在全球推出了"Open Happiness"（打开幸福）的品牌形象塑造活动。当时可口可乐的首席营销官表示，这场品牌塑造活动是建立在传统基础上的，针对百事可乐情感营销的一个宣言。从市场角度而言，双方品牌在衰退市场中所重塑的正能量形象，切合了当时社会背景人们长期压力（如投资失利、家庭矛盾和失业等）下产生的对积极情感的渴望，不仅吸引了消费，还回应了竞争对手打出的"感情牌"。

综上，可口可乐和百事可乐两个品牌互为主要竞争对手时，品牌之间的比较竞争似乎成为抢夺市场资源最直接的手段。可口可乐与百事可乐长达百年的广告较量，不仅有效地化解竞争对手的攻击，并且明确了双方的目标群体，树立了各自独特的品牌形象，在不同时期满足了不同消费者对可乐的需求，使消费者对可口可乐和百事可乐长期保持积极的态度。当然随着技术的发展双方"战争"早已不仅仅局限在广告、产品和平面宣传上，它们的"战火"已蔓延到各个领域，如音乐、体育、游戏和虚拟世界等。但是值得注意的是，无论在何种领域采用何种方法与对手竞争，都需要合理合法。

资料来源：

[1] 世界品牌实验. 2021 年世界品牌 500 强总榜单[1-500][EB/OL]. (2022-07-19) [2024-12-06]. https://www.worldbrandlab.com/world/2021/.

[2] Pepsi refresh project. PEPSI REFRESH EVERYTHING[EB/OL]. [2024-12-06]. https://www.refresheverything.ca/index/index/.

[3] Adweek. Coke Tells World to 'Open Happiness' [EB/OL]. (2009-01-22) [2024-12-06]. https://www.adweek.com/brand-marketing/coke-tells-world-open-happiness-98112/.

4. 类别一致性信息和图式一致性信息

沟通的许多元素都会影响消费者对消息的推断。例如，消费者会根据品牌名称推断某品牌具有某些特征。举例来说，"真功夫"的品牌名称和该品牌所推出的蒸饭产品相吻合。就像第四章讨论的那样，消费者也会根据价格来推断质量，或者根据颜色推断属性，如红色代表热烈。因此，在为低努力度消费者设计广告时，营销人员应该密切关注消费者对易于处理和加工的视觉和语言信息的直接关联。这些关联很可能与储存在消费者记忆中的类别信息和图式信息相一致。

图式（schema）是指与某一概念有联系的联想网络，而分类范畴（taxonomic category）指个体基于对象间的相似性，采用分层方式对其记忆中的一组对象进行分类。在产品排名中的位置，如前 10 名，可能会影响消费者的推断。消费者根据以"0"和"5"结尾的等级在心理上创造出产品的子类别，并倾向于夸大相邻子类别之间的差异。因此，当一种产品的排名从第 11 位提高到第 10 位时，消费者对进入"前 10"子类别的感知会比当一种产品的排名从第 10 位提高到第 9 位时更明显。

5. 信息论据的数量

频率启发也会影响消费者对信息的信念。作为一种简化的法则，消费者实际上并不会加工所有的信息，其通常通过支持性论据的数量、信息参数的易记性、信息支持者数量形成信念。值得注意的是，低努力的态度会受到消费者是否容易记住信息参数的影响。只要能够回忆起一些论点就能增强消费者对广告品牌的偏好。例如，德芙公司使用"牛奶香浓，丝般感受"，促使人们较为容易地记住"奶香浓郁，入口丝滑"这个论点证据。同时，存在多个信息支持者也可以发挥作用。比如，消费者可能会被使用达成共识声明的广告所说服，就像"90%的牙医更喜欢某一种牙膏品牌"。

6. 简单的信息点

在低信息加工情况下，简单的信息更可能有效，因为消费者不会去加工大量信息。营销人员经常希望能传递为什么某个品牌会更好的信息，尤其是当某个差异点能将该品牌与竞争者区分开来时。因此，营销人员不应采用过多详细信息，因为这样会使低信息加工的消费者感到信息过量，而是应当采用只包含一到两个关键点的简单信息。例如，格力公司在宣传其空气净化器时，广告中只使用"精准检测，清新满屋"简单的两个关键点，从而达到较好的广告效果。

7. 信息参与感

营销人员有时希望提高消费者对信息的参与感，从而确保消费者接收到信息。自我参照（self-referencing）是指将信息与个体的自我体验或自我形象联系起来[14]。一种常见的策略是提高消费者进行自我参照的程度。尤其是在适度运用该策略及消费者的参与感不会太低的情况下，自我参照策略可以有效用于建立积极态度和意向。前沿研究 5-1 发现，相比于消费者自拍，品牌自拍使消费者更容易将品牌与个人体验联系起来，提升消费者关于品牌消费的认知加工程度和心理模拟，从而提升消费者的品牌参与度。同时，一些营销人员在信息中使用怀旧来鼓励自我参照，并且影响消费者积极的态度。例如，南方黑芝麻糊使用温情怀旧广告来鼓励自我参照，让消费者联想起自己小时候的记忆，从而使消费者形成积极的态度。

在人员销售情境中记住并叫出消费者的名字同样会增加购买行为。如果某个品牌在消费者认为重要的或自我描述的人格维度上表现十分丰富，那么消费者就会对该品牌有更积极的态度。例如，"匡威"的品牌理念强调青春、叛逆、自由的时尚，这使得其受到热衷街头文化的青少年的欢迎。含有主流文化线索的主流广告会激发子文化成员及主流文化成员中的自我参照，并导致积极的广告态度。例如，蒙牛品牌提出其最经典的广告语："每天一斤奶，强壮中国人"，从自己的事业出发落脚到国家实力的提升，展现了作为企业应具有的社会责任和爱国之心。但是，如果广告中包含的是子文化线索而非主流文化线索，那么这则广告只会在子文化成员中形成积极的广告态度。例如，2017 年"洛天依"代言 KFC，引起了二次元文化圈子的广泛关注和讨论。

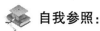 **自我参照：**

将信息与个体的自我体验或自我形象联系起来。

（三）信息情境和重复

前沿研究 5-1

品牌自拍的力量——什么样的买家秀能让品牌赚得更多？

尽管来源和信息因素会影响消费者的态度，但信息传递所处的情境也会影响消费者信念的强度，以及这些信念对消费者的影响的显著性。特别是，公司可以利用信息重复来帮助消费者对产品的重要特点或优势有一个基本认识，从而提高消费者信念的强度和显著性。消费者不会主动尝试去处理这些信息，但是营销者可以通过偶发性学习来增强消费者记忆。偶发性学习（incidental learning）是指由于重复而非有意识的加工而进行的学习[15]。例如，你可能有一个显著的六个核桃可以补充脑力的信念，这是因为你反复接触到六个核桃"经常用脑，多喝六个核桃"的广告。

重复会提高品牌知名度，使消费者更熟悉品牌名称，更容易在商店中认出该品牌，提高消费者记住该品牌的可能性并在做出购买决策时更倾向于购买该品牌。同时，其还能增强消费者对品牌的信心。此外，重复可以使主张更加可信，即真相效应（the truth effect）。尤其在广告间隔播出一段时间之后，这种效应会变得更强。例如，脑白金使用"今年过节不收礼啊，不收礼啊不收礼，收礼就收脑白金，脑白金哪！"的重复性的广告，使其在 2003 年 9 月的销售额突破 1 亿元，并且连续 16 年荣获保健品单品销量第一。

在类似的节目情境下播出的电视广告，如喜剧节目中播出的幽默广告，会更受消费者的欢迎及更容易被消费者理解。这是因为消费者不需要花费较大的精力去处理信息。例如，《向往的生活》综艺节目向观众传达回归自然、完美生态的生活理念，这与"特仑苏"牛奶宣传的天然、优质相符合。因此，在节目中经常使用"特仑苏"牛奶做甜品，使得"特仑苏"很好地受到消费者的欢迎。

 偶发性学习：

由于重复而非有意识的加工而进行的学习。

第三节　态度的情感基础

早期大多数研究者主要研究态度的认知基础对 MAO 及消费者态度的影响。而后期研究学者意识到消费者可能会以情感为基础来对信息进行加工处理。这种以情感为基础的信息加工独立于以认知为基础的信息加工，是一种形成或改变态度的有效方式[5]。

一、基于情感的态度形成

研究人员已经提出了一些因素来解释消费者基于情感的态度形成，对消费者情感形成态度的过程进行剖析。接下来本书将重点对影响基于情感的态度形成的六种影响因素进行介绍，具体包括：①情感参与程度和情感反应；②情绪；③调节定向匹配；④曝光效应；⑤经典性与评价性条件反射；⑥广告喜爱度。

（一）情感参与程度和情感反应

1. 情感参与程度

当消费者对某一事物或决策的情感参与程度较高时，他们会对某一刺激产生相当强烈的情感反应或参与其中。参与度（engagement）是指消费者在情感上与产品或广告的联系程度[16]。高水平的参与意味着强烈的情感，此时的消费者会将这种强烈的情感作为信息的来源，依靠自身的感受来评价刺激，影响态度。

参与度：

消费者在情感上与产品或广告的联系程度。

2. 情感反应

当消费者对信息产生情感涉入时，他们倾向于采取整体性而非分析性的方式处理信息。而消费者基于信息而产生的情绪或者心理意向被称为情感反应（affective response，ARs），是消费者对信息的一种反馈[17]。

引发情感反应的信息被称为情感诉求（emotional appeal）。跨文化差异会影响情感诉求的效果。一项研究发现，激发关注自我的反应（如骄傲和快乐）的信息在群体导向的文化中会产生更积极的态度，而移情性信息在个体主义的文化中会产生更积极的态度。这是因为这种诉求的新颖性和独特性提高了消费者加工和思考信息的动机。

情感反应：

消费者基于信息而产生的情绪或者心理意向被称为情感反应(即ARs)，是消费者对信息的一种反馈。

情感诉求：

引发情感反应的信息。

（二）情绪

1. 情绪的匹配性和相关性

当情绪与所提供的产品/服务相关或匹配时，情绪更有可能影响态度的改变。当消费者的情感接受度（即对某种情感的倾向）与广告或销售人员表达的情感强度密切匹配时，消费者会倾向于喜欢一个品牌或产品。例如，"元气森林"的用户以年轻人为核心，突出"0糖、0脂肪、0卡路里"的概念，主打年轻人既想痛饮又想减脂的需求，深受年轻消费者的喜爱，其2021年营业收入为70亿元。

在营销情境中，某些特定因素能激活记忆中与强烈情感相关的体验或情节。例如，如果你是个爱狗人士，那么你可能会对一则出现可爱小狗的信息发生情感参与。因此，小狗在平面广告中频繁地被使用，如绿箭、多乐士漆、康师傅和百威等品牌的广告中都曾出现小狗的身影。

2．消费者情绪

情感态度也会受到消费者情绪的影响。刺激物使得消费者拥有积极或消极的情绪，这种情绪会影响消费者对偶然遇到的其他刺激的反应。因此，我们更有可能在积极情绪时喜欢某物，或者在消极情绪时讨厌某物。因此，消费者情绪会使得态度偏向与情绪一致的方向。

消费者因广告而产生情绪，前人研究认为广告会引发三种情绪反应：①愉快性情绪：激动、兴高采烈、活力、活跃；②缓和性情绪：舒缓、放松、安静、愉快；③社会性情绪：温暖、温柔、关怀[17]。这些情绪会影响消费者对信息的关注点、品牌传播力和消费者的品牌喜爱度。

在对信息的关注和处理方面，积极情绪会使得消费者在评价产品时更关注产品的正面信息，而消极情绪的消费者更看重负面信息。对某品牌有好感的消费者处于积极情绪时，往往会忽略关于该品牌的负面信息和竞争对手的信息。积极情绪可以充当资源来提高消费者信息加工的精细化程度、帮助消费者创造性地思考和观察品牌之间的关系。当MAO较低时，只要特定情绪与消费者目标一致，这种情绪也会影响态度。

在品牌传播力方面，情绪会影响营销传播的遵从性，即积极情绪的消费者会更愿意做与广告主张相一致的行为。对于享乐型产品或被享乐式营销的功利型产品而言，自信的广告语言，如耐克的"Just do it"在消费者积极情绪时更能有效地鼓励合规性。有趣的是，如果一个品牌在引发消费者恐惧的体验中出现，消费者会对该品牌有更积极的态度，因为该品牌在这种体验中被"共享"了。例如，2020年新华保险的视频广告中展现父亲病倒，母亲筹款未果，陷入绝望，而新华保险的风险管理师却为他们送来足够的医疗费用，及时解决问题。通过制造恐惧，解决问题，让新华这一品牌深入人心。

3．负面情绪

有时，负面情绪对态度改变会有积极影响。一项研究表明当个体接触一则反虐待儿童的公益广告时，最初广告会引发负面情绪（悲伤、愤怒、恐惧），但随后却会产生同情，这种反应使得个体决定提供帮助。同样，一张贫困地区儿童上课时对知识渴望的照片也会产生相类似的效果。此外，消费者通常选择将强烈负面情绪最小化，从而积极避免做出与这种情绪相关的决策。

（三）调节定向匹配

态度还可以通过一种叫作调节定向匹配的情感说服途径形成。本书第二章划分了消费者的两种目标类型——以促进为重点的目标和以预防为重点的目标。以促进为重点的目标激励消费者采取行动以追求积极结果，其关注希望、愿望和成就。相反，以预防为重点的目标促使消费者采取行动以避免负面结果，其关注责任、安全和防范风险。

研究表明，消费者对产品的态度取决于消费者的目标和实现该目标的可用策略之间的匹配程度。例如，对于一名以促进为重点目标的消费者，一则表现驾驶某辆车是多么有趣的广告（即广告与其促进型目标相匹配）要比一则强调汽车安全性的广告更具有说服力。事实上，强调汽车安全性的广告对于以预防为目标的消费者更具有说服力。因为当人们的监管目标和能帮助他们实现目标的可用策略相匹配时，人们会感觉良好。这种感觉会让他们对态度的评估更有把握，并更有可能认为自己的态度或选择是有价值的。

（四）曝光效应

个体会倾向于喜欢熟悉的东西，而不是不熟悉的东西。因而反复向消费者展示产品能使得消费者越熟悉产品，消费者因对某物品非常熟悉而喜欢该物品的现象被称为曝光效应（mere exposure effect）[18]。因此，随着我们越来越熟悉一种产品，如一种新款式的服装逐渐被消费者知晓和熟悉，不管我们是否对它进行了任何深入的认知分析，我们对它的态度都会改变。仅是曝光效应就可以解释为什么品牌喜欢在写字楼、车站牌铺设大量的广告位。通过反复地曝光，消费者对品牌变得熟悉，并开始喜欢上它。

重复曝光能减少消费者对新信息的不确定性，提升其对新信息的加工的可能性。研究表明，如果产品性能特征相同，并且消费者在选择品牌时几乎不投入处理精力时，单纯暴露能帮助一个未知品牌与其他未知品牌竞争。反复曝光帮助消费者轻松处理信息，会使其错误地认为这一处理过程是源于其对信息的喜欢、源于信息的真实性和其对信息的认可度。

 曝光效应:

消费者因对某物品非常熟悉而喜欢该物品的现象。

（五）经典性与评价性条件反射

经典性条件反射（classical conditioning）是通过将条件刺激（conditioned stimulus，CS，如铃）与自动产生无条件反应（unconditioned response，UCR，如唾液）的另一个非条件刺激（unconditioned stimulus，UCS，如食物）反复配对使用，从而使被试对 CS 能产生与 UCS 相同的条件反射（conditioned reflex，CR，如唾液）。具体如图 5.4 所示。

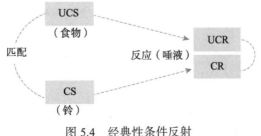

图 5.4　经典性条件反射

俄罗斯科学家伊万·巴甫洛夫（Ivan Pavlov）在 20 世纪进行的一项研究使经典性条件反射广为人知。通常，饥饿的狗一看到食物就会自动流口水，但 Pavlov 的实验却可以让饥饿的狗一听到铃声就流口水。Pavlov 认为食物是 UCS，对食物流口水反应是 UCR（刺激自动引起无意识反应即无条件反应），因此饥饿的狗看到肉粉时会自动流口水。自身不会自动引起无意识反应的事物是 CS，即铃声无法让饥饿的狗流口水。Pavlov 通过在呈现食物的同时按响门铃，将 UCS（肉粉）和 CS（铃铛）反复配对，饥饿的狗便会不自觉的 UCR（流口水）。饥饿的狗把食物和铃声紧密联系，以至于铃声让饥饿的狗流口水。这种可以在 CS 存在的情况下被诱发的反应被称为条件反射（同理，猫听到开罐声音便会跑过来）。

值得注意的是，情绪不同于经典条件反射，因为情绪①不需要两种刺激之间的重复关联；②可以影响消费者对任何对象的评价，而不仅仅是对刺激的评价。

评价性条件反射（evaluative conditioning）是经典性条件反射的一种特殊类型。通过将中性 CS（如软饮）与自动产生积极情感（即 UCR）的 UCS（愉快的场景）反复配对使用，从而使被试对 CS 能产生与 UCS 相同的积极情感（即 CR）[19]。具体如图 5.5 所示。需要注意的是，评价性条件反射的目的是鼓励心理行为（即对 CS 产生积极情绪或偏好），而非鼓励生理行为（如 Pavlov 经典条件反射中的垂涎欲滴）。

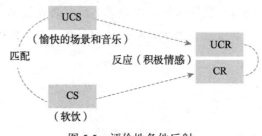

图 5.5　评价性条件反射

某些 UCS（如欢乐场景或朗朗上口的顺口溜）会自动引发这样的 UCR（如欢乐）。通过将这些 UCS 与 CS（如品牌名称）反复配对，营销人员可使得消费者对 CS（如品牌名称）拥有与 UCS 相同的情感反应（即 CR）。例如，可口可乐与朋友相聚的快乐场景同时出现在广告中，向消费者传达一种观念：朋友相聚应该喝可口可乐。类似地，如果广告或包装标签与呈现产品具有引发负面情感反应的图片（如牙齿严重着色或肺部病变的图片）反复配对，消费者可能会习惯于对诸如香烟类产品产生负面情绪反应。

 经典性条件反射：

对刺激物产生反应，因为将刺激物与能自动产生这种反应的另一个刺激物反复配对。

 评价性条件反射：

是经典性条件反射的一种特殊类型，通过将中性条件刺激和情绪激动的非条件刺激反复配对使用，从而使被试对中性条件刺激产生与非条件刺激相同的情感反应。

(六)广告喜爱度

虽然大多数有关态度的研究主要关注消费者对品牌的态度,但一些证据表明,消费者对品牌广告的整体态度将影响消费者的品牌态度和行为。换句话说,如果我们看到一个广告并喜欢它,我们对这个广告的喜欢可能会影响品牌,从而使我们的品牌态度更加积极。这种能够衡量消费者对某则广告喜欢程度的变量被称为广告喜爱度[20]。下面我们将分别介绍高、低两种努力参与情境下的广告喜爱度。

> **广告喜爱度:**
>
> 消费者喜欢某则广告的程度。

1. 低努力参与情境下的广告喜爱度

大多数广告态度的研究都是在消费者低努力参与的背景下进行,一般而言消费者会将其对广告的喜欢转移到品牌,从而影响消费者态度的形成。因此,华为《爵士人生》广告曾一度将华为手机的档次从中档升级为高档手机品牌,消费者对《爵士人生》这一广告的认可,转移到其对华为手机的认可。

如图 5.6 所示,双重中介假说(dual-mediation hypothesis)是关于消费者对广告的喜爱和品牌态度之间关系的一种更复杂的解释[21]。根据该假说,广告态度能通过消费者对广告的内容可信度和喜爱度影响其对品牌的态度(A_b),进而积极影响消费者的购买意愿(I_b)。

消费者会对广告产生认知反应(如广告品牌信息)和情感反应(如对广告的积极感受),被称为广告反应(C_{ad})。C_{ad} 使得消费者喜欢广告(A_{ad}),A_{ad} 对品牌态度(A_b)的影响路径包括两条,如图 5.6 所示。

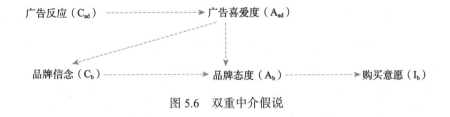

图 5.6 双重中介假说

(1)A_{ad} 可能会通过增强消费者对品牌信念的接受度(C_b),从而产生更积极的品牌态度。

(2)A_{ad} 也可能会使得消费者对广告的喜爱转移到品牌。

总体而言,上述两条路径都能增强消费者的购买意愿。

> **双重中介假说:**
>
> 旨在解释消费者对广告的喜爱度是如何影响品牌态度。

2. 高努力参与情境下的广告喜爱度

然而，研究人员发现，当消费者投入大量精力处理信息时，广告也会产生影响。学者总结发现了在消费者高努力参与背景下三种主要因素会导致积极的广告态度。第一，信息量更大的广告往往更受欢迎，并产生积极的反应。反过来，这些对广告的反应将对品牌态度产生积极影响，这一因素被称为功利主义（或功能性）维度（utilitarian or functional dimension）。例如，消费者通常喜欢互联网上的促销活动，因为这些活动比其他媒体上的促销活动信息更丰富。

> **功利主义（或功能性）维度：**
>
> 当广告提供丰富的信息时。

第二，如果广告能产生积极的感觉或情绪（享乐性维度，hedonic dimension），消费者会喜欢它。例如，2020 年运动品牌斐乐在情人节拍摄了一则名为《写给你的第 193 封信》宣传片。其将 193 对情侣的甜蜜时刻，剪辑合成这支视频。广告中的 193 句情人表白文案，表达出情侣之间浓浓的爱意和浪漫，深受消费者的喜爱。我们倾向于喜欢让我们感觉良好或从记忆中获得积极体验的广告。这种积极的态度可以传递给品牌，并使我们对品牌的信念更加积极。

> **享乐性维度：**
>
> 当一个广告产生积极的感觉或情绪时。

第三，消费者之所以喜欢一个广告，是因为它很有趣，也就是说，它能引起好奇心和注意力。当消费者投入大量努力并深思熟虑地阐述一条信息时，它可以被视为有趣的，并产生积极的广告态度。例如，2020 年宜家主题为《tomorrow starts tonight（明日始于今日）》的宣传海报通过将床垫、被子和枕头三种床上用品分别制作成面霜、功能饮料和褪黑素三款昂贵的抗衰老产品的形象，以优质睡眠能够带来与抗衰老产品相同的抗衰老效果作为切入口，引发人们思考睡眠质量的重要性，让人们意识到购买昂贵的抗衰老产品不如购买宜家床上用品给予自己优质的睡眠帮助自己抗衰老来得更有效，从而对宜家广告产生积极态度。

二、基于情感的态度改变

消费者根据情感形成态度时，影响情感的因素通过引导消费者的情感从而改变消费者的态度，这些因素主要分为两类：①沟通的信息源；②信息。下面将考察上述两类营销沟通因素如何影响消费者基于情感的态度改变。

（一）沟通的信息源

1. 信息源的吸引力

1）感知吸引力

基于情感形成态度的一种策略是改变信息来源的特征，而来源的一个重要特征便是感知吸引力。吸引力（attractiveness）是一种来源特征，如果个体认为来源在外表上有吸引力、讨人喜欢、为人熟悉或与个体相似，那么这种来源特征会引起有利的态度[22]。例如，肖战作为有吸引力的来源，2021年代言品牌"溜溜梅"，帮助其在全网的销售量破亿。

 吸引力：

一种来源特征，如果个体认为来源在外表上有吸引力、讨人喜欢、为人熟悉或与个体相似，那么这种来源特征会引起有利的态度。

2）匹配假说

相关研究发现，如果与产品类别相适应的信息来源具有吸引力，该来源往往会使得消费者对该类产品产生积极的态度[23]。这种效应被称为匹配假说（match-up hypothesis，来源应该与产品/服务相匹配）。相关的有吸引力的来源可能会让人们认为广告内容丰富、令人喜爱或能影响消费者认为广告产品是好产品的信念，从而强化了态度，有效提高消费者对广告的喜爱度。但吸引人却不相关的信息来源会分散消费者对信息的注意力。研究表明，对于专家来源而言，匹配假说可能比有吸引力的来源更有说服力。例如，NBA篮球明星克莱·汤普森（专家来源）代言安踏篮球产品线可能要比影视明星白敬亭（有吸引力的来源）代言要更有说服力。

 匹配假说：

来源应该与产品/服务相匹配。

3）吸引力的影响因素及其影响效果

长时间以来，人们普遍认为美是可以销售的，尤其美容行业，这也是许多公司聘用有吸引力的模特、代言人或名人拍摄广告的原因。罗马尼亚（Romania）的一项研究发现，美容广告中有吸引力的模特能引发积极的广告/产品评价，但也会延迟消费者进行自我判断的时间。例如，聘用有吸引力的模特拍摄广告的产品被消费者进行两周试用后，这些消费者才能进行积极的自我判断。

有吸引力的来源会增强消费者对品牌的好感度。消费者还认为有吸引力模特的广告会比没有吸引力模特的广告更有吸引力、更吸引眼球、更有趣。这些评级可能会影响消费者对这些模特所代言产品的态度。例如，东京奥运会健将苏炳添的个人魅力（不断突破自我、不安于现状等精神）被大众所青睐，2021年小米聘用其为小米代言人进一步提升了小米的品牌影响力。

值得注意的是，在高努力的情感参与下，有吸引力的信息来源会直接影响消费者对品牌的态度，尤其当这些来源与所考虑的产品（香水、时装、内衣等）直接相关时，它们是信息的核心部分。在低努力的情感参与下，有吸引力的信息来源可以作为一个边缘线索，用以增加情境参与度并产生积极的广告态度。

2. 信息源的可爱度

信息源的可爱度（即令人喜爱的能力）会影响情感态度的形成[24]。消费者对使用令人喜爱的名人解说者声音的品牌也有积极的态度。令人喜爱的来源可作为无条件刺激物，创造一种积极情绪，这种情绪会影响消费者对广告或品牌的评价，进而使消费者对被代言产品的态度更积极。能让消费者使用自己的虚拟形象与产品进行虚拟互动的在线广告可产生更积极的品牌态度和购买意图，因为消费者对他们自己有积极的态度。有时，信息源可能在物理上没有吸引力，但具有消费者喜欢的特征或个性。个体倾向于喜欢长相一般的人，因为其与个体更相似，与个体更相关。例如，2019年"今麦郎一桶半"方便面携手代言人贾玲来围绕段子内容的系列营销，取得很好的效果。贾玲深受消费者的喜爱是因为她给消费者的印象就是一个整天乐呵呵的"傻丫头"，具有普通人物的真实外貌和个性特征。

3. 名人信息源

名人是集吸引力和可爱度（令人喜爱的能力）于一身的一种特殊的沟通来源，这也解释了为什么名人和知名卡通人物是被最广泛使用的信息来源。名人作为信息源在本质上提升了消费者喜欢广告的可能性，尤其是当名人信息源与产品相关时更有效。针对青少年消费者，运动员是运动品牌特别有影响力的代言人，这是因为体育明星会引发关于体育品牌的讨论，并激励消费者的品牌忠诚度。

名人不仅能提升消费者喜欢广告的可能性，还能使消费者对其的信任转移到广告、产品、品牌上。即使代言人与广告产品没有直接关系，但消费者仍然会基于对代言人的信任影响其对品牌的态度。比如，2021年流量明星王一博因为新疆棉事件主动与耐克解约，成为安踏品牌的代言人，消费者因为王一博的行为而更认可王一博的行为，从而对其代言的安踏更加喜爱，从而为安踏带去更多的流量和话题。需要注意的是，代言人的负面信息（如生病、违法或其他问题）可能会给品牌带来负面影响。

（二）信息

1. 情感诉求（Emotional appeals）与情感渲染

1）情感诉求

营销人员试图通过呈现表达情绪的场景来激发某些情感诉求来影响消费者的态度。被激发的情感诉求包括爱、欲望、喜悦、希望、兴奋、大胆、恐惧、愤怒、羞耻或拒绝。情感诉求通常被划分为两种类型：具体的情感诉求和抽象的情感诉求。其中，具体的情感诉求是与特定经历或情感相关的信息，其在激发短期行为意图方面更能发挥作用；抽象的情感诉求是较不具体的信息，其在激发长期行为意图方面更能发挥作用。例如，2021年华伦天奴邀请杨洋、杨紫拍摄的七夕广告《心动方法论》。广告中男主角对女主角产生了心动的感觉，但是不知道对方喜不喜欢自己，犹豫要不要约她出来。这时的女主角也在等杨洋的电话。通过这一幕幕的具体的细节，很好地展现了情侣相恋时暧昧阶段的小心翼翼和心头撞鹿的具体情感。

然而，情感诉求可能会限制消费者能够处理的、与产品相关的信息量。这是因为消费者会更多关注自身是否感觉良好，而不是关注产品的功能，这种情况会阻碍消费者对产品及其优势的认知。因此，当情感唤起与产品消费/使用相关时，情感诉求会更有效，这常见于享乐或象征性动机很重要的消费情境中。例如，为商务人士而生的8848钛金手机，虽然手机的科技感和华为、小米等手机有差距，但其外观奢华，能间接体现商务人士的身份，因而其销量在同类高端产品中遥遥领先。研究表明，当广告产品已上市一段时间后，情感诉求会更有效地影响消费者行为。与之相比，具有专家来源和强论证式的广告对刚上市的产品更有效。

2）特殊的情感诉求——恐惧诉求

恐惧诉求（fear appeal）是一种特殊的情感诉求，其是一种强调消极后果的信息。恐惧诉求旨在试图通过强调从事或不从事某一特定行为的负面后果来引发恐惧或焦虑。通过唤起这种恐惧，营销人员希望消费者会被激励去思考信息，并以被期望的方式行事[25]。但是恐惧是一种有效的诉求吗？早期的研究发现，恐惧诉求是无效的，因为消费者的感知防御帮助其屏蔽和忽略信息（由于诉求的威胁性）。这项研究解释了为什么在香烟包装和广告上的卫生局警告基本上是无效的。然而，最近的研究表明，恐惧诉求在某些条件下是有效的。例如，引起内疚、后悔或挑战的恐惧诉求可以激励行为，因为它们会激发消费者做或不做某事所体验到的自我责任感。例如，一些广告商在对防晒霜进行宣传时会在广告中注重强调防晒霜避免肌肤老化这一功能。

 恐惧诉求：

　　强调消极后果的信息。

恐惧管理理论（terror management theory，TMT）提供了更多关于恐惧诉求使用的见解。根据这一理论，一种以应对知道我们终有一天会死去的恐惧的世界观和信仰诞生，尽管我们天生有自我保护的冲动。为避免被焦虑所围绕，我们可以通过更有力地捍卫我们世界观的方式来回应那些强调死亡威胁的信息。因此，使用致命威胁的高度恐惧诉求可能是无效的，因为消费者对威胁投入过多精力，以至于他们无法在行为方面处理信息中被建议的改变。可见，恐惧诉求的本质（即它是否凸显死亡率或营销焦虑）可以影响消费者的情绪、消费者对产品的描述和消费者的态度。例如，"王老吉"的经典广告语"怕上火，喝王老吉"就是通过引发消费者对上火的恐惧，同时为消费者提供有效的解决方案，更容易获得消费者的认可。

恐惧管理理论：
一种关于人们如何通过捍卫自己的世界观和信仰来应对死亡威胁的理论。

3）情感渲染

被设计以诱导消费者无意识地体验某种特定情绪的信息被称为情感渲染（emotional contagion）。运用情感渲染原理的信息旨在描述人们正在传达的情绪，目的是诱导消费者间接地体验这种情绪。例如，英国麦当劳广告展现出孩子们微笑着正在享受快乐饭菜的画面，同时背景播放的是一首乐观的 20 世纪 60 年代歌曲《快乐无止境》。从孩子们的笑容中"捕捉"到这种快乐感觉的消费者很可能会将这种感觉转移到麦当劳和快乐餐上。当消费者通过温暖、积极的情感被吸引到一条信息中时，他们会对广告更感兴趣，他们对广告的态度也会变得更积极，尤其是当信息传达的情感非常强烈时。鉴于此，若是慈善机构的广告出现愁眉苦脸的受害者会让消费者感到悲伤，使其更愿意为慈善项目捐款。最后，当消费者沉浸在一个充满情感的故事中时，他们关注的是消费的积极结果，而不是消费需要付出多少成本。例如，在以彩票中奖者为主题的广告中，感到幸运的消费者会被吸引到故事中，并关注中奖的好运，而不是实际中大奖的低概率。

 情感渲染：
一种被设计以诱导消费者无意识地体验某种特定情绪的信息。

2. 基于情感改变态度的信息特征

一些信息所具有的特征也会改变消费者的情感，如愉悦的画面、音乐、幽默、性、情感内容、信息背景等，本文对以上内容介绍如下。

1）愉悦的画面

营销人员经常使用愉悦的画面来影响消费者对信息的处理。愉悦的画面是视觉刺激（如艺术性广告和包装、电影特效）的一种，是可以作为一种 CS 影响消费者情绪，或者通过使广告有趣来使广告被喜欢。研究发现在消费者低努力参与情境时，愉悦的画面会被个体进行边缘性处理，此时，其不仅会影响消费者的产品信念，还会影响其对广告和品牌的态度。例如，因为消费者将视觉艺术与奢侈品联系在一起，所以奢侈品形象会延续到以艺术为特色的广告和包装中。

2）音乐

音乐作为一种营销手段的流行并不奇怪，因为音乐已经被证明可以激发各种积极的效果。第一，对经典条件反射而言，音乐可作为一种 CS。比如，NBC 和其他品牌使用音乐"tags"作为检索线索（retrieval cues），使消费者一听到音乐"tags"便会想起与 NBC 联名的品牌，为该品牌增加品牌身份。第二，音乐可以让消费者处于积极的情绪中，并引导积极态度的发展。第三，音乐可以有效地产生积极的感觉，如快乐、宁静、兴奋和感伤。第四，广告中的背景音乐可以激发对经历或情境的情感记忆。如果广告中的一首歌让你想起你的高中时代或一场古老的浪漫，那么与这些记忆相关的情感可能会转移到广告、品牌、商店或其他的态度对象。第五，音乐可以对购买意向产生积极影响。然而，情绪与音乐的风格、内涵之间的匹配才能有效触发情感反应。悲伤或沮丧的消费者更喜欢符合他们情绪的音乐，尤其是当他们的负面情绪是由于人际关系问题产生时。

表 5.1 显示了几种音乐特征及它们可能引发的情绪反应。音乐是否能唤起积极的情感反应取决于音乐的结构。所用音乐的风格和它所传达的产品含义在不同的文化中会有很大的不同。因此，营销人员必须小心地将广告中的音乐与消费者期望的情感反应相匹配。

表 5.1 产生各种情感表达的音乐特征

音乐元素	情感表达								
	严肃	悲伤	伤感	宁静	幽默	快乐	兴奋	庄严	害怕
音乐模式	主	辅	辅	主	主	主	主	主	辅
速度	慢	慢	慢	慢	快	快	快	中	慢
音高	低	低	中	中	高	高	中	中	低
节奏	坚定	坚定	平	平	平	平	抖	坚定	抖
和声	和	不和	和	和	和	和	不和	不和	不和
音量	中	柔和	柔和	柔和	中	中	大	大	多变

资料来源：Gordon C. Bruner, "Music, Mood, and Marketing," Journal of Marketing, October 1990, p. 100. Reprinted by permission.

研究已经明确了音乐的各个方面对感情的具体影响。如表 5.1 所示，音乐模式、速度、音高、节奏、和声和音量可以影响个人是否感到严肃、悲伤、伤感、宁静、幽默、快乐、兴奋、庄严或害怕。

3）幽默

广告可使用不同形式的幽默，包括双关语、淡化、笑话、滑稽情形、讽刺和反语。幽默在电视广告中很常见：24%～42%的商业广告都含有某种形式的幽默。例如，士力架诙谐幽默的广告视频中，在足球场上叱咤风云的运动员突然"变"成饿得弱不禁风的林妹妹，让人急得抓狂，伴随着一声熟悉的"饿货，快来条士力架吧！"林妹妹瞬间"变"回了足球守门员。虽然幽默在其他传统媒体中不如在电视中广泛使用，但幽默的使用仍然很广泛，尤其是在广播中。幽默作为一种信息工具的流行并不令人感到惊讶，因为它在增加消费者对广告和品牌的喜爱方面发挥了重要的作用（表 5.2）。

幽默似乎更适合需要消费者进行低努力参与度的产品，因为消费者对广告产生的积极感觉对这一类产品至关重要。除非幽默与产品相关，否则消费者只会关注幽默而忽略产品和品牌。事实上，当广告幽默感强烈，并与产品信息相关时，消费者才会对广告的回忆度更高。具有寻求娱乐和风趣型消费者会对幽默广告产生积极的态度——并且可能对幽默内容较少的广告产生消极的态度。

消费者对电视广告的反应如何也会影响他们对信息的评价。在一项研究中，消费者认为电视广告更幽默,因为电视广告的幽默回应会带给他们惊喜。描绘喜剧暴力的电视和网络广告会激发人们更多地参与信息传递,并获得更多的喜爱度。虽然这些广告不会影响品牌态度,但它们确实会引起轰动,并有很好的传播效果。

表 5.2 美国、中国和法国:幽默广告的五个产品类别

城市	产品类别	
美国	1. 食物和饮料	4. 医学
	2. 汽车	5. 美容和个人护理
	3. 服务	
中国	1. 电子消费产品	4. 家用电器
	2. 汽车	5. 美容和个人护理
	3. 服务	
法国	1. 服务	4. 家用电器
	2. 食物和饮料	5. 电子消费产品
	3. 汽车	

4)性

性在广告中的出现方式主要有两种:性暗示和裸露。性暗示是广告中描绘或隐喻性相关的主题或浪漫的情况。裸露/部分裸露是香水行业品牌经常使用的一种方式。研究表明,消费者更喜欢轻度煽动性的广告,这种广告甚至可以有效地宣传与性有某种联系的社会活动(匹配假说)。比如,公益组织"Innocence in Danger"的公益广告中利用孩子裸露的上半身上存在无法消除的手掌烙印,表明性侵犯深深地印刻在孩子们的心里,永远不会消失,并以此来宣传保护儿童、反对性侵犯。相比于女性,男性更能接受带有性暗示的广告;但涉及关系承诺时,女性对这一类广告的态度会有所缓和。此外,男性对广告中出现的性线索会更容易冲动消费。

5)情感内容

营销人员可以在认知态度存在的情况下,设计沟通以适应或增强消费者现有的 MAO 及处理努力。同样,基于情感相关信息而发挥作用的情感态度也是如此。一种特殊类型的情感信息被称为转换型广告(transformational advertising)[26]。转换型广告的目的是将产品使用体验与独特的心理特征相联系。这些广告试图通过展示更温暖、更激动、更愉快、更丰富的产品使用体验的方式来增加广告的情感投入,而不是像信息广告采取的方法,仅呈现事实性信息。例如,2016 年德芙广告通过展现赵丽颖食用德芙时的愉悦感和幸福感,将这种幸福感与德芙巧克力相关联。当人们在超市货架上看到德芙巧克力时,便会唤起内心的幸福感。

 转换型广告:

试图将情感卷入添加在产品或服务的广告,是一种特殊类型的情感信息。

戏剧(dramas)也可以增加信息的情感参与。戏剧是指有人物、情节和与产品或服

务使用故事的广告[27]。目的是提升消费者的情感参与度,并通过同情和共鸣影响消费者态度。例如,苹果手机广告以故事的形式展现苹果手机能解决用户日常使用手机而面临的信息泄露危机,引发用户共鸣,展示其信息安全系数高。

> 戏剧:
>
> 有人物、情节和与产品或服务使用故事的广告。

6)信息背景

信息背景会影响消费者对信息的评价。相比于悲伤型节目,在欢乐型电视节目中插播广告会获得更积极的评价,尤其是当广告是情绪型广告时。类似地,消费者对节目的喜欢程度会影响其对广告和品牌的感受。因而,有两种对该反应的解释:一种解释认为节目会促使消费者以符合其情绪的方式来处理广告信息;另外一种解释认为根据兴奋转移假说,消费者可能错误地认为其对电视节目的喜欢是因为其对广告的喜欢,从而将其对节目的积极评价转移到对广告的积极评价。例如,《跑男》综艺节目是一档传递快乐、正能量的节目,而"安慕希"是该节目的常驻品牌,消费者通过对《跑男》的喜爱而对"安慕希"广告产生积极态度。

值得注意的是,当节目过于精彩时,会分散观众对广告的注意力。一项有趣的研究对比了消费者对橄榄球赛期间播出的广告的反应,与输球或未参加比赛的城市相比,赢球城市的消费者对广告的反应受到了抑制。另一项研究表明,在暴力节目中插播广告会抑制消费者对广告的处理和广告回忆。

前沿研究 5-2 解析顾客在愤怒情景下,如何责备拟人化程度高的服务机器人,这一权威研究对于理解顾客情绪对服务机器人(拟人化程度高)的态度(积极或消极)形成具有重要参考价值。

前沿研究 5-2

责备机器人——聊天机器人拟人化如何激起消费者愤怒

第四节　态度与行为

一、态度预测行为的理论模型

前人学者关于态度预测行为的理论模型众多,本书重点介绍三个主流的理论:①期望价值模型;②理性行动理论;③计划行为理论。

(一)期望价值模型

期望价值模型(expectancy-value models)是一个广为采用的模型,主要用于解释消费者基于:①他们对某一事物或行为的信念或知识;②他们对这些特定信念的评价,如何形成和改变态度的分析过程。该理论又被称为态度期望价值理论(expectancy-value model of attitudes)[28]。根据该理论,你可能会喜欢大众汽车,因为你认为它可靠、价格合理又时尚，而且你认为汽车有这些特点是好车。

Fishbein 和 Ajzen[29]的态度期望价值模型被当代大多数社会心理学家对态度形成采取认知或信息加工的方法进行了验证。根据这个模型，态度是从人们对态度对象的信念中合理发展而来。一般来说，我们通过将某个物体与某些属性相关联，即与其他物体、特征或事件相关联，从而形成对该物体的信念。同理，对于行为的态度而言，每一种信念都会将行为与某个特定的结果联系起来（又被称为行为信念），或者与其他一些属性联系起来，如实施行为所产生的成本。由于与行为相关的属性已经被正面或负面地评价，我们便自然得到了对行为的态度。通过这种方式，我们会积极支持那些我们认为有很大程度上令人满意的结果的行为，并对那些我们认为有很大程度上令人不快的结果的行为形成消极的态度。

> **期望价值模型：**
>
> 解释态度如何形成和改变的被广泛采用的模型。

（二）理性行动理论

以期望价值模型为基础发展而来的理性行动理论（theory of reasoned action，TORA）进一步说明了态度如何、何时及为什么能预测消费者行为[29]。如图 5.7 所示，该理论认为行为（behavior，B）是人的行为意向（behavioral intention，BI）的函数，而行为意向又由人对行为的态度（attitude toward the act，A_{act}）和在情境中起作用的主观规范（subjective norms，SN）决定。这意味着，其一，该理论认为行为意向是决定行为的直接因素，它受行为态度和主观规范的影响；其二，人对行为的态度（A_{act}）是由消费者对从事该行为的后果的信念（b_i）和消费者对这些后果的评估（e_i）决定，这与前文所提及的期望价值模型相一致；其三，主观规范（SN）是由消费者的规范信念（NB_j）和消费者对他人的遵从动机（MC_j）所决定。

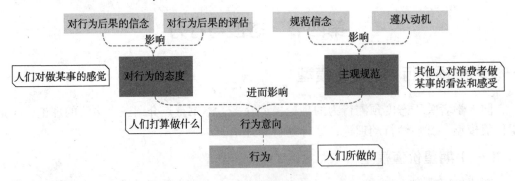

图 5.7　理性行动理论

值得注意的是，TORA 模型考虑了社会环境中的其他人如何影响消费者行为。在某些情况下，来自其他人的规范影响（normative influence）对人们的行为产生强大的影响。比如，酒店在客房内放置标牌，上面写着"大多数客人都会选择重复使用毛巾"，以希望客人不会每天都要求更换新毛巾,从而利用规范鼓励环保行为。此外,当消费者在遥远的未来而不是近期做出决策时,其他人的建议可能会对偏好产生强烈影响。此外,在TORA模型中,相比于预测实际行为,使用态度来预测行为意向(BIs)容易得多,因为许多情境因素可能会导致消费者不参与实际行为。例如,你可能打算买一辆大众汽车,但你可能因为缺钱而没有实际购买。

TORA模型假设态度具有可达性,因为只有当消费者能够较便捷地提取态度观念时,态度才能引导行为。高态度自信、低态度矛盾性都同样能够提高态度和行为之间的关联度。

 理性行动理论:

期望价值模型的扩展,解释态度如何、何时及为何能预测消费者行为的模型。

 行为:

做什么。

 行为意向:

人们打算做什么。

 对行为的态度:

人们对做某事的态度。

 主观规范:

别人对消费者做某事的看法和感受。

 规范性影响:

其他人如何通过社会压力影响我们的行为。

(三)计划行为理论

计划行为理论(theory of planned behavior)是TORA的延伸,其在TORA的基础上增加了知觉行为控制这一变量[30],知觉行为控制(perceived behavioral control)是指个体感知到执行某特定行为容易或困难的程度,它反映的是个体对促进或阻碍执行行为因素的知觉[31]。计划行为理论试图通过检验消费者控制感的变化程度来预测那些消费者不能完全自我控制的行为。例如,当老年消费者看到一则宣传服用降压药对健康有益的广告时,他们会更有可能获得和服用该产品,那是因为他们对做出这种行为改变持积极态度,会基于这种行为改变而形成意图,并认为他们对这种消费行为有一定的控制权。

 计划行为理论:

理性行动理论模型(TORA模型)的延伸,预测消费者认为自身可以控制的行为。

计划行为理论[31]认为（如图 5.8 所示）：①非个人意志完全控制的行为不仅受行为意向的影响，还受执行行为的个人能力、机会以及资源等实际控制条件的制约，在实际控制条件充分的情况下，行为意向直接决定行为；②行为态度、主观规范和知觉行为控制是决定行为意向的三个核心变量，态度越积极、重要他人支持越大、知觉行为控制越强，行为意向就越大，反之就越小。其中，行为态度由行为信念的强度和行为结果评价决定，主观规范由规范信念和遵从动机决定，知觉行为控制由控制信念和知觉强度决定；③准确的知觉行为控制反映了实际控制条件的状况，因此它可作为实际控制条件的替代测量指标，直接预测行为发生的可能性（如图 5.8 虚线所示），预测的准确性依赖于知觉行为控制的真实程度；④行为态度、主观规范和知觉行为控制从概念上可完全区分开来，但有时它们可能拥有共同的信念基础，因此它们既彼此独立，又两两相关。

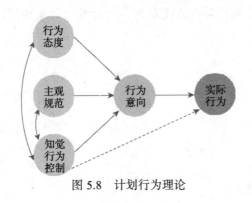

图 5.8　计划行为理论

 行为信念的强度：

行为结果发生的可能性。

 行为结果评价：

对行为结果的评估。

 规范信念：

指个体预期到重要他人或团体对其是否应该执行某特定行为的期望。

遵从动机：

指个体顺从重要他人或团体对其所抱期望的意向。

 控制信念：

指个体知觉到的可能促进和阻碍执行行为的因素。

 知觉强度：

指个体知觉到这些因素对行为的影响程度。

二、态度预测行为的影响因素

营销人员不仅关心态度是如何形成和改变的,而且还想知道态度是否能预测行为、何时能预测行为及为什么能预测行为。TORA 模型能够预测哪些因素会影响消费者的行为意向,因此,最可能向营销人员提供这些问题的答案。但是,正如前面所提到的,我们并不总是能够预测我们实际上要做的事情。因此,营销人员还需要考虑哪些因素会影响态度与行为之间的关系。总结而言,以下是影响消费者的态度是否将影响他或她的行为的一些关键因素。

（1）卷入度/精细加工程度。当消费者的认知参与程度较高并且消费者对形成态度的信息进行仔细思考时,态度更有可能预测行为。当情感参与度高时,态度往往也会更强烈和持久,因此也更能预测消费者的行为。对于像流产这样的高情感性问题,态度往往更稳定并能预测行为。如果消费者面对品牌的不一致性,如在一项属性上好于竞争对手而在另一项属性上比竞争对手差的这种情况,那么消费者会怎么办？在这种情况下,如果消费者不通过精细化加工来解决这种不一致,那么态度和行为之间的关系将会被削弱。

（2）知识和经验。当消费者对态度对象非常了解或有经验时,态度更可能非常强烈且能预测行为。例如,在有关电脑决策的问题上,与新手相比,对电脑产品具有更多知识的专家的态度更可能是建立在详细加工和整合信息的基础上,因此这种态度会更强烈并且与行为联系得更紧密。

（3）原因分析。研究表明,在测量完消费者的态度后紧接着测量消费者行为的情况下,让消费者分析他们品牌偏好的原因而产生更多的认知加工,从而导致消费者态度图式的多次演练与确认,进一步能够增强态度和行为之间的联系。

（4）态度可达性。如果态度是可获得的或"就在心头",那么态度与行为的关系会更密切。相反,如果态度不容易被回想起,态度对行为就不会有影响。产品使用的直接经验通常能够提高对象品尝或触碰这样的体验属性的态度可达性,而广告能提高对像价格和成分这样的搜索属性的态度可达性,尤其是在多次重复的情况下。同样,消费者在被问到他们对某个产品类别中的某一产品的购买意向时,他们更可能选择那些他们持有正面的态度和可达性较高的品牌;消费者对相关产品类别进行深入的了解,也能使得他们对该产品类别中的品牌的态度有更高的可达性,从而态度能够改变行为。

（5）态度自信。正如前面所提到的,消费者在某些时候要比其他时候对自己的评价更有把握。因此,影响态度和行为的关系的另外一个因素是态度自信。当消费者的态度是根据大量可信赖的信息所形成的,消费者对态度的信心往往会很强。当消费者有信心时,他的态度能够更加准确地预测其行为。毫无疑问,强烈信心的态度要比微弱信心的态度对消费者的品牌考虑和选择有更大的影响。当消费者觉得其在处理信息时付出了他们的全部精力,消费者会对自己的态度更有信心,这也意味着他们的态度会对购买决策产生更大的影响。

（6）态度的具体性。当使用态度对十分具体的行为进行预测时,态度往往能很好地完成预测。因此,如果营销人员想要预测消费者是否会参加跳伞课程,与使用态度预测消费者对跳伞课程的具体态度相比,使用态度预测消费者对跳伞的总体态度的效果较差。

(7) 随时间变化的态度—行为关系。当消费者接收到一则广告的信息之后,并没有实际试用产品,他的态度自信会随时间而下降。因此,营销人员应当对他们的广告投放制订周期性的计划,通过信息重复来重新激活消费者的态度及态度自信。另一方面,即使基于广告形成的态度不会随时间的推移而减弱,但基于试用形成的态度却可能随时间推移而减弱。因此,营销人员应当利用沟通来强化试用体验的效果,从而重新激活消费者态度。

(8) 情感依恋。消费者对品牌的情感依恋比品牌态度更能预测实际购买行为。消费者对某一品牌的情感依恋越强,即消费者感到与该品牌联系或连接得越紧密,消费者就越可能在未来重复购买该品牌。即使该品牌发生了像召回这样的产品危机,消费者仍然愿意为他们所忠诚的品牌支付溢价。例如,虽然2016年三星手机出现电池爆炸问题,但当前仍然有众多的消费者出于对三星的信赖而购买三星手机。为了增加消费者对品牌的情感依恋,营销人员应该开发和设计一个与目标消费者实际形象非常吻合的品牌个性。对品牌有情感依恋的消费者更可能会被有关该品牌的负面信息所唤起,从而激发他们产生更多的反驳性论据来反驳这一负面信息。

(9) 情境因素。干预性情境因素会影响和干预消费者行为的执行,因此会削弱态度-行为关系。比如,消费者可能会对法拉利持有非常积极的态度,但是他不会买一辆法拉利,因为他可能买不起。另一种情况下,如果消费者准备买一辆法拉利,但经销商那里没有存货,那么消费者对法拉利的积极态度也不会导致其购买行为。在其他一些情况下,使用情境可以改变态度。例如,你对不同白酒的态度可能取决于你是为自己还是为朋友买白酒。此外,消费者独自一人在餐厅消费的体验与和他人一起在餐厅消费的体验会有所不同,这是因为消费者和其他分享经历的人的联系会影响其记忆和反应。最后,当消费者能生动形象地想象购买产品会给他带来的结果时,消费者的态度更有可能影响他的购买意图。

(10) 规范因素。根据 TORA(即理性行动理论),规范因素可能会影响态度-行为关系。例如,消费者想去学习街舞,但是其可能会因为担心朋友的嘲笑而选择放弃学习街舞的想法。尽管消费者的积极态度本应导致其会选择去学习街舞,但是由于消费者的规范信念的动机更强,导致其选择放弃学习街舞。

(11) 性格维度。研究发现,特定的人格类型要比其他人格类型更可能展示出强烈的态度-行为关系。喜欢对行动仔细思考的个体会表现出更强的态度-行为关系,因为他们的态度形成基于高精细化思考。更多顺从自己内在性情的人,即低自我监控者更可能在跨情境中展现出相似的行为模式,这也导致其有更一致的态度-行为关系。相反地,那些追随他人看法和行为的人,即高自我监控者会尝试改变他的行为来适应不同的情境。因此,高自我监控者对啤酒的品牌选择可能会取决于情境,而低自我监控者无论是在哪种情境下,都会选择相同品牌的啤酒。

本章小结

1. 态度是针对某个对象、问题、人或行动相对全面和持久的评估。态度的功能:认知功能、情感功能、意动功能。态度的特征包括：好感度、可达性、信心度、持久性、抵制力、矛盾性。态度主要基于：认知（思维）、情感（情绪）两种方式形成。

2. 高、低努力的态度说服路径：基于动机、能力和机会水平高低，态度形成和改变的过程可分为①高努力的中央路径过程②低努力的边缘路径过程。

3. 态度的认知基础①形成：直接的经历或想象的体验、推理与归因、价值观驱动的态度、基于社会身份的态度形成、态度形成的分析式与启发式加工过程；②改变：沟通的信息源（包括：信息源的可信度、公司声誉）、信息（包括：质量论证、单面与双面信息、比较信息等）、信息情境和重复。

4. 态度的情感基础①形成：情感参与程度和情感反应、情绪、调节定向匹配、广告喜爱度、曝光效应、经典性与评价性条件反射；②改变：信息源（包括：信息源的吸引力、信息源的可爱度、多人信息源）、信息（包括：情绪诉求与情感渲染、基于情感改变态度的信息特征）。

5. 态度预测行为的影响因素：卷入度/精细加工程度、知识和经验、原因分析、态度的可达性、态度自信、态度的具体性、随时间变化的态度–行为关系、情感依恋、情境因素、规范因素、性格维度。利用态度预测行为的理论模型：期望价值模型、理性行动理论、计划行为理论。

实践应用题

研读"开篇案例"，讨论分析回答以下问题：

1. 结合卡萨帝的案例素材，谈谈你认为该品牌的营销活动中涉及了消费者态度形成的什么基础？
2. 结合卡萨帝的案例素材，谈谈该品牌运用哪种说服路径以改变消费者对该品牌的态度？
3. 结合卡萨帝的案例素材，谈谈该品牌如何利用圈层口碑营销传递品牌价值观。

本章讨论题

1. 选择你熟悉的一些品牌，谈谈品牌应如何从认知角度和情感角度入手，影响消费者的态度？
2. 选择你熟悉的一些品牌，分析说明信息源、信息、情境和重复在消费者的认知态度和情感态度中如何发挥作用？
3. 选择你熟悉的一些品牌，分析说明曝光效应是如何应用的，为什么对消费者的情感反应很重要？
4. 选择你熟悉的一些品牌，分析说明它们是如何利用无意识，是如何影响消费者的态度和行为的？
5. 选择你熟悉的一些品牌，分析说明它们是如何应用评价性条件反射的，能为其品牌态度的形成提供怎样的帮助？

即测即练

自学自测　扫描此码

参考文献

第三篇

社会文化因素

第二篇

社会文化因素

第六章

社 会 影 响

> ◆ **学习目标**
>
> 本章旨在帮助读者理解影响消费者行为的社会因素。
> - 理解一般信息源的内涵,比较不同的一般信息源对消费行为影响的差异。
> - 理解意见领袖的内涵及其影响过程,掌握测量意见领袖社会影响力的方法。
> - 理解参照群体的内涵及社会影响差异,了解参照群体对消费者社会化的影响。
> - 理解规范性影响的内涵及作用结果,了解调节规范性影响强度的因素。
> - 理解信息性影响的内涵,了解调节信息性影响强度的因素。
> - 理解口碑作为特殊信息性影响的内涵,掌握管控口碑的方法。
>
> ◆ **本章案例**
> - 洛天依:虚拟偶像的影响力营销
> - 雅诗兰黛:携手流量明星,打造影响力营销
> - 钉钉:趣味求饶与口碑反转
>
> ◆ **前沿研究**
> - 不关注他人的积极效应——不关注他人社交账号反而让粉丝更青睐
> - 消费者中庸辩证特质——面对品牌负面信息的"临界地带"心理

◆ **开篇案例**

洛天依:虚拟偶像的影响力营销

洛天依于 2012 年 7 月 12 日诞生,是全球首款中文 VOCALOID 虚拟歌姬,形象为 15 岁灰发绿眸少女,由上海禾念信息科技有限公司基于 Yamaha 的 VOCALOID3 开发。2015 年,洛天依与同公司另一虚拟偶像言和合唱的歌曲《普通 DISCO》在 B 站播放量达到 1814.8 万次,成为第一首中文 VOCALOID 神话曲。2016 年,洛天依登上湖南卫视

小年夜春晚，与杨钰莹合唱《花儿纳吉》，成为首位登上中国主流电视媒体的虚拟偶像，开始正式进入到大众视野中。截至 2024 年 7 月，洛天依在微博拥有 548 万粉丝，B 站粉丝达 379.9 万人。凭借强大的社会影响力，洛天依已成为 35 个品牌的代言人，涉及游戏、食品饮料和洗护用品等多个领域。为什么这么多品牌愿意选用虚拟偶像洛天依作为代言人？本案例聚焦探讨提高虚拟偶像影响力的三大战略。

1. 鼓励粉丝参与内容创作

洛天依的声音来自基于 VOCALOID 的声库，通过音频编辑软件生成，这使得她的内容创作与传统明星偶像大相径庭。以往，明星的作品和人设由公司全权掌控，粉丝只能消费和传播内容。而洛天依依托的数字内容产业则实现了信息数字化，为粉丝即兴创作提供了技术支持。

对于洛天依这类虚拟偶像而言，由于她的演唱基于音乐制作软件，内容创作的权利从一开始便掌握在粉丝手中。在洛天依的粉丝中，有一部分创作投稿者（"Producer"，简称"P 主"），他们通过音乐制作平台进行填词和作曲，然后使用洛天依的声库将创作"演唱"出来。截至 2023 年 1 月，洛天依在网易云音乐的演唱歌曲达到 3944 首，在 QQ 音乐上为 7220 首，B 站洛天依频道的视频数量为 9.7 万个，播放量高达 19.5 亿次。这表明，Web2.0 时代的到来使粉丝在各类社交媒体平台上拥有了更高的话语权，彻底颠覆了传统由经纪公司打造偶像的模式，使粉丝从被动接受转变为主动参与偶像内容的创作和生产。

除了在演唱作品中的粉丝参与外，洛天依的真正"走红"还源于粉丝创作的各类同人作品，包括歌曲、动画和绘画等。洛天依"诞生"之初，设计者赋予了她一个基本的人物形象设定——"一个感性、细致、温柔的少女"，但粉丝们仍能根据自己的喜好重新塑造她的形象。粉丝生产的内容丰富了洛天依的人设，例如，粉丝创作的动画《千年食谱颂》讲述了洛天依与另一虚拟偶像阿绫周游各地、吃遍天下美食的故事，为她增添了"吃货"人设。洛天依"世界第一的吃货殿下"的名号后来获得了官方认可，这一人设使洛天依得到了众多食品品牌的合作机会。这表明，粉丝在塑造洛天依的偶像形象和内容创作中扮演了积极的角色，拥有重要的参与权和决策权。

2. 立体化线上社交营销

洛天依诞生于网络，因此她与大众沟通的核心和主要方式是通过线上社交媒体平台。洛天依从诞生之初的"二次元"小众虚拟人，发展成为人设清晰、定位明确的国内知名虚拟偶像。她在突破"次元壁"的过程中，整合了微博、微信、官方网站、B 站、贴吧等多个社交媒体平台，形成了一个强大的线上社交媒体矩阵。

微博是洛天依展示个人形象并与粉丝互动的核心平台。微博的碎片化、即时性、广泛受众和强互动性特征，使其成为洛天依与粉丝沟通的关键渠道。自 2014 年洛天依官方微博成立以来，现已积累 548 万粉丝，发布了 4219 条微博，内容涵盖了她的作品、节目宣传、品牌活动及与粉丝的互动内容等，其微博的转赞评总数量达 683.9 万次。

B站是洛天依的重要传播平台，作为中国最大的二次元文化集中地，它专注于ACG（动画、漫画、游戏）视频内容的创作与分享。在B站，洛天依的官方账号拥有379.9万粉丝，发布了260个视频，总点赞数达到2428.8万次。这些视频主要包括禾念公司制作的洛天依作品及官方活动。此外，洛天依的B站频道也扮演着关键角色，汇集了大量粉丝创作的内容，其中不乏播放量超千万的高水平作品。

此外，洛天依在贴吧和微信也具备一定影响力。在贴吧，她拥有43万粉丝，累计发帖595.4万条，成为粉丝的重要线上社区。尽管微信并非洛天依主要的发布平台，其公众号仍有100条原创内容，进行不定期更新，主要包括"官方资讯"和"宝藏展览"等频道，用于发布官方活动和精选的粉丝投稿作品。

3. 瞄准Z世代，助力品牌年轻化

目前，"95后"和"00后"的消费能力不断增强，且普遍具备较高的学历，未来将主导中国的主流文化和消费市场。在这些年轻人中，接受或喜爱二次元文化是一个显著特点。因此，以洛天依为代表的虚拟偶像，成为传统品牌切入二次元文化的理想入口。作为中国虚拟偶像的最典型代表，洛天依以其可爱的外表和精灵般的性格，深受广大Z世代用户喜爱。接下来，我们将通过肯德基和直播带货两个商业案例，探讨洛天依如何精准瞄准"Z世代"，助力品牌年轻化。

2017年，肯德基宣布与洛天依合作，请她出任新品"十翅桶"的广告代言人。在此次合作中，洛天依将歌曲《千年食谱颂》改编为《天生翅粉食谱颂》，她在广告视频中伴随着魔性的动感音乐翩翩起舞，表明她能一口气吃完十桶鸡翅。当视频中出现洛天依享用"十翅桶"的画面时，弹幕反响热烈，显示出观众对她"吃货"形象的高度认可。该视频广告上线不到一个月，点击量即突破250万次。洛天依作为中国最成功的虚拟偶像，在Z世代中具有巨大的影响力，这为肯德基的代言活动成功奠定了基础，有效拉近了品牌与年轻Z世代的距离。

随着网络技术的不断发展，直播带货已成为提升商品销售的重要手段。2020年，洛天依正式进入直播带货领域，在李佳琦直播间、淘宝直播间等平台亮相。其中，5月1日洛天依与禾念旗下其他虚拟偶像一起在淘宝直播间进行的带货活动，引发了消费者的热烈反响。在直播开始前，弹幕已经被"等天依上线""坐等天依殿下"等消息刷屏，开播后观众人数一度飙升至270万，近200万人参与了打赏互动，可见虚拟主播的直播带货在年轻群体中接受度极高。与明星网红参与直播带货的直接商业变现目的不同，除了实现商业变现之外，虚拟偶像参与直播带货的根本目的在于扩大自身影响力。电商直播与虚拟偶像的结合不仅帮助电商平台和品牌接触到消费能力强且喜爱二次元文化的Z世代年轻群体，也有助于虚拟偶像突破次元壁，借助新兴媒体形式提升曝光度和话题性，从而吸引更多的三次元受众。事实证明，洛天依的直播带货"首秀"引发了广泛关注，国内各大新闻媒体平台纷纷报道，在微博上也掀起了热烈讨论。

洛天依作为中国最杰出的虚拟偶像，以媲美真人明星的感染力持续发挥魅力，凭借其科技感和艺术感，以及代表的年轻态文化，逐渐破圈成名。从举办演唱会、销售周边产品、举办生日会到代言产品、组织网络应援和直播带货，洛天依几乎尝试了所有真人偶像的流量变现方式。她的成功得益于独特的用户生成内容特质，赋予粉丝强烈的参与感。洛天依的经验表明，虚拟偶像可以具有强大的社会影响力，但需要恰当的运营和管理，包括与粉丝共同打造讨喜的人设、运用媒体矩阵运营虚拟偶像的社交媒体账号和社群、精准定位受众，并在品牌活动中不断扩大自身影响力，有选择地参与品牌合作。

资料来源：
[1] 岳永婕, 王菲. 虚拟偶像代言人：新媒介技术赋能下的误同策略分析[J]. 新闻春秋, 2021(5): 58–63.
[2] 高存玲, 范珈硕. 为洛天依写歌：虚拟歌手粉丝创作者的情感劳动[J]. 中国地质大学学报(社会科学版), 2022, 22(3): 147–156.
[3] 锌刻度. 洛天依出圈记：用人设与技术套牢真实的情感[EB/OL]. (2019-07-17)[2023-01-03]. https://36kr.com/p/1724027846657.
[4] 数娱梦工厂. 肯德基换了人设不崩的洛天依代言背后，二次元形象 IP 的广告价值有多大？[EB/OL]. (2017-11-07)[2023-01-03]. https://36kr.com/p/1721983860737.

引　言

正如开篇案例所示，电商平台和社交媒体在数字时代的消费者生活中扮演着越来越重要的角色，虚拟偶像等新型影响者也站上了舞台。与它们合作，能让品牌文化得以传播。个体的消费行为要受到社会因素的影响，本章聚焦于信息源对消费者行为施加的社会影响（social influence）。个人或参照群体提供的信息能够成为一种社会影响并改变消费者行为。当我们从朋友那里听说一款游戏很有趣时，我们就可能会下载这款游戏，这是因为我们信任从朋友那里得到的信息。某些人（如著名运动员、电影明星、网红达人等）之所以成为有社会影响的意见领袖，是因为他们的权力或专业知识让其他人想要追随他们的信念、行为或言论。当参照群体中的成员频繁互动时也能对个体的消费行为产生强大的社会影响。信息源不仅可以影响消费者的心智，还可以影响他们的行为。因此，营销人员需要了解何种社会实体能产生社会影响，创造了何种社会影响，这些社会影响又如何影响消费者行为。图 6.1 描绘了第六章的内容及第六章在全书中的位置。本章讲解社会影响的三种信息源（一般信息源、意见领袖信息源和参照群体信息源）及其对消费者行为施加的两种影响类型（规范性影响和信息性影响）。

 社会影响：

　　来自个人、群体和大众媒体等渠道，能够影响个体消费行为的信息以及由此而形成的隐性或显性的社会压力。

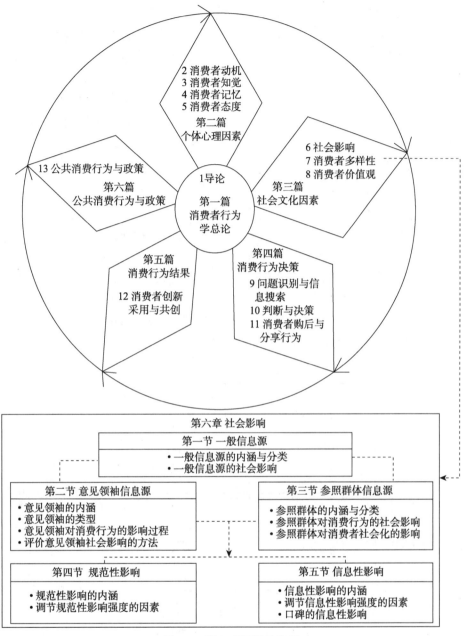

图 6.1　第六章逻辑结构图

第一节　一般信息源

一、一般信息源的内涵与分类

（一）一般信息源的内涵

一般信息源指人们日常生活中了解关于品牌和产品信息的各种渠道和方式，包括广告、搜索引擎、在线论坛、社交媒体、亲朋好友等信息源。利用第三方的社会影响制造轰动可以放大营销效果。例如，在 2021 年东京奥运会男子 100 米半决赛赛场上，苏炳添以 9 秒 83 的成绩刷新了中国乃至亚洲田径的历史纪录，成为首位冲进男子百米决赛的中国人，被称为"亚洲飞人"。小米在官方微博及时官宣苏炳添为全新品牌代言人，该微博产生了超 3 万次转发量和 8 万次点赞量，其"苏炳添代言小米品牌"话题具有 2 亿多人次阅读量和 4 亿多人次讨论量，引起了极大的关注。显然，和常规的代言人相比，苏炳添"亚洲飞人"带来的轰动效应大大增加了小米品牌的曝光度。

（二）一般信息源的类型

一般信息源从信息源是否通过传播信息从品牌方获得费用的角度可分为营销信息源（marketing source）和非营销信息源（nonmarketing source）两种类型，从传播途径的角度可分为大众媒体传播和个性化传播两种类型。综合两个角度就会划分出四种类型的一般信息源：通过大众媒体传播的营销信息源、通过个性化传播的营销信息源、通过大众媒体传播的非营销信息源、通过个性化传播的非营销信息源。此外，鉴于社交媒体的普及性和特殊性，本文还将单独介绍通过社交媒体传播的营销和非营销信息源[1]。下面将逐一介绍各种不同类型的一般信息源，分析哪些信息源的影响相对更大，并解释其中缘由。图 6.2 对这些信息源的分类给出了部分解释[1]。

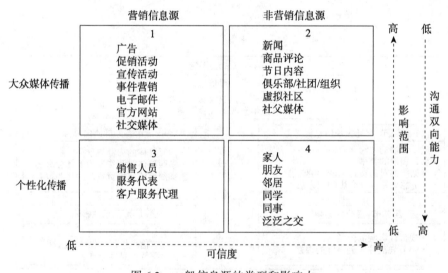

图 6.2 一般信息源的类型和影响力

 营销信息源：

通过营销代理传播的影响，如广告和人员销售。

 非营销信息源：

从营销组织之外的实体传播的影响，如家人、朋友和媒体。

1. 通过大众媒体传播的营销信息源

通过大众媒体传播的营销信息源包括广告、促销活动、事件营销和官方网站等（见图6.2中的单元1）。户外广告是一种重要的广告形式。传统户外广告位于建筑物外层、街道、广场等户外公共场，它包括霓虹灯、广告牌、海报等。随着数字时代的到来，户外广告在内容、形式上都发生了巨大改变。户外新媒体广告已经充斥于人们生活的不同场景，从地铁、公交的液晶电视，到医院、机场、火车站的LED显示屏等。华为手机品牌热衷于投放户外广告，2021年8月，为宣传新品华为P50系列，华为在重庆和天津投放一组地标灯光秀的广告。伴随着数字化、互动化等技术的加持，华为以更震撼更直观的方式传递品牌特点，为消费者带来更为强烈的视觉冲击，同时也拉近了用户与城市的距离。

2. 通过个性化传播的营销信息源

营销信息源也可以通过个性化媒体传播（见图6.2中的单元3）。销售人员、服务代表和客户服务代理均属于通过个性化媒介传播影响的营销信息源，他们在零售店、消费者家中或办公室，通过电话、电子邮件、在线和面对面聊天等方式传递信息。在某些情况下，消费者会回应销售人员，利用销售人员的知识和帮助来实现他们的个人目标。但是，当消费者为销售人员的过度劝说而苦恼时，他们会采用一些技巧来避开不必要的关注。日本丰田（Toyota）素有"销售的Toyota"之称，他们拥有大批的优秀销售人员。在员工正式成为销售人员前，每名销售人员需要经历一年的训练期。前四个月由机械工程部门训练，目的是让销售人员对汽车的构造了解透彻；随后两个月接受推销技能训练。下半年销售人员被分配到各分公司、营业部，由资深销售人员带领做实战练习。丰田认为除了极端胆怯及完全没有毅力的人之外，每个人都能被训练成为一位优秀销售人员，尤其那些注意倾听、心胸开朗的人更有可能成为一流的销售人才，对消费者行为产生积极的影响。

3. 通过大众媒体传播的非营销信息源

那些并不为营销公司效力的信息源（非营销信息源）也可通过大众媒体传播施加影响（见图6.2中的单元2）。消费者行为可能会受到有关新产品、电影、餐馆、产品污染、产品事故、产品滥用或误用等方面新闻报道的影响。准备购买新车的消费者可能从电视报道、互联网网站、博客和其他不受营销人员控制的大众媒体上了解到有关某品牌汽车产品召回和质量事故方面的报道。此类非营销的信息源会影响消费者购车行为。一些人可能还会受到虚拟社区上的信息或产品评论的影响。一些大众媒体信息源的社会影响力非常强大。例如，许多中国消费者会根据豆瓣上的评分和评论来选择电影，根据大众点评上的评分和评论选择餐馆，根据亚马逊上广大读者的评分和评论选择图书。名人在大众媒体上发表的意见也会影响消费者的购买、使用和处置决策。

4. 通过个性化传播的非营销信息源

消费者行为还受到通过个性化传播的非营销信息源的影响（见图6.2中的单元4）。这类影响主要通过观察他人行为或口碑传播而发生，亲朋好友、邻居、熟人甚至陌生人口头传递的商品信息均可能影响我们的消费行为。非营销信息源的个性化传播除了在日常交流中自然而然地发生外，聪明的商家也会诱导消费者进行个性化传播。例如，淘宝的一些店铺让消费者的分享能获得一定额度的优惠券，这就使得消费者个人的分享发挥了信息传播的作用。同样，美团的某些产品有团购价和原价两种价格类型，如果介绍朋友一起购买就可通过优惠价下单，分享和拼团的过程本质上就是个性化传播的过程，既分享了品牌信息，也推广了品牌。

5. 通过社交媒体传播的营销和非营销信息源

社交媒体（social media）是指个体和个体之间、个体和组织之间、组织和组织之间依靠移动互联网技术创造、分享、交换信息和意见并进行高度互动的线上平台。现在许多人都在使用社交媒体，社交媒体正在改变消费者与市场、消费者与其他人的互动方式。因此，社交媒体传播的社会影响不可忽视，并且营销信息源和非营销信息源都可以通过社交媒体传播影响（见图 6.2 中的单元 3 和 4）。社交媒体营销之所以能够实现，是因为消费者在使用社交媒体的同时提供了个人和社交信息。一项研究发现，大约 1/3 的消费者厌恶社交媒体上的广告，然而 26% 的人愿意接收朋友推荐的广告信息，26% 的人不介意因为在社交网络上公布的个人信息被广告商定位并推送相关广告，17% 的人感觉社交媒体推送的广告和品牌与自己密切关联[2]。社交媒体覆盖面广，但更具个性化，因为消费者可以选择何时、何地及如何访问和共享内容。消费者生成的广告内容（这是许多营销人员鼓励甚至奖励的一种非营销信息源）可以刺激一系列社交媒体对话，从正面和负面评论，到对内容的辩论及引起更多了解广告和品牌的兴趣。当内容具有娱乐性、信息性，或者消费者以其他方式重视这些内容时，消费者对通过社交媒体传播的营销信息源的反应更为积极。前沿研究 6-1 对社交媒体衍生的"社群经济"现象进行了介绍，并且指出社交媒体上不关注他人的账户让人感觉更有自主性，从而对其他人的行为产生更大的积极影响。

前沿研究 6-1

不关注他人的积极效应——不关注他人社交账号反而让粉丝更青睐

二、一般信息源的社会影响

图 6.2 中显示不同类型的一般信息源在影响范围、双向沟通能力和可信度方面有所差异。反过来，这些特征也决定了每种一般信息源对消费者的影响程度。

（一）影响范围

大众媒体信息源对营销人员很重要，因为它们能够将信息传达给广大的消费者。因此，就影响范围而言，大众媒体比个性化媒体的影响范围要更广。2008 年北京奥运会获得全国人民的空前关注，阿迪达斯以 13 亿元的出价击败李宁品牌，获得北京奥运会赞助商，李宁品牌只赞助了中国的跳水、体操、射击、乒乓球 4 支金牌队伍。但奥运会的点火仪式由李宁品牌的创始人、奥运冠军获得者李宁（1984 年洛杉矶奥运会上获得男子体操单项自由体操、鞍马、吊环三项冠军）作为主火炬手，李宁品牌还赞助了中央电视台奥运会主播和记者的服装，结果观众一打开电视看到最多的就是李宁品牌，李宁品牌在电视机前的曝光率比阿迪达斯还高。这样，全世界都知道了"李宁"这个来自中国的运动品牌。互联网、智能手机和其他数字媒介正在向越来越多的受众传播营销信息、产品资讯、公众人物动态和电视节目，从而极大地扩大了大众媒体传播的影响范围。

（二）双向沟通能力

个性化传播渠道允许信息双向流动，而大众媒体却难以做到这一点。例如，就双向沟通能力而言，一名汽车销售人员可能比汽车广告更有社会影响，因为销售人员可以根据买方的需求提供定制信息、及时回答买方的问题、针对消费者的质疑做出相应的解释，能对重要的或复杂的问题通过语言或非语言信息加以强调。人际交流谈话通常要比大众媒体传播的信息更随意、更自由，目的性也相对更不明显。在交谈中，人们较少能够提前预测谈话内容，因此不太可能采取措施避免与自己的参照系不一致的信息。个性化传播的信息可能比大众媒体传播的信息更生动，因为说话的人可以通过某种方式使它更真实，这也使它更具有说服力。

（三）可信度

个性化传播和大众媒体传播在可信度方面也存在差异。人们倾向于相信与自身关系密切的人提供传达的信息。某种程度上，信息传播者与接受者之间的相似性或心理距离（如价值观相似等），会影响信息是否可信、是否被接受。处于中立的信息源往往被认为比其他信息源更可信，因为中立信息源通常更专业，其观点往往更加不带有偏见。研究表明，通过博客传播会比通过在线杂志传播产生更积极的品牌态度和更高的购买意愿，因为博客作者被认为更中立、更不带有偏见，因而具有更高可信度[3]。

综上并结合图6.2，我们可以看出，从信息传播渠道方面看，个性化传播和大众媒体传播在影响范围、双向沟通能力、可信度等方面均存在差异；从信息属性方面看，营销和非营销信息的差异主要体现在可信度上，难以说明它们在影响范围、双向沟通能力方面的差异。消费者倾向于认为通过营销渠道获得的信息更不可信、更有偏见、更有操纵性。相比之下，非营销信息源更可信，因为人们不认为它们与我们的购买、消费或处置决策有利害关系。鉴于非营销渠道的信息更可信，它们比营销渠道的信息更能助推消费者决策。例如，同样都是女明星，她们在传统的电视广告中宣传化妆品，这类营销渠道的信息对消费者的购买促进效果现在变得越来越相对不显著；但如果她通过社交媒体分享她因职业需要使用化妆品的体验，此时消费者并不直接认为明星是在代言化妆品品牌，因而，她们在社交媒体上的推荐就更能促进消费者购买化妆品。这正是小红书商业模式背后的逻辑。

本节介绍了一般信息源对消费者行为的影响。我们接下来将分别介绍两种特殊信息源对消费者行为的影响。第二节将介绍意见领袖信息源对消费者行为的影响；第三节将介绍参考群体信息源对消费者行为的影响。

第二节　意见领袖信息源

一、意见领袖的内涵

（一）意见领袖

人们常常习惯于就生活中的某些重要事情寻求他人的意见，在选择咨询对象时，知识渊博、见解权威的人往往是人们咨询的首选目标，这些人被称为意见领袖（opinion leader）。意见领袖是社会影响的特殊信息源，处于大众媒体与个体的观点、行为之间的特殊个体，意见领袖能够频繁影响他人的消费态度或行为[4]。意见领袖可以是知名人士，也可以是朋友或熟人，还可以是像医生（对于医疗保健行为而言）或律师（对于法律事务而言）这样提供专业建议的人士。意见领袖是信息把关者（gatekeeper）这一大类人群的一种，他们在决定产品或信息是否能传播到市场方面，具有特殊的社会影响或权力。意见领袖被视为非营销信息源而施加社会影响，其非营销信息源的属性又强化了他们的可信度。意见领袖之所以成为极有价值的信息源是基于意见领袖的以下几个特性。

 意见领袖：

充当大众媒体与个人的观点、行为之间的个体。

 信息把关者：

控制信息流动的信息源，决定产品或信息能否传播到市场。

（二）意见领袖的特征

1. 专家权

意见领袖通常在特定的领域或产品类别中拥有某种社会地位、专业知识或第一手信息，这使他们成为相关决策的让人信赖的、特别重要的信息源。普通人也可能因为对某些产品具有内在兴趣和愉悦感，长期关注这个产品类别，逐渐发展成为这个产品类别的意见领袖。

2. 知识权

意见领袖因拥有产品知识和经验，会让他们毫无偏颇地综合产品信息，预先筛选和评估产品，从而拥有产品的知识权。不同于商业代言人，意见领袖之所以能产生社会影响，是因为他们的意见是否被听取与他们个人没有经济上的利害关系。他们的意见被认为是不偏不倚的，因而是可信的。

3. 合法权

意见领袖在社会上往往比较活跃，很可能经常参与当地社会的活动，并在社会活动中担任某些职位。意见领袖往往还具有自信、合群、愿意分享信息等个人特质。他们喜欢拥有信息，以及与他人分享信息所产生的权力感。他们之所以愿意分享信息是因为他们相信自己的行为能帮助他人。因此，意见领袖往往因为他们的社会地位而拥有合法权。

4. 参照权

意见领袖的价值观、信念与普通消费者相似，因此他们拥有参照权。如果在一类产品中将意见领袖按兴趣或专长区分，他们对拥有相似兴趣或专长的消费者往往比对其他消费者的影响更大。社会影响更大的意见领袖往往在地位及教育水平上略高于他们所影响的人,但又不至于高到另一个社会阶层。

5. 优先权

意见领袖往往对产品了解更多,比一般人更多地使用、接触大众媒体,往往在新产品刚推出时就倾向于购买。这种"优先权"一方面可能会令他们承担很大的风险,但同时他们的行为也大大降低了相对保守的跟进型的购买者的风险。与公司的那些营销信息源倾向于完全聚焦产品的优点不同,意见领袖更可能倾向于同时传播产品的优势和劣势两方面的信息,这会让他们的意见领袖地位的影响力更加持续。

二、意见领袖的类型

有四种意见领袖类型值得关注和了解。

(一)市场专家

熟悉某个产品类别的人一般有两种表现,一种是自己默默了解很多信息但却很少与他人分享产品相关信息,另一种是了解了很多信息又非常愿意和他人分享、交流。像后者这样积极地传播各类市场信息的人被称为"市场专家"(market maven)。市场专家不一定对产品感兴趣和购买产品,他们经常从线下或线上商店的购物体验和互联网公开信息中了解市场动态,并凭借搜集到的海量信息建立对市场的敏感性,从而比其他消费者对新产品更加敏感。市场专家总是了解哪款产品质量最好、销量最高,以及从哪个实体商店或网站购买最划算。市场专家和意见领袖的共同点是对某一品牌或产品具备强烈的敏感性,并且喜欢和他人分享他们的信息。但市场专家与意见领袖的不同之处是市场专家的知识是基于对产品广泛的了解,除了熟悉的产品外,他们也掌握并发布低、中熟悉度的产品信息。

 市场专家:

掌握许多市场信息并愿意传播、分享、交流的人。

以下是市场专家的测量量表,回答者用 7 分制表示对各陈述的同意程度,"1"表示"一点也不同意","7"表示"非常同意"。根据回答者的总分能够衡量回答者的市场专家水平,回答者得分越高,表明其作为市场专家的水平越高(见表 6.1)。

表 6.1 市场专家量表

序号	陈述
1	我喜欢介绍新品牌和新产品给我的朋友们。
2	我喜欢通过向人们提供各种产品信息来帮助他们。
3	人们总是喜欢向我询问有关产品、购买地点或是降价促销等购买方面的信息。
4	如果有人问我去哪里购买多种不同的产品最划算,我准能告诉他去哪里买。
5	当谈到新产品或促销时,朋友们认为我是一个很好的信息来源。

（二）代理消费者

有一类职业意见领袖被称为"代理消费者"（surrogate consumer，SC）。代理消费者指的是当消费者具有购买意向时被雇用来提供购买决策支持的人。与其他意见领袖不同的是，代理消费者能够通过提供意见获得报酬，他提供有偿服务。代理消费者充当了营销中介的角色，能够对消费者的产品购买决策产生直接影响。

当聘请代理消费者时，消费者个人实际上有策略地放弃了部分甚至所有决策的控制权（如收集信息、比较和评价备选方案或实地选购等），因而消费者能够节约出许多时间和精力。原则上，代理消费者应该基于消费者的利益做出购买决策。但无论是否基于消费者利益，他们的推荐所能产生的社会影响是很大的。常见的代理消费者就有室内设计师、留学中介、理财顾问、政府招标采购人员等。例如，一对新婚夫妇可能会委托一家设计公司为他们的新房进行装修设计，一名理财小白可能会委托一个银行客户经理帮助他进行理财，等等。

具有大宗交易需求的公司一般会与代理消费者建立、保持一种密切的关系。因为代理消费者能够通过参与前期信息搜集、评价和购买等工作帮助公司或政府提高决策和购买效率。在营销活动中，营销人员往往针对产品的目标客户开展营销，而忘记了代理消费者对许多购买决策起着关键的作用[4]。

代理消费者：

当消费者具有购买意向时被雇用来提供购买决策支持的人。

（三）数字化意见领袖

数字化意见领袖（digital opinion leader，DOL）是数字时代的产物。随着媒介技术的迭代演进，在网络上的虚拟社区、社交媒体等数字空间诞生了许多发挥社会影响的意见领袖，他们被称为数字化意见领袖。数字化意见领袖也被称为数字影响者（俗称"网红"），是指在数字空间有社会影响的名人或普通人，他们活跃在社交网站，通过分享生活片段影响他人的消费行为[5]。就像线下的意见领袖一样，数字化意见领袖是虚拟社区的积极参与者，他们的社交网络比较大且完善，拥有大量粉丝。在市场营销活动中，数字化意见领袖通过展示产品偏好和生活方式，积累忠实追随者，建立、维护与忠实追随者之间的友好互动关系，以此获得社会影响，产生商业变现。

位于美国旧金山的 Klout 公司，声称可以准确评测数字世界里所有人的社会影响。他们对一个人的社会影响运用"Klout 指数"（Klout score）来表示。Klout 网站通过每天访问 120 亿个网站的数据，利用百分制给每个人的数字社交影响打分。Klout 主要通过三个指标评估人们的社会影响，即①真正影响到的人数（过滤掉僵尸粉）；②二次传播力（二次分享、三次分享和评论）；③参与的社交网络（其所有参与的社交媒体）。名人一般会有较高的 Klout 指数。Klout 公司帮助合作品牌和公司在茫茫网络中识别具有高分的数字化意见领袖，目的是利用他们更快地扩散其品牌在数字空间的口碑和社会影响。

> **数字化意见领袖：**
>
> 在数字空间有社会影响的普通人，他们主要活跃在社交网站，通过分享生活片段影响他人的消费行为。

在中国也出现了类似的社会影响排行榜。作为以内容为中心的问答社区，知乎专业的社区氛围、基于内容生态进行可持续变现的商业模式，造就了其专属的商业价值。知乎联合克劳锐共同洞察答主商业价值，每月向行业公开优秀答主的商业影响力排名结果，并定期发布《知乎答主商业影响力榜》，深度拆解不同领域的答主特征，解析答主的商业影响力。首期榜单已经于2022年3月29日发布。榜单涵盖科技、数码、美妆等19个领域，按照"商业影响力指数"排序产生，该指数以答主当月的商业能力、社区影响力、内容专业度、关注者质量和长尾传播力等多个维度综合量化加权得出。本榜单可供各行业广告主、营销从业者了解知乎创作者生态，探索更优的商业营销方案。

如今明星等影响者对消费者行为的影响方式显著不同于传统时代，不仅明星的受众群体高度分化，还出现了网红等新型影响者。为了更好地说明新时代品牌如何利用明星进行影响力营销，洞察案例6-1介绍了雅诗兰黛顺势在中国制定了与时俱进的数字、社媒、分众时代的影响力营销策略，在新旧消费形态交替之际，品牌影响力得以大大提升，在化妆品领域取得领先的市场业绩。

洞察案例6-1

雅诗兰黛：携手流量明星，打造影响力营销

雅诗兰黛是国际知名的化妆品行业领军品牌，在2021年世界品牌实验室公布的《世界品牌500强》当中，雅诗兰黛排名213位。1993年，雅诗兰黛集团率先选择雅诗兰黛和倩碧品牌进入中国市场，2002年正式成立中国分公司并开始引进更多产品。到了2010年，中国便成为雅诗兰黛除本土美国市场之外的第二大海外市场，仅次于英国。雅诗兰黛在中国的销售额很大一部分来自于6·18、双十一等重要电商节的成功促销。近年来雅诗兰黛旗下的所有品牌在中国市场都实现了双位数的增长，而这一切离不开雅诗兰黛在数字、社媒、分众时代的影响力营销。那么雅诗兰黛究竟是如何实现强有力的影响力营销的呢？

线上的销售与品牌成功的推广活动密不可分，那么雅诗兰黛在数字、社媒时代的品牌推广有何特色？"Z世代"在人口比重当中占据很重要的一部分，根据艾媒咨询《2021年Z世代群体消费行为洞察》的报告，"Z世代"具有强大的购买力，已经成为化妆品牌不能忽略、掌握舆论走向的重要消费群体。因此，对于雅诗兰黛来说，要想强化其高端化妆品的行业领导地位，就要提高在年轻消费群体心目中的认知度。那么雅诗兰黛怎么做可以深入走近"Z世代"消费者呢？雅诗兰黛选择的方式是，携手流量明星，打造影响力营销。

在移动互联、社媒时代,明星的受众或粉丝高度分化,过去那种启用一位明星、制作一个广告、投放多个媒体平台的时代已经过去。为了提高品牌对分化的人群的影响力,雅诗兰黛采用了聘请多位流量明星、形成明星金字塔的方式,以此吸引他们的特定粉丝群。不同的艺人面向不同的粉丝群体,都有各自的"流量密码",他们的能量叠加起来,就提升了雅诗兰黛在"Z世代"当中的知名度。以下选取几个具体案例,浅析分众时代提高品牌影响力的途径。

1. 携手杨幂,引发国民讨论度

2017年,杨幂主演电视剧《三生三世,十里桃花》,成为全国知名的一线女明星。雅诗兰黛抓住机遇,于2月20日在微博宣布杨幂成为品牌亚太区代言人。该条微博的转发量达到128 194次,评论数23 428次,点赞数24 141次。同日,雅诗兰黛的百度搜索指数达到17 070,是当年的最高峰,数据侧面反映了杨幂代言对于雅诗兰黛的品牌扩散的促进作用。随后,雅诗兰黛在微信平台陆续发布"甜幂开春""甜幂来袭"等话题进行产品推广,其品牌公众号推文阅读量达到10万+。进而雅诗兰黛推出杨幂同款妆容"十里桃花妆",在其妆容的重点——唇妆上,品牌为了更加贴近代言人,在相关唇膏的色号命名时将代言人名字融入其中。例如,唇膏Envy250命名为"甜幂色",Envy260命名为"杨幂色",Envy270命名为"桃花色"等。与之同步推出的还有雅诗兰黛在腾讯视频、爱奇艺等视频平台发布的"十里桃花妆-甜幂桃花唇"教学视频,该视频单平台点击量达到29.4万次,从多平台、多角度进行唇膏产品的推广。基于此,得出结论:品牌可以通过让产品与明星产生关联,利用粉丝希望拥有明星同款的心理,让明星代言提高品牌的知名度和影响力。

2. 携手肖战,男星代言化妆品出奇效

雅诗兰黛的用户群体以女性为主,但该品牌在选用明星代言人时却不乏知名男星。为什么目标受众是女性,却要选用男星作为代言人?这其中蕴含什么道理?这与粉丝经济密切相关。随着男女社会分工差异的缩小和生活方式的变迁,男性开始扮演与传统不同的角色。例如,美不再只由女性表达,越来越多的品牌愿意用"美男形象"吸引女性粉丝。雅诗兰黛也洞察到这一点,近年来已邀请多位男星作为代言人或品牌大使。这里,我们以肖战为例,浅析雅诗兰黛的明星合作技巧。

2019年,肖战凭借《陈情令》成为当年最受欢迎的男明星,其关注度、话题度、粉丝数量和粉丝活跃度均位居中国男星前列。因此,雅诗兰黛在2019年10月20日宣布肖战成为雅诗兰黛品牌亚太地区彩妆及香氛产品的代言人,并为之拍摄口红产品的微电影广告。10月21日,"肖战口红微电影"话题便登上微博热搜榜第三位。截至当年双十一,雅诗兰黛发布在微博的倾慕口红微电影广告获得90万次转发、17万次评论、近亿次播放,该系列的产品获得了相当大的关注度。

在本次明星代言当中,微电影广告是一个重要的宣传媒介,那么这个广告究竟讲了一个什么样的故事,让它受到如此多的关注呢?以倾慕口红333反转色这一产品的微电影广告为例,该广告讲述了男主角肖战和女主角的职场故事。男主角在电梯与女主角相遇,男主角西装笔挺、从容淡定,而女主角则匆忙跑进电梯,小动作不断,显得紧张不自信。直到女主角拿出雅诗兰黛倾慕口红333色号,涂上之后气场突变,自信从容。影片结局迎来反转，貌似商业精英的男主实则是来面试的，而女主角竟是面试官。片尾出现广告语"confidence breeds beauty"（"自信孕育美"）。由影片内容可以窥见，雅诗兰黛善用职场语境，在故事中展现产品属性，让口红的出场自带场景化记忆点，使其主推的"反转色"口红更为形象生动，成功抢占消费者心智。

而在随后的销售当中，雅诗兰黛将倾慕口红 333 色号冠以"肖战亲选"，同时发售限量版口红礼盒，内含明信片、日历等明星周边。据统计，当年双十一预售期间，"肖战亲选"系列产品预售总额突破 1.4 亿元人民币，预售仅一小时，肖战相关代言产品销量达 10 万件。因此，从销售数据上来看，雅诗兰黛采取的男星代言策略可出奇效。

总之，雅诗兰黛在时尚化妆品领域，较先洞察到中国 Z 世代群体的巨大消费潜力，及时采用年轻人喜爱的明星作为品牌代言人或品牌大使，成功实现数字、社媒影响力营销。与众多流量明星合作圈粉、深耕各类社交媒体平台，结合电商销售……最终，雅诗兰黛成功吸引中国年轻消费者的注意力，成为中国年轻群体中深受喜爱的护肤化妆品品牌之一。

资料来源：
[1] 张蕊蕊. 从品牌形象角度分析雅诗兰黛整合营销活动——以"雅诗兰黛倾慕口红"营销活动为例[J]. 现代营销（下旬刊），2017(06): 90–91.
[2] 张宇恒，徐童阳，姜紫潇，等. 化妆品行业市场营销学原理分析——以雅诗兰黛为例[J]. 当代经济，2019(06): 84–86.

（四）虚拟影响者

虚拟影响者（virtual influencer）是在数字空间发挥舆论领袖作用的智能人。虚拟影响者是指人类运用 AI 技术创建的，拥有类似于真人一样的独立性格和故事经历的数字人或智能人，是与真人影响者既有共同性又有差异性的特殊影响者。目前虚拟影响者主要有虚拟歌手、虚拟主播、虚拟偶像等几类。这些数字技术创建的数字人或智能人之所以被称为虚拟影响者，与数字时代的影响者营销（influencer marketing）密切相关。他们和真人影响者具有同等的社会影响，所以称之为"虚拟影响者"。

虚拟影响者类型多样。①从外观形象来看，可分为类人型和卡通型。类人型的虚拟影响者从外表上看与真人无异，如流行于美国社交媒体的虚拟影响者米克拉（Miquela）。卡通型的虚拟影响者则呈现出二次元、卡通动物等外貌，如屈臣氏的首位虚拟偶像代言人屈晨曦。②从所属身份来看，可分为品牌自建型和第三方独立型。前者是公司为了品牌经营发展而设计推向市场的虚拟影响者，如欧莱雅品牌的全球首位品牌虚拟代言人 M 姐。这类影响者在社交媒体上积极推广公司的新闻和产品动态。而独立存在于社交平台上的虚拟影响者是科技公司开发、设计、经营的虚拟网红，如上海禾念信息科技有限公司旗下的虚拟艺人洛天依。这类虚拟影响者通过发布与自身生活相关的社交动态，打造虚拟人设，在其内涵和社会影响基础之上，与品牌合作，为品牌代言，形成商业模式。③从虚拟人物的风格来看，可分为娱乐型和专业型。娱乐型虚拟影响者的分享内容主要围绕自身生活的各个方面展开。而专业型虚拟影响者则深耕于某一专门领域，重点发布自己擅长领域的知识和动态。

虚拟影响者往往具有类似真人的人格形象，表达类似于真人一样的生活体验。与启用真人网红相比,品牌商启用虚拟影响者来传播品牌,具有更可控、更稳定、更灵活等优点,更能吸引年轻受众。因为 Z 世代消费者尤其重视虚拟消费体验,喜爱虚拟偶像文化。因此,虚拟影响者已发展成为一种新型的意见领袖,对消费行为的影响将越来越大,也将显示出越来越大的商业应用前景。

> **虚拟影响者:**
>
> 　　人类运用 AI 技术创建的、拥有类似于真人一样,拥有独立性格和故事经历的数字人或智能人,是与真人影响者既有共同性又有差异性的特殊影响者。

三、意见领袖对消费行为的影响过程

(一)意见领袖传播的两步流程

　　营销者和广告商通过意见领袖对更多消费者施加影响的传播方式已被许多人理解。20 世纪 40 年代拉扎斯菲尔德等人提出了两步传播的观点。由于生活中种种原因,一些人并不经常接触媒介信息,他们的信息来源往往是意见领袖。意见领袖是大众媒体中广告信息的直接接收者,他们更多地接触大众传媒信息,并将经过自己对信息再加工之后,通过日常口头交流传播给其他普通人,进而影响大众消费者[4]。这就是两步传播的含义。意见领袖介入大众传播,加快了信息传播速度并扩大了信息影响。

(二)意见领袖传播的多步流程

　　随着现代社会的发展,信息可以流向不同的受众。意见领袖的影响传播也变成了多步流程,如图 6.3 所示。在此,我们总结数字技术新环境下,意见领袖影响消费者行为的六种主要方式。

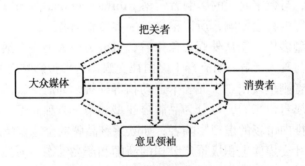

图 6.3　意见领袖传播的多步流程

1. 大众媒体—消费者

　　由于互联网技术的普及和人们经济水平的提升,几乎每个人都能利用手机、电脑等电子设备上网,大众媒体越来越能够直接触达到普罗大众,消费者可能会直接购买在大众媒体上看到的产品和品牌。例如,当消费者使用手机时总是看到拼多多的广告,那么消费者下次购物时就有可能下载和使用拼多多的应用程序直接下单。

2. 大众媒体—意见领袖—消费者

虽然一些信息能够直接传达到大众消费者，但由于人的依赖、合群、协作心理和需求促使他们在态度和消费选择上更为谨慎，因此还须由意见领袖对信息作出解释、评价，在行为上作出导向。在繁荣的商业社会中，各种产品和品牌的选择往往令人眼花缭乱，于是网红直播和小红书等应时而生。网红等意见领袖通过大众媒体了解、比较产品，生产专业性的内容从而吸引和积累粉丝。消费者通过观看网红直播和小红书中的意见领袖发布的帖子等来了解产品和品牌，经比较后才做出符合自己需求的购买选择。此时意见领袖发挥的影响力很大。

3. 大众媒体—把关者—意见领袖—消费者

有时大众媒体和意见领袖之间还存在把关者的影响。制造商、经销商、零售商等充当了把关者的角色。如果制造商不生产产品、经销商不代理产品、零售商不销售产品，那么产品和品牌就无法流向市场，则无从谈后续的影响。因此，在意见领袖和消费者接触产品或品牌之前，产品或品牌需要经过层层筛选。

4. 把关者—意见领袖—消费者

名人明星是最受人瞩目的意见领袖，他们的经纪公司和经纪人负责决定他们合作的产品或品牌，这些经纪公司和经纪人实际上充当了把关者的角色。明星的言行举止，包括发布会上的发言、社交媒体上的帖子均会受到经纪公司的约束。而名人明星的一言一行会对其粉丝产生巨大的影响，当他们代言某款产品时，疯狂的粉丝很有可能将库存一扫而空。

5. 意见领袖—消费者

前面大众媒体—意见领袖—消费者的传播方式中的意见领袖一般是不偏不倚地评价产品和品牌，其中并无合作和利益关系，他们根据从大众媒体掌握的知识和信息发布专业意见，目的可能是纯粹分享，也可能是为了长远的利益积累粉丝，总归当下并不获得品牌的直接费用。而一些意见领袖则是从自身利益出发影响消费者的选择。例如，当上述意见领袖积累一定的粉丝后许多品牌会找上门希望进行合作。小米手机创始人雷军发表的言论总是与自己的品牌自洽，雷军本质上充当了意见领袖的角色，他的观点或行为直接影响消费者对小米手机品牌的态度。可见，当品牌创始人成为有影响力的公众人物之后，创始人就充当了意见领袖角色，此时公司某种程度上需要像对待娱乐明星一样管理好品牌创始人。

6. 消费者—意见领袖、把关者

事实上，意见领袖、把关者也需要经常从消费者那里寻求信息。为了维护自己的专业地位，意见领袖需要从消费者那里获得产品和品牌的反馈，以便进一步更新和调整自己获得的信息。为了使代言取得好效果，经纪公司也需要了解消费者喜爱哪位名人明星，从而选定适合的代言人；当产品和品牌口碑较差时，经纪公司需要考虑是否撤销代言，经销商、零售商等也要及时调整商业策略。可见，在信息传播迈向扁平化的时代，也存在消费者—意见领袖（或把关者）的影响链条。

四、评价意见领袖社会影响的方法

如果意见领袖的社会影响大小可以量化,那么营销人员就可以选择最合适的意见领袖进行合作。以下这些方法能测定意见领袖社会影响的强弱及其对消费行为的影响。

(一)自我认定法

自我认定法(self-designating method)是指受访者通过问卷自评自己给他人提供产品、品牌方面的信息能力高低,以及影响他人购买决策的程度强弱。自我认定法使用调查问卷进行测量,因而,和其他方法相比,更方便营销人员使用。但问卷法往往存在一个问题,其测量结果依赖于消费者的自我评价,因此,评价中往往存在社会赞许效应,即为了符合社会期望,回答者在给出评分时经常会高估自己的作用或影响力,结果存在偏离自己的实际影响力的情况。表 6.2 是意见领袖影响力测量量表,以意见领袖对某具体产品或品牌购买的社会影响为例,回答者用 5 分制表示对各陈述的同意程度,"1"表示"一点也不同意","5"表示"非常同意"。根据回答者的总分能够衡量回答者的影响力,回答者得分越高,表明其作为意见领袖的影响力越大。

表 6.2 意见领袖影响力测量量表

序号	陈 述
1	一般来说,你和朋友、邻居经常谈论***产品或品牌。
2	在你和朋友、邻居谈论***产品或品牌的时候,你能提供很多的信息。
3	在过去半年中,你向很多人介绍过***产品或品牌。
4	与你的朋友相比,你更有可能会被问及、被咨询***产品或品牌的意见。
5	在谈论***产品或品牌时,更有可能你向朋友介绍而不是朋友向你介绍。
6	在你和朋友、邻居关于***产品或品牌选择的讨论中,总体而言,你常常被看做是建议的来源。

(二)社会测量法

社会测量法(sociometric methods)是一种描述群体成员沟通网络模式及沟通密集程度的方法。它具体通过采访群体成员,询问他们向谁征求产品信息,来系统地描绘群体成员之间的互动。意见领袖往往成为信息交流的节点,他把信息分享给不同的人,形成一个信息网络。社会测量法是辨别意见领袖和意见接受者最有效的方法。但可惜实施难度大,成本高,且调查结果的分析比较复杂,因为它往往需要近距离研究群体的互动模式。这决定了社会测量法适合人数有限且相对独立的社会环境(如医院、监狱及军事基地等),这些地方的成员在很大程度上与其他社会网络隔离了,成员相互熟知且经常交流。社会测量法不仅记录交流对象,它还关注社会网络中成员之间的关系类型[6]。

(三)关键知情人法

关键知情人法是研究意见领袖社会影响的一种有效方法。关键知情人(key informant)是指对某个特定群体的社交模式和特点非常知晓、了解的人。想确认一个群体中的意见领袖及其影响力大小需要先找到关键知情人,与之进行交谈。有时候关键知情人不属于所研究的特定群体。比如,班主任由于工作原因对班级情况很了解,如果学生中忽然风靡一个产品或品牌，他很可能知道他的学生中谁是这类产品的意见领袖，那么班主任就是班级的关键知情人。关键知情人法的优点之一是做出评价所需要的时间和精力成本较低，因为研究者只需从一个人那里收集资料。但是，这种方法并不常用，其缺点之一是符合要求的关键知情人并不容易找[2]。

（四）Klout 指数法

正如前面提及的，Klout 指数也可以用来测定意见领袖在数字世界中的社会影响。Klout 指数根据发布信息的影响人数和帖子的回复转发率测定一个人在网络空间的社会影响。当一个人在网上发布了一家新咖啡店的图片并收到了其他人的评论或转发，这个人就积累了 Klout 指数。值得注意的是，Klout 指数是根据人们之间互动次数来计分，而不是发帖数，所以并不是发帖越活跃，Klout 指数就越高，Klout 指数更看重和体现人们的社会影响。Klout 公司通过与航空、银行、酒店等公司共享这些信息来获得经营利润，维持公司日常运作。这些航空、银行、酒店等公司会对 Klout 指数高的消费者提供特别优待服务。例如，一家航空公司可能为 Klout 指数超过 40 的消费者提供一等的候机室候机服务，而这位消费者可能并没有购买相应的舱位等级[2]。

第三节　参照群体信息源

一、参照群体的内涵与分类

（一）参照群体的内涵

参照群体是对消费行为施加社会影响的重要信息源之一。群体和参照群体这两个概念容易混淆。首先，群体（group）指的是由两个或两个以上的个体组成的、持有相同规范、价值观或信念的团体。由于群体内成员存在某种关系，所以一个成员的行为会受到群体里的其他成员的影响。参照群体（reference group）是指该群体的看法和价值观被个体用来与自己进行比较，并作为自己当前态度或行为的指南。因此，参照群体是个体在某种特定情况下作为行为导向的群体[4]。

（二）参照群体的类型

与消费者行为相关的参照群体主要分为三种类型：渴望型参照群体、成员型参照群体、回避型参照群体。

1. 渴望型参照群体

渴望型参照群体（aspirational reference group）是指令个体钦佩并希望加入，对其追求心理认同的群体。按照实际能否加入，渴望型参照群体又分为预期性渴望型参照群体、象征性渴望型参照群体。预期性渴望型参照群体是指个体期望加入并通过努力在未来可能成为其中成员的群体。在我们的社会中，财富、名誉和权力是成功的象征，因此许多企业员工将公司高层当成渴望型参照群体。汽车、房地产品牌商洞察到人们对渴望型参照群体的认同心理，往往会推出与成功或荣誉相关的广告，刺激人们的拥有心理。

象征性渴望型参照群体指的是个体并没有真正加入向往群体并成为其成员的可能性,但他们的价值观和行为受到该群体的影响。虽然人们总是被名人、运动员的魅力所吸引,但多数人并无可能成为他们,尽管如此,他们代言的产品更容易吸引消费者的眼球,甚至成为被选择的理由[7]。例如,中国女子网球名将李娜应耐克、劳力士、奔驰等全球品牌邀约成为中国区的代言人,此时李娜便发挥了消费者的象征性渴望型参照群体的角色。象征性渴望型参照群体还可以是文学小说及影视作品中的某些杰出人物。

虽然渴望型参照群体十分具有吸引力,不仅能够激发消费者的联想,还能改变消费者的实际行为。但消费者的渴望型参照群体有可能发生变化,当消费者观念随着成长和经历而改变,新的参照群体会出现,不同的参照群体对消费者影响的强度也会发生变化,消费者会重新确定更有吸引力的参照群体作为自己的渴望型参照群体[7]。正是深谙这个道理,OPPO 经常和不同的代言人合作,其代言人包括杨幂、杨洋、张震等明星,OPPO 一般依据传统平台(如电视台)有针对性地选择代言人进行广告投放,围绕两个核心要素遴选代言人——人气和作品。在人气方面,2016 年杨洋凭借《微微一笑很倾城》爆红后加入 OPPO 代言家族。在作品方面,在热门作品中植入 OPPO 广告也很常见,如杨幂2016 年收视冠军剧《翻译官》、杨洋作品《微微一笑很倾城》。OPPO 的目标用户年轻、追求时尚、女性偏多,与其聘请的明星粉丝群体高度重合。

 渴望型参照群体:

令个体钦佩并希望加入,对其追求心理认同的群体。

2. 成员型参照群体

成员型参照群体(membership reference group)是指一个人实际参加或归属的群体,它既可以是实际存在的组织,也可以是非正式的组织形式。前者往往是个体的自愿选择,由具有相似的价值观和审美观的个体所组成的群体。例如,人们选择加入学校的合唱团、志愿者协会,此时学校的合唱团、志愿者协会就发挥了成员型参照群体的作用。后者则是不以个人意志为转移的,因各种社会和自然因素(年龄、性别、种族和地区)而划分形成的群体。例如,年龄因素使 70 岁以上的老年人成为老年人群体中的一员;地域因素使出生在广州的人成为广州人群体中的一员。

成员型参照群体对消费者行为存在直接的、明显的和稳定的影响。即使消费者认为自己很有个性,他们也会购买与成员型参照群体相关联的产品。然而,当消费者错误估计他们在参照群体中的相对地位时,他们往往会做出糟糕的购买或消费决策。例如,如果你认为你是班上最熟练的自行车手或滑雪者之一,但实际上你才作为初学者开始这项运动,那么你可能会购买高于你能力的设备或服务,而这种错误的估计可能令你对所购买的品牌产生负面评价。

成员型参照群体：

一个人实际参加或归属的社会群体。

成员型参照群体还可能与某个特定品牌相关。例如，小米手机的粉丝俗称为"米粉"，这样的成员型参照群体可称为品牌社群（brand community）。品牌社群是一个由拥有一套结构化关系的消费者组成的专业群体，涉及特定的品牌、该品牌的消费者，以及他们正在使用的产品[8]。作为品牌社群成员的消费者会思考品牌名称（如小米）、产品类别（如手机）、使用该品牌的其他消费者（如米粉）及制造和推广该品牌的营销人员等事项。品牌社群的成员不仅会重复购买该品牌的产品，还致力于与社群里的其他消费者分享他们对产品的信息和热情，并影响其他成员保持忠诚。有趣的是，即使在品牌停产后，这样的品牌社群也还可能继续存在。此外，品牌社群的成员不仅会为了品牌利益帮助传播品牌的优点和营销广告，还会主动与品牌进行价值共创，如帮助品牌设计和改进新产品，品牌社群资深成员热心教会新成员最大限度地体验产品等。总体来说，品牌社群让消费者和品牌方都受益匪浅。

 品牌社群：

由拥有一套结构化关系的消费者组成的专业群体，它涉及特定品牌、该品牌的消费者，以及这些消费者正在使用的品牌产品。

3. 回避型参照群体

参照群体可以对个体的消费行为产生积极影响，也可以产生消极影响。前面介绍的渴望型参照群体可以理解为对个体消费行为产生积极影响的参照群体，而对个体消费行为产生消极影响的参照群体被称为回避型参照群体（avoidance reference group）。它是指那些我们不赞同也不希望效仿其态度、价值观和行为的社会群体。消费者可能会设法与回避型群体保持距离。他们会研究回避型参照群体的着装和举止，并细心地避免购买可能使他人将自己归入这些群体的产品。所以企业做广告时更多利用渴望型参照群体，回避型参照群体一般很少在广告中单独出现。

一个人与回避型参照群体保持距离的动机强度可能比靠近渴望型参照群体的动机强度更大，所以营销人员也可以利用回避型参照群体来进行广告创意。此时，广告中可能会同时出现回避型参照群体和竞争对手的产品。例如，苹果经典广告"I'm a Mac"，演员贾斯汀·郎扮演灵巧时尚、友好随和的 Mac，而约翰·霍奇曼则扮演性格笨拙沉闷的"书呆子"微软 PC。两人在一问一答中表明微软 PC 存在严重缺陷，而突出了 Mac 更好用的优点。关于利用回避型参照群体，广告也告诉消费者为了避免回避型参照群体应该如何做。例如，清扬是联合利华公司早在 1972 年就推出的洗发水品牌，以去屑作为产品利益定位，它在南亚及东南亚市场站稳地位之后，2007 年才进入中国市场。而此时中国洗发水市场去屑类产品已被另一国际品牌海飞丝占据了遥遥领先的地位。联合利华高层期望清扬品牌通过3年时间改变市场格局,获得市场领先地位。2007年4月联合利华在北京召开新闻发布会,高调宣布其首款"男女区分"的去屑洗发水"清扬"品牌正式在中国上市。随后清扬品牌广告片的广告语"如果有人一次又一次对你撒谎,你要做的就是立刻甩了他"占据了各大主流媒体,清扬品牌自信的广告画外之音,就是把竞争对手海飞丝品牌设置为消费者心中的回避型参照群体,以此抢占消费者的关注。

现在,互联网上出现了一种新的回避型参照群体——反品牌社群(antibrand community)。这些群体成员不是作为某个名人或品牌的粉丝而集合,而是作为其反对者出现。反品牌社群的群体成员大都是社会理想主义者,支持非物质主义的生活方式。反品牌社群为群体成员提供了聚集地和道德支持;也为他们的一般性目标提供社交支持网络;还可以为他们工作中的不如意提供一种发泄方式(许多成员事实上为相关公司工作);反品牌社群网站也聚集了信息、活动和其他相关资源[6]。例如,某些地区信仰当地教的消费者群体抵制可口可乐、麦当劳、IBM、阿迪达斯、雀巢等品牌,原因是他们认为这些品牌过度追求物质主义,从而导致了抑郁、酗酒、家庭暴力等社会问题[9]。

二、参照群体对消费行为的社会影响

参照群体对消费行为的社会影响强度高低,要根据成员之间的联系程度、正式性、相似性、参照群体吸引力、密度、认同程度和纽带强度等来决定。本部分专门讲解这些因素如何影响参照群体的社会影响力。

(一)联系程度

不同参照群体与消费者个体之间的联系程度有所不同。我们可能与一些参照群体有直接的和广泛的联系。比如,我们的朋友或家人作为参照群体,对我们就会产生直接的和多方面的影响。但是,我们可能与其他人的联系程度就要弱很多。比如,娱乐明星、体育明星等相对于家人或朋友,就与我们的联系要弱很多。与我们有大量接触的参照群体往往会产生最大的影响。与我们进行面对面互动的群体(如家人、身边的同龄人、曾经教过我们的老师等),为首要参照群体(primary reference group)。相比之下,次要参照群体(secondary reference group)则是可能会影响我们,但我们与它的大多数成员没有联系。次要参照群体可能是网络聊天群或音乐社团的成员。虽然我们可能只通过时事通信等非个性化的传播渠道与参照群体中的一些成员互动,但其行为和价值观仍然可以影响我们的行为。

首要参照群体:
与我们在真实物理空间有面对面人际互动的群体。

次要参照群体:
与我们没有直接的人际联系但其价值观或态度会影响我们的行为的群体。

（二）正式性

不同参照群体在正式性程度方面也有所不同。正式群体一般有明确的组织目标，正式的组织结构，成员分工明晰地共同完成任务（如学校、公司等）。正式群体往往具有一定的规范，有些规范是强制的、必须遵守的，而有些规范则是信念性、情感性方面的心理约定，它虽然看似无形却同样具有心理约束力。比如，设计师不仅在工作中十分严谨，他们在为自己的新家布置挑选家具时也特别注重款式、颜色的搭配。非正式群体的形成比较随意，可能是为了完成某个任务或志趣相投而临时组成（如同时到某目的地旅游而组成的旅行团）。虽然非正式群体不会像正式群体一样对其成员的消费行为产生长期的、稳定的影响，但非正式群体也会一定程度上影响群体成员的消费行为。例如，某个消费者原来并不爱好摄影，但在一次前往西藏的旅游行程中，同行旅游者拍出了极具感染力的照片，这启发了这位原本并不爱好摄影的人爱上了摄影，旅行结束后就立刻购买了相机。

（三）同质性

不同群体的同质性程度是不同的。同质性（homophily）是指群体成员之间在教育、社会地位和信念等方面的相似程度。当群体的同质性高时，参照群体的社会影响可能就会很大，因为相似的人倾向于以同样的方式看待事物，并能够进行频繁的互动和发展深厚的社会联系。同质性高的群体成员之间可能有更多的机会交流信息，也更有机会接受彼此的信息。当信息的发送者和接收者同质性高时，相对于发送者和接收者之间同质性低的情况，他们共享的信息彼此之间被认为是更可信的。

 同质性：

群体成员之间在教育、社会地位和信念等方面的相似程度。

（四）群体吸引力

参照群体的吸引力会影响消费者对该参照群体的认同程度。当成员认为一个参照群体非常具有吸引力时，他们会有更强烈的意愿认同该参照群体所做的事情。对于处于价值观形成期的青少年，他们受参照群体吸引力的影响程度更高。有时，对青少年具有吸引力的参照群体做出的违规或错误行为，也可能吸引他们去模仿，从而产生负面的社会影响。公共治理部门需要关注那些影响青少年模仿不当言行的信息渠道，并寻找有效的治理策略。例如，早在1990年代初，美国就有学者关注青少年吸烟率不断上升的社会问题，但究竟青少年会从哪些渠道产生模仿行为的？如何有效治理？这些重大社会关切触动了具有创新精神的几位消费行为学者，他们独辟蹊径，实地到电影院研究电影里吸烟镜头是否会让青少年产生模仿行为。学者们选择学校附近的两家小型电影院作为田野观察，经过反复验证，他们最终确认，电影里的吸烟镜头确实会引起青少年模仿并导致吸烟行为。有什么办法可以解决这个问题呢？对影片的严格审查显然很重要，这样可以直接减少吸烟镜头;但有些历史题材的电影,吸烟也许才能反映真实故事,完全省略这样的环节可能对历史有所失真。学者们研究后表明,电影正式放映前播放反吸烟广告正是有效制止吸烟镜头产生负面影响的有效策略。消费行为学者的这个研究获得了非常广泛的社会关注,美国的学校、公共卫生部门甚至美国疾控中心都报道了这项研究,一同呼吁公共治理要吸取此项研究提出的建议[10]。这一发现表明,消费者行为研究成果对社会公共治理决策具有重大借鉴作用。

(五)群体密度

高密度的参照群体是指群体成员相互之间都熟识的参照群体。例如,一个每周星期天都聚集在一起的大家庭就像一个密集的社交网络。相比之下,综合性大学的教师网络并不那么密集,因为其成员之间互动、共享的信息或相互影响的机会更少。在许多国家,人际网络密度因地理区域而异。在中国,农村有很高的人际网络密度,一般来说村民的家庭几代都生活在一起,早已相互认识,可以想象,农村家庭的消费行为很大程度上受到邻里乡亲的影响;而大都市的小区居民许多人一生之内很可能互不认识,大都市的人际网络密度很低,消费行为并不那么明显地受到邻里的影响。

(六)认同程度

消费者对参照群体的认同程度影响群体对消费行为的作用大小。人们归属于某个参照群体,并不意味着他们也完全认同该参照群体。参照群体对个人行为的作用大小受其认同程度的影响。研究发现,当观看体育赛事的消费者强烈认同他们支持的运动队并将相关购买视为群体规范时,个体更有可能购买该运动队的赞助商的产品[11]。

(七)纽带强度

参照群体对消费者行为的影响强弱的变化还受到另一特征的影响,即纽带强度(tie-strength)。纽带强度指的是群体内人与人之间关系的强烈程度,其范围可以由强(如配偶)到弱(如点头之交)。纽带强度高的参照群体可看成是首要参照群体,这种关系的特点通常是频繁的人际交往且对个体有重要影响。纽带强度弱则意味着人们之间的关系比较疏远,人际间交往有限。

尽管纽带强度高的参照群体能产生显著作用,但纽带强度弱的参照群体偶尔的互动也可起到桥梁作用,并且这种关系使消费者能够接触到次要参照群体[4]。例如,你可能有一群固定的朋友作为你的首要参照群体(紧密的联系)。当你对网球产生兴趣时,你的某个朋友可能介绍你认识一群网球队队员,那么你就能够通过这种桥梁接触到有价值的专业技能。参照群体内那些受尊敬和仰慕的成员的消费行为,可能会被其他成员谈论或模仿,这些网球队队员可能会影响你购买网球拍时的品牌选择。

 纽带强度:

人与人之间关系的强烈程度,其范围可以由强(两个人通过密切的、亲近的关系联系在一起)到弱。

三、参照群体对消费者社会化的影响

参照群体影响消费者行为的其中一种方式是社会化,即个人获得与特定领域功能相关的技能、知识、价值观和态度的过程。消费者社会化(consumer socialization)是人们学会成为消费者的过程,这个过程使个体认识到金钱的价值,储蓄与支出的适当性,以及应该如何、何时、何地购买和使用产品。通过社会化,消费者学习消费价值观及获得消费的知识和技能[12]。

> 消费者社会化:
>
> 人们学会成为消费者的过程。

消费者社会化可以通过两种主要方式产生,下面将逐一介绍。

(一)作为社会化代理的人

家人和朋友等参照群体作为社会化代理的人,对我们每个人的消费发挥着重要影响。例如,父母可能通过直接教育孩子存钱的重要性,让孩子观察他们的节俭行为,或者奖励孩子节俭,从而灌输节俭消费的价值观。

代际影响指的是信息、信仰和资源从一代人(父母)传递给下一代人(孩子)的过程,它也会影响消费者对特定产品类别和首选品牌的获取、使用[13]。一般来看,孩子12岁就开始使用品牌名称作为消费决策的线索[14]。值得注意的是,父母教养风格和社会化模式因文化而异。在澳大利亚和美国这样的个人主义文化中,许多父母相对宽容,孩子们在更小的时候就发展了消费技能。而相比之下,在中国、印度这样的集体主义文化中,父母往往更严格,孩子要长到更大的时候才了解广告营销实践。

此外,父母通过影响孩子能接触到的产品类型、电视节目和广告,以及对孩子购买想要的产品的控制程度来影响孩子的消费社会化。一些观察家担心,接触社交媒体会让孩子将获得物质财富视为通往幸福、成功和成就的途径,因为社交媒体让父母发挥孩子的社会化代理的作用减弱了。一些父母非常担心他们的孩子接触暴力、色情的节目和产品,并积极规范他们的孩子应该看什么和玩什么游戏。

参照群体作为社会化代理的作用会随着时间的推移而改变。父母对幼儿有很大的影响,但随着孩子年龄的增长,以及与同龄人交往的增多,父母的影响就会减弱。同样,高中朋友在人们年轻时对自己的价值观、态度和行为的影响可能比成人之后要更大。朋友的意见和建议,对消费者选择何种商品和品牌,对于怎样评价所购买的产品均有重要的影响。这种影响随着个体与朋友相似程度的增加而增强。消费者越是觉得其朋友在某些方面与自己相似,他在做出购买决策时受朋友的影响也就越大。我们一生中与许多参照群体交往,因此社会化是一个终身的过程。

(二)作为社会化代理的媒体和市场

电视节目、电影和视频、音乐、电子游戏、互联网和广告也可以作为社会化代理。例如,在广告中,男孩有时被描绘成比女孩更有知识、更有进取心、更活跃、更擅长于运动，这会助长人们对性别角色的刻板印象。

媒体和市场每天都在产生大量广告和信息，对消费者行为产生了不容小觑的影响。企业可以引导和激活消费者的消费习惯，其提供的产品和服务让消费者过上更美好的生活。例如，索尼认为与其进行市场调查和投其所好，不如集中力量探索新产品及其用途的各种可能性，通过与消费者的直接交流，教会他们使用这些新产品，从而达到开拓市场的目的。索尼的创始人盛田昭夫偶然得知市场部经理喜欢欣赏音乐，但怕妨碍别人，也不能整天坐在录音机前，所以就抱着索尼录音机，头戴耳机边走边听。盛田昭夫立刻让研究人员研制新式的超小型放音机——随身听"沃尔曼"就这样产生了，随身听投放市场后空前畅销。这样的例子还有很多，婚礼上的戒指、情人节的玫瑰花，消费者通过媒体和市场学习了何时、何地、如何进行消费……

消费者行为还与更大的社会公共问题相关，解决这些公共问题取决于消费者社会化过程是否被正确引导。环保就是一个老生常谈的社会公共话题，而消费在一定程度上加重了环境负荷。因此，让人们养成用社会化行动来看待消费的观念，有助于推动环保事业的发展。

第四节　规范性影响

到目前为止，我们已经介绍了对消费者行为施加社会影响的三类信息源：一般信息源、意见领袖信息源、参照群体信息源。这些信息源可以施加两种类型的社会影响，即规范性影响和信息性影响，其影响机制如图 6.4 所示[1]。图 6.4 左边的影响信息源列出了信息源的三种类型及其内部的细分；右边的社会影响列出了社会影响的两种类型以及调节其作用强度的细分因素。可见，一般信息源、意见领袖信息源和参照群体信息源通过发挥规范性影响和信息性影响作用于消费者行为。本节先介绍规范性影响，第五节将介绍信息性影响。

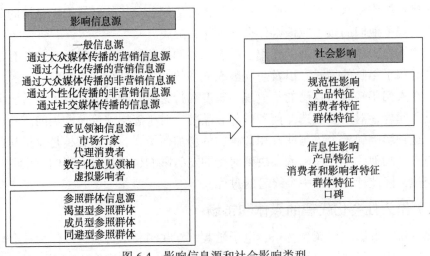

图 6.4　影响信息源和社会影响类型

一、规范性影响的内涵

（一）规范性影响的内涵

规范性影响（normative influence）是指社会对个体言行举止应该如何算是好或不好的一种集体规约，它旨在鼓励人们服从他人的期望[15]。一些规范（norm）是明文规定的，另一些规范可能并无明文规定，而是约定俗成的，但它们同样有约束和指导人们行为的作用。例如，关于品牌、商店和款式"流行"存在着社会规范，而对阻止偷窃和冲动购买也存在社会规范。道德也会对什么是正确的和错误的判断产生规范性影响，它们会强烈地影响人们的态度。

规范性影响意味着，消费者不遵守规范就会受到制裁、惩罚或嘲笑，而表现出符合预期的行为就会得到奖励。举例来说，中学生可能会对不符合着装规范的同学采取区别对待的态度（约定俗成），而学校也会对着装行为有明确指示（明文规定）。

规范：

关于什么构成适当或不适当行为的社会集体规约。

规范性影响：

它是一种社会压力，旨在鼓励人们做出服从社会或他人期望的行为。

（二）规范性影响的结果

规范性影响可能对消费者行为带来四种结果。规范性影响对消费者行为的影响既可能是消费者主动选择的，也可能是消费者受到他人请求被动做出的选择。品牌选择一致性和从众是消费者受规范性影响的主动行为结果；顺从和抗拒则是消费者受规范性影响的被动行为结果。下面分别介绍受规范性影响做出的主动和被动行为。

1. 品牌选择一致性和从众行为

首先，规范性影响导致品牌选择一致性（brand-choice congruence）。这是指消费者购买他们群体中其他人已经或想要购买的相同品牌的可能性。如果你把你选择的衣服、音乐、发型和汽车的类型与你朋友的选择进行比较，你就会发现你和你的朋友总是做出类似的选择。其他人的存在会影响消费者从相同刺激物中（如一起去看电影）获得的享受或愉悦程度，也会影响一致性。朋友、亲戚、社交网络中的其他人也可能会影响你购买用来作为礼物的商品和服务的类型。有研究发现，在与他人讨论购买某个特定品牌之前，只是简单地排练或演练一下，说些某品牌的优点或缺点（而并非该品牌确实存在这些优点或缺点），这样的排练或演练可以改变消费者对品牌的产品及其属性的想法和感受[16]。这项发现说明，人们确实受到品牌选择一致性的影响。

品牌选择一致性：

购买与群体成员已经购买或想要购买的相同品牌的可能倾向。

其次，规范性影响也会导致从众（conformity）行为。这是指个体行为追随或模仿群体行为的倾向性。从众行为和品牌选择一致性是相关的。你可能会通过购买和你群体中其他人一样的品牌来迎合群体。品牌选择一致性是迎合群体的其中一种方式。你也可以通过执行群体希望你执行的行动来保持一致性。例如，参加入会仪式或按照群体的行为方式行事。一个人在聚会上的行为可能取决于他是和父母一起去还是和朋友一起去，这说明在每种情况下人们都会形成一套关于适当行为的特定期望。

从众有时会给消费者带来社会压力。未成年人饮酒和吸毒的不良行为，就有可能是受到群体压力的影响，因为青少年学生担心如果他/她拒绝从众，其他人就会看不起他/她。随着群体中更多人表现出从众行为，从众的倾向就会强化。中国古代"孟母三迁"的故事，充分地说明了从众对人的行为的重要影响。孟子的母亲（世人称为"孟母"）因孟子在居家附近习得不良行为，先后搬了两次家；她第三次将家搬到学宫旁边，孟子就学会了在朝廷上鞠躬行礼及进退的礼节。孟母感慨地说："这才是适宜孩子居住的地方。"孟子从此就在这里定居下来，孟子长大成人后，学成六艺，获得大儒名望，人们认为这是孟母教化的结果。

个体基于身份的思维对行为的影响也非常强大，有时大到足以抵抗从众的压力。例如，如果公共宣传中能让某位姓王的先生具有强烈的"环保主义者"的身份思维，那么，即便他所在小区的邻居们在垃圾分类方面的行为让人大失所望，王先生也仍会践行严格的垃圾分类处置，这样的个体自觉行为越多，某个城市或整个国家便越能顺利实现绿色低碳的目标。值得注意的是，从众会因文化而异。与美国消费者相比，日本消费者更倾向于群体导向，更可能做出符合群体愿望的从众消费行为。

 从众：

个体表现出符合群体预期的行为的倾向性程度。

2. 顺从或抗拒

首先，顺从（compliance）是规范性影响的被动结果之一。顺从是指当他人明确要求个体做某事时，个体选择遵从的行为。例如，当有人要求某个人填写一份调查问卷时，个体顺从地做出相应的行动。父母按照孩子的要求购买食物或玩具，也是顺从孩子的行为。与现实世界正式组织的成员相比，虚拟社区中的成员可能更不太乐意顺从群体的愿望，因为社区中的每个成员都是匿名的，可以更随意地退出。

 顺从：

做群体或社会影响者要求的事情。

其次，当人们选择的自由受到威胁时会做出抗拒（reactance）这一被动结果。抗拒行为有时也称为回力棒效应（boomerang effect），即人们会做出与其他人或群体希望相反方向的事情[17]。例如，如果一名销售人员给你太大压力，你很可能会做出抗拒的反应，即使你一开始还想购买,因他的太大压力你反倒拒绝购买他试图强力推销的东西。品牌社群也会出现抵触情绪,当一个成员在履行某种仪式或承担某种角色方面感到压力过大时,他/她后续参与品牌社群的活动或购买该品牌产品的愿望可能会降低。可见,洞察到公司自身的哪些营销行为会让顾客抗拒,是很有营销价值的。

> **抗拒:**
>
> 个体表现出与他人或群体希望他/她做得相反的行为。

最后,促进消费者顺从的相应技术。企业营销经理人当然希望消费者表现出顺从而不是抗拒的行为,尤其是消费者很多情形下会出于对销售人员的刻板负面印象而做出抗拒行为。在此,企业营销经理人需要了解一些促进消费者顺从的相关技术。以下是其中重要的几点。①挤门技术。营销人员可以先向对方提出一个小的要求,然后再向对方提出一个大一些的要求。这时对方接受大要求的可能性增加。营销人员不要一开始就向对方提出一个太大的要求,这会让人产生压力从而滋生抗拒心理。②闯门技术。基于每个人都有给人"留面子"的心理,营销人员有时可以先向对方提出一个很大的要求,在对方拒绝之后再提出一个明显更小的要求。此时对方接受小要求的可能性会增加。③打折技术。营销人员先提出一个很大的要求,在对方回应之前赶紧打折扣或给对方其他好处。打折技术和闯门技术不同,后者不给对方拒绝大要求的机会[18]。

二、调节规范性影响强度的因素

规范性影响的作用强度要取决于产品特征、消费者特征、参照群体特征等几个因素。

(一)产品特征

参照群体施加规范性影响的强度,受到产品特征的影响。产品特征包括什么类型的产品,以及具体什么品牌。首先,参照群体的规范性影响强度受到产品是必需品还是奢侈品的影响。其次,参照群体的规范性影响强度还受到产品是在公开场合使用还是在私下情境使用的影响。根据这两个因素,制作图6.5。[1]其中,床垫、热水器被视为私下使用的必需品,而珠宝和直排溜冰鞋被视为公开消费的非必需品;电热毯、按摩浴缸、跑步机是私下使用的非必需品,而汽车、服装、鞋却是公开消费的必需品。这个图预测了参照群体什么时候会影响产品和品牌的购买决策。如图6.5的箭头方向所示,参照群体对非必需品购买的影响强度要大于必需品;参照群体对公开场合消费的产品的品牌选择的影响力相对更大,而对私下场合消费的产品的品牌选择的影响力相对更小。此外,产品的重要性和生命周期也会决定规范性影响的作用强度。以下对此进行具体分析。

1. *产品的必需性*

由于必需品是必须购买或消费的,参照群体对此类产品的购买影响力相对不那么大。然而,参照群体会对非必需品的购买行为产生更大的影响。例如,朋友不会影响你是否购买纸巾,因为这是我们生活的必需品。但朋友会影响你是否购买苹果手表,部分原因是非必需品象征了地位，而地位可能是群体成员所重视的。此外，非必需品能够传达你的特殊兴趣和价值观，从而能够表明你是谁及你与谁交往。

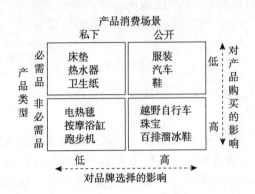

图 6.5　参照群体对产品和品牌决策的影响

2. 产品的可见性

在公共场合消费的产品（如驾驶的汽车等），其他人对购买的是哪个品牌一目了然（如奥迪还是比亚迪）。相比之下，很少有人看到人们购买哪个品牌的床垫，因为这种产品是在私下情景使用。不同的品牌形象向人们传达了不同的东西，所以当产品被公开消费时，参照群体对我们选购什么品牌有相当大的影响；而当产品被私下消费时，参照群体对购买什么品牌的影响却非常小。因此，参照群体影响非必需品的产品选择而不会显著影响必需品的选择，影响公开消费产品中的品牌选择而不会显著影响私下消费产品的品牌选择。

3. 产品的重要性

产品对群体的重要性也调节规范性影响的作用强度。一些产品代表了参照群体的成员资格。例如，排球队队服意味着群体成员的身份，并在区分队内和队外身份方面发挥着重要作用。产品对参照群体越重要，参照群体对其购买施加的规范性影响强度就越大。

4. 产品的生命周期

当产品刚刚进入市场时，参照群体对消费者的产品购买决策影响更大，但对具体的品牌购买决策的影响相对更小。在产品成长期，参照群体对产品及品牌选择的影响强度都更大。在产品成熟期，参照群体在具体品牌的选择上的影响强度更大而在产品选择上的影响强度相对更小。在产品的衰退期，参照群体在产品和品牌选择上的影响都比较小[7]。

（二）消费者特征

消费者的个体特征会决定规范性影响的强度大小。以下介绍几个重要的消费者特征因素。

1. 人际影响敏感性

有些消费者的个性使他们对他人施加的影响更为敏感。人际影响敏感性(susceptibility to

interpersonal influence）特征能够影响消费者行为。这一特征表明个体有树立或提高自己在大多数人心目中的形象的需要。有消费行为学者开发了"人际影响敏感性"量表。表 6.3 包括了其中一些重要陈述，回答者用 7 分制表示对各题目的同意程度，"1"表示"一点也不同意"，"7"表示"非常同意"。根据回答者的总分能够衡量回答者的人际影响敏感性，回答者得分越高，表明该个体的人际影响敏感性越明显，即该个体更容易受到别人或社会规范的影响。容易受到人际影响的消费者试图通过获得自认为他人认可的产品来提升自己的形象；他们也愿意顺应他人期望购买的特定产品或品牌。

表 6.3 人际影响敏感性量表

序号	陈述
1	我很少购买最新的时尚款式，直到我确信我的朋友们认可它们。
2	如果其他人能看到我使用某个产品，我通常会购买他们希望我购买的品牌。
3	我经常通过购买其他人也购买了的相同或相似产品和品牌来获得他们的认同。
4	为了确保我购买正确的产品或品牌，我经常观察别人购买或使用的是什么产品或品牌。
5	如果我没有购买某种产品的经验，我会经常问朋友关于这个产品的问题。
6	购买产品之前我经常从朋友或家人那里收集相关信息。

2. 社会比较信息关注度

社会比较信息关注度（attention to social comparison information，ATSCI）人格特征调节规范性影响对消费者行为的作用强度。表 6.4 是 ATSCI 量表的几个题目，回答者用 5 分制表示对各题目的同意程度，"1"表示"一点也不同意"，"5"表示"非常同意"。根据回答者的总分能够衡量回答者的社会比较信息关注度，回答者得分越高，表明越是关注或留意社会比较信息，越倾向于在消费行为方面喜欢和他人比较。这种人格特质高的人会密切关注他人的所作所为，并利用这些信息来指导自己的行为。研究发现，当人们看到财富成功或身体外表吸引力极强的理想化广告人物形象时，就会感到有些低自尊[19]。这说明我们都天然地存在关注社会比较信息的倾向。当消费者容易受到社会规范性影响时，他们对那些强调能有助他们避免社会不认可的产品优点的广告片做出更积极的反应，对提升自己社会比较优势的产品、服务、活动等更感兴趣。

表 6.4 社会比较信息关注度量表

序号	陈述
1	我感觉如果群体中的其他人都以某种方式行事，那么这种方式一定是正确的。
2	我积极避免穿不时髦的衣服。
3	在聚会上我通常努力表现，让自己融入其中。
4	当我不确定在社交场合中应该如何行事时，我会从他人的行为中寻找线索。
5	我倾向于注意别人穿戴什么。
6	与我互动的人眼中最轻微的不赞同表情也足以让我改变言行举止。

3. 自信程度

个人在购买行为中的自信程度越低，就越容易求助于参照群体成员，参照群体对他的规范性影响强度就越大。特别是对购买不熟悉的产品而言，仅拥有有限的知识和信息，人们更容易表现出不自信[7]。如果消费者过去有失败的或糟糕的购物经历，也会导致在购买时的安全感和自信心较低，从而越可能追随社会规范进行购买。

4. 文化差异

与来自个人主义文化（如美国）的消费者相比，来自集体主义文化（如中国）的消费者表现出更加明显的从众现象，并且对价格差异更为敏感。这在一定程度上能解释为什么团购（即自组织聚集的消费者通过集体购物获得折扣）在中国特别受欢迎。在中国，在线团购年复一年地增长，像阿里巴巴和腾讯这样的数字零售商占据了126亿美元市场的80%以上份额。其他团购平台包括美团、拼多多等，也逐渐成为国内城市和农村居民的新购物渠道。而美国的团购平台寥寥无几，较为著名的只有Yelp（类似美团和大众点评，包括餐厅、购物、酒店等内容）。

5. 个人与群体间关系

调节社会规范影响强度的个体特征还包括个体与群体间关系这一因素。具体分为以下几种情况。①个人与群体成员的纽带强度。纽带强度会调节规范性影响的作用程度。当个体与群体成员纽带关系很强时，个人很希望保持与他人的关系，因此他们有动力遵守参照群体的规范和愿望。此时，社会规范的影响力更强。②个人对群体的认同。规范性影响也因消费者对参照群体的认同程度而有差异。当一个参照群体（如家庭）的成员不认同该参照群体的态度、行为和价值观时，参照群体的规范性影响就会很弱。③个人对群体的承诺。个人对参照群体越忠诚，对参照群体的奉献越多，对成员身份越重视，就越会遵守群体规范，参照群体对他的规范性影响就越大。例如，当一个人要参加一个渴望型参照群体的活动时，他会非常重视自己的穿着打扮。④个体在群体的地位。个体在参照群体中地位越高，越具有权威性，就越不容易屈服于群体的压力。相反，地位高的成员（相对于低地位者），因资历更深、能力更强、信息更多，他们的看法和意见会受到群体更大的重视，可见群体中低地位者受规范性影响的强度更大。

（三）群体特征

群体特征会调节规范性影响对消费行为的作用强度。群体特征包括群体的强制权、规模、一致性、专业性、凝聚力和相似性。

1. 群体强制权

群体能够提供奖励和处罚的程度，称为群体强制权，也称为群体奖赏权。朋友可能比邻居对你的服装选择有更大的规范性影响，因为朋友有更大的强制权(coercive power)。当朋友认为你的服装不合适或过时的时候，他们更有能力表现出社交处罚行为。规范性影响的强度，对于不同自我监控倾向的消费者来说是存在差异的，高自我监控的消费者在和朋友一起购物时比单独购物花费更多[20]。因为高自我监控者会通过观察周围人的行为线索，先确定周围人的情感状态和情感表达，进而再来确定、改变自己的行为表现。

简言之，高自我监控者更善于根据他人、社会规范来调整自我，一定程度上表现出"更灵活"或"更少"的自我；而低自我监控者不会十分在意场合或他人的反应，他们是"更自我"、对环境更"不敏感"的人。针对奢侈品品牌购买行为的研究表明，高自我监控者对品牌标识更显著的奢侈品的购买意愿更高，而低自我监控消费者对品牌标识更显著（相对于标识显著度不高）的奢侈品的购买意愿更低[21]。

 强制权：
群体能够对个体行为实施奖励和处罚的程度。

2. 群体规模

一般来说，对抗多数人往往比对抗少数人更困难。群体规模越大，个体所感受到的心理压力也就越大，越容易产生从众现象。因此，群体规模越大，规范性影响的强度越大。

3. 群体一致性

对于某个问题的看法，群体中如果只有一两个人反对你的观点，你更会坚持自己的意见；而如果群体中所有人都保持一致意见并反对你的观点，你就会变得内心不安、惊慌失措，并开始怀疑自己的判断。可见，个体的态度、行为受到群体规范性影响的强度，还依赖于群体一致性这一特征。

4. 群体专业性

当群体成员是专家时，规范性社会影响的强度往往更大。专业意味着对特定学科、领域的特殊技能或知识掌握程度高。群体专业性越高，越会显著影响受众的反应。例如，你可能更倾向于购买一瓶由葡萄酒专家小组推荐的葡萄酒，而不是由偶然相识的人推荐的葡萄酒[6]。

5. 群体凝聚力和群体相似性

群体凝聚力和群体相似性也会调节规范性社会影响的强度。凝聚力强的群体和成员相似的群体会定期交流和互动。因此，他们有更多的机会传达规范性影响，并给予奖励和处罚。研究表明，如果一家公司呼吁消费者关注他们的文化身份，他们对自己在某个特定群体中的成员身份意识的增强会影响他们基于群体规范的决策[22]。这个结论说明，凝聚力越强的文化身份，其群体规范的影响力越强；缺少文化身份认同或识别的群体，其规范性影响难以对消费行为发生作用。

第五节 信息性影响

除了规范性影响之外，一般信息源、意见领袖信息源和参照群体信息源等还通过提供信息来帮助消费者做出决策，从而发挥信息性影响。消费行为受到的信息性影响非常广泛。旅游网站上的聊天群通过向潜在旅行者提供旅游资讯就发挥了信息性影响；朋友通过告诉你当地影院正在上映哪部电影也发挥了信息性影响；媒体通过报道某些食物可能对健康有害也发挥出信息性影响。本节主要介绍信息性影响的内涵及调节信息性影响强度的因素；此外还会专门概要性介绍口碑这一特殊的信息性影响方式。

一、信息性影响的内涵

信息性影响（informational influence）决定消费者投入多少时间和精力搜索相关信息并做出相关决策。如果人们能很容易地从朋友那里获取信息，就不会愿意在做决定前进行广泛而耗时的信息搜索。当你想要购买一台新的平板电脑时，一个值得信赖的朋友说他刚买的那台是他用过电脑中最好的，你就很容易也去购买同样的产品。消费者行为重点关注信息的效价和形式两个维度。

 信息性影响：
是指信息源通过提供信息对消费者行为产生的影响。

（一）效价：正面信息和负面信息

效价（valence）是指信息是正面的还是负面的。这种区分非常重要，因为负面信息和正面信息会以不同方式影响消费者行为。超过一半的不满意的消费者会参与负面口碑传播，因为负面体验具有高度情绪化、令人难以忘怀等特征，从而促使消费者对相应产品或品牌不断地抱怨。不满意的消费者谈论他们的不良体验的次数是满意的消费者谈论他们的良好体验的三倍之多[23]。喜欢在网上发布产品评论的人（相对于那些仅阅读不发布产品评论的人）会对负面信息产生更多的反应，很可能发布者想让自己看起来具有高水平的产品购买能力或购买要求[24]。

事实表明，人们对负面信息的关注和重视程度远高于对正面信息的关注和重视度。负面信息本身对人们形成态度或判断更具有诊断性。人们日常生活工作中听到的大多数关于产品的信息都是正面的，所以负面信息会受到更多关注，它出人意料，因而非比寻常。负面信息还会促使消费者将消费过程出现的问题归咎于产品本身，而不是使用产品的消费者。因此，如果你得知一个朋友在新餐馆吃饭后生病了，你更可能将原因归咎于食物问题，而不会是你朋友吃得太多或吃法存在不妥等。

信息效价对消费行为的影响还要受到思维方式或文化因素的调节。首先，中庸主义思维（dialecticism）会调节信息效价的影响。一般情形下，负面信息对人们的态度和判断形成更具诊断力，但这主要是针对分析式思维消费者而言的。前沿研究 6-2 发现，中庸主义思维的人面对明显的产品负面信息却显得更加不敏感，并不表现出明确的、直截了当的拒绝或抵制，而是更多表现出摇摆或矛盾态度（ambivalence），这种模棱两可的态度会引起心理不舒适（felt discomfort）。相反，分析式思维的人则会对产品负面信息会表现出明确的、直截了当的拒绝，而不会表现出更多矛盾态度和不舒适[25]。其次，思维方式还会影响负面信息的归因。产品出现丑闻之后，分析式思维（analytic thinking）和整体思维（holistic thinking）的消费者相比，前者比后者表现出更高的内部归因倾向，即将产品负面事件归咎为生产厂商的责任，因而对出现产品负面事件的厂商或其产品的评价更低；但后者比前者表现出更高的外部归因，即将产品负面事件归咎于生产厂商之外的其他环境因素（如产业链上的供应商或零售商等），不会明显降低对出现产品负面事件的厂商或其产品的评价。再次，自我概念会影响负面信息的作用。传统上认为高承诺消费者会主动抵御品牌负面信息的不利影响，但有研究发现，这个结论仅适用于促进型人格的消费者（promotion focus），而不适用于防御型人格（prevention focus）。如果消费者属于防御型人格，高承诺消费者的品牌态度也照样受到负面信息的不利影响，品牌出现负面事件之后，其品牌承诺不会转化为产品购买；而促进型人格的消费者一旦对品牌有承诺会对出现负面信息的品牌辩护[26]。最后，信息效价对消费者行为的影响会受到消费者思维方式或文化的调节。

 效价：

关于某个产品的信息是正面的（正价）还是负面的（负价）属性特征。

（二）形式：信息传播的语言和非语言载体

信息影响消费者行为的另一个维度是信息传播方式，即信息是依靠语言还是非语言载体进行传播。有时候，尽管已经使用了非常明确的语言信息，人们还会借助非语言信息进行推断。例如，群体行为的规范方面，已经通过口头沟通或书面文字明确地描述了，但消费者还可能通过观察来推断群体更多的规矩，从而调整自己的消费行为。班杜拉的社会学习理论指出观察学习是通过观察并模仿他人而进行的习得行为，这一点能够用来解释非语言信息如何影响消费者行为。当消费者在某种产品的使用上处于新手时，观察学习可能是受非语言信息影响的突出形式。观察学习包括以下4个过程。①注意过程。观察者注意并知觉样例情境的各个方面。观察者比较容易观察那些与他们自身相似的或者被认为是优秀的、热门的和强有力的样例。②保持过程。观察者记住从样例情境了解的行为，以表象和言语形式将它们在记忆中进行表征、编码及存储。③复制过程。观察者将头脑中有关样例情境的表象和符号概念转化为外显的行为。④动机过程。观察者因表现所观察到的行为受到激励[18]。

前沿研究6-2

消费者中庸辩证特质——面对品牌负面信息的"临界地带"心理

二、调节信息性影响强度的因素

信息性影响的强弱程度取决于三方面的因素，它们是产品特征、消费者和影响者的特征、群体的特征。

（一）产品特征

消费者在遇到技术复杂的产品时（如产品操作使用方法不容易让人理解的电子设备

等），往往容易受到社会群体的信息性影响。当消费者认为购买或使用产品有风险时，也更容易受到信息的影响。例如，消费者可能会受到他们获得的关于整容手术的巨大财务和安全风险，或投资决策的经济风险的信息的影响。当消费者分不清品牌之间的区别时，他们也可能更容易受到信息性影响。

（二）消费者和影响者特征

消费者和影响者的特征也会调节信息性影响的强度。首先，影响者特征会调节信息性影响的强度。当传递信息的影响者是专家时，信息性影响的作用强度更大。在消费者处于缺乏专业知识或对产品有模糊不清的体验的条件下尤其如此。例如，鉴于首次购房者对购房过程缺乏了解和信心，他们可能会仔细考虑房地产经纪人等专家渠道传达的信息。

其次，消费者个性特征也会调节信息性影响的强度。例如，消费者对参照群体影响的敏感性，或者消费者思想开放性，都会影响消费者多大程度上向他人寻求产品特征方面的线索。年轻一代更容易接受新鲜事物，也更熟悉各类信息网站，因此他们更喜欢自己搜集信息。

再次，信息性影响的强度也受消费者与影响者之间的纽带强度的调节。关系密切的个体之间倾向于频繁互动，这种情况为消费者了解产品及其他人对产品做出反应提供了更多的机会。值得注意的是，信息性影响实际上可能会调节个人之间的纽带强度。例如，当人们建立了包括信息共享在内的社会关系时，他们可能会在这个过程中结成朋友，相互共享信息能够强化个人之间的关系强度。信息性影响力对个人消费行为的作用强度，也会受到他/她与陌生人在线互动的调节。具体而言，在线寻求产品信息的消费者会评估信息提供者（如匿名的产品在线评论者）响应问题和评论的速度、频率，强有力的互动会强化信息的作用强度。

最后，文化因素会调节信息性影响的强度。一项研究发现，美国消费者比韩国消费者更有可能被信息性广告所说服。因为韩国文化下，个体经常表现出更关注群体、更依从群体的特征，韩国消费者可能比美国消费者更容易受到规范性影响而不是信息性影响[27]。

（三）群体特征

社会群体的凝聚力调节群体的信息性影响的强度。具体来说，凝聚力强的群体成员既有更多的机会，也可能有更大的动力分享信息，因而这样的群体对个体消费行为能施加更大的信息性影响。

三、口碑的信息性影响

企业营销非常重视口碑这一特殊的信息性影响。无论是线上还是线下，口碑对消费者行为的影响都很大。这里，我们主要介绍口碑内涵、口碑类型和口碑管控等方面的知识。

（一）口碑的内涵

口碑（word of mouth，WOM）是指一个人经口头将信息传递给另一个人或另一群人并对后者的消费行为形成影响。例如，你的邻居可能会向你推荐一个发型师；你也可能无意中听到一个陌生人说安踏下周将发布下半年的新品；或因为你的朋友在微信朋友圈上夸赞一部新电影的剧情不错，你就打算去看这部新电影。口碑属于非营销信息源。本章第一节讲到，非营销信息源比营销信息源更可信。但由于传统线下口碑的传播效果十分有限，此前口碑的作用未得到充分的重视。随着21世纪数字化时代到来，出现了"eWOM"，即"电子口碑""网络口碑""数字化口碑"。人们可以随时通过移动互联网查看数字化口碑，因而口碑的影响力随之大幅提升。数字化口碑能够在短期内形成巨大的流量，产生粉丝效应和羊群效应，并影响品牌黏性或忠诚，因而口碑的商业价值不可低估。在中国市场，口碑的影响力远比西方大，因为崇尚权威是中国人的特点，所以参照群体的社会影响力更大。在中国消费者做出购买决策时，亲友推荐是一个广受重视且有效的信息源。

研究表明，电影上映前和上映第一周的口碑尤其会强烈地影响其他消费者的观影意图[28]。2018年，一部以热点事件"药侠"陆勇为故事原型的国产电影《我不是药神》取得了30.7亿元的高票房，这一业绩与影片的良好口碑有密切关系。该片上映仅1天，豆瓣上就有16万人评论，豆瓣评分达到9.0分。如此良好的口碑是怎样形成的？除了聚焦热点事件及影片内容受人欢迎之外，制作方在影片上映前也做了很多工作，从千人场的业内观影预热，到各地院线业务看片，再到新媒体密集点映，以及知名作家韩寒在微博发文支持。良好口碑引发了人们的好奇和观影热潮，因而观看《我不是药神》似乎成了一种时尚，这为成功首映和票房成绩打下了坚实基础。

 口碑：
一个人经口头将信息传递给另一个人或另一群人并对后者的消费行为形成影响。

（二）口碑的类型

口碑可分为传统线下口碑、在线口碑和社交媒体口碑。

1. 传统线下口碑

传统线下口碑发生在日常生活交流当中。回想一下我们每天与家人、朋友或同事的谈话内容，有相当大一部分话题与产品有关。例如，同事穿的衣服很漂亮，你可能询问她在哪里买的；朋友和你分享一次不错的旅游体验并告知你预订度假酒店的方式；你可能向邻居抱怨你在银行办理业务的糟糕体验……这都形成了口碑传播。大量的专家（如医生、会计师、律师等）和服务提供者（如家政服务公司等）都非常依赖口碑。许多时候，消费者将服务提供者推荐给朋友或同事。研究表明，2/3的消费品销售受到口碑的影响。69%的受访者一年中至少有一次参考他人的意见选择饭店，36%的受访者参考他人的意见选择计算机硬件和软件，22%的受访者通过和朋友、同事聊天决定去哪里旅游。

消费者从同伴处获得的产品信息越积极，他们就越可能购买这种产品[29]。

人与人之间的交流、谈论能给消费者提供更多有价值的信息，并作为他们选择、购买某产品或品牌的依据，也会作为支持自己决策的证据。传播口碑者可能出于对消费者的真正关怀而发起讨论，目的是确保所关心的人购买到好产品、支付合理的价钱等。通过说服他人，传播口碑者增加了自己在产品或服务选择上的信心。如果消费者采用了信息，传播口碑者还会得到更多心理上的荣誉感，并因提供相关信息、意见帮助了采用者而获得满足感。然而，人们也并不总是愿意提供口碑。研究发现，高独特性需求的消费者不愿意为他们拥有的公开消费的产品提供正面口碑，但他们会为私下消费的产品提供正面口碑。因为这部分消费者认为正面口碑通常会导致产品的更高销量，这会削弱产品的独特性[30]。

2. 在线口碑

在线论坛、评论网站和购物网站等会放大口碑效应。在数字空间，消费者只需点击几下鼠标，就可以将他们美好或糟糕的消费体验传达给许多人。2012年尼尔森统计发现70%的消费者相信在线消费者评论，仅次于家人和朋友的推荐（92%）[31]。小红书每日生成20万篇新笔记，许多笔记均标记品牌标签，90%的用户从小红书上了解品牌和产品信息。马蜂窝的"北极星攻略"品牌已帮助1.8亿游客出游，平台目前拥有数以十万计的专业创作者。豆瓣、大众点评、淘宝、京东等平台每天都在产生不可计量的口碑信息。可以说，我们作为消费者，今天已经生活在被数字口碑包围的世界里。

人们一般通过几种不同方式提供在线口碑。主要包括介绍新产品、使用方式、优缺点评价、推荐。研究表明，消费者对商品或服务的最有说服力的评论，是那些提供了总结性推荐或包括关键属性信息的证据[32]。例如，这样的评论总是很有说服力的："作为一个细节控，Thinkbook14p这款电脑完全符合我对它的一切美好想象！"（总结性推荐）；"对比小新的Pro14，Thinkbook14p多了很多接口，比较出色。Thinkbook14p更有质感，轻薄程度和小新基本一样，屏幕更细腻"（呈现了关键属性信息）。

消费者会根据观察其他人在接触同样或类似网络口碑后在网上做出的反应，来做出最终购买决策。例如，使用亚马逊平台购物的消费者会阅读产品评论，然后查看横幅下"客户在查看此商品后还购买了哪些商品"下方显示的商品，这种推荐组合对在线口碑量大的产品具有特别大的影响。

3. 社交媒体口碑

消费者在微博、微信、QQ、抖音等社交媒体上通过公开动态，或只对朋友开放动态所形成的口碑传播就是社交媒体口碑。同时，其他消费者会通过转发原始信息、用自己的话回应、反驳、录制视频回应等方式，来保持对话，形成口碑传播。这些社交传播本身可以激发口碑，让更多消费者参与对话，参与品牌或产品的内容生成营销。当一个产品或品牌在微博上出现"趋势"时，许多用户会点击查看其他人在微博上发布的内容。例如，2021年7月中旬，河南出现罕见的持续强降雨天气，造成了严重水灾，国内企业鸿星尔克默默为河南捐款5000万现金和物资，驰援灾区。在近几年经营情况并不理想的情况下，鸿星尔克慷慨捐赠的行为让很多网友直接破防，觉得感动又心酸。于是，大家努力把鸿星尔克刷上微博热搜,微博话题"鸿星尔克的微博评论好心酸"阅读总次数10.6亿,讨论次数18.6万。鸿星尔克7月22日直播时长23小时,商品销量超过7.9万件,销售额突破1100万元。当鸿星尔克企业的老板呼吁网友理性消费时,网友却回复说要"野性消费"。这个例子说明,社交媒体的口碑传播力量非常之大。

企业需要在产品购买或消费过程中,通过社交媒体为消费者提供评论的机会,这实际上起到了促进实时口碑传播的作用。最近的一项研究发现,仅仅通过社交媒体来共享电视节目内容,结果就大大增加了这个电视节目的收视率。点击社交媒体上分享的节目内容的消费者,后来成为节目新观众的可能性,是那些没有点击社交媒体上的节目分享内容的消费者的两倍之多[33]。可见,数字口碑传播对品牌渗透的影响是巨大的。

(三)口碑管控

口碑可以影响消费者对产品或品牌的认知,进而影响产品或品牌的市场表现。口碑不仅无处不在,而且比书面信息更有说服力。美国最大的图书出版商企鹅兰登书屋(Penguin Random House)的发言人曾说:"在这个数字时代,最好的销售工具仍然是口碑,没有什么能胜过它。"因此,对口碑进行管控是十分必要的。口碑管控主要包括四个方面的内容,即激发正面口碑、防御及应对负面口碑、管控谣言和丑闻、跟踪口碑动态变化。

1. 激发正面口碑

企业营销经理人一直很清楚口碑的力量。与其单纯坐等喜爱他们产品的人来谈论这些产品,不如更加积极地试图激发正面口碑。营销人员很早以前就开始在广告中使用类似"告诉你的朋友你有多喜欢这件产品"这样的广告语。这就是鼓励消费者进行口碑传播。有些公司还设计出"推荐计划"来奖励带来新朋友的现有顾客。举例来说,介绍一个朋友来公司办健身卡可延长一个月的会员资格,这是推荐计划的好做法。尽管口碑的利用在营销实践中已不再新鲜,但网络口碑的出现却大大增加了公司在口碑营销方面的经费投入和创造性。

一方面,营销人员可以尝试利用会展、会议和公共活动中的宣传和推广机会创造正面口碑。当今社会大部分公司都有社交媒体,包括微博、微信、抖音和其他热门网站。例如,许多营销人员在抖音上发布产品广告;电影公司在微博上专门发布每部新电影的预告片,这些做法的目的是创造预期、引起市场的积极反响。当消费者熟悉一个品牌时,正面口碑比负面口碑更具影响力。另一方面,消费者会抵制他们极不可能购买的品牌的正面口碑,也抵制他们极有可能购买的品牌的负面口碑。与非原创产品相比,那些高度创新的原创产品更受口碑的好评。如果产品既新颖又实用,这意味着它满足了消费者的需求,那么它更有可能促进正面口碑。创造良好的口碑应该是贯穿在整个营销活动的持续努力之中。

病毒式营销(viral marketing)是新型口碑营销策略之一。病毒式营销是指产品和品牌信息在品牌诱发的广大人群中迅速传播的营销方式。数字时代的病毒式营销往往利用已经存在的社交网络和其他技术(如视频片段、游戏广告、图片、文本信息和邮件信息等),使信息像病毒一样传播和扩散,通过快速复制的方式向数以千计、百万计的受众传达信息，带来了高效传播效果[4]。病毒式营销在很大程度上促成了《愤怒的小鸟》等游戏产品短时间内在全球范围取得成功。营销人员希望品牌或产品信息能够"病毒式传播"，因为这样可以在短时间内影响巨量的潜在人群。带有情感唤起特征的信息最有可能引发病毒式传播效果，因为这样的信息会引发人们的敬畏、愤怒、兴趣、惊奇。此外，对用户非常实用的信息也能引发病毒式传播。研究发现，当消费者通过朋友推荐而购买某项手机服务时，对该服务积极评价的可能性比其他情况高 24%[2]。

 病毒式营销：

品牌/产品信息在品牌诱发的广大人群中迅速传播的营销方式。

2. 防御及应对负面口碑

前文提及，人们更可能传播负面信息。现今互联网更成为滋生和传播负面口碑的沃土。技术的发展使对某项产品和服务不满意的消费者可以更容易地向众多消费者叙述糟糕的消费体验。一个不满意旅行服务的游客，一个不满意餐饮店涨价的客人，甚至一个不喜欢教授的学生，都可以将相关经历和看法发布在网站上供他人阅读和讨论。有研究指出一些传播负面信息的消费者是想趁机发泄负面情绪或警告他人，或者提升个人形象、曝光不公现象、增加社会福利甚至获得经济回报。产品方面的负面口碑主要集中在以下几类：①产品的制作过程不符合卫生规范；②产品含有有害健康或有悖伦理的成分；③产品具有负面抑制或刺激作用；④产品含有致癌物；⑤企业与某个形象不佳的公司、政府机构或宗教集团有关联[2]。

众所周知，负面口碑对消费者的影响更大。因此，预防负面口碑的发生，防患于未然是十分必要的。如果负面口碑已经发生，那么营销人员应采取措施控制负面口碑。对比忽视消费者的抱怨或贬损用户的评论，理解消费者的诉求、解决问题并以一种有意义的方式回应消费者，这样的公司将能更成功地减少负面口碑。一项关于网上负面评论的研究发现，当公司做出回应时，33%的客户会继续给出正面评论，34%的客户会删除最初的负面评论[34]。无论是在线下还是线上，在负面口碑显现苗头之初，营销人员就需要马上行动，采取措施解决问题，防止更大的负面口碑，这样做有利于恢复消费者对品牌的信心，并重建品牌声誉。关于遭遇负面口碑的公司应该采取什么措施或避免什么做法，才能重建它们的声誉，表 6.5 列出了重塑声誉应该做和不应该做的几点建议。

表 6.5 恢复公司声誉：应该的和不应该的

应该采取的行动	不应采取的行动
• 仔细倾听并理解公众的感受。	• 忽视危机。
• 快速、一致、得体地解决问题。	• 推迟回应。
• 尽可能透明。	• 回避问题。
• 将解决客户问题置于优先事项。	• 冷漠、愤怒或不耐烦回应客户。
• 制订应急计划以赢得客户信任。	• 危机期间忽视常规业务运营。

用户的负面口碑一直是品牌头疼的问题，差评不仅仅会让品牌形象蒙尘，更可能消磨用户好感，使品牌失去市场竞争力。然而，危机同时也是转机，只要应对妥当，负面评论也能变为正面宣传。洞察案例6-2中的钉钉就是成功扭转负面口碑的好例子。

洞察案例6-2

钉钉：趣味求饶与口碑反转

2020年初，新型冠状病毒蔓延。为更好地控制疫情，教育部迅速做出开展网上教学的决议。办公软件钉钉被教育部指名为首批通过备案的教育应用。钉钉，是阿里巴巴集团2014年专为企业远程办公打造的一个专业通信、协同办公平台。在功能上，钉钉支持视频会议、文件在线传输、签到打卡等。为了提高学生群体的学习体验，方便疫情期间居家学习，钉钉借助阿里云强化后台服务，希望学生们体验流畅。然而，钉钉投入线上教学后的遭遇却让人始料未及、哭笑不得——钉钉在学生群中的口碑急转直下。钉钉是如何应对负面口碑的呢？

1. "少侠"组团吐槽刷一星

作为"官方指定应用"，2020年2月5日，钉钉下载量首次超过微信，跃居苹果应用市场免费App排行榜第一。大量用户注册和涌入，给阿里带来了巨大的流量收益。就在此时，意料之外的事情发生了。虽然下载量上升，但钉钉在应用市场的口碑却直线下降，不管在苹果应用程序商店（App Store），还是华为、小米的应用商店，超80%的评分都是一星，评分一度低至1.3分，与下载量形成强烈反差。

阿里巴巴内部赶紧进行分析，最后发现给差评的主要是学生群体，平均用户年龄在20岁以下。大部分学生们洋洋洒洒写下口不对心的诙谐评论后，反手就打了个一星。例如："本来能过个舒坦的元宵，把这个年给过完整，没想到这么一个神仙软件让我足不出户体会开学的感觉，它治好了我的熬夜赖床，一日三餐顿顿准时，看到父母欣慰的面容和老师慈祥的脸，真让人感动"。该评论引起了16万次高赞和几百条评论。

从一星评论内容来分析，学生给出一星的主要原因有几个。首先，学生群体美好假期结束了，学生们"假期综合征"比较严重。其次，学生群体发现钉钉线上学习效率不高，解决问题烦琐、不高效。再次，线上学习的所有规则都变成了强制性，教师每天要统计各类数据报告；学生每天要准时打卡、在线上课，学生反映课程安排比线下学习还满，长时间盯着屏幕，对视力影响极大。最后，部分家长也表示压力很大，因为有的中小学校要求在线学习期间家长要全程陪同。

于是，钉钉的评论区成为学生们所有不满的发泄之地，"少侠"们组团去各大应用商店刷一星"好评"（行业通行5星打分规则）。这并非完全是钉钉的产品有问题，深层原因是学生对线上教学有太多的负面情绪。迅速下降的评分，给钉钉的形象与未来蒙上了一层阴霾。而一星评论势头还在继续。

2. B站造梗"五星好评，分期付款"

此时，哔哩哔哩（简称B站，中国年轻世代高度聚集的文化社区和视频平台）鬼畜区敏锐捕捉到了这一热点。2020年2月13日，UP主"白夜长路deep"和"因你而在的梦",将 2019 年抖音最受欢迎背景音乐《你笑起来真好看》改编成了《你钉起来真好听》,瞬间登上热门榜单,播放量高达 565 万次。视频用诙谐幽默的方式,"控诉"了钉钉给学生们带来的痛苦。视频最后以"五星好评,分期付款"收尾,这个梗瞬间风靡网络。

3. 钉钉和阿里巴巴"求饶"

面对这一情况,钉钉迅速机智应对。2020 年 2 月 14 日,钉钉在官方微博公开"跪地求饶",并做了很有趣的配字,如:"相识是一场缘,不爱请别伤害""我知道,你们只是不爱上课,但别伤害我,拜托、拜托""给我在阿里粑粑家留点面子吧"……2 月 15 日,钉钉从 B 站转发了《你钉起来真好听》的鬼畜视频,配文"哪位神仙 UP 做的,好洗脑 orz……我已经差不多会唱了。链接已发 CEO,让他每天循环一百遍"。

2 月 16 日,钉钉 B 站官方账号钉钉 DingTalk 发布了自黑视频《钉钉本钉,在线求饶》,向广大用户诉苦。钉钉的燕子形象吉祥物钉三多(钉钉专门为缓解用户对立情绪而制作)在视频中直呼:"少侠们求饶命,被选中我也没办法""不要再打一星了,不然我只能自刷"……声泪俱下,姿态卑微。钉钉甚至不惜向用户叫"爸爸"(网络热词,有膜拜、跪拜的含义,是对权贵和有实力的人的仰慕和讨好),求少侠们一次付清五星。网友们很配合,将"逆子"打在了弹幕上,整个视频都充满了欢乐的气息。视频播放量达到 2406 万次,成为 B 站近期最热视频之一。

同时,钉钉大老板阿里巴巴也加入"求饶"。阿里巴巴以 2019 年火遍 B 站的《新宝岛》为主题,做了一部自黑空耳视频《钉宝岛》("空耳",网络流行语,是指根据所听到原歌词的发音,造出与之发音相似的另一句话,或意思不同的新歌词,是一种对声音的再诠释)。这首神曲对钉钉各种吐槽,甚至称其为"打卡垃圾"。不过除了吐槽,鬼畜中也有一些求饶和解释的内容,请网友放过钉钉,此举被网友调侃为"父慈子孝"。有意思的是,B 站的阿里官方还公开表示很羡慕钉钉,因为钉钉仅用 3 天时间就完成了它一年的 KPI(Key Performance Indicator,关键绩效指标)——钉钉官方账号"钉钉 DingTalk" 3 天涨粉 10 万人,视频播放量更是惊人。

4. 钉钉得到群众"谅解"

钉钉官方下场助推后,围绕钉钉引发的舆论迅速走向高潮,众多 UP 主开始自发制作鬼畜的钉钉相关视频,既有调侃,也有辩护,但甚少有恶意抹黑,钉钉的危机就此解除。

此番看来,钉钉反应能力迅速,对青年学生的社交文化洞察到位。有理的钉钉不但首先放低姿态,用学生党喜闻乐见的方式"低头认错",从而疏导用户的负面情绪,而且通过自黑激起大众的同理心。最终,钉钉不仅成功抵御负面口碑,知名度也进一步打开了。

资料来源:

[1] 李德团. 互联网平台企业媒介实践的网络隐喻与资本动因——以钉钉B站求饶事件为例[J]. 国际新闻界, 2020, 42(12): 68–87.

[2] 路炜. 新媒体背景下危机公关中的品牌形象重塑路径探究——以"钉钉在线求饶"事件为例[J]. 新媒体研究, 2020, 6(09): 105–108.

3. 管控谣言和丑闻

信息在消费者之间传播的过程中往往还会发生信息改变,最终的信息和最初相比可能面目全非。这就是我们所说的谣言。谣言是负面口碑的特例。丑闻也可能引发负面口碑,甚至有利于公司的竞争对手。公司应该了解消费者在线下、线上和社交媒体上对其品牌和产品的看法,并做好应对谣言和丑闻的准备。面对谣言和丑闻,公司通常的做法有以下四种。

(1)低调回应。有时,公司宁愿少说,选择谨慎低调的方式回应谣言和丑闻。然而,这种策略可能适得其反。例如,2019年春节档大热影片《流浪地球》2月5日首映,2月7日以35%的综合票房占据票房榜首,是一部让国人为之骄傲的科幻片。豆瓣是国内最主要的影评网站之一,这部赞誉颇多的作品起初在豆瓣的评分高达8.5分,后逐渐降到7.9分。约77.2万人标记看过,其中2.2%的用户打出一星评价,不少网友将最初的五星好评改为一星。知情人士爆料,有人联系他,表示只要将评分修改至一星差评,即可获得金钱报酬,豆瓣的权威性和公平性受到公众的质疑。豆瓣官方未及时做出回应,气愤的网友在各大应用市场针对豆瓣App的评分机制给出一星差评。2月12日,豆瓣终于作出回应,评分大幅修改属于非正常评分,不会计入总分,并宣布紧急优化评分机制,修改评分后,修改前的点赞数据将被清零。

(2)单个回应。有些公司通过逐次地解释谣言来做出单个的回应。例如,公司可能就某特定谣言给特定的人写信或打电话,做出详细解释。这种情况下,公司应该向员工简要说明该起谣言的存在、公司将做出个别化解释,并向员工培训应该如何回应消费者。

(3)积极公关。当感知谣言要起负面作用时,公司就得利用自己掌握的媒体资源做出积极公关回应。公司可能会利用广告直接面对和驳斥谣言,解释丑闻,并创造新闻,通过媒体采访形式来传达自己的观点,并通过可信的外部意见领袖来帮助提供事实。例如,2020年4月,爱奇艺受到Wolfpack Research的攻击,后者发布研究报告称爱奇艺在2018年上市之前存在欺诈行为,还指责爱奇艺把2019年的营收夸大了约80亿~130亿元人民币,用户数量夸大约42%~60%。爱奇艺股价瞬间跳水,暴跌超15%。随后,爱奇艺官方回应称,由爱奇艺内部的独立审计委员会负责,并得到专业咨询机构(含一家非公司审计机构的四大会计师事务所)协助,审查了Wolfpack Research的报告,发现报告包含大量错误、未经证实的陈述,爱奇艺披露的所有财务和运营数据是真实的,对于所有不实指控,坚决否认,并保留法律追诉权利。同时,爱奇艺创始人兼CEO龚宇回应,"感谢大家的信任和鼎力支持,老老实实做人,踏踏实实做事。"同日,搜狗CEO王小川发博力挺爱奇艺,称龚宇为人、敬业、勤奋都是一等的好。在这一连串积极回应之后,爱奇艺股价重新反涨。

(4)巧妙回应。以幽默、巧妙的方式回应谣言和丑闻是一个不错的选择。例如,2019年当当网老板李国庆和老板娘俞渝权力争夺战的舆论风波刷屏网络。2019年10月,李国庆在接受视频媒体访问时怒发冲冠,"摔杯为号"。2020年4月底,李国庆带人去办公室夺走公章。当当网却推出紧扣老板与老板娘大战"主题"的优惠活动,网站首页广播"好的婚姻,要守护财产和爱",点进去是特别策划专题"从摔杯到抢章",部分图书每满 100 减 50,推荐了婚姻、两性、法律、运营、管理、心理六方面书籍。对于当当网消费自己"蹭自己热度""生产自救"的营销活动,广大网友丝毫不吝惜自己的赞美之词。

4. 跟踪口碑的动态变化

无论口碑是正面的(如推荐)还是负面的(如谣言),为了准确高效地管理口碑,公司都想尝试找到口碑的信息源。许多有经验的营销人员会精确地追踪口碑。例如,当顾客在京东购买家居电器等大件商品时,下单后、送货前、收货后均可能收到来自京东客服的服务提醒和服务质量评价来电;当发现值得追溯的线上评论或留言信息时,京东会先找出消费者在哪里听到这些信息,然后追溯到相关信息源,继续询问他们听到这些信息的渠道。戴尔等公司有专门的部门致力于分析在线和社交媒体上的评论,以了解它们起源于何处、何时,以及如何传播。有了这些信息,这些公司可以做好准备以应对可能的口碑,给出相应回应。营销人员也可以要求消费者做出相应的回应。营销人员还可以向消费者询问他们从特定信息源听到的具体细节,以确定谁在扭曲信息,谁在使扭曲永久化。然后,公司可以采取后续行动,感谢或奖励那些提供正面口碑和推荐产品或品牌的个人。

本章小结

1. 营销和非营销信息源通过大众媒体传播和个性化媒体传播;非营销信息源比营销信息源更可信;与大众媒体传播相比,个性化媒体传播的信息覆盖面更小但更可信,且双向沟通互动能力更强。

2. 意见领袖包括市场专家、代理消费者、数字化意见领袖、虚拟影响者;评价意见领袖社会影响的方法有自我认定法、社会测量法、关键知情人法、Klout 指数法。

3. 参照群体可分为渴望型、成员型和回避型参照群体;参照群体的社会影响的强度,要依群体成员的接触程度、正式性、同质性、群体吸引力、密度、认同程度和纽带强度等而决定。

4. 社会影响信息源通过发挥规范性影响和信息性影响来影响消费者行为。

5. 规范性影响导致的消费者行为结果包括:品牌选择一致性和从众、顺从或抗拒。

6. 规范性影响的强度,受到产品特征的影响。相对于私下消费的产品,公开场合消费的产品受规范性影响的强度更大;相对于必需产品,非必需品消费行为受规范性影响的强度更大。

7. 规范性影响的强度,还受到个体人格特征和群体特征的影响。个体的人际影响敏感性越高、个体越是关注社会比较信息,则规范性影响的强度越高。当群体凝聚力越强、群体成员之间越是相似、群体拥有越大的奖励权和制裁权时,规范性影响也更强。

8. 与正面信息相比,负面信息能传达给更多的人,并在决策中被赋予更大的权重;但负面信息对消费行为的影响受到人们思维方式的调节。

9. 信息性影响的强度受到产品特征的调节。当产品越是复杂、购买或使用的风险越高、品牌独特性越强时，消费者受到信息性影响的强度越大。

10. 口碑作为特殊的信息性影响在数字时代的作用越来越突出。口碑包括传统线下口碑、在线口碑和社交媒体口碑。企业营销经理人需要激发正面口碑、防御和应对负面口碑、管控好谣言、跟踪口碑的动态变化。

实践应用题

研读"开篇案例"，讨论分析回答以下问题：

1. 结合洛天依的案例素材，你认为哪些信息源在数字时代更有价值？品牌应如何进行数字化转型？
2. 结合洛天依的案例素材，谈谈虚拟影响者在营销中的角色和作用。
3. 结合洛天依的案例素材，谈谈在数字时代，如何借力塑造良好的品牌口碑？

本章讨论题

1. 确定三家公司，调查分析它们各自与消费者沟通互动的方式，列举它们在线上、线下沟通传播渠道方面各自的优势和劣势。
2. 邀请渴望型参照群体（如明星、网络红人等）代言品牌的策略适用于哪些产品领域和哪些条件的公司？分析说明哪些特征的公司不适合这种策略。
3. 分别列举3个使用虚拟影响者代言的品牌，谈谈哪些品牌适合使用虚拟影响者代言，并说明理由。
4. 选择你熟悉的一家公司，分析说明它是如何利用规范性影响促使消费者购买其产品的。
5. 请你在本章的例子之外，再分享2~3个成功管理负面口碑的案例。

即测即练

自学自测　扫描此码

参考文献

第七章

消费者多样性

◆ **学习目标**

本章旨在帮助读者理解消费者多样性对于消费者行为的影响。
- 理解消费者世代的内涵,把握划分消费者世代的标准。
- 理解中国的主要消费者世代,需要特别洞察数字原住民的消费行为。
- 理解区域消费行为差异的表现形式,掌握识别区域消费差异的方法。
- 理解性别角色和性别消费差异,洞察有别于性别刻板印象的新消费趋势。
- 理解社会阶层的内涵和不同社会阶层的消费行为特征。
- 理解家庭的内涵、家庭结构演进趋势及家庭消费行为决策模式。

◆ **本章案例**

- 拼多多:洞察下沉市场
- 小熊电器:以"精致范"制胜"一人食"
- 小天才电话手表:深谙亲子心理,创新社交营销

◆ **前沿研究**

- 消费者会如何抵制自动化产品?强化身份视角
- "中字股"为何更吸引个体股民投资?——心理认同的驱动机制

◆ **开篇案例**

拼多多:洞察下沉市场

2024年3月,拼多多发布了2023年全年度财报。数据显示,2023年全年,拼多多总营收达到2476.392亿元,同比增长90%。这家在美国纳斯达克2018年上市的中国公司,已连续五年交出了亮眼的财报,市值超过美团,成为仅次于腾讯、阿里的中国第三

大上市互联网公司。要做到这一步,拼多多是如何洞察消费者多样性、又如何传递满足消费者需求的?本案例聚焦解析拼多多对我国三、四线市场的敏锐洞察与营销创新,从拼多多的成长经验中窥见中国各级城市消费者行为特征,剖析如何在差异化消费群体中找到正确的营销"发力点"。

1. 洞察区域阶层差异,确定战略方向定位

拼多多创立于 2015 年 9 月,此时电商行业整体发展速度放缓,市场扩张几近饱和,阿里与京东分庭抗礼,一、二线城市几乎没有新的市场空间。但正处消费升级热潮,下沉市场的消费潜力凸显,于是,拼多多选择避开巨头锋芒,将三、四线小城市、农村地区作为正面战场,把收入普遍不高但基数大、消费潜力大的中低社会阶层人群作为目标客户,吹响了其进军电商市场突围战的号角。

"我们创建拼多多的初衷,就是要让更多消费者享受到购买的实惠和乐趣。我们关注的是那些追求极致性价比的人。"拼多多副总裁井然解释了拼多多平台战略的起点。在激烈的中国电商市场,一个市场新进入者要想开辟新路,找到消费市场的区域差异特征是关键。2016 年,《人民日报》援引机构针对 338 个中国地级以上城市,通过 160 个品牌的门店分布和 14 家互联网公司的用户数据的分析结论,按照商业资源集聚度、城市枢纽性、城市人活跃度、生活多样性和未来可塑性等维度计算评估中国各级城市发展潜力,结果发现:在一、二线城市,由于商业资源聚集度更高,居民消费特征已从商品消费为主转到服务消费为主,消费活跃且饱和商业可塑性较低。但在三、四线及以下的城市,由于商业资源聚集度较低,生活多样性明显落后,居民消费能力整体上相对不足,品牌意识也相对较弱,但商业发展潜力更高,且模式可塑性更强,存在爆发空间。可见,不同"线"的城市的消费者行为存在显著差异,构成中国特色的消费者社会分层。

而天猫、京东等头部平台,它们牢牢地把握了一、二线城市市场,成为多数品牌的入驻选择。"我们一开始就选择了错位竞争,或者说与淘宝那些平台不同,我们是以消费者为导向的。平台要最大限度地优惠消费者,让利商家。"井然说道。在这一战略思路下,拼多多抓住了移动互联网下沉的时代大背景,满足三、四线及以下城市市场消费者可能爆发的需求作为其战略方向突破口。

2. 捕捉下沉市场消费行为

下沉市场的消费有何特征?这是拼多多市场定位的基础。近年来随着居民收入不断增加,三线以下城市的居民消费能力也大大增强。此外,不少"80 后""90 后"放弃当"北漂""沪漂""广漂",选择回到生活压力不那么大的三、四线城市生活,新的消费理念也由此得到进一步扩散。三、四线市场在经济发展大背景下,同样有享受更美好生活的消费升级动力。

拼多多下沉的第一步是敏锐捕捉到消费主力的变化趋势，将目标用户定位在既有消费能力又有消费意愿的群体。这部分用户主要分布在下沉市场，其中三、四线城市的用户占比高达65%，女性用户占到70%，30岁以上的人占半数以上。这部分消费者与一线城市中上层消费者对比，有突出的生活与消费特征。①生活节奏慢。因为工作通勤距离短，他们有更多闲暇娱乐时间，线上消磨时间的需求突出。②价格和收益敏感。他们愿意花时间获取现金奖励，线上价格比线下价格足够低时才会购买。③熟人社交圈。因而，他们愿意更相信熟人推荐。

3. 营销迭代创新

下沉市场与阿里、京东深耕的传统电商市场有很大区别。因此，现有电商平台能为拼多多提供的经验借鉴并不多。那拼多多又如何在产品和营销方面做到创新、满足消费者需求呢？针对下沉市场消费者行为特征，拼多多在App玩法设计和供应链优化上不断迭代，主要有以下三个创新。

（1）游戏玩法，消磨慢节奏的闲暇时间。为了充分利用下沉市场的空闲时间，拼多多开发多多果园、多多爱消除、守卫现金、多多赚大钱和多多牧场等游戏化玩法，多种游戏面向不同用户人群，可自由选择参与种类、频次和深度。通过投入时间参与游戏获得优惠或者实物奖励的过程，不仅增加用户的产品使用时长和用户黏性，而且能为其他产品模块导流，提高商品曝光率、浏览量和交易额，极大地提高了用户的黏性和购买意愿。

（2）"低价爆款"，迎合消费需求。为了满足下沉市场的价格需求，拼多多不仅通过满减、秒杀、砍价等方法刺激他们的神经，而且利用数字化手段首先帮中小企业发现市场和目标客户，让工厂调整产品实现定制化生产。拼多多并通过产地直发和工厂直供的方式，避免流通环节资源的无谓损耗，打开销路的同时降低了工厂的生产成本。在销售端，拼多多创建去中心化的流量分发机制，大幅降低传统电商的流量及商家经营成本，让商品回归使用价值，产品价格显著降低，为消费者提供公平、性价比高的选择，满足了下沉市场对价格的追求。

（3）"拼小圈"熟人社交，裂变流量。利用下沉市场注重熟人关系这一特点，拼多多不仅开辟了"拼小圈"等好友交流社区，通过设计拼团模式扩大下沉用户间熟人社交的影响力；而且利用微信这一国民社交平台，推广转发APP获现金的活动，用户可以将链接分享给微信好友，从而帮自己积累红包金额，当红包金额达到一定数量后能够直接将现金奖励提现到微信钱包中。这些活动大大提升了拼多多用户对APP的使用时长，提升了用户黏性，基于下沉用户的熟人关系链开始社交裂变，开启了以"熟人关系链"为背景的"社交电商"新模式。

正是这种以市场下沉为特征的战略，让拼多多获得投资界青睐，成立仅仅3年多，就成功在纳斯达克上市。然而，仅仅局限于三、四线市场难以让拼多多成为市场领跑者，跨出"舒适圈"势在必行。从2019年起，拼多多在巩固其三、四线城市市场的基础上，凭借其推出的百亿补贴计划开启"包围"一、二线城市之路。拼多多在百亿补贴中用简单直白的薅羊毛方式吸引了力求"买得精"的一、二线年轻消费者，再通过引进众多知名品牌（如苹果、戴森等）入驻平台的方式直击这一类消费群体对"买得好"的需求，俘获了他们的"芳心"。另外，拼多多开始"华丽变身"：设立品牌馆、赞助热门综艺晚会等别出心裁的品牌升级战略帮助拼多多成功扭转了前期负面品牌形象。至此，2019年6月起至2020年年底实施品牌向上的两年内，拼多多的年活跃买家数就高达7.884亿元。2023年，拼多多总营收更是达到2476.392亿元，交出了亮眼的答卷。可见，拼多多如今取得的"中国第三大电商企业"的佳绩，发轫于下沉市场，得益于及时拓宽到一、二线市场，是其对差异化消费群体进行"逐个突破"的成果。拼多多的经验，引起我们对中国各级城市消费者行为特征的思考。

资料来源：

[1] 毕茜，梁婷，王誉萱. 从山寨到真香：拼多多品牌向上突围之旅[Z]. 中国管理案例共享中心案例库，2021-10-27.

[2] 程璐. 拼多多陈兵"五环路"：一路上升一路下沉[N]. 中国企业家，2019-08-20.

[3] 崔鹏，石磊. 全国"新一线城市"排名出炉!你所在城市排第几?[N]. 人民日报，2016-04-28.

引　言

开篇案例拼多多的营销创新表明，中国是一个消费者行为多样性特色突出的市场。其中，不同地区城市之间消费者存在消费行为的巨大反差。拼多多通过聚焦于中下层市场，洞察出那里的消费者与一、二线市场消费者迥异的消费行为模式，从而制定针对性产品与营销战略，精准满足用户需求，最终在激烈竞争的电商领域建成世界级规模的平台。除了不同城市或区域之间消费行为存在巨大差异之外，不同年龄出生的、成长在不同年代的消费者，因经历共同的社会变迁，形成相近的价值观与生活方式，这就是人口世代之间的消费者行为多样性。男女性别有其社会定义的消费行为刻板印象，但一些反性别刻板的新型消费行为正在涌现。不同社会阶层拥有的权力、财富、机会不同，从而不同社会阶层形成自身特有的消费行为，而诞生于移动互联技术环境下的新兴社会阶层，形成其自身的消费亚文化，需要加以特别关注。家庭是众多消费行为决策的单元，家庭在结构、类型、家庭生命周期等方面存在差异，从而表现出不同的消费行为模式；家庭中不同成员在消费决策中的角色也具有多样性。本章重点从人口社会统计（包括人口世代、地理区域、性别等）、社会阶层、家庭等方面，分析讲解消费者行为的多样性（图7.1），这助于我们理解同一社会之内存在的消费亚文化。

消费者行为学：数智视角

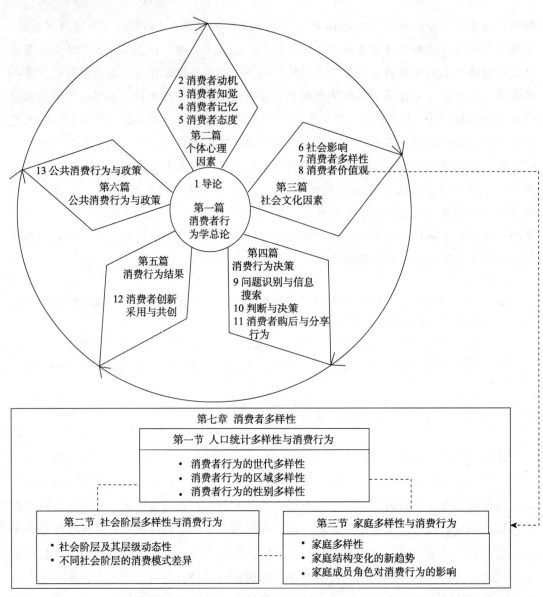

图 7.1 第七章逻辑结构图

第一节 人口统计多样性与消费行为

一、消费者行为的世代多样性

（一）消费者世代的内涵

1. 消费者世代定义

"世代"（generations）概念最先于 20 世纪 50 年代由美国学者提出，它是指处于同一年龄阶段并具有相似消费行为特征的人口群体。根据曼海姆（Mannheim）的观点，同一世代消费者因其受到相同的特定生活经历、知识水平、思潮、社会运动的影响，而形成共同的价值观[1]。施特劳斯（Strauss）和豪尔（Howe）则进一步对世代进行了量化，将世代区分为两个要素，即世代长度和世代界限[2]。世代长度是指孕育下一代所需的时间长度，世代长度一般介于18～24年；世代界限又称之为分界点，它取决于同侪个性（peer personality），即同一时期出生的一群人享有相同的行为模式、信仰和价值观并与下一代形成显著区别的时间点。针对出生于某特定时代消费者行为的研究称为世代研究，也称同侪研究，它将出生于同一时代的消费者作为一个整体，研究其消费行为模式，考察其消费行为模式的时代更迭变化规律[3]。

 消费者世代：

处于同一年龄阶段且具有相似的消费行为特征的群体。

2. 划分消费者世代的主要标准

消费者世代代表的是一类具有共同价值观和行为的消费群体，同一世代内同质性高，世代间差异性大。中国学者王海忠列举了划分消费者世代应遵循的几点主要原则[4]。

（1）兼顾国际一致性与国别差异性的原则。流行文化、社会事件是世代细分的基础，而它们对消费行为的影响又是跨国界的。因此，消费者世代命名应坚持国际一致性标准。鉴于美国消费者世代研究较为成熟，以美国世代划分为参照是有益的。但年龄仅是世代划分的自然属性基础，消费者在生活环境中经历的社会政治、经济、文化等事件，以及由此而形成的价值观、生活方式等才是形成消费者世代的核心因素。因此，消费者世代命名及其分界点，又需要具有国别或地区差异性，不同国家或地区的消费者世代划分不能完全与美国一一对应。

（2）坚持代际的自然属性原则。不同文化传统下"代际"有其共同规律。例如，西方文化中"代"的时间长度是10年，这是世纪的来历；中国文化下"代"的时间长度是12年，这是生肖的来历。可见，不同文化下代际的自然属性相近。

（3）坚持社会事件的关键作用原则。个体3～7岁时开始对社会现象形成概念，8岁开始独立购买，可见，6岁、7岁是价值观塑造的初始年龄。因此，个人成长中经历的社会事件对消费者价值观形成影响极深，它是消费者世代形成的重要社会因素。

（二）美国消费者世代

美国人口学家根据美国社会历史文化的变迁把美国人群分为四个世代：成熟世代、婴儿潮世代、X世代、千禧世代（也称为Y世代）。[5]以下介绍美国消费者世代人群的消费行为特点。

1. 成熟世代

"成熟世代"是指二次世界大战之前出生的人群，这个世代又称为"老兵世代"。该年龄群体的大部分人命运多舛，早年经历了两次世界大战、经济大恐慌、重建家园等重大历史事件。一般来说，年龄65岁以上消费者构成的市场称为银发市场（gray market）。

这个世代较为年轻的消费者目前也已 80 岁。由于个体的信息加工能力随年龄增长而退化，老年人不大可能搜索信息，也难以记住产品信息或做出复杂决策。因此，他们往往倾向于采用简单的、图式化的信息加工方式。此外，记忆力衰退使一些老年人更容易受到"真相效应"的影响，即相信经常重复的信息就是真实信息。因此，他们的消费决策需要一些帮助。但一般情况下，老年消费者又讨厌在购物、看医生等日常生活中被帮助，因为他们不喜欢被人视为"老了"[6]。

 银发市场：

年龄在 65 岁以上的消费者组成的市场。

"年轻老年人"比更老一些的消费者更健康、更活跃，他们中一些人在晚年选择继续工作，以增加其退休储蓄。同时，他们热衷于表达自我和培养爱好，如加入各式爱好团体并支付教育培训费用。因此，银发市场代表了一个极为重要并不断增长的市场，与健康、养老相关的产品和服务尤其需要洞察这个消费者细分群体。一般来说，老年人的品牌忠诚度更高，但对新品牌和不熟悉品牌的搜索动机和认知能力均较低。怀旧音乐、电影等文化产品，或老年人经历过的社会事件，都可以作为品牌借鉴的营销卖点，以此建立与老年消费者的情感纽带。

2. 婴儿潮世代

"婴儿潮世代"是指 1946—1964 年之间出生的美国消费者。这期间，美国共有 7590 多万名婴儿出生。这部分人成长于美国经济快速发展时期，拥有大量获得成就和财富的机会，掌握了大部分社会资源，是美国社会的中坚力量。最年长的婴儿潮到了 21 世纪初正面临退休，但许多人仍在工作。由于他们数量庞大，又拥有强大购买力，婴儿潮被视为一个有影响力的消费者群体。婴儿潮世代十分重视个人主义，希望可以按自己选择的时间和地点做他们想做的事。大多数婴儿潮世代都是看着电视长大的，随着成长，他们看电视的时间也越长。同时，他们也花费更多时间在网上冲浪，在社交媒体上也很活跃。由于婴儿潮世代具有强大购买力，他们成为包括轿车、住房、旅游、娱乐、休闲和房车等许多产品和服务的目标市场。个人护理产品、纤体产品和服务、整容手术和其他相类似的产品和服务，对婴儿潮世代中注重保养、避免衰老的人群特别有吸引力。例如，宝洁公司就专门为婴儿潮世代的女性推出了抗衰老的玉兰油面霜和洁面乳。

 婴儿潮世代：

出生于 1946 年至 1964 年的人群。

3. X 世代

X 世代出生于 1965 年至 1979 年之间。相比"婴儿潮世代"，"X 世代"消费者面临激烈的竞争环境，生活压力很大，被喻为"被排挤的世代"。在这个有 4900 万人的多样性群体中，一些刚满 30 岁或 30 多岁的人仍面临生存压力，而另一些年长的成员则已建立稳固的事业，构建了家庭并购买了房产。X 世代中那些认为自己不可能比得上或超过自己父辈成就的人不太抱有幻想，不像其他消费者世代那样物质主义化。X 世代拥有房产的比例比他们的上一代消费者要更低。可是,他们更趋向于在更尖端的科技领域取得成就,并尝试平衡工作和个人生活的矛盾。

X 世代的很多消费者是婴儿潮一代的子女。由于经济原因（如高额学生债务、高房价等），他们推迟经济独立，在大学毕业后回到家里居住或是到 30 岁左右才搬出去自立门户。1999 年，美国大约 30%的 25 岁年轻人与父母住在一起；而 14 年后，这一人群比例增加到近 50%。和父母住在一起的 X 世代消费将更多可支配收入用于娱乐消费，也更可能购买新车和新电器，他们也常常推迟结婚。

X 世代是音乐、电影、旅游、酒类、快餐、服装、运动鞋和化妆品的重要细分市场，同时也是电子用品、在线服务和其他高科技提供物的重要目标市场。X 世代看电视比其他群体少，流行音乐、另类音乐广播电台、网络、有线电视、音乐出版物、演唱会、体育赛事和度假景区广告等是接触他们的有效媒体。

X 世代：

出生于 1965 年至 1979 年间的人群。

4. Y 世代

出生于 1980 年至 1997 年的消费者被称为"Y 世代"。Y 世代是"理想主义者"，这段时期出生的人迎接着数字时代的到来，勇于尝试新鲜事物，注重生活品质。Y 世代的消费行为主要有以下特点。第一，他们有相当大的购买力。他们多属于双职工家庭或单亲家庭，比之前的几代人面临更多的消费决策问题。第二，精通媒体和技术。Y 世代在购买前通过网络和手机及商店查看价格，并高度重视价格和便利性。第三，喜爱社交媒体。他们在社交媒体上往往有数百个朋友，朋友是他们产品信息的主要来源，他们的品牌偏好也显著受朋友的影响。Y 世代倾向于通过短信、即时消息、博客、社交网络和在线评论等交流品牌信息。第四，Y 世代的消费行为也更注重产品对环境的影响。

Y 世代：

1980 年至 1997 年出生的美国人。

（三）中国消费者世代

中国过去一个世纪经历了民主革命、抗日战争、解放战争、"文化大革命"、改革开放、加入 WTO 等一系列重大历史事件。中国消费者的代际特征十分明显。结合德国消费者行为学者斯屈特、中国学者王海忠等人的研究[4,7]，我们将中国消费者划分为以下五个世代，并重点介绍"数字原住民"世代的消费行为特征。

1. 红色世代

红色世代（red generation）是指出生于 1945 年之前的中国人口。这代人经历了抗日战争、解放战争、新中国成立及随后的人民公社运动等历史事件。斯屈特称这一世代的人口为"社会主义信仰者"。目前这代人已退休在家安度晚年，他们对标新立异的事物比较反感，希望过一种安宁、和睦的生活。太过新奇的产品会打破他们原有的平静生活，使他们内心感到不安。他们对商家和产品的忠诚度一旦建立起来就很难改变，他们尤其信任中华老字号的产品。

2. 历练的一代

历练的一代（an experienced generation）是指出生于1946年至1960年的中国人口。这个世代消费者目睹了新中国成立后国民经济蓬勃发展的势头。他们成长的时代，传媒资讯相对单一和稀缺，因而对中国之外的世界也知之不多。斯屈特认为这一代消费者对社会有某种"失落感"。在国产货与外国货的消费选择方面，这一世代消费者表现出较强的消费者民族中心主义倾向，国货购买行为倾向较为突出。

3. 中国婴儿潮世代

中国婴儿潮世代（Chinese baby boom generation）是指出生于1961年至1976年之间的人群。该世代消费者经历了1978年之后中国的恢复高考和高校招生、改革开放、实施社会主义市场经济、加入WTO等重大社会经济事件，这让他们有机会接受现代高等教育，接触电脑、IT等现代先进技术。该世代人群与西方同时期出生的X世代人群，经历了很大差别的社会宏观发展环境。中国的这个世代充满希望，拥有机会，他们没有像美国X世代那样对上一世代有"叛逆"心理；相反，他们努力工作，成为政府、公营机构和工商企业的主力。和其他世代相比，中国婴儿潮世代对国际品牌的接受度更高。

4. 中国X世代

中国X世代（Chinese X generation）是指1977年至1989年出生的中国人口。该世代生长于中国对外开放、实施社会主义市场经济的时代，中国社会"经济现代化"潮流对他们的生活形态及价值观影响极大。中国X世代享受到以前世代的劳动果实，对他们来说物质富足和技术先进等都显得"理所当然"。该世代深受现代流行文化的影响。但同时，这一代人口也有烦恼，虽然他们中更高比例的人能接受大学教育，但大学毕业后需要进入竞争较为激烈的就业市场寻找工作，因此，他们从小就被灌输生活要由自己创造的理念。这群人更多产生追星、文身、扮酷等行为，他们的生活形态更接近于美国的X世代。因此，将1977年至1989年出生的中国人口称之为"中国X世代"较为恰当。中国"X"世代生长在改革开放时代，他们见证了中国市场现代传媒资讯的发展兴盛，他们对中国之外的世界接触较多、较深入。中国X世代消费者对国产品牌的评价相对不高。

5. 数字原住民世代

数字原住民（digital native）世代是相对于更早的"数字移民"（digital immigrants）世代而言的。"数字原住民"世代是指那些在网络时代成长起来的一代人，1990年后出生的人群，天生具有移动互联和数字化的"基因"，因而被称为"数字原住民"。比他们更早世代的人因需要"学习和适应"或"移民"才能进入移动互联网生活空间，因而就相应地被称为"数字移民"。数字原住民和数字移民新术语最早由马克·普伦斯基（Marc

Prensky）在其 2001 的论文《数字原住民，数字移民》中提出来。数字原住民世代涌现的新消费现象值得思考，在此重点介绍数字原住民新型消费行为的五方面特征。

第一，数字化多元消费。首先，数字化多元消费表现在将传统线下实体店购买行为转移到线上。这既包括从国内市场的线上平台购买产品的消费行为（如网络外卖、网络直播、在线旅行预订等）；也包括从海外平台的购买消费行为，如从亚马逊、易贝（eBay）、速卖通等跨境电商平台和海外代购等渠道实现购买的足不出户式"全球购买"。其次，数字化多元消费体现在线上服务。这包括在线教育、在线医疗等。总体上看，数字原住民更偏爱以互联网为载体的数字文化产品消费，他们是社交网络空间的最活跃群体，是网络游戏的最积极玩家，也是音视频网站的主要注册用户。最后，数字原住民还是网上数字虚拟产品的主要目标消费者群体。数字原住民更会花钱购买数字藏品等。数字藏品是指使用区块链技术，对应特定的作品、艺术品生成的唯一数字凭证，在保护其数字版权的基础上，实现真实可信的数字化发行、购买、收藏和使用。

第二，为"内容"付费消费。数字原住民相比更早世代的消费者，对互联网内容具有更高的付费消费意愿。互联网早期之所以充斥着盗版，与当时的主流消费者世代欠缺为网络内容付费的消费意识有关。数字原住民对文学影视剧、音视频等内容具有更强的版权意识，对获取效率和内容质量也有更高要求，已养成为数字文化娱乐内容付费的消费习惯。目前，中国消费者最常使用的付费类型前三位分别为"购买会员""购买数字专辑或单曲"和"购买音乐流量包"。当前 19 岁～30 岁年龄段消费者（"90 后"）在数字音乐消费力方面，比 30 岁以上的消费者表现得更加强劲。

第三，基于移动互联的场景化消费。数字原住民更常使用手机上网和购物。比如，去哪儿网的数据显示，90%的"90 后"用户通过移动端预订酒店。"90 后"用户平均每部手机安装了 16 个左右的 App，每天使用 3 小时。对于移动互联的依赖导致了数字原住民的即时化场景消费行为特征。例如，数字原住民消费者在看电视剧时，如果觉得某剧中角色的服饰很好看，就可能边看视频边把衣服买了；又如，看到公众号文章把某个产品描述得特别好，也会产生点击购买行为；或者，在旅游时发现一个很有意思的产品，就会马上扫码或在电商平台搜索购买。这与更早世代消费者的赶集式购买行为（固定时间、固定地点购买）截然不同。

第四，个性化和参与式消费。数字原住民个性化和参与式消费行为体现在多样化选择、参与设计主导制造。无论是购物还是娱乐，数字原住民都有强烈的参与需求和个性化需要。比如，在娱乐需求方面，偶像真人秀节目（如快乐男声、超级女声等）正是通过满足数字原住民对投票选星的参与心理，来吸引"90 后"观众，最终实现了造星，也使得明星更加多样化、分众化。又如，弹幕电影或视频也正是满足了数字原住民共同吐槽和表达的心理需要，以此形成强烈的临场感、参与感。快消品公司通过让数字原住民（如"90 后"用户）把自己对产品外观、颜色、尺寸、材料、性能等多方面需求直接上传给生产者，购买过程中因消费者参与了生产设计，消费者成了"产消者"（prosumer）。

第五，消费更带情感性。数字原住民更有条件得到物质需求满足，因此，购买消费更加重视精神层面的、情感属性的东西。一方面，数字原住民对娱乐信息的需求明显高于更早世代消费者。除了明星，源自日本的漫画、动漫等二次元娱乐也深受数字原住民的追捧。QQ 与易观国际合作的调查显示，80%的中国"90 后"消费者会玩网游，为了体验不同的游戏乐趣和视觉效果，他们更愿意额外付费消费。另一方面，数字原住民对有形产品的消费也更为重视产品外观美感或品牌个性，但这不等于他们会忽略产品功能，相反，他们对产品功能缺陷的容忍度更低。他们是要求产品在实现好的功能基础之上，还要具有颜值高、使用体验好等特征的更高标准。

前沿 AI 智能产品是否更受新型消费群欢迎？创新科技产品如何才能符合而不是阻碍消费者的身份需求？前沿研究 7-1 指出，当自动化产品执行与身份相关的任务时，如果任务阻碍了消费者形成身份认同，他们可能会放弃使用这些自动化产品；该项权威研究对于任何时候的新科技产品的营销具有重要的战略启示。

前沿研究 7-1

消费者会如何抵制自动化产品？强身份视角

二、消费者行为的区域多样性

中国市场是一个地域广阔且区域之间存在巨大异质性的复杂市场。分析洞察中国不同地理区域之间消费者行为的差异性，对制订科学精准的营销战略策略，具有重要意义。在此我们主要讨论中国消费者行为的区域多样性。

（一）消费者行为区域差异性的表现

区域消费差异是指因消费者所处地理区域不同而在价值观、购买模式等消费行为方面的差别。同一国家的消费者在购买目标、动机、渠道、时机等方面会表现出共性，但一国内部不同区域之间的消费者行为又具有显著差异性。著名经济学人智库（EIU）1997 年的一项调查发现，在改革开放初期进入中国市场的跨国公司，把中国看成是单一区域市场的比例高达 44%，看成是两个区域市场的比例为 6%，看成是 3 个区域市场的比例为 11%，看成是 4 个或更多区域市场的比例为 39%。结果，把中国看成是 4 个或更多区域市场的跨国公司在激烈竞争中取得了成功，而把中国仅看成是单一区域和两个区域市场的公司大多在竞争中失利了。可见，正确看待中国区域市场的消费者行为的差异性，对于赢得中国市场竞争，具有重要营销战略意义。"百里不同俗，千里不同风"。不同区域消费行为差异主要表现为饮食消费差异、民族消费差异及城乡消费差异。

1. 饮食消费差异

在中国，自然地理差异首先反映在不同区域的饮食消费行为。北方人因气候寒冷，有冬天吃酸菜和火锅的习惯，几乎家家户户都备有火锅、砂锅；南方人因气候炎热，养成了吃腊肉、腊肠的习惯。同样是面食，北方人喜欢饺子，南方人喜欢包子，西北人却喜欢饼和面条。到中国清代初期形成至今影响深远的中国四大菜系乃因不同区域在气候、资源、食材等方面的差异而形成。鲁菜（含京、津等北方地区）的特点有：咸但鲜、烹饪精致、擅长煲汤、擅长烹饪海鲜、讲究礼仪。川菜，则以辛辣而闻名，以家常菜为主，用料多为日常百味，讲究麻、辣、香。淮扬菜，原材料以水产品为主，重视食材的新鲜度，刀工精细，格调高雅，追求原汁原味，清新平和。粤菜，选材丰富精细，口味清淡，烹调技艺多样善变,烹调上以炒、爆为主,兼有烩、煎、烤。

2. 民族消费差异

少数民族大多聚居。例如,藏族主要在青海、西藏聚居,回族主要在宁夏、新疆、青海、甘肃等地聚居。聚居使得民族具有以历史渊源为基础的文化总体特征,又有相对稳定的以观念、信仰、语言文字、生活方式等表现出来的特定形式。民族亚文化是人们在历史上经过长期发展而形成的具有稳定性的共同文化类型,对消费者行为的影响是巨大和深远的。中华民族是由56个民族构成,而每个民族又有自己的民族亚文化特征,从而形成具有民族特色的风俗习惯和消费行为。例如,不同民族在服装方面各有特点,蒙古族喜欢穿蒙古袍;朝鲜族男人穿坎肩、肥腿裤,妇女穿小袄和色彩鲜艳的裙子;苗、侗等少数民族喜欢穿筒裙等。藏族的服饰既是长期生产生活中形成的适应当地气候特点的保暖御寒之必需品,同时也是本民族审美和文化的积淀[8]。

3. 城乡消费差异

一方面,中国城市与农村市场的消费行为之间存在着长久形成的消费传统差异。中国具有四线市场的划分传统。在中国市场,企业形成了将整个中国市场划分为4个层次的传统,即全国大型中心城市、省会级城市、三线城市、四线城镇及农村市场。"下沉市场"泛指深入三线及以下的城乡地区,这个市场的人口基数大,区域特色明显。2018年的统计表明,中国一线城市人口占比5.3%,二线城市人口占比26.3%,而三级及以下的"下沉市场"人口总数达9.5亿,占比高达68.4%(三线城市23.8%,四线及以下市场44.6%)。可见,在中国市场经营的企业,可以开发的下沉市场的消费潜力巨大。其次,中国农村市场有其长期形成的、独特的消费行为特点。例如,农村居民在消费上的从众和攀比心理更加明显。农村的消费行为习惯更反映出中国的消费文化传统。他们非常注重个人消费在社会关系中引起的反应,购买产品前更喜欢参考亲戚、邻居和熟人购买的品牌。还有,农村居民的社区归属感更强,喜欢通过使用相同或相似的产品来保持群体的一致性,不喜欢标新立异。农村消费者平时比城市消费者更为节俭,不喜欢超前消费;但逢年过节、婚丧嫁娶、人情往来等"重要场合"中,又表现得异常大方甚至是奢侈、浪费。

另一方面,现代化进程中,中国农村消费者行为也出现了一些新趋势。首先,农村消费者开始出现享乐性消费。农村消费者因经济条件改善,近年来对娱乐、社交等享乐性消费需求出现了增长势头。例如,中国三、四、五线市场的电影银幕数量增速明显快于一、二线城市。2017年相较于2012年,三、四、五线城市银幕数量分别增加了2.27倍、3.10倍和3.50倍,三线及以下城市银幕数量占比在2017年已经赶超一、二线城市,占比达到54.11%。其次,农村消费正在升级。据中国电子信息产业发展研究院《2021年中国家电市场报告》显示,2021年我国家电零售规模达到8811亿元,而以县、乡镇为主的下沉市场成交规模达到2775亿元,同比增长8.9%,占比超过整体市场的31%。知名企业开始重视并布局中国农村市场。例如,美的集团2021年半年报显示,美的累计在区县级市场搭建了超过2550家旗舰店、在乡镇级市场搭建了超过8320家多品类门店。再次,农村消费者的网购行为发展迅速。通过网购,农村消费者能寻找到更合意的产品。

据悉，2019 年，中国农村网民数量突破 2.5 亿人，网购已成为农民消费行为的常态。农村网络零售额由 2014 年的 1800 亿元增长到 2019 年的 1.7 万亿元，规模扩大了 8.4 倍。

（二）区域消费行为差异的测量方法

如何洞察、测量各区域消费者的消费行为差异？这里介绍美国和中国通常使用的区域消费差异细分方法。

1. 美国消费者行为区域差异细分法——PRIZM

美国是一个幅员辽阔的市场。不同区域在气候、种族和文化历史等方面存在显著区别，因而消费者的生活方式或行为表现也迥异。聚类分析（clustering）方法以"物以类聚、人以群分"原理为基础，认为居住在同一社区的消费者往往会购买相同类型的汽车、住房、电器和其他产品或服务。PRIZM 市场细分法（potential rating index by zip market）正是根据邮编制定潜在市场等级指数的方法系统，它把美国所有的邮政编码分为 66 类，定义了 66 个美国消费者集群，从最富有的"贵族阶层"到最贫穷的"公共救济阶层"。PRIZM 的基本原理是：具有相同文化背景、谋生手段和观点的人自然而然地会相互吸引，选择与具有相同生活方式的人毗邻而居。安居下来之后，人们因具有相似的社会价值观，又自然会模仿邻居，形成类似的品位与期望，在产品、服务的购买消费及媒体使用等方面展现共性的区域性行为模式。以下是 PRIZM 划分出的消费者细分市场的几个例子。

- 上层中坚者。这个群体由 45 岁以上的富裕夫妇组成，他们生活在郊区，受教育程度至少为大学本科。
- 城市打拼者。这个群体由 35 岁以下、拥有中低收入水平、居住在城市的单身消费者组成，他们的受教育程度为高中或者大学。
- 儿童王国。这个群体由 45 岁以下、居住在郊区的中低收入家庭组成，这类家庭的受教育程度为高中。
- 流动的蓝领。这个群体由 35 岁以下，居住在小城市的单身、低收入者所组成，他们拥有高中教育水平。

直接邮寄（direct mail）是指将品牌的促销宣传材料直接邮寄给目标消费者的营销方式，通常采取邮寄、定点派发、选择性派送到消费者住处等多种方式；也可以借助于其他媒介（如传真、杂志、电视、电话、电子邮件等），或随产品包装而发出。PRIZM 尤其能帮助在美国市场经营的公司提高直接邮寄的营销沟通效力，因为企业可根据 PRIZM 调整分送给不同区域家庭的商业宣传信息，更好地实施针对性定制化的营销传播。可见，PRIZM 在美国现代营销历史上发挥了非常突出的作用。

2. 中国消费者行为区域差异细分法

不同区域经历漫长历史演进而形成各自特色的消费文化和价值观，从而促成形形色色的多元化消费行为。研究中国消费者行为的区域差异，对品牌实施地区差异化营销实践具有重要意义。以下介绍中国消费者行为区域差异的两种主要细分方法。

1）TOFA 模型

TOFA 模型分别代表四种消费类型，即 T 型（traditionalism），代表保守或传统型；O 型（optimism），代表乐天型；F 型（financing），代表善于理财型；A 型是（advance），代表前卫型。

第一，TOFA 消费文化模型的两个维度。

TOFA 模型主要源于两个消费行为维度的排列组合，这两个消费行为维度是：是否接受时尚文化（包括外来文化）、是否敢于花钱。前者影响区域消费行为的求新求变，而后者主导区域消费行为的基本风格。因此，人们用"时尚指数 S"（style），来衡量个体消费行为在时尚与传统之间的位置；用"花钱指数 R"（risk），来衡量个体消费行为在勤俭与享乐之间的位置。每一维度分别设计了五个测项，形成了初步量表（见表 7.1）[9]。

表 7.1 消费文化两维度量表

构建维度	测项
花钱指数	我不会购买很新奇的东西。
	我不太喜欢冒险性运动。
	我喜欢压力小一些的工作。
	我不喜欢贷款消费。
	投资股票是一种风险很大的投资。
时尚指数	我经常买高档服装。
	名牌产品对我有很大的吸引力。
	别墅、高档小轿车对我很有吸引力。
	我经常外出旅游。
	我渴望过上大把花钱的生活。

时尚指数（S）和花钱指数（R）得分高低具有丰富的消费行为含义。时尚指数高表明消费行为乐于接受时尚文化、追逐潮流、变化快、崇尚品牌、重视品牌的象征价值和对社会群体的影响。低时尚指数表明消费行为对时尚文化持谨慎乃至抗拒态度，崇尚经典与传统价值，行为保守稳定，注重产品的长远功能。高花钱指数表明消费行为上敢于花钱，购买行为决策果断、勇于尝试新品、主张享乐主义和及时行乐。低花钱指数表明消费行为上花钱保守，安全感低，忧虑未来，对价格敏感、倾向于追求性价比，表现出跟随与后动消费。

第二，识别区域消费文化的基本类型——TOFA 模型。

根据时尚指数和花钱指数的高低，人们可以识别区域消费行为的四种基本类型，即 T 型、O 型、F 型和 A 型，将这四种基本类型结合起来，就称为 TOFA 模型（见图 7.2）。

如图 7.2 所示，保守型消费行为受传统文化影响较深，消费较保守，接受时尚文化倾向较弱，消费行为倾向于节俭，不喜欢花钱；乐天型消费者接受时尚文化的倾向较弱，但敢于花钱，消费欲望较强；理财型消费者接受时尚文化，敢于尝试新事物，但生活较为节俭，消费欲望不是很强；前卫型消费者受传统文化影响相对较弱，倾向于接受时尚文化，接受新产品意愿强烈，也敢于花钱，主张及时行乐。

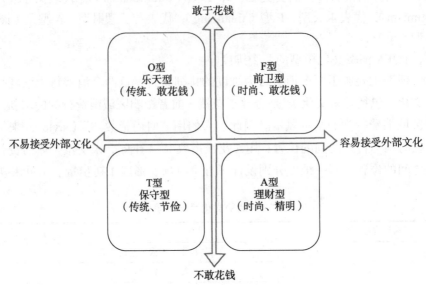

图 7.2 区域消费基本类型 TOFA 模型

每一区域都由上述四种类型的消费者构成。TOFA 模型依其主要特征来看待一个地区或城市的消费行为差异。据此模型中国三十多个省(区、市)可划分七大消费区域，即东北、华北、西北、西南、华南、华东、华中，七大区域在 TOFA 模型上表现出显著差异（见表 7.2）[9]。例如，保守型消费者在华南地区（广东、广西、海南）所占比重较高，说明这一地区消费行为并不追赶时尚，花钱讲求实际。前卫型消费者在华东地区（上海、浙江、江苏、福建、江西、安徽）所占比重最高，说明这一地区的消费者总体上更乐意追赶时尚，也舍得花钱消费。理财型消费者在西南（四川、重庆、云南、贵州、西藏）和华东地区所占比重较高，说明他们接受时尚消费但也注重理财。乐天型消费者却是在西北（陕西、甘肃、青海、内蒙古、新疆、宁夏）、东北（吉林、辽宁、黑龙江）、华北地区（北京、天津、河北、山东、山西）所占比重更高，说明这一区域的消费者虽不追赶时尚，但舍得花钱。

表 7.2 四种消费文化类型在全国主要区域的分布　　　　　　　　　　单位：%

	东北	华北	西北	西南	华南	华东	华中	全国
保守型	17.2	17.7	14.3	20.0	30.1	17.7	24.2	20.1
前卫型	21.6	21.2	13.2	21.6	18.3	25.9	20.3	21.3
理财型	23.9	23.2	26.4	32.8	19.6	29.7	27.5	26.3
乐天型	37.3	37.9	46.1	25.6	32.0	26.7	28.0	32.3
合计	100	100	100	100	100	100	100	100

2）区域消费价值观法

仅凭地理位置将全国划分为七个消费区域的做法虽有合理性，但未考虑文化和经济发展水平。因此,有研究从地理位置、区域文化和经济发展水平三个维度,将全国划分为十个区域(见表7.3),并分析不同区域消费者在十大价值观维度上的差异[10]。这十大价值观包括:成就感、归属感和孝顺、自尊、被尊重、与他人良好关系、开心和享受生活、人情、独立和自由、安全感、面子。十大区域的消费者在成就感、人情、面子3个维度价值观上存在显著差异,这一结论对洞察中国消费者行为的区域差异性具有重要启示。

表 7.3 全国消费价值观的区域差异

十大消费区域	代表性省份(自治区、直辖市)
1	北京市、天津市
2	广东省
3	河北省、山西省、陕西省、甘肃省
4	黑龙江省、辽宁省、吉林省
5	湖南省、湖北省、河南省、安徽省、福建省、江西省
6	山东省、江苏省、浙江省
7	上海市
8	四川省、重庆市
9	西藏自治区、青海省、宁夏回族自治区、内蒙古自治区、新疆维吾尔自治区
10	云南省、贵州省、广西壮族自治区、海南省

第一,成就感。河北、山西、陕西和甘肃的消费者最在意成就感。这些省份经济相对不太发达,收入水平比沿海地区要低,在这种环境里成长起来的消费者可能更迫切希望通过自己的努力在事业上有所成就,从而改变自己甚至整个家庭的命运。沿海发达省份的消费者对成就感的重视居中等水平,他们家庭环境相对较好,没有什么后顾之忧,对于成就有自己的理解和看法。西部少数民族地区(西藏、青海、宁夏、内蒙古和新疆)的消费者对成就感最不看重,宗教信仰可能是一个重要原因,信仰宗教的消费者可能更看重自己的心灵富足。

第二,人情。内陆省份(河北、山西、陕西和甘肃)的消费者比较注重人情,经济较发达地区的广东、上海、北京等地的消费者相对不那么重视这一价值观。经济较发达的地区,传统的人情世故、礼尚往来等观念相对较为淡薄。而内陆省份经济较不发达,人们的物质生活虽没有那么丰富,但他们更重视人与人之间的情谊,更注重传统礼节。

第三,面子。北方省份的消费者更注重面子,而南方人普遍不大重视面子。从日常生活细节中也可以或多或少地感受到这点差异。例如,东北人家里来了客人,总会竭尽所能地热情招待,即使家中并不宽裕,也要作足面子功夫;东北人还是中国人里最看重婚丧嫁娶仪式的,这属于讲排场、重面子的重要场合。相反,以广东人为代表的南方人则比较实际。例如,广东人请客吃饭一般都会选择经济实惠、口味好的餐馆,不会为了面子问题而只选贵的不选对的;一帮朋友一起聚会,多采用 AA 制(平摊付账),也不会觉得面子上过不去。

（三）中国市场的区域差异化营销

中国不同区域的消费者行为存在显著差异，在中国市场的企业实施区域差异化营销就十分必要。在此，结合上述几种测量中国消费者行为区域差异的方法，提出几点重要的区域差异化营销战略思考。

1. 地理目标市场战略

根据消费者是否追赶时尚和舍得花钱，中国消费者行为的差异性呈现为保守型、前卫型、理财型、乐天型四类细分市场，企业可依此确定相应的目标市场。例如，当品牌选择前卫型消费者为目标市场时，则应将中国华东地区作为重要的地理目标市场。因为华东地区拥有最大比例的前卫型消费者；而西北地区拥有最小比例的前卫型消费者。当品牌要选择乐天型消费者为目标市场时，则应该将中国西北、东北和华北作为其最重要的地理目标市场。

2. 价值定位营销战略

成就感、人情、面子等文化价值观在中国各大区域之间存在显著差异，这为品牌在中国市场的价值定位战略提供了借鉴。注重成就感价值观的消费者，其购买行为表现为看重品牌档次、品位。因此，品牌针对河北、山西、陕西、甘肃、四川和重庆等内陆省市的消费者，应该强调成就感价值定位，把品牌塑造为成功人士的人格画像；但对于西部地区的青海、西藏、新疆、内蒙古等省区，品牌则应尽量避免使用成就价值定位战略。

重视人情价值观的消费者在消费行为上表现为舍得送礼（有的地方称为"送人情"）。为此，品牌针对河北、山西、陕西、甘肃等内陆省份，可以多从礼品定位及人情礼节等广告诉求方面思考其价值定位营销战略，这一地区的消费者最注重传统的礼节和送礼。相反，品牌针对北京、上海和广东地区的消费者，则可以适度弱化礼品定位及人情礼节广告诉求，这一区域的消费者相对不那么重视人情，品牌应该转而突出如何彰显自我价值。

面子价值观表现在消费行为上是注重产品外观和时尚价值。因此，品牌针对长江以北地区的消费者（尤以东北地区为重点），应在产品包装上下足功夫，让购买者和使用者从外观上感觉到有面子、够体面；但对长江以南地区的消费者（尤以广东地区为典型）的面子知觉较弱，面子营销对他们来说相对不那么奏效[10]。

3. 品牌促销策略

一方面，降价促销策略。根据TOFA模型，花钱指数低的地区的消费者，价格敏感性高，价格是影响消费者购买决策的首要因素，消费者喜欢购买功能较少但价格相对较低的产品。因此，降价、赠品等实惠型促销策略，对花钱指数低的地区的消费者的吸引力最大。而对于时尚指数高的消费者，适合采用非价格促销策略（如产品展示、开演唱会等）。因为时尚指数高的消费者对品牌形象的关注超过对价格的关注。例如，在时尚指数高的上海，人们潜意识里认同服饰档次与社会地位是存在匹配性的。因此，上海的白领或中产阶层总有几套足以撑起门面的名牌服饰。但是，广东人在这方面就不那么讲究，尤其是对于改革开放初期的家族企业家，人们很难从衣着判定其经济实力和社会见识。

另一方面，广告传播策略。品牌在传播策略方面，针对前卫型消费者，广告宣传的重点应是产品新颖性、独创性，以及带给消费者的全新体验；针对理财型消费者，广告除了要突出产品新颖性之外，更要采用理性化诉求，强调产品性价比，能带给消费者的具体功能价值；针对乐天型消费者，广告需要强调产品得到了权威部门或专家认同，并被广大消费者所采纳，因为这类消费者的风险意识低、从众性心理强；针对保守型消费者，广告除了要强调产品风险性低之外，还要强调产品性价比，以事实说明产品能带给消费者的功用价值[9]。

前沿研究 7-2

"中字股"为何更吸引个体股民投资？——心理认同的驱动机制

尽管中国消费者的行为存在区域多样性，但同作为大中华的一分子，我们又有相似的身份认同感，更青睐体现中国身份的产品或服务。前沿研究 7-2 比较股票名称中有"中""国""中国"等字眼的股票和其他股票的市场表现，发现当股票名称中存在上述彰显民族文化身份的字眼时，个体股民更愿意购买和长期持有该股票。

三、消费者行为的性别多样性

男性和女性在特质、态度、活动等方面存在差异性，它影响消费行为。本节在介绍性别角色基础上，重点讲解消费行为的性别差异、去性别化消费新形态等问题。

（一）性别角色

性别角色是指特定社会中对男性或女性行为是否得体的定义。大多数文化中，人们对男性和女性角色的规范性，在其幼儿时期就习得了。一般来说，男性在社会规范中被描述为强壮、自信、不感情用事等形象，被界定为承担能动性目标(agentic goals)，具体强调控制、自信、自我效能、力量和非情绪化等目标。而女性被定义为承担共事性目标(communal goals)，具体强调归属、培养与他人的和谐关系、顺从、情绪化、家庭导向等目标。

然而，随着时间的推移，男女性别角色也在不断发生变化。尤其是，越来越多的美国、欧洲、中国等地区的女性为了事业发展而推迟婚姻和生育。这一趋势不仅提高了女性的生活质量，也改变了人们对于女性的传统性别定义。女性比过去更为独立，不再接受代表顺从、顾家、性压抑等传统形象。据悉，印度、巴西、俄罗斯和中国等金砖四国，受过教育的女性的收入增长速度快于男性同事，在这些国家，女性控制着 2/3 的家庭支出。

当然，性别角色定义因文化而异。例如，在美国，对男性之间相互拥抱感觉很不自在，但这种行为在欧洲和拉美地区作为问候却被广泛接受。加拿大的一项调研指出，66%的青少年报告经历过同龄人要求其遵守传统性别角色的压力，近一半人受到来自媒体要求遵守传统性别角色的压力[11]。

（二）消费者行为的性别差异

尽管性别角色发生了某些变化，但是男性和女性的消费行为仍存在显著差别。在此我们分别分析男性消费者和女性消费者的消费行为特点。

1. 男性消费者的消费行为特点

第一，购买行为目的性与理智性。与女性相比，男性很少去"逛"商店，他们常常是在感到缺了什么的情况下才会产生购买动机，其购买目的性较强。对他们来说，购物主要是获取商品的方式，是为了补充缺货，到了目的地会买完就走，较少在不同商店之间反复比较和选择。另外，男性比女性更善于控制情绪，在购买决策中出现心境改变的概率比女性要小，更具有理智性。

第二，购买动机形成的迅速性与被动性。男性比女性更果断，一旦意识到某种需求，很快就转化为购买行动。男性购买动机的被动性主要体现在购买动机的形成往往不是来自自己愿意，而是来自外界因素的作用（如家人嘱咐，同事、朋友的委托等）。男性消费者的这种被动性购买主要与他们缺乏购买经验及承担家务活动较少有关。

第三，购买过程独立性与缺乏耐性。对熟悉的商品或已经决定要购买的商品，男性消费者在购买时表现出更多的自信，不易受外界的影响。与此同时，他们在购买过程中缺乏耐性，表现为对商品挑选不仔细，不愿意讨价还价，不愿意在商店或柜台之间进行比较等。男性是选择性信息加工者，多采用简洁启发式加工。

2. 女性消费者的消费行为特点

第一，购买行为主动性与购买目标模糊性。女性消费者的购买行为具有较大主动性。大多数女性负责料理家务，能及时知道和预测是否应该补充缺货或添加新的用品，因此，其购买行为更有主动性。另外，一般说来逛商店是女性的专利。女性的很多消费行为是在逛商店时才产生的。女性在逛商店之前不一定有具体的购买目标，可能出于看看有什么商品合适的动机，即使事先打算要购买的商品都不合适，她们也会顺便买回一些其他日常用品或打折商品。她们常常为自己的"满载而归"产生成就感。女性有时视购物为一种充满乐趣和刺激的活动，或是社交互动的形式。这种购买目标的模糊性是相对于男性消费者购买行为的目的性而言的。

第二，购买行为受情境因素影响较大。女性消费者具有较强自我意识与敏感性，她们在选购商品时，比较容易受购物情境因素的影响。购物情境主要是指商店环境、购物现场气氛、营业员言行，以及其他消费者的意见等。在这些环境情境因素影响下，女性消费者在购买行为中易出现从众行为。因此，女性消费者比男性消费者更容易出现冲动购买。

第三，注重商品的具体利益与实用价值。女性消费者更重视商品能给她带来什么享受，商品的具体利益越能看得见越好。职业女性喜欢操作简单、功能齐全的高科技产品，因为它们既能减轻家务劳动，又能显示出一定档次与品位。另外，在我国，一般家庭的生活消费都由女性操持，她们掌管家庭收支，因而更能深刻体会到"不当家不知柴米贵"，所以更注重商品本身的实用价值。这表现为在购买过程中女性能更全面、更细致考察信息，认真比较利害得失，追求商品的物美价廉。

第四，情绪化和情感用事。女性消费者的心理特征之一是感情丰富、细腻，富于联想甚至幻想。因此，女性消费者购买行为具有较突出的感情色彩。特别是在逛商店的时候，如果一些商品的品名、款式、环境气氛等符合她们的心理需要，就能激发起她们的购买动机。有的女性在特别开心或特别苦恼的时候都容易产生购买行为,但这种情况下的购买具有冲动性。女性更有可能会进行补偿性饮食(compensatory eating),即把饮食用作应对沮丧或缺失(如缺乏与社会的联系)的补偿。

第五,消费倾向的多样化和个性化。当今,女性的自身经济收入和在家庭中的地位得以提高,自我意识不断增强。越来越多女性开始关注自己的社会形象,希望自己与众不同。特别是在穿着打扮方面,既希望跟上社会潮流,又不愿意与别人雷同,年轻的职业女性更是如此。大多数女性会放弃购买身边同学、朋友拥有的相同或相似的服装。如果看到身边的人穿着和自己相同的衣服,女性很可能把这套衣服"打入冷宫"。对于休闲装,女性更愿意穿出自己独特品位,表现自己独特风格气质。

(三)去性别化消费行为倾向

随着社会的演化,社会中性别角色发生了变化。以前被认为是男性才合适的行为,现在也有可能出现在女性身上并被接受。男性也可以采取传统上"女性的"行为。表现在消费行为中,就有了"去性别化消费"的行为倾向。例如,领带或枪传统会被认为更男性化,而食品加工器或护手霜会被认为更女性化。但现在一些白领女性却认为传统女用香水太香太浓,反倒喜欢上男用香水的皮草味、烟草味、清淡花香味。而男士去美容院焗油、做皮肤保养洁净的也不在少数;男士们的打扮也开始糅合女性元素,如购买配饰、围巾等。

2018年6月14日,唯品会和京东首次联合发布《去性别化消费·中国两性消费趋势报告》(以下简称《报告》)。《报告》首次提出"去性别化消费"行为倾向的问题,认为传统的基于生理性别标签的消费行为正在发生改变,消费行为的性别边界正在逐渐模糊。女性的购物车里装满了高科技数码产品和户外健身器材等;而男性的购物车里可能有护肤品、润唇膏和面膜等。报告认为,用来刻画去性别化消费倾向的词汇有:精致BOY、酷炫GIRL、健身潮妈、专业奶爸等。以下重点介绍几点去性别化消费行为。

1. 男性的女性化消费行为倾向

第一,男性美妆市场持续升高。统计数据显示,目前中国男士护肤市场规模自2019年起已增至154亿元人民币。唯品会大数据显示,近3年唯品会平台上男性用户购买护肤品的销量快速增长,几乎达到每年翻一番的速度。面膜是男性最青睐的美妆产品,BB霜、口红、眉笔也成了很多男性的主要购物选择。"90后"构成男性美妆的消费主力。唯品会平台上购买美妆的男性用户中48%为"90后"。

第二,一、二线城市男性参与家庭用品购买。以母婴品牌为例,近3年来唯品会平台上母婴用品购买者中男性购买者比例逐渐攀升,母婴用品的男性购买者已占据母婴产品购买用户总数的近20%。其中,一、二线城市和东部沿海地区的"奶爸"购买的母婴产品占总消费的比例,要高于三、四线城市。可见,女性虽是购买母婴用品的绝对主力,但男性在家庭用品购买中的作用已不可忽视。

第三,男性养生之道在于"吃"。唯品会数据显示,40岁以上男性消费者在唯品会购买养生保健品的比例已经占到男性用户总数的78%,"90后"男性通过保健品保持健康的占比也已近20%。

第四，男性越来越有仪式感地为女性购物。男人越来越重视仪式感，各种节日成为男性主动给恋人制造小惊喜的重要日子。2·14 情人节、三八妇女节、520 告白日等，成为男性疯狂为另一半购物的热点时间。现今零售市场表现出男性集中在重要节日购买典型女性用品的情景，构成男性的女性化消费行为的重要表现形式。

2. 女性的男性化消费行为倾向

第一，女性对游戏影音娱乐 App 和设备的需求暴增。据《女性手游报告》，截至 2018 年 2 月，女性手游玩家规模达 3.67 亿，女性手游用户渗透率接近 40%。同时，女性手游用户还偏好拍照摄影和视频类 App。从 2016 年至 2018 年，京东平台上女性用户对游戏影音娱乐设备的销量贡献翻倍增长。游戏性能、拍照质量、屏幕大小等成为打动女性玩家购买游戏设备的关键指标。

第二，科技感、设计感成为女性欢迎的商品元素。京东 6·18 用户收藏夹显示，iPhone X、华为 P20、戴森吸尘器、小米扫地机器人等成为女性欢迎的商品，而这些产品的共同特点就是科技感强、设计感突出。可见，传统上认为男性消费者看重的科技感、设计感，今天也对女性用户有巨大吸引力。

第三，更多女性购买运动、户外、出行产品，乐于为自己贴上"刚柔并济"标签。京东大数据显示，当前中国女性用户购买运动户外产品的消费额占比逐年增长。2017 年女性用户对运动户外产品的购买量已占到 30%，她们正用行动释放个性魅力。同样，在朋友圈里，女性晒跑步、健身、游泳等的照片已逐渐超过美食等。京东大数据显示，健身、瑜伽、游泳、跑步成为女性养生越来越常见的方式。可见，让女性健康、散发阳光的相关产业将有巨大的发展空间。

第二节　社会阶层多样性与消费行为

一、社会阶层及其层级动态性

（一）社会阶层的内涵

1. 社会阶层层级

绝大多数社会都存在社会阶层层级（social class hierarchy），它赋予某些阶层的人更高的地位。社会阶层是一种可辨认的群体，特定社会阶层由相应的拥有特定行为和生活方式的人所组成，同一个社会阶层的成员拥有相似价值观和消费行为模式[12]。尽管一些角色（如医生或企业高管等）比起其他角色（如收银员或保安等）更有社会声誉或抱负，但社会阶层概念本身并不是负面的，没有贬义之意。本书认为，不同社会阶层都能从不同方面对整体社会的发展做出各自有价值的重要贡献。

 社会阶层层级：
将社会成员按照社会地位从高到低进行分组后所表现出的一种结构。

2. 社会阶层层级的影响因素

划分社会阶层的标准并不是唯一的，在不同标准下，同一个体被确认的社会阶层可能也会出现差异。一般而言，划分社会阶层时需要考虑几种主要因素。

其一，经济收入。洞察社会阶层的消费行为时，需要和其经济收入结合起来考虑。一方面，当不涉及高额的金钱支出时，社会阶层比收入更能准确预测人们的消费行为。例如，中产和下层消费者选择家具时，即使两类消费者及其家庭拥有的收入相同，但中产阶层倾向于购买更高品质、更有品位的家具，因而花钱更多。另一方面，社会阶层和收入两方面因素共同影响涉及身份和大额支出的消费行为。汽车的单笔购买支出额度不小，又是公共场合使用产品，消费者购买什么品牌或型号的汽车既要以收入为基础，又要能体现其社会阶层。例如，宝洁公司帮宝适品牌团队发现，即使是尿布这样的日用品，中国中产阶层消费者更倾向于购买在日本生产的价格更高的尿布[13]。

其二，职业与教育。人们认为决定社会阶层的最大因素是职业。需要更高教育水平和技能的职业，往往能带来更高社会地位。教育对社会阶层的影响至关重要。因为教育程度被认为是决定消费者收入水平高低和消费方式的最主要因素[14]。2014年，美国拥有高中文凭的消费者的周平均收入为668美元，而大学毕业生的周平均收入几乎是高中文凭的两倍，达到1101美元。在中国，《2019届中国高校毕业生薪酬报告》显示，博士研究生毕业时的平均月薪为15 335元，硕士研究生为8777元，本科为5999元，学历高低与薪酬之间呈明显正相关关系。更为重要的是，受过良好教育的消费者不仅挣得更多，而且阅读和旅行的机会也更多，他们会更健康，也往往比其他人群更乐意接受新产品。

其三，其他社会阶层指标。有时，人们的居住地、家庭背景和社会关系等也可能表明其所属的社会阶层。例如，在中国，由于教育、医疗等资源在同一省份不同地区之间的分配不均衡，人们所居住的社区不仅体现人们现在拥有的社会地位，还反映了人们能否为下一代争取到更好的社会资源。竞相购买学区房就是一种特殊的消费行为现象。新华社数据显示，学生成绩分数每高出1%，其周边房屋的单价就高出2%～4%。而且，学区房溢价现象并非中国所特有。在欧美发达国家，比较好的学区房会有10%～20%的溢价[15]。家庭背景方面，学术界区分了继承地位（inherited status）和获得地位（earned status）的差异，前者是指人出生时从父母那里获得的社会地位，而后者是指个体在成长中通过自身努力获得的社会地位。继承地位是习得价值观的原点，也是向上或向下流动的起点。

 继承地位：

个人出生时从父母双方或一方那里继承的社会地位。

 获得地位：

个人出生之后靠自身奋斗取得的社会地位。

（二）社会阶层层级及其动态性特征

1. 社会阶层的层级

一方面，大多数国家或地区的社会阶层划分为三个层级，即上层、中层、基层。但不同国家或地区，这三个层级所占的比例会表现出差异。例如，美国的社会阶层，通常划分为七个等级，高达70%的人口集中在中层。而与美国相比，日本和北欧地区的中层所占总人口的比例更高，其社会地位也更高，而上层、基层的人口所占总人口的比例则相对要少得多。这种社会阶层的结构意味着日本和北欧地区的人，相互之间的社会地位更为平均。在拉丁美洲和印度等发展中国家或地区，最大多数的人口集中在基层社会。另一方面，同一社会阶层内部还是存在经济基础或地位的差异。具体来说，那些收入水平比整个阶层的中位数高出20%~30%的家庭，被认为是强势家庭（over-privileged），他们有充足资金购买基本必需品以外的东西。处于平均收入水平的家庭，则与所在社会阶层相当，能够负担得起这一阶层所对应的具有象征意义的消费品（如特定价值的房产或生活起居用品等）。那些平均收入水平低于该阶层中位数的家庭，称为弱势家庭（underprivileged），他们的生活或消费则很难达到该阶层的标准。

2. 社会阶层层级的动态性

社会阶层的层级结构不是静态的、一成不变的，而是呈动态性。影响社会阶层层级结构演变的三种主要方向分别是:向上流动性（upward mobility）；向下流动性（downward mobility）；社会阶层分化（social class fragmentation）。

第一，向上流动性。在许多国家，个人可以通过向上流动来提高其社会阶层地位，而教育或职业成功是实现阶层跃升的主要手段。中低阶层的个体利用接受教育的机会（特别是大学教育）获得更高阶层的职业，从而向上流动。然而，阶层的跨越并不顺利。据统计，在美国，贫困家庭出生的人能获得大学毕业文凭的比例，几十年来一直不高，经济困难时期尤为明显。与此同时，通过接受大学教育来实现跨越阶层鸿沟的困难也日益提高，不是接受大学教育就一定保证实现社会阶层向上流动。

西方国家的下层社会阶层（特别是少数族裔）仍面临有限的经济和文化资源及受教育机会。据统计，他们比上层社会更不可能获得地位较高的职业，出身较高社会阶层家庭的人维持地位的可能性是较低社会家庭实现向上流动的两倍。

向上流动性不仅受到阶层差距和资源水平的影响，还因文化而异。一般来说，发达国家提供向上流动的机会普遍多于发展中国家。即便如此，在某些时期，在美国、加拿大和英国的社会阶层分化明显，资源分配也相对固化，向上流动的机会实际上也有所减少。虽然发展中国家在总的经济发展水平上还不及发达国家，但中产阶层的规模一直在爆炸式增长，这有利于发展中国家培育强劲的消费市场。

 向上流动性：

为提升个人社会地位水平而接受教育、获得职业成功等活动及其结果的总称。

第二，向下流动性。向下流动是工业化社会中不可避免的趋势。以美国为例，过去30年里，数以百万计的美国家庭的经济地位下降了，这与产业转移海外、技术更新迭代、公司降低工资或解雇工人等因素有关。尽管许多父母都梦想着给自己的孩子提供更好的生活和更高的地位，但有些孩子很难达到他们父母的地位水平，这种情况被称为地位恐慌（status panic）[16]。事实上，最近针对英国的一项研究发现，由于关键行业就业机会减少，越来越多20世纪下半叶出生的人群难以超越甚至企及自己的父母辈[17]。与此同时，由于物质欲望的增加和经济的不确定性，越来越多的中上层和中产阶层家庭难以维持原有的生活方式，甚至无法准备充足的资金以应付子女的大学教育、自身退休及紧急情况发生。向下流动性会引发社会层面的沮丧和幻想破灭。在向下流动的趋势中，有时通过获得、消费产品或服务可以帮助个体保护个人的自我价值。例如，一个消费者可能会因购买一辆新卡车或其他物品，而让自己感觉良好。向下流动性可能导致财产缩减，如果人们选择在不那么重要的东西上减少消费，就会导致消费降级。

 向下流动性：

指个体因受教育、获得职业成功等因素的影响而导致经济地位降低从而失去个人原有社会地位的总称。

 地位恐慌：

指子女一代无法达到其父母一代社会地位水平所引发的焦虑。

第三，社会阶层碎化。社会阶层碎化是指传统社会阶层之间生活方式、消费行为的差异开始模糊化的社会现象[18]。向上流动性与向下流动性都会模糊阶层界限。而大众传媒特别是互联网的普及，又使全世界消费者更容易接触到不同阶层的价值观和社会规范，这就导致个体更容易模仿和采纳其他社会阶层的群体行为。这是因为，通信技术的进步增加了跨社会阶层的互动，社交网络交流更少受传统阶层的限制。这些因素导致了许多具有独特价值观和行为模式的社会阶层出现。美国现在有几十个阶层，从郊区的精英阶层（超级富豪家庭）到赤贫阶层（贫穷的单亲家庭）。其他国家也出现了类似的社会阶层碎化的趋势。

 社会阶层碎化：

传统社会阶层之间生活方式、消费行为的差异开始模糊化的社会现象的总称。

二、不同社会阶层的消费模式差异

讲解不同社会阶层的消费行为模式的差异时，我们重点讨论4个常见的社会阶层，即社会上层、中产阶层、工人阶层、无家可归者。市场营销需要深入挖掘不同社会阶层的独特消费模式，以便制定相应的差异化营销战略。

1. 社会上层的消费模式

社会上层是由贵族、富二代、新社会精英（俗称"暴发户"）、中上层专业技术人员等构成。社会上层的富有家庭往往比其他阶层的人拥有更高的储蓄和投资。虽然这些消费者中也有许多人表现出价格敏感，但他们比其他消费者更有可能仔细研究他们所要购买的产品,并把产品属性(而非价格)作为质量的指标。

社会上层的绝对规模较小,其成员共享一系列与消费行为相关的价值观或生活方式。这个阶层的消费者认为自己是有智慧的,并关注政治,富有社会责任意识。这导致了上层社会更多地将时间和金钱投入到诸如观看话剧、投资艺术品或古董、旅游、从事慈善事业和公民事务等活动之中。对上层社会而言,自我表达也非常重要,这导致了他们对高质量、有声望、有品位的品牌的追逐。因此,即使在经济衰退期间,因上层社会的消费,高档时尚品牌在美国、中国、印度、巴西等国家仍然卖得很好。

《2021全球财富报告》披露,目前有2200万美国家庭跻身百万富翁行列,预计到2025年美国的百万富翁数量将达到2800万人。从全球角度来看,美国的百万富翁比其他任何国家都多,但中国的百万富翁人数正在迅速赶上,2021年中国的百万富翁超过500万人,位居全球第二,预计到2025年中国的百万富翁数量将达到1000万人。

2. 中产阶层的消费模式

西方国家的中产阶层主要由白领工人组成,其中许多人上过大学。中产阶层消费者的价值观和消费模式十分多样,但许多人在某些行为上向社会上层寻求指导,如得体的用餐礼仪、衣着、高尔夫和网球等休闲活动。对渴望向上流动的中产阶层的人来说尤其如此。这种仿效趋势也延伸到出席音乐会、度假和有助于自我提升的教育课程之中。然而,在过去十年,西方经济的萎靡已导致许多中产阶层家庭丧失购买力,生活水平处于下降状态,呈现出向下流动的趋势。除非经济得到复苏,否则这种下降趋势可能无法逆转。

在发展中国家或地区,中产阶层人口正在快速增加,但整个社会贫富分化仍然很严重。在拉丁美洲,快速增长的中产阶层人口将很快超过较低收入的普通大众。然而,在智利,数百万消费者在成为中产阶层的同时,该国下层消费者仍在贫困线上挣扎。墨西哥的中产阶层和美国中产阶层的传统消费模式存在许多相似之处,大部分可支配收入花在汽车、服装、度假和家庭用品等方面。在非洲,中产阶层迅速增长,已经吸引福特、百胜等跨国公司的注意。各大品牌都希望充分利用发展中国家崛起的中产阶层趋势,拓展新兴市场的商机。

在中国,中产化成为社会阶层变化的主要趋势。截至2018年8月,我国中产家庭数量已达3320万户,其中新中产在1000万户以上,成为社会消费的主力。中国的中产阶层家庭消费表现出了以下特点[19]:多数消费者出现消费分级,一部分人更注重品质,也照样有一部分人关注性价比;健康生活理念继续升温,并对消费者行为产生不断增强的影响力;旅游消费更重视体验,千人一面的旅游模式正在降低,更多人选择"小而美"的旅游模式;对国产品牌的认可度提高,希望本土品牌也能提供称心如意、高品质的商品。

3. 工人阶层的消费模式

工人阶层由蓝领工人构成。人们对工人阶层戴安全帽的中年男子刻板印象正在发生变化。现在,工人阶层变得更年轻了,受教育程度也更高了,与雇主的关系更疏远。与其他阶层相比，工人阶层在消费和决策上表现出更强的本地化倾向。例如，在美国，男性工人阶层对当地的运动队、新闻节目和本地度假等表现出强烈的偏好，工人阶层对国产品牌表现出更高接受度。

在美国，工人阶层消费者更倾向于消费而不是储蓄。当他们储蓄时，大部分人是为了追求财务稳定而储蓄，并不是为了投资而储蓄[20]。此外，工人阶层消费者更倾向于根据价格来判断产品质量(即价格越高质量越好)，更倾向于在折扣店购物，购物时所掌握的产品信息相对也较少。因此，他们可能会表现出与其他社会阶层消费者截然不同的产品偏好。例如，收入低于 2.5 万美元的美国成年人中，只有 15%的人说他们喜欢喝葡萄酒，而在高收入阶层中，这一比例为 52%，在中等收入阶层中为 28%。

4. 无家可归者的消费模式

在西方社会，最底层的社会阶层可称为无家可归者，他们没有固定住所，只能住在街道上，或临时搭建的房屋里、汽车里，或城市空置房子里。在一些国家，无家可归者的绝对数量还相当大。根据官方统计，美国大约有 61 万无家可归者。这个持续增加的群体包括了失业或未充分就业的消费者、吸毒者和酗酒者、精神病患者、女性单亲家庭及遭受经济挫折（如失去家园）的人。儿童也是这一群体的一部分，在多达 250 万的美国儿童中，每 30 人中就有 1 位是无家可归者。

无家可归者最主要的特点就是为生存而奋斗。由于收入很少或根本没有收入，无家可归者很难获得食物、住房和医疗等日常必需品。对无家可归的消费者来说，一项特别重要的生存活动是拾荒，寻找别人丢弃的、用过的或部分用过的物品。尽管无家可归者很贫穷，但大多数无家可归的消费者都有一些宝贵的财产，他们最大限度地利用这些物品，只有在绝对不再需要的时候才会丢弃它们。

第三节　家庭多样性与消费行为

每个家庭每天、每周、每个月都要面对众多消费行为决策，涉及产品或服务的获取、使用或消费、处置等环节。可以说，家庭是分析消费行为不可或缺的单元之一，学术界和营销实践界都应深入认识家庭消费行为及其营销意义。本节将界定家庭的内涵，分析家庭类型、家庭生命周期等因素如何影响消费行为。

一、家庭多样性

（一）狭义家庭和广义家庭

狭义家庭(family)是指一群通过婚姻、血缘或收养关系而生活在一起的个体的组合。狭义家庭包括核心家庭和大家庭。核心家庭是指只包括父亲、母亲和孩子在内的家庭。大家庭是指核心家庭再加上有亲缘、血缘关系的成员在内的扩展家庭，这些成员通常包括祖父母、阿姨、叔叔、堂兄妹等。一些人倾向于从核心家庭视角来界定家庭，也有人倾向于从大家庭视角来界定家庭单位。如今，18 岁至 34 岁的美国成年人中，26%的人仍住在大家庭中，建立核心家庭的人比此前更少了。

广义家庭（household）是包括独居的个体或者没有血缘、亲属关系但共同居住在一起的成员群体的统称。受晚婚、同居、离婚、双职工家庭等新兴家庭现象直接驱使，以及更低死亡率和出生率等宏观因素的影响，当前，非传统家庭意义上的广义家庭的数量大大增加了，而家庭规模却越来越小了。

 核心家庭：

指只包括父亲、母亲和孩子在内的成员组成的家庭形态。

 大家庭：

指核心家庭再加上有亲缘或血缘关系在内（如祖父母、阿姨、叔叔和堂兄妹等）的扩展家庭形态。

 广义家庭：

指包括独居的个体或者没有亲属关系但共同居住在一起的成员群体的统称。

（二）家庭生命周期

家庭生命周期（family life cycle）是指一个家庭所处的发展阶段。例如，中国环境下，家庭生命周期一般分为 4 个阶段。夫妇二人家庭，指夫妻单独生活组建家庭但尚无子女的阶段；满巢期，指夫妻独立生活组建家庭，并有子女一起居住生活的阶段；空巢期，指夫妻独立生活组建家庭，且子女已离开独立生活的阶段；老年单亲家庭，即夫妻离异或一方已离世，且无子女共同生活的家庭。

中国家庭生命周期和美国家庭生命周期相比，有几方面特点。其一，中国的家庭规模要比美国大。按人数定义的家庭中，3 人家庭、4 人家庭和 5 人家庭是中国家庭的主要形式，美国家庭的主要形式却是 1 人家庭、2 人家庭、3 人家庭和 4 人家庭。其二，中国的家庭关系与美国要稳定得多。虽然美国与中国的离婚率都有上升趋势，但中国的离婚率要比美国离婚率低很多，因此中国家庭较美国家庭更为稳定。其三，主干家庭在中国所占比例较美国要高得多。所谓主干家庭是指有子女的夫妇或有子女的单亲家庭仍然和祖父母同住，即三代或更多代同堂生活的家庭。在中国，主干家庭是最主要的家庭形式之一，占有相当高的比例，而在美国主干家庭形式几乎消亡了。其四，中国家庭生命周期划分不涉及少数例外情形。美国家庭生命周期阶段划分方式将同性伴侣、未婚单身母亲等也作为家庭形态。随着西方社会独居、空巢人群的增加，有的国家甚至将宠物视为特殊家庭成员。宠物确实成为不少人重要的情感寄托，占据家庭支出的不小比例，但将宠物视为特殊家庭成员仍有很多争议。

 家庭生命周期：

家庭生命周期的不同阶段，取决于家长年龄和在家子女的数量。

二、家庭结构变化的新趋势

世界范围内的家庭结构显现出五种变化趋势,包括晚婚和同居;双职工家庭;离婚;小型家庭;同性伴侣。现分述如下。

第一,晚婚和同居。在欧美社会,越来越多的人推迟结婚或不结婚。当前,美国男性第一次结婚的平均年龄是28岁;女性是26.7岁。据中国国家统计局和民政部的数据,从2013年开始,中国的结婚率逐年下降,2013年全国结婚率为9.9‰,2018年中国结婚率只有7.2‰,创下2013年以来的新低。结婚年龄越来越晚,可能是因为追求事业,也可能是因为同居现象被更广泛接受。"新华社"调查发现,与父母辈相比,越来越多"80后""90后"把单身视为一种正常的生活选择。"30多岁了还没结婚""20多岁了还母胎SOLO"(母胎solo,又称为"母胎单身",为网络用语,是指是从出生开始,就一直保持单身,没谈过恋爱的人;"solo"是指独自一人、单身的意思)等现象,在年轻人中见怪不怪。新华社总结了年轻人晚婚的四大原因:社会转型使家庭功能发生变化,婚姻成为"非必需的选项";社会教育水平大大提升,使结婚年龄不断推迟;社会对单身青年的包容度在提升,单身不再是一种"过错";结婚成本抬高,部分青年经济压力大。

洞察案例7-1,讲述了新锐品牌小熊电器的营销创新,这个品牌敏锐捕捉到单身独居年轻消费者人数增加的趋势,借助大数据方法分析把握其需求,再推出高颜值产品并快速迭代,因符合新兴消费人群品质生活的需要,从而在竞争激烈的家电市场成为广受青睐的品牌。

洞察案例7-1

小熊电器:以"精致范"制胜"一人食"

在国内家电整体市场增长放缓之时,"一人食"等细分家电市场却风生水起。随着"大龄单身""晚婚"现象日益突出,中国独居的年轻人越来越多,他们的背后,是强大的消费能力,形成万亿级消费市场。独居的年轻消费群给家电业带来了新机会。迷你家电、宠物家电等方兴未艾。小熊电器正是其中的杰出代表。小熊电器围绕年轻消费群,打造精致时尚、小巧好用、轻松可及的"萌家电",成为"一人食"小家电市场的"种草王"。小熊电器成立于2006年,2018年就成长为小家电市场备受欢迎的"龙头"。小熊电器是如何面向消费者行为进行品牌创新的?有哪些经验值得推广?

1. 大数据洞察促进迭代,不断满足消费者动态需求

独特的消费人群定位是小熊商业模式创新的第一步。传统家电品牌的目标消费者多是以家庭为单位,采购者多是家庭主妇,他们倾向于质量可靠的家电,但家电的使用时间长。小熊电器的消费人群定位一开始就很明确,那就是大型家电产品的"漏网之鱼",即那些从来不被品牌商关注的年轻消费人群——如女大学生、白领阶层、独身青年、上班女性等。这部分消费群体审美转变快,购买产品间隔时间短。

小熊电器如何满足其审美和偏好呢?答案是:互联网大数据驱动产品创新与营销。

小熊电器作为第二个上市的互联网原生品牌，通过收集、处理后端互联网沉淀的大数据，挖掘消费者深层需求，其数据驱动的产品设计分为三步。①大数据洞察消费者需求。小熊电器通过官方线上销售积累的消费者大数据，能更快捷地刻画用户画像，精准洞察年轻人群的个性化需求，驱动产品快速迭代更新，降低被淘汰风险，提高市场反应速度。②根据用户需求信息进行产品功能设计。小熊电器将海量消费者数据反馈至后台研发部门，研发部门快速设计新产品，快速生产制造出实际产成品，通过互联网营销快速传递给顾客。③销售反馈促进产品改进。小熊通过线上数据沉淀及调研信息不断洞察消费者需求变化，再次改进产品，并循环往复、形成闭环。其结果，数据洞察下的小熊产品迭代速度非常快，平均每月有 11 款存货单位（stock keeping unit，SKU）供消费者选购，其中 20%是新品，80%是老款升级；平均每年有近一半的旧产品被淘汰。大数据驱动的产品创新不断满足年轻消费者的动态需求。

2. 满足高颜值审美需求

独居的年轻人群的消费以自我需求为导向，方便、悦己、品质成为其重要消费动机。年轻人对小家电的需求不只是为了满足基本的使用功能，产品时尚感、仪式感、社交属性、品牌理念及传递出来的情感温度、生活态度都成为影响他们购买小家电产品的重要因素。为此，2018 年，小熊宣布启动"萌家电"全新品牌战略，其重要特点是打造"高颜值"的产品。

小熊产品的外观与其他家电产品有着极大差异，产品外观颜值和辨识度非常之高。因其目标消费对象多为女性，从二十多岁的女大学生到宝妈，小熊产品的外观以"萌"为主，主打粉色系，显得更为贴心。这些好看又抚慰人心的产品外观，极大地增加了顾客黏性。而均价不到 100 元的实惠价格，则符合年轻消费人群的购买能力，这样，顾客无需太多顾虑，就可下单购买小熊家电，给生活增添些许乐趣。

3. 抓住消费者任何一个"小"需求

小熊电器从不放过消费者的每一个"小"需求。例如，中国两广一带习惯"煲汤"，且汤品种类繁多，品质要求极高。为此，小熊电器专门针对这个"小"需求，开发了"紫砂电炖盅"，价格从 100 元到 300 元不等，可选产品系列多。又比如，北方人喜欢吃面食，做包子做馒头最麻烦的就是揉面，而年轻人自己"懒得"揉面，针对这个"小"需求，小熊电器开发了和面机，自动发酵，直接做成面团。还有，市面上加湿器往往样式呆板，要么水箱太大，独居女性消费者换水非常吃力；要么水箱太小，顾客需要频繁加水；洞察到这个"小"需求之后，小熊电器就开发了能直接在上面加水的高颜值加湿器。通过满足消费者多样化"小"需求，小熊电器慢慢进驻到独居的年轻消费人群的心智及生活方式，其结果自然提升了对消费者的品牌话语权。

综上，捕触到越来越多年轻消费人群独居的社会趋势，小熊电器通过互联网大数据深度挖掘消费者的品质生活需求，将原来购买频率很低的家电购买模式转换为价格实惠的轻松下单购买行为，通过推出高颜值外观产品、多系列产品并促进产品不断更新迭代，捕获了年轻消费人群的芳心。小熊电器的成功创新为品牌如何适应家庭结构出现变化的市场，提供了值得借鉴的丰富营销实践经验。

资料来源：

[1] 郑立群，胡小茜，李慧英. "颜值"即正义?探索小熊电器泅度红海的秘密[Z]. 中国管理案例共享中心案例库，2022-02-28.

[2] 王珍. 一人食、精致范，上亿的独居人群创造家电业新机会 [EB/OL]. (2019-11-18)[2021-04-08]. 第一财经，https://www.yicai.com/news/101014007.html.

第二，双职工家庭。随着社会经济与教育水平的发展，加之受男女平等思潮的影响，男性与女性都参与工作的双职工家庭已在所有家庭类型中占主流。这一趋势对消费者行为产生了以下几方面重要影响。首先，家庭可支配收入提高，生活服务需求大。这类家庭在儿童保育、外出就餐、日常生活服务等方面的支出更多。例如，在美国，麦当劳60%以上的销售额来自得来速服务（drive-through），这反映了双职工家庭确实需要节省时间的餐饮服务。中国的58同城洞察到双职工家庭的需求，为城市家庭专门提供保姆、保洁、维修、育婴育儿等居家服务方面的信息匹配，这一商业模式获得了成功。其次，越来越多男性承担起家庭事务。在欧美市场，日常生活用品的广告已开始面向男性消费者，只关注女性的传统广告思维已发生了转变。但亚洲地区传统的性别角色相对更为牢固，如果像欧美市场一样将男性作为广告对象，则可能会引起男性和女性共同的负面反应，日本、韩国两个市场尤为如此。

第三，离婚。离婚是家庭结构变化的重要力量，对消费者行为有重要影响。据统计，2019年中国的离婚率登上了世界首位，高达63%，年轻一代离婚率远高于"60后""70后"。其中，离婚率最高的中国前四甲城市分别为北京、上海、深圳、广州，分别为39%、38%、36.25%、35%。离婚率提高的趋势会影响品牌的市场营销思路。例如，以结婚、爱情永恒为宣传卖点的珠宝行业，就需要重新思考。以往广告代理机构帮钻石生产商和珠宝品牌努力将"钻石"的稀有、耐用性，与永恒的爱情、婚姻关联起来，购买钻石戒指成为最有分量的爱情象征。从"钻石恒久远，一颗永流传"，到"美好的誓言，一生的幸福"等，珠宝品牌的广告语都是同一种风格。如今，随着婚姻的保质期越来越短，离婚率节节攀升，珠宝首饰作为"永恒"的爱情符号，正在受到前所未有的挑战。在中国，许多品牌开始尝试更多元的营销方式，不再将珠宝与永恒的婚姻做绑定，而增加了买首饰送朋友、送父母、送孩子等情境，于是珠宝钻戒品牌更丰富的广告宣传主题就出现了。例如，"亚一珠宝"是上海豫园时尚珠宝旗下的年轻珠宝品牌，针对中国三、四线城市多元化的新一代女性，开发了"爱家人""爱自己""爱朋友""爱伴侣"等一系列新产品，以应对离婚冲击浪潮下更为广义的"爱"。那么，离婚如何影响具体的消费行为呢？在此我们重点分析四种情形。

①婚姻转型过程会产生新的消费行为。处于离婚过程之中的消费者要完成一系列重要任务，包括处置旧财产、置办新家居以组成新家庭等，这都会创造出新的消费行为。例如，刚离婚的消费者可能会买新车、新家具、新衣服、换新发型；或者开始参加单身活动来更新自我形象，提升自我效能。这些活动促成消费者形成新身份，以减轻离婚期间和离婚后的社会压力。②离婚后单身人士的消费模式。离婚后的新单身人士通常年龄较大，如果他们有工作则意味着他们比婚前有更多可支配收入，可以用于住房、交通和

服装等消费支出。③离婚后有孩子的单亲家庭的消费模式。带着孩子的单亲家庭的人均可支配收入往往更低,在大多数产品或服务上花费会更少,他们往往是租房而不是购房置业;他们还可能是速食食品等便利产品的主要目标消费者。④带着孩子离婚后再婚家庭的独特消费行为。在美国,带着孩子的离婚者如果再婚,新家庭往往会带着新旧两个家庭的消费行为,此时孩子需要的衣服和其他物品都需要双倍供应。

第四,家庭小型化。在许多国家,家庭的平均规模正变得越来越小。美国家庭的平均人数下降到了三人以下,单人家庭的数量正在增加。中国的家庭规模也发生着类似的变化。中国城镇化进程加快,人口流动频繁,再加之房地产市场的发展,带来了住房改善,原来多人居于一户的家庭结构,开始转变成为成员分散多处组建多个家庭。据中国国家统计局2021年公布的第七次全国人口普查数据,中国家庭户均规模为2.62人,比2010年减少了0.48人,小型的核心家庭成为整个社会的主要家庭形态。家庭变小意味着有更多可支配收入。小型家庭一般来说在每个孩子身上的支出会更多。在小型家庭中,没有孩子的已婚夫妇的家庭形态,拥有最多的可支配收入,这类家庭在食品、餐饮、娱乐、酒类、服装和宠物上的花费正在显著提高。

三、家庭成员角色对消费行为的影响

家庭影响消费行为的另一个重要方式是多个家庭成员参与消费决策,他们有时各自意见并不一致。以下重点讨论不同成员在家庭消费决策中的角色及其对消费行为的影响[21]。

(一)家庭成员的消费决策角色

第一,购买者和使用者角色。家庭成员在获取、使用或消费家庭方面的产品或服务时,各自扮演不同角色。这些角色主要分为五种。①守门者(gatekeeper),是指收集和控制对家庭消费决策具有重要价值信息的成员。②影响者(influencer),是指试图表达观点并影响消费决策的成员。③决定者(decider),是指实际做出购买决策的成员。④购买者(buyer),是指执行购买或获得产品和服务的家庭成员。⑤使用者(user),是指使用或消费该产品和服务的家庭成员。

每个角色可由家庭的不同成员扮演,也可以由一个成员、少数几个成员或整个家庭来扮演。例如,家庭中可能由一位家长负责购买电影票,部分家庭成员参与观看电影。又如,家庭中为解决"饭后洗碗"难题,夫妻两人可能会协商购买哪个品牌及什么价位的洗碗机,但完成购买后,则仅有一位成员来负责使用。还有,全家人都可能要参与商量购买家用轿车的事,因为全家人都能享受到使用汽车带来的好处,可见,此时全体家庭成员都参与了购买决策。

第二,工具性角色与表达性角色。家庭成员在消费决策中发挥的工具性角色(instrument roles)是指他们行使与最终购买决策紧密关联的任务,如何时购买、购买多少等量化的、具体化的决策。家庭成员在消费决策中发挥的表达性角色(expressive roles)是指做出符合家庭规范方面的消费决策,如颜色或风格等方面的选择。传统上,丈夫多扮演工具性角色,妻子多扮演表达性角色,但家庭消费中夫妻双方角色的转变也正在发生。例如,以选择家庭旅游目的地为例,近三十年来,已由妻子主导型、丈夫主导型、共同决策型等多种决策模式逐步演变为夫妻联合决策型。妻子在旅游目的地选择发生分歧时，更注重信息搜集、沟通交流，而丈夫则比较倾向于说服妻子听从意见、顺从决定[22]。

第三，家庭成员角色冲突及其解决机制。家庭成员常常在消费行为决策方面发生角色冲突。角色冲突主要表现为：为何购买；谁来决策；选择哪种产品或服务；谁来使用这个产品或服务等。例如，家庭成员在购买使用电视机方面，就可能围绕谁能使用电视机、使用多长时间等问题引发冲突。同样，有关绿色消费决策中，家庭成员也可能会围绕使用有机食品、节约用水或用电、用气等方面发生冲突。一般来说，家庭会通过互相说服、讨价还价和家庭规范来化解冲突，其中说服是最常用的方法。

家庭决策角色：

指家庭成员在获取、使用或消费产品或服务时，各自扮演的相应角色。

工具性角色：

指行使与家庭最终购买紧密关联任务的角色，主要包括何时购买、购买多少等量化的、具体方面的决策内容。

表达性角色：

指行使做出符合家庭规范方面的购买决策，主要颜色或风格等定性方面的决策内容。

（二）配偶的角色

第一，配偶决策类型。夫妻在消费决策中扮演不同角色，角色的影响力取决于各自为家庭提供的资源及在夫妻关系中的地位。在比利时进行的一项具有里程碑式的研究发现，主要存在四种类型的夫妻消费决策行为[23]。①丈夫主导型决策（husband-dominant decision）。一般由男性户主做出的购买决策，主要表现在购买体育器械、音响设备等方面。②妻子主导型决策（wife-dominant decision）。一般由女性户主做出的购买决策，主要表现在儿童服装、化妆品等范畴。③自主决策型（automatic decision）。一般是指不由双方商议，而由丈夫或妻子单独做出的决策。例如，行李箱、玩具、服装、运动设备和相机等。④共同决策型（syncretic decision）。一般是指夫妻双方共同商议做出的决策。例如，度假地点、冰箱、电视、客厅家具、财务规划服务和汽车等。

第二，配偶相对影响力。上述配偶角色决策类型只是一般性规律，实际购买决策过程中，配偶的相对影响力还取决于许多因素。能给家庭带来更多资源、对决策过程参与度更高的配偶一方，对购买决策具有更大影响力。家庭总收入、受教育程度等因素也会影响夫妻的相对影响力。配偶在消费决策过程中会产生权力感，感知到的权力程度越高，就越有可能对购买决策产生影响。

第三，配偶角色刻板印象。当家庭具有强烈的传统性别角色观念时，家庭购买决策更多是由丈夫主导。例如，美国的墨西哥裔家庭与亚裔家庭就属于这种类型。但配偶性别角色的观念正在潜移默化地改变。例如，在泰国，接受调查的丈夫有近一半表明，家里吃什么是由他们决定的，也由他们负责全家的食品采购[24]。这个国家传统上习惯于由妻子负责食品采购。在美国，夫妻共同决策在盎格鲁家庭中最为常见，而在非洲裔家庭中，妻子主导决策反而更为普遍。

（三）子女的角色

子女在家庭决策中扮演重要角色，他们试图影响父母在产品或服务的获取、使用或消费，以及处置等环节的消费行为。最常见的刻板印象是，子女一直哭闹要购买某件产品，直到父母最终屈服。但这种模式成功与否取决于商品的类型、父母的特点、子女的年龄和决策所处的阶段。通常而言，子女们在与其密切相关的产品上（如谷物零食、度假和电脑等）有较高影响力；当父母更少参与决策过程或观念更为开放时，子女的影响力往往会更大；双职工父母和单亲父母更有可能屈服，因为他们面临更多的时间压力；子女年龄越大，他或她施加的影响就越大。此外，子女的决策影响力在决策所处不同阶段也有差异。一般而言，在决策过程早期（识别问题和查找信息）影响力最高，在评价和选择阶段影响力却显著下降。然而，即使一个家庭有两个或更多的孩子，父母仍然对购买和消费的决定拥有最大的影响力。同时，父母的消费行为风格也会对子女产生影响。父母的物质主义观念会培养孩子的物质主义。相反，孩子也可以通过分享知识和态度对父母产生新的影响。孩子对父母的影响会因经济发展水平（不管是新兴经济体还是发达经济体）和国家文化背景而异。

有项研究调查总结出青少年试图影响父母和家庭购买决策所使用的策略，发现他们采取的主要策略包括：讨价还价（做交易）、说服（试图使决策对他们更有利）、情感诉求（利用情感获得他们想要的东西）、请求（直接的、带有强迫性的要求）。那么，父母会如何反应呢？该调查发现，不管孩子使用何种策略，一些父母会坚持自己的决策不动摇；并且，父母还可以使用专家权战略（比孩子显得更有知识）、合法性战略（比孩子在家庭更有权力）、命令性战略（使用父母在家庭中的权威角色）[25]。

家庭类型决定了孩子在家庭购买决策中的影响力。专制型家庭强调服从，放任型家庭几乎不施加控制，民主型家庭鼓励自我表达，溺爱型的家庭毫无约束。在溺爱型和放任型家庭中，子女更有可能拥有直接的决策掌控；而在民主型和溺爱型家庭中，子女更有可能影响家庭的决策。

品牌经理如果能站在父母或监护人的立场，思考让产品为其孩子发挥最大效用、规避潜在负面影响，那么品牌就会赢得双方认可和喜爱。洞察案例 7-2 描绘了小天才电话手表如何用心洞悉中国家庭亲子心理并创新运用社交营销理念，最终建立起儿童智能手表领域世界第一品牌，为众多品牌提供了珍贵的实践经验。

洞察案例7-2

小天才电话手表：深谙亲子心理，创新社交营销

2022 年 4 月 1 日人民日报海外版撰文《中国手表创造更多惊喜》宣传报道了一家名为 imoo 的中国儿童智能手表品牌。据市场研究机构 Counterpoint 发布的数据显示，2021 年全球智能手表市场份额前 6 名的品牌中有 3 家是来自中国的品牌，分别是华为、imoo、

Amazfit 跃我，总共占全球市场份额的 18%。其中，imoo 以 5%的市场份额排名第四，并且在儿童手表细分领域取得全球市场份额第一的地位。imoo，在国内有一个家喻户晓的名字：小天才电话手表。当我们深入了解小天才电话手表之后发现，它的"惊喜"不仅仅体现在市场份额上，在以配置论成败的电子数码市场上，小天才电话手表还是其中"低配高价"的异类，其 Z8 型号旗舰产品，售价 1998 元，而华为旗舰手表的价格才 1488 元，Apple Watch SE（苹果公司的一款智能手表）的价格也只有 2098 元。这些亮眼的数据让我们不得不发问：小天才电话手表没有性价比优势，为何能卖得如此之好？下面，我们从三方面解析小天才电话手表的顾客心理洞察与营销创新之道。

1. 洞察需求，创造新品类

在小天才电话手表诞生之前，市场上手表没有"电话手表"这一概念。小天才的成功，首先是源于其精准抓住了用户需求。儿童手表的用户是谁？孩子还是家长？小天才的产品经理们敏锐洞察到，这个产品的实际下单人是父母，使用者却是孩子。这种购买行为中购买者和使用者的需求不一致，而双方的需求没能同时得到满足，是以往产品没能站稳市场的症结所在。产品营销既要满足家长的"安全"需求，又要满足孩子的"好玩"需求，才能最终促成购买行动。于是，小天才的产品经理在手表中植入电话手表这个概念，并拓展手表的可玩性与社交属性，同时满足了买单人和使用人的需求，成功创造了智能儿童手表品类。小天才，自然成为智能儿童手表品类的第一品牌。

2. 精准高效，定制亲子营销

小天才电话手表虽然在品类上精准切中顾客需求，但作为市场后入者，又凭借什么逆风翻盘呢？作为步步高系的产品，小天才电话手表延续了步步高创始人段永平的营销风格——只有在合适场合讲合适故事才能最精准打动消费者。很多人将小天才的成功归因为靠广告、营销。虽然小天才是儿童智能手表行业值得广告投放的品牌，但小天才的成功主要还是在于精准的亲子营销策略。

一方面，带着产品出现在用户经常出没的地方。小天才电话手表的代言人和广告都精准的命中亲子主题，其广告投放渠道聚焦在家长和孩子都爱看的节目。在儿童综艺《爸爸去哪儿》最火的时候，小天才电话手表一口气签下了黄磊、多多和天天的代言；后来又赞助了《歌声的翅膀》《神奇的孩子》等儿童综艺节目。小天才电话手表在亲子相关题材上疯狂"露脸"、精准曝光，成为家喻户晓的亲子产品。

另一方面，用最简单语言讲用户能听懂的话。比起复杂的广告情节，小天才电话手表的另一项营销亮点在于针对家长和孩子分别采用不同口吻和关注点，精准实施差异化营销。对于重视"安全"的家长而言，广告语为："不管你在哪里，一个电话马上就找到你，没错，就是小天才电话手表"。而对于注重娱乐和社交的孩子而言，广告语就转变为："找啊找啊找朋友，找到一个好朋友，你也有，我也有，大家都是好朋友"。这样切中产品购买行为的下单者和使用者的定制广告，给双方都留下深刻印象，赢得了儿童和他们的监护人共同的喜爱。

3. 闭环社交，构建"社交黑洞"

定制化营销让小天才电话手表在儿童手表领域迅速占领市场，但并不足以支撑其超过华为旗舰手表的定价。那，又是什么支撑小天才手表的高定价呢？

答案是：小天才电话手表精准打造闭环社交关系。都是小天才的用户才能互相加好友。电话手表中还不能安装微信、QQ 等第三方社交软件。这样彻底形成了闭环社交圈。这意味着想要和小天才电话手表的儿童用户交朋友，只能也购买小天才电话手表，这样才能添加为好友，进行聊天，分享朋友圈，点赞给朋友送金币，甚至一起约跑步。"不买就进不了 10 后班级群……"。这样，小天才电话手表渐渐成了孩子们的社交刚需，构建了微信后的第二个"社交黑洞"。这样对家长来说，购买小天才的主要动机变成："不想让孩子羡慕别人"。对孩子来说，小天才已成为一种身份认同，伴随着用户黏性提高，小天才的价格也水涨船高。

综上，小天才从设计之初就深谙亲子产品开发者与顾客之间的信息不对称，恰到好处地同时满足家长的安全心理需求和孩子的娱乐社交需求，将购买者与使用者之间的潜在矛盾消融于无形。其营销策略将家长与孩子视为同等重要的核心目标人群，通过有效的亲子营销精准触达顾客；又敏锐洞察到新时代的社交需求，打造"社交黑洞"，构筑用户黏性。

资料来源：
[1] 谭涵文. 人民日报海外版. 中国智能手表创造更多惊喜[N]. (2022-04-01 第十版) [2022-06-07].
[2] 黄金萍. 南方周末. 卖的不是手表，而是儿童社交[N].(2019-11-14)[2022-06-07].

本章小结

1. 消费者世代是指处于同一年龄阶段并具有相似消费行为特征的群体。美国人口学家把美国人群分为主要的四个世代，即成熟世代；婴儿潮世代；X 世代；Y 世代。中国消费者主要为五个世代，即红色世代；历练的一代；"中国婴儿潮世代"；中国 X 世代；数字原住民世代。

2. 区域消费差异是指因地理区域不同，消费者表现出的消费行为差别。区域消费行为差异主要体现在饮食消费差异、民族消费差异、城乡消费差异。美国使用 PRIZM 等聚类分析方法对消费行为的区域进行细分，中国消费者行为的区域差异细分方法主要有 TOFA 模型、区域消费价值观法。

3. 消费者性别角色也会导致消费行为差异。随着现代社会对性别角色定义的转变，男女性均出现了去性别化消费现象，即男性的女性化消费行为倾向和女性的男性化消费行为倾向。

4. 社会中的个体可以按地位水平划分为上层、中层、基层，他们共同组成了社会阶层等级。社会阶层间的差异是由阶层成员拥有相同的生活经历、价值观和行为模式等决定的。但各阶层内部也会存在一些差异。

5. 决定个体归属社会阶层的因素众多，其中最重要的是职业和教育。推动社会阶层结构发生演变的关键力量有向上流动性、向下流动性和社会阶层碎化。不同社会阶层之间存在消费行为差异。

6. 家庭存在多样性，因而促成了不同家庭消费行为的差异。家庭具有核心家庭、大家庭、广义家庭等形态。家庭结构出现的变化趋势包括：晚婚、同居、双职工、离婚、小型家庭等。

7. 家庭中的不同成员对消费行为具有差异化影响。家庭不同成员扮演了不同的消费行为决策角色，主要有：守门者、影响者、决策者、购买者、使用者。夫妻在消费决策过程中的影响力不同，从而形成四种决策类型，即丈夫主导型、妻子主导型、自主决策型、共同决策型。子女通过向父母提出请求等方式来影响家庭消费决策。

实践应用题

研读"开篇案例"，讨论分析回答以下问题：

1. 结合本章相关知识点，请分析拼多多符合社会阶层理论和区域消费者行为差异理论的相关营销战略策略。
2. 请讨论拼多多如何利用不同社会阶层的特定消费模式进行产品和营销等方面的创新设计。
3. 查找资料，谈谈其他品牌利用社会阶层相关理论知识进行营销创新的实践经验。

本章讨论题

1. 选择一个品牌，分析其针对不同年龄与世代消费者群体，实现差异化营销并取得成功的营销经验。
2. 结合数字原住民的新消费现象，谈谈哪些品牌取得了最佳营销实践经验并总结出来。
3. 为什么营销人员需要考虑区域消费差异？请你分享三个成功的差异化区域营销案例。
4. 列举两个利用去性别化消费趋势营销的品牌，谈谈哪些品牌和产品适合使用这种营销策略。
5. 列举三个品牌案例，分析它们运用社会阶层相关理论，洞察消费者行为进而实现营销创新的先进经验。
6. 列举三个品牌案例，分析它们如何运用家庭成员消费决策角色理论，制定相应营销决策，取得成功实践的经验借鉴。

即测即练

自学自测　　　扫描此码

参考文献

第八章

消费者价值观

学习目标

本章旨在帮助读者掌握消费者价值观、人格特征、生活方式及基于文化差异下的跨文化消费行为。

- 理解价值观和价值观体系的内涵，分析影响价值观的主要因素。
- 理解与消费者行为联系密切的人格特征，说明人格特征在市场营销中的重要性。
- 理解活动、兴趣和观点等如何体现消费者的生活方式。
- 掌握了解新兴的生活方式。
- 理解价值观、人格特征和生活方式等变量如何应用于市场营销实践。
- 理解跨文化的内涵，明确东西文方化下价值观和典型消费行为的差异。
- 理解文化混合的内涵，掌握文化混合导致的不同消费者行为反应。
- 理解产品的象征性意义的来源和功能，掌握产品象征性意义传递的方式。
- 理解新兴的特殊拥有物数字收藏品的内涵、外延及其消费行为特征。

本章案例

- 内外：新概念品牌承载女性价值观
- 网易云音乐：人格主导色测试点燃社交平台

前沿研究

- 文化产品的情感塑造——情感大起大落的作品更能成功吗？
- 将人类描绘成机器以促进健康——把自己想象成机器人更会健康饮食

开篇案例

内外：新概念品牌承载女性价值观

近年来，随着"她经济"崛起，越来越多女性消费者自我意识觉醒，树立起"悦己"

消费观。内衣作为女性服装中的刚需品类，其购买选择能直观体现女性的价值诉求。"内外 NEIWAI"（以下简称"内外"）是国内最早提出"舒适内衣"原创概念的品牌，因其敏锐洞察到女性价值观的转变，引导女性服饰需求从追求"悦人"到"悦己"转变。成为天猫线上内衣品类前五的品牌，全国线下门店超过 140 家，2023 年单月收入更是突破两亿元，复购率达到 50%，内外是如何在竞争激烈的内衣市场站稳脚跟的？本案例聚焦剖析内外对新时代女性价值观的敏锐洞察与营销创新，以内外的实践经验为舟，探索品牌如何以己之身承载消费者价值观。

一、洞察顾客心理，精准品牌定位

消费品品牌形象某种程度上是消费者个人价值观的投射。女性内衣行业的发展很大程度受到女性自我意识的影响。按照中国女性意识觉醒的历程，改革开放以来，中国内衣市场发展经历了以下 3 个阶段。

（1）20 世纪 70 年代至 20 世纪末，内衣市场萌芽期。这一阶段，中国内衣市场的主要特点是"有产品无品牌"，内衣购买或消费主要由商品和渠道来主导；消费者对内衣的认知停留在卫生、保暖、固定和保护等基础功能。相当长时间内，内衣产品同质化严重，品牌缺乏清晰的形象定位。

（2）千禧年之后，性感意识主导期。这一阶段，无论内衣的商品属性还是文化内涵，女性都处于被动接受的状态。此时内衣产品多集中于加厚、聚拢等功能；代表品牌有都市丽人、安莉芳和黛安芬等。国际品牌维多利亚的秘密时尚秀更是将"贩卖性感"的价值观念演绎到极致。在充斥男性凝视的审美视角和价值观念下，内衣市场性感当道，而女性也在无意识地迁就这种追求。

（3）2012 年后，女性意识觉醒新时期。眼下，女性消费者价值观正在经历转变，开始真正关注、在意自我体验和感受。因此，消费者对"无钢圈内衣""舒适内衣"等的需求飙升，消费价值观正从"悦人"让位于"悦己"。以 Z 世代、都市白领、小镇青年为代表的新消费人群正作为主流消费者崛起，有强烈自我意识的他们对内衣品类的创新具有决定性影响。因此，女性内衣行业的流行趋势改变了：性感并非统一标准，而是多姿多彩的。比起"他"觉得性感，"我"觉得好看和穿着舒适，才更贴合当下女性消费者对内衣的诉求。

内外品牌创始人刘小璐敏锐地观察到"女性意识"，率先于 2012 年在中国上海创立了原创舒适无钢圈无尺码内衣品牌内外。品牌成立之初，内外品牌将目标客户定位在 28～35 岁的精致女性（如金融界、艺术圈的高知女性）。这些目标消费者，经济实力雄厚，同时又高度注重舒适体验，对品质要求高。经过数年发展，至 2016 年，"内外"又将目标客户圈层扩大至 18～25 岁年轻女性群体。年轻消费者的品牌意识越来越强，比起追求性价比，他们更愿意为优质的设计和精美的包装支付溢价，更重要的是，他们愿意为有共鸣的品牌价值观买单。

二、针对需求痛点，打造爆款产品

内外精准抓住女性价值观及其对内衣需求的变化，清晰锚定目标客户，既推动着中国女性去更多关注自己,也陪伴着她们在社会生活里的集体成长与角色转变。通过这种精准洞察,内外打造出了月销10w+的高性价比产品,位列天猫线上内衣品类前五,并进一步拓展品类覆盖生活全景。内外如何做到这一点?

为了击中女性对舒适的诉求与渴望,内外在产品设计方面,以"做一件让人身心自由的内衣"为出发点,重视设计风格创新,主打"舒适"理念。"内外"一改市场上厚杯内衣其艳丽、厚重的外观,采用无钢圈的贴合设计,选择轻薄透气的面料,确保顾客穿上内衣后没有束缚感。

在奠定基础设计理念后,为顺应客群年轻化趋势,内外调整价格,推出了目前最成功的爆款产品,即定价169元的"零敏"系列。这款产品瞄准对肌肤敏感的人群,价格只比优衣库无钢圈内衣贵20元但具有极高舒适感。这一爆款俘获了不少年轻女性,为内外迎来了第一个爆发式增长,销售额翻了5倍,年销售从千万元突破亿元。然而,仅仅是内衣赛道的突围成功并没有让内外故步自封。相反,创始人刘小璐更加明确要让内外提供与新女性生活方式和生存状态相符的贴身衣物及其周边产品。比如,内外以认可其产品与价值观的女性消费群为中心,推出男士系列,便于用户能为身边的更多人选购同样舒适的贴身衣物。于是,内外不断扩展产品矩阵,推动品牌成为全品类生活方式品牌,树立其鲜明独特的品牌形象。

三、传递女性价值,强化品牌调性

内外是一个非常重视形象建设和价值传递的品牌。品牌创始人刘小璐指出:"在现代社会女性力量和意识崛起的趋势中,消费品也应将自信独立的价值观灌注始终。"因此,内外选择从社交平台、品牌视频和代言人等多种传播渠道出发,传递新女性价值观。

1. 社交平台发起女性话题,互动强化品牌认同感

在微博、微信公众号,内外每个月都会发起关于身材多样性的开放式讨论。话题涉及"身材应该有标准吗?"等。这些话题的讨论极易引起女性共鸣,增加消费者与品牌的黏性。同时,内外还曾经在微博设立视频专栏"在人海"和"Body Talk",让更多不同身材的女孩发声。此外,内外还与线上心理咨询平台"简单心理"合作推出"女性成长与身体焦虑"免费课程,邀请专业咨询师讲述女性的身份认同,回归女性身份下的自我成长。

2. 视频输出品牌观点,议程设置引爆讨论

内外擅长用广告短片来打破人们对内衣广告和女性身材的偏见,传递包容女性多元魅力的理念,鼓励女性撕掉负面标签,由内而外真实勇敢地做自己。在2020年2月,内外拍摄主题为"NO BODY IS NOBODY(没有一种身材,是微不足道的)"的大片。内外邀请了6位素人女性,她们当中,有小胸的、大胸的、年长的、宝妈和背后有伤疤的女性。内外用她们从身材焦虑到自我欣赏的故事致敬真实而多元的身体之美。该片自发布以来在全网累计了超1亿人次的传播覆盖量,在KOL(关键意见领袖,key opinion leader)

的引领下，话题热度持续发酵。

3. 巧选代言人，强化品牌调性

和明星合作，能够帮助品牌有效提升知名度和影响力。同为内衣新品牌，内外与由彼（Ubras）经常被同时提及，但两者在明星合作方面取向差异甚大。Ubras 在明星合作上更偏向销量导向的带货明星（如，欧阳娜娜）。相比之下，内外的代言人策略更关注强化品牌调性：国际知名模特杜鹃在内外的创意广告中通过"我的内外，你都了解"这一宣言成功地表达了内外的整个品牌形象；芭蕾舞艺术家谭元元与内外联名推出 NEIWAI ACTIVE 芭蕾运动系列，深刻诠释了"柔软与力量并存于内外之间"的品牌气质；全球代言人王菲带来了内外最新的品牌 slogan "一切都好，自在内外"，将个人高冷、自由的独特气质与内外融合，自然而深刻地表达了品牌希望表达的独特、自信、宽阔、通透的女性精神，强化了品牌调性。

随着"她"经济的兴起，越来越多品牌开始以女性视角确定消费群体并开发新产品。内外便是"她"经济驱使下成功的品牌塑造案例。在产品方面，它通过对内衣市场的洞察，从原创无钢圈品类切入市场，打造性价比极佳的爆款产品，随后向全品类生活方式品牌转变。内外还十分注重与消费者的情感沟通与对话，通过一系列围绕女性自我意识的活动和代言人，和女性消费者一起进步，丰富品牌价值观，加深用户对品牌价值观的认同，从而增强品牌忠诚度和黏性。内外的发展历程，为"她"经济背景下崛起的品牌提供了有意义的借鉴。

资料来源：

[1] 曹佳玮，王秋月. 线上内衣品牌消费特点分析[J]. 中国市场, 2021(32): 124-125.
[2] 福布斯中国. NEIWAI 内外完成 1 亿美元 D 轮融资，持续关注女性审美喜好及生活方式[EB/OL].(2021-07-16) [2022-05-08]. https://www.forbeschina.com/life/56340.
[3] 第一财经. 内衣新品牌霸榜双 11，南极人、恒源祥不行了？[EB/OL]. (2020-11-06) [2022-05-08]. https://www.yicai.com/news/100827146.html.

引　言

正如开篇案例所示，消费者价值观的改变，对消费行为产生了深刻影响，品牌需要在市场营销战略与策略方面做出相应转变。"内外"品牌正是敏锐洞察到女性自我意识崛起的背景，通过价值观定位及其传播，以爆款单品为引爆，最终获得市场成功。本章讨论的主题是价值观对消费行为的影响。消费者价值观、个性和生活方式共同构成消费者的基本心理统计特征（psychographics）（见图 8.1），并对消费者行为产生重要影响。相较于种族、社会阶层、年龄、性别等人口统计特征，上述心理统计特征可以帮助营销人员更深入、更详尽地洞察消费者行为。另外，不同的文化环境导致了不同社会群体价值观的差异，进而使消费者有着不同的消费行为倾向，形成东西方文化下不同的典型消费行为。

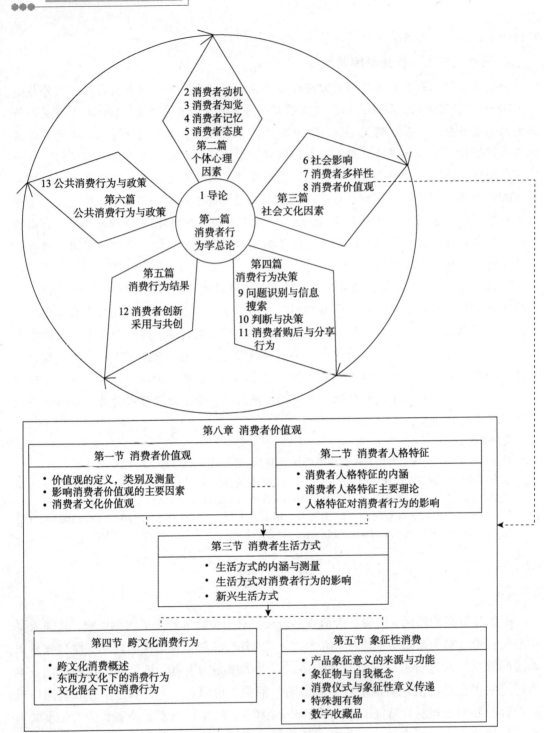

图 8.1　第八章逻辑结构图

第一节 消费者价值观

一、价值观的定义、类别及测量

（一）价值观的定义

价值观（value）是个体对特定行为及其结果所持有的、带有好或坏的评价长期信念[1]。例如，个体可能认为健康、安全、拥有自尊和自由是应该坚守的优秀价值观。作为一种持久的信念，价值观是指导消费者在不同情境、不同时间条件下的行为准则。例如，对环保的重视程度通常决定了消费者在垃圾分类、废物回收、付高价购买可再生材料产品、驾驶清洁能源汽车等方面的积极行为倾向。价值观根深蒂固、内化于心，以至于消费者往往不会意识到其存在，并很难对其进行描述。

消费者的全部价值观及其相对重要性构成了价值观体系（value system）。消费者在特定情况下的行为方式受到某种价值观相对更显著（相较于其他价值观）的影响[2]。例如，消费者决定周六下午是要和家人共同度过还是锻炼身体，这取决于家庭和健康各自对消费者的相对重要性。当消费者的行为符合某种价值观，但与另一种重要价值观相悖时，消费者会遇到价值观冲突。例如，对便利和环保同等重视的父母在为孩子购买一次性尿布时，可能会遇到价值观冲突。面对这种决策，消费者不仅考虑产品的即期消费结果，还会考虑对社会的长期影响，甚至还会对产品制造商的相关行为（如生产制造方式对环境的影响）重新作出价值评判。

价值观是儿童最先习得的行为准则之一。个体价值观体系通常在10岁左右就开始形成。消费者通过社会化过程习得价值观，也就是说个体从与参照群体和其他信息影响源的接触中逐渐形成自身的价值观。例如，若消费者表现出对教育的高度重视，很可能是其父母和老师赞同这种价值观。个体通过接触组织和文化中的其他人而习得价值观，因而同一群体中的个体通常持有相似的价值观和价值观体系。

文化适应（acculturation）是个体学习一种新的文化相关的价值观和行为的过程。例如，那些从亚非拉地区移民到法国的消费者就需要了解习得法国的价值观以适应在法国或欧洲的生活。如果消费者认为新的文化有吸引力并且价值观与自己相似，他们就更可能适应这种价值观。如果新文化中的其他人具有凝聚力，使用大量语言和非语言的信号传递价值观并且对秉持的价值观感到自豪，那么文化适应的过程也会更快。

（二）价值观的类别

针对不同具体事物所持的价值观可能有所不同，据此我们可以将价值观分为总体价值观和特定领域价值观。

（1）总体价值观（global values）。这是最广泛、最抽象的价值观，它代表了价值观体系的核心。这种高度持久、稳定、抽象的价值观适用于一般情形。例如，成就感就可能渗透到美国消费者的日常生活领域，并广泛影响美国消费者的消费决策。图 8.2 是世界上最有影响力的总体价值观的研究成果之一。这一方法将总体价值观分为七类：成熟、安全、亲社会行为（乐于助人）、适度从众、享乐、成就、自我导向。这七类价值观又可以根据价值观作用的对象划分为三个层面，即个人层面、集体层面、混合层面；相似的价值观在图中的位置更为近邻。具体来说，成就和自我导向反映了个体层面（individual）的价值观，是个体对自身行为要求的价值观；亲社会行为和适度从众则反映了集体层面（collective）的价值观，即个体在与他人或社会相处时的价值观；其余则为混合层面的价值观。

七大类总体价值观之下的具体价值观又可进一步分为两种类型：终极价值观和工具性价值观。终极价值观（terminal value，用*表示）是个体高度期望的最终状态，而工具性价值观（instrumental value，用+表示）是实现终极价值观所需的、具有手段属性的价值观。例如，亲社会价值观中的平等和救助就是两个终极价值观；而爱、宽容、助人、诚实和信仰就是工具性价值观，它们帮助个体实现平等或救助等终极价值观[1]。重视图中某一侧终极价值观的消费者，对图中另一侧相反的终极价值观则不太重视。这意味着，重视安全、成熟、亲社会的个体可能不太重视享乐；重视自我导向和成就的个体则不太重视亲社会行为和适度从众。也就是说，消费者不可能对所有东西持同等程度的重视，而是存在着从最重要到最不重要的价值观排序。

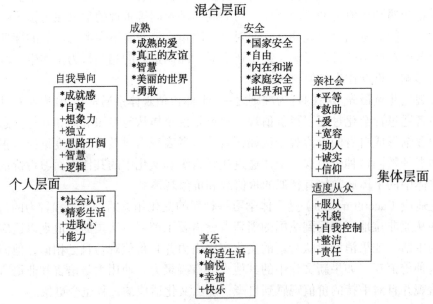

图 8.2　总体价值观与价值观范畴

注：*表示"终极价值观"；+表示"工具性价值"

（2）特定领域价值观（domain-specific values）。特定价值观与特定范围内的事物有关，如宗教、家庭或消费。物质主义是一种特定的领域价值观，它与消费者如何看待物质产品及其获取方式等有关。尽管二者有所区别，但总体价值观可能影响特定领域价值观，因为特定领域价值观（如健康）的实现可以成为实现一个或多个总体价值观（如内心和谐或自尊）的工具性价值观。

价值观：

对特定结果和行为所秉持的好或坏的认知的长期信念。

 价值体系：

消费者的全部价值观及其相对重要性的总称。

 总体价值观：

最广泛、最抽象的价值观，它代表了价值观体系的核心。

 终极价值观：

个体高度期望的最终状态。

 工具性价值观：

实现终极价值观所需的价值观。

（三）价值观的测量

为了运用价值观对市场进行科学细分，营销人员需要一些手段来识别消费者的价值观，测量其重要性，并分析价值观的变化或趋势。但价值观往往很难测量。一个原因是人们并不经常思考自己的价值观，因此很难说清楚什么对他/她来说是真正重要的。另一个原因是，人们回答价值观测量问题时可能会为了给研究者留下好印象而感到社会压力，从而不能真实作答。因此，营销人员通常需要使用介入度低的或更间接的方式来测量价值观。以下我们介绍价值观测量的三种路径。

1. 根据文化背景推断价值观

介入程度最低的价值观测量方法是根据消费者的文化背景来推断其价值观。商业广告经常被用作参照，来推断某种文化下的总体价值观。针对1900年至1980年间美国平面广告涉及的价值观研究表明，实用、家庭、现代、节俭、智慧和独特是出现频率最高的价值观[2]。研究人员还可以通过广告发现跨文化差异并跟踪价值观的发展趋势。通过观察产品名称，营销人员也可以推断出品牌商希望传递的价值观。例如，"君悦酒店"更多反映物质主义价值观；"迷恋香水"（Obsession香水）更多主张享乐主义；"快熟米饭"强调时间的重要性；"微软"强调新型软件技术的重要性；"自热火锅"强调便利性……价值观也反映在杂志、书籍、电影、电视节目、英雄人物及流行歌曲的名称中。在很多新兴市场，国外品牌及欧美原产地效应受到偏爱，所以凯迪拉克和希尔顿等品牌名采用音译，凸显其来源地形象。

2. 手段-目的链分析

营销人员可以利用手段–目的链分析（means-end chain analysis）深入了解消费者价值观，以此更好地理解消费者重视的产品属性。有了这些信息，研究人员可以努力揭开驱动消费者决策的价值观[5]。其中一种方法是通过价值阶梯确定与产品属性相关且对消费者来说很重要的基本价值观[6]。假设一个消费者喜欢淡啤酒，原因是它的热量比普通啤酒低。如果研究人员问该消费者为什么喝卡路里低的啤酒，那么他可能回答"因为我不想发胖"。如果研究人员问为什么不想发胖，那么消费者可能回答说"我想健康"。如果再继续追问，那么消费者可能回答"因为我想自我感觉更好"。表 8.1 列举了 3 个消费者，他们偏爱不同产品，折射出其背后的终极价值观的差异。

表 8.1 手段–目的链示例

产品	属性	利益	工具性价值观	终极价值观
淡啤酒 1	低卡路里	不会长胖	健康	自我感觉良好/自尊
淡啤酒 2	低卡路里；口感好；口味淡	低饱腹感；令人愉快/放松；令人精神焕发	享受时光/有趣；维系友谊	归属感
米饭	自热	方便；不用洗碗	节省时间	归属感

请注意，手段–目的链分析有几个潜在层次。首先，消费者提到某个重要属性并且该属性提供的具体利益。其次，消费者表示，具体利益很重要，因为它有助于实现某种工具性价值观。这整个过程被称为"手段–目的链"，因为该重要属性提供了通向终极价值观价值（如本例中"淡啤酒 1"中的自尊）的方法。

观察表 8.1 还可以发现几点。第一，某一特定属性可以与非常不同的价值观相关联。例如，"淡啤酒 2"的一些消费者喜欢淡啤酒，不是因为它对健康有好处，而是因为他们在一个更有归属感的社交情景中其他人都喜欢喝淡啤酒（"归属感"是终极价值观）。第二，相同价值观也可能与不同的产品和属性相关。因此，与"淡啤酒 2""米饭"相关的属性可能同样具有实现终极价值观"归属感"的功用。第三，某一特定属性可能与多种利益或价值观相关。也就是说，一个消费者喜欢淡啤酒，可能是因为淡啤酒更健康，也可能是因为淡啤酒能促进归属感。

营销人员可以使用手段–目的链方法确定符合某些价值观的产品属性。曾经，消费者普遍认为跑车昂贵但不舒适，拥有跑车会被贴上"傲慢、不负责任"等负面标签。为了让产品更符合当前的价值观，制造商生产出令人舒适的跑车，并将其定位为"社交"。手段–目的链方法对制定广告策略也很有用。通过了解消费者重视的属性，以及他们将哪些价值观与这些属性联系起来，广告商可以设计迎合这些价值观的产品属性并通过广告来强调这些属性。需要注意，广告不需要明确地将某个特定属性与动机相关联，但它可以让消费者在潜意识里建立起期望的属性–动机关联。

最后，营销人员可以利用手段–目的链方法对全球市场进行细分，并根据具体利益和相关价值观吸引消费者。例如，卡士酸奶公司确定了一个重视健康的细分市场，并通过专注于无添加的产品属性来触达这一细分市场的消费者。卡士酸奶还确定了一个重视享乐的细分市场，并通过添加水果成分等属性触达这一细分市场的消费者。

 手段–目的链分析：
帮助理解价值观与产品的属性、利益相联系的一种分析逻辑或技术。

3. 价值观调查问卷

营销人员可以通过问卷调查直接评估价值观。在此我们主要介绍罗基奇价值观调查和价值观清单测量。

（1）罗基奇价值观调查。罗基奇价值观调查简称 RVS（英文全称为 Rokeach value survey），它测量消费者对前面图 8.2 中的 19 项工具性价值观和 18 种终极价值观的重视程度。RVS 是标准化问卷，每个人填写完全相同的问项。它可以帮助研究人员确定特定消费者群体最重视的价值观，还可以确定价值观是否随时间变化，并了解不同消费者群体在价值观方面存在哪些差异。RVS 的不足之处是测量的某些价值观与消费者行为的关联性不够强，如宽恕、顺从等价值观似乎很难与消费者行为有何关联。因此，可以只使用与消费者行为最密切相关的价值观，从而构成简化的 RVS 调查问卷。

 罗基奇价值观调查（RVS）:

测量工具性价值观和终极价值观的一项调查方法。

（2）价值观清单测量。价值观清单简称为 LOV（英文全称为 list of values），它向消费者呈现九种主要价值观，并要求消费者找出两个最重视的价值观或是按重要性对九种价值进行排序。这九种价值观是：自尊、与他人的良好关系、成就感、自我实现、生活乐趣和享受、兴奋感、归属感、受尊敬、安全感[7]。前六种是内在价值观，它们源自个体自身。后三种则是外在价值观。价值观清单根据是否通过人际关系（与他人的良好关系、归属感）、人格因素（自尊、受尊敬、自我实现）或非人格因素（成就感、生活乐趣和享受、安全感和兴奋感）来进行描述。

 价值观清单（LOV）:

测量消费者行为中的九种主要价值观的一项调查。

LOV 能够预测消费者对消费行为（如我惯于消费而不储蓄）、具体消费行为（如看电影、新闻、阅读杂志和打网球等活动的频率）、市场信念（如相信消费者运动已经导致了价格上涨）等的反应。与 RVS 相比，LOV 可以更好地预测消费者行为。可见，LOV 具有简单、容易管理、能识别具有相似价值体系的消费群体等优点。

二、影响消费者价值观的主要因素

不同消费者群体的价值观为何不同？本节探讨文化、种族、社会阶层和年龄对价值观的影响。

（一）文化与消费者价值观

不同国家的人接触不同的文化体验，这导致了跨文化的价值观差异。研究发现，巴西消费者最重视真挚的友谊、成熟的爱情及幸福,美国消费者则最重视家庭安全、自由等。中国消费者最重视保存珍贵的东西,同情心、自控力及对享乐进行沉思[8]。

一方面,一项对德国、法国和英国女性的研究发现,"拥有生活传统"的价值观对德国女性来说是最重要的,但对英国女性来说只排第 10 位,对法国女性来说只排第 23 位[9]。另一方面,有些价值观是跨国界的。例如,物质主义价值观会提高大家对全球产品或品牌的积极态度。

吉尔特·霍夫斯泰德(Geert Hofstede)的一项经典研究发现,文化围绕 5 个主要价值观维度而变[10]。

- 个人主义与集体主义(Individualism vs. Collectivism):关注个人利益而非集体利益的程度。
- 不确定性规避(Uncertainty Avoidance):偏好结构化情景胜过非结构化情景的程度。
- 阳刚与阴柔(Masculinity vs. Femininity):强调男性价值观(如自信、成功和竞争)而非女性价值观(如生活质量、温暖和关怀)的程度。
- 权力距离(Power Distance):社会成员的地位平等程度。
- 长期与短期(Long-term vs. Short-term):社会成员在物质、情感、社会需求等方面延迟满足的接受程度。

所有文化都可以根据这 5 个维度进行分类。了解某一特定文化在这 5 个维度上的归属,有利于深入了解跨文化差异。例如,在权力距离和不确定性规避较低、阴柔价值观、个人主义较强的国家,不太可能出现餐厅中给小费的情况;在泰国和韩国之类的集体主义国家中,幽默广告更倾向于关注群体;在美国和德国之类的高权力距离国家中,幽默广告更倾向于关注不平等的地位关系。

(二)亚文化与价值观

同一文化内部不同种族存在亚文化的差异,也导致价值观的不同。例如,美国被称为文化大熔炉,而其中的西班牙裔美国人、非裔美国人和亚裔美国人表现出特别重视家庭的价值观[11]。又如,中国消费者的人际关系导向使其送礼情境下特别倾向于购买、使用高端品牌。正是基于此种文化价值观,费列罗将自身定位为高端巧克力,用心推出适合送礼场合的礼盒装巧克力,它在中国市场销售得很好。

(三)社会阶层与价值观

正如第八章所讨论的,不同社会阶层的消费者拥有特定的价值观,这又反过来影响了消费者的购买和消费模式。例如,随着东欧和拉美国家发展市场经济,全球中产阶级人数正在急剧增加。而中产阶级普遍认同的价值观是物质主义,他们希望自身对生活和工作拥有更大的支配权。上层社会的消费者拥有资源并重视回馈社会,这解释了他们积极参加社会、文化和公共慈善事业的原因。上层社会消费者还重视自我表达,这反映在他们对住宅、服装、汽车等产品品类的购买行为之中。

(四)年龄与价值观

同一世代(generation)的社会成员通常拥有相似的价值观,跨世代的社会成员则价值观有所不同。例如，在 1960 年代的三年困难时期出生或长大的中国消费者，因童年时遭受困难，成人后会更重视安稳而不是享乐。因此，那一代人中的许多消费者认为享乐主义是不可取的。20 世纪五六十年代的美国处于战后经济高涨期，并致力于塑造在世界的影响力，成长于这个时代的美国消费者（被归为"婴儿潮世代"）往往重视奋发努力、成就、自我导向等价值观。需要注意的是，要区分出随着年龄增长而形成的价值观和所处时代形成的价值观是十分困难的。尽管如此，年龄和世代差异确实存在并且影响了消费者的行为方式。

（五）社会变迁与价值观

社会环境及其管治方式在不断演变，价值观体系也会发生相应变化。例如，美国消费者的价值观正朝着生活随意、行为考究、性别角色转变、追求现代化等方向发展。尽管 100 年前美国与西欧在价值观方面还存在诸多差异，但两种文化在价值观方面现在越来越趋同。这种价值观趋同的倾向受经济全球化浪潮所驱动。尽管世界各国有价值观趋同的情形，但世界各地价值观体系并不可能完全相同，市场营销必须深入挖掘了解每个细分市场消费者的价值观。新中国成立后，改革开放、加入世界贸易组织等社会环境的变化使中国消费者价值观也发生不少变化。"世界价值观调查"机构公布的 1995 年和 2005 年中国公众价值观数据表明，中国公众正在向着更加注重生活质量、主观康乐和自我表达等价值观方向发展[12]。

三、消费者文化价值观

价值观对消费者行为具有重要影响，因此营销人员需要了解不同群体的典型价值观。考虑到美国、中国为当今世界第一、第二大经济体，理解这两个市场的消费者价值观是非常必要和重要的。因此，本节重点介绍以美国为代表的、体现西方文化特征的消费价值观，以及以中国为代表的、体现东方文化特征的消费价值观。

（一）美国消费文化价值观

体现美国文化特征的消费价值观包括：物质主义；家、家庭与孩子；工作与娱乐；个人主义；健康；崇尚正宗性[13]。

1. 物质主义

首先，要弄清物质主义与非物质主义消费价值观的含义。物质主义是发达市场日益盛行的一种价值观，其表现为消费者高度重视获得和拥有物质财富或金钱。物质主义者会重视从购物行为本身寻求快乐，相信个体拥有更多物质财富，就会更快乐；并会根据积累的物质财富的数量和类型来衡量自己在生活中的成功。物质主义者重视汽车、珠宝和游艇等贵重物品。与之相比，非物质主义者更加重视具有纪念意义的物品，如母亲的婚纱、家庭照片等。

其次，要辩证看待物质主义消费价值观的弊端。物质主义者更可能花超出自己承受能力的费用，因为他们预期购物行为带来的幸福感要比实际的幸福感更多。物质主义者相信，拥有更大的房子、更好的汽车或更贵的衣服，人们就会更快乐。但由于这种快乐的提升往往只是暂时的，物质主义者反而会经历更多压力和主观幸福感的减少。事实上，过于重视物质财富和金钱可能会分散对社会活动和与他人相处的精力，这可能会导致孤独感。那些既重视物质又重视社会活动的消费者可能会经历价值观冲突，因为鱼与熊掌不可得兼，价值观冲突会降低幸福感。不过，物质主义消费价值观也能够促使个体更加努力地工作，以赚取更多物质财富，这反过来有助于消费者建立自信。

再次，要认识到物质主义消费价值观对活跃市场的作用。在消费者接受物质主义消费观的市场，人们会接受有利于商品购买的营销策略创新。比如，在这种市场上，电话购物、在线购物等新兴购物方式；促销等购买刺激手段；方便性物流配送；以及富有创意的商业广告……都会相对更快、更率先地涌现出来。在这种市场环境下，消费者希望他们的财产能得到保护，这又为保险业和安保业等服务产业创造了商机，从而能保护消费者的财富免受损失、盗窃或损害。可见，要刺激消费，要做大市场，就有必要尊重消费者看重优良品质商品的态度及拥有它们的愿望。

最后，要关注去物质主义消费价值观的兴起。全球经济衰退背景下，部分经济拮据的消费者逐渐放弃了高度物质主义价值观。这类消费者现在转向从积极体验、小笔购物和其他替代物质主义的方式中获得享乐价值。重新关注消费体验而不是单纯的物质拥有是有积极意义的，因为，与物质财富相关的快乐感很容易快速消失，而与体验相关的积极感受却会持续得更久。此外，经济拮据的消费者可能会从享乐性消费（如观看比赛、参加游轮晚宴或购买百老汇门票等）转向更有形的和更持久的消费（如冬衣、电子游戏机或平板电脑等）。因此，经济受限可能会导致消费者减少支出，并且转向更有形的、更持久耐用的实体产品消费行为。

物质主义可能与图 8.2 中提到的几种终极价值观有关。一方面，物质主义与社会认可等有关。物质财产是实现社会认可这一高阶价值的工具。也就是说，如果人们通过他们的所有物或通过舒适的生活来判断自我价值，物质主义可能反映消费者对成就的高度重视。这种价值观通过媒体、商店等商业环境，以及市场营销等活动，在不同消费者之间、不同世代之间传播，并通过特定社会化实践从父母传给子女。另一方面，物质主义也与自尊、地位等有关。根据恐怖管理理论，物质主义部分源于消费者通过获取和拥有所有物来获得自尊和地位，从而缓解对死亡的不可避免性的焦虑[14]。此外，拒绝物质财富旨在追求一种简单、超脱的生活。例如，一些集体合作社的成员可能选择拒绝物质财富的价值观，以此表明认同简单生活的原则，显示超脱的价值取向。

2. 家、家庭与孩子

许多美国消费者十分重视家、家庭与孩子。"家"（home）指家庭居所，美国消费者尽可能使其具有吸引力和舒适感。64%的美国居民拥有自己的居所。当外部世界变得越来越复杂、令人疲惫、充满危险时，消费者通常认为家是一个避风港，但他们也寻找与他人联系、接触的机会。当年轻家庭成员进入外面的世界之前，家是他们协调活动和集中资源的核心场所。美国 2/3 的家庭居所都有快速的宽带网络连接，以方便在家里接触到现代技术（如电视、互联网宽带、游戏设备、电脑和智能手机等）。

每种文化对"家庭"（family）和孩子的重视程度也有所不同。美国消费者十分重视孩子。美国公司正在增加员工带薪产假和陪产假的周数。Meta Platform（原 Facebook）创始人马克·扎克伯格等知名企业家正在公开倡导育儿假，以及父母与新生儿相处的好处。

为此，美国父母一般都很容易接受与育儿有关的产品。总部设在欧洲丹麦的乐高公司目前是世界上最大的玩具公司，许多家庭都在购买乐高积木，让孩子们直接建造哈利波特和星球大战电影中的场景。在为儿童供应目标产品时，广告、促销等营销工具要受到严格监管。在美国，围绕广告对儿童的负面影响的研究，一直是消费者行为领域的重要研究主题，这充分说明对儿童消费权益的保护在公共治理中处于非常重要的位置。

3. 工作和娱乐

并不是每种文化下的人们对工作和娱乐都持相同的价值观。在美国，消费者比以往任何时候都更努力工作，工作时间更长，部分原因是公司对裁员和生产效率的强调，以及实际收入的下降。事实上，60%的美国雇员说他们在休假时至少有部分时间在工作，35%的千禧一代在休假期间每天都在工作，这更多是因为消费者越来越重视工作在实现其他价值方面的作用（如舒适的生活、家庭安全和实现生活目标），而不是消费者以工作为乐。事实上，与一个世纪前相比，美国消费者并没有明显地表现出更热爱工作，以及为了工作而延迟满足、排斥休闲和快乐的想法。

当工作时间更长时，消费者对休闲时间的重视程度不亚于对金钱的重视程度，他们会为服务付费，以便能花更多的非工作时间进行休闲活动。美国消费者每年在网上购买食品杂货的花费已经达到 240 亿美元。三星现在推出了一款可联网的触摸屏冰箱，方便顾客在网上订购食品杂货。许多消费者选择休闲的目的是完全远离工作，这一目标使异国情调的度假胜地和偏远的旅游目的地更受欢迎。满足音乐等爱好的主题游轮也越来越受欢迎，因为它们为消费者提供了一个离开家几个晚上甚至更长时间的机会。

4. 个人主义

西方文化普遍高度重视个人主义，传统的、粗犷的个人主义消费者重视独立和自力更生，倾向于把个人的需求和权利看得比集体的需求和权利更重要。男性产品（如狩猎用具）的营销人员经常使用广告图像和文字，将拥有和使用上述产品与个人主义的强烈表达相联系。尽管个人主义在美国有着深厚的根基，但部分消费者还是担心过度的个人主义和暴力可能带来负面后果。对个人主义和独立的重视还可以通过其他方式来表达，如人们高度重视拥有自己的汽车（而不使用公共交通工具）、重视个人运动（如高尔夫、自行车、跑步）而不是团队运动（如篮球），或者依靠自我治疗而不是咨询医生。

即使在个人主义普遍存在的社会里，也有非自我中心型的消费者，他们更喜欢相互依赖和社会联系。相反，自我中心型消费者更强调个人的自由和魄力。这两类消费者的行为存在巨大差异。在美国，自我中心型消费者对冒险型体育运动、经济满足、赌博等活动更感兴趣；非自我中心型消费者对健康意识、群体社交、阅读和食物料理等活动更感兴趣。

5. 健康

出于对自尊（身体形象）、长寿和生存的关注，许多美国消费者十分重视健康。健康价值观体现在偏好低脂肪、低热量、低碳水化合物、低盐、低糖和低胆固醇食品，具有某种特殊营养功效的食品也非常流行。克利夫兰的戴夫超市（Dave's supermarkets）等连锁杂货店现在使用绿色的"Go! Food"贴纸，向购物者展示哪些水果、蔬菜、配菜和主菜的脂肪和钠含量较低。随着社会对杀虫剂、添加剂、食品相关疾病和污染物等问题的日益关注，美国消费者对有机食品的需求逐年增加，2006 年到 2014 年美国有机食品消费额增长了 187 亿美元；非食品类的有机产品的销量也在增长，2006 年到 2014 年消费额增长了 23 亿美元，这是因为美国消费者在所有产品类别中都追求天然产品。此外，重视健康的消费者往往对价格不那么敏感，因为有机食品有时比非有机食品的价格要高出很多。

对健康的重视催生出很多新型消费现象。在美国，时尚购物中心内越来越多出现了免预约的医疗诊所，这能满足人们在购物时只需抽几分钟时间进诊所进行健康咨询。例如，CVS Health 是美国零售药店市场占有率排第一的公司（以下简称 CVS），它提供包括医疗服务、医药和健康管理、药物服务管理（prormancy benefit management，PBM）服务、保险支付等服务。其中，新型业态 Health HUB 健康中心，打包了 CVS 目前拥有的各项业态和服务能力，建立了一个集便民医疗、慢病管理、健康管理、传统药店药品销售与服务等于一体的多元化商品和服务实体门店。截至 2020 年，CVS 已经在美国开设了 650 家门店，为消费者提供便民医疗服务。

此外，人们日益重视健康价值观，促使社会公共治理及商业领域涌现出众多创新。禁烟运动、公共场所禁烟令及烟酒警告标签等公共治理活动，已深入全社会，获得广泛社会共识。健康度假越来越受消费者欢迎，消费者不仅仅是为了减肥，更是为了健身和其他健康方面的考虑。健康问题也体现在新房装修中，消费者很重视选择安全的建筑和装饰材料，避免使用散发或含有有害化学物质的材料。健康和健身方面的移动应用程序需求也很高，而且不断增长。

然而，价值观和行为可能有所不同。尽管许多美国消费者谈论健康饮食，但美国仍有 30%以上成年人表现出肥胖状态，而且肥胖在欧洲和其他地区也在增加。一些营销商因提供过大分量食物而受到批评，另一些营销商也因在食品中使用过多添加剂成分而受到处罚。这些批评的声音促使快餐店在其网站和菜单上公布营养信息，并增加更健康的菜单选项。

6. 崇尚正宗性

人们普遍重视正宗的东西，要么是原物（如在弗农山庄中展出的乔治·华盛顿的故居家具），要么是高度还原的复制品（如乔治·华盛顿的家具复刻，用于博物馆展出或销售）。消费者会对正品品牌产生强烈依恋，会放弃甚至蔑视不正宗的品牌。例如，美国的精酿啤酒品牌，无论是本地酿造还是小批量酿造，通常被认为比批量生产的啤酒品牌更可信。服务或体验也可能因其正宗性而更有价值。例如，在当地一家小咖啡店里喝浓缩咖啡的体验会比去星巴克更正宗，因为星巴克在全球范围的店面形象和提供的服务是标准化的。美国职业棒球大联盟等相关运动品牌的运动帽和运动衫销量正在增长，因为球迷们希望拥有明星运动员在体育赛事中穿戴的同款正品。凡此种种，表明美国消费者具有崇尚正宗的产品或服务的价值取向。

（二）中国消费文化价值观

中国文化传统下形成的消费者行为，带有其自身特色的价值观。本节引用中国学者的权威研究，介绍在处世哲学、自我意识、人际关系三大维度下的八种价值观，它们是：实用理性、中庸之道、面子形象、独立自主、奋斗进取、差序关系、人情往来、权威从众[15]。现重点介绍如下。

1. 实用理性

实用理性表达了中国消费者在评判商品和消费行为决策时的基本原则和方法。"实用理性"就是指不追求超体验价值，而是关注现实价值。实用理性的价值观体现为消费者关心产品或服务的结果和实际用处，在合理合法范围内，尽可能选择对自己有利有益有用处的产品或服务。在实用理性价值观驱动下，简约适度、实用性强、性价比高的产品和服务更受中国消费者青睐。为此，品牌方在供给方面的创新要始终围绕不断满足消费者实用需求这个核心。例如，拼多多主打实惠定位，通过用户直连工厂的C2M模式，提供了丰富的高性价比商品，受到消费者热捧，截至2020年第三季度拼多多的全国用户数量已达7.31亿人，作为电商中的后起之秀，这一业绩相当耀眼。

2. 中庸之道

中庸之道是指中国消费者讲究凡事恰到好处，不走极端，和谐和美，客观地看待个体差异，换位思考，谋求行动各方均取得最大收益。需要注意，中庸不是平庸，是在坚持"有所不为"的同时"有所为"。在中国，许多餐厅的菜单设计就反映了中庸思想。在菜单的最前几页通常是昂贵高价的大菜，但接下来是处于主体部分的中档价位菜肴，小吃、凉菜则在菜单最后面。消费者点餐过程中，中档价位的菜往往占所点菜肴的绝大部分。

3. 面子形象

面子形象有两层含义。第一层含义是中国消费者渴望符合外在社会要求，看重从购买与消费中，获得社会赋予的面子，包括个人地位、事业成就等。第二层含义是个体内化的道德行为，这是个体自我要求的面子，即个体获得对自我能力和价值的心理肯定。面子带来的自信、神气、得意等情绪可以满足个体的自尊需求。在"面子"情结作用下，中国消费者关注产品的象征意义，即产品是否能提升自我形象，是否能展示其良好的经济条件和社会地位，或者是否能彰显其高尚的消费品位。中国消费者热衷购买和消费奢侈品，就与面子形象这一价值观息息相关。

4. 独立自主

独立自主是当代中国人的精神品格。从宏观上看，中华民族一直有独立自主、自力更生、自强不息的优良传统。从微观上讲，随着现代化进程不断加快，中国传统的家族、宗族观念已趋淡化，个体越来越注重个人隐私和独立生活空间。尤其是改革开放以来，越来越多的个体能接受较好的教育并自由选择职业，这为独立自主的消费文化价值观奠定了社会物质基础。随着教育背景、经济收入的提高，中国女性在家庭和社会中的地位不断上升。在此背景下，"她经济"成为互联网媒介语境下衍生出的女性消费主题。"她经济"意指女性独立自主带动起来的消费需求和消费能力，从而构成重要经济地位的女性经济。近年来，随着女性消费者的需求不断增长，女性已成为助推中国消费平稳增长和升级步伐不断提速的重要力量，也成为经济发展重要的新增长点。很多品牌商洞察到这种趋势之后进行了营销创新。例如，奔驰作为传统汽车企业，传统上主要针对男性顾客，如今正尝试推出"She's Mercedes"（女性专属平台）的广告，专门针对女性消费者群体，以求触达女性消费者市场，在产品上也推出了适合女性消费者的 C 级轿车。2015 年，奔驰推出"She's Mercedes"，致力于为全世界女性创建相互交流、分享精致人生、激发源源灵感的专属平台。"She's Mercedes"还推出系列广告来展示女性力量。这个系列广告的其中之一版本，讲述的是西双版纳雨林守护者、投身生物多样性研究与保护 20 余载的李旻果女士的故事。据悉，李旻果和丈夫马悠博士长期从事生物多样性研究，深入云南热带雨林，致力于推进西双版纳雨林的恢复与保护，2008 年，李旻果和丈夫成立了中国首个民间生物多样性保护区天籽老班章保护区。2010 年，当她的丈夫兼事业合作伙伴马悠病逝之后，李旻果仍然独自坚守生物多样性研究与保护工作。

5. 奋斗进取

奋斗进取是中国消费者实现自我价值的途径。奋斗进取正是获得自我价值提升、实现"出人头地"和"事业有成"愿望的途径。许多品牌在推出广告时，会强调"奋斗"这一价值观。例如，货拉拉于 2018 年推出短途货运行业的首部微电影，微电影以"工作后，理想还在吗"为题，围绕奋斗这一中心主题，表达出"生于平凡，却不甘平庸的溃败。不管生活多么艰难，心有所盼，身有所行，便有光。向奋斗中的平凡人，致敬！"的理念。这部微电影在新浪微博收获超过 1177 万人次的阅读量及超过 3 万人次的讨论量，足以说明"奋斗进取"是中国消费者文化价值观的重要组成部分。

6. 差序关系

差序关系是对中国社会人伦关系的高度概括，它由社会学家费孝通提出。中国社会中，社会关系从个体向外逐次构建，依次表现为家庭关系、家族和姻亲关系、血缘关系、地缘关系、业缘关系、生人、陌生人等。随着私人关系的增加，私人联系所构成的网络就构成社会范围。中国企业也养成了沿用亲属的社会符号体系，如使用"兄弟单位"的表述，来加强联盟关系，展现互惠原则。

7. 人情往来

人情往来反映了中国社会人际交往的基本特征。与西方社会不同，在中国传统观念中，社会个体间不是完全独立的。每个个体都连接着一张无形关系网，与社会上的其他人有着不同程度的关联。为维持人际关系长期稳定和谐，人情往来十分重要。在关系网中，个体通过社会资本实现互益，这种互益既可以是物质的，也可以是情感的。人情往来的价值观对消费者感知产品意义具有重要影响。中国消费者在人际交往中常互相赠送礼物，而购买礼品时，消费者关心品牌知名度、美誉度、产品象征意义和包装等。例如，国际高端护肤品牌雅诗兰黛在2022年中国农历新年之际，针对中国消费者特别设计推出了"虎啸新颜、美运开年"虎年生肖彩妆限定版，这个版本的产品就很适合用于中国文化中的新年礼品赠送场合；中国人口基数庞大，十二生肖（又叫属相）中每个生肖的消费者细分市场规模都相当大，这种创新思路能有效触达潜在的目标消费者人群。

8. 权威从众

权威从众是中国消费者的社会心理特征。中国传统社会以家庭为基本单位，家庭成员遵循"父为子纲"这一基本关系。这种关系扩及宗族、社会之后，就形成社会权威轴。在以伦常关系为基底的社会中，个体并不完全独立，而是伦常关系网中的"服从者"。因此，中国消费者在认知或行动上惯于以多数人或权威人物的行为为准则，形成遵从权威和从众的现象。企业也常利用专家作为自己行事的权威背书。例如，泛健康领域的专业平台"丁香医生"，就邀请了大量的专业医生做背书，每篇科普文章都有专业医生把关、审核，结果大大提升了平台品牌的公信力和影响力。

权威从众的价值观也对产品象征意义有正向影响。权威从众使中国消费者倾向于追随社会主流的消费选择，模仿周边人的消费方式。相比产品的功效，中国消费者更在乎消费行为传递出的信号，即他们拥有和别人一样的产品偏好。有研究指出，存在投机心理的商家洞察到中国消费者从众的行为特征之后，做出一些取巧行为，侵害了消费者的权益，因此，公共治理部门就需要制定科学化、精准化的监管对策。例如，有新开业的餐饮店通过雇人排队的方式，给市场造成很受消费者欢迎或喜爱的假象；直播带货背后也隐藏着刷单、刷流量等灰黑产业链。[16]

第二节　消费者人格特征

一、消费者人格特征的内涵

尽管有相似成长经历或背景的人往往持有相似的价值观。但需要注意，即使消费者持有相同的价值观，他们的行为也并不总是相同的。例如，在听销售人员推销时，一位消费者可能会对产品表示出兴趣，但还没有下决心购买。而另一位消费者则可能表现得更加果断，在推销人员的推销过程中打断销售人员，并表示对该产品没有任何兴趣。因此，消费者的人格特征会影响他们对特定营销策略或方式的反应。

人格特征是由独特的行为模式、倾向、品质或个人气质等共同构成的，它使个体区别于另一个体，并导致个体对环境刺激做出有自我特色的反应。人格特征一方面是消费者与生俱来的内在特质，另一方面也是消费者在后天成长中习得养成的。人格特征有利于理解不同消费者的行为举止为何表现得那么有差异。

 人格特征：

决定个体在各种情形下做出行为举止表现的内在特征。

二、消费者人格特征主要理论

社会科学提供了研究消费者人格特征的理论。本节将重点介绍其中的五种理论：精神分析理论、特质理论、现象学理论、社会心理学理论和行为学理论。

1. 精神分析理论

精神分析理论的代表学者为精神分析学家西格蒙德·弗洛伊德（Sigmund Freud），他提出的主要观点如下。①个体人格形成经历了三个阶段。弗洛伊德认为，人格产生于脑海中一系列动态的、无意识的内部斗争，个体的人格形成经历了口腔期、肛门期和生殖器期三个阶段[17]。在第一阶段的口腔期，婴儿完全依赖他人来获得需求满足，并从吮吸、进食和啃咬中获得口腔满足。此后为肛门阶段，儿童面临如厕训练。然后是生殖器期，青少年开始意识到自己的生殖器，并且必须处理好与异性父母之间的关系。②任一阶段的矛盾不被解决，就会对个体的人格产生影响。例如，婴儿时期口腔刺激不足的个体可能在成年后出现咀嚼口香糖、吸烟、暴饮暴食或不信任他人（包括营销人员）等行为特征。在肛门期，如果受到的如厕训练过于严格，个体可能会控制欲过强，并且表现得过度有序、固执己见或吝啬，导致洁癖、列清单和过度储蓄或收集等习惯。这些个体在做决定时也会进行广泛的信息搜索和思考。与之相反，如厕训练过于松散的儿童可能成长为生活凌乱、混乱无序的成年人。

尽管弗洛伊德的部分理论受到质疑，一个关键可取之处在于潜意识确实会影响行为。另一个关键可取之处是，自然的、无意识的行为冲动（本我），受到有意识的、理性的（自我）和规范（超我）的影响，而不同个体在后两种力量上是存在差异的。企业、广告公司和咨询公司可以通过消费者调查，深入了解消费者心理并挖掘消费者购买某种特定产品的潜意识因素。例如，2021年知名管理咨询公司麦肯锡，针对疫情背景下中国消费者行为发表了调查报告《中国消费者报告2021——洞悉中国消费者：全球增长引擎》。这一报告指出，后疫情时代，中国消费者的安全需求增加，建议企业采取多项行动来满足顾客日益强烈的安全需求，加强与顾客的联系可以增强顾客信心。国泰航空公司2020—2022年期间，出台多项举措应对疫情，包括深度清洁飞机、减少航班、检测体温、安装高效的空气微粒过滤器，以及针对餐饮服务制定新的卫生保障措施。美团也在这段时间采取措施，加强顾客信心，包括对所有参与无接触配送员工进行体温监测（包括厨师、服务员和骑手等），并将结果分享给客户，既提供了保护，又让客户安心。

2. 特质理论

特质理论认为，人格由一系列描述和区分个体的特质组成[18]。例如，个体可能被描述为好斗、随和、安静、喜怒无常、害羞或固执。在漫长发展过程中，经过多位学者的拓展，特质理论形成了以下的主要观点。①内向型与外向型特质。这是心理学家卡尔·荣格（Carl Jung）提出的最基本观点之一，他提出，根据个体的内外向程度可以对个体进行分类[19]。内向型个体倾向于避开社交，不太会从他人处获得新产品信息。这类消费者也较少受到社会压力，更倾向于做自己喜欢的事情。相比之下，外向型个体性格外向、善于交际，而且通常会遵循传统。②大五人格特征。研究认为，个体最主要的五种人格特征,又称为"大五人格模型",会导致个体彼此间显著的性格差异,这五种主要人格特征分别为:亲和性、责任心、情绪稳定性、开放性、外向性[20]。③一致性特质与内外向特质的结合。在考察个体特质时,个体的稳定性或行为一致性特质,与外向性或内向性(extraversion/introversion)特质结合,可以成为反映各种人格类型的基础。例如,性格内向、一致性水平高的个体,往往更为可靠。相反,性格内向、一致性水平低的个体往往是被动的,既不稳定也不可靠。该理论的有趣性在于,由上述两个维度确定的人格类型与几个世纪前希腊医生希波克拉底(Hippocrates)所确定的四种人格气质相吻合。希波克拉底认为,人的肌体是由血液(blood)、黏液(phlegm)、黄胆汁(yellow bile)和黑胆汁(black bile)等四种体液组成的。这四种体液在人体内的混合比例是不同的,从而使人具有不同的气质类型:多血型、黏液型、胆汁型和忧郁型(图8.3)。黏液型的人内向而稳定;忧郁型的人内向而不稳定。

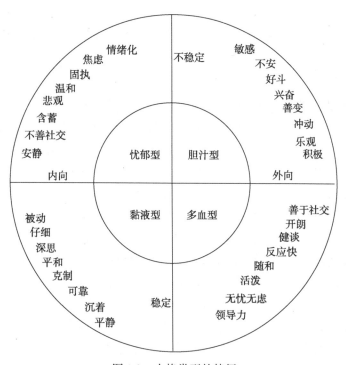

图 8.3 人格类型的特征

3. 现象学理论

现象学理论认为,人格在很大程度上由个体对生活事件的解释而形成[21]。例如,抑郁症是由个体对关键事件的解释方式和这一解释的性质造成的,而不是由内部冲突或特质导致的。构成现象学理论的一个关键概念是控制点(locus of control),即个体对具体事件发生原因的解释,将事件原因归于自己或他人[22]。控制点是现象学的关键概念,针对控制点迄今有以下几点主要消费行为结论。①内控倾向与外控倾向的消费者的归因存在差异。内控倾向的个体将事件的结果好坏更多地归因于自己,因此当遭遇消费不满意时,他们更可能表现出责备自己的倾向。例如,当购买的产品出现故障后,内控倾向的个体更有可能认为是由于自己不小心而导致购买了容易出故障的产品，或者导致产品出故障的。这与购买决策（第十章）要介绍的归因理论吻合。外控倾向的个体将责任归因于他人、事件或地点，而不是自身。因此，当购买的产品出现故障后，外控倾向的个体更可能会将产品故障归咎于生产制造的缺陷或劣质包装。②消费者的控制能力影响归因。当消费者有强烈控制欲，但又认为自己控制能力较低时，他们会对与积极结果相关联的幸运产品表现出更多的偏好。例如，当球迷穿着球队的应援色衣服观赛（或喝某种饮料）时，球队赢得了一场体育比赛。在这种情况下，消费幸运产品会唤起一种控制的幻觉，消费者日后会更加偏好该颜色的衣服（或饮料）。③控制点会影响消费者的消费体验与感受。举例来说，那些把产品失败归咎于自身的消费者可能会感到羞愧或自责，而那些把产品失败归咎于外部的消费者可能会感到愤怒和烦躁。

> **控制点：**
> 个体在解释事情发生原因时的关注焦点，它分为内在控制点和外在控制点。

4. 社会心理学理论

社会心理学理论侧重于对人格的社会解释而非生物生理学解释。该理论提出，个人在社会环境中的行为是为了满足自己的需求。社会心理学理论的代表观点有两种，兹介绍如下。①霍妮观点。卡伦·霍妮（Karen Horney）认为，个体在社会环境中的行为表现主要分为三种导向，即顺从、进取、孤立，又称为CAD理论（英文全称为compliance、aggression、detachment）[23]。顺从导向的个体依赖于他人，表现出谦虚、信任他人、与团队紧密相连等特质。进取导向的个体需要力量，表现出与他人对抗、外向、果断、自信、意志坚强等特质。孤立导向的个体独立、自给自足，但表现出多疑、内向等特质。这三种导向可以通过CAD量表测量。霍妮提出的个体的三种导向，显然会影响消费者与品牌商的营销互动方式。例如，高度进取的个体对产品不满意时更倾向于表现出直接抱怨。②状态导向和行动导向观点。考尔德（Calder）和伯内特（Burnkrant）等学者认为，个体在社会环境中的行为表现可分为基于思考还是基于行动[24]。状态导向（state-oriented）的个体更多表现为思想者（thinkers）的特质，他/她更多倾向于依赖主观的规范来指导自己的消费行为。而行动导向（action-oriented）的个体更多表现为实干者（doers）的特质，其行为更多地基于自身的态度（而非规范）。

5. 行为学理论

与其他研究人格的理论不同，行为学理论认为人格的差异是个人在过去如何被奖励或惩罚的结果。根据行为学理论，个体将正向强化曾经受到过奖励的特质或行为，而不会保持曾经被惩罚过的特征或行为[25]。因此，个体性格如果是外向的，那很可能是因为他的父母、监护人或其他个体表扬了他的外向行为，而惩罚了内向行为。同样地，如果消费者因为之前穿了色彩鲜艳的衣服而得到了正面反馈，那么他可能会继续喜欢色彩鲜艳的衣服。

三、人格特征对消费者行为的影响

多数与消费者人格有关的研究参照的是以上几种理论中的特质理论。学术界试图运用特质理论，探索界定某种具体人格特征在解释消费者产品信息处理、购买、使用或消费、处置等行为方面的作用。鉴于某类或某些类型的人格特征对消费者行为的影响更为显著，我们下面主要介绍几种重要的人格特征及其对消费行为的影响。

1. 教条主义

消费者思维存在开放或封闭方面的差异。教条主义（dogmatism）指的是个体抵触变化或创新想法的倾向性。教条主义或思想保守的消费者会对新产品、新促销和新广告产生较大抵触情绪，这类消费者被称为"保守型消费者"。保守型消费者喜欢购买传统的和有多次使用经验的商品，而不愿冒险尝试新产品。例如，保守型消费者要去餐馆用餐，他通常会选择曾经去过的且评价不错的餐馆。对于没有去过的新餐馆，有朋友的推荐更能让保守型消费者选择去用餐。与"保守型消费者"对应的是"先锋型消费者"。先锋型消费者的教条主义特质水平低，往往喜欢标新立异、追求时尚、力争领导消费新潮流，勇于尝试和挑战新事物，往往愿意在新产品上市初期便率先采用。

2. 独特性需求

独特性需求（need for uniqueness，NFU）是指消费者在接触产品信息、购买、使用或消费，以及处置产品或服务的过程中，希望获得独特地位和体验的行为倾向[26]。独特性需求包括三个行为维度。其一，反从众的创意性选择（creative choice counter-conformity）。这是指消费者产品选择旨在反映其社会独特性，但需要得到他人赞同。其二，反从众的非流行性选择（unpopular choice counter-conformity）。这是指消费者专门选择不合主流的独特性产品和品牌。其三，相似性回避（avoidance of similarity）。这是指消费者对购买、拥有惯常物品毫无兴趣，以此想要规避常规并建构独特性。一般而言，具有高度独特性需求的消费者可能会避开知名的全球品牌，反而去青睐那些小众的、富有本地特色的品牌。这类消费者还可能会处理掉那些随潮流兴起而变得过于大众化流行的服装；相反，他们会挖空心思去搜寻手工制作的个性化物品，甚至按照自身特定喜好去定做一些产品。

麦肯锡的消费者调查发现，中国 Z 世代消费者中，逾半数（51%）偏爱提供个性化产品的品牌，53%会选择提供定制服务的品牌。与澳大利亚、日本或韩国的消费者相比，中国消费者更渴望能彰显个性。为满足消费者独特性需求，充满探索精神的圣罗兰（Yves Saint Laurent，YSL）等品牌推出了定制口红产品，为消费者提供在口红外壳上刻字的专属服务。这不仅契合了中国的送礼文化，而且迎合了中国 Z 世代消费者对此类定制产品的青睐。

 独特性需求（NFU）：

通过产品的信息搜寻、购买、使用或消费，以及处置等行为所体现出来的、对新奇性产品的渴望。

3. 创造性

消费者行为领域，创造性（creativity）是指以新颖和实用的方式打破传统消费实践的倾向。创造性对消费行为的影响表现在两个方面。①创造性让消费者对生活中出现的问题找到令已愉悦的产品解决方案。这种解决方案使消费者以一种新颖而实用的方式完成某项活动。例如，中国手工艺达人雁鸿，使用易拉罐、坚果壳等普通材料，替代"点翠"等具有伤害性的传统手艺，制作古风头饰。雁鸿不仅"化腐朽为神奇"，同时还宣传了中国服饰的历史知识。截至 2022 年 5 月，雁鸿在国内视频网站"哔哩哔哩"已经拥有超过 75 万粉丝，其作品曾在北京地铁站展出。②创造性具有强化消费者积极情绪的效果。例如，Pillsbury 食品公司网站和 Meta（原 Facebook）通过在首页的料理视频、分场景食谱展示及消费者论坛（用于交流菜单想法）等方法，来鼓励消费者展示自己的创造性，以此调动消费者对烹饪的积极情绪。又如，小米手机在庆祝品牌成立 11 周年的粉丝节日"米粉节"上写了 46 封感谢信。46 封感谢信的配图，均来自小米用户使用小米 11 Ultra 手机拍摄的原创摄影作品。小米官方感谢文案搭配用户创意 UGC 照片，以信传情，不仅强调了小米 11 Ultra 手机强大的影像功能，还加深了小米品牌与用户的情感联系，一举两得。

4. 认知需求

乐于对产品及其属性、利益等问题进行广泛思考、评估、权衡的消费者，表现出高认知需求倾向（need for cognition，NFC）[27]。相反，那些认知需求低的个体则不喜欢思考，对消费行为喜欢走捷径或依赖直觉。然而，有趣的是，有时候认知需求反而与受教育程度呈负相关。也就是说，某个人因受经济约束接受的教育程度较低，却表现出极高的认知需求。认知需求如何影响消费者行为呢？一般来说，认知需求会对消费者的产品兴趣范围或注意力、产品信息搜索强度、广告内容与创意等方面的反应具有广泛影响。具体来说，高认知需求的消费者倾向于喜欢那些需要认真学习才能熟练掌握操作流程的产品或服务体验（如国际象棋、教育游戏等）。这类消费者表现出的特点包括：会从搜索和发现新产品功能的过程中获得满足感；会对包含产品或服务众多细节的广告、播放时间长的广告、使用复杂技术术语的广告等作出积极的评价或反应；会更加仔细地核实产品信息并认真思考接触到的信息的可信度及价值。相反，认知需求低的消费者则对采用富有外表魅力的模特的广告、含有幽默用语的广告，或者其他线索式的简短信息，反应更积极；他们往往不经深思熟虑就会做出产品消费决策。

 认知需求（NFC）：

描述人们喜欢思考产品信息和选择的程度的一种特质。

5. 自我监控

自我监控（self-monitoring）是指个体在言行举止及日常生活中以他人或社会的行为规范来调整自我行为的倾向性程度。高自我监控的消费者表现出以他人行为作为自己行为指南的倾向性，会对自己的消费行为是否及如何影响他人表现得很敏感。而低自我监控的消费者的行为更多地受自身好恶倾向的影响，较少受社会规范性的影响[28]。自我监控如何影响消费行为？①自我监控影响消费者对广告诉求的反应。高自我监控者对形象导向的广告反应更强烈，更愿意尝试购买与自我形象高度相符的产品并为此支付更多金钱。相比之下，低自我监测者对质量导向的广告反应更强烈，更愿意尝试这类产品并为其支付高费用。②提高自我监控意识会使消费者做出更符合其个人喜好的决策，从而有助于提高消费者满意度。③高自我监控消费者的消费决策受折中方案影响的可能性更低。

洞察案例8-1

网易云音乐：人格主导色测试点燃社交平台

网易云音乐于2013年推出，它依托专业音乐人、DJ、好友推荐及社交功能，为用户提供全新音乐体验。网易云音乐虽然起步较晚，但异军突起，一经推出便占据了行业前四的地位，且广受音乐爱好者的欢迎，发展势头强劲。网易云音乐能在激烈竞争中脱颖而出，缘于其"音乐+社交"的差异化竞争定位。一方面，网易云音乐打造了音乐分享、云村社交圈、随时随地一起听等用户社交分享功能，迅速获得大批活跃和忠诚用户；另一方面，网易云音乐还经常结合时事热点，推出生动有趣的互动H5点燃社交平台，传播品牌价值。本案例分析迄今最为出圈、刷屏的H5测试活动，即2021年5月推出的"人格主导色测试"。"人格主导色测试"为何能刷屏朋友圈、成为H5爆款？

1. H5测试，给用户种草

颜色和人的性格之间存在认知关联。基于此，网易云音乐以游戏问答形式设置一系列互动题目，推出了"测一测属于你的主导色"H5活动。首先，用声音片段联想测试人格类型。网易云音乐通过设置8道与"声音"相关的情景问答题，用户完成对"声音片段"产生的联想答案。通过8道题的答案组合，网易云音乐分析得出16种人格类型。其次，为每种人格赋予主导色。网易云音乐参照美国俄勒冈大学咨询心理学者汤姆·麦德隆（Tom Maddron）的学术著作《找到你的颜色，发现你的性格》，为16种人格中的每种人格类型赋予一种主导色，给出全新的主导色性格解释并推荐相应的音乐。区别于传统的星座测试等纯文字内容展示，此次H5测试中，网易云音乐设计了一系列可爱、有趣的动画效果和专属背景音乐，以增加用户的视听沉浸感，为用户带来更丰富的测试体验。用户完成H5测试，被种草了H5使用的背景纯音乐。

2. 心理学家加持，"人格主导色"测试变得更科学

"人格主导色测试"的测试结果在朋友圈刷屏，用户在分享海报时搭配的文案都表示，此次人格测试结果比较准。之所以有这样的结论，很大程度上缘于此次测试引入了美国俄勒冈大学咨询心理学者汤姆·麦德隆的学术著作《找到你的颜色，发现你的性格》。在这部著作中，汤姆·麦德隆以轻松、幽默但很准确的方式，讲述了每种人格色彩的特点，不同色彩在面对工作、家庭、爱情、朋友时的不同态度，不同色彩之间的人际关系，并剖析其背后的深层动机与缘由，从而能帮助个体更好认识自己与周围的人。

这些专业的学术内容，被网易云音乐以通俗易懂的文字和图片信息，直观呈现在 H5 测试结论中。在"人格主导色测试"H5 的头图中，网易云音乐就明确指出，测试结论基于美国心理学家汤姆·麦德隆的学术著作。这不仅给 H5 带来了心理学家的科学背书，给予用户积极的心理暗示，而且能进一步促使用户主动去搜寻学术证据佐证测试结果。最终，性别与颜色这样似乎"玄学"的性格测试，得到了令人信服的科学解释。

3. 裂变式传播，微信朋友圈攻防战

"人格主导色"H5 测试入口在网易云音乐 App，用户可以通过首页的封面链接点击，或者搜索栏默认搜索字符，进入测试。但绝大多数用户，事实上是通过好友分享在微信朋友圈的 H5 测试海报获知并参加此次活动。微信朋友圈，是腾讯向来十分重视的私域流量阵地，腾讯出台了一系列微信防刷屏机制、诱导分享限制条款，加之内容行业整治三方面作用下，外部链接分享经常被禁止。对此，网易云音乐早就做好应对措施。最初，"人格主导色"测试海报直接显示二维码，晚些时候遭到微信封禁，测试海报则改为文字引导，直接提示其他用户打开网易云音乐 App 参与测试。

朋友圈分享中遇到的这些"困难"，并未阻止用户转发分享和参与的热情。背后原因是什么呢？从用户的转发动机来看，除了对于测试本身的兴趣，更是一种谋求或维系"社会资本"的行为。法国学者布尔迪厄将资本定义为权力场中一切可以被获取、争夺的资源，并将其分为"经济资本（金钱、财富等）""社会资本""文化资本（知识、学历等）""象征资本（地位、影响力等）"四种。其中，"社会资本"指的是社交关系与社交质量。消费者的日常社交行为就是对自身社会资本的获取或维系。用户将"人格主导色"测试结果转发至朋友圈这一行为，除了表示对于测试结果的认同，更多是向朋友"展现"自己，通过自我呈现的方式告诉朋友圈里的朋友们"我就是这样一个人"，从而寻求情感认同。而测试结果，如同"社交货币"，能够帮助用户"买"到社会资本。

此次"人格主导色"测试取得了积极的市场反应。它为网易云音乐品牌带来了高强度的曝光和海量用户画像数据。自上线以来，该 H5 刷屏各大社交平台，网易云音乐当日 AppStore 应用下载榜升至第 3 位（提升 28 位）。同时拿下三条微博热搜，抖音热榜第二，知乎三条热榜。微信指数上涨 2400%。站外话题阅读量超 14 亿人次，仅在微博，相关话题讨论量就破 10 万人次。测试内容在微信、抖音、小红书、B 站被大量二创，话题得到持续发酵，为网易云音乐赚足了眼球。网易云音乐人格主导色测试表明，消费者对了解自身人格特征具有浓厚兴趣，品牌可以利用人格特征理论和工具，洞察消费心理，实施创新营销。

资料来源：

[1] 崔京月, 董柔纯, 李伟卿, 王伟军. 网易云音乐不同人格用户的网络行为及歌词偏好特征分析[J]. 心理科学, 2021, 44(6): 1403-1410.

[2] 数英网. 网易云音乐 H5：测一测属于你的主导色[EB/OL]. (2021-05-26) [2022-05-08]. https://www.digitaling.com/projects/164275.html.

第三节 消费者生活方式

一、生活方式的内涵与测量

(一) 生活方式的内涵

生活方式是指消费者对时间和金钱等的态度及选择消费的方式,也即消费者为如何生活而进行选择的方式。人口统计特征相似的消费者(如年龄、职业、收入、学历、种族、民族、生活区域等相同),很可能在消费支出和商品选择方面会表现出显著的差异,这是生活方式的外显。消费者在业余时间做什么往往也反映其生活方式。例如,一个消费者可能喜欢滑雪等户外活动,而另一个消费者可能喜欢上网。个体对社会问题所持观点及社会参与度也会影响产品信息接触、产品购买、产品使用或消费、处置的决定[29]。生活方式通常通过消费者活动、兴趣、观点(activities,interests,opinions,AIOs)来表示。接下来我们将做详细介绍。

生活方式与消费者价值观、人格特征密切相关。价值观和人格特征反映的是消费者的内在状态或特征,而生活方式则是消费者价值观或人格特征在消费上的外在表现形式或实际行为模式。

 生活方式:

人们对时间和金钱等的态度及体现在生活方面的行为模式。传统上形成了以活动、兴趣和观点(AIOs)来反映个体生活方式的做法。

(二) 生活方式的测量

我们把测量、描述生活方式的方法称作心理地图法(psychographics)。心理地图是一种工具,它通过综合消费者心理和人口统计变量而对消费者加以研究与刻画。通常,要描述一个人的生活方式需要包括但不限于以下这些方面的内容。

- 态度:对人、对事、对重要公众议题、对产品等客体的评价性陈述。
- 价值观:消费者对相对抽象客体所持的好或坏的信念。
- 活动与兴趣:消费者花费大量时间从事的非职业领域的活动(如体育运动或社区服务等)。
- 人口统计变量:年龄、收入水平、职业、家庭结构、民族、性别、地理位置等客观信息。
- 媒体使用特征:消费者正在使用哪一种或哪几种传播媒体。
- 使用频率:消费者对某类产品的使用情况,一般分为重度使用者、中度使用者、少量使用者、未使用者等几类。

研究人员测量生活方式时一般需要大量样本,使用统计技术将样本分组。而分组一般是以态度、价值观、活动、兴趣等为依据的,有时也以人口统计特征为依据。媒体使用习惯或使用频率等信息通常用作参考。表 8.2 列出了测量消费者活动、兴趣、观念等生活方式指标及人口统计变量,这是最常见的 AIOs 量表。

表 8.2 消费者活动、兴趣、观念等生活方式指标及人口统计变量表

活动	兴趣	观念	人口统计变量
工作	家庭	自身	年龄
爱好	住所	社会舆论	性别
社会活动	工作	政治	收入
度假	交际	商务	职业
文娱活动	娱乐	经济	家庭规模
俱乐部会员	时尚	教育	居住地
社交	食物	产品	受教育水平
购物	媒介	未来	城市规模
运动	成就	文化	生命周期

二、生活方式对消费者行为的影响

生活方式对消费者行为的影响,可以从以下三方面来理解。

第一,生活方式是构成消费者细分市场的主要依据。从事不同活动、秉持不同观念、养成不同兴趣的消费者,在营销人员看来,就是代表了不同生活方式的细分市场。例如,某一生活方式细分市场由怀旧的消费者组成,他们对过去的事物具有很强烈的怀念。那么,这一细分市场显然是老电影、旧书籍、古董等的关键目标市场;同时,这一细分市场对童年时期的流行产品也非常珍视并愿意购买或收藏。又比如,对极限运动(如雪地摩托等)有着浓厚兴趣的消费者,是制造和销售相关的专业运动设备的重要细分市场。

第二,某种生活方式的流行可能会改变众多人的消费行为模式。某种生活方式可能源于特定文化,或特定人群,但经媒体传播而流行开来,就可能成为全球消费者追随的行为模式。例如,"慢食"(slow food)最初源于意大利,由卡洛·佩特里尼(Carlo Petrini)于 1986 年成立,目的是抵制日益盛行的快餐文化。1989 年,来自 15 个国家的代表在法国巴黎签署了国际慢食运动的创始宣言。随后兴起了"慢食运动",并在世界各地流行。至今,"慢食运动"已发展至全球 122 个国家,"慢食协会"有超过 83 000 名会员。"慢食协会"总部位于意大利北部靠近都灵的小城布拉,并先后于瑞士(1995 年)、德国(1998 年)、美国(2000 年)、法国(2003 年)、日本(2005 年)及最近于英国设立办事处。"慢食运动"影响了许多消费者的消费行为,包括食品饮料的购买方式,以及对待烹饪、聚餐等的态度。慢食爱好者喜欢当地种植的食材,享受烹饪过程,享受与朋友和家人尽情享受美食的本质而不是把美食作为促进人际关系的桥梁。

第三,生活方式与价值观共同作用并影响人们的消费行为。鉴于价值观与生活方式共同作用并影响人们的消费行为,整个发达市场 20 世纪后半叶以来的消费购买行为受到价值观和生活方式调查结论的影响,其调查成果的知识专利注册为价值观与生活方式分

类（values and life styles typology，VALS typology）。VALS 由 SBI 商业咨询公司（Strategic Business Insights）提出，它分析了整个美国消费者的价值观和生活方式，进而将全国消费者细分为八大细分市场（图 8.4）。我们从两个方面，对 VALS 做进一步的介绍。

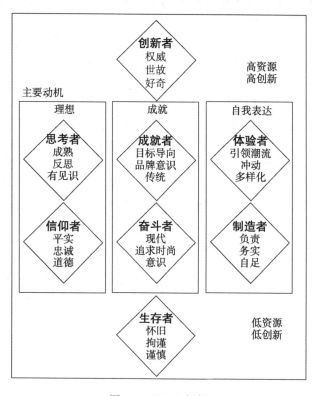

图 8.4　VALS 框架

（1）资源和动机是 VALS 细分消费者的两大因素。其一，消费者拥有的资源。资源通过图 8.4 的纵轴表示。资源既包括人口统计特征方面的客观因素，如教育与收入水平、智力等；也包括在心智方面的主观因素，如自信、创新性、知性、求新力、冲动性、精力、领导力、虚荣心等。图 8.4 纵轴由下到上，表明个体拥有的资源越来越丰富。其二，消费者动机。动机通过图 8.4 的横轴表示，主要分为三种动机，从左到右分别为：理想导向、成就导向、自我表达导向。理想导向（ideals）的个体受知性驱动，而不是受感觉或他人意见的主导；成就导向（achievements）的个体倾向于购买反映外人能看得见、能表明其成功的产品或服务；自我表达导向（self-expression）的个体渴望社交或体育活动、寻求多样性、表现活跃、喜欢挑战。

（2）VALS 的八大消费者细分群体。VALS 通过调查个体的资源和动机，再结合个体的收入、年龄、受教育水平等人口统计变量，划分、确定出八个消费者细分群体，它们构成美国消费品行业细分市场和选择目标市场的重要参考数据信息。兹对这八大消费者细分群体的画像介绍如下。

- 创新者：这类消费者拥有最多资源，表现为高度自信、收入水平高、受教育水平高。他们对三种动机都表现强烈，显得有掌控力、老练、好奇心强。这类消费者愿意接受新产品、新技术，但对广告却持高度怀疑态度。
- 思考者：他们是成熟、满足、善于反思的消费者，其消费购买行为非常实际，偏好耐用、功能好、有价值的产品。
- 成就者：他们是事业或工作导向型的消费者，并取得成就；他们偏好风险可控、老牌知名的、声望高的产品。
- 体验者：他们是年轻、有朝气、标新立异和爱好冒险的消费者，他们在衣着、快餐、音乐、流行媒介信息等方面的消费占比相对更高。
- 信仰者：他们是原则性强、显得保守、遵循传统或习俗的消费者，他们偏好熟悉的品牌和产品。
- 奋斗者：他们占有的资源有限，其消费行为很在意他人的认同。
- 制造者：他们是行动导向型的消费者，表现为自我满足、传统、家庭观念重等特征，他们偏好实用性或功能性强的产品，他们喜欢自己动手设计、制作产品。
- 生存者：他们是处于社会底层、资源严重受限的消费者，他们最关心的是当下的需求满足而不是发展，他们获取超越基本生活需求的物质的能力有限。

> **价值观与生活方式分类（VALS）：**
>
> 测量个体的价值观、态度和生活方式，并结合人口统计特征对个体加以刻画、描述的一种心理与行为调查研究方法，它从20世纪后半叶开始盛行于成熟市场。

三、新兴生活方式

（一）绿色生活方式

消费者如今越来越关心环境和可持续性发展，随之兴起绿色生活方式。阿里研究院、界面新闻等组织都曾发布"中国绿色消费"相关报告。这些报告显示，中国消费者对绿色消费和环境保护的意愿空前高涨。中国消费者对绿色生活方式的追求，不仅体现在消费过程中愿意选择绿色产品，还表现在希望自身消费行为能符合环境保护和可持续发展标准。根据界面新闻的相关调查，位居中国消费者绿色生活的前十大行为分别为：随手关灯、节约用水、合理的家庭采购及不浪费食物、选择节能家电、多吃素食、适量点餐、共享单车、公共交通、垃圾分类和购买环保包装食物。

随着技术的发展，消费者了解可持续消费的信息和渠道也变得更加多元。微信、小红书、抖音等近年迅速兴起的社交平台成为推动绿色消费的新力量，互联网公司利用大数据加强对绿色消费的有效推送和沟通，使更多消费者了解与掌握绿色生活方式和相关消费意义。这些社交媒体平台不仅可以成为消费者了解绿色可持续产品和相关信息的渠道，而且还成为绿色产品和可持续产品的销售阵地。例如，2020—2022年新冠疫情期间，今日头条、抖音、淘宝等就曾发布"战疫助农"产品页面，专门用于汇集全国各地农产品等信息，致力于联通农产品供需两端的信息对接，帮助优质农产品顺利销售。

企业通过在市场营销活动中践行绿色理念，能够带动、提升消费者对绿色消费行为的认知、接受和参与。例如，2017年，京东物流发起绿色供应链行动——"青流计划"。该计划通过与供应链上下游合作，探索在包装、仓储、运输等多个环节实现低碳环保、节能降耗。在"青流计划"推动下，京东物流建立起了更加绿色低碳的供应链体系。运输方面先后在全国50多个城市投放新能源车，每年能实现约12万吨的二氧化碳减排；仓储方面在物流园区布局屋顶分布式光伏发电系统，正式并网发电，仅2020年发电量达到253.8万kw·h，相当于减少二氧化碳排放量约2000吨；包装环节使用可重复再用的循环快递箱、可折叠保温周转箱、循环中转袋等，大大代替了一次性塑料包装的使用，同时通过商品包装减量等方式，截至2020年底，京东物流带动全行业减少一次性包装用量近100亿个。与此同时，京东物流还携手上下游合作伙伴成立了青流生态联盟。2020年6月，京东物流推出物流行业首个"青流日"，携手宝洁共同探索循环新模式。截至2020年12月，"青流计划"已影响到超20万商家和亿万消费者，共同推动低碳、绿色发展。现在，"青流计划"已升级为整个京东集团的可持续发展战略。又如，2020年4月21日，星巴克中国发起"GOOD GOOD 星善食主义"行动，倡导消费者积极探索"对自己好，对地球好，让好变更好"的绿色环保生活方式。通过这一行动，星巴克将为消费者推出全新的植物膳食餐饮产品，以及可降解餐盒、可回收材料制成的周边商品等，这一行动，标志着星巴克朝着"对自然更多回馈更少索取"的可持续发展企业目标，又迈进了一大步。

（二）数字化生活方式

数字时代的移民（通常指中国"60后""70后""80后"人群）和原住民（通常指"90后""00后"人群）现在都被卷入到7×24的移动互联网生活方式之中。学生、上班族甚至退休人员，几乎人均一部智能手机，甚至再配置笔记本电脑和平板电脑。中国消费者在数码设备上花费的总体时间位于全球前列，日均花费在智能手机、笔记本电脑和平板电脑上的时间分别长达170分钟、161分钟和59分钟。数字化生活方式对消费行为的影响，主要表现在以下几方面。

（1）消费者各种消费场景、过程转移至线上。资料显示，目前中国有10.11亿的活跃移动互联网用户、9.83亿的活跃即时通信用户、8.72亿的活跃网络支付用户、6.81亿的活跃网络音乐用户、3.97亿活跃网约车用户。这些数据反映出中国消费者全天候、多样化的数字生活方式，呈现出从社交、搜索、娱乐到支付数字化的全覆盖趋势。新冠疫情加剧了中国的数字化生活方式，学习和工作转移至线上，线上教育、线上办公、线上医疗也得到飞速发展。

（2）智能化设备与服务渗透到日常消费的方方面面。现在，越来越多智能消费产品走进千家万户。第48次中国互联网络发展状况统计报告显示，截至2021年6月，中国智能家居、可穿戴设备、汽车联网设备的使用率分别达19.8%、13.3%、12.3%，这些数字智能穿戴消费均处于成长阶段，潜在消费规模大，发展前景广阔。越来越多通信设备、电子消费品品牌发展智能物联网（internet of things，IoT）。例如，小米提供智能家居服务，实现了围绕小米手机、小米电视、小米路由器三大核心产品，由小米生态链企业的智能硬件产品组成的一套完整的闭环体验，能够轻松实现智能设备互联，提供智能家居简单操作、无限互联的应用体验。

（3）引发了二次元和虚拟社交等小众消费文化"破圈"。数字时代的高度联接让二次元世界与三次元现实世界逐渐融合，虚拟和现实场景的边界已越来越模糊。网络小说、游戏、动画、漫画作为年轻人的娱乐手段，越来越受欢迎，并且还带来了一系列新的商业机遇和周边产品。人民网研究院的调研结果显示，以"00后"为代表的Z世代对二次元和虚拟文化接受度普遍更高，IP消费意愿强，在动漫类爱好上的兴趣度与参与度远高于其他世代，更喜爱动画、漫画等传播媒介，对"纸片人""Cosplay"等带有天然的好感。二次元IP商品化程度高，Z世代消费者乐于购买手办、Cosplay服装、联名产品等与热门IP作品相关的产品。2021年，"元宇宙"概念的兴起更是将虚拟世界推向新的高潮，相信未来还会涌现更多相关生活方式的变化。

（三）兴趣体验生活方式

兴趣爱好可以刺激消费者对产品的重复购买、长期使用，从而形成相应的消费习惯、偏好和生活方式。在经济和网络都不发达的年代，中国消费者接触潮流风尚的机会少，投放在兴趣爱好上的时间和金钱也不多，因此兴趣在生活中的重要性偏低，种类也较为单一，往往限于读书、音乐、棋牌等成本较低的活动。而今，随着物质生活的极大丰富及人们对生活质量的要求提高，爱好不仅仅是中国消费者茶余饭后的消遣，更成了他们陶冶情操和享受生活不可或缺的部分。因此，中国消费者对待兴趣爱好的态度也越来越认真，愿意投资自己的兴趣爱好。参照生活方式社区小红书发布的《2022十大生活趋势》，兹将有代表性的几种兴趣爱好、生活方式介绍如下。

（1）冰雪运动。受2022年北京冬奥会影响，冰雪运动已向全年龄段、全地域延伸，从小众潮流变成大众流行。2021年小红书上"滑雪教程"搜索量同比增长100%，已经连续两年大幅增长。雪地服装、冰雪拍照技巧、热门雪场、冰雪装备等实用信息成为热门搜索词。滑雪场、室内溜冰场也越来越受欢迎。

（2）新中式穿搭。"新中式"指中国传统风格文化在新时代的全新诠释，在对传统文化掌握的前提下实现的当代设计。"新中式穿搭"就是消费者将中式元素融入日常穿搭，在设计中使用盘扣、斜襟等元素。与传统汉服等相比，新中式穿搭是东方审美的与时俱进，变得更加生活化。2021年下半年，小红书上"新中式穿搭"笔记发布量环比增长超26倍。

（3）短途旅行。受新冠疫情影响，消费者减少了中远途旅行及出国旅行，在旅行目的地上，更多把目光投入到居住地及周边城市。旅行方式也拓展到小长假里的城市户外运动及三小时内的自驾游，包括露营、飞盘、桨板等户外运动。2021年下半年，小红书上"城市漫游"相关笔记发布量环比增长超过8倍，代表户外运动的"山系生活"将有可能在后疫情时代成为更大众化的选择。除此之外，山系时尚、山系穿搭等山系元素将会更多进入到生活。当然，新冠疫情全球全面受控之后，国内和出境旅游也呈现恢复性增长，短途及跨境旅游都已成为一些人的生活方式。

第四节 跨文化消费行为

一、跨文化消费概述

（一）文化的概念

在日常生活中，文化概念使用广泛。比如，物质文化、精神文化、饮食文化、服饰文化、建筑文化、旅游文化等。文化非常重要，那什么是文化呢？我们应该如何理解文化的概念呢？

1. 中国文化

在中国古代，"文"和"化"是分开使用的。文通纹，指各色交错的纹理，化是造化、教化的意思。文与化合起来使用，最早可见于《易经》"刚柔交错，天文也；文明以止，人文也。观乎天文，以察时变；观乎人文，以化成天下"。近现代，中国的学者对文化有了新的界定。比如，梁启超先生指出："文化者，人类心能所开积出来之有价值的共业也。"梁漱溟先生认为："文化，就是吾人生活所依靠之一切。"学者钱穆认为："文化即是人类生活的大整体。"现代汉语词典中，对文化的解释包含3个层面：第一，指人类在社会历史发展过程中所创造的物质财富和精神财富的总和，特指精神财富，如文学、艺术、教育、科学等；第二，指运用文字的能力及一般知识，如学习水平、文化水平等；第三，是考古学用语，指同一个历史时期的不依分布地点为转移的遗迹、遗物的综合体，如仰韶文化、龙山文化等。

2. 西方文化

在西方，文化一词源于拉丁文，起初主要指耕耘土地或种植植物。18世纪以后，其含义逐渐演化为个人素养、整个社会知识思想方面素养，艺术学术作品的汇集，以及引申为一定时代、一定地区的全部社会生活等内容等[30]。1781年，英国人类学家泰勒出版了著作《原始文化》，成为第一个在科学意义上为文化下定义的学者。他指出："文化或文明，就其广泛的民族学意义来说，是包括全部的知识、信仰、艺术、道德、法律、习俗以及作为社会成员的人所掌握和接受的任何其他的才能和习惯的复合体。"

后来，也有文化人类学家、社会学家、哲学家、考古学家、民族学家、管理学家等从自身研究的目的出发，从不同的角度给予了文化不同的解释。美国著名文化人类学专家克罗伯和克拉克洪的《文化：一个概念定义的考评》一书中共收集了166条有关文化的定义，并把这些定义分为六组，分别是描述性定义、历史性定义、规范性定义、心理性定义、结构性定义和遗传性定义[31]。《美国传统辞典》也对文化一词进行了解释："人类群体或民族世代相传的行为模式、艺术、宗教信仰、群体组织和其他一切人类生产活动、思维活动的本质特征的总和。"

（二）跨文化的概念

跨文化，又叫交叉文化，是指具有两种或两种以上的不同文化背景的群体之间相互作用，所形成的一种独特的文化现象和状态。不同文化交织、混合，构成了跨文化的丰富内涵，既涉及跨国界的不同文化交汇时的状态和现象，又涵盖了同一国度不同民族文化交汇时的状态和现象。

关于跨文化的概念，我们可以借助两个正方形来形象地解释。如下图所示，如果两个正方形不重叠，是完全分离的状态，这是典型的跨文化（图 8.5）；反之，如果两个正方形完全重叠，则是典型的同文化（图 8.5）。实际上，这两种极端情况在现实生活中都是不存在的。因此，如果两个正方形有一小部分相互重叠，即双方有一小部分相同的文化，那么双方就是跨文化（图 8.6）；如果两个正方形有很大一部分是相互重叠的，那么双方就是同文化（图 8.6）。值得注意的是，跨文化中也存在着相同的文化点，如承载美国文化特征的牛仔裤如今已经演变为风靡全球的时尚单品，东方文化背景下人们的衣柜里也都有牛仔裤；同文化中也存在差异，如同一个国家内不同区域的文化差异、不同企业的文化差异等，我们把这些非主流的、局部的文化现象，称为亚文化。

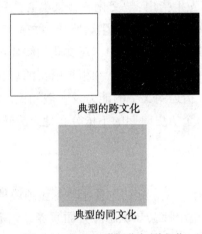

图 8.5　典型的跨文化与同文化

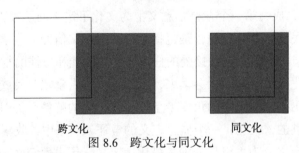

图 8.6　跨文化与同文化

> **跨文化：**
>
> 具有两种或两种以上的不同文化背景的群体之间相互作用，所形成的一种独特的文化现象和状态。

(三)跨文化下的价值观差异

价值观是一个人对周围客观事物的总体看法和评价。个人的价值观一旦建立就具有相对稳定性。但就社会和群体而言,由于历史和环境的不断变化,社会或群体的价值观又具有差异性。不同的历史发展、不同的文化环境导致了不同社会群体价值观的差异。总体而言,东西方价值观的差异主要体现在价值主流、价值取向、竞争意识、时间观与金钱观、家庭观等方面,表8.3总结了东西方国家在上述五个方面的不同表现。

表8.3 东西方价值观的差异

	西方	东方
价值主流	• 为自我满足而奋斗的精神	• 和合精神
价值取向	• 利己	• 利他
竞争意识	• 物竞天择,勇于竞争	• 重义轻利,以和为贵
时间观与金钱观	• 时间就是金钱	• 不十分重视时效和功利
家庭观	• 个人本位	• 家庭本位

(四)跨文化消费者行为

在消费者行为领域,跨文化消费者分析被认为是致力于寻找两个或多个文化背景下消费者相似或不同的程度。这种分析有助于营销人员更好地理解不同文化背景下目标消费者的心理、社会及文化特征,由此可以为目标市场设计出有效的营销战略。跨文化消费者分析既包括不同国家的消费者分析,也包括同一国家的亚文化群体对比[32]。

在跨文化背景下,两个或多个不同文化背景下的消费者之间存在不同性质和程度的跨文化差异,这些跨文化差异对消费者行为与偏好具有重要的影响。不同文化的碰撞与融合改变了消费者行为,跨文化消费者行为体现出多元化、全球化等特征。

1. 多元化

跨文化消费行为可以体现在不同国家的消费者之间,也可以体现在同一个国家内的亚文化群体之间。一般来说,两种或多种文化之间相似性越大,其消费者行为也越相似,如果不同文化信仰、价值观和风俗有很大的差异,那么其消费者行为也会呈现多元化的特点。例如,美国是一个消费大国,美国人的生活方式曾被美国媒体形容为"只要太阳一升起,消费者就开始购物",美国消费者喜欢超前消费、借贷消费,并且形成了特点鲜明的个人主义和享乐主义消费文化。中国消费者普遍都会把即期收入作为当前消费的上限,透支消费或超前消费方式被认为是不好的表现。如果收入有富余,大家也更倾向于先考虑将钱存入银行而不是用来增加消费。值得关注的是,随着我国经济的发展,近年来年轻的具备购买力的消费者也出现了超前消费的迹象。例如,备受青睐的蚂蚁花呗,作为互联网消费金融平台,为消费者提供了一种负债消费的工具,使消费者在互联网电商平台消费时可获得超前消费服务。

同一个国家内,不同的亚文化之间也会呈现不同的消费者行为。例如,受饮食文化的影响,我国少数民族居民的肉类食品消费行为选择显著不同于汉族居民,少数民族居民在食品消费中较为关注食品的清真状态、清真食品认证、食品的质量安全及动物福利等方面[33]。再比如，Z世代的青少年自出生起就与互联网相伴成长，他们的价值观念和生活方式深受互联网技术和媒介环境的影响。对于Z世代来说，各种亚文化消费，包括二次元、虚拟偶像、盲盒、手办、网游等，是实现情感慰藉、社会联结、自我实现、群体身份认同等功能的重要方式。

2. 全球化

全球化持续发展的时代，消费者能够更广泛接触并深入参与全球消费市场，其消费模式也逐渐呈现出全球化特征[34]。在跨文化消费者行为学研究领域，消费者世界主义是一个重要概念，用来表示消费者所呈现出的开放性、多样性和超越消费边界的倾向。具有世界主义取向的消费者往往亲外但不排内，他们对其他国家和文化持开放态度，因此也会对相应的消费产品或服务感兴趣，驱动其追求产品和品牌的内在动因源于对文化多样性的欣赏。

例如，以瑜伽裤闻名的加拿大运动休闲品牌露露乐蒙（Lululemon），成为近年来少数几个实现业绩增长的知名服装品牌之一。主要原因一方面是因为近年来人们居家办公的工作形态变迁促使消费者对休闲和运动类产品的需求增加；另一方面，该品牌将东方宗教学说中的正念文化融入其产品中，并以此作为品牌的精神内核，帮助人们减轻压力，这也促使正念文化跻身主流减压方法。该品牌跨越了东西方文化差异，其产品不仅在西方国家深受消费者青睐，而且在中国市场销量也生长迅猛。

 跨文化消费者分析：

既包括不同国家的消费者分析，也包括同一国家的不同亚文化群体对比。

二、东西方文化下的消费行为

本章在前面已经介绍了跨文化消费的相关概念，而不同文化会进一步导致消费者消费行为上的差异。具体而言，东方文化下的消费者更注重关系，更关注自己的行为对他人产生的影响，从而孕育了以关系为导向的消费行为；相反，西方文化下的消费者则更关注个人体验，崇尚及时行乐，由此产生了以满足自我需要为核心诉求的消费行为。也就是说，不同文化背景下的消费者有着不同的消费行为倾向。接下来，本节将分别介绍东方文化和西方文化下的典型消费行为。

（一）东方文化下的消费行为

东方文化在自己与他人、自己与集体的关系，欲望和节制、现在和未来、个体和群体间如何相处或建立何种关系，以及怎样看待和评价其他事物等方面有独特的见解，并对消费者的心理和行为产生了根深蒂固的影响。消费者注重人与人之间的相互依赖关系，形成了区别于西方文化背景下独立型自我的互依型自我。互依型自我的个体往往以他人和集体为中心,依赖社会他人和家人的态度。以互依型自我为中心的消费者会更加关注与自己相关的人对自己购买行为的评价和反应,个体总是为了他人期望而生活以挣得面子和维护关系,从而形成了典型的东方文化下的消费行为。

1. 根文化与根消费

所谓根文化,是指中国文化以家为中心,注重血脉延续、家族传承、上敬长辈祖宗、下重儿孙后代。从中国汉语的诸多成语中可见根文化十分牢固明显,如家国情怀、望子成龙等。这种根文化传统源远流长、生生不息,深植于国人的精神和内心深处,影响着人们消费的方方面面,催生出中国人独特的根消费。基于根文化概念的消费投入和花费不仅位列优先、长久不断,而且往往是超越经济能力的刚需,主要包括房地产消费、教育消费(针对下一代)、祭祖消费(针对上一代)和仪式消费。

 根文化:

是指中国文化以家为中心,注重血脉延续、家族传承、上敬长辈祖宗、下重儿孙后代。

(1)房地产消费:中国自古以来都是以"地"为本,以"商"为末。很多人都以"房子"作为成家的前提,心安即归处,居无定所,即漂泊。同时,房地产消费与下一代的教育也息息相关。学区房火热的背后,是家长对教育的期望,体现了父母对子女教育的重视。

(2)教育消费:教育消费已成为家庭消费里的一大重头戏,教育消费也成为一个家庭培养孩子的重要支出。根文化使得消费者的心理动机趋近相同。许多消费者称其为:"不能让自己的孩子输在起跑线上",这就是典型的从众心理。

(3)祭祖消费:中国人为了表达对先人的哀思举行各种祭祀仪式。清明前后,鲜花、水果、鞭炮等祭祀用品供不应求。近年来,由于时间、空间等原因,部分逝者亲属不能亲自到场为亲人祭扫,形形色色的代祭祀"业务"应运而生。"代祭扫"指的是代人去扫墓祭拜,并且提供图片及视频等可视化的服务,相关服务的价格并不便宜。

(4)仪式消费:中国根文化的强烈表现之一是家的观念根深蒂固。仪式是文化的组成部分,而中国是世界上仪式最多的国家之一。婚丧嫁娶、添丁满月、新房搬迁、毕业升学、高就迁徙、生日结友等都构成中国人仪式消费的内容,这些仪式许多都与根文化相关。

2. 关系文化与关系消费

在东方文化和社会中,关系是非常基本且十分重要的。由于关系文化的源远流长,关系消费在东方文化下的消费领域中举足轻重。东方人关系消费的深度和广度都胜过西方人,可以通过两个维度(情感/功利;个人/组织)将关系消费分为四种类型进行分析:个人情感型、个人功利型、社交情感型、商务功利型,如图 8.7 所示。前两类即为个人关系而消费,是出于情感的需要还是出于功利的目的,或两者兼有但比例上有变化。后两类为企业或组织的消费行为,分别基于情感或者功利目的。

图 8.7 四类关系消费

关系消费的一种普遍形式是赠礼行为（gifting behavior），这是在关系营销研究中受到较为关注的主题。赠礼行为是指发生在给予者和接受者之间的礼物交换过程，是一种象征性的交流行为[36]。西方赠礼理论的基石是商业交换，这与东方文化基于人际互动的、渗透人情关系的面子理论有着本质的区别。

> **赠礼行为：**
> 发生在给予者和接受者之间的礼物交换过程，是一种象征性的交流行为。

（二）西方文化下的消费行为

西方文化下的消费者更加注重个性的表达，形成了与东方文化下互依型自我相对应的独立型自我。西方个人主义文化下，更多强调个人的品质与成功。独立型自我通过表现其独特的独立性品质、关注自我来维持其独立性，从而形成较为典型的西方文化下的消费行为。西方文化下形成的典型消费行为，主要包括满足自我的消费行为和超前消费行为。

1. 满足自我的消费行为

与东方文化注重关系和面子不同，西方文化下人们更多以自我为中心，消费时往往不考虑他人的感受，更多为满足自我的内心需求。他们时刻都是考虑自身的想法，在举办婚礼等大型庆祝活动时不太会在意宾客的人数、饭菜的量，也不太注重所谓的"面子"，只要能满足自我的需要和代表祝福的心意即可。

正因为西方社会强调个体的独立地位，强调个体对自己的命运负责，所以人们逐步发展起不依赖家庭，不依赖他人，而更多依赖自我的处事态度。在这种个人主义价值观的指导下，西方消费者更加强调自己的"个人身份""自我认同"。比如，万宝路品牌在美国塑造的是西部牛仔桀骜不羁、与众不同的形象，体现的是"独特人物""独特的生活方式"。但该广告在20世纪80年代的中国播放时，却加上了"全球销量第一"的字眼，体现的是他人对该产品的认可。再比如，宝洁公司在欧美的广告，重点强调"飘柔""海飞丝"等产品品牌，很少提及该公司品牌的名称，以突出不同产品品牌之间的独特化与个性化。但在中国，无论在广告还是包装上，"宝洁"这一公司品牌则被放到了十分突出的位置，更倾向于向消费者传达宝洁公司为名牌企业，以及旗下产品的统一性。由此可以看出，个人主义文化下，人们更多关注产品的独特性，以及与众不同的品牌个性；相反，集体主义文化下，人们更看重产品的社会性，看重产品是否被更多的人喜欢和使用。

2. 超前消费行为

西方人一般对未来充满信心，比较乐观，他们背朝过去，面向未来。因此，他们对现期消费和未来消费同中国人有很大的差别。庞巴维克在《资本实证论》中写道：现期物品在主观价值上比同量的未来物品的主观价值要高一些，现期消费比未来消费更重要。因此，西方人把现时消费看得比较重。由于这种消费观念的存在，消费者信贷在美国才有广泛的市场。家具、珠宝、家用电器、住房、汽车、服装，几乎所有领域都可通过信贷实现消费，美国人以此为常，而这在中国人看来是在"负债生活"。与节俭消费观相应，有计划地安排消费，"量入而出"是中国人消费的准则。对于大多数中国人而言，采取分期付款或借债消费则涉及观念转变问题。负债对很多中国人来说，是一个较为沉重的心理负担。但在西方人看来，提前消费、负债消费是一个很正常、很合适的事情。因此中国人把现在的钱留到将来花，而西方人把将来的钱拿到现在花。在新冠疫情席卷全球的背景下，疫情对全球经济的影响给美国人敲响了经济警钟，他们开始认真地打理自己的财务状况，导致美国民众的个人储蓄率创历史新高。就像此次疫情引发了远程办公的革命一样，同时也重塑了美国人对金钱的态度，引发了消费模式的转变。

三、文化混合下的消费者行为

随着全球化的发展，人们在时间和空间上的体验差距变小，促使不同文化之间交流、融合、碰撞。在全球化背景下，人们即便是足不出户也能体验到世界各国不同的风俗、传统和文化。在这种发展趋势下，各种文化混合现象层出不穷。接下来本节将阐述文化混合的内涵，以及典型文化混合国家的消费行为表现。

（一）文化混合的内涵及表现形式

文化混合被定义为不同文化的象征或符号同时在相同空间并存。关于该定义，有以下三点需要特别注意。第一，有关定义中所提及的"不同文化的象征或符号"。根据文化的定义可知，文化不仅可以体现为国家文化、民族文化，还可以体现为宗教文化、商业文化，甚至是学科文化[37]。另外，它还可以指不同时期的文化混合，如古代文化和现代文化的混合。第二，此种文化混合是一种外在的、可见的环境现象，而不是个体内在的心理体验。第三，不同文化的象征或符号在同一时空并存。这就意味着，只要不同文化在同一时间、同一空间出现，它都属于文化混合。

文化混合具体呈现出以下五种不同的形式[38]，如图 8.8 所示。第一种是"并列"，即两个单独的文化象征或符号的并排展示，二者之间隔着一定距离，并无交集；第二种是"交集"，即两种文化象征或符号越来越接近，但仅仅只是展现出边界的接触；第三种是"部分重叠"，即两种文化象征或符号之间具有某些共同领域；第四种是"叠加"，即一种文化象征或符号完全覆盖在另一种文化象征或符号之上；第五种是"融合"，它是最为浸入的文化混合形式，不同的文化元素占据着相同的空间，甚至形成一种新的实体。

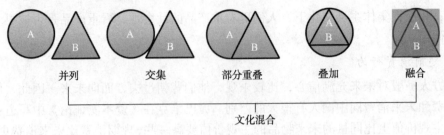

图 8.8 文化混合的五种形式

 文化混合：

不同文化的象征或符号同时在相同空间并存的现象。

（二）消费者对文化混合的反应类型

当人们曝光于文化混合面前时，人们倾向于使用文化作为一种组织认知的图式，并会引发一种知觉对比效应，将人们的注意力吸引到不同文化之间的差异性上，进而扩大不同文化之间的感知差异性，并增强人们的文化典型性刻板印象等[39]。上述此种心理状态有可能会促使人们对文化混合产生排斥性反应或者融合性反应[40]。

排斥性反应是一种情绪性、反射性的反应，由感知到对一个人的本土文化的完整性和生命力的威胁而引发，这些反应会导致指向于保护传统文化的完整性与生命力的排斥、仇视行为或建构性努力。此时，个体将外国文化视为文化威胁，持有恐惧、愤怒、厌恶等消极的跨文化情绪，从而对外来文化产生排外反应，以保护本土文化的完整性。

而融合性反应是促进对外国文化中的理念的使用，将其作为达成个体重要目标的手段或资源的反思心理过程。为了达到重要的目标，个体将外国文化看作是补充自身本土文化的智力资源。与排斥性反应相比，融合性反应是相对需要努力的，目标导向的，需要深思熟虑的，并且是问题解决导向的[41]。个体持有更积极的跨文化情感，对外来文化产生接纳、融合等包容性行为反应。

具体来说，两种反应之间的差异主要如表 8.4 所示。

表 8.4 排斥性反应和融合性反应之间的差异对比

排斥性反应	融合性反应
害怕文化污染或侵蚀的情绪反应	指向问题解决的目标导向反应
快速，自发，反射性	缓慢，深思熟虑，需要努力
将外国文化感知为文化威胁	将外国文化感知为文化资源
消极的跨文化情感：嫉妒，恐惧，愤怒，厌恶，遗憾	积极的跨文化情感：钦佩
排他性行为反应：孤立、拒绝和攻击	包容性行为反应：接纳，融合，综合
保护本土文化的完整性和生命力的需要会增强反应	一种文化学习心态会增强反应

（三）文化混合下的消费行为

在文化混合的影响下，一些国家的消费者表现出较为明显的文化混合反应，如土耳其对异教徒的排斥性反应和日本对东西方文化的融合性反应。在上述文化混合国家中,个体的消费者行为也呈现出多元化、混合化的特色。接下来,我们基于消费者对混合文化的两种不同类型的反应,以土耳其和日本两个典型文化混合国家为例介绍人们的消费行为反应。

1. 土耳其的排斥性消费行为反应

土耳其是一个位于亚、欧两洲边界的跨洲国家,这个独特的地理位置使这个地区一直是东西方之间经济、文化和宗教的交点。"不一样的亚洲不一样的欧洲"即言土耳其地跨两洲,以及兼有两种文明遗存的独特风情。

土耳其在某些方面对外来文化存在强烈的排斥反应。土耳其人约98%信奉伊斯兰教,个体的宗教信仰会进一步影响人们的消费行为。主流伊斯兰教信仰倡导避免物质炫耀,消费者认为炫耀消费会引起他人的嫉妒和怨恨,导致信徒之间的对立,从而给穆斯林社会带来恶意及削弱亲密关系。他们对于异教徒品牌会产生抵制情绪。例如,伊斯兰教信奉者认为女性应该避免吸引男性的目光,因此他们对许多西方化妆品表示不满——它们不是清真产品。清真的标准指导着穆斯林的饮食限制(如,食用猪肉和酒精是不允许的),因此消费者会抵制非清真的肯德基和麦当劳。与此同时,也有些外来文化受到了当地文化的接纳与融合,如来自日本的优衣库与伊斯兰教信徒哈纳塔吉马开辟了一条"适度时尚"生产线。"适度时尚"是指"穆斯林时尚"以遮盖性为特色,颜色淡雅,由长袍、罩衫、连体衣或长及脚踝的半裙组成。该合作所推出的产品深受许多穆斯林女性的喜爱,以传统融合现代元素,让每一件富含文化意义的产品都有了崭新的样貌。

2. 日本的融合性消费行为反应

如今日本以其高度发达的经济而举世瞩目,而之所以能够达到这样的高度,与其"混合文化"不无关系。纵观日本历史,就是不断学习、借鉴外来文化的历史,让外来文化为我所用,造福日本,从而有了今天的成就。

作为文化混合的典型国家,日本民众的消费行为具有十分明显的文化融合特色。一方面,与东方文化下消费者注重情感和观念相似,日本注重商品满足的心理诉求和情感需求,比起个人化、孤立化的社会,消费者更需要建立人与人之间的连接。注重细节、富有"匠心"、能够一物多用,带来"小确幸"感受的商品系列,更能满足日本消费者对商品的精神诉求。例如,小相框、孕妇睡枕、厨房闹铃等家居杂货小商品。但另一方面,又与东方文化下的典型消费行为存在明显差别,比起购买带来的攀比,满足虚荣产生的炫耀,追求品质衍生的"伪精致"状态,当代的日本人开始提倡"极简消费"的理念。重视简约、朴素、休闲、环保,推崇断舍离,主张环境友好型的、温和的、简约的生活方式。纯色、天然材料、简单设计等,成为众多商家获得消费者喜爱的法宝,如无印良品等主打极简主义的品牌,受到日本消费者的追捧。同时消费者也注重自我需求的表达,私人定制是日本当下流行的消费趋势,如日本资生堂集团,推出个性化定制护肤系统,为消费者提供完全个性化的定制护肤品。

综上,随着全球化的发展,文化混合现象变得越来越普遍,但消费者对它们的态度却是反应各异,有的文化混合会受到消费者的喜欢和赞赏,也有的文化混合却使消费者反感甚至是遭到强烈抵制。因此，企业在开展跨文化营销时，应特别注意外来文化与本地文化之间的融合，同时避免或削弱消费者产生的排斥性反应。

前沿研究 8-1 针对电影这类文化产品，研究发现情绪波动会积极影响消费者对文化产品的评价。

第五节　象征性消费

很多产品及其消费行为都具有象征性意义。本节主要介绍象征性消费意义的成因与功能、传递方式，以及具有神圣象征意义的消费行为。

前沿研究 8-1

文化产品的情感塑造——情感大起大落的作品更能成功吗？

一、产品象征性意义的来源与功能

（一）产品象征性意义的来源

产品及其消费行为的象征性意义来源于两方面。一是源于文化，特定的文化赋予某些产品特别的意义；二是源于消费者，消费者自身对某些产品给予特别的看待，从而赋予特别的意涵。

1. 源于文化的象征性意义

产品的象征性意义部分来自于所处的文化。文化影响产品的象征性意义的方式主要有几种。首先，文化建构直接为产品赋予象征性意义。人们对时间（工作、休闲等）、空间（住宅、办公室、安全或不安全的场所等）、情景（欢乐或悲伤事件等）等持有不同看法，从而构成文化范畴（culture categories）。人们具有的人口统计特征（如性别、年龄、社会阶层和种族等）也形成不同的文化范畴。文化建构的重要内容是文化原则（culture principles），它明确界定人们对文化不同方面是如何思考和评估的。例如，对"时间"有关的文化原则表明，提到"工作时间"，就表明时间就具有结构化、组织化和精确化的特性；而提到"休闲时间"，则时间就被定义为更为放松、宽松、灵活的特性。这种对"时间"所持的文化原则为产品赋予了相应的消费意涵。人们在工作时间所穿的服装要比休闲时间所穿的服装更加结构化、正式化。文化原则还与消费者个体的社会地位、性别、年龄和种族等社会特征相关联。比如，"女性"传统上多与优雅、新奇、擅长表现、多变等有关，而"男性"传统上与遵守纪律、可靠、认真等有关。为此，营销人员要让女性服装比男性服装更优雅、更新奇、富有表现力和多变。

其次，营销代理在产品象征性意义的关联和匹配过程中发挥重要作用。产品及消费的象征性意义也可能来源于生产者、营销者和广告创意机构等营销代理。产品设计者和制造者推出能反映文化原则的产品。例如，哈雷戴维森（以下简称哈雷）摩托车的生产制造者为其注入"男子气概"特征，这种做法与文化原则之间是暗合的、匹配的。因为美国消费者认为牛仔竞技是地道正宗的美国文化，它反映了自由、独立、竞争等品质，这些品质恰与美国西部文化紧密相连[42]。这里哈雷摩托车的生产者、营销者对其品牌赋予的象征性意义（男子气概），与消费者意识中西部牛仔文化原则契合。营销人员还能将产品与特定文化范畴的神话关联起来，从而赋予产品象征性意义。哈雷品牌的营销系统开发出传达"摩托骑士"意涵的服装、配件，以及象征意义的符号系统，并传播给哈雷的狂热爱好者，哈雷神话就这样诞生并不断演进。

最后，非营销力量对促成产品象征性意义的作用。意见领袖作为社会评估群体，可以塑造、升华、重构文化原则及与之相关联的产品（参见第6章）。明星代言人通常是能影响品牌象征性意义的重要意见领袖。有时候，社会边缘群体也可以充当品牌意义变革的代理人。例如，来自街头文化的服装风格有时候会影响主流设计师的产品设计。起源于天桥的民间说唱曲艺——相声，近年来借助新媒体传播平台（如抖音、喜马拉雅），影响年轻人主动学习中国传统文化。通过相声文化，现在年轻的消费者也能聊评书、哼唱太平歌词，懂得什么是京韵大鼓。新闻记者及社会评论家也可以塑造文化原则及与之关联的产品。例如，餐馆点评者可以决定一家餐厅与某些文化原则（如地位、新派等）的关联程度，时尚编辑也可以决定服装是否与特定文化范畴联系在一起（如年轻、前卫等）。

总之，通过文化构建（文化范畴、文化原则）、营销代理人、非营销力量的共同作用，产品内在象征性意义就形成了，并经由消费行为传达递给消费者。

 文化范畴：

对能反映个体所属文化的物体的自然分类。

 文化原则：

明确表明个体如何组织文化各个方面及如何感知或评估这些方面的想法或价值主张的总称。

2. 源于消费者的象征性意义

消费者也会自己形成与产品关联的象征性意义。例如，当产品是朋友或者亲人赠送的礼物时，消费者会对礼物形成自己个人专属的象征性价值。无论产品的象征性意义是源于文化还是源于消费者自身，产品确实能够充当消费象征物，用来表征消费者的身份，无论是作为独特个体还是作为群体的一员。

（二）产品象征性意义的功能

产品具有的象征性意义对消费者自身或所处的社会群体具有相应的功能作用。这些功能作用有助于使消费者意识到，或者让消费者明确，自己是谁、作为个体行使哪些身份、作为群体成员行使哪些身份……图8.9从两个维度对产品象征性意义的功能进行了分类[43]。横轴代表产品象征性意义形成的渠道，分为源于社会文化和个体两类；纵轴代表产品使用定义出的消费者不同身份，分为群体成员身份、个体身份。由此，产品及其消费行为的象征性意义具有四种不同功能。在此对这四种功能做简单介绍，紧接着还会逐个详细介绍。

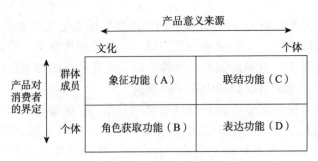

图 8.9 产品象征性意义来源及其功能

其一,象征功能。如图 8.9 的 A 区域所示,当产品象征性意义源于社会文化而且消费者使用产品旨在界定自己的群体成员身份时,产品及其消费行为就发挥相应的象征或标识功能。例如,去观看英超足球联赛的观众如果身着蓝色 T 恤,则很可能是为了表明自己是曼城俱乐部的球迷,因为曼城俱乐部的绰号就叫"蓝月亮"。

其二,角色获取功能。如图 8.9 的 B 区域所示,当产品象征性意义源于社会文化但消费者使用产品用来界定自己的个体身份时,产品或消费行为就发挥角色获取功能。例如,男士为女士定做 DR(求婚钻戒品牌)钻戒,则意味着女士的角色将发生转变,钻戒具有标示她从单身转向婚姻伴侣的仪式功能。

其三,联结功能。如图 8.9 的 C 区域所示,当产品意义来源于个体而消费者使用产品旨在界定自己的群体身份时,产品及其消费行为就发挥了联结功能。例如,当父母为升入大学的女儿举办聚会时,聚会的仪式内容及情感氛围有助于女儿离开父母独立生活后维持、强化与原生家庭(主要是父母)的情感联结。

其四,表达功能。如图 8.9 的 D 区域所示,当产品意义来源于个体而消费者使用产品旨在界定自己的个体角色时,产品及其消费行为就发挥了表达功能。例如,选择做大波浪卷发的女性可能是想表达成熟的妩媚性感气质;而选择初恋短发(Bobo 头)的女性则是想表达甜美、清纯、俏丽的自我形象。

二、象征物与自我概念

(一)两种身份图式与消费行为

产品和消费仪式的象征性功能十分重要,它们有助于定义和维持消费者的自我概念。社会认同理论认为,人们会根据品牌与使用品牌个体的身份一致性原则,来评价和看待品牌。根据该理论,我们每个人的自我概念可以分解为多重身份,最主要体现为两类。一类是实际身份图式(actual identity schema)。如我们可能同时兼有学生、女儿、员工等身份。这些身份全部或部分是受我们所履行的角色所驱动的。其中有些身份尤为显著,那是人们自我概念的核心部分。例如,一位市场营销学教授可能同时兼有父亲、丈夫、儿子、公司高级顾问等身份,但教授或学者的身份可能是最为凸显的。另一类是理想身份图式(ideal identity schema)。理想身份图式是关于人们正在追求并在理想状态下能得以实现的一些想法或主意。一般来说,人们的实际身份图式很大程度上受理想身份图式的驱动或影响。

实际身份图式和理想身份图式会影响产品的使用方式和消费活动参与，即便是反对过度商业化的消费者也会受到这两种身份的影响（参见第六章）。实际身份图式会影响我们将何种象征物（如家庭照片或个人马克杯）带到工作场所来反映自我。例如，一项研究表明，实际身份会影响捐赠给非营利组织的金额，当消费者被告知与自己身份相同的人给某非营利组织捐了一大笔钱时，该消费者的捐款金额会增加。[44] 除了消费者自身实际自身图示和理想自身图示之外，自动化技术、人工智能技术的发展，让具有机械特征的人类形象经常出现在消费者的生活中。前沿研究 8-2 中，韦赫拉赫（Weihrauch）和 Huang 两位学者探讨了机械型非人化的图式如何促进人们做出合理健康的饮食决策。

（二）拥有物影响消费者身份

拥有物有助于塑造身份。这一事实可以解释在自然灾害中损失拥有物的人，或者在监狱中的人，身份丧失带给他们何种不同的感受。事实上，损失拥有物带来的身份痛苦，类似于人们喜爱的人死去所导致的悲伤。监狱会故意剥夺个体的拥有物来去除他们的原有身份。学校和公司制服也有同样的效果，只不过其方式或强度要相对更为缓和一些。消费者在微博、微信、抖音、Facebook 等在线空间，用文字、图片、声音、视频和其他元素来构建和反映自己的数字身份，塑造自我概念并在线与好友分享。

 实际身份图式：

指反映消费者真实自我概念的显著与多重身份。

 理想身份图式：

指消费者正在追求并在理想状态下能实现的身份表达。

三、消费仪式与象征性意义传递

消费者可以通过仪式，来创造、激发、强化或传递拥有物的象征性意义。这些仪式可以发生在消费行为的获取、使用或处置等各个阶段。以下，我们以消费行为的几个关键阶段为例，介绍各自具有的独特消费仪式及其对象征性意义的促成[43]。

前沿研究 8-2

将人类描绘成机器以促进健康—把自己想象成机器人更会健康饮食

（一）拥有仪式

在获取阶段，拥有仪式（possession rituals）是指消费者宣布个人拥有新产品。一般来说，消费者都会在新房配置具有独特风格的画、家具等。面对二手商品市场，拥有仪式会体现在消除前任拥有者的使用痕迹。购买二手房之后，消费者会进行彻底的大扫除，进行重新装修，装修之后要配上有个人身份标记的家具、装饰品等。近些年来，有些消费者购买了新牛仔裤后，会修改其长度或增加某些点缀与修饰。国内外品牌方洞察到消费者的这种心理之后，原来裁剪得完美无缺的牛仔裤突然间"破"了起来，常见的"破"是在膝盖处来个大破洞，视觉冲击强烈，更有一些是在人体后部的大腿根部或者臀部来个破洞，这种消费心理值得讨论探究。又如，有些消费者会用带有个人标记的产品去装饰新车，包括特殊香氛、特殊配饰或座套等。

（二）培养仪式

在使用和消费阶段，消费者可能会从事培养仪式（grooming rituals），使产品表现出或维持消费者希望的最佳状态。有些消费者会花数小时清洗汽车和给汽车打蜡。对于房屋，消费者在重要节日来临时都会刻意打扫、装饰，让消费者保持对房屋的喜爱或新鲜感。有时，培养仪式会延伸到消费者自身，像参加特殊活动时会花很多时间打扮自己。

（三）剥离仪式

当消费者的拥有物失去其象征意义后，消费者会进行剥离仪式（divestment rituals），以消除产品中的消费者个人痕迹。例如，许多消费者在扔掉订阅的杂志之前会撕掉上面的地址标签，或者在卖掉或捐献电脑之前删除里面的个人文件。有时，消费者并不容易果断地剥离某件拥有物，这很大程度上是因为情感上难以果断割裂，又或许是认为产品还可以继续发挥其使用价值。例如，消费者会将有些家具先从客厅搬到书房，使用一段时间之后再将它卖掉或扔掉。

拥有仪式：
指消费者刚获得一件产品时所进行的仪式，旨在宣布个人拥有新产品。

培养仪式：
指消费者为使产品表现出或维持至最佳状态而实施有特殊意义的活动。

剥离仪式：
指消费者去除产品中的个人拥有或使用痕迹的行为。

四、特殊拥有物

（一）特殊拥有物的内涵

消费者会对某些拥有物具有特别的情感依恋，消费者把它们看作是自己的一部分。例如，宠物就是其中之一，人们视宠物为家庭成员，宠物的冷暖或喜怒哀乐都很受主人的关注。另一些产品并非一定与消费者自我概念有关，但它们在消费者心目中也具有特别重要的地位，也是特殊拥有物。例如，消费者可能将他的房子看作特殊拥有物，因为他为了购买房子付出了很大的努力。我们先阐述特殊拥有物的主要特征和类型。

特殊拥有物的特征

第一，不可替代性。保险公司或许能够赔付足够的钱，来让被大火所毁坏的家具得以补充添置。但是，新买的家具却没有原来家具所形成的象征家族代代传承的记忆或缅怀作用。事实上，因为特殊拥有物与特定的事件、人物之间的不可分割的联系，消费者会认为特殊拥有物具有不可替代性。

第二，低价格弹性。因为具有情感价值，消费者不会按市场价出售特殊拥有物，甚至根本就不想出售。同样地，消费者在购买特殊物品时也很少考虑价格因素。经济学家认为特殊拥有物具有低价格弹性，因为提高其价格并不会显著降低消费者对它们的需求。相反地，收藏家可能会花高价购买特别抢手的特殊物品，如稀有硬币和独一无二的手表。

第三，具有保存价值。即使特殊拥有物已经没有使用价值和功能价值了，消费者也不情愿丢弃。如同儿童可能不愿意丢弃安全毯和毛绒动物玩具，人们会一直保留着自己喜爱过的东西，直到它们变成一堆破烂。同样地，父母也会珍爱、保留着孩子小时候的绘画或成绩单。

第四，具有拟人属性。有些消费者会为每件收藏品起名字，或者用人性代词称呼自己的房子、汽车或者宠物。更有甚者，消费者会将特殊拥有物视作是伙伴，对它们充满情感和依恋，失去特殊拥有物会让他们感到悲伤。

（二）特殊拥有物的主要类型

特殊拥有物主要分为四种：宠物、具有回忆价值的物品、功名成就象征物、收藏品。[45]

第一，宠物。美国消费者认为它们的宠物是非常特别的，全美国近年来每年在饲养宠物上的各种花费超过 550 亿美元。超过 60% 的美国家庭都拥有宠物。不管总体经济形势是繁荣还是萧条，消费者都对优质宠物食品和其他相关宠物用品保持着高涨的购买需求。在饲养宠物方面的消费属于情绪化的消费，人们对自己的宠物寄托了很深的感情，视宠物为自己的家人。据悉，2021 年在中国一线城市广州，一位普通工薪阶层饲养一只宠物狗，每年为此消费的金额达到近 3 万元。但并不是所有文化都将宠物视作是特殊拥有物。例如，在中东地区的消费者不会把猫和狗视作宠物；在韩国，狗主人通常用剩饭来喂养宠物狗，而不是用狗粮。

第二，富有回忆意义的物品。那些能唤起人们对特殊的人、地点或经历的记忆或情感的产品，被赋予特殊意义。例如，传家宝、古董、纪念品，以及特殊的人赠送的礼物就富有回忆的价值。一般来说，人们使用或经历过并能在事后给人带来美好情感体验的物品或事件，会被赋予回忆的价值。某人珍视一张音乐会的票根，可能是因为它能唤起这人和朋友一起听音乐会的美好情景。具有回忆意义的物品对老年人具有疗愈作用，它们能够唤起老年人对欢乐时光的记忆。例如，照片就具有特殊意义，能够让人们回忆起特殊的人和经历。因此，消费者会将照片摆放在写字台、书桌、起居室的墙面等显眼的位置。由此可见，象征着情感联系的拥有物能够成为消费者的特殊物品。

第三，功名成就象征物。消费者将具有功名成就象征意义的拥有物视作特殊拥有物。人类学者研究发现，19 世纪摩门教徒跨州迁徙时，喜欢携带可以证明自己能力的拥有物，男性偏爱携带工具，女性则偏爱携带缝纫机和其他既实用又具有家庭成就象征的物品。[46]如今，功名成就的象征物包括了大学文凭、表彰奖励，以及炫耀性消费品（如劳力士手表和保时捷跑车等)。

第四,收藏品。消费者将收藏品视为特殊所有物。常见收藏品包括汽车模型、体育纪念品、贝壳、硬币、儿童玩具等。收藏者往往将收藏品视作自我的延伸,这些收藏品象征着他们职业、家庭传统价值观或者身体外表的某些方面。对于某些消费者,收藏品代表了幻想的自我形象。例如,收藏球星卡的男性可能心中依然保留了成为职业球星的幻想。收藏者认为自己能比其他人更好地照看收藏品。泡泡玛特正是通过打造年轻人的收藏品这一概念,打动了年轻消费者的内心世界。

(三)特殊拥有物的成因

1. 物品特性层面的因素

能够成为消费者的特殊拥有物的物品,在物品本身的属性或特性方面有如下共同点。

第一,象征性价值。消费者的某些拥有物之所以显得特殊,部分原因在于它们能够实现本节所讲的象征性功能作用,包括社会身份象征、身份角色获取、象征性联结、象征性表达等。消费者的特殊拥有物究竟具有多大的象征性价值?如何度量?有研究提出了测量特殊拥有物象征性价值的量表,它由五个维度共 14 个题项构成,五个维度包括:象征个人历史、反映功名成就、增进人际关系、表明社会身份、表达自我独特性。[45]所有题项均基于对问题"拥有这件物品对我之所以很重要,是因为它……"的回答,采用 7 点语意量表测量("1"表示"一点也不真实","7"表示"非常真实")。总体得分越高,表示特殊拥有物的象征性价值越大。表 8.5 列出了特殊拥有物的象征性价值测量量表,左栏显示维度,右栏显示每个维度的具体题项。

表 8.5 特殊拥有物的象征性价值测量量表

象征个人历史	能让我想起一些特定的场景或地点
	记录了我个人的历史
	让我费了很多努力才获得
反映功名成就	让我费了很多努力才获得
	能让我想起自己取得的技能、成就、目标
	能让我想起与特定的人之间的关系
	能让我想起我所属的家庭或集体
	代表了我的家庭传统或历史
增进人际关系	让我与他人共度时光,或共同体验某些活动
表明社会地位	能反映我的社会声望
	能让我享有社会地位
	能让别人看重我
彰显自我独特性	能让我彰显自我
	能让我显得独特、与众不同

第二,情绪调节价值。特殊拥有物具有调节情绪的作用。例如,奖品、表彰、毕业

证书等之类的拥有物，能够给消费者带来自豪、快乐、高兴等积极情绪。家庭影集或电子相册能够给人带来美好的怀旧情绪；尤其是身为父母的人，随着年岁渐长，这些影集或相册带给他们美好的回忆。饲养宠物能带来恬静感。消费者也可能将收藏的音乐作为钟爱的拥有物，因为音乐能给他们带来好心情。对自己拥有物最为执念的消费者往往比较寂寞，而这些拥有物可以减少他们的孤独感。消费者认为拥有物具有多大程度的情绪调节价值呢？有研究提出了测量拥有物情绪调节价值的量表，它由三个维度共 6 个题项构成，三个维度包括：带来快乐、激发精神、改善外表。[45]所有题项均基于对问题"拥有这件物品对我之所以很重要，是因为它……"的回答，采用 7 点语意量表测量（"1"表示"一点也不真实"，"7"表示"非常真实"）。总体得分越高，表示特殊拥有物的情绪调节价值越大。表 8.6 列出了情绪调节价值的测量量表，左栏显示维度，右栏显示每个维度内的具体题项。

表 8.6 特殊拥有物的情绪调节价值测量量表

带来快乐	能给我带来快乐、娱乐或放松
	能让我的心情变好
	能给我带来舒适感或情绪安定
激发精神	能让我与神圣之物建立精神联结
改善外表	能让我外表更富有吸引力
	能让我的外表更理想

第三，实用价值。拥有物之所以特殊，还可能因其特别的使用价值。消费者如果认为他的手机或手提电脑很特殊，那很有可能是因为他每天都要使用手机和手提电脑，而在使用过程中，深深体会到这些拥有物带给他沟通或工作上的帮助，能让他更出色或更轻松完成工作。这种情形下，消费者重在强调特殊拥有物的工具性或功能性价值。特殊拥有物具有多大程度的实用价值？如何测量？有研究提出了测量特殊拥有物的实用价值的量表，它由两个维度共 4 个题项构成，这两个维度包括：实用价值、财务价值。[45]所有题项均基于对问题"拥有这件物品对我之所以很重要，是因为它……"的回答，采用 7 点语意量表测量（"1"表示"一点也不真实"，"7"表示"非常真实"）。总体得分越高，表示特殊拥有物的实用价值越大。表 8.7 列出了实用价值的测量量表，左栏显示维度，右栏显示每个维度内的具体题项。

表 8.7 特殊拥有物的实用价值测量量表

实用价值	能让我的日常生活或工作效率更高
	很实用
	能让我更自由、更自立
财务价值	具有财务价值

2. 消费者层面的因素

消费者的社会阶层、流动性、性别和年龄等因素也决定了物品能否成为消费者的特殊拥有物。

第一，社会阶层。英国不同社会阶层的消费者对他们的拥有物赋予不同的象征性意义。商务人士关心象征着其个人职业历史和自我发展的拥有物，而失业者却关心具有实用价值的拥有物。此外，向往走向更高社会阶层的消费者会通过使用特定的拥有物，来将自己与更高社会阶层建立联结纽带；为了支撑属于高社会阶层的自我形象，他们甚至会错误地理解某些产品品牌代表的身份或地位。

第二，流动性。消费者购买特殊拥有物的意向也取决于地理流动的频率。那些经常在不同国家间迁移的人群（如在跨国公司任职的经理人等），被戏称为"全球游牧民"，因为在特定生活环境中定居时间不会太长，流动性极高，他们倾向于将自己的拥有物视为暂时的而非长久的，因而更多从使用价值看待物品的购买消费行为，而不倾向于从象征性意义来看待物品及其拥有。

第三，性别。对于男性来说，那些能够象征活跃性、体力成就，以及具有功能性和工具性价值的产品，更有可能被视为特殊拥有物。但女性就不一样了，他们更看重能象征自我身份的物品，以及那些与他人具有纽带、依恋关系的物品。针对尼日尔和美国消费者的对比研究发现，女性的特殊拥有物是能象征孩子成就或象征自己与他人之间联结关系的物品，男性则倾向于选择那些具有物质舒适性的物品，以及能显示对环境具有掌控力的特殊拥有物。具体而言，美国女性的特殊拥有物包括祖传遗物、照片；而尼日尔女性则包括挂毯、珍珠等；两国的男性都喜欢收集汽车、书籍、体育相关的物品，而女性多倾向于收集珍珠、餐盘、银器等方面的物品。[44]

第四，年龄。虽然所有年龄段的消费者都有共同的特殊拥有物，但人们对特殊拥有物的界定还是会随年龄而变化。例如，毛绒玩具对于儿童很特殊也很重要，但青少年就更看重音乐和汽车，而随着进入成人和老年阶段，老照片的意义就越来越突出了。

五、数字收藏品

（一）数字收藏品的内涵

数字收藏品（digital collectible）主要是指经过数字化唯一标识的文化艺术品、节事纪念品、商品等，每个数字收藏品映射着在特定区块链上的唯一序列号。它可以是一张图片，也可以是一个网址、一首歌曲、一段视频、社交媒体帖子或证书，甚至一些物理资产通过扫描和拍摄等技术数字化后也能形成对应的数字收藏品。某种程度上可以说"万物皆可数字收藏"。数字收藏品的出现对数字市场具有重大的意义，它可以明确数字商品和数字资产的所有权，从而促进数字市场的发展。数字收藏品既满足了用户为原创内容付费的需要，也保护了创作者的版权，减少了其对平台的依赖性，恢复了他们的定价权，从而提高创作者的收入，激发他们更高的创作意愿，助力互联网从 Web 2.0 时代向 Web 3.0 时代转变。

（二）数字收藏品的主要范畴

数字收藏品主要以三种方式存在。第一，专业的非同质化代币（non-fungible oken，

NFT）技术开发或运营商推出的数字形象。迄今，最为人们熟知的"加密猫""加密朋克"和"无聊猿"等就是这类数字形象，它们的价格一度炒到数百万美元。这类数字收藏品目前主要是在欧美市场开发和进行市场交换活动。它们在本质上和华特迪士尼历史上推出的系列知名卡通形象（米老鼠、唐老鸭、小熊维尼、超级英雄等）有着相似之处。这些数字收藏品除了个人爱好者收藏、交换之外，主要通过对品牌方授权，以收取授权费，扩大其商业运营。例如，无聊猿游艇俱乐部家族的成员编号#4102 就在 2022 年春季与中国李宁展开合作，担任中国李宁"无聊猿潮流运动俱乐部"主理人。无聊猿创作部门特别创作了穿着李宁经典领奖服的无聊猿形象，还打造了一系列服饰单品。

第二，文体领域开发的数字收藏品，旨在增强数字虚拟空间的影响力。例如，游戏平台的数字收藏品有助于让玩家展现对游戏内资产的所有权。阿里巴巴与敦煌美术研究所推出的"敦煌飞天"，有助于扩大敦煌文化在数字原住民中的影响力。不少书画名作也开发数字副本。2022 年 2 月 8 日，NFT 交易平台 nWayPlay（一个多人竞技游戏平台）宣布发售由国际奥委会官方授权的北京冬奥会吉祥物冰墩墩数字盲盒。600 元一套的冰墩墩 NFT 数字盲盒，发售三个小时内即售罄，这充分说明数字收藏品对提升北京冬奥会社会公众影响力的显著作用。

第三，品牌方推出数字收藏品旨在提升品牌在数字空间消费者中的影响力。比如，Nike 在 2022 年与 RTFKT（虚拟运动鞋设计公司）推出全球首款数字收藏品球鞋，该数字球鞋的售价高达 240 万元；又如，奈雪的茶 2021 年 12 月发布了 300 份盲盒式的数字收藏品，开售一秒内即售罄。2022 年 6 月，时尚品牌普拉达（Prada）推出 100 个限量版 NFT，以配合其新品衬衫的发售活动。爱马仕也推出名为"Baby Birkin"的虚拟包；化妆品品牌 Look Labs 把香水气味的光谱数据编码并发布对应的数字收藏品；必胜客的加拿大公司推出了一款"像素画比萨"的数字收藏品。总体上，产品品牌发行数字收藏品的主要目的包括：增加品牌曝光、促进顾客融入、建立顾客忠诚、与实体产品捆绑销售、创造品牌的数字收藏品社区、增加对品牌的感知所有权，以及促进品牌触达等多方面[47]。

（三）数字收藏品消费的特征

数字收藏品是经过数字化唯一标识的特定收藏品，它使消费者能够证明他们是此产品的唯一拥有者，人们不能再无限地分享、复制和伪造数字收藏品。创建者和数字收藏品的购买者都可以在数字收藏品所有权的历史纪录中进行验证，这种确权特性，有助于消费者产生并向他人展示对数字收藏品的唯一所有权。具体而言，数字收藏品具有以下几点特征。

第一，唯一性。通过区块链技术，每个数字收藏品都是独一无二的，可以证明只有持有者本人是该数字资产的所有者。比如迈克·温科尔曼（Beeple）的画，一个普通的互联网用户就可以在网上查看 Beeple 的"Everydays-The First 5,000 Days"（"每一天：最初的 5000 天"）的系列画作。但只有购买了这个数字收藏品的人才能拥有它，进而在数字空间传播流通。

第二，可追溯性和防篡改性。区块链技术是一种按照时间顺序将数据区块以顺序相链接并采用密码学方法保护的分布式账本。在区块链中，每个区块都包含上一个区块所有数据包的数据指纹，即区块中的哈希值。计算当前区块的哈希值时，会同时包含上一个区块的哈希值，并形成链接关系。所以，数字藏品的所有交易信息都会记录在区块链中，并且一旦任意一个区块发生了变动，此后相连的所有区块数据指纹都会发生变化，所有人都能发现数据被篡改，除非获得至少 51% 用户的认可，否则篡改无效。这种方式可以有效防止 NFT 数据被恶意篡改。

第三，稀缺性。许多数字收藏品都会以限量的形式进行发售，以吸引买家的购买。例如，2022 年 2 月，古驰（Gucci）与玩具公司 Superplastic（一个潮玩品牌）合作推出了"SuperGucci"的系列数字收藏品，其发行数量仅为 10 个。也有发行数量较多的数字收藏品，如纪梵希在 2021 年 6 月推出了一系列动物肖像的数字收藏品，发行数量高达 1952 件。

第四，强社交性。数字收藏品具有很强的互动属性，消费者购买后就获得了其不可更改的所有权与使用权，而这种购买行为背后具有较强的社交意义。首先，购买者可以借助数字收藏品彰显其在数字领域独一无二的购买能力、兴趣品位甚至社交地位。现在，许多社交平台已经可以让消费者展示他们拥有的数字藏品，如小红书、推特等。其次，由于数字收藏品总是以系列发行，同系列的数字收藏品各有不同，但又有相似之处，购买同一系列数字收藏品的消费者可以进入到该数字收藏品的社群进行交流和讨论。最后，数字收藏品可能会影响消费者与他人共享的信息。例如，2021 年，推特的首席执行官杰克·多尔西以 290 万美元的价格出售了他的第一条数字收藏品推文，这可能会激发其他用户额外的内容创作和共享。

（四）消费者数字收藏品消费动机

消费者通常围绕数字藏品形成独特的社区，而数字收藏品的唯一性避免了社区价值被稀释的可能。当消费者既想要归属于某类群体同时又与群体的其他成员区分开时，购买具有象征性价值的数字收藏品是一个很好的方式。但具体而言，消费者购买数字收藏品动机各有不同。一般而言，互联网上消费者们购买数字收藏品的购买动机主要分为四类。

第一，消费者购买数字收藏品可以作为一种新的消费体验。购买数字收藏品可以影响消费者的情绪状态。例如，消费者为了获得快乐而选择购买数字收藏品。

第二，购买数字收藏品能为消费者提供娱乐机会。消费者购买数字收藏品可能仅仅是出于"玩"的目的，而数字收藏品的强社交属性还能促进购买者寻找到"玩"的伙伴。

第三，消费者可以把数字收藏品与自我形象进行整合。和传统的收藏品一样，消费者会视数字收藏品为自我的一个部分。

第四，购买数字收藏品可以让消费者向他人展示自己。这有助于消费者找到与自己类似的消费群体，并把自己与其他消费群体区分开来。

本章小结

1. 个体对重要事物所持有的相对长期稳定的信念就是价值观。消费者通过社会化和文化适应过程形成价值观，在价值观体系中某些价值观的重要程度要高于另一些价值观。

2. 终极价值观是指导个体行为的最终理想状态,工具性价值观旨在帮助个体实现终极价值观。总体价值观是价值观体系的核心,而特定领域的价值观只适用于某一特定活动领域。

3. 研究人员可以通过群体所处文化环境、手段–目的链分析及调查问卷等方法识别消费者价值观并依此对消费者进行市场细分。价值观受到文化、种族认同、社会阶层和年龄等因素的影响。

4. 美国文化下的代表性价值观包括物质主义、家–家庭–孩子、工作和娱乐、个人主义、健康、正宗性崇尚等。中国文化下的代表性价值观包括实用理性、中庸之道、面子形象、独立自主、奋斗进取、差序关系、人情往来、权威从众等。

5. 人格是由个体独特的行为模式、倾向和气质等共同构成的特质,它使个体与他人区分开来。主要的人格理论包括精神分析理论、特质理论、现象学理论、社会心理学理论、行为理论等。

6. 有些人格特征与消费者行为更相关,包括教条主义、独特性需求、创造性、认知需求、自我监控。

7. 生活方式是影响消费者行为的重要因素。生活方式体现在个体的活动、兴趣和观念等方面;营销人员可以根据消费者生活方式来洞察消费者行为。

8. 中国市场近年涌现的新兴生活方式包括绿色生活、数字化生活和兴趣体验生活等。

9. 跨文化,又叫交叉文化,是指具有两种或两种以上的不同文化背景的群体之间相互作用,所形成的一种独特的文化现象和状态,进而导致跨文化消费者行为体现出多元化、全球化等特征。

10. 东方文化背景下的消费者为互依型自我,以互依型自我为中心的消费者会更加关注与自己相关的人对自己购买行为的评价和反应,个体总是为了他人期望而生活以争得面子和维护关系,从而形成了典型的东方文化下的消费行为,包括根消费、面子消费和关系消费。

11. 西方文化下的消费者为独立型自我,独立型自我通过发现和表现其独特的独立性品质、关注自我来维持其独立性,从而形成较为典型的西方文化下的消费行为,包括满足自我的消费行为和超前消费行为。

12. 当人们曝光于文化混合面前时,可能会促使人们对文化混合产生排斥性反应或者融合性反应。其中,排斥性反应是对外来文化产生排外反应,以保护本土文化的完整性。而融合性反应是对外来文化产生接纳、融合等包容性行为反应。

13. 产品的象征性意义可以源于文化,也可以源于消费者自身。源于文化的产品象征性意义形成的主要渠道包括文化构建的世界、营销代理、非营销代理。

14. 产品象征性意义具有多种功能,主要包括象征功能、角色获取功能、联结功能、表达功能。一件产品可能同时具备多种象征意义的符合功能。传递产品象征性意义的主要途径是消费仪式。

15. 某些产品对消费者具有特殊意义,被称为特殊拥有物。特殊拥有物一般包括宠物、具有回忆意义的物品、功名成就象征物、收藏品等各类,它们具有不可替代性、低价格弹性、保存价值、拟人属性等属性。数字收藏品是兴起于数字时代的非常重要的消费者特殊拥有物，已经成为新形态消费的重要内容。

实践应用题

研读"开篇案例"，讨论分析回答以下问题：

1. 结合内外的案例素材，请谈谈企业可以通过哪些方式引起社会公众对重要社会议题的关注？

2. 结合内外的案例素材，请谈谈品牌如何在重要社会议题与品牌价值观之间建立关联？

3. 结合内外的案例素材，请谈谈在选取代言人时，应该重要考虑获得销量还是塑造品牌调性？为什么？

本章讨论题

1. 请引用实际例子，比较分析中国"70后""80后""90后"及"00后"消费者的价值观差异，并说明形成原因。

2. 请举例说明，品牌如何利用消费者价值观的差异进行市场细分。

3. 请选择一个你熟悉的品牌，分析说明其如何塑造品牌价值主张？又如何将价值观传递给消费者，获得其关注和认同？

4. 请列举除本文提到的消费者的其他新兴生活方式。

5. 请分别列举两个品牌，一个为中国本土品牌进行海外营销，另一个是海外品牌进行中国本土营销。基于东西方文化下的典型消费行为，请分析讨论二者如何设计有效的营销策略？

6. 举例你经历过或熟悉的 1~2 个因个人角色转变而购买的物品，回忆并分享角色转变与该物品象征性意义形成之间的关系。你认为企业应该如何利用消费者角色转变为产品购买赋予合理的象征性意义。

即测即练

自学自测 扫描此码

参考文献

第四篇

消费行为决策

第四章

断袖与龙阳

第九章

问题识别与信息搜索

学习目标

本章旨在帮助读者理解消费者的决策制定过程。
- 阐述人们是如何识别现实生活中存在的消费问题,并且说明营销人员为什么需要了解这个消费决策过程。
- 讨论当消费者进行内部搜索来解决消费问题时会发生什么,并介绍一些营销人员可以影响消费者内部搜索的方法。
- 解释消费者为什么及如何进行外部搜索以解决消费问题,并提出主要营销策略。
- 识别营销人员试图影响消费者的信息搜索时将要面临的机遇和挑战。

本章案例

- 欧绒莱:洞察消费者痛点,打造爆款出海品牌
- 贝壳找房:数智化平台让你找房无忧

前沿研究

- 社交媒体用户内容分享——展示我做了什么,还是展示我拥有什么?
- 网红营销效果。

开篇案例

欧绒莱:洞察消费者痛点,打造爆款出海品牌

欧绒莱(Orolay)是什么品牌?这个国内消费者听起来有些陌生的品牌,早已成为全美过冬的"宠儿"。而它正是一个从设计到制造都在中国国内完成并出口北美的地道国货。2012年,欧绒莱品牌创立于浙江嘉兴;2013年,创始人邱佳伟携团队正式入驻亚马逊平台,开设了第一家"欧绒莱"跨境电商品牌店。2016年,公司成立欧绒莱设计中心,专注于092系列的设计和开发。2017年,092系列凭借出色设计赢得了亚马逊外套类别销量的前三名。2019年,"亚马逊外套"入选奥普拉年度最爱单品。2022年4月8日,

《人民网》及《人民日报海外版》对欧绒莱、传音等专注海外市场的中国品牌进行了专题报道。2023年年底，欧绒莱（Orolay）与瑜伽服品牌Baleaf联名推出了一系列搭配，仅仅4个月时间，销售额达数千万美元。作为一个土生土长的年轻的中国品牌，欧绒莱羽绒服是怎样在成熟且稳定的北美地区成功出圈并占有一席之地的呢？

1. 识别用户问题，发现市场空白

既美又暖，还能兼顾性价比的羽绒服，是北美女士理想的入冬行头。北美地区在售的羽绒服产品中，定价从350美元到2000美元不等，包括一线户外运动品牌、轻奢品牌和顶奢品牌。但经过深入调研，欧绒莱团队发现这些现有品牌，或者价格高昂，或者设计简易，或者实用性欠佳，都不是都市女性理想的日常穿搭产品。

因此，欧绒莱针对市场消费痛点、发掘利基市场，将品牌定位瞄准"城市中穿梭的羽绒服"，主打实用时尚和日常休闲的羽绒服产品。在产品设计上，欧绒莱通过选用功能性面料，增加羽绒服的防水抗皱性能；通过选用优质白鸭绒和人造羊皮，在兼具人道主义的同时，让羽绒服既蓬松又保暖。如此，即使在北美−32 ℃的极端天气，一件欧绒莱羽绒服和一件打底衫也足以抵御室外严寒。此外，巧妙的侧拉链设计，拉下来保暖、拉上去便于活动，在兼顾时尚性的同时还大大增加了产品的功能性和实用性。而这样一件兼具时尚性和实用性的羽绒服，价格却仅仅在100到150美元，如此一经面世，很快就成功俘获了北美大都市的女性白领和年轻妈妈的芳心。

2. 专注产品设计，解决用户痛点

纽约，作为世界时尚之都，可以说汇聚了全球几乎所有的主流时尚品牌，那么为什么一款来自中国的羽绒服能做到在纽约街头爆火？其中，一个重要原因应当就是欧绒莱羽绒服在进行研发和设计的过程中真正解决了当地消费者的现实问题。

为详尽了解海外消费者身材、体型等数据及其对羽绒服的消费偏好，创始人邱佳伟曾多次专程带团队飞往纽约，详细记录当地行人身穿羽绒服的品牌、颜色和版型，获取第一手的市场数据资料。同时，从团队构成入手，不仅成立了一支专业数据分析团队，还自己培养设计师，使欧绒莱在关注全球羽绒服品牌产品的同时，从消费者视角出发，对产品进行持续的工艺改良和面料升级。2017年，"092系列"不负众望，凭借其出色的设计，一经推出便迅速荣登亚马逊平台销量榜首。在收获的多达2万余条来自全球的购买评价中，满分5分的好评率占比高达73%，大部分消费者对欧绒莱羽绒服都给予了极高的评价："温暖舒适""制作精良""拉链顺滑""非常完美""尺码恰当"……欧绒莱也成为国内真正意义上成功的"出海品牌"。

3. 聚焦渠道建设，服务产品搜索

随着口碑形成，越来越多的人加入，并成为这场欧绒莱羽绒服抢购运动的一部分。"感觉它几乎无处不在。"一位买家表示，从自己开始穿这件衣服以来，至少已经有8个朋友也买了它，抢购欧绒莱羽绒服一时间成了纽约人的风潮。那么，欧绒莱的宣传和渠道建设在其成为北美爆款羽绒服的过程中是怎样起到一臂之力的呢？

（1）联手跨境电商。欧绒莱成为海外市场上的爆款，很大程度上也得益于跨境电商的发展。2013年，欧绒莱正式登陆亚马逊，此时也恰逢亚马逊在中国竞争陷入被动，调整对中国经营思路的特殊时期。2014年，亚马逊开始允许中国卖家直接在该平台销售商品，并允许海外商家在亚马逊仓库储存商品。这对欧绒莱而言无疑是个好消息，既缩短了物流时间、又降低了物流成本。此外，亚马逊对消费者信息具有极强的收集与反馈能力，厂家可以越过品牌商、零售商、贸易商直接对接用户，形成与用户的无缝对接，极大地提升产品的生产和迭代效率。而这一优势对于新创企业欧绒莱无疑是至关重要的。入驻亚马逊后，欧绒莱源源不断地获得各种消费者的信息，并及时将这些信息汇报给产品开发部门，迅速开发新产品，为品牌快速进入北美市场铺平道路。2017年，欧绒莱羽绒服品牌登上亚马逊女装畅销榜TOP100，2019年至2020年蝉联女装羽绒服销量榜首，至今仍是冬季爆款。2022年初，创始人邱佳伟在接受采访时透露，欧绒莱品牌目前每年的销量在20万至30万件之间，年收入达3750万美元。年销量以每年300%至400%速度增长，远超盟可睐、加拿大鹅等奢侈羽绒品牌。

（2）布局社交媒体。据美国畅销杂志《纽约》报道，在纽约街头，随处可见人们穿着一款普通羽绒服。无论是从东59街到东96街的上东区，还是在皇后大道地铁上，走到哪都能看见这款羽绒服。中国日报、英国路透社、美国广播公司等媒体对品牌的专题报道和直播秀都进一步宣传介绍这个品牌。各大官方媒体的宣传报道，加上社交媒体的病毒式传播，帮助欧绒莱成功吸引跨平台媒体的关注，并大幅提升品牌的知名度、传播力以及影响力。像很多国内爆品一样，欧绒莱的成功也有国外社交媒体的带货效应。比如，粉丝在Instagram上开设了@theamazoncoat的账号，来自纽约、亚特兰大、佛罗里达、费城、底特律等各地的粉丝会通过账号发布自己穿着欧绒莱的外套。除此之外，欧绒莱还与许多网红进行合作。在推出新品前，品牌都会将产品寄送给网红进行试穿。网红们会在Instagram、Facebook、Tiktok（短视频软件）等社交媒体上传自己穿着欧莱绒羽绒服的照片，为产品打造社会影响力。

（3）借力名人效应。考虑到产品定位是城市系列，欧绒莱便首先将品牌的推广定位在纽约。纽约上东区的时尚圈给"092系列"带来了巨大的曝光率，毕竟，上东区贵妇们穿着一件平价的羽绒服足以引起许多媒体的好奇。在一篇题为《不太可能的故事：这件在亚马逊上卖140美元的羽绒服拿下了上东区》的文章里，作者写道：格雷琴·芬顿是住在纽约上东区的一位时尚顾问，她最开始是看见一位朋友穿了一件"亚马逊外套"。后来一打听，才发现她周围有20个人都在穿：从创意总监，到时尚设计师、到学校的老师……美国知名撰稿人艾米·拉罗卡为其撰写了专题文章，并提供了品牌资讯。明星卡特里娜·哈钦斯等办了一场"亚马逊外套"的主题慈善活动，有效增加了品牌的附加价值。连爱乐之城的女主角石头姐都曾被拍到穿着他们家的衣服。

综上，欧绒莱的成功看似是因为纽约上东区贵妇们的青睐使然，但其实更重要的原因在于：首先，欧绒莱准确识别了消费问题，那就是北美女士对一款兼具时尚性、实用性和高性价比的轻便型羽绒服的强烈的消费欲望；其次，欧绒莱深挖用户痛点、坚持品牌原创，最终打磨出一款真正符合北美都市女性消费者心中理想的羽绒服产品。最后，欧绒莱通过电商平台和社交媒体对品牌的不断强化和病毒式传播，借力购物者同伴和社交媒体对消费者购买决策和购买行为的影响，也帮助品牌得以快速成长。对于国内制造企业来说，欧绒莱如何对消费者问题开展精准识别、对消费者需求和痛点进行深入挖掘，以及通过自身核心的产品研发和设计能力良好解决消费者问题，最终成功打响品牌的海外知名度，这些都是值得深入思考、学习和借鉴的。

资料来源：

[1] 梁应杰. 浙产羽绒服成"纽约客"新宠[J]. 文化交流，2019(3): 24-27.
[2] 赵昊. 这些产品为何吸引海外消费者？[N]. 人民日报海外版，2022-04-08.

引 言

假设你的汽车坏了,需要更换一部新车,于是你意识到你有一个需要解决的问题,如图 9.1 问题识别与信息搜索的逻辑结构图所示。当你开始回忆自己了解的汽车品牌及

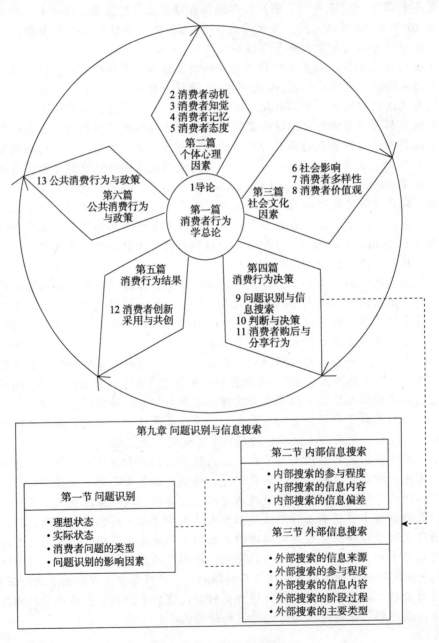

图 9.1 第九章逻辑结构图

对应的产品特性就代表着你在进行产品信息的内部搜索。而查看汽车广告,浏览经销商信息,上网阅读产品评论等就都属于外部信息搜索的一部分。无论问题识别、内部信息搜索和外部信息搜索这3个阶段是同时进行、按顺序依次开展,还是以其他的顺序进行,这3个阶段在解释消费者决策的基本过程时都发挥着重要作用。此外,在消费者做出购买决策的早期阶段,营销刺激对消费者购买决策的影响很可能会特别有效,因此我们需要探讨营销刺激的有效性及可行性。第九章主要介绍了消费者是怎样意识到他们遇到的问题,并开始搜寻信息来帮助自己解决问题。本章还详细介绍了消费者为解决问题而进行的信息搜寻方式和过程。图9.1描绘了第九章的内容要点及其在全书中的位置。

第一节 问题识别

一般而言,消费决策过程始于消费者意识到自己有一个亟待解决的消费问题(如"我需要一台相机"或"我需要几件新衣服")。问题识别(problem recognition)是指消费者感知到的理想与实际状态之间的差异。这是购买决策过程中的重要阶段,因为它能够激励消费者采取购买行动[1]。

问题识别:
是指消费者感知到的理想与实际状态之间的差异。

理想状态(ideal state)是指消费者想要达到的状态(如"拥有一台很好的照相机"或"穿光鲜亮丽的衣服")。而实际状态(actual state)是指消费者感知到的当前所处的真实状态。如果消费者感知到理想状态和实际状态之间存在差距(如"我的相机过时了"或"衣服太老土了"),那么问题识别便会发生。理想状态和实际状态之间的差距越大,消费的动机、能力和机会水平就越高,消费者就越有可能采取行动。如果消费者没有意识到存在消费问题,他们的消费动机就会很低。

理想状态:
是指消费者想要达到的状态。

实际状态:
是指消费者感知到的当前所处的真实状态。

由于问题识别阶段对许多种类的购买决策过程有促进作用,对营销人员而言,充分理解什么因素会导致理想状态和实际状态之间产生差距显得非常重要。

问题识别不仅与消费水平和处置能力有关,还与获取到的信息和咨询有关。诸如晚餐吃什么、穿什么衣服,或是否需要替换掉一台老旧的电脑设备等问题。今麦郎集团在深入研究消费者的问题识别过程时发现,相比于矿泉水,中国消费者更倾向于选择杀菌程度高、微量元素丰富的白开水。但是，由于白开水不方便携带，因此许多消费者在外出时只能够选择矿泉水作为替代品。于是，该公司推出了既方便携带又满足消费者需求的"凉白开"瓶装饮用水。

一、理想状态：我们希望达到的状态

我们理想状态的想法从何而来？有时我们依靠一些简单的期望，这些期望通常是基于我们过去的经历，与日常消费、产品处置，以及产品或服务如何满足我们的需要有关。比如，我们会考虑穿上某件衣服会是什么效果，我们的家应该保持干净，去某地旅游度假会是何等的愉快，哪些旧产品可以留着，等等。理想状态还可以发挥建立未来目标和愿望的功能。例如，许多消费者希望拥有一辆可以彰显社会地位的车（雷克萨斯、梅赛德斯、保时捷）或者加入一个可以赢得他人尊敬和认可的俱乐部组织。

期望和渴望通常都是由人们的个人动机（我们想象中自己应成为什么样）及个体所处的文化所激发。与此类似，不同的社会阶层也会对消费者产生影响：因为消费者总是希望能够得到同阶层人们的认可或不断提升他们的社会地位，这就促使他们产生更高层次的理想状态。比如，在形象设计和造型装扮方面，影视明星希望自己更时尚、更个性；白领、律师希望自己更理性、更职业；学生、儿童希望自己更青春、更可爱等。同样，因为我们想要被他人接受，参照群体也引导着我们的行为并起重要作用。

最后，个人环境的重大变化，如获得升职或生育子女，可以促使一个新的理想状态形成。当你毕业找到工作后，你可能会形成对于住在哪里，穿什么衣服，开什么车等方面的新理想状态。比如，一位海南省的大学毕业生在考取东北地区的硕士研究生之后，会希望了解并购买适合北方天气的生活用品；新晋爸爸妈妈会对婴幼儿用品的关注度大幅提升等。

二、实际状态：我们现在所处的状态

正如我们对理想状态的知觉一样，我们对实际状态的知觉也受到多种因素的影响。通常是一些物理层面的因素。比如，东西用完了，产品发生故障（笔记本电脑坏了）或过时了（手机存储容量不足）及突然需要的服务（需要找牙医补牙）。另外，消费者的需要也起着非常重要的作用。如果你饿了或口渴了，或者朋友们嘲笑你的着装，你都可能会无法接受你的实际状态。最后，外部刺激可以突然改变你对实际状态的知觉。例如，有人告诉你下周日是母亲节，你突然意识到你还没有准备贺卡和礼物。

三、消费者问题的类型

消费者问题可以分为主动型与被动型。主动型问题（active problem）是指消费者在正常情况下就会意识到或将要意识到的问题。比如，大米吃完了需要购买，电视坏了需要修理等。被动型问题（inactive problem）则是消费者尚未意识或需要在别人提醒后才可意识到的问题。比如，新能源汽车的好处，某种新产品的功效等。

从企业营销角度来看，主动型与被动型问题需要运用不同的营销策略。主动型问题仅仅要求营销者令人信服地向消费者说明其产品的优越性，因为消费者对问题已经有了认识。而针对被动型问题，营销者不仅要使消费者意识到问题的存在，而且还要使其相信企业所提供的产品或服务是解决该问题的有效方法。显然，后者的营销任务难度较前者更大。

市场营销人员应当注意识别引起消费者某种需要和兴趣的环境，并充分认识以下两方面：一是了解那些与本企业的产品有实际或潜在关联的驱使力。比如，购买巧克力的消费者很可能是鲜花的潜在消费者。二是消费者对某种产品的需求强度会随着时间的推移变动，并且容易被一些诱因所触发。[2]比如，女性对护肤抗皱产品的需求通常随着年龄的增长而不断增加，尤其是在与朋友聚会后，突然发现女性朋友看上去保养得都很棒，而自己的皮肤管理状况很不好的时候。[3]在此基础上，企业还要善于安排诱因，促使消费者对企业产品产生强烈需求，并立即采取购买行动。

 主动型问题：

是指消费者在正常情况下就会意识到或将要意识到的问题。

 被动型问题：

是指消费者尚未意识或需要在别人提醒后才可能意识到的问题。

四、问题识别的影响因素

影响消费者问题识别的因素主要包括时间、环境改变、产品获取、产品消费及个体差异。第一，时间很可能会作用于消费者的实际状态使其逐步偏离理想状态，从而引发问题识别。比如，很多人年轻时喜欢留长发，而步入中年后头发刚刚触及耳边就要去理发。第二，个体生活环境的变化也可能会激发对另一件产品的需要。比如，在购买了一套新房后，随后发现还需要采购装修使用的建材；而完成新房装修后，发现还需要再配置一系列家具、家电用品等。第三，一件产品的获取很可能会激发对另一件产品的需求。比如，在购买了一个羽毛球拍后，可能会需要购买一套运动服，以及一双运动鞋，一个运动球包等。第四，消费者意识到某一购买问题仅仅是由于产品已经或即将用完。比如，家里的洗衣液和消毒液即将用完，消费者会选择尽快至超市采购补给。第五，不同消费者对同一产品及同一问题的认知也有很大差异。比如，当洗衣液用完需进行采购时，家里的男主人可能到附近的超市随便买到某一品牌使用即可；而家里的女主人可能需要到市中心的大型购物商场选择特定的品牌进行购买。

从企业营销角度来看，激发消费者消费需求的问题识别对企业的经营业绩提升至关重要。通常可以采用以下两种思路：一是通过改变消费者的理想状态来激发消费者对问题的认知，通过广告宣传产品的优越性来影响消费者的理想状态。比如，扫地机器人的广告让消费者看到从繁杂的家务劳动中解放双手的理想状态。二是通过影响消费者对现

前沿研究 9-1

社交媒体用户内容分享——展示我做了什么，还是展示我拥有什么？

有差距的重要性的认识激发消费者的问题认知，运用比较性广告来暗示现有产品的不足或危害。比如，可自动清洗拖布的扫地机器人广告在暗示消费者自行清洗和更换拖布的烦琐及不便。此外，正如前沿研究 9-1 所述，社交媒体作为新型的商品信息发布和消费者认知平台，从涉及的购买类型（如物质式购买和体验式购买）、商品信息的发布频率和商品消费的相关话题等，都会影响消费者对商品的感知和印象，进而影响他们对消费需求的问题识别和消费行为。

第二节　内部信息搜索：从记忆中搜索信息

问题识别过程被激发之后，消费者通常会启动购买决策过程以解决被识别和确认的问题。一般情况下，下一步将会是内部搜索（internal search）。基本上所有的购买决策都包含不同形式的记忆加工。消费者记忆中储存了多种信息、感受和以往的体验。在制定决策时，消费者往往会回想这些信息。

由于消费者加工信息的容量或能力是有限的，而且记忆的痕迹会随时间消退，当进行内部搜索时，消费者可能只能回忆起一小部分储存的信息。研究人员总结发现了内部搜索过程的 3 个关键方面：①内部搜索的参与程度；②内部搜索的信息内容；③内部搜索的信息偏差。下面我们将依次详细进行介绍。

一、内部搜索的参与程度

内部搜索的参与程度变化非常大，小到对某个品牌名称的回想，大到从记忆中更广泛地搜索相关信息、感受和体验。通常，研究人员知道消费者投入内部搜索的努力取决于他们加工信息的动机、能力和机会（motivation、ability、opportunity，MAO）。因此，当消费者的涉入感、感知风险或认知需要较高时，他们会尝试回想更多信息。另外，只有当信息是储存在消费者的记忆里时，他们才会进行积极的内部搜索。当消费者具有越多的知识和体验时，内部搜索的能力就越强。最后，只有当消费者具备开展内部搜索的条件时，他们才能从记忆中回想信息。比如，时间上的压力或其他事情导致的分心都会制约个体的内部搜索行为。

二、内部搜索的信息内容

许多关于消费者进行消费判断决策制定时，内部搜索所扮演角色的研究都将重点放在消费者内部搜索的具体内容上。研究人员发现消费者在内部搜索方面主要开展四种类型的信息回想：①对品牌的回想；②对属性的回想；③对评价的回想；④对体验的回想。下面我们将依次具体介绍上述四种类型的信息回想。

（一）对品牌的回想

在问题识别被激发时，消费者从记忆中所回想的品牌集合成为内部搜索的一个重要方面，它对消费决策制定具有非常重要的影响。一般情况下，消费者不可能回想起所有的可用品牌，而往往会回想起由 2～8 个品牌所组成的品牌子集。该品牌子集被称为考虑集或激活集（consideration or evoked set）。例如，购买洗发水的消费者可能会考虑沙宣、海飞丝、飘柔品牌，而不会回想起所有的洗发水品牌。然而，随着越来越多的品牌出现，消费者的选择也越来越多。仅宝洁（中国）有限公司一家就创立多个洗发水品牌（包括海飞丝、潘婷、飘柔等），由此对于消费者品牌考虑集的争夺也愈演愈烈。

一般而言，考虑集中的品牌或产品都是消费者容易且可以回想起的品牌或产品。例如，就算使用洗碗机可能更卫生更便捷，但是一些消费者还是会选择手洗。因为他们没有考虑到使用洗碗机的可能性，也就是没有将洗碗机列入考虑集合的范围之内。洗碗机电器公司需要运用营销手段来鼓励这部分消费者选择洗碗机代替手洗碗筷。消费者的考虑集通常不会太大，因为消费者记忆品牌信息的能力会随着考虑集的增大而降低。然而，就算消费者没有回想起整个品牌集，记忆中储存的信息仍然能帮助问题识别过程。例如，储存的信息可以帮助消费者从众多产品品牌中识别并关注特定产品。这就是为什么景田公司要采用密集的电视广告让百岁山天然矿泉水深入消费者的内心。在市场上有多种品牌的矿泉水可供（消费者）选择的情况下，电视广告宣传能够让百岁山矿泉水进入消费者的考虑集。

研究表明，考虑集在大小、稳定性、多样性及偏好分散性（对不同品牌或产品的偏好一致性）等方面各有不同。在相对熟悉的场合，如在常去的电影院里买小吃，消费者的考虑集相对更不稳定，数量更多，变化也较大。在这种情况下，消费者往往对考虑集中的一两个品牌有更强的偏好。这种现象说明，企业应该加强其产品和消费者熟悉的场合或情况之间的联系（如看电影时的小吃），从而提高产品作为考虑集中的一员而被消费者从记忆中提取出来的可能性。

还有研究表明，回想起来的品牌被选中购买的可能性更大。通过影响消费者回想起什么品牌的简单操作，消费者的选择就会改变，尽管这种操作并不会改变消费者的产品偏好。然而，消费者想起品牌并不能保证该品牌一定会进入消费者的考虑集，因为消费者可以想起很多品牌，然后会排除掉不想要的品牌。因此，如果消费者无法回想起一些品牌来组成考虑集，该集合就会倾向于由外部因素决定，如货架上可得的产品品牌或是销售人员的建议。

 考虑集或激活集：
做决定时首先回想起的品牌的集合。

先前的学者已考察一些可以提高消费者进行内部搜索时品牌被回想并被选入考虑集可能性的因素，包括原型性、品牌熟悉度、目标和使用情境、品牌偏好、提取线索。下面我们将分别对这些因素进行介绍。

1. 原型性

当消费者进行内部搜索时,那些与原型品牌更接近或与其他范畴成员更相似的品牌更容易被回想起,结果与该范畴中其他不太典型的品牌相比,这些品牌更可能进入消费者的考虑集。例如,携程集团(Trip.com Group)首先创建了一站式旅行平台,这使得携程成为线上旅游市场中的主导品牌。当消费者对这类产品的问题进行识别时,该品牌要比其他品牌更容易进入考虑集。

2. 品牌熟悉度

在进行内部搜索时,熟悉的品牌更容易被想起,因为它们在消费者头脑中的记忆联结更强。因此,企业需要持续重复营销沟通活动,以保持较高的品牌熟悉度和较强的品牌联想。即使在低 MAO 的消费情境下,偶然出现的广告也能增加品牌进入考虑集的可能性。这就解释了为什么华为、麦当劳、可口可乐等拥有高熟悉度的国际知名品牌更容易进入消费者的考虑集。品牌熟悉度可以帮助消费者识别应当注意商店中的哪些品牌,并能减少对品牌的误认。

3. 目标和使用情境

消费者在记忆中根据使用目标和情境对不同的产品有特定的门类划分。例如,吃火锅喝王老吉。当消费者进行内部信息搜索时,哪种类型的目标和使用情境被触发,将决定哪一部分品牌会被消费者回忆起。因此,营销人员可以把产品与特定的使用目的和使用情境联系起来。例如,习酒的微电影对准了春节阖家团圆的话题——孩子不回家过年,长辈花式出招让孩子回家,并以"一杯酒"作为情感切入口,重现了中国式家庭的温情与羁绊。在年关节点,习酒用这支微电影展现了"春节"的真正含义——幸福团圆,把酒言欢。由此,习酒定位自身的产品为家人团聚的首要选择。

4. 品牌偏好

与激起负面态度的品牌相比,如果消费者对品牌具有正面态度,那么该品牌更容易被回想起,也更可能会进入消费者的考虑集[4]。此种品牌偏好的正面效应说明了建立积极品牌态度的重要性。2022 年,据央视"3·15"晚会曝光,插旗菜业标准化腌制池腌出来的酸菜是用来加工出口产品的,而内销的老坛酸菜包里的酸菜则是从外面收购来的"土坑酸菜"。当各大方便面品牌因老坛酸菜牛肉面被舆论烹煮时,人们却听到了白象方便面和被曝光有问题的酸菜企业"从未有过合作"的保证。之前业界知名度并不高的白象食品股份有限公司迅速被广大消费者知晓。并且,多年来,白象食品集团始终不忘作为社会公民的责任和担当,积极投身各项社会公益事业。白象食品集团董事长姚忠良对残疾人这一弱势群体特别关注。湖南分公司成立之初,就吸纳了大量的残疾人就业。白象集团的社会责任感大大激发了广大消费者对该品牌的正面态度,积极购买及支持该品牌的产品销售。一周之内,白象官方抖音号新增粉丝近 30 万人,直播销售额达 770 多万元。白象方便面一度被卖到断货,据说"仓库里连个面渣渣都没有了"。

5. 提取线索

提取线索指的是消费者通过某种品牌特质回忆或确定品牌的行为。营销人员可以通过强化品牌与提取线索之间的联系来增加品牌进入考虑集的机会。例如，中国联通的红色中国结和麦当劳的金色拱门。而产品的包装也是一种重要的提取线索。这正是为什么王老吉凉茶采用红底金字的瓶装包装，且可口可乐的沙漏型瓶装一直不变的原因。

（二）对属性的回想

由于各种原因，消费者进行内部搜索时，仅仅能够回忆起储存在个体记忆里的一小部分信息。由于记忆会随时间消退，通常人们无法回想起有关产品或服务的具体细节。因此，我们所回想起的属性信息一般不是产品本身完整详细的细节信息，而是汇总的或简化过的信息。正如我们不会记得一辆车的具体百公里油耗和确切的油价，而是更可能记得这辆车油耗很低或者车加满油并不是很贵。

然而，消费者进行内部搜索时有时也会回想起一些细节，这些回想起的属性信息对消费者的品牌选择影响很大。因此，学者们对信息搜索和决策制定过程中回忆属性信息的影响因素方面开展了广泛研究。具体而言，研究人员识别的主要变量包括可达性或可获得性、可诊断性、显著性、生动性、目标。

1. 可达性或可获得性

可达性或可获得性是指，最易获得或最可接触的，具有最强关联性的信息，这些信息最有可能被人们回忆并影响后期决策过程。更容易被回想起来的信息一般也是容易获得的。在某些情况下，提高消费者信息提取的容易程度就可以影响人们的决策判断。比如，人们现在几乎每天都会刷手机视频或手机新闻。在观看短视频或网页新闻的过程中，会出现拼多多 APP 的宣传视频和下载链接，让人们能够即时方便地了解该购物平台，并登录平台购买产品。而且，通过重复将注意力引向沟通信息，或者通过提高信息的相关性，营销人员就可以提高信息的可达性。比如，在许多写字楼、住宅楼的直升电梯里、地铁上，儿童线上教育平台斑马 AI 课会通过反复播放品牌广告的形式，引起消费者对品牌的注意力。

2. 可诊断性

诊断性信息（diagnostic information）能够帮助人们区分不同的事物。如果所有的电脑都是一个价格，那么当消费者做决定时，价格就不是一个有用的、诊断性的信息。反之，如果价格不同，消费者则可以通过价格对产品进行区分，那么价格就是诊断性信息。如果某条信息既可获得又具有诊断性，那么它对购买决策的影响就非常大。然而，如果一条信息只是可获得而不具备诊断性，那么它被回想起的机会就很低。

研究发现，负面信息往往比正面或中性信息的诊断性更高，这是因为负面信息往往更加与众不同。由于大多数品牌都与正面属性相联系，因此负面信息让消费者能更容易地对品牌进行区分。而且，在决策制定过程中，消费者往往更看重负面信息。这意味着在消费者进行选择时，有负面信息的品牌更有可能被拒绝。因此，营销人员应该避免让他们的产品与负面信息相联系。比如，制定双面信息活动来反驳负面信息，或尽量不让消费者接触到负面属性。另外，对于特定产品或服务类别，营销人员还可以识别出哪些信息属性具有诊断性，并甄别出这些产品或服务在这一种或几种属性上所具有的竞争优势。

诊断性信息：

帮助人们区分不同事物的信息。

3. 显著性

研究清楚地表明，即使消费者加工信息的机会不高，他们也能回想起显著的属性（salient attributes）。例如，对于喜欢喝旺仔牛奶的消费者来说，包装上的卡通头像就是显著属性。另外，对于很多消费者而言，价格也是一个显著的属性。需要注意的是，消费者并不总是对某个属性是否显著具有强烈的信念。因此，音响系统产品的营销人员可以设法提供信息使得音质这一属性更加显著，从而增强消费者对该产品高音质属性的回想，进而促进消费者选择他们的品牌。通过在营销信息中重复强调某种属性，营销人员也可以提高产品的显著性及其对决策的影响[5]。最近一项研究表明，制酒企业开始宣传喝红酒对身体有益，如红酒饮用者的心脏病发病率更低。

然而，高显著性的属性不一定具有诊断性。例如，你要买一块手表，"报时"功能就具有高显著性，但它不具诊断性。信息要能被回想起来并进入考虑集，它必须具有属性决定性（attribute determinance），也就是说信息既有显著性又有诊断性。例如，在中国整体综合国力和经济快速发展的大背景下，以"90后"和"Z世代"（"95后"）为主体的青年喜爱国风，中国传统文化有了流行化的新趋势。[6]诞生于中国杭州的"花西子"品牌坚持以"东方彩妆，以花养妆"作为品牌的定位和理念。2021年"双十一"跻身彩妆品牌销售榜TOP10，力压纪梵希、阿玛尼。截至2021年6月，花西子专利总量47项，其中发明专利13项、外观专利33项、实用新型专利1项，位国货彩妆之首。基于古风理念的产品造型具有高显著性，同时成分天然、安全健康的古法养妆进一步加强了品牌的属性决定性。借着"国潮风"，该品牌让"东方美学"和"中国风"成了国货彩妆的美学依据和卖点。[7]

 显著的属性：

容易想起或重要的属性。

 属性决定性：

既具有显著性又具有诊断性的信息。

4. 生动性

生动的信息是指具体的文字、图片或想象的情景（如想象你在一个热带海滩上）。例如，一张旅行者身穿滑雪服、携带滑雪装备、面露兴奋之色滑行于雪川之中的实景照片就是一则生动的旅行广告。生动的信息比不生动的信息更容易让人回想起，但只有当消费者对其没有产生先入为主（尤其是负面）的评估时，生动的信息才能影响判断和决策制定。而且，只有当加工信息所需努力与消费者愿意付出的努力相当时，生动性才能影响态度。否则，生动与不生动的信息二者之间并没有什么区别。

5. 目标

消费者的目标决定了哪种属性会被回想起。例如，如果你去度假的目标之一是节省的话，那么你考虑合适的旅游目的地时，就会考虑价格。营销人员要找到影响消费者选择过程的重要目标，然后根据这些目标对他们的产品进行定位，如提供一个经济度假套餐。

（三）对评价的回想

由于人们对于具体细节的记忆容易随着时间快速消退，我们会发现总体评价或态度（就是喜不喜欢）比具体的属性信息更容易记忆。另外，人们的评价往往会形成对品牌的强联结。这种倾向也正是为什么对营销人员而言，培养消费者对其品牌或提供物（无论提供物是产品、服务、人还是地点）的积极态度十分重要。例如，"独特的新加坡"这则广告中表现的是游客谈论他们多么喜欢新加坡。[8]新加坡政府还向在新加坡拍摄电影和电视节目的公司提供财务奖励，其目标是"建立新加坡更高的知名度，并在竞争激烈的旅游市场中赢得口碑"。

在接触相关信息时，对产品进行积极评价的消费者更容易回想起对该产品的评价。例如，你想买一台电脑而你突然看到一个品牌的广告，看过广告后你就会决定你是否喜欢这个品牌。这种活动被称为即时评价（online processing）。之后，你更有可能只是回想起对这个品牌的评价，而不是引起这个评价的具体品牌信息。然而，许多时候，当消费者看到或听到一则广告时，并不需要选择某种品牌的产品。这种情况下，他们就不会对品牌进行评价，而更容易回想起具体的属性信息。当然，前提是我们假设消费者对品牌广告的涉入度很高并且对该品牌的信息进行了了解。此外，在对家族品牌进行评价时，如果家族品牌中的个体品牌之间属性差异比较小，那么消费者更可能对该家族品牌进行即时评价。

 即时评价：

当消费者看到一个品牌的广告时，他立刻对这个品牌进行评价。

（四）对体验的回想

内部搜索可以是自传记忆的体验式回想，这些回想以具体的图像或与之相关的影像信息的形式出现。比如，虽然语义记忆中的信息一样被回想，但是生动、显著、经常的体验更容易被回想起。如果你对某个产品或服务有着极好或极坏的体验，日后你有可能回想起这些生动的体验。此外，如果你一直对该产品或服务有好的体验，它就很容易被想起。例如，在龙头品牌特斯拉的启发下，2021年小鹏、未来空间、比亚迪、非凡、理想等超过80家新能源汽车品牌将体验店开进了购物中心。体验店大多选址在商场首层入口、扶梯处，大大增加曝光量，吸引注意力。除此之外，像蔚来中心（NIO House）的购物中心体验店中，除了汽车销售之外，还包含厨房、图书馆、咖啡厅、亲子中心、共享办公区等，类似一个生活文化社区。还有研究表明，尽管广告可以影响消费者回忆产品体验的准确性，但不一定会对产品评估产生影响。

三、内部搜索的信息偏差

除了上述影响人们回忆的因素之外，消费者身上还具有改变内部搜索性质的加工偏差。这些搜索偏差有时会导致对引起非最优判断或决策信息的回想。下面介绍对营销有重要影响的三方面的加工偏差：确认性偏差、抑制和心境。

（一）确认性偏差

确认性偏差（confirmation bias）是指人们更可能回想起能强化或确认个体总体信念的信息而非与之矛盾信息的一种倾向，从而会使得人们做出比真实情况更加积极的判断或决策。这种现象与选择性知觉（即我们只看见我们想看见的）的概念有关。此种偏差的产生是因为人们总是希望保持自己观点的一致性。当人们进行内部搜索时，个体会回想起自己喜欢的品牌或曾经试用过的品牌信息，而不大可能回想起那些我们不喜欢的或是曾经被我们拒绝的品牌。而且，当确认性偏差发挥作用时，人们会只回想自己喜欢品牌的优点，忽略其缺点。这种偏差性反应可能会带来一些问题，因为正如前文所提到的，负面信息往往更具有诊断性。

不过，有时人们也会回忆起矛盾的证据。事实上，由于人们在首次碰到中等程度的矛盾信息时，人们就会有意识地思考并理解这种信息，因此我们也会回想起这种信息。然而，大多数情况下，消费者都只愿意回想起能够强化其总体信念的信息。

 确认性偏差：

我们更可能回想起能强化或确认我们总体信念的信息而非与之矛盾的信息的一种倾向，从而会使我们做出比真实情况更加积极的判断或决策。

（二）抑制

另一种内部搜索偏差与消费者有限的信息加工能力有关。具体而言，任何可以影响对某种属性回想的变量（可达性、生动性、显著性等）都会导致对其他诊断性属性回想的抑制（inhibition）[9]。例如，买房子时，消费者也许会回想价格、几个洗手间、面积等信息，但他同时有可能忽略其他同样重要的信息。抑制会导致有偏差的判断和决策，因为消费者可能虽然记得但仍会忽略掉重要和有用的信息。

 抑制：

回想起一种属性会抑制对其他属性的回想。

（三）心境

消费者最可能回想出与他们心境一致的信息、感受和体验。有的广告创意者就充分运用了这一点，他们在广告中利用幽默或具有吸引力的视觉冲击来让消费者处于好心情，从而可以促进消费者回想起积极的属性信息。比如，冬奥会期间，每当中国队获得奖牌，奖牌得主会成为诸多品牌的广告代言人。在国人为获得奖牌而激动庆祝的愉悦心情中，同时也加强了对品牌的宣传和推广。[10]

第三节　外部信息搜索：从环境中搜索信息

有时，消费者的购买决策可能完全基于从记忆中回想起的信息。但有时，回想的信息也许会丢失，或者呈现出不确定性。于是，消费者就会开始对外部资源进行信息搜索。比如，经销商、亲朋好友、出版物（杂志、小册子、书籍）、广告、互联网或者产品包装。消费者运用外部搜索来获得额外的信息，如哪些品牌是可获得的，以及考虑集中品牌的属性和优点。

 外部搜索：

从外部资源（如杂志、经销商、广告等）搜集信息的过程。

外部搜索可以划分为两种：购前搜索和持续性搜索。

购前搜索（pre-purchase search）是问题识别所激发的一种信息寻求反应。举例来说，想购买汽车的消费者可以通过咨询汽车经销商、访问汽车之家 APP 或其他网站，查询汽车品牌的质量、口碑及排名，与朋友交流及阅读杂志等方式获取信息。如图 9.2 所示，影响消费者购前搜索的决定因素主要包括对该产品的购买卷入程度、市场环境和情境环境；造成购前搜索的行为动机是消费者想要做出更好的消费决策；而购前搜索的结果是增加了消费者对产品和市场的认识、能够做出更好的购买决策，并提高了购买后的决策满意度。

持续性搜索（ongoing search）是遵循一定的规律性发生的搜索。比如，即使是在未激发问题识别的情况下，有的消费者也可能经常阅读汽车杂志、浏览汽车网站或去参观车展，因为他们对汽车具有浓厚的兴趣。如图 9.2 所示，影响消费者持续性搜索的决定

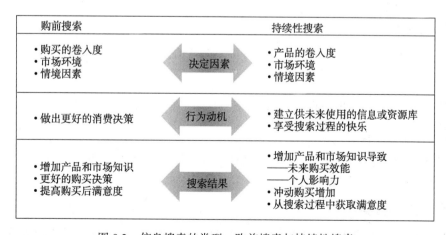

图 9.2　信息搜索的类型：购前搜索与持续性搜索

因素主要在于对该产品自身的卷入程度、市场环境和情境因素；造成持续性搜索的行为动机是消费者想要建立供未来决策使用的信息或资源库，同时消费者非常享受这个信息搜索的过程；而持续性搜索的结果往往表现为消费者不断增加的产品和市场知识提升了消费者的预期购买效能和个人影响力，消费者从搜索过程中也不断获取并提升对产品的满意度，但同时冲动性购买行为增加。

我们对上述两类搜索进行了对比和分析，具体见图9.2。

如图9.2所示，消费者可以进行两种主要类型的外部搜索。购前搜索因问题识别而出现，其目标是做出更好的购买决策。持续性搜索源于持续的涉入，并反复发生（无论有无问题识别）。此时消费者进行搜索只因为他们可以从中获得乐趣（如他们喜欢浏览）。

 购前搜索：

是问题识别所激发的一种信息寻求反应。

 持续性搜索：

是遵循一定的规律性发生的搜索。

研究人员总结发现了外部搜索过程的五个关键方面：①外部搜索的信息来源；②外部搜索的参与程度；③外部搜索的信息内容；④外部搜索的阶段过程；⑤外部搜索的主要类型。下面我们将依次详细进行介绍。

一、外部搜索的信息来源

不论是购前搜索还是持续性搜索，消费者都可以通过五种主要的外部来源获得信息，具体包括以下内容。

（一）零售商搜索

打电话或前往商店向经销商咨询，包括查看包装信息和品牌宣传册；尤其是，消费者认为前往产品聚集在一起的商店更加节省搜索时间。

（二）媒体搜索

从线下广告、线上广告、生产商网站及其他营销沟通渠道中获取信息。

（三）体验搜索

使用产品试用装或产品/服务试用（如试驾）或在线体验试用产品。

（四）人际搜索

通过面对面沟通、电话、互联网及其他方式从朋友、亲人、邻居、同事或者其他消费者处得到建议。

（五）独立搜索

与独立的信息来源相关，如书籍、非赞助网站、政府印发的宣传册或杂志等。

传统上，零售商和媒体搜索是最常见的搜索形式，其次是体验搜索。当消费者的参与程度较高或产品知识较少时，上述类型的搜索会增加。这一发现对营销人员非常重要，因为这些信息来源是他们能直接掌控的。其他研究表明，消费者在做购买决策之前会浏览至少两种信息来源（如互联网、产品目录等）。因此营销人员和零售商要确保其品牌在不同来源上信息的一致性。

对于享乐性产品和服务来说，体验搜索也很重要。由于感官刺激的重要性，消费者希望对营销人员提供的产品有直观的"感受"，所以他们会在买之前试穿衣服或试听音乐。缦图集团旗下的海马体照相馆每当开新店时，会通过赠送底片的形式为顾客提供更多的体验和试用机会。通过这种方式，吸引更多的消费者预约摄影服务。经统计，许多顾客通过开业酬宾的摄影体验认可了海马体照相馆"轻、快、简"的新型摄影服务模式。

当品牌知识越少时，消费者进行人际搜索的程度也越高。显然，当消费者对品牌了解有限时，他们便有了向其他人寻求意见的动机。此外，当消费者感觉他们购买或消费的商品（通常是享乐性或象征性产品或服务，如时尚、音乐和家具等产品或服务）会被他人评论时，他们往往会进行人际搜索。

文化特征对外部搜索来说也很重要。研究表明，来自亚文化群体和文化未同化群体（独立于周围文化的自成一体的文化群体）的消费者往往会进行更广泛的外部来源搜索。[11] 而认同环境文化的亚文化群体成员更可能通过媒体广告寻找信息。因此，对这些消费者群体，营销人员应该创造足够量的广告传达信息。虽然随着消费者的空闲时间越多，独立搜索发生得也越多，但是总体而言相对于其他类型的信息搜索，人们在独立搜索上花费的时间通常还是比较少的。

二、外部搜索的参与程度

许多关于外部搜索的研究关注消费者做出消费判断和决策之前需要搜索多少信息。其中一项重要的发现是，即使消费者想要购买的东西被认为很重要，搜索活动的程度通常也可能很有限。随着消费者网上购物活动的增加，由于从网上搜索信息十分便捷，搜索活动也会增加。然而，信息搜索量变化很大，可以从一两条的简单信息，一直到基于很多来源的大量信息。为了解释这种差异，研究人员提出了一些与加工信息的动机、能力和机会相关的解释性因素。[12]

（一）处理信息的动机

随着加工信息动机的提高，外部搜索的范围通常也会更广。总结而言，共有六个方面的因素可以提高外部搜索的动机：①涉入度和感知风险；②搜索导致的感知成本和利益；③考虑集的性质；④品牌不确定性；⑤对搜索的态度；⑥新信息的差异程度。

1. 涉入度和感知风险

为了更好理解涉入度和外部搜索的联系，请回忆对情境性涉入（对特定情境的反应）和持续性涉入（持续的反应）的区分。高情境性涉入通常会导致更多的购前搜索，而持续性涉入指不论问题识别是否存在都会持续下去。因此，对汽车具有持续性涉入的消费者更可能去阅读汽车杂志，参观车展，访问汽车网站，或以其他方式了解汽车信息。

由于感知风险是涉入度的一个主要决定因素，因此消费者决策所面临的风险越大，他们进行外部搜索的活动也越多。感知风险的一个重要组成部分是对行为后果的不确定性，消费者将外部搜索作为减少这种不确定性的一种方法。与对品牌的某一具体属性不确定的情况相比，消费者在不确定该选择哪个品牌时更容易进行搜索。消费者对服务的搜索也会高于对产品的搜索，因为服务是无形的，因而不确定性会更高。最后，如果后果很严重，如那些具有高财务风险或社会风险的行为，那么消费者会有更高的搜索动机。比如，买房、买车，消费者投入更多，一旦决策失误带来的损失也更大，因此消费者会有更高的搜索动机，进行外部搜索的活动也越多。

2. 感知成本和利益

当感觉到搜索利益超过搜索成本时，外部搜索活动也会更多。在这种情况下，消费者搜索的效用包括降低不确定性，提高他们做出更好决策的可能性，获得更好的价值以及享受购买过程。外部搜索的成本包括时间、精力、不便利性和金钱（包括去商场和经销商处的费用）。这些因素都会导致消费者心理和生理上的紧张。一般而言，除非消费者觉得搜索成本大于效用，否则消费者会倾向于继续搜索。对降低搜索成本的期望解释了为什么许多超市中会出售如家电和家具之类的非传统商品，从而使超市成为"可以购买到任何东西的地方"。正如前面所提及的，不断发现更好选择的消费者会开展持续性搜索。即便如此，消费者往往也会使其初始搜索投资最小化，在做出决策之后推迟未来搜索，并且低估转换到另一种产品/服务的未来成本（包括搜索和使用成本）。

3. 考虑集的性质

如果考虑集包含许多有吸引力的选择，消费者会积极进行外部搜索来帮助做出选择。相反，如果考虑集中只包含一个或两个品牌，就大大减少了信息搜索的需要。比如，在选择网络服务商时，人们不需要进行许多的外部信息搜索，只需在中国联通、中国移动、中国电信三个品牌中进行选择即可。

4. 品牌不确定性

当消费者不确定哪个品牌最好时，他们更有动力进行外部搜索。当品牌有各自不同的特性和特征时，他们也会更多地到外部搜索中来了解产品功能。即使这种持续的了解和搜索可能会降低他们对最终决定的满意度。比如，消费者在购买化妆品时，在了解香奈儿、雅诗兰黛等许多全球畅销品牌的同时，完美日记、花西子等国潮品牌也逐渐步入了中国消费者的视野，并引起消费者极大的探索和购买兴趣。

5. 对搜索的态度

有些消费者喜欢搜索信息并且搜索范围广泛。这些消费者一般对于搜索的价值和收益抱有积极的信念。特别是，广泛搜索行为与"匆忙做出重要购买决策总会后悔的"这个想法紧密相关[13]。另外一些消费者很少搜索只是因为他们讨厌搜索。

研究人员应区分出两类网络搜索者。有经验的搜索者是最热衷于互联网，也是使用互联网最多的用户。中度或轻度搜索用户仅仅视互联网为一种信息来源，而并不视互联网为一种获得乐趣的来源。为了吸引后面这类消费者，一些公司运用有趣或高参与性的游戏鼓励他们进行搜索。

6. 新信息的差异程度

不论何时,当消费者接触到新环境中的事物时,他们会尝试基于他们已有的知识对其进行分类。如果这个新事物不适合任何已存在的类别,那么消费者会进行信息搜索以解决这种不一致,特别是在这种信息具有中等程度的不一致性且消费者对这类产品了解有限时。通常情况下,消费者会拒绝或者忽略高度不一致的信息。营销人员可以通过介绍他们的品牌与其他品牌的适度区别来利用这一倾向。例如,在消费者的一般认知中,饼干、米糊都是一种由面粉、水等原料制作成的,主要是用来补充能量的休闲食品,并不具有保健、医疗等功效。而江中集团的江中猴菇饼干、江中猴菇米稀在广告宣传中提到"源于中医""药食两用""健脾养胃"等,可以说与消费者已有的认知具有中等程度的不一致性。这引导消费者进一步搜索了解猴头菇的养胃功效和米稀中的十种珍贵食材等信息,以及思考将日常饮食与保健有机结合,从而认可该产品。

同样的过程也适用于对新产品的信息搜索。如果一个新产品与现有产品类别有适度的区别或不一致,消费者就会产生解决这种矛盾的动机。特别是,消费者对最显著属性的搜索程度要高于其他属性。从营销的视角来看,这种行为告诉我们,将新产品定位成与现有品牌有适度差异的产品将会导致消费者搜集更多的信息,从而影响他们的决策制定过程。例如,"药食两用"的猴菇饼干与普通饼干就是如此。这种适度的差异可能刺激消费者搜索更多相关的产品信息,并最后影响他们的购买决策。

(二)处理信息的能力

外部搜索也深受消费者加工信息能力的影响。研究人员发现了三种影响外部信息搜索的变量:①消费者知识;②认知能力;③人口统计因素。

1. 消费者知识

常识告诉我们,专家型消费者搜索得更少是因为他们记忆中已经具备很多复杂的知识储备。然而,有关这方面的研究结果却是复杂的[14]。这可能是由于学者对知识的定义不同。一些研究测量的是主观知识,即与他人的知识相比消费者对自己具备的知识的主观认识。另外一些研究探究的是客观知识。客观知识是指可用正规的知识测验测量出的储存在其记忆中的实际信息。尽管主观或客观知识与信息搜索都有一定联系,研究人员已将信息搜索与客观知识联系起来。

具体而言,一些研究发现,知识和信息搜索之间呈倒U形的关系。中等知识量的消费者搜索得最多,因为他们往往搜索的动机更高。他们至少拥有一些基本的知识,这将有助于他们解释新信息。而专家型消费者由于记忆中的知识存储较多,因而搜索得更少,同时他们也知道如何将搜索目标放在最相关和最具诊断性的信息上,并且忽略无关的信息——除非是涉及对新产品的搜索。由于专家型消费者具有完备的记忆结构,他们在学习和获得新产品知识上也同样具有更多的优势。

2. 认知能力

具有较高的基本认知能力的消费者,如具有高智商和整合复杂信息能力的消费者,不仅比知识很少或没有知识的消费者更有可能获得更多的信息，而且能够以更复杂的方式处理这些信息。比如，当高知分子在购买产品时，会希望更系统、更全面地了解产品参数、性能及指标，并会更多地向销售顾问进行询问、对比及分析。而知识水平较低的消费者在购买产品时，较少询问数据参数等，该部分消费者更倾向于从外观、品牌、价格、口碑等方面进行对比及选择。根据研究，积极的情感会带来更高效的处理过程，而消极的情感却使判断既低效又费力。

3. 人口统计学因素

研究人员不断探究是否某类消费者会比其他人搜索得更多，他们的确发现了某些一致的模式。例如，受过高等教育的消费群体比低教育程度的消费群体搜索得更多。这种情况的出现是因为受过高等教育的消费群体至少拥有中等的知识量，而且他们比低教育程度的消费群体更容易接近信息源。比如，在购买产品前，受过高等教育的消费群体可能会选择登录网站搜索及学习相关资料，通过各种网络论坛了解产品的口碑和用户反馈，向身边其他受教育程度较高的亲朋好友询问。而低教育程度的消费群体不具备良好的网络搜索技能，不能够发现信息资料的来源渠道，身边的朋友受教育程度也普遍偏低等。

（三）处理信息的机会

在广泛搜索之前，除了拥有搜索信息的动机和能力外，消费者还需要具备加工信息的机会。一些可能影响搜索过程的情境因素包括：①信息量；②信息形式；③可用时间；④可选产品的数量。

1. 信息量

在众多决策情境下，消费者可获信息的数量变化幅度很大。这取决于市场上的品牌数量，每个品牌可获得的属性信息，零售商或经销商数量及其他信息来源（如杂志和知识渊博的朋友）的数量。一般来说，可用信息量越多，消费者搜索也越多。随着互联网和社交媒体的使用，消费者可以做更多的搜索[15]。因为可用信息的数量增加，可以产生更多的外部搜索，更不用说通过手机访问网络对商品进行价格比较。当然，如果信息被限制或不可获得，消费者就很难进行广泛的外部搜索。

2. 信息形式

信息呈现的形式也会对搜索过程有很大的影响。有时，信息可以从不同的来源或地点获得，但消费者必须花费相当大的精力来收集信息。例如，买保险时，消费者不得不联系不同的公司或机构了解每种政策。与之相比，当信息以减少消费者努力的方式呈现时，可以促进信息搜集和使用，特别是当消费者处于决策模式时。例如，法规要求食品上有简洁、易读的营养标签，从而增加信息加工的机会。一项相关研究发现，当高营养的益处十分明确时，消费者会增加他们对营养信息的使用。此外，如果一个物体周围的信息在视觉上是简单和整洁的，消费者就会更从容地进行探索性搜索。选项提出的顺序也会影响态度和偏好[16]。例如，如果消费者先听一首熟悉的歌曲，然后再听另一个音乐群体演唱的这首歌的更新版本，那么他们往往会更喜欢熟悉的版本，因为他们先听到的是这个版本。

3. 可用时间

没有时间限制的消费者有更多搜索的机会。然而，如果有时间压力，消费者会严格地限制他们的搜索行为。同时，随着时间压力的增大，消费者会减少从不同来源搜索信息的时间。时间压力也是消费者在网上搜索和购物的主要原因之一。一项研究表明，当再次因搜索原因访问某个网站时，消费者花费总时间的减少是因为他们浏览的页面数减少，而不是因为他们看每个页面的时间减少。这说明消费者没有足够的时间浏览更多的网页，只能够在有限的时间里浏览的网页中进行选择。

4. 可选产品的数量

研究人员发现，当消费者面临在多个产品中选择时，相比于决定是否购买和使用哪一个产品而言，他们会进行形式较少但范围更广的搜索。比如，消费者需要购买一台家用汽车，由于汽车品牌及产品较多，他们会选择通过某一种信息搜索形式（如汽车之家 APP），对不同的汽车品牌及产品进行了解、对比，以帮助自己做出科学、合理的购买决策。

营销人员可以通过提供丰富的信息来尝试激发外部搜索。例如，许多餐饮企业通过在不同的团购平台上发布优惠信息，增加品牌的曝光度。此外，企业还通过各种网购平台（如京东、天猫，开通网上旗舰店）公开宣传产品，从而刺激消费者登录搜索并了解产品信息。这些额外搜索的机会可以让低搜索消费者接触到信息，从而改变他们的态度及购买决策。营销人员还可以为消费者提供搜索奖励。例如，许多品牌为了促进消费者进入直播间消费，他们在天猫旗舰店提供只能在直播间里获取的赠品和限时使用的在线优惠券。另外，如前沿研究 9-2 所述，网红效应已经成为网络营销的重要影响因素之一。因此，营销人员在开展网络宣传时，能否良好地把握网红、粉丝及社交媒体的特征，在很大程度上影响着消费者对品牌的认知。

前沿研究 9-2

网红营销效果

三、外部搜索的信息内容

研究人员对于消费者外部搜索获得何种信息很感兴趣，因为这些信息可以对消费者的判断和决策制定产生重要影响。在搜索外部来源时，消费者通常获得关于品牌名称、产品价格及其他属性的信息。我们将依次介绍三种类别的外部搜索信息。

（一）品牌名称

品牌名称是最频繁获得的信息种类，因为他是记忆中其他信息组织的中心节点。因此，当我们知道品牌名称之后，我们可以立刻激活其他相关的信息点。例如，我们一听到全聚德，就会回想出关于它的既有知识和联想。全聚德餐饮集团经过不断创新发展，形成了以独具特色的全聚德烤鸭为龙头，集"全鸭席"和 400 多道特色菜品于一体的全聚德菜系，并备受各国元首、政府官员、社会各界人士及国内外游客喜爱，被誉为"中华第一吃"。

（二）产品价格

价格常常是消费者关注的焦点，因为它具有诊断性，并且可以用来推断诸如质量和价值等其他属性。一项研究发现，当某个产品类别的质量和价格没有直接联系时，借助质量检测平台帮助搜索和采购商品的消费者，实际上对价格会更加敏感。当然，对价格的搜索并没有我们想象的那么重要（因为搜索的总体范围不大），即使价格变化程度增加并且成本上升，它的重要性也不会增加。根据解释水平理论，当消费者的心理距离较远，如消费与他人有关时，消费者会更依赖于价格作为质量线索[17]。比如，消费者受邀参加某商业庆典，或到医院探望病人，会通过价格选择恰当品质的礼品或慰问品。

即使当消费者以价格为基础进行搜索时，先前的品牌偏好对其他信息的处理也发挥作用。具体来说，当消费者在搜索过程中转向较低价格的产品时，他们仍然会对搜索前喜欢的品牌保持一定的偏好，这往往会使他们的信息处理偏向于喜欢的品牌。通常，一段时间内，在多家商店或平台搜索产品价格进行比对的消费者的确比只通过一种渠道搜索产品的消费者节省更多。在寻找特价商品时，消费者不仅要考虑从绝对意义上买某件商品能省多少钱（绝对节省），还要考虑相对于他们可能买的其他商品能省多少钱（相对节省）[18]。消费者在考虑价格上涨的产品时，可能会进行更广泛的搜索，以确保他们的钱花得最值[19]。此外，如果市场营销人员在产品推出前宣布了价格，那么在早期搜索中获取该价格信息的消费者将在产品上市后将其作为与质量相关的因素整合起来[20]。

最后，价格的重要性取决于文化和性别。例如，和其他国家的消费者相比，日本消费者对打折商品没有太多的兴趣。不过，这种情况如今也已经发生变化。再比如，女性消费者通常是低价折扣商店的目标客户，而现在越来越多的男士也喜欢到这些商店购买短袜等日常用品。

（三）其他属性

在品牌和价格之后，消费者搜索的属性信息取决于哪些属性在产品类别中是显著的和具有诊断性的。消费者更有可能访问与他们的目标相关的信息。例如，如果选择一种零食的主要目标是吃得健康，消费者可能会收集每一种零食的成分、脂肪含量和热量的信息。请注意，食品包装上的尺寸标签会影响人们的感知，因为消费者往往更依赖简单的直觉（如分量），而不是仔细检查细节（如克数）[21]。当消费者从一种购买目标转为另一种购买目标时，如从追求速度型轿车转为追求经济型轿车，消费者对第二项任务进行的搜索会更加有效，因为他们可以将从第一项搜索中搜到的知识迁移过来。

四、外部搜索的阶段过程

外部搜索按照一系列有序的步骤进行，从而为消费者决策提供有价值的见解。这些步骤包括定位（或对产品集的概览），评估（或对关键属性的比较选择），以及验证（或确认选择）。研究人员还特别考察了评价过程中信息获得的顺序，因为他们认为早期获得的信息在决策过程中比后期获得的信息更重要[22]。一旦某种品牌在搜索过程中呈现出领导性地位，后续信息的获取和评估都将出现对该品牌有利的偏向。比如，消费者在购买家用汽车时，当倾向于购买某一汽车品牌 A 后，在接下来了解其他汽车品牌参数的过程中，其他汽车品牌对比 A 品牌更优的参数将容易被忽略，而对比 A 品牌弱势的参数将被用来强化对 A 品牌的认可，最终消费者很大可能会选择购买一开始就得到高度认可的 A 品牌。

消费者在搜索过程的不同阶段会接触到不同的信息来源，并使用不同的决策准则。在早期，大众传播媒介和营销相关来源更有影响力，而在实际决策中，人际来源将会更为关键。在搜索的早期，消费者更有可能接触到显著的、可诊断的和与目标相关的信息。然而，如果他们能够回忆起显著的、诊断性的信息，他们将不再需要从外部搜索这些信息。因此，消费者将首先搜索会引起更大程度不确定性的或不利的属性信息。

在搜索的早期，消费者使用更为简单的标准筛选选项，然后在之后的搜索中运用更为详尽的决策规则。在搜索的早期，品牌排名的高低对于消费者在后期过程中选择它的可能性也许没有什么影响。因为消费者往往首先会搜索具有高感知吸引力的品牌，对于营销人员来说促进消费者对品牌的积极态度十分重要。新接触某一产品或服务类别的消费者会从低风险、知名品牌的信息开始搜索，转而搜索较不知名的品牌，此后会巩固信息，形成对效用最大化品牌的偏好。

五、外部搜索的主要类型

消费者主要有两种主要的搜索类型：①根据品牌搜索（searching by brand），消费者在转向下一个品牌前会掌握其所需要的之前一个品牌的信息；②根据属性搜索（searching by attribute），消费者同时对不同品牌的某个属性进行比较，如价格。消费者通常喜欢根据属性进行信息加工，因为这样更为容易。

消费者对于记忆中信息储存的方式及呈现形式十分敏感。如果信息是根据品牌来组织的，就像大多数商店的情况一样，所有的信息都在包装上，消费者就会按品牌来处理信息。专家型消费者尤其倾向于按品牌进行加工，因为他们拥有更多相关品牌的知识。消费者习惯于根据品牌来加工信息的事实也许会导致偏差，即使在信息是根据属性来组织的时候也是如此。此外，不同的搜索策略会影响消费者的决策。根据品牌来加工信息的消费者在搜索过程结束前一直保持高度的不确定性，而根据属性来加工信息的消费者则在搜索过程中逐步减少不确定性。

尽管如此，知识水平低的消费者会充分利用根据属性来加工信息的机会，例如，通过汽车之家 APP 中的性能介绍或其他方式了解产品。一项研究发现，在杂货店中展示营养信息列表会受到消费者的欢迎。汽车之家 APP 中的评比图表能用一目了然的形式提供各种类型汽车的最好品牌选择和最佳购买信息，这种信息也是一种广受欢迎的来源。正如先前所指出的，搜索引擎和购物网站，也通过属性，尤其是价格，从而简化了消费者的搜索。

根据品牌搜索：

收集完一个品牌的信息再收集下一个品牌的信息。

 根据属性搜索：

根据属性对品牌进行比较，每次比较一种属性。

洞察案例9-1

贝壳找房：数智化平台让你找房无忧

无论是租房还是买房，只要是牵扯到"找房"的话题，往往就会让人想起一大堆还没有解决的问题。为了解决用户租房、买房、卖房的难题，2018年4月，贝壳找房APP正式上线，并在上线3个月内就进入了APP Store总榜前十。截至2019年4月，仅一年的时间，贝壳就覆盖了全国98个城市，吸纳160个品牌入驻，连接超过21000家线下门店，20万名以上的经纪人通过平台为用户提供服务，每天都为超过3000个家庭寻找理想房源。2020年，贝壳存量房交易、新房交易、新兴交易三大业务创下新高，平台成交额仅次于阿里巴巴，超过了美团、拼多多等，成为中国第二大商业平台。全年营收同比增长53%，新房交易收入占比过半，第四季度存量房交易更是突破万亿规模。那么，贝壳找房是怎样一步步成为房产经纪行业的一只"独角兽"的呢？

1. 海量数据满足用户需求

贝壳找房是一款房产租赁与买卖交易的线上服务平台，通过集成一系同源企业"链家"的线下房源数据，与第三方中介合作，汇集包括链家、21世纪不动产等大批中介品牌，为广大用户提供海量且真实的二手房租赁、新房出售、家装服务等多种房源信息，让消费者可以在线就完成一系列购房或租房交易。具体而言，就是把线下交易的规则和体系全部拿到线上平台进行管理，所有合作机构出租和出售的房源信息都可以通过贝壳找房APP展示给平台用户。用户只需登录贝壳找房网站或打开手机APP，即可非常方便地查阅到房源的楼盘位置、面积、容积、配套设施等各种详细信息。此外，贝壳找房也不局限在封闭独立的自营模式，而是牵头发起了新的制度体系 ACG（Agent Cooperate Network，经纪人合作网络），以制度优势吸引了大批中介公司和经纪人入驻，通过平台资源帮助他们提高业务效率和顾客满意度，推动业内利益相关者开展良性竞争及互惠合作，从而整合行业资源，进一步为消费者提供更全面的房源信息和平台服务。

2. 地图找房实现高效便捷

根据研究，时间压力是阻碍消费者进行信息搜索和消费决策的主要原因之一。正如前文所述，如果在线下从不同的来源或地点获取房源信息，消费者需要花费大量的时间和精力来开展信息收集。如果消费者没有足够的时间，那么搜索行为就只能被限制。2020

年 6 月，贝壳找房与百度地图达成合作，用户在租房、买房时，在百度地图上选择喜欢或适合的区域和小区，便可以直接看到小区详情、房屋价格、在租在售房源等信息。点击"在售房源"或"在租房源"，即可进行房源筛选、户型查看，进一步了解房源具体信息。用户通过小区概况中的详情卡片，就可以直观看到该小区的建成年代、建筑类型、建筑结构、占地面积等信息。通过概况中的周边配套卡片可以了解小区周边的交通、银行、医院、餐饮、学校、购物等六大类主要信息。此外，用户还能使用百度地图直接查看抵达目标小区的所需时间、通行距离和推荐出行方式，为用户找房选房提供更多便捷。

3. 科技创新优化看房体验

贝壳找房特别开发了 VR 特色功能，即"VR 看房、VR 讲房、VR 带看"。这是 VR 三维重建技术在不动产领域的首次大规模应用，已经成为贝壳找房的一大王牌。具体来说，就是房产经纪人通过使用平台提供的 AI、VR 和 3D 重建等新技术，帮助不能到现场看房的客户远程观看房源，有效还原房源的真实细节，充分解决用户不到场也能够详细了解目标房源的问题。既节约了客户和经纪人的时间，也提高了经纪人带看的有效性。通过贝壳找房的"VR 看房、VR 讲房、VR 带看"三种核心功能，用户可以随时随地看房。比如，北京的用户可以看三亚的房源；并且，即使是凌晨三点也可以看房。在贝壳平台，以 VR 看房为代表的前沿技术，得到了消费者和平台上经纪人的高度认可，更逐渐成为房产交易行业的标配。据贝壳发布的财报显示，疫情下 VR 技术的优势得以进一步发挥。在 2022 年 3 月中上旬，上海因疫情封城之后，上海地区的 VR 商机量环比提升 70%，VR 带看量环比提升 160%。

总之，经过时间的检验，作为一个基于信息与大数据技术推动的服务平台，贝壳找房赢得了市场和业界的认可，并成为居住领域的第一大互联网服务平台。贝壳找房通过为潜在消费者提供海量房源信息，和打造一个良好的居住服务生态圈，来降低潜在消费者租房买房的信息搜索成本；通过打造国内经纪人合作网络，明确佣金分配机制，完善细化服务链条，来促进行业内的资源优化、资源重组和资源共享；通过楼盘字典和 3D 可视化技术，为用户打造真实透明的购房体验，来推动全行业的品质提升和服务升级。贝壳找房的这些做法为企业如何在互联网和后疫情时代，更好地满足和优化消费者的外部信息搜索体验，并从消费者视角提供及时、全面、有效的决策资料和决策信息，提供了有益的启示和思路。

资料来源：

[1] 杨松. 贝壳找房上市[J]. 21 世纪商业评论，2020(9): 74-75.

[2] 杨现领，许海波. 经纪人对二手房价格形成机制的影响——基于链家数据的研究[J]. 中央财经大学学报，2018(9): 82-93.

[3] 尹西明，王新悦，陈劲，李纪珍，戴惠阳. 贝壳找房：自我颠覆的整合式创新引领产业数字化[J]. 清华管理评论，2021(Z1): 118-128.

本章小结

1. 问题识别是消费者决策过程的初始阶段。

2. 问题识别是对理想状态与实际状态之间的感知差异。当这两种状态之间存在差异时，消费者可能会有动机通过参与决策来解决它。

3. 内部搜索是指消费者从记忆中回忆信息、经历和感觉。

4. 内部搜索的范围通常会随着动机、能力和机会的增加而增加。

5. 内部搜索时，更突出、诊断性更强、更生动、与目标更相关的内容最容易被回忆起来。

6. 内部搜索过程存在的偏差主要包括：确认性偏差、抑制和情绪。

7. 外部搜索是指当消费者需要更多信息或对内部搜索获取的信息不确定时，通过购买前搜索或持续搜索从零售商、媒体、社交媒体、产品体验等外部来源获取信息。

8. 当消费者有更高的动机和机会来处理信息时，他们会进行更广泛的搜索。品牌名称和价格是外部搜索中最容易访问的属性。

9. 消费者在外部搜索时也倾向于表现出确认性偏差。情境因素影响消费者处理信息的机会。诊断性信息往往在消费过程的早期就已经产生。

10. 消费者倾向于按品牌或属性进行加工。属性搜索更容易，也更受青睐，但这些信息并没有被组织起来以促进这种处理。

实践应用题

研读"开篇案例"，讨论分析回答以下问题：

1. 结合欧绒莱的案例素材，谈谈品牌是如何对北美市场进行问题识别的。

2. 结合欧绒莱的案例素材，你认为哪些宣传渠道更有助于消费者对产品的信息搜索？

3. 结合欧绒莱的案例素材，谈谈基于社交媒体平台，品牌应该如何塑造良好的产品信息搜索渠道？

本章讨论题

1. 探讨三个品牌在市场推广过程中如何识别问题，并发掘潜在问题的。

2. 选择两家公司，探讨其对内部信息搜索的运用，并进行对比。

3. 选择两家公司，从不同角度分析其在外部信息搜索方面的实施及成效。

即测即练

自学自测 扫描此码

参考文献

第十章

判断与决策

学习目标

本章旨在帮助读者理解消费者判断与决策的过程及影响因素。
- 理解消费者判断的过程，了解消费者在不同努力情况下做出的判断类型。
- 理解消费者在不同努力情况下的决策过程，明晰具体的决策路径。
- 理解基于认知的多种决策模型，了解消费者在不同努力情况下如何根据品牌、产品属性、收益和损失、社会性规范做出决策。
- 理解基于认知的决策模型与基于情感的决策模型的不同之处，并明确消费者如何做出基于情感的决策。

本章案例

- 携程旅行：打造全生态旅游，简化消费者决策
- 希音：快时尚赛道的黑马是如何练成的

前沿研究

- 哪种框架策略更能提高算法推荐点击量：用户还是项目？
- 消费者评论依赖——体验性消费更少依赖产品评论

开篇案例

携程：打造全生态旅游，简化消费者决策

携程旅行网创立于1999年，是全球领先的一站式旅行平台，公司旗下的平台可面向全球用户提供一套完整的旅行产品、服务及差异化的旅行内容。携程集团与其他超过3万家合作伙伴一起满足客户不断变化的需求。2023年全年，携程净营业收入为445亿元，同比增长122%，归属于股东净利润99亿元。携程在经历了移动互联网转型后，快速成

长起来,形成全方位的旅游生态系统。作为领先中国旅游市场的在线平台,携程是如何整合外部资源,吸引消费者在平台进行旅游决策呢?

1. 整合旅游资源,奠定平台基础

携程能够满足消费者一站式旅游决策的重要前提就是搭建了一个在线平台,整合了旅游资源。1998 年,中国旅游业规模已达 2391 亿元人民币,旅游已成为老百姓的第二大支出。但当时的旅行社却很难满足市场的需求,服务也不到位,因此,"旅游资讯+电子商务"成为了携程的目标。携程期望打造一个旅游网站,不仅能提供包含世界各地的旅游目的地和城市指南的自助旅游资讯,而且可以通过它订机票、酒店和租车,以满足消费者一系列的旅游需求。

(1)整合旅游产业上下游资源。1999 年 10 月 28 日携程网正式上线。携程网一方面将网站打造得像百科全书;另一方面,尝试各种旅游业务,包括门票、机票、客房、旅行社团队等。在 2000 年前后,全球互联网的发展已达顶点,艺龙、中青在线等 20 多家旅游网站的商业模式与携程十分相似。行业竞争激烈,携程屡屡碰壁。在尝试卖旅行团、卖门票、订酒店等均由于缺少客源而失败后,携程意识到想要在一个行业有所发展,公司的架构、客户关系十分重要,全盘收购才是最好的解决办法。因此在 2000 年,携程收购了"商之行"和"现代运通"两家订房预订公司。酒店预订搞定后,携程开始进军机票预订。采用相同的收购路径,2002 年 3 月,携程收购了"北京海岸票务公司"。此后,携程又陆续收购了住宿服务提供商"艺龙",并购了"去哪儿",并入股了"同程"和"途牛"。2016 年,携程加速全球化脚步。2016 年 1 月战略入股印度领先的在线旅游公司 MakeMyTrip;2 月,在新加坡成立东南亚区域总部;10 月,与美国三大华人地接社纵横、海鸥、途风达成战略合作协议;11 月,收购英国旅行搜索平台天巡(Skyscanner)。2016 年,携程上榜《财富》中国 500 强,获评达沃斯论坛 2016 年"全球成长型公司";2017 年初,携程入选《快公司(Fast Company)》2017 中国十大最具创新力企业和 2017 十大最具创新力旅游企业;11 月,完成对 Trip.com 的收购。2019 年 8 月,携程通过股权置换交易,成为 MakeMyTrip 的最大股东。对于携程来说,并购本身并不是为了获得叠加的事业部,流程再造后形成的对旅游产业上下游资源的整合效力及并购带来的丰富的人才、市场和其他资源才是并购的真正意义所在。作为一个服务行业的分销商,携程的产品供应依赖强健的合作网络。通过与业务伙伴和旅游产品供应商的策略联盟,建成了快捷有效、体贴周到的服务体系。凭借其出色的运营效力,以及高度诚信的运作体系获得了合作伙伴的高度信任与支持,造就了行业中最为强大的合作网络。不仅能更好地为商旅客户提供最佳的服务与产品,还增强了合作伙伴的信心。

(2)推出"平台化"战略。2013 年 11 月,携程召开"携程旅游合作伙伴大会",全面推出"平台化"战略,向旅行社业开放旅游商对客电子商务模式(business-to consumer,B2C)服务体系,提供包括产品代理、技术支持、营销推广、客户服务等在内的一站式旅游电子商务开放平台，联合业界推动传统旅游行业网络化、移动化。如今的携程，已拥有"吃住行游娱购"多个产业板块，它们作为旅行服务"全产业链"上的重要环节，将丰富的旅游资源展现在消费者面前，使用户可以享受更多消费选择。

2. 优化流量，致力"内容消费"

对平台型公司来讲，内容的基本面永远是流量的增长，而其价值则体现在交易的转化。因此，自2011年推出驴评网以来，携程一直在试图主导流量，推动内容消费。

2020年3月底，携程开始了网红带货模式的"BOSS直播"。携程董事局主席梁建章将个人IP与高星酒店深度捆绑，在境内外掀起以高星酒店为目的地的购买浪潮。截至2023年，携程的直播已吸引用户观看数百万次。通过直播的方式，消费者能更快速有效地对旅游目的地进行了解，并且在直播的氛围烘托下，用户也更容易对产品产生浓厚的兴趣。

此外，携程社区和"星球号"也是携程旅游营销的重要工具。携程社区作为携程内容生态的核心载体，每天会有4万篇的内容产生。其中，社区"旅行家"分享旅途体验，优质的社区内容不断吸引着用户。而旅行营销枢纽"星球号"更是一个一站式的流量、内容和产品管理工具。在"星球号"中，受邀入驻的生态伙伴可以发布最新动态、商品等，还可以与粉丝互动，进行自主营销。这一工具为服务品牌广告主提供了不错的渠道价值，使其获取由内容所带来的规模流量、IP沉淀和社群氛围，实现内容到交易的价值转化。

3 "超级目的地"营销，打造城市旅游大IP

2022年7月6日，携程集团在广州正式发布"超级目的地"新战略，试图联合地方政府进行信息、数据、交通等资源整合，组建旅游大数据联合实验室，联合相关景区推出特色化、差异化、个性化的旅游产品和项目，协助解决旅游交通"最后一公里"，推进全域旅游目的地品牌建设。

（1）打造营销矩阵，定制目的地专属营销。携程打造了一个超级系列营销矩阵，覆盖超级报告、超级内容、超级大咖、超级产品、超级卖场、超级补贴、超级综艺、超级活动、超级传播等多个类别。其中，携程将通过TF旅行者大会（全球旅行者大会旗下的一个重要IP活动）系列IP活动、跨界内容营销等，搭建多维立体的营销体系。并且，2022年7月，携程还推出了全新系列旅行微纪录片《当旅行遇见X》，满足游客对于目的地深层次文化特色的诉求。通过打造私域流量池，定制目的地专属营销活动，一方面增加目的地曝光度，另一方面为目的地引流，最终实现交易转化。值得一提的是，政企合作的补贴模式，将始终贯穿整个营销过程中。补贴围绕酒店、机票、景区、度假、购物、餐饮等食住行游购娱旅行全业态展开，通过政府、企业共同发力，获得1+1大于2的营销补贴效果。为目的地"引客引流"起到助推作用。

（2）赋能文旅建设，促进产业焕新。后疫情时代，目的地想要脱颖而出，除了提升服务能力外，还需要挖掘自身亮点，才能精准适配游客需求。具体而言，携程将根据目的地差异化特性，定制化打造不同主题、不同方向的研究中心，如智慧旅游研究中心、全球化研究中心等，为目的地文旅产业发展提供着力点。同时，辅以人才培训，持续为目的地造血。携程还将输出一套成熟的目的地旅游人才培养体系，帮助未来的超级目的地更好建构文旅人才梯队。此外，由旅游数据、公共服务平台、智慧化场景构建的"1+1+N"战略体系，将助力目的地智慧文旅建设，促进文旅产业焕新焕活。

总之，携程利用自身在消费端的影响力，产品设计能力，线下渠道、海外平台、数据分析、科技应用、营销能力与渠道等方面的优势，精准把握消费者的旅游心理，刺激消费者进行旅游决策，致力于成为具有全球影响力的在线旅游企业。这种以消费者为导向，通过优质的供应链整合能力和平台运营能力满足消费者需求的旅游生态系统模式，值得其他在线旅游平台学习。

资料来源：

[1] 范徵，赵衍. 携程旅行网[Z]. 中国管理案例共享中心库，2011-03.
[2] 邢苑. 我国在线旅游企业发展策略研究——以携程为例[J].商讯，2021(19): 16-18.
[3] 消费日报网. 新疆有序恢复跨省游，喀什携程星球号推出夏季旅游推介活动 [EB/OL]. (2022-06-10)[2022-06-12]. http://www.xfrb.com.cn/article/focus/14384700679862.html.

引　言

正如开篇案例所示，携程旅行通过洞察消费者的判断与决策过程，制定相应的营销策略，在线上旅游行业取得了良好的市场业绩。个体在消费时会进行判断和决策，本章主要聚焦于消费者的判断与决策过程及决策的类型。消费者在决策前可以对即将进行的决策判断可能性和是好还是坏，但做出判断并不意味着必须做出决策。消费者在判断时，可能会运用一些简化策略。比如，在购买洗衣液时，消费者可能会仅考虑知名的品牌（如汰渍、立白等），但这同时会导致判断偏差。而消费者需要付出一定的努力作决策时，会考虑购买的品牌集，并决定重要的决策标准（目标、时间、框架）。例如，当消费者决定购买一辆汽车时，目标是能够负担得起的汽车而且能够令他人产生深刻的印象，这会导致消费者选择不同的考虑集。消费者在做决策时，可以基于认知，也可以基于情感。基于认知做决策时可以基于品牌进行思考，或者基于属性进行思考。当基于情感做决策时，消费者可以运用评价、情感预测、心理意象、品牌熟悉度等多种方法。本章重点介绍了判断的类型及偏差，决策过程，基于认知的决策类型和基于情感的决策类型。图10.1描绘了第十章的内容要点及在全书中的位置。

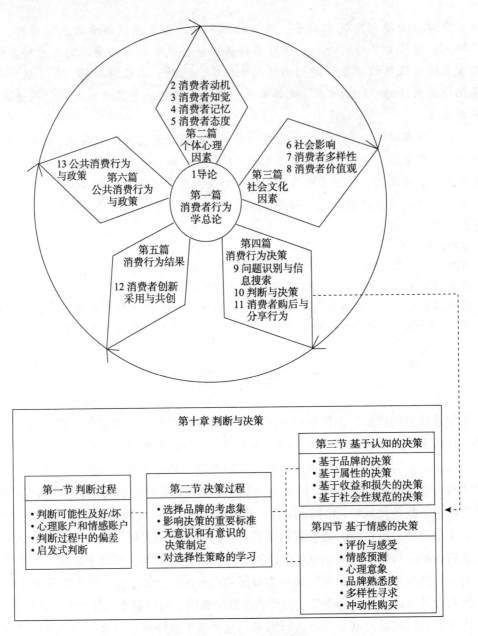

图 10.1　第十章逻辑结构图

第一节　判断过程

回想你上一次去餐厅时的情景。当在看菜单时，你或许在点菜前考虑了一下某个菜品的好坏，这时你就是在做出**判断**（judgments）。判断是对事件发生可能性的估计或预测。判断是决策过程的一个重要的前置性影响因素，但它和**决策**（decision making）不同，决策是需要消费者在众多选项中做出一个选择。

在消费者情境中,判断是指消费者对产品和服务拥有某些特征的可能性或者是否能按特定方式运行的估计和预测。[1]判断不需要消费者做出决策。举例来说,如果你看到了一家新意大利餐厅的广告,你可以根据你是否喜欢它、它和其他意大利餐厅有什么不同或者它的菜品价格有多贵来形成对这家意大利餐厅的判断。这些判断可以作为你是否要在这家餐厅吃饭这一决策的重要影响因素,但这并不要求你做出是否去那里吃饭的决定。

判断和决策涉及的信息加工过程也不同。例如,研究表明,消费者在做判断和决策时采用不同的顺序搜索产品的属性。[2]消费者是否能回忆起关于产品的信息,取决于他们是在做决策还是做判断。鉴于判断对消费者进行信息处理时的重要性,营销人员需要了解以下内容:①判断可能性;②判断好/坏;③心理账户和情感账户;④启发式的判断。本节将针对上述 4 个方面的内容进行详细论述。

判断:

对事件发生可能性的估计或预测。

决策:

在选项或行动方案中进行选择。

一、判断可能性及好/坏

(一)对可能性和好/坏的判断

判断的一种类型是对可能性的估计,即对某件事发生概率的预测。对可能性的估计出现在许多消费者情境中。例如,当我们购买一种商品或服务时,我们可能会尝试估计它将会损坏的可能性,其他人会喜欢它的可能性,以及它能满足我们需求的可能性。当我们观看一个广告时,我们也会评估它的内容真实性。

对好坏的判断反映了我们对该产品特点的评价。例如,如果你打算去旅行,你可能会判断这个时候的欧洲是否会寒冷或昂贵的欧洲旅行是好还是坏。本书第五章讨论了高努力态度下对好/坏的判断。第五章中提到,消费者将对产品属性或与产品相关的行为的判断和产品结合起来,以形成对产品或服务的评估或态度。消费者对好坏的判断不仅受到产品属性的影响,还受到人们内心感受的影响。相比于基于认知反应做出判断,在某种程度上消费者基于他们情感的反应强度和方向能更快更一致地判断好坏。[3]

(二)锚定和调整过程

当判断可能性和好/坏时,消费者通常会采用锚定和调整过程。[4]他们首先根据一些初始值锚定判断,然后再根据新的信息调整或"更新"评价。初始值可以是信息,也可以是从记忆中形成的情感反应,更可以是外部环境中最先接触到的属性信息。消费者的价值观和规范影响也是初始值的重要影响因素。例如,小米最初以生产质量好,价格厚道的手机而被消费者所熟知。由此,当小米推出智能家居产品时,消费者会以当初对小米的印象作为初始锚。而随着产品信息的增加消费者可能会上下调整此初始值。基于初始对小米的正面形象认知，后期判断有可能是积极的。但如果之前对小米的评价是负面的，那么消费者很可能会产生负面的判断。因此，同一个锚可以导致两种不同的判断，这取决于锚是如何被感知的。

另外一些研究表明，对后续选项的评估往往更接近初始锚（一种同化效应），然而其他研究发现了对比效应的证据，即对后续选项的评估与初始锚不同。[5]两个性质相反的选项同时呈现，容易产生对比效应。例如，两个人去餐厅吃汉堡，其中一个人点了一份绿色沙拉作为开胃菜，而另一个人点了一份炸薯条作为开胃菜。那么，点沙拉的人会比点炸薯条的人认为汉堡的热量更高。这是由于沙拉和汉堡属于相反的两个类别（沙拉属于健康食物，汉堡属于放纵食物），而炸薯条和汉堡则属于同一类。

（三）心理意象

心理意象，或称之为视觉化，在对可能性和好/坏的判断中也起着重要作用。消费者可以尝试构建一个事件的心理意象，如想象他们在驾驶新车，以此来估计购买这部车的可能性，或判断好坏。视觉化一个事件可以增加购买发生的可能性，因为当消费者在想象自己在使用该产品时，他们可能会形成一种正面偏差。[6]心理意象还会导致消费者过高评估对产品或服务的满意度。此外，意象可能会导致消费者在形成判断时更加关注生动的属性，并更多地权衡这些属性。在策划新产品时，具有"突发性"的消费者输入对市场营销人员特别有价值。也就是说，有的消费者具有一种独特的个性特征和处理能力以设想产品概念，并且此种产品概念有可能会变成实际的产品。例如，小米征集手机发烧友，邀请他们参与到自己的系统软件开发测试中。这些手机发烧友可以说出以往手机在使用过程中不好的地方，并且能用技术语言生动形象地描绘对新产品概念的需求。小米针对手机发烧友提出的问题，在自己的系统中快速改进。以这种迭代改进的方式，小米不断提升手机的品质。

 可能性的判断：

即确定某事发生的概率。

 好或坏的判断：

评估某事能满足人们期望的程度。

 锚定和调整过程：

根据初始值锚定评估，然后再根据附加信息调整之前的评估。

 心理意象：

人们针对某个刺激或者事件的不同感官心理表征（图像）。

二、心理账户和情感账户

作为消费者，我们使用心理账户将支出和储蓄决策分类为心理为特定消费交易、目标或情况指定的"账户"。例如，我们可能有一个"度假"账户（用于支付旅行费用）、一个"紧急"账户（用于支付意外费用的钱）和一个"信用卡"账户（用于信用卡购买），每个账户都与一个预算范围或一个金额相关联。我们在心理上解释金钱的方式会影响人们对花什么钱、何时、在哪里、为什么、如何，以及应该花（或存）多少钱、借多少钱、付多少钱，以及在一段时间内作为消费者花多少钱的判断。例如，如果消费者使用信用卡日常购物而不是储蓄或支票账户，那么他们更愿意使用移动支付服务，因为消费者具有不同的心理账户类别。

情感账户的相关概念表明，与每个"账户"相关的积极或消极情绪的强度是对购买行为的另一个重要影响。[7]在消极情况下（例如，从经济窘迫的父母那里）收到的钱更有可能用于功能性购买（如学费），而不是享乐性购买（如旅行），因为功能性购买有助于对抗负面情感。显然，心理和情感账户因人而异，因此市场营销人员必须研究和了解他们目标市场消费者的态度和情感。

心理账户：

将支出和储蓄决策分类为心理为特定消费交易、目标或情况指定的"账户"。

情感账户：

与每个储蓄或支出的心理"账户"相关的积极或消极情绪的强度。

三、判断过程中的偏差

判断并不总是客观的。偏差和其他因素可能会影响消费者的决策质量，并在多种方面影响消费者的判断。下面我们将围绕这些影响决策质量的偏差性因素进行详细介绍。

第一，确认性偏差。如果消费者容易受到确认性偏差的影响（详见第十一章），他们将更多地关注那些确认他们已经相信的判断，并对自己的判断更有信心。他们可能会忽略与他们的判断相悖的信息。当然，在形成判断时过于看重肯定信息和过于忽略对立信息会降低消费者搜索更多信息的倾向，因为他们认为自己知道关于这个产品的几乎所有信息。[8]因此，确认性偏差可能让消费者做出不太理想的选择。

第二，自我积极偏差。消费者在某些情况下会判断自己或他人在多大程度上容易发生意外（例如，感染艾滋病、发生车祸）。有趣的是，研究发现，消费者在对意外发生的可能性做出判断时，存在自我积极偏差。也就是说，他们倾向于认为，坏事更容易发生在别人身上，而不是发生在他们自己身上。[9]因此，他们可能不会处理那些表明他们自己可能遭遇风险的信息。此种偏差对于那些想提醒消费者（某些糟糕情况是非常有可能发生）的营销人员（如医疗保健、保险业务员）而言是不利的。

第三，负面偏差。由于存在负面偏差，消费者在形成判断时对负面信息给予超过正面信息的权重。在形成一些对于自己很重要的事情的看法，或想要做出尽可能准确的判断时，消费者似乎会更看重负面信息。例如，购买住房时，消费者可能会更关注该住房出现的负面信息（如物业服务差、住房采光不好等）。但在对某品牌有一定忠诚度时，消费者不会陷入负面偏差。例如，如果你喜爱你正在使用的手机品牌，你不太可能会去思考（甚至可能不太看重）你所听到的任何负面信息。例如，苹果公司拥有一批忠诚度很高的客户，即使出现了一些负面新闻，依旧有众多消费者购买苹果产品。例如，2021年苹果公司由于被起诉侵犯了无线技术等专利，赔偿了PanOptis公司3亿美元。而根据调研机构Countpoint的数据显示，2021年苹果手机在全球的出货量高达2.3亿部。

第四，心境和偏差。心境会在多个方面影响消费者的判断偏差。首先，心境可以作为判断的初始锚定。如果你在浏览菜单时心情很好，你可能会尝试新菜品并做出积极回应。其次，心境可以通过减少消费者对于负面信息的搜索和注意，从而造成判断偏差。造成这一现象的原因可能是消费者想要保持一个好的心境，而注意负面信息则无法实现心境好这一目的。最后，心境会使消费者对于其做出的判断过于自信，从而造成判断偏差。

第五，以前的品牌评估。当消费者基于过去的经验判断一个品牌的好坏时，他们可能不会去主动了解影响产品实际质量的属性信息，并认为其不重要。事实上，消费者所喜爱的品牌名称"阻碍"了消费者去了解能影响其判断的、揭露产品质量的属性信息。例如，喜爱可口可乐的消费者可能会忽略可口可乐中含糖量很高的事实。

第六，以前的经验。消费者从以前的经验中学习，可能对决策有帮助，但也可能会致使决策中产生判断偏差。假设消费者正在根据自己的需求定制产品（如笔记本电脑）的功能属性，之前购买决策中所经历困难的程度被人们作为对后期决策难易程度的预期标准。当后期决策遇到的困难比早期决策小，那么消费者在评估功能属性时就会感到比较轻松，这种流畅性效应可能会导致消费者在产品功能属性上花费更多的钱。[10]

第七，心理计算的困难程度。在比较不同的价格或折扣时，计算差异的轻松或困难程度会影响消费者对这些差异大小的判断。当消费者在心理上计算价格或折扣之间的差异没有什么困难时，他们心理计算的差异可能会大于实际情况，这会使他们对选择的判断产生偏差。例如，消费者比较两个品牌的类似产品价格：第一种情况下，假设A品牌4元，B品牌5元，那么消费者在心理上计算两个价格之间的差异就会比较容易；第二种情况下，假设A品牌3.96元，B品牌4.95元，那么消费者在心理上计算两个价格之间的差异相对比较困难。由此，相比于第一种情况，消费者判断第二种情况下两个品牌之间的价格差异更大。而实际上，第一种情况比第二种情况下两个品牌间的价格差异更大。

四、启发式判断

当努力程度高时，消费者的判断——如对可能性的估计、对好/坏的判断和心理账户等——在认知上是比较复杂的。相反，当消费者处理与判断相关信息的动机、能力和机会水平较低时,个体就会通过使用启发式来简化认知过程,以减少做出判断所需要的努力。本节重点介绍两种主要的消费者启发式判断,包括代表性启发式和易得性启发式。

(一)代表性启发式

消费者做出简单估计或判断的一种方法是与类别原型或范例进行比较。这个过程被称为代表性启发式(representativeness heuristics)过程。例如,如果你想判断一款洗衣粉的质量,你可以将它与你头脑中的洗衣粉原型进行比较,如汰渍。如果你看到新产品与原型品牌相似,你就会认为它也是高质量的。这也就解释了为什么很多商店的自有品牌与该产品类别中的领导品牌包装很相似。零售商们希望,外观上的相似能够让消费者以为商店的产品具有同样的好品质。

正如其他的判断捷径一样,代表性启发式也可能会造成判断上的偏差。例如,一些消费者认为中国制造的产品是廉价产品的原型。为了克服这一负面原产国刻板印象,2021年李宁品牌设计了采用苏绣的工艺设计与传统文化相融合的高端时装,并在纽约时装周上展示,打造了一场富有中华民族特色的时尚走秀,成功接轨国际,进入了高端产品领域。

(二)易得性启发式

判断还会受到容易出现在脑海中的某一事件的影响,这种判断捷径被称为易得性启发式(availability heuristics)。消费者更有能力回忆起那些容易想起或比较生动的事件,即使他们没有意识到这种影响,这依旧会影响他们的判断。[11]例如,如果你在几年前买了一台频繁出毛病的电脑,那么即使到今天,当你看到那个电脑品牌时,当时的懊恼和失望仍然记忆犹新。哪怕如今该品牌产品的质量已经很不错了,但过去的经历仍然让你怀疑其产品的质量。口碑传播也是一个能运用易得性启发式获取信息的例子。如果你在社交平台上看到一些人说他买的某电脑品牌有质量问题,那么这种信息可能会影响你对该品牌质量的评价,即使这种经历只是一个小概率事件。

 代表性启发式:

简单通过将一个事物与类别原型或范例进行比较来做出判断。

 易得性启发式:

基于比较容易回忆的事件进行判断。

第二节 决 策 过 程

获取、使用和处置都涉及消费者的一些决策(即使这些决策不是进行产品选择),这种决策行为的发生可能会存在大量的不确定性。在某些情况下,消费者首先决定是否购买,然后再决定具体选什么。[12]消费者进行决策时需要决定考虑哪些品牌,以及哪些因素对决策很重要。当消费者处理与决策相关信息的动机、能力和机会都很高时,消费者就会在做出这些决策时投入大量的精力。

与以上需要消费者付出努力的决策相比,大多数低努力的判断和决策情况在消费者的生活中并不是很重要。显然,职业和家庭上的决策远比决定买哪种牙膏或花生酱重要得多。因此,消费者通常不希望在这些不那么重要的决策上投入大量的时间和精力。在这些低努力的情况下,消费者的决定有时是无意识做出的,有时是有意识的,但都不需要投入太多努力。营销人员可以通过了解消费者的选择性策略来理解消费者低努力时做出的决策。

因此,本节重点介绍高努力决策下消费者:①考虑哪些品牌,②影响决策的重要标准;以及低努力决策下消费者:③无意识和有意识的决策制定,④选择性策略的学习。

一、选择品牌的考虑集

(一)消费者要面对的选择:排除集、考虑集、惰性集

如今消费者面临比以前更多的选择。基于如此多的选择,消费者首先要决定哪些品牌进入了排除集(inept set)(他们难以接受的品牌)、惰性集(inert set)(他们不感兴趣的品牌)和考虑集(consideration set)(他们想要选择的品牌)。

考虑集对营销人员来说十分重要,因为它影响消费者将选择哪些产品,因而营销人员可以了解他们的竞争品牌。如果考虑集中包含容易进行比较的品牌,那么决策将会变得比较简单。不过,某个品牌在考虑集内并不意味着它会引起消费者的注意。但如果它能得到更多关注,消费者有可能会选择它,并且愿意为它支付更多的价钱。如果消费者在某一时间段比较关注某一品牌,那么相比于其他同类品牌,他们倾向于更加积极地评价这一品牌。当消费者做出一系列决策时,一个较小的考虑集会变成一个最大化的思维集,即使这些决策涉及越来越大的考虑集,它也会持续存在于后续的决策中。[13]

随着品牌数量的不断增加,如今市场上出现了一种新的零售商店:品牌集合店。近年来,品牌集合店越来越随处可见,国内如"HARMAY 话梅""THE COLORIST 调色师"等美妆集合店,"番茄口袋 Qpokee""KKV"(潮流零售集合品牌)等生活用品集合店……逐步占领了年轻人的消费视野。兼具高颜值、潮酷炫、强体验等多样特点的集合店,往往将不同品牌、类别的好物集合在一起售卖,如国内的"982 创动空间"集合了安踏、斐乐、始祖鸟在内的九大品牌,将户外、休闲、潮流与运动装备融为一体。进入一家集合店,消费者有极大概率能一站式买齐自己想要的东西。而对于品牌商家而言,集合店不仅能够让自己的品牌找到对应的买家,也能够通过品牌之间的连带效应提升品牌口碑与影响力。

(二)吸引效应

消费者对考虑集中某一品牌的评估取决于与其相比较的其他品牌。如果一个品牌比其他品牌更具吸引力或者更有优势,那么做出决策就不需要花太多精力。然而,即使消费者的喜好没有发生改变,改变考虑集中的品牌还是会对他们的决策产生重要影响。例如,当一个较次的品牌加进考虑集中时,好的品牌会看上去更好。[14]这种吸引力效应(attraction effect)的发生,是由于较次的品牌能增加较好品牌的吸引力,从而使决策变

得更加简单。企业也可以通过增加一件高价商品的销售选项以使低价产品更具选择优势。例如，亚马逊公司（Amazon）通过提供具有更多功能的 Kindle（电子书阅读器）高价机型来增加其低价格的 Kindle 销量。即使价格较高的机型并不畅销，但它们会使得低价的机型看起来是个非常好的选择。

 排除集：

做决策时无法接受的选项。

 惰性集：

消费者漠不关心的选项。

 吸引效应：

当考虑集中添加劣质品牌时，一个好的品牌看起来会更好。

二、影响决策的重要标准

在消费者从考虑集中的众多品牌中选择一个特定的产品之前，他们需要确定与决策相关的标准，以及每个标准对他们决策的重要性。各种决策标准的相关性和重要性，又取决于消费者的目标、他们决策的时间，以及决策的框架和呈现形式。需要注意的是，在很多情况下，消费者需要权衡影响决策的各类属性，因为他们无法找到能满足所有需求的产品。所以消费者可能需要权衡尽量以更低的价格换取他们想要的产品。下面我们将介绍影响决策的重要标准，具体包括消费者的目标、决策的时间及决策的框架。

（一）消费者的目标

消费者的目标显然会影响消费者选择哪些标准去做出决策。例如，消费者的目标可能是买一辆能负担得起的经济型汽车；另一个目标可能是买一辆能给朋友留下深刻印象的车。当消费者的目标是影响他人时，在选择品牌时会使用一种标准，而那些没有这个目标的消费者则会使用不同的标准。

当消费者的目标是尽快做出购买决策，相比于拥有独特负面属性和共同正面属性的产品，消费者可能会更喜欢拥有独特正面属性和共同负面属性的产品。如果消费者目标是选择的灵活性，那么消费者将会挑选出一个较大的选择组合；如果消费者目标是为了简化选择，那么消费者将选出较小的选择组合。

此外，消费者的目标在决策过程中可能会改变。例如，在你去一家商店之前，你可能对你想要买的东西不太确定。但是一旦你到了商店，你的目标可能会变得十分确定和具体。消费者的目标是促进焦点型还是预防焦点型也会影响他们的决策。促进焦点型消费者的目标是使效用最大化和获得积极结果，个体更看重他们是否有足够的技巧和能力来使产品达到既定的目标，而不太看产品本身的效果。预防焦点型消费者更厌恶风险，他们更看重产品功效而不是他们自己使用产品的技巧和能力。[15]

（二）决策的时间

决策的时间也会影响消费者做决策时选择何种标准。[16]正如我们在第四章所了解到的，解释水平理论与我们如何对事物进行思考（或解释）有关。我们是否使用高水平（抽象）或低水平（具体）的解释，取决于我们的决策是现在就做，还是我们未来可能会做。如果决策是与我们立即要买或做什么有关（如马上去哪家餐馆），我们的选择往往会基于低解释水平——特定的、具体要素，如餐馆离家有多近、在那里吃饭的费用是多少以及和谁一起吃饭。对于我们预期今后要做的决策，情况正好相反：人们的标准往往会变得更一般和抽象（如哪家餐馆能带来最佳就餐体验）。如果决策结果在很久以后才能实现，那么消费者会更多地考虑决策的享乐方面（比如，它能使我感觉多好）而不是理性方面（比如，我真能吃得起吗？）。即使消费者告诉研究人员他们打算购买具有社会责任的产品，但他们实际上购买的次数比说的要少，这里有部分原因是决策的时机不同。

相比于近期的消费决策，消费者更倾向于将包含道德属性的产品，视为未来才需采取的远期消费决策，而非当前迫切需采取的近期消费决策。然而，当消费者相信一个公司在道德和社会责任上投入了更多的资源时，他们会更有可能保持自己原本的想法，从而购买该公司的产品。例如，2020年，一家位于上海的熊爪咖啡店突然爆火。这家咖啡店在墙上开一个小洞，顾客扫码下单，随后洞里伸出一只毛茸茸的熊爪递上咖啡。这种新颖的营业方式迅速吸引了人们的目光。通过新闻的报道，消费者才知道采用这种不见面的营业方式是由于里面的咖啡师多为聋哑人，语言交流不方便。熊爪咖啡店通过聘用残疾人作为企业员工肩负起了企业社会责任，给予了残疾人温暖的人道主义关怀，吸引了众多消费者去店内打卡和消费。

（三）决策的框架

产品决策任务信息的表达方式或者呈现方式被称为决策框架（decision framing），它可以影响不同决策标准的重要性。例如，购买汽车的决策框架可以是买一辆能承担得起的经济型汽车或买一辆能使朋友印象深刻的车。显然，这两种情况中采用了不同的标准。决策框架是决策过程中的初始锚定点，因此消费者随后的购买决策会基于该框架考虑产品属性的重要性。

早期对框架效应的研究考察了人们在赌博中愿意承担的风险。结果表明，当选择决策被框定为避免损失而不是获得收益时，人们更愿意承担风险。[17]其他研究发现，在消费者心情较好时，以避免损失为框架的信息更能说服消费者；而在消费者情绪不佳时，以获得收益为框架的信息则更具说服力。收益和损失的框架效应同样适用于解释买卖双方的感知差异。具体而言，对于同样的正面结果，买方对没有损失金钱的感觉更好，而卖方对获得金钱收益感觉更好；但对于同样的负面结果，买方对损失金钱的感觉更糟，而卖方对没有金钱收益的感觉更糟。

决策还可以根据信息在外部环境中的描述方式来进行框定，如牛肉展示含75%瘦肉还是含25%肥肉。[18]对时间范围的框定也可以影响决策。比如，将健康风险框定成每天发生，那么消费者对健康风险的感知将更为直接具体；如果框定为每年发生，那么消费者会认为健康风险并不会立即发生并且更加抽象。使用低价作为初始参照点的购买者要比以中、高价作为参照点的购买者更不愿意承担风险。同样地，如果营销人员将产品成本框定为一系列小额开支（一天几毛钱）而不是一次性的大额开支时，消费者的反应会更加积极。此外，在一系列高价格产品的情境中消费者会认为该产品比在低价格产品情境中更便宜。在多产品包装定价的情况下，消费者的评估将取决于先展示的是价格（如59元12件）还是数量（12件59元）。在这种情况下，首先提供的信息会非常突出，并且影响消费者的评估。特别是当包装中含有很多产品，并且难以计算单价的情况，先呈现价格比先呈现数量会对消费者评估产生更负面的影响。

决策是正面框定（产品有多好？）还是负面框定（产品有多糟？）会对消费者评估造成不同影响。在低精细化加工的情况下，如果某品牌有对其竞争品牌进行负面框定的主张，消费者更有可能选择该品牌；但高精细化加工的情况下，消费者认为这种信息框架主张对其竞争品牌是不公平的，从而不太可能选择该品牌。

启动社会公益属性（例如，减少有毒废物）而不是功能属性（例如，产品的质量），可以提高大众对产品或社会项目的支付意愿。这是由于企业将产品与公共利益框架在一起。此外，消费者回答关于喜欢某产品的问题（即正面框架）时的反应比回答不喜欢某产品（即负面框架）时更迅速。

以上两部分我们主要介绍了消费者在高努力情况下如何考虑品牌，以及消费者的目标、决策的时间和框架等因素如何影响消费者选择决策标准。接下来两个部分的内容，我们将介绍消费者在低努力情况下如何进行无意识和有意识的决策制定，以及对选择性策略的学习。前沿研究 10-1 针对不同框架的算法推荐点击量进行了探讨，发现基于用户（vs. 项目）的框架提升了算法推荐的点击率。

 决策框架：

决策过程中的初始参考点或锚点。

三、无意识和有意识的决策制定

（一）无意识的决策

在某些低努力的情况下，消费者不会意识到他们为何或如何做某事。高达 50%的购物决策是消费者在商店里自发地和无意识地做出的。这种无意识的决策可能会受到环境刺激的影响，如商店里的香味。正如学者所说："除气味刺激以外，人们总是先思而后行。但是对于气味，你的大脑在思考之前早已作出了回应。"[19]诸如品牌标识、特殊的地点、社会情境、他人在场等环境刺激也能在消费者无意识的情况下触发决策行为。当快速做出选择时，消费者的决策往往会受产品包装视觉方面（例如，颜色和明亮度）的影响。

本书在第六章中提到系列因素在无意识的、低努力的决策中发挥着重要作用。例如，

前沿研究 10-1

哪种框架策略更能提高算法推荐点击量：用户还是项目？

评价性条件反射可以影响态度和无意识的品牌选择。此外，消费者可能会通过"薄片判断"（即非常简易的观察）形成精确但无意识的印象。[20]消费者可能会对一种他们无意识地感觉友好的人类面孔的产品产生积极的态度。比如，针对一辆似乎在微笑的汽车，消费者会表现出较高的购买意愿。身体上的反馈也可以发挥一定的作用。例如，被致意点头的消费者对积极效价的品牌有更多的积极评价（当被诱导摇头时则有更多的消极评价）。

即使商店货架上的产品排列方式也会影响购买决策。有趣的是，当产品陈列看起来很混乱且数量有限时（即出现可能被污染的线索），消费者不太会购买食品和饮料，这是因为当货架很混乱时，说明其他购物者可能接触过产品。在这种情况下，污染如果扩散到多个产品上，就会降低污染的强度。而当货架上只剩下很少的产品时，消费者就会认为其他人已经接触过这些产品，此时消费者对污染的担忧比较大。相反，当陈列的产品很少、货架不整齐时（即出现可能被污染的线索），消费者仍然有可能会购买非食用产品，如织物软化剂，这是由于此时消费者可能会推断出，其他消费者也购买这些产品，所以造成了此产品的稀缺性。[21]

某些选择可能代表着与目标相关的行为，即使消费者是不经思考、几乎是下意识地追求该目标。例如，如果消费者以往购买快餐时通常选择某一家餐厅，实现物美价廉的产品购买目标。那么当再次有购买快餐的目标时，消费者会无意识地选择同一家餐厅。尽管目前我们对于无意识决策的认知还很有限，但其作用不可忽视，我们仍需进行更多的研究解释消费者为何以及如何使用无意识决策。

（二）有意识的决策

在本节前面我们讨论过高努力决策制定的问题。我们了解到消费者对于各种选择都有自己的信念，这些信念结合起来形成了对于某件事的态度，进而导致了有意识的行为或选择。换言之，消费者遵循了一个先思考、再感受、最后采取行动的过程。这一过程被称为效果层级。然而，研究发现传统的效果层级（traditional hierarchy of effects）并不适用于所有的决策情形。

为了解决上述问题，学者提出了以先思考、再行动、最后感受为顺序的低努力情况下的效果层级（hierarchy of effects for low-effort situations）。[22]消费者在决策过程之初有的只是一些低水平的信念，这些信念建立在消费者通过重复接触广告、店内接触或先前的使用经验而获得的品牌熟悉和知识基础上。在消费者的态度形成之前，这些信念成为决策和行动的基础。做出决策之后和使用产品之时，消费者会对品牌进行评估，他们是否会形成态度取决于他们对品牌有多喜欢或多满意。事实上，当用户在首次尝试享用一款产品后有很惊喜的使用感受，这种体验可以增加对该产品的积极感受和使用意图。

一些学者对这种低涉入层级中的信念——行为联结提出了质疑，他们认为有时消费者仅仅是基于感受而不是思考做出决策的。[23]例如，你可能会出于积极的感觉而非信念或知识而选择了某一新口味的糖。这里，层级顺序变成了感受、行动和思考。显然，这种情况的确会发生，它表明消费者既可以用认知的方式加工信息，也可以使用情感的方式加工信息。情感是低精细化加工情境中的一种重要影响因素。

传统的效果层级：

消费者的决策顺序步骤为先思考、再感受、最后采取行动。

 低努力情况下的效果层级：

决策依据先思考、再行动、最后感受的顺序。

四、对选择性策略的学习

为了了解低精细化加工的决策制定，营销人员需要弄清消费者是如何学习应用这些选择策略的。心理学中行为主义传统的某些概念与理解消费者的学习方式有关。操作性条件反射（operant conditioning）的观点认为，人们当前的行为是之前的行动及这些行动所引起的强化或惩罚的函数。例如，在你成长的过程中，父母会因为你成绩好而给你奖励，或是因为你做了家务而给你零花钱。由此你意识到了什么是好的行为，并且由于你之前受过奖励，你很可能会在将来重复这些行为。再比如，支付宝推出"到店付款返现金"活动，用户每完成一笔订单金额满 2 元的到店付款后有机会获得 1 笔随机金额的现金，当累积到一定额度之后就可以提现。这种激励会刺激消费者重复使用支付宝进行支付行为。

图 10.2 展示了低努力决策的结果如何帮助消费者学习在给定的情况下采用哪种选择策略。当消费者采用九种基本策略中的一种来做出选择后，他们就会将使用这个品牌的产品。在消费过程中，他们可以对品牌进行评估，这种行为会导致三种可能的结果：强化（消费者对品牌有积极态度并回购），没有强化（消费者没有形成对品牌的态度），或惩罚（消费者对品牌有消极态度，不会回购，并且重新评估策略）[24]。本节主要介绍消费者学习选择性策略的三种可能的结果。

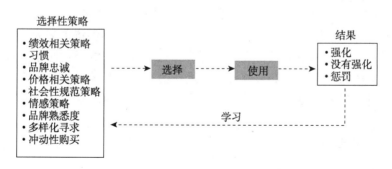

图 10.2　学习选择性策略过程图

（一）强化

强化通常来自当消费者的需求被充分满足时所产生的满足感。这种强化提高了我们再次购买相同品牌的概率。例如，当你购买了佳洁士牙膏，并在使用后对其产生了深刻的印象，你的购买行为就会得到强化，很有可能会在下一次继续购买该品牌的产品。研究发现,与某一品牌打交道的过去经历是目前为止所发现的对品牌选择影响最大的因素。它比品牌的质量、价格及知名度都更为重要。消费者从产品试用中所得到的信息比从广告中得来的信息影响力更大。在产品试用中所产生的思考和情感体验对于消费者做评价的影响格外重要。使用熟客奖励形式的强化也比较有效。当消费者越来越接近奖励时,他们就会加快自己的购买频率。

值得注意的是,消费者常常无法区分不同产品或服务品牌之间的差别。因此,当没有哪个品牌的产品明显优于其他品牌时,消费者通常不会对某一品牌形成强烈的积极态度。然而,只要消费者没有觉得不满意,他们的选择策略就会得到强化。假设你买的是最便宜的品牌的纸巾,如果该纸巾还能勉强满足你的需要,那么你将来很有可能会继续购买最便宜的纸巾,不过下次你可能会换一个新品牌。总的来说,强化既有可能是针对某一品牌的,也有可能是针对某种选择策略的。

(二)惩罚

消费者也有可能会对某一产品或某种服务产生负面体验,因此会形成对其的负面评价,并不再继续购买。用操作性条件反射中的术语来讲,这种体验叫作惩罚。小时候,当你表现不好时,你的父母便会惩罚你,以确保你不再犯同样的错误。对于消费者来说,当某个品牌的产品满足不了我们的需求并让我们不满意时,惩罚就发生了。因此,下次我们很可能不会再去购买同样品牌的产品。惩罚还会让消费者在下次购买时重新评价自己原来所使用的选择策略。例如,你买了最便宜的垃圾袋,可是当你倒垃圾时它却破了,那么你在下次购物时可能会采用新的策略(买最贵的或你最熟悉的品牌的垃圾袋)或改进你的策略(购买最便宜的全国性品牌)。

(三)重复购买

如果随时间推移同样的行为得到了不断的强化或惩罚,消费者就会从中学习。我们在图10.2中总结了这一过程。当我们购买普通的、需要重复购买的产品时这一过程就会发生。因此,我们学会并逐渐掌握一系列能在不同决策情境中带来满意结果的选择策略。传统的决策模型忽略了消费在决策过程中起到的关键作用,而将更多的注意力放在了决策前发生的过程上。但是很显然,产品在消费过程中所发生的一切对于消费者今后的获取、使用、处置决策有着重要的影响。换言之,消费者对某一品牌和策略所形成的正面或负面评价,对于未来决策而言都是重要的信息输入和影响因素。

 操作性条件反射:

一种通过使用奖励来强化期望行为和惩罚来阻止不良行为的学习驱动过程。

第三节 基于认知的决策

研究人员提出了多种决策制定模型,每一种模型都可以准确描述消费者如何做出决策。由于消费者的机会主义和适应性，消费者不会在每次做决策时都遵循固定的流程。相反，他们会根据情况选择某个模型或者使用各个模型的不同部分，他们可能运用一条或多条规则，有时这仅仅是因为他们想有一点改变。此外，消费者所做的选择可能和其他选择有关。例如，做一个决策（买一台电脑）可以导致另一个决策（买一台打印机）。

认知决策制定模型（cognitive decision-making model）描述了消费者如何系统地使用所有属性信息来做出决策。研究人员也认识到，消费者可能会根据感受或情绪做决策，即采用情感决策模型（affective decision-making model）。[25]因此，当决策的性质是更偏向于认知型或者更偏向于情感型时，营销人员需要了解消费者是如何做出选择的。

决策制定类型会因文化的不同而不同。例如，一些北美人倾向于分析，依靠事实性信息，进而搜索解决问题的方法。与之相比，亚洲文化的国家中，特别是日本，有时逻辑不如感觉重要。类似地，许多沙特阿拉伯人在决策中更加依靠直觉，讨厌基于实证推理的说服。俄罗斯人可能会把价值观看得比事实更重，而德国人更倾向于理论化和推理。在北美和欧洲文化中，决策通常是由能掌控自我命运的个体所做出的。在亚洲文化中，群体是最重要的，个体的行动被看作随机产生或由其他事件引起的，而非由个体自己控制发生的。

认知决策制定模型是指消费者以理性、系统方式综合有关属性的信息，从而达成决策的过程。在高努力的情况下存在两种认知模型，分别是基于品牌/属性加工，以及补偿性/非补偿性模型（图10.3）。基于品牌加工即消费者每次评估一个品牌，而基于属性加工则是消费者每次评估一个属性。无论基于品牌还是基于属性进行加工，都包含补偿性/非补偿性模型。

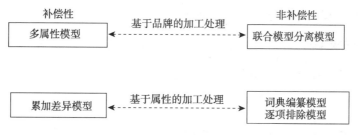

图10.3　高努力认知决策模型的类型

在补偿性模型（compensatory model）中，消费者会评估考虑其中各个品牌在每个属性上的优势（也就是说，他们就优势和劣势做出判断），并且权衡这些属性对决策的重要性。拥有最高分数（品牌所有属性的优势与其重要性乘积之和）的品牌就是消费者要选择的品牌。这是一种心理成本收益分析，其中一种属性的负面评估可以用其他属性的正面特性来补偿（补偿的名字由此而来）。更进一步地说，对于一些美国消费者，中国产品的一个负面属性是它们不是美国产的。然而，如果中国产品在其他被认为重要的标准上评价很高（如价格），这一负面评估就可以被弥补。

在非补偿性模型（noncompensatory model）中，消费者使用负面信息去评估品牌，进而迅速从考虑集中排除掉那些在任何一个或多个在重要属性上不够好的产品。[26]这种模型被称为非补偿性模型，这是因为对某品牌在某个重要属性的负面评估就能导致该品牌被排除掉，正如一些美国消费者拒绝一个产品是因为它是国外产的一样。非补偿性模型相比于补偿性模型所需的认知努力更少，因为消费者会为每个属性设定临界水平（cutoff levels），并拒绝任何低于这一水平的品牌。因此，如果消费者考虑集中的品牌在吸引力上十分相似，他们必须花费更多的精力来做决策，并且可能用到补偿性模型。

高努力认知决策模型可以分为两个主要维度：①是一次加工一个品牌还是一次加工一个属性，②是补偿性的（负面属性可以被正面属性补偿）还是非补偿性的（利用负面属性可以排除品牌）。

此外，消费者低努力情况下的认知决策对于营销人员同样十分重要，它们包括基于品牌的决策（习惯、品牌忠诚），以及基于属性的决策（性能相关策略、价格相关策略）。在本节中，我们将依次分别探讨高、低努力情况下消费者基于品牌的决策和基于属性的决策。然后，我们将论述另外两种影响消费者决策的重要方面，即收益和损失，以及社会性规范。

认知决策模型：
消费者综合有关属性的信息选项做出决策的过程。

情感决策模型：
消费者根据情感和情绪做出决策的过程。

补偿性模型：
一种心理成本收益分析模型，其中负面特征可以用正面特征来补偿。

非补偿性模型：
负面信息可以导致拒绝选择的一种简单的决策模型。

临界水平：
在非补偿性模型中，针对每个属性而言，拒绝某品牌的临界点位置。

一、基于品牌的决策

基于品牌的决策是消费者通过对比和评估每个品牌从而做出决策。在个体做决策时，消费者可以每次评估一个品牌。因此，正在买笔记本的消费者可能会搜集关于苹果电脑的信息，并且在转向另一个品牌之前对它做出判断。由于外部环境因素（广告、经销商等）经常按品牌来组织和安排，因而这种品牌加工（brand processing）经常会发生。

消费者的努力程度不同，做出的策略也有所不同。本部分我们将逐一介绍在高努力情况下，消费者常常使用的多属性期望值模型、联合模型、分离模型，以及低努力情况下，消费者通常使用的习惯简化策略、品牌忠诚策略。

（一）多属性期望值模型

许多研究都建立在基于品牌的补偿性模型上，这种模型也被称为多属性期望价值模型（multiattribute expectancy-value model）。[27]我们在第五章已经讨论过一种多属性模型，即理性行为理论。需要注意的是，在考虑多属性时，消费者往往会对符合其目标的属性赋予更大的权重。当消费者需要在属性间进行权衡时，多属性模型不仅耗费认知精力，而且还耗费情绪精力。例如，如果消费者在情绪上对价格和质量很难取舍的话，消费者可能会选择质量最好的那个产品。一些消费者会避免在相互冲突的属性间进行权衡。例如，尽管特斯拉品牌存在一些做工粗糙、刹车失灵等质量问题，但是该品牌突出的品牌知名度及智能驾驶等优点使得部分消费者会忽略其负面的属性。

（二）联合模型

如果使用联合模型（conjunctive model），消费者会对每个属性建立最小临界值，以此表明他们愿意接受的最低价。[28]例如，消费者可能希望租车的费用每小时不超过100元钱，从而拒绝任何成本更高的选择。由于临界值代表着最低信念强度水平，因此，联合模型的原理是尽快排除掉不适合的选择，这是消费者通过赋予负面信息更大权重而实现的。

（三）分离模型

分离模型（disjunctive model）和联合模型类似，只是在两个方面有所不同。首先，消费者会建立可接受的临界标准，也就是挑出那些合格的。所以尽管100元是消费者能够接受的租车每小时费用的最高金额，但80元钱是更容易接受的选择。其次，消费者根据几种最重要的属性而非所有的属性来进行评估，且更看重正面信息。当消费者做决策时，可能会使用不止一种决策模型。如果考虑集很大，那么他们可能使用联合模型或者分离模型来剔除不适合的选择，然后用多属性期望模型从剩下的部分中做出最终选择。[29]

以上三种模型详细介绍了消费者在高努力情况下可以使用的策略。接下来，本书将重点介绍两种低努力情况下基于品牌的决策：习惯简化策略和品牌忠诚策略。

（四）习惯简化策略

人类是具有习惯（habit）的生物。我们一旦找到了做某件事的顺手方法，往往会不假思索地重复使用这种方法。例如，我们每天早晨做着同样的事，走同样的路线去上班或上学，在同一家商店买东西。我们之所以这么做，是因为这种做法让我们的生活变得简单且易于掌控。考虑到消费者容易采用习惯简化策略这一点，淘宝相应地推出"天猫U先"板块，通过低价格吸引消费者购买知名品牌的小样或者免费试用，当消费者习惯使用该品牌的产品后，就会持续选择该品牌。

某些情况下，消费者的获取、使用和处置的决策也基于习惯。习惯是最简单、最省力的消费者的决策手段之一，它有以下两点特征：①很少或者根本不用进行信息搜集；②很少或者不用对其他选择进行评估。然而，习惯并不要求消费者对某一产品产生强烈的偏好，它仅仅与重复性的行为和经常性的购买有关。基于习惯的决策能减少风险。因为消费者在过去已经多次购买过某品牌,所以他们知道该品牌能够满足他们的需求。前人研究也支持了习惯在低价、经常性购买的产品选择中所发挥的作用。但是消费者两次购买之间的时间间隔越长,他们习惯购买该品牌产品的可能性就越小。

(五)品牌忠诚策略

当消费者对某一品牌做出有意识的评估,认为某一品牌能比其他品牌更好地满足自身需求,并因此决定反复购买该品牌产品时,就会产生品牌忠诚(brand loyalty)。从本质上来说,品牌忠诚来源于性能相关策略中非常强烈的正强化。当消费者对于某一产品(如某品牌的理财软件)熟练使用后,品牌忠诚就会形成。如果消费者转而使用另一品牌的软件,那么他们将面临学习曲线,于是在认知锁定(cognitive lock-in)的作用下,消费者会产生品牌忠诚。

注意,品牌忠诚和习惯性购买的差别就在于消费者对于某一品牌的承诺(commitment)程度不同。品牌忠诚度随着时间的流逝逐渐加深。例如,如果你买了亨氏番茄酱,并认为它比起其他品牌更黏稠也更美味,那么你会再次购买亨氏。如果这一过程被不断地强化,最终你将对亨氏番茄酱形成强烈的品牌忠诚。消费者也可能是多品牌忠诚(multibrand loyal)的,即他们会对两个或两个以上的品牌产生承诺,并重复购买。例如,如果你喜欢并且只购买可乐和雪碧两种饮料,那么你对于软饮料就是多品牌忠诚。

如果每次购物时只需要简单地购买同一品牌的产品,而不用加工信息,那么品牌忠诚策略会由低努力决策制定。然而,由于品牌忠诚的消费者对于某一品牌或服务有强烈的承诺,不论消费者对于该产品或服务类别的涉入度是高是低,他们对于该品牌的涉入度都相对较高。因此,虽然番茄酱通常被认为是一种低涉入度的产品,品牌忠诚的消费者可能会对亨氏番茄酱表现出高涉入度。品牌忠诚度不仅会影响实体零售店的销售状况,而且对线下实体店零售品牌的忠诚度还可能会进一步提高消费者对该品牌线上网店的购物意愿。例如,在进入电商平台之前,良品铺子凭借产品和口碑在线下开了700多家店。随着电商经济的爆发,良品铺子也发展自己的电商渠道,与线下店铺有机结合、相辅相成,最终成为中国零食三巨头之一。

 品牌加工:

每次评估一个品牌。

 多属性期望值模型:

一种基于品牌的补偿性模型。

 联合模型:

一种非补偿性模型,设置最小截止值以拒绝"坏"选项。

 分离模型:

一种非补偿性模型,设置可接受的临界值以找到"好"选项。

习惯：

一种后天习得的行为，包括一段时间内重复执行同一行为。该行为通常是无意识进行的，并且可能很难停止。

 品牌忠诚：

消费者基于强烈的偏好进行重复购买。

 多品牌忠诚：

消费者对两个或两个以上的品牌产生强烈的偏好，从而进行重复购买。

二、基于属性的决策

前面的讨论介绍了消费者在根据品牌处理信息时会如何进行决策。接下来，我们将讨论属性加工（attribute processing）。基于属性的决策即消费者通过比较多个品牌的同一属性进行决策，如比较多个品牌产品的价格。大多数消费者更喜欢属性加工，因为它比品牌加工更加简单。接下来，本节将重点介绍消费者在高努力情况下进行的基于产品属性的决策：累加差异模型、词典编纂模型、逐项排除模型及低努力情况下的性能相关策略和价格相关策略。

（一）累加差异模型

累加差异模型（addictive difference model）是指，消费者每次按属性对两个品牌进行比较。[30]消费者评估两个品牌在每项属性上的差异，然后综合形成总体偏好。这一过程中会发生属性间的权衡，如某一属性上的正面差异可以抵消另一属性上的负面差异。例如，消费者比较A、B两款手机，A品牌的电池的续航能力比B品牌好，但是A的手机分辨率比B低，如果消费者更看重手机续航能力，那么A品牌的手机续航能力强这一正面属性就可以抵消分辨率差这一负面属性的影响。

（二）词典编纂模型

词典编纂模型（lexicographic model）是指消费者根据属性重要性进行排序，从最重要的属性开始，每次比较一种属性。如果一项选择占优，消费者就会选择这一项。在平局的情况下，消费者会继续进行第二重要的属性比较，直到剩下最后一个选择。平局是指两个选择之间的差异低于能被察觉出的差异。例如，一个品牌定价2.77元，而另一个定价2.79元，就属于在价格上平局。

（三）逐项排除模型

逐项排除模型（elimination-by-aspects model）类似于词典编纂模型，但引入了可接受的临界值这一概念。[31]这一模型不像前面介绍的词典编纂模型那样严格，它可以考虑更多的属性。消费者首先根据重要性对属性进行排序，然后在最重要的属性上对选择进行比较。那些低于临界值的选择被排除掉，反复进行这样的过程，直到最后只剩下一个选择。

例如，正在减肥的消费者在购买食物时最看重热量。那么，他在购买时，首先会排除含有油炸食物的选项，其次，将食物按照热量从高到低进行排序，选择热量最低的食物。

以上三种模型为消费者在高努力情况下可以使用的基于属性决策的三种策略，接下来，本书将介绍两种低努力情况下消费者通常采用的两种策略。

（四）性能相关策略

当消费过程的结果带来正强化时，消费者很可能会使用性能相关策略（performance-related tactics）来做决策。这些策略既可以代表对整体的评估（如大疆无人机各方面性能都比较好），也可能是关于产品的某一属性或效用的评价（如洗衣服洗得干净、味道好、服务快等）。满意是一个关键因素，满意的顾客会对其品牌或服务形成正面的评价，并因此重复购买。

（五）价格相关策略

当消费者难以察觉出品牌之间的差别，并且对考虑集中的品牌涉入程度较低时，他们最有可能采用价格相关策略（price-related tactics）。例如，他们可能会购买最便宜的品牌，促销品牌或者使用优惠券。尽管在很多决策中，价格是一个至关重要的因素，但消费者往往不记得具体的价格信息，甚至是他们刚刚选择的产品。商店已经为消费者提供了价格信息，所以消费者没有动机去记住价格信息。值得注意的是，那些害怕多花钱的顾客往往会更加关注价格，而那些对收益很敏感的顾客会同时关注品牌特征和价格。此外，当营销人员使用价格促销时，消费者会认为在购买过程中风险较低，在做出决策时往往会使用更少的努力和粗略的处理，让情感因素在其中发挥更大的作用。

更重要的是，消费者的目标会影响其对产品的价格感知。当目标是辨别（discrimination）时，营销人员把最低价格调低后，消费者会更加注意到它与高价格之间的对比，这使得消费者认为其他产品的价格更高了。而当目标是概括（generalization）时，营销人员把最低价格调低，消费者会认为其他较高价格的产品也没有那么贵。[32]

消费者的感知对于运用价格相关策略至关重要。注意，只有当两个价格之间的差异大于或等于最小可觉差时，消费者才会感知到这两个价格之间有所不同。因此，如果一个牙膏售价9.9元，而另一个牙膏卖9.8元的话，消费者很可能会对这么小的差异视而不见。消费者也有可能会将品牌的价格同内部参考价格进行对比，所谓的内部参考价格取决于过去购买的价格、同类产品的价格及其他因素（有时包括相同产品的价格）。通常的情况是，消费者考虑的是一个价格区间而非某一个固定的价格点。

同样需要注意的是，消费者的感知过程会影响他们对不同价格的反应。研究一致表明，消费者认为以奇数结尾的价格显著低于以偶数结尾的价格。因而消费者会认为售价29.99元的电影票比售价30元的电影票更便宜。如果消费者在一堆售价适中的产品中发现了一个售价高昂的产品，他们对那些售价适中产品的价格接受区间也将跟着变高。

相比于价格上升，消费者对价格下降更为敏感。降价对于销售的促进作用会大于涨价对于销售的抑制作用。此外，如果公司不定期地对产品进行大幅降价，消费者会认为该产品的平均价格比那些经常进行小幅减价的产品的平均价格要低。并且，当企业进行限时促销时，消费者会认为这样的促销更有价值，但这仅限于消费者信息加工动机较低的情况。

公司展现促销的方式同样会影响到消费者对于价格的感知。在商店内,将"促销价"与"原价"对比是促销的好方法;而在广告宣传上,将自己的售价与竞争对手的价格做比较更为有效。此外,用外币购买产品(如当我们旅行时)会影响我们对价格的感知和消费行为。相比于外币被表示为成本币的倍数时(如11.37印度卢比=1元人民币),外币被表示成本币的小数时(如0.14美元=1元人民币)消费者愿意花费更多的钱。最后,当消费者是通过个人来源(如推销员口中)而不是从非个人来源(如品牌的官网)得到涨价的信息时,他们会认为这样的涨价有失公平。

 属性加工:

每次比较多个品牌的一个属性。

 累加差异模型:

品牌按属性进行比较,一次比较两个品牌的补偿性模型。

 词典编纂模型:

比较品牌时按重要性每次比较一个属性的非补偿性模型。

 逐项排除模型:

与词典模型类似,但增加了可接受临界值的概念。

 性能相关策略:

基于品牌优势、特点或评价的策略。

 价格相关策略:

基于价格的简化启发式决策策略。

洞察案例10-1

希音:快时尚赛道的黑马是如何练成的

希音(SHEIN)是一家致力于全球时尚的跨境电商平台,于2008年成立,从销售婚纱逐步拓展为全品类女装及相关产品。2020年的疫情对于大部分企业的负面影响已经不言而喻,但是彼时,希音的订单却如潮水般涌来,服务器甚至一度崩溃。这一年,希音以超150亿美元的估值完成了E轮融资,12月,披露的营收接近100亿美元(约合653亿元人民币),达到连续8年百分百增长。2021年,销售额更是超过了1000亿元人民币。那么,希音是如何实现营收一路高涨的呢?

1. 精准定位受众,打造高性价比快时尚

希音对自己的定位是快时尚。将引领流行趋势的小众时装大众化,通过快速满足消费者的新鲜感,提升消费频次,具备款式多、上新快、性价比高的特点。而这,正与 Z 世代、千禧一代等年龄段消费者的消费能力、消费阶段相匹配。

以女性服饰为切入口,2021 年 1 月,希音推出设计师孵化器 SHEIN X,旨在为独立时装设计师提供与希音合作的机会。设计师作品被希音采用后,可以获得佣金和一定比例的销售利润,并保留自己的创作所有权。因此希音与海内外众多新秀时装设计师建立起了良好的合作关系,从而不断推出新款时尚服装。据希音官网数据显示,自 2021 年 11 月起,希音平均每天上新 5000 款左右服装,其中 2021 年 11 月 1 日单日上新一万多款。在款式数量上,无论是对比全球快时尚头部品牌,还是线上同业竞争对手,希音都具备碾压性的优势,有上万款的在售单品,可满足更多个性化的消费者需求。

并且,希音最大的特点是价格亲民。产品的核心价格为 9~24 美元,低于飒拉(ZARA)等全球快时尚品牌。就美国市场而言,希音的主要女装产品最低价均在 10 美元以内,各品类畅销款价格 9~24 美元,基本位于 ZARA(8~36 美元)的最低价格区间。通过如此高性价比的价格优势,希音吸引了一大批对价格敏感的消费者。

2. 赋能供应商,搭建强大物流体系

希音能做到产品种类如此繁多,价格如此亲民的原因在于其具有一个完善的供应链物流体系。在保证产品质量的同时,对于产品研发周期、上架周期,以及供应链中间环节都进行了极大程度的压缩,不仅能保证可以短期少量生产一批产品,满足前端要求,还节省了成本。

为使产品能够在一周内送到,希音在仓储物流方面投入了大量的人力和物力。针对不同的供应链环节希音制定出更有针对性的信息系统,独立研发数据可视化系统,使供应链更具效率。并且为了达到订单能够迅速及时响应的目的,希音在深圳总部周边打造了一个由数百家工厂组成的产业集群。以希音为中心向周围分布,达到了快时尚供应链建设的理想状态。这样的状态下,希音的工厂分布在周围,供应链上下游毗邻,工厂到广州仅需两个小时车程,可以灵活根据平台销量迅速响应生产。

此外,目前希音的仓储物流体系相当完备,已经拥有希音、隆威(ROMWE)在内的 2 个自营国际站点,南京、深圳、广州、杭州 4 个研发机构,佛山、南沙、美东、美西、比利时、印度 6 个物流中心,洛杉矶、迪拜、列日、马尼拉、孟买、中国义乌及南京 7 个客管中心,16 个小语种站点、IOS 移动端、Android 移动端,以及覆盖全球的末梢配送网络,并在全球建立了 5 个客户服务管理中心,成立了超过 200 人的客服团队,快速解决客户购买过程中与售后过程中的问题。

3. 深耕社交媒体,提高用户黏性

针对海外年轻消费者这一目标受众,希音主要以"社交平台+网红"的模式开展营销。首先,希音依托谷歌(Google)和 Facebook 的流量红利,凭借投放广告完成初期的积累。随即,希音开始布局社交媒体营销,利用 Facebook、优兔(YouTube)、拼趣(Pinterest)等平台,进行网红带货营销。希音根据各大社交平台博主的粉丝量、发帖量、发帖内容及点赞量,将博主划分为头部网红、中腰部网红、小众网红和普通用户 3 个等级,并针对不同级别的网红采用不同的合作方式。头部网红负责希音品牌形象的维护与提升;中腰部网红负责利用自身影响力为希音提供品牌背书、介绍新款服装、宣传带货等;小众网红和普通用户则通过 UGC 方式帮助希音获得更多的品牌曝光，希音也会将普通用户的优秀创意内容转发到官方平台。通过网红带货的方式，强化了消费者对希音整体的良好印象，并且容易产生关于希音产品的正向评价，从而达到购买目的。

然后，希音将这些流量导到其独立站点，并逐渐形成自己的流量池深化消费者的品牌认知。对于消费者来说，希音不仅仅成为一个普通的购物网站及 App，而是"海淘、搭配服装的"一站式工具，乃至成为"了解服装趋势""对比价格""分享讨论和闲逛打发时间"的工具。正因为有这些工具属性，对用户产生了高度的黏性。

综上可见，希音通过自身强大的供应链体系及营销，不断壮大，最终从众多的跨境电商及快时尚企业中脱颖而出。这对于我们应该如何打造价格策略，深化品牌形象认知，吸引消费者持续购买，值得借鉴和学习。

资料来源：

[1] 希音官网. 品牌介绍-希音[EB/OL]. [2022-07-09]. https://www.shein.com/About-Us-a-117.html.

[2] 李姝婷，徐彤彤，王家宝. 跨境电商黑马希音的供应链构建与优化[Z]. 中国管理案例共享中心库，2021-11.

[3] 朱阳，王小龙. SHEIN——"长期主义"与"唯快不破" [EB/OL]. [2022-07-07]. https://mp.weixin.qq.com/s/ek_l0fk2ClMgeey0lPfGKA?scene=25#wechat_redirect.

三、基于收益和损失的决策

前面的讨论中介绍了可用于消费者决策的不同模型。然而，研究显示消费者的决策还取决于消费者的动机是寻求收益还是避免损失。根据前景理论，尽管两种结果的数量规模一样，但是消费者会更看重损失而不是收益。[33]例如，当人们对一件即将要交换的产品定价时，卖家出售的价格一般会比消费者愿意支出的（以获得该产品）价格更高（因为卖家面临着失去产品）。这被称为禀赋效应（endowment effect），因为产品所有权增加了与该产品相关的价值（和损失）。有研究表明，消费者将销售视为一种隐性的自我威胁，因此卖家通过提高与自我相关联对象的价值（即售卖产品的价格）来应对这种自我威胁，将此种方式作为其防御机制的一部分。

类似地，消费者对价格上涨的反应比对价格下跌的反应更大，并且会更不愿意将产品升级到高价的产品。因此，当某一决策涉及损失而非收益时，消费者会在很大程度上避免做出决策。这种效应已经在各类产品和服务中得到证实，包括酒、彩票和球赛门票等。

此外，消费者的促进和预防聚焦型目标也会影响这一决策过程。例如，预防聚焦型的消费者更倾向于保持现状而不是做出会导致改变的决策，因为他们想避免损失。与之相比，如果促进聚焦型消费者认为改变现状能帮助他们达到成长和发展的目标，他们会更愿意尝试新产品。

禀赋效应：
物品的拥有者会提高对物品价值的感知。

四、基于社会性规范的决策

某些情况下，他人作为社会性规范会影响消费者的低精细化加工决策。比如，大一新生可能会买妈妈在家使用的品牌的洗衣液；大二的学生可能会去买朋友喜欢的品牌的衣服。我们之所以会使用规范性选择策略（normative choice tactics）的原因在于：①直接影响，即他人试图影响我们；②间接观察，我们通过观察别人来指导自己的行为；③间接影响，我们关心其他人对我们的看法。规范性策略对于那些缺乏经验、对产品知之甚少的消费者更为适用。尤其在网上，消费者可以便捷地交流，这种在线交流会增加规范性影响的重要性。如果规范性策略在一个产品或服务中特别明显，企业可以在广告中强调此类社会性规范动机。例如，蓝河婴幼儿奶粉在广告中宣称"有经验的妈妈选蓝河"，巧妙地操纵广告中含有规范性策略信息。由此，那些缺乏经验的消费者会认为蓝河奶粉是众多有经验的妈妈所认可的奶粉，从而购买该奶粉。如今，他人的在线评论作为消费者网络购物的重要依据，对消费者的购买决策产生较大影响。前沿研究 10-2 就探讨了消费者在不同类型的消费中对产品评论的依赖程度，发现在进行体验性（vs. 物质性）消费时更少依赖产品评论。

 规范性选择策略：

基于他人意见的低精细化加工决策。

第四节　基于情感的决策

前沿研究 10-2

消费者评论依赖——体验性消费更少依赖产品评论

正如消费者可以基于认知做出决策，他们也能基于情感决策。对于情感性决策制定（affective decision making），消费者做出一项决策是因为这种选择让他们感觉好，而不是因为他们对产品作出了详细、系统的评估。或者他们会因为感觉很合适而做出选择，而不会考虑他们先前的认知加工。[34]基于情感做决策的消费者可能会比那些基于品牌或属性做决策的消费者更加满意。此外，情绪也有助于基于认知的决策，因为情感可以帮助消费者组织他们的想法，从而更快地进行判断。

我们在第五章提到，品牌可以与积极情绪建立联想，如爱、快乐、骄傲和兴奋，也可以与消极情绪建立联想，如内疚、憎恨、焦虑、愤怒、悲伤、羞愧和贪婪。这些情绪的回忆可能在决策过程中起着重要作用，特别是当消费者认为它们与产品或服务相关时。这种情感性加工往往是建立在经验的基础上。换句话说，消费者的选择是建立在对过去经历和相关感受回忆的基础上。当消费者在记忆中进行品牌选择时，他们必须更努力地加工信息，因此他们的情感占有相当大的影响比重。与之相反，当他们根据广告中或其它外部刺激信息对品牌进行选择时，他们可以更多地关注产品的属性而更少关注他们的感受。[35]

消费者的情感对于享乐性、象征性或美学性属性尤为重要。情感会影响我们消费什么和消费多长时间。我们往往会经常或长时间地购买让我们感觉更好的产品，而不会购买那些没有这些效果的产品。需要注意的是消费者有时买一个产品，如珠宝，仅仅是为了让自己感觉更好。在其他的情况中，他们可能会基于消极情绪做出选择，如出于内疚或羞愧而购买一种产品。

消费者在高努力情况下，做出的情感决策包括：评价与感受，情感预测及心理意象；在低努力情况下，消费者做出的情感决策包括：品牌熟悉度，多样性寻求及冲动性购买。[24]接下来，我们将分别对上述6个方面进行详细介绍。

一、评价与感受

正如在第二章所提到的，评估理论已经被很多学者探讨过了，它解释了我们的情感是如何受到我们对情境认知或"评估"方式的影响。该理论也解释了特定的情感（包括那些先前决策所带来的）如何及为什么可以影响未来决策和选择。例如，在新环境中，害怕的人往往会比愤怒的人看到更多的风险。在涉及物品处置的情境中，厌恶情绪的人往往将这种行为当作摆脱现有物品的机会，而悲伤情绪的人则会将其视为改变当前状况的机会。当消费者想要的产品缺货时所产生的情绪反应，也会影响消费者在同一购物地点的后续购买感受和评价。

二、情感预测

情感预测（affective forecasting）是指消费者对于他们未来感受的预测。情感预测会影响消费者今天所作的选择。例如，如果一个人认为洗碗机可以在未来减轻家务劳动强度，她很可能会去购买。再比如，你可能在国庆节假期决定去西藏而不是北京，因为你认为西藏之旅可以让你感到更放松。正如图10.4所显示的，消费者可以预测：①我们决策后感觉如何；②这种感觉的强度如何；③这种感觉将会持续多久。这些预测的任何一个方面都会影响我们是否去西藏度假的决策。然而，情感预测并不总是准确的，我们可能会在上述的任何一种预测出现错误。因此，在我们旅游结束后，我们可能会感受到压力而不是轻松；可能感受到轻微放松，而不是完全放松；我们的放松感觉可能只会持续到我们到家后，而不是持续一周都感到放松，因为看到我们不得不做的成堆工作。

不仅对于决策后快乐（或者放松，正如在前面例子中所提及的）程度的预期可以影响消费者所作的决策，而且对做出错误决策的预期后悔情绪也可以影响消费者所作的决策。例如，如果消费者参与拍卖，并且预料自己会对另一个出价人胜出的结果感到后悔，那么他们便会比之前出价更高来获得竞标物品。类似地，如果消费者预期自己如果现在不买商品，未来可能会因为发现当前的售价要低于未来的价格而感到后悔，那么他们更可能现在就购买减价商品。

我会有什么感觉？	我在多大程度上有这种感觉？	我会多久有这种感觉？
效价（好或坏） 情绪的本质 （特定的情绪，如幸福、遗憾、内疚、羞耻）	强度	持续时间

图 10.4　情感预测

如图 10.4，当消费者试图预测他们在未来的消费情况下的感受时，就会发生情感预测。具体来说，消费者会预测他们会有什么感觉，这种感觉会有多强烈，以及这种感觉会持续多久。

 情感预测：

消费者对于他们未来感受的预测。

三、心理意象

心理意象（imagery）在情感决策中起着十分重要的作用。[36]消费者可以尝试想象他们正在消费产品或服务，并将他们所体验的任何情绪投入决策中。例如，在选择健身房时，你可以想象自己在健身房中可能感受到的热情。如果这些想象是快乐的（或不快乐的），它们便能在你的决策过程中施加正面（或负面）影响。心理意象还能激发消费者对某些产品的期待和向往。邀请消费者通过在线展示与产品互动引发消费者对产品使用的生动的心理想象，并提高了购买意向。例如，疫情期间出于各地区防疫要求，线下旅游的热度明显下降。为了应对这种形势，很多景区推出 VR 云旅游服务。比如，2020 年，故宫博物院推出云游故宫网站，其中"全景故宫"版块通过全景摄影技术，拍摄故宫全景图像，可实现 360°浏览故宫，身临其境般地欣赏紫禁城美景。

增加信息可以使心理意象的加工过程变得更加容易，因为更多的信息意味着更容易形成准确的形象（不过在认知加工过程中会导致信息过量）。例如，麦当劳在 2021 年推出一组宣传椰饮的"慵懒上市"海报。该海报将慵懒的夏日画面与产品搭配在一起，因此消费者在看到海报上舒适惬意的夏日就会联想到其清凉可口的饮品。消费者在看过广告后，更有可能做出正面的反应，并且更加喜欢这个产品。此外，心理意象也会促进基于品牌的处理，因为形象是围绕品牌而不是属性建立起来的。

四、品牌熟悉度

（一）品牌熟悉度的定义和作用

情感还可能来自品牌熟悉度（brand familiarity）（通过单纯展露效应）。研究表明，具有稳定的品牌偏好的消费者无法通过味道将自己喜欢的品牌与其他品牌区分开来。[37]

但是，一旦消费者知道了品牌情况，他们认为自己喜欢的品牌的味道比其他品牌好得多。对于没有经验的购买者而言，"购买最熟悉的品牌"是他们的优势策略。哪怕最熟悉的那个品牌的质量低于其他不熟悉的品牌，消费者仍会义无反顾地选择他们熟悉的品牌。并且，与高精细化加工的情况相比，品牌的名称在低精细化的情况下是一种非常重要的启发式线索。

品牌熟悉效应可能是一种跨文化的现象。例如，可口可乐之所以能成为一个家喻户晓的品牌，在某种程度上依赖于其始终如一的、显眼的营销方式。但是，诸如疯狂可乐（crazy cola）的一些地方性品牌通过积极推广在当地取得了品牌熟悉度，并在销量上超过了可口可乐等国际品牌，这种情况在西伯利亚和其他地区都发生过。

（二）品牌联合

很多公司现在正致力于进行品牌联合（cobranding），两个公司形成伙伴关系从而凭借共同的知名度获益。例如，2022年瑞幸咖啡与椰树品牌推出联名款饮品"椰云拿铁"，上新首日总销量就突破66万杯。椰树经典的包装设计，使得消费者纷纷在社交平台晒图，椰云拿铁话题度持续增加，为瑞幸咖啡和椰树带来一波超高的宣传广告效果。通过此种联名的方式，可以给消费者完全不同的感受，并且让自己的产品展现出更多的样式。

品牌熟悉度：

一个品牌容易被识别的程度。

品牌联合：

两家公司形成伙伴关系从而凭借共同的知名度获益。

五、多样性寻求

低努力情况下的一种常见的消费者选择策略是尝试不同的产品，这一现象被称为多样性寻求（variety seeking）。例如，一个通常购买星巴克咖啡的顾客可能会在某天突然心血来潮，去购买麦隆咖啡，但之后她又继续购买星巴克咖啡。多样性寻求通常由消费者的满足和厌倦这两大原因而产生。如果你每晚吃同样的食物，或者一遍又一遍地看同一部电影，就会产生厌倦感，这会促使你去尝试一些不同的东西。反复发生的消费决策可能会变得单调乏味，消费者因而可能单纯为了改变而改变，尽管他们也许能从原来的选择中得到更多的快乐。消费者在公共场合下寻求多样性的另一个原因是获得别人的正面评价。同时，当消费者内心持有多样性需求时，会认为此时的转换成本比较低，也会进行多样性寻求。例如，乐事薯片经常推出一些新口味，以满足消费者的多样性寻求。

然而，并不是在每一类产品中都有多样性寻求的现象发生。当产品涉入度低、品牌之间差异小、产品的享乐性多于功能性时，多样性寻求就更可能发生。当消费者对于产品的某个感官特性（如气味、口味、触感、视觉外观等）产生厌倦时，多样性寻求更可能会发生。因此，营销人员可以通过在同一类产品中提供更多选择来减少消费者的厌倦情绪。事实上，向消费者证明他们有各种各样的类别可供选择（仅分类效应）能够增加在低努力情况下对有意识决策的满足感。此外，当消费者有更多选择时，他们倾向于选择他们容易证明其合理性的选择。

当消费者所感受到的唤起水平低于最佳刺激水平（optimal stimulation level，OSL）——一种理想的内部刺激水平时，消费者就会有动机去缓解自己的厌倦情绪。反复的购买会导致内部刺激水平下降到 OSL 以下，而购买不同的产品则可以帮助我们的内部刺激水平恢复到 OSL。除此之外，当某些消费者对于厌倦的容忍度比其他消费者更低时，需要更多的刺激。这些感觉寻求者（sensation seeker）更有可能进行多样性寻求并且会率先尝试那些新潮的产品，因此他们是新产品的理想市场目标群体。

值得注意的是，购买不同的产品只是寻求刺激的一种方式。消费者还可以通过替代性探索（vicarious exploration）来满足他们对于多样性的需求。替代性探索是指消费者通过阅读、与人交谈或是将自己置身于购物环境的刺激中来搜集产品信息的过程。例如，很多人逛商店只是为了四处看看而并不购买，以此来满足对于多样性的需求。

 多样性寻求：

尝试不同的产品。

 最佳刺激水平：

消费者最舒适的唤起水平。

 感觉寻求者：

积极寻找多样性的消费者。

 替代性探索：

通过寻找信息以寻求刺激。

六、冲动性购买

另一种常见的带有强烈的情感色彩的决策过程是冲动性购买（impulse purchase），它指的是消费者突然购买原来没打算买的产品。冲动购买具有如下四方面的特征：①具有一种"必须马上购买这个产品"的强烈或迫切的情感；②忽视购买可能导致的负面结果；③带来愉快和刺激的感觉；④存在"控制"和"放纵"之间的心理斗争。[38] 与强调个人独立和享乐的西方消费者相比，亚洲的消费者很少进行冲动性购买，因为亚洲文化更强调相互依存和情感控制，权力距离信念很高（对不同的人在权力或威望上具有差异的接受程度）。冲动性购买消费（特别当它与未被满足的享乐欲望相联系时）常常会被一些消费者所接触的外界因素触发，如店内陈列、网络广告，设有购物热线的电视广告等。

一些研究表明，冲动性购买是消费者自我控制失败的结果。[39]（完美的）自我控制并非易事。这也就解释了为什么消费者可能会在某一方面遵循严格的自我控制（如不在节食期间吃甜食），却在其他方面难以控制自己，进而进行冲动购买。消费者做出一系列的决策可能会进一步消耗他们的自控力。然而，尽管有时消费者进行有意识地加工信息，他们仍然难以控制自己的消费冲动。有效限制冲动购买的方法包括列出购物清单，减少观看购物货架或店铺，进行更短、更频繁的购物之旅，以及使用现金支付等。

最近的研究表明，消费者可能会运用心理账户，根据他们设定的购物预计花费金额进行"冲动"购买。[40]学者估计有27%~62%的消费行为是冲动购买的结果。然而，我们需要将冲动购买与不完全计划下的购买区分开来。有时，消费者已经决定购买某一类产品了，只不过他们受店内陈设的影响而决定所要购买的具体品牌。如果我们将这些因素考虑在内，那么冲动购买的实际比例将会比前面所提到的低。此外，当消费者是因为优惠的价格选择商店时，容易进行冲动购买；而当他们在旅行途中将选择的商店作为参观的所有商店中的其中之一时，则很少冲动购买，因为消费者可能计划在多家商店进行分散购买，从而降低了在此商店冲动购买的可能性。冲动购买的程度因人而异，有些人被认为是高度冲动的消费者，有些人则不会。冲动购买的倾向程度可能与消费者的其他特质有关，如人们的占有欲、对物质生活的崇尚、对刺激的追求及对娱乐性购物的喜爱等。然而，如果冲动性购买的成本太高，或者存在规范性压力（如在场的其他人对购买持反对意见），消费者就可能不会过于放纵自己的购物冲动。最后，同龄人的存在可能会刺激消费者的购买冲动，而家庭成员的存在则会起到相反的作用。

 冲动性购买：

一种基于强烈情感的意外购买。

本章小结

1. 判断是关于事件发生可能性的评估，包括对可能性和好/坏的判断。心理账户和情绪账户会影响消费者的判断，判断过程中会产生偏差。且消费者会使用简化的启发式和决策规则进行判断。

2. 高努力的决策需要决定考虑集及哪些标准很重要。选择决策标准的影响因素包括消费者的目标、决策的时间及决策的框架。消费者的低努力决策有时是有意识的，有时是无意识的。有意识的低努力决策遵循的层次效应是：认知-行为-情感。相比之下，高努力决策的影响层次是典型的情感-认知-行为。

3. 基于认知决策时，按品牌加工处理的策略包括多属性模型、联合模型、分离模型、习惯简化策略和品牌忠诚策略，按属性加工处理的策略包括累加差异模型、词典编纂模型、逐项排除模型、性能简化策略和价格简化策略。此外，还有基于收益和损失的决策以及基于社会性规范的决策。

4. 基于情感决策时，人们根据评价、情感预测、心理意象、品牌熟悉度、多样性寻求和冲动购买进行选择。

实践应用题

研读"开篇案例"，讨论回答分析以下问题：

1. 结合本章知识点，请讨论携程整合的资源可以让消费者进行哪些决策类型。
2. 请讨论携程是通过什么方式促使消费者进行启发式判断的。
3. 结合携程的案例素材，谈谈该品牌利用了哪些情感策略。

本章讨论题

1. 列举三个品牌案例，分析它们通过何种途径使得消费者进行启发式判断。
2. 列举三个品牌案例，分析它们是如何基于消费者收益和损失心理进行策略制定的。
3. 列举三个品牌案例，分析它们是如何利用情感促使消费者进行决策的。

即测即练

扫描此码自学自测

参考文献

第十一章

消费者购后与分享行为

学习目标

本章旨在帮助读者理解消费者购买与分享行为相关的内容。
- 区分消费者购后可能体会到的失调与后悔。
- 讨论消费者在购后如何做出满意或不满意的判断及相应行为。
- 理解消费者分享的内涵,了解消费者分享行为对不同群体的作用差异。
- 理解并掌握消费者分享的内在动机和外在动机。
- 比较面对不同分享对象时,消费者分享行为的改变。
- 比较不同分享方式下,消费者分享行为的改变。

本章案例

- 小红书:国民级生活分享平台的成功奥秘
- 肯德基(中国):"疯狂星期四"何以火爆全网?
- 瑞幸×椰树:形象反衬跨界引发社交裂变

前沿研究

- 快乐能生钱:直播中的情绪和投入
- 社会传染:消费者游戏内购买受到什么影响?

开篇案例

小红书:国民级生活分享平台的成功奥秘

在社交应用平台发达的今天,小红书是一个不能忽视的特殊存在。2013 年 6 月,小红书在上海成立。成立至今,小红书已经从一个小众的海外购物攻略分享平台,发展成一个拥有大量用户,覆盖美妆、美食、穿搭等多个领域的内容分享平台。千瓜数据发布的《2024"活跃用户"研究报告（小红书平台）》显示，2024 年小红书已拥有 3 亿人的月活跃用户，超过 8000 万人的分享者。目前，小红书在许多年轻消费者心中有着不可替代的地位，是妥妥的国民级生活分享平台。小红书是如何吸引众多消费者到平台上进行分享？以下从小红书的演进发展史和功能设置，解析成就国民级分享平台的奥秘。

1. 从购物攻略，到"标记我的生活"：小红书演进史

（1）2013—2014 年：PGC 分享阶段。小红书创立之初，正值国内消费者纷踊到境外旅游购物的热潮。于是，早期的小红书只是一个海外热门旅游地购物攻略的平台，并把口号确定为"把旅行装进你的购物袋"。平台上的内容大多是针对境外购物的专业生成内容（professional generated content，PGC）。这些帖子虽然内容专业、准确度高，但却十分官方，没有站在普通消费者视角进行分享。因而，当时的小红书只是一个普通的工具性平台，用户在其之上只进行简单的攻略搜索操作，对小红书的黏性很差。不过，诞生伊始的小红书还是验证了市场存在对境外购物和用户分享购物体验的欲望，小红书内容社区的苗头初显。

（2）2014—2016 年：UGC 分享＋电商阶段。因为用户黏性不高，小红书开始寻求突破，逐渐向内容＋电商平台转变。为此，小红书重视 UGC（user-generated content，UGC），强调用户之间的交流，着力打造口碑分享社区。为此，小红书将口号改为"全世界的好东西"。新版小红书为突出其内容分享社区的定位，新增功能包括：①关注用户功能。此举旨在加强用户之间的联系和交流。②用户等级功能。此举旨在通过等级制鼓励用户进行内容创作。③话题讨论功能。此举旨在鼓励兴趣爱好相同的用户进行内容生产和分享，增加用户的社会联结。④内容标签功能。此举可以更好地进行内容推送，匹配兴趣爱好相同的用户，进一步加强用户的社交联结。

此外，2015 年 3 月小红书上线电商板块"福利社"，实现了"社区＋电商"的商业闭环。可见，这个时期的小红书想要兼顾内容社区和电商的双重功能。

（3）2016—2019 年："标记我的生活"定位形成。这一时期，小红书将定位从做跨境电商调整为打造生活方式的社区，口号变成了"标记我的生活"。为鼓励用户从分享购物经验，扩展到分享日常小事，小红书通过几个新功能来实现定位转变。①新增"扫一扫加好友"和"分享笔记到微信"等功能。用户可将生活体验分享给身边强关系的朋友，推动更多人一起使用小红书。②推出各种特效和滤镜。用户可用视频、照片来记录和展现更多元的生活场景而非仅仅是购物，大大丰富分享的内容及信息形态。

（4）2019 年至今：重新出发与持续生长。小红书的定位转变促进了其快速生长，但同时因监管不到位导致平台出现了许多虚假"种草"内容和劣质产品销售。2019 年 7 月，小红书先后从各大应用商店下架。短暂的打击并没有让小红书就此淡出市场，相反，2019 年 10 月，小红书重新上架，并确定了新的使命和价值观。小红书创始人瞿芳希望将小红书建造成一座真实、多元且向上的虚拟城市，让海量年轻人在这里聚集，分享日常生活。

2020 年以来，小红书的生活分享内容焕发出了极强的发展活力，越来越多的用户在小红书分享日常生活的点点滴滴，美食品类的浏览量一度超过了传统的优势品类美妆。在小红书上分享日常生活不仅让用户们的平常日子增添了无穷乐趣，小红书的在线用户数和用户时长创下了新高。

积累了成功经验后，小红书将这一运营思路用到了更多泛化的大众生活上，逐渐形成了"新兴生活趋势发源地"的形象。2022年，小红书开始主推露营、骑行、徒步，2023年，多巴胺穿搭、MBTI、City walk等也接连在小红书上爆火。小红书正在成为一个充满生命力的生活分享社区。

2. 巧妙功能设计，提升分享质量

小红书在发展演进过程中，不断优化其功能设置，让用户的分享更畅通。

（1）发布编辑器。小红书发布的编辑器不仅简单易上手，还特色鲜明。对于图文笔记，小红书给用户提供了添加滤镜、贴纸、标签和音乐等4个功能选项；对于视频笔记，还提供视频剪辑、添加字幕等功能。小红书对发布编辑器的精心设计，大大简化了分享过程。这对留住用户、激发分享更多优质UGC，发挥着不可替代的作用。

此外，小红书通过精心设置编辑器的功能，来进一步促进用户进行分享。例如，图文笔记编辑中的标签功能，不仅能让用户根据标签热度看到最近的流行话题，还可以通过标签来进行每日打卡。用户在发布笔记时可以添加"学习打卡"标签，每打卡一次旁边的数值就会+1。这种功能设置能很好地鼓励用户使用小红书来记录自己的生活，也能帮助用户塑造想要表达的形象（如通过每天分享学习打卡的方式，帮助用户塑造热爱学习的形象）。我们知道，消费者分享的重要内在动机就是自我呈现，小红书通过功能设置，让分享者呈现理想的或想要的自我。

此外，小红书会结合当下时事热点，推出限定款的贴纸元素，推动用户分享当下最流行、新奇的事物。这就满足了消费者分享内容的新奇、新颖等属性。

（2）创作助手。为了让用户产出质量更高的内容，小红书建立了几个官方账号（如创作者小助手、吃货薯等），发布如何与品牌方合作、与粉丝相处、给图片调色等培训类视频。同时，创作助手还会向用户推荐时下较为火热的话题，并配上优秀范例。在推荐话题下发布笔记的用户不仅能获得流量奖励，还可能会入选红人榜，扩大曝光度。我们知道，消费者分享的外在动机就是品牌方提供的经济或其他方面的激励，可见小红书深知分享之道。

（3）聊天功能。一般来说，人们在与关系较弱的人沟通时（如网友），会更不注重自己的形象，也会更不容易控制情绪，导致说出过激话语引发争吵。小红书为了维护平台的氛围，在聊天功能设置方面动了不少小心思。例如，当没有互相关注时，在收到对方回复前，你只能发送1条信息。小红书通过这种功能设置，可以更有效地推动用户聚焦于交流购物经验，减少非必要争吵的发生概率。

3. 小红书：满足社交分享的心灵桥梁

小红书在演进中，如同一个连接你我他的心灵桥梁，不断满足人们内心深处的社交分享需求。它通过引入UGC机制，鼓励每个用户成为内容的创作者与分享者，让平台上的每一篇笔记、每一张照片、每一段视频都承载着用户的真实情感与生活故事。小红书不仅是信息的传递者，更是情感的纽带，让用户的生活因分享而多彩，因共鸣而温暖。它深刻理解并尊重用户的社交心理，成为连接你我他的心灵桥梁。

虽然小红书的热度和名气如此之大，但她现在受到了两方面的挑战。首先，电商所占市场份额并不如人意。消费者担心小红书售卖的产品是否有正品保障，平台也缺乏头部 KOL 为其平台产品信誉背书。其次，传统内容优势受到新竞争者的挑战。传统电商（如淘宝的逛逛、京东的逛板块）、短视频 APP（如抖音"种草"板块）正向内容打造＋电商平台的方向转型。因此，小红书在社交内容方面的优势遭到侵蚀。看来，如何构建带有自身独特竞争优势的"内容＋电商"经营模式，是小红书再次创新突破、做强做久的关键战略方向决策。我们拭目以待！

资料来源：
[1] 程璐. 瞿芳. 和时间做朋友[J]. 中国企业家, 2020(5): 48-50.
[2] 成淼. 新媒体社交电商平台研究分析——以"小红书 APP"为例[J]. 现代营销（经营版）, 2020(10): 98-99.

引　言

购买并不是结束，而是服务的开始。购后过程是消费者决策过程中的一个环节，包括消费者在使用产品或享受服务后可能产生的心理活动，对产品或服务的满意程度评价并产生相应的行为，以及在消费者对产品或服务的满意程度及体验基础上进一步产生分享行为。消费者经常跟别人分享（sharing）自己的经验、意见和信息。比如，消费者会在日常生活中谈论消费过的餐厅、评论看过的电影等，或是在网络上分享自己的化妆品选购经验。随着移动互联网的发展，微信、微博、小红书、抖音等一系列社交软件逐渐发展起来，每天都有成千上亿条微博、小红书帖子出现。消费者可以很轻易地在网上向大众发表自己的看法，因此，越来越多的消费者开始在社交软件上分享自己的消费经历或产品使用体验。"分享行为"和"共享行为"使用的英文表述相同（都是 sharing），但两者的内涵不同。本章"分享行为"指的是消费者在消费行为全过程（含信息搜索、购买、使用、处置等环节）分享自己的购买消费经验；而"共享行为"来源于共享经济。今天，信息传播速度极其迅速，消费者分享的内容可以在短时间内家喻户晓。消费者分享行为不仅关系着企业的口碑，有时甚至会将企业推向生死存亡的危险境地。因此，消费者购后及分享行为是整个消费者行为中不可或缺的重要一环。第十一章将首先介绍消费者购买决策后失调及如何作出满意/不满意的判断及相应行为；其次进一步明确消费者分享的内涵及其作用；然后详细叙述消费者分享的内在动机和外在动机；最后介绍面对不同分享对象和采取不同分享方式时，消费者分享行为将做出怎样的调整或改变。图 11.1 描绘了第十一章的内容要点及其在全书中的位置。

第十一章 消费者购后与分享行为

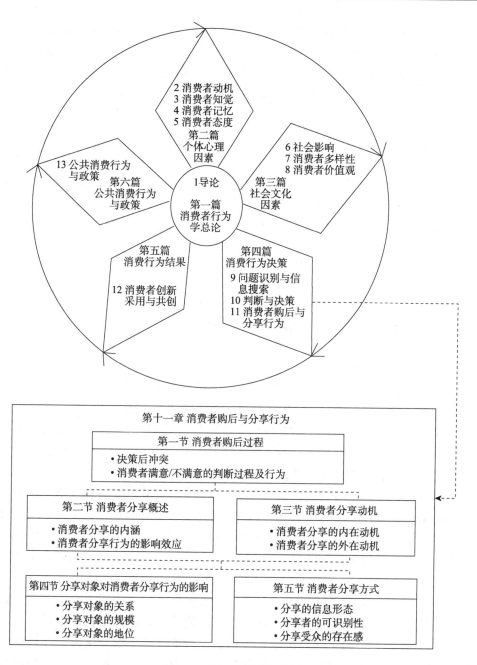

图11.1 第十一章逻辑结构图

第一节 消费者购后过程

一、决策后冲突

消费者可能会对自身做出的某个购买、处置决策感到不确定。换言之，消费者做出某个决策后仍然会非常在意自己是否做出正确明智的决定。这种对某个决策感到不确定而引发的心理焦虑、怀疑和不安等称为决策后冲突[1]，包括决策后的失调与后悔。当消费者做出购买、处置等决策后，有时会怀疑自己的选择是否正确。例如在你卖掉很多旧书籍后，可能会想这些书籍如果捐给贫困山区的孩子会更有意义。对于重要决策，若消费者有多个具有吸引力的选择时，决策后失调更容易发生。消费者发生决策后失调时，通常希望减少由其带来的焦虑、不安等情绪，进而改变消费者行为。例如，通过从专家或者杂志等途径搜索更多关于产品的信息有助于减少决策后失调。值得一提的是，这种搜索行为具有高度的选择性，目的在于让消费者坚信自己所作的决策更加正确，缓解消费者决策后的失调。总体来看，缓解消费者购买决策后失调的常用方法包括：①增加对所选产品的需要；②减少对未选择产品的需要；③降低购买决策的重要性；④通过退货改变决策。

决策后的失调：
对自己是否做出正确决定而感觉到不适的心理状态。

然而，当消费者发现自己所作决策并不优于放弃的决策时，他们容易产生不愉快的感觉，此时决策后的后悔就会发生。例如，某一消费者在购买前考虑过三款手机，结果在购买手机后，消费者发现自己买的手机在三款手机中性价比最低，那么此时该消费者可能会后悔，并且希望当初自己买的是其他品牌手机。决策后悔的直接原因是消费者选择某一品牌产品或服务是以放弃别的品牌选择为代价。另一方面，即使消费者在决策后没有得到有关放弃选项的相关信息，消费者仍有可能会感到后悔，尤其是在决策无法反悔、现有决策已经带给消费者负面影响或消费者的需求发生改变的情况下。进一步研究发现，即使新的选择没有原有决策好，消费者也不会太后悔，因为他们往往相信自己转换选择的决策是正确的[2]。此外，如果消费者在某一次消费过程中有负面的体验，决策后后悔则会促进消费者随后的转换行为，避免重蹈覆辙。例如，当消费者在某商家订购外卖后，配送严重超时，这时消费者极有可能决定下次选择其他商家或平台来减少此时的决策后悔。此外，消费者还可以通过把一项重大决策拆分为诸多小的决策进而减小决策难度和对总体决策产生后悔的倾向。例如，消费者在制订旅行计划时通常会将其拆分为出行方式决策、酒店预订决策、休闲活动决策等多个细分决策，通过逐一的信息搜集明确各个细分决策进而完成一次理想旅行计划的制订，尽可能减少在旅行途中可能产生的后悔。

决策后的后悔：
一种负面情绪。具体而言，比起实际上已做出的消费决策，人们认为应该做出其他的购买、消费和处置决策。

二、消费者满意/不满意的判断过程及行为

当消费者做出获取、消费或处置决定后,往往会评估决策所带来的结果。如果评估是正面的,即他们感到自己的需求或目标得到了满足,此时将会感到满意。如果消费者的评估是负面的,那么他们会感到不满意。正如消费者会做出基于认知和情绪的决策,他们同样会基于认知或情绪做出满意/不满意的判断。

(一)基于认知的满意/不满意判断

基于认知做出的满意/不满意的判断主要与以下几点因素有关:①产品或服务的实际绩效是否满足消费者的预期;②消费者关于因果关系和责任的看法;③消费者对于公平和平等的看法。

 满意:

消费者在购买、消费或处置决策时达到或超过预期时产生的感受。

 不满意:

消费者在购买、消费或处置决策时未满足预期时产生的感受。

1. 期望和绩效

消费者对产品或服务的期望水平与其使用或消费后的实际绩效水平进行比较进而产生满意/不满意的判断。如图 11.2 所示,根据期望与绩效——差异检验范式,当消费者对某一产品或服务的预期期望与它的实际绩效之间不符时,产生差异检验,即消费者满意/不满意[3]。期望指的是消费者理想中的产品/服务结果,包括在消费前,消费者对产品/服务的总体绩效或含有属性的信念[4]。例如,消费者可能会期望日本轿车质量好且省油,这些期望来源于广告、产品信息搜集、以往类似产品的体验和其他消费者的体验经验。绩效则用于衡量消费者认为产品/服务是否满足消费者的预期需要。值得注意的是,绩效评价既可以是消费者基于实际的绩效做出的客观评价,也可以是消费者基于个人的感受做出的主观评价。仍以汽车为例,消费者可以从车的油耗、安全性等方面做出客观评价,也可以从车辆外观时尚、彰显地位及驾车过程中的积极或消极感受等方面做出主观评价。

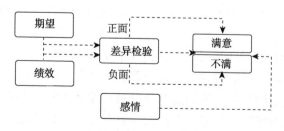

图 11.2 差异检验范式

基于上述消费者对产品的期望和绩效评价，当消费者认为绩效超过预期期望时，产生正向差异检验，消费者对该产品/服务感到满意；当消费者认为绩效与期望表现相同时，此时只会产生简单确认，但这同样会使得消费者感到满意；当消费者认为绩效比期望要差时，负向差异检验产生，导致消费者对该产品/服务感到不满。例如一位消费者带着期望（吴京的电影很精彩）进入电影院观看新电影。当他看过电影之后，会对电影（绩效）进行评估。当消费者发现这部电影比他想象中还要精彩，正向的差异检验发生，消费者会感到满意。但当消费者发现这一新电影并没有如他期待那么精彩，负向的差异检验发生，进而使该消费者感到不满意。值得注意的是，期望（认为电影很精彩的可能性）、绩效评价（电影是否真的精彩）和感受（观影过程中的积极或消极感受）同样会影响消费者的满意/不满意。

期望：
对购买某品牌、产品或服务绩效所持有的信念。

差异检验：
由于产品、服务或品牌的实际绩效比预期更好或更差而产生的预期与实际之间不符的情况。

绩效：
某一产品/服务与预期相符及满足消费者需要的程度。

消费者对服务的评价同样遵循差异检验范式[5]。消费者对服务绩效的各种要素以及服务设施和服务人员的特征等都具有期望[6]。当消费者关注服务提供商所承担的义务（例如，回应消费者需求）时，消费者对服务提供商有更高的期望。在服务失败时，消费者会更加不满意。相比之下，当消费者关注自身在交易中所承担的义务时，消费者的不满意相对较少。例如，淘宝、京东和亚马逊等在线零售商往往通过向消费者提供大量信息来管理消费者的期望进而避免不满[7]。具体来说，商家向消费者提供包括明确的商品购买截止日期、物流跟踪等信息，便于消费者了解订单的实时动态，降低消费者可能产生的不满。

此外，消费者对决策的满意度同样受期望和绩效——差异检验范式影响。在做出实际决策前，一个拥有更多可选项的消费者通常会感到更满意，即消费者从众多选项中做出正确的决定时，消费者感到更满意；当消费者的决策所带来的结果不尽如人意时，他们则会感到更加不满。然而，消费者在预期评估某一产品或服务时，通常会更加关注负面信息，给出并不十分有利的评价。因此消费者的期望越低，不满则会随之减弱。

根据差异检验范式，好的绩效会导致消费者满足期望并产生满意态度。而营销人员创造的有关绩效的期望同样可以影响消费者的满意度。比如，当必胜客刚刚进入中国市场时，由于中国消费者对披萨相对陌生，消费者对其并没有产生较好的期望。此时必胜客的营销人员通过宣传告诉消费者披萨是一种健康食品，创造消费者对产品的正面期望。

但是另一方面，这一营销方法也为潜在的负面差异检验和不满意态度埋下隐患。当消费者对披萨产品的健康期望过高而产品的实际绩效无法满足时，更有可能导致消费者的不满。

2. 因果关系和责任

当消费者在新车的挡风玻璃上发现一条裂缝时，如果消费者认为这是意外（如偶然被石头砸中）或自己的原因造成，那么这时消费者也许不会对汽车制造商感到不满；如果消费者发现有许多消费者遇到了同样的问题，这时消费者更会认为这一质量问题是由制造商导致的并且持久性存在，那么此时消费者很有可能对汽车制造商感到不满。归因理论研究个体如何思考和解释某事件结果和行为发生的原因[8]。因此，这一理论有助于指导营销人员理解消费者如何做出满意/不满意的判断。

当产品或服务未能满足消费者的需求时，消费者将从以下三个因素来寻求解释。

控制点：问题是消费者自身造成的还是外部营销人员造成的？

可控性：事件是处于消费者还是营销人员可控制的范围？

稳定性：事件的原因是暂时的还是持久性的？

当问题的原因是持久性的、由营销人员造成并且消费者无法控制时，消费者更有可能感到不满。归因理论同样适用于服务[9]。例如，面对航班延误，若消费者认为航班延误是持久性的并且是在航空公司可控范围内，消费者更有可能表现出不满，结果会抱怨及不再乘坐该公司的航班。若消费者认为航班延误仅是暂时性的且不受航空公司控制，那么消费者可能会选择再次乘坐该公司的航班。消费者对服务的满意度取决于消费者是否认为公司应该对结果负责及原因的稳定性[10]。

此外，研究发现当消费者有权选择是否享受某项服务时，消费者至少会承担部分负面结果，将很大一部分正面结果归因于自己的参与。然而当公司愿意付出额外的努力为消费者服务时，即使结果不尽如人意，消费者仍然可能会感到更加满意。由此，营销人员可以根据归因理论处理潜在的或已存在的消费者不满意。如果导致消费者不满的原因是持久性的、与营销人员相关且在其控制范围内，公司应及时着手解决这些问题或者对消费者进行补偿。

 归因理论：

关于个体如何看待事件发生原因的理论。

3. 公正与平等：公平理论

公平理论关注个体间交易的性质及个体对这些交易的看法[11]。根据公平理论，消费者会衡量他们在某一个具体交易中的投入和所得，并与他们所认为的营销人员或公司在此交易中的投入与所得进行比较。例如，在买车时，消费者的投入包括信息搜集、制定决策所花费的精力、心理上的焦虑和金钱。消费者所得则是一辆称心如意的车。另一方面，消费者认为营销人员在卖车这一交易中的投入可能包括提供合格的产品、销售工作等；营销人员或公司的所得则是一个合理的利润。

为使交易公平，首先买方必须感到公平交换。例如，如果消费者用公平的价格买下了一辆称心如意的车，那么他们就会认为交换是公平的。如果消费者认为自己所得高于投入时，那么他们的满意程度将会更高。如果消费者认为交易不公平，如营销人员没有给予他们足够的重视，那么他们将会感到不满。其次，要使交易公平，消费者还需要发现卖方也得到公平的对待。然而，个体对公平的感受往往更倾向于以自我为中心。换言之，比起自己的投入和卖方的所得，消费者更关心自己的所得和卖方的投入。

此外，研究表明，当消费者判断他们在某项服务上的支出是否公平合理时，他们常常会问自己"我为这项服务支付如此的价格，那么对于这项服务我是否已充分享受或利用？"如果在开始时消费者对于服务有较高的期望，或者是对服务的实际体验超过了消费者初始期望，那么消费者将会认为这项服务更加公平。研究指出当消费者感受到价格和使用更加公平时，消费者将会更满意[12]。

公平理论是对差异检验范式的补充。公平理论提出了消费者可能发生不满意的另一种方式。换言之，公平理论和差异检验范式在消费者做出满意/不满意判断时可能同时发挥作用。区别于差异检验范式关注产品或服务的期望与绩效，公平理论还会考虑买卖双方的结果及双方的关系。

公平理论：
关于个体间交易公平性的一种理论，可以帮助理解消费者如何产生满意和不满意。

公平交换：
在交换中，个体感觉到他们的投入与所得相等。

（二）基于情感的满意/不满意判断

消费者还可以根据自身情绪感受判断是否满意，具体表现为以下两个方面：①体验到的情绪和应对；②对情绪的错误预测。

1. 体验到的情绪和应对

个体决策后所体验到的积极/消极感受有助于解释消费者对满意和不满意的判断，此时消费者满意或不满意与差异检验范式无关[13]。当消费者在使用一项产品或服务的过程中感觉较好（或很差）时，消费者就更有可能会感到满意（或不满意），这与消费者对期望、绩效的评价无关。在使用产品或享受服务过程中感到开心和满足的消费者更有可能感到满意，其次是感受到愉悦、惊喜的消费者。实际上全世界大多数消费者从他们的购物体验中得到的都是快乐和满意。在使用过程中感到气愤或不安的消费者最有可能不满意，尤其是对于经历了不愉快或意外的消费者来说。此外，服务人员所表露出的感受同样会影响消费者的满意程度。当服务人员表现出较为真诚的积极情绪时，消费者会对服务更加满意。前沿研究 11-1 中学者基于直播情景，发现主播的积极情绪会带动观众的积极情绪，增加观众的参与度以及满意程度，并表现出更多的打赏、聊天和

前沿研究 11-1

快乐能生钱：直播中的情绪和投入

点赞等行为。

当消费者感到不满意时,往往需要想各种办法来应对不满意所带来的压力[14]。消费者应对的方式主要有三种:积极应对、寻求表达性支持和逃避(图 11.3)。第一,积极应对。主要包括采取行动应对、理性思考和积极思考三种方式,具体表现为努力解决问题、制订行动计划、分析问题及控制情绪等。第二,寻求表达性支持。主要是指消费者倾向于寻找情绪发泄、情绪性支持及工具性支持,具体表现为表达情绪、理解自身感受、向他人寻求建议及安慰等。第三,逃避。主要包括消费者回避或否认这一问题。消费者如何选择上述三种应对方式主要与他们对压力的感觉有关。例如,一个消费者遇到了产品的技术故障,那么他可能会阅读说明书(积极应对)、找一位懂行的朋友寻求帮助(寻求工具性支持)或者否认技术问题的存在等。然而,消费者对于满意的评价往往与具体的消费情境有关,即消费者对这次的经历也许会感到满意,但下次就不一定还会感到满意。因此,消费者满意与消费者态度的区别在于态度往往相对持久,且不取决于具体的情景。此外,一般而言,消费者最初形成的感受对于满意度的影响较大,而这种影响效应会随着时间逐渐变弱。

决策后情绪:
使用产品或服务时体验到的积极或消极情绪的总称。

1 积极应对	2 寻求表达性支持	3 逃避
行动应对 ・我努力想解决问题的方法 ・我尝试制订出行动计划 **理性思考** ・在行动前我分析了问题 ・我尝试控制我的情绪 **积极思考** ・我尝试看到事情好的一面	**情绪发泄** ・我花时间来表达情绪 ・我试图理解自身的感受 **工具性支持** ・我向有相似经历的朋友咨询他们如何处理 ・我向了解这一问题的人咨询建议 **情绪性支持** ・我寻求他人的安慰 ・我依赖他人从而使自己感觉更好	**回避** ・我避免想它 ・我尝试做其他事情来分散注意力 **否认** ・我否认这件事的发生 ・我拒绝相信问题已经发生

图 11.3 应对由消费问题导致的不满意

2. 对情绪的错误预测

决策后的感受会直接影响人们对于满意的判断。然而,消费者想象中某个产品能给自己带来的感受和实际带给消费者的感受之间的差异同样影响消费者对满意的判断,这一现象被称为情感性预测。换句话说,如果某个产品的实际绩效没有达到消费者预期,那么此时消费者会感到不满意;同时,如果某个产品所带给消费者的感受比其预想的要糟糕时,那么消费者同样会感到不满。

> **情感性预测：**
>
> 个体尝试预测一个产品会给自己带来怎样的感受。

在决策后消费者通常会做出满意/不满意的判断进而影响其行为。针对不满意，消费者首先会决定是否采取外部行动。如果消费者不采取行动，就意味着他决定容忍这种不满意状况。对不满意的购买是否采取行动往往取决于购买对于消费者的重要程度、采取行动的难易程度、消费者对品牌或零售商的满意程度和消费者本身的人格特点。重要的是，即使不采取外部行动，不满意的消费者也很可能对品牌或产品形成敌对的态度。若消费者决定采取行动，则主要包括不再继续购买该产品或服务、向公司或者第三方投诉并可能退回产品、进行负面口碑传播。本节主要论述消费者的投诉行为和负面口碑传播。

（1）投诉。不满意的消费者可以向制造商、零售商、监管部门或媒体等第三方进行投诉。有时消费者也会采取法律行动以获得正式的赔偿。当消费者的动机、能力及机会都较高时，不满意的消费者更有可能投诉[15]。随着不满意程度的增加，投诉情况也会增加。第一，基于公平理论，当交易越不公平时，消费者采取行动的动机越高[16]。然而，仅是消费者不满意的严重程度这一个因素还不足以完全解释消费者的投诉行为。第二，当消费者发现投诉耗费大量时间精力并且他们从中获益甚微，又或者产品或服务相对无关紧要时，消费者即使不满意，也不太可能会采取行动。相反，当消费者有时间并且正式的沟通渠道时，更有可能会投诉。随着互联网平台及自媒体的快速发展，消费者进行沟通的方式更加多样化，消费者可以利用诸如微博、小红书等社交平台，投诉所需要的时间和精力大大减少，所引发的关注与沟通效果大幅提高。第三，当消费者将不满意的责任归咎于他人（特别是企业和社会）的程度越高，他们投诉的可能性就越大。换言之，消费者认为问题持续存在，是由营销人员引起的，并且这一问题本身是在公司可控范围内时，消费者更有可能投诉。若不满意过于强烈，消费者有时也会向公司实施报复行动，如更换品牌、选择竞争品牌。

（2）负面口碑传播。当消费者对某项产品或服务感到不满时，他们常常会将自己的经历告诉他人，以此来缓解自己的沮丧心情或者是劝诫他人不要购买或不要与该公司做生意。当问题很严重、消费者对公司的回应不满意及消费者认为公司应当对问题负全责时，负面口碑传播就会发生。负面口碑往往会对公司造成危机，因为这些负面信息常常是生动而具有说服力的，因而更容易被消费者记住。与此同时，其他消费者在做决策时很大程度上会受到口碑信息的影响。这些负面口碑信息可能会导致其他消费者不再购买该公司产品或在该公司进行消费。

随着移动电商的迅猛发展，社交媒体传播影响力显著提升。社交媒体凭借用户基数大、信息传播快、互动功能强等特点，成为网上内容传播的重要力量，并且极大增强了负面口碑信息的传播效力。比如，2021年4月25日，某网友爆料称盒马使用前一天的日日鲜奶做冰激凌，短短一天此事在社交平台迅速发酵，"盒马用昨日奶做冰激凌遭顾客索赔"出现在微博的热门搜索中，阅读量超1.3亿，引发众多网民热议。4月27日10时，盒马在官方微博对此事作出说明，称该网友爆料属实，而日日鲜牛奶为巴氏杀菌奶，虽只售一天，但保质期有七天。同时还表示，"鲜奶冰激凌"是其为在保障鲜度前提下减少浪费的探索之一，现制"鲜奶冰激凌"的原料主要为保质期内的鲜奶。由于每日未售出的日日鲜牛奶不多，该冰激凌为限量销售。回溯至2019年，盒马同样因被网友质疑日日鲜变日日扔，造成过大的食品浪费而陷入舆情风波，引发负面口碑传播。此次"负面"曝料，正是由于盒马对"探索减少浪费"途径的解释与之前事件中舆情理解形成相互呼应，成功扭转本次负面口碑传播，甚至借助此次社交媒体的关注及口碑传播为盒马带来不错的宣传带货效果。

 负面口碑传播：

消费者向其他消费者传播关于某一品牌、产品或服务的负面信息的行为。

如果消费者感到不满，营销人员必须想方设法地补救，从而避免消费者流失。研究指出企业在发生服务失败后，服务补救的主动性、补救速度等有利于提高服务补救效果，从而提高消费者满意度[17]。服务失败各有不同，除上述因素之外，消费者对营销人员服务补救的反应很大程度上取决于他们的期望[18]。具体而言，尽管发生一些小问题，但消费者仍然想与公司保持良好的关系，那么此时营销人员应当真诚地道歉，并保证将来类似的问题不会再次出现；如果消费者较为激进并有较强的控制欲时，营销人员则应当认真对待他们所投诉的问题，向消费者提供解决方案供其选择，并让他们觉得一切都还在自己的掌控之中；当消费者认为价格不合理时，公司应当给予他们合理的折扣或其他补偿，以此来恢复消费者的满意水平。

此外，消费者希望营销人员和公司能够用不同的服务补救措施来解决不同的问题。例如，如果消费者认为问题出在营销人员对消费者的服务态度差时，那么营销人员立即改正服务态度并向消费者真诚道歉就可以有效减少他们的不满并有可能重新使他们感到满意。如果消费者认为问题已长期存在并由公司造成，且属于公司的控制范围之内，但事实并非如此时，那么营销人员需要及时纠正这一错觉。解决上述问题的最好方法就是针对问题向消费者进行合理的分析和解释（尤其是当过错的确不在公司一方时）或给予消费者礼品、退款等作为补偿。

然而，很多企业在面临服务失败时并没有及时做好补救工作，导致消费者对品牌产生不满。比如，我国高端茶饮品牌奈雪的茶在2022年被接连曝光存在操作不当、食品安全问题，对消费者生命健康安全造成威胁，引发消费者广泛关注。该企业的食品安全问题曝光后，企业在官方平台迅速回应，补救速度很快，一定程度上安抚了消费者的不满情绪。但是企业的回应并未得到消费者的理解和接受。这主要是由于首先这并非奈雪的茶第一次出现食品安全问题，其次"高价低质"的行为也让消费者产生较强的不公平感，对服务补救的期望较高。然而企业给出的回应与解决方案中始终泛泛而谈，并未就食品安全问题给出合理的解释和令人信服的整改措施。通过上述企业回应，可以看到在企业解决问题的方式上，并没有把握住问题的关键，既没有准确理解消费者对服务补救的期望，也没有认识到自身导致服务失败的真正原因，服务补救有效性较低，消费者仍然表现较大程度的不满意。

对于产品或服务已对消费者造成伤害危机的情形，消费者往往会产生较大的不满，此时公司需要努力安抚和挽留客户。例如，2018年云南白药牙膏由于其成分表中含有氨甲环酸（止血凝血的处方药）而陷入产品伤害危机。这一产品成分的止血功效及其安全性问题受到消费者及媒体的广泛关注。面对这一危机，云南白药集团迅速发表官方说明，重点申明牙膏的合规性、安全性和有效性。同时中国口腔清洁护理用品工业协会也在官网转发云南白药集团的"情况说明"，并对牙膏产品中添加氨甲环酸功效成分进行说明。公司的积极应对减少了此次产品伤害危机造成的负面影响，其销量不仅没有大幅下降，反而逆势增长，企业成功度过此次危机。另一方面，面对产品伤害危机时，企业的快速反应和积极应对会降低产品伤害危机对企业或品牌的危害，然而在后续企业发展中一旦再次出现类似的产品伤害危机，这会极大降低消费者对企业的信任。例如，本田曾发生安全气囊充气机破裂导致人员死亡的事故，引发消费者对本田汽车及制造商本田的产品伤害危机。为应对此次危机，本田和其他安装了本田安全气囊的汽车制造商宣布召回数百万辆汽车来更换安全气囊充气机，并且向消费者承诺更换新的更加安全的供应商。但是本田汽车后续仍多次发生车辆安全事故，尽管本田多次针对这一问题给出回应，消费者对该品牌的信任度仍然大幅下降。

结合上述两则案例，当产品伤害危机发生时，消费者可能做出相应的反应。首先，消费者对产品质量产生不确定性是可以理解的，这也将极大地影响他们的购买和消费行为。消费者将在自身的使用体验和关于产品危机的讨论（如媒体报道等）中寻找有关产品质量的线索[19]。当消费者对一个品牌有积极的态度时，他们更有可能在思考当前危机的原因时考虑更多的背景信息（如行业本身发生危机的频率等）。然而只有当消费者认为这一产品伤害危机有明确的原因及公司给出了令人信服的解释时，消费者才会对该公司或品牌降低负面态度。其次，当营销人员向消费者强调这种危机十分罕见时，消费者的负面反应可能会减少，这与前文提到的因果关系理论中的"稳定性"一致[20]。最后，当造成企业品牌危机的较少地归因于企业本身或刻意而为时，消费者对这一品牌伤害危机的态度更加包容。

然而，即使消费者满意度很高，也往往不足以让消费者永远满意并且持续回购。研究表明，65%~85%的转投竞争对手品牌的顾客表示他们对先前使用的产品或服务感到满意或非常满意[24]。换句话说，消费者满意度和复购之间的相关性并不总是很高。因此，消费者可能需要"非常满意"才能留在一个品牌或公司。对于营销人员而言，首要目标都是顾客保留，即令消费者满意，与他们建立长期关系。同时，消费者的满意度与重复购买之间的相关性很低[22]。因此，消费者需要极高的满意或是更加充足的理由才会保持对某一品牌或公司的忠诚。从长期来看，顾客保留策略有助于强化企业与消费者的关系并提高销量。具体而言，增加的利润来源于重复购买、降低的成本及消费者向其他人的推荐。比如，胖东来企业在顾客保留方面堪称样板，被称为中国零售业的神话。商场通过细节之处的贴心服务、优质的产品与顾客建立良好关系，保留顾客。

> **顾客保留：**
>
> 企业通过建立长期关系来保留顾客的做法。

顾客忠诚则是指消费者对某产品或品牌感到十分满意而产生情感上的认同，对该产品或品牌有一种强烈的偏爱[23]。顾客行为理论视角下，顾客忠诚强调重复购买行为；而在顾客态度理论视角，顾客忠诚则更关注顾客对产品和服务的依赖和偏好。总的来说，顾客忠诚表现为从顾客外在表现行为逐步延伸至顾客内在心理态度。因此，顾客忠诚包含态度和行为两个层面。其中态度层面顾客不仅表现为对企业或品牌的产品及服务的依赖性，也包含内心的偏爱和偏好；而行为层面顾客不仅表现为忽视其他企业或品牌产品及服务的营销利益刺激，而且还表现对该企业或品牌的产品及服务的重复购买行为及主动为该企业或品牌做个人推荐宣传。根据定义，消费者忠诚既表现为行为上的忠诚，也表现为情感和态度上的忠诚。企业往往通过关注消费者重复购买次数、决策时间、对价格的敏感程度、对竞争产品的态度、对产品质量故障的承受能力等进行顾客忠诚度衡量。

第二节　消费者分享概述

本节将介绍消费者分享的内涵和作用，分析互联网发展给消费者分享行为带来的改变。

一、消费者分享的内涵

1. 消费者分享行为的定义

消费者分享（sharing）是指消费者在购买、使用、体验产品或服务后，向他人分享其经历和感受的行为。值得注意的是，消费者的分享行为和共享行为的英文表述是相同的（都是 sharing），但共享行为指的是消费者在不拥有商品的法定所有权的情况下，与他人共享闲置的产品和服务[24]。二者存在几方面差异。①发生时间不同。消费者分享行为发生在消费行为的全过程，包括信息搜索、购买、使用或消费、处置等各阶段，整个过程都会进行分享；共享行为主要发生在产品获取这一阶段，它主要是指商品究竟是通过购买还是共享的方式获得。②对象客体不同。消费者分享的对象或客体是产品或服务消费行为的体验或感受，而共享行为的对象或客体则重点是实体商品本身。③涉及的当事方不同。消费者分享行为一般是在消费者和消费者（C2C）之间发生的，而共享行为却不仅可以发生在消费者和消费者之间，还可以发生在企业和企业(B2B)之间，以及企业和消费者，即商对客电子商务模式（business to consumer，B2C）之间。比如，我们熟悉的共享单车，便属于典型的 B2C 共享行为。在本章中，我们讨论的都是消费者的分享行为，而不是共享行为。

2. 消费者分享的内容特征

为了深入理解消费者分享行为的内涵，我们再介绍消费者分享行为的两方面特征。

①分享内容的正负效价。传统印象管理理论认为，负面信息更容易导致病毒式传播。但这主要是指负面信息在较短时间跨度之内更能引起广泛的社会关注。但研究表明，从长期时间跨度来看，正面信息事实上更能引起病毒式传播，且内容更能激起受众的情感共鸣[25]。②分享内容的新奇性、趣味性、实用性。根据印象管理理论，消费者通过分享不同的内容，可以向他人呈现不同的个人自我形象。一般而言，容易引起病毒式分享传播的信息具有新奇性、趣味性和实用性等特点[26]。新奇的内容是指那些新发生的、让人意想不到的内容。消费者通过分享新奇的内容，可以让别人推断认为分享者是一个新潮前卫的人。同时，新奇的内容也更容易吸引其他人的注意力并引发他们的转发，可见新奇的信息更能引起消费者的分享。分享内容的趣味性是指有趣的、滑稽的或好玩的内容；实用性的内容则是指对他人有实际用处的信息（如一些产品优惠信息等）。趣味性和实用性的内容能促进消费者的分享。例如，2021年5月26日，网易云音乐和合作伙伴推出了一项名为"人格主导色"的测试，用户通过听音乐、做选择，可测试出自己性格的颜色，用户还可以把测试链接分享到朋友圈、微信好友、社交媒体等。活动上线不久便刷爆朋友圈，#网易云人格主导色#的词条也上了热搜，不少用户在社交平台上分享自己的测试结果（详见洞察案例8-2）。洞察案例11-1显示，肯德基通过诱导消费者分享有趣好玩的内容来宣传自己的"疯狂星期四"的活动，并因此获得了良好的口碑。

洞察案例11-1

肯德基(中国)："疯狂星期四"何以火爆全网？

美国在华知名快餐品牌"肯德基"，是世界第二大速食品牌，在炸鸡细分领域品牌影响力最强。早在1987年，肯德基就率先到中国投资，在北京开出中国第一家西式快餐店。此后30多年来，肯德基在中国开设的快餐店已遍布所有省，成为我国家喻户晓的西式快餐品牌。截至2021年末，肯德基在中国的餐厅总数量达到8168家，仅2022年第一季度，肯德基（中国）的餐厅营业收入就高达19.91亿美元。随着消费者数字社媒分享行为成为新的生活时尚潮流，肯德基屡次尝试进行数字营销创新。2015年6月30日，肯德基（中国）首推移动支付，为顾客提供更丰富的数字化体验；2016年4月25日，肯德基与百度联手打造连锁餐饮行业首个AI服务概念店"Original+"。而后，肯德基又发挥想象力，创造出"疯狂星期四"的分享话题，提高肯德基品牌的网络声量，让消费者心目中的肯德基品牌永葆鲜活形象。

1. 2018：魔性广告"疯狂星期四"为何遭投诉

2018年8月，肯德基（中国）推出了一项名为"疯狂星期四"的活动，活动涉及全国大部分门店，但仅限2018年8月9日、8月16日、8月23日和8月30日的9:30—23:00。活动期间，消费者都可以用极低的价格购买肯德基的几款产品。活动刚推出时，肯德基在电梯和快递柜投放了大量的广告。肯德基邀请了鹿晗、王源等知名明星来拍摄，广告中魔性地重复着同一句台词"疯狂星期四，X块9块9"。这个宣传方式，虽然让消费者对肯德基这个活动有了印象，但宣传结果却并不如人意，不少消费者吐槽广告太过洗脑，以后再也不想吃肯德基了，甚至有消费者表示想要投诉这个广告。

这件事说明，并不是所有新奇和有趣的内容都能得到消费者的青睐，内容本身的质量也很关键。缺乏内涵、过于魔性的广告很可能会带来负面效果，甚至遭受消费者投诉，更别指望能得到分享和传播了。因此，企业在广告、促销或其他方面的营销创意必须要对内容本身有较高标准的把控，否则会招致市场的抵制。

2. 2021：当"疯狂星期四"碰到"发疯文学"

在这次活动之后的 3 年里，肯德基（中国）还是会时不时重新让"疯狂星期四"返场，但一直也没引起太大关注。直到 2021 年"发疯文学"横空出世。所谓"发疯文学"是指一些疯言疯语搭在一起的令人发疯抓狂的文字句式，最初用于回击网购客服对客户催单的敷衍回复。例如，顾客在催发货时使用的发疯语句就有："我知道我配不上发货，大家都发货了，不像我，连催的时候都小心翼翼，成了一只可笑的热场笑料，现实生活不顺人人冷眼相待，哪怕是在网上我也知道我配不上提早发货的门槛，我想为自己发声，我向冷酷的夜冰冷的墙发誓，我要加入那里，但我不行，我就是玉米南瓜浓汤里一粒飘摇居无定所的南瓜子。"

网上开始有人运用"发疯文学"和肯德基（中国）的"疯狂星期四"造梗。网络上涌现出了大量不同画风的文案，剧情很离谱，但也很新奇独特，跌宕起伏，非常能吸引眼球。它可以是小说剧情类、科普类、八卦反转类的等等，但到最后总会以猝不及防的形式暗示你"谁能在疯狂星期四，请我吃顿肯德基"，网友们戏称这种文字为"疯四文学"。如小说剧情类的文案"我本是显赫世家的大小姐，却被白莲花私生女所害，家人弃我，师门逐我，甚至断我灵脉，重来一生，我定要吃到肯德基，今天疯狂星期四，谁请我吃？"。截至 2022 年 6 月 29 日，#肯德基疯狂星期四#的微博话题下已引发 405.8 万条的讨论、18.4 亿次阅读，#疯狂星期四#话题还曾多次在周四冲上热搜。与之相关的还有#疯狂星期四文学#、#疯狂星期四文案#等衍生话题。

3. "疯狂星期四"注册商标：将分享升级

大量网友自发性地模仿创作这种"疯四文学"，并把它分享到自己的社交平台，给肯德基的"疯狂星期四"大大地营销了一波。而肯德基官方也自然不会放过这个营销的好机会，2021 年 12 月 30 日，即 2021 年的最后一个星期四，肯德基亲自下场，把这些"疯四文学"做成海报，发在自己的官方微博上。并宣布举办"疯四文学盛典"，邀请这些创作者们在直播间相见，并为他们送上神秘惊喜礼物。该活动赢得了众多消费者的关注，#疯四文学盛典#的微博话题共获得了 713 万条讨论，780.5 万阅读量，肯德基官方微博发布的"疯四文学盛典"帖子也得到了 1.7 万次点赞。肯德基的这一举措，不仅进一步把话题推向高潮，还进一步激发了网友们的创作热情。随后，2022 年 1 月，肯德基还成功注册了"疯狂星期四"的商标。自此，肯德基的"疯狂星期四"，就像天猫的"双 11"一样，成为具有品牌特色的标志性动作，既能防止品牌被"山寨"，又可以降低企业经营中的知识产权风险和经营风险。

总之，肯德基这次关于"疯狂星期四"的 UGC（user generated content，用户生成内容，指用户将自己原创的内容通过互联网平台进行展示或者提供给其他用户。）营销是非常成功的，品牌方充分利用网友的力量，给自己带来了意想不到的宣传效果。网友们自发地转发"疯四文学"，也不一定真的要朋友请吃肯德基，他们可能只是为了给朋友分享段子。总结起来,此次肯德基"疯狂星期四"营销的成功,离不开以下几点原因:①文案新奇独特,引人入胜。在注意力分散的时代,这样的文案能快速吸引消费者的注意,然后消费者会很容易进行二次创作、转发和传播,满足了消费者的社交需求。②充分结合"发疯文学",紧跟流行热点。近年来,"XX 文学"等各种语系流行于网络,如凡尔赛文学、废话文学、丫头文学等,这些文学来源于生活,既能博得网友们一乐,也激起他们的共鸣,网友们经常用这种"XX 文学"玩梗或是自嘲。③充分运用日期标签化进行造节营销。这就让"疯狂星期四"变成消费者熟知的消费节点,而周末又是肯德基等快餐品牌的消费高潮期,周四不愧为黄金心理准备期。

资料来源:

[1] 现象级"疯四"营销,肯德基做对了什么。现代广告,2022-01-15.

[2] 墨饕.肯德基"疯四"营销,牛的不只是好玩.原创激励计划,2022-03-11.

[3] 吴冰冰.中国新广告评选[J].中国广告,2022(2): 106-110.

3. 消费者分享行为的新变化

消费者分享行为并不是近年来新出现的消费行为现象,相反,消费者在购后分享购买经验是由来已久的社会行为[27]。但移动网络的出现和社交媒体的发展让消费者分享行为发生了显著改变。其一,消费者分享的影响力变得空前巨大。例如,社交软件来临之前,消费者分享的对象大多是亲朋好友,其分享对象的数量和影响力都十分有限。而在微博、小红书、抖音等社交媒体兴起以后,消费者分享的对象扩展至陌生人。任何人都可以在社交平台上分享自己的购买经历和搜索他人的购买体验。因此,当前消费者分享内容的影响力已非常之大。其二,消费者的分享效率显著提升。传统的消费者分享通常是口口相传的,传播速度慢,效率也低。移动互联的兴起让消费者分享变得更为便捷,传播速度极快,效率也得到了显著提升。其三,消费者分享的内容、形式更为多样化。移动互联广泛应用之前,消费者大多通过口头传播信息,而此后让分享的内容扩展到包含文字、图片或视频等多种形态,尤其是短视频分享形式有日益强化的趋势。

二、消费者分享行为的影响效应

消费者分享行为主要对三个群体产生影响,他们分别是:作为接收分享信息的消费者;分享信息所涉及的商家;作为分享者的消费者。

(一)对信息接收者的影响

对于接收信息的受众来说,信息搜索是消费行为中必不可少的一环。比如,消费者在网购时,在做出购买行动之前一般都会参考其他消费者的购后评论,或者到小红书等社交平台上搜索相关信息。首先,他人分享的信息可以增加消费者对产品或所属企业的了解,减少消费者与商家之间的信息不对称。接收者从他人分享的信息中能判断产品或服务是否满足自己的需要,能降低其对产品或服务的感知风险,减少购后后悔。其次,当消费者自身掌握的大部分产品信息是正面时,他也会心存疑虑,因而也倾向于将其他人分享或推荐的产品或服务信息作为参考。再次,社交软件和线上分享方式的出现让消费者信息搜索的过程变得更为简便快捷，节约了消费者的时间成本。最后，品牌虚拟社区也成为消费者接受信息的便利平台。品牌虚拟社区是指一个专业的、不受地域限制的、基于对品牌的崇拜而建立的结构化社会关系集，在品牌社交建设和终极传承中发挥着至关重要的作用[28]。许多消费者在虚拟社区中不仅讨论品牌信息，还会分享其他社交生活（如健康、休闲娱乐等），消费者能很便利地接收到他人的分享。例如，小米的虚拟社区包括一个"随手拍"模块，消费者可以使用小米相机记录自己的日常生活，并在小米社区中分享。

公司了解消费者分享会影响信息接受者的消费行为这一道理之后，就需要管理好信息分享。例如，公司需要认真对待和管理消费者可能接收的负面分享信息。因为信息接收者更在意产品负面信息，在从正确选择中获益与避免不明智选择而后悔之间，消费者更在意能避免不明确选择而后悔。消费者一般倾向于将积极的产品评价归因于评论者的主观感知，而将负面的产品评价归因于评论者实际的产品体验[29]。可见，认真对待并管理好出现的负面信息对公司是非常重要的。另外，公司还需要为信息分享者提供相应的分享语料。例如，研究发现，消费者在分享享乐品的信息时，使用反应式解释的用语（如"我喜欢这个产品是因为……"）比使用行为式解释的用语（如"我选择这个产品的原因是……"）更能激发信息受众的购买意愿；而在分享实用品的信息时，效果则刚好相反[30]。还有研究发现，分享信息时采用比喻的修辞手法能提高信息接收者对享乐品的购买意愿[31]。在数字时代，公司更需要管理好自身的网络口碑。

（二）对企业的影响

口碑（word of mouth）是指一个人经口头将信息传递给另一个人或另一群人并对后者的消费行为产生影响的过程。消费者分享的信息是企业口碑的重要来源，也对品牌无形资产具有重要影响。口碑分享对企业有以下几方面的影响。首先，分享的正面信息和口碑可以提高企业在大众中的知名度，有助于企业打造良好的企业形象和品牌声誉。其次，口碑是影响消费者购买决策的重要因素，好的口碑能赢得消费者的优先考虑，从而能增加产品的受欢迎程度和销量。有研究表明，其他消费者分享的信息对不经常购买（相对于频繁购买）该品牌的消费者产生更大影响效应[32]。再次，好的口碑有利于促进消费者的品牌忠诚，使消费者能重复选择购买本品牌产品并向他人推荐，起到维护品牌利益和形象的效果。最后，良好口碑还可以降低企业的营销成本。比起邀请明星拍广告的巨额费用，鼓励消费者在网络空间分享品牌正面信息的费用要低许多。现在，不少企业会在邀请明星拍广告的同时，通过网红在社交软件上推荐企业产品进行口碑传播。国内网红品牌倾向于在小红书平台上运营口碑营销，一方面邀请顶部明星向用户推荐产品，吸引用户关注；另一方面邀请大批腰部意见领袖（网红）撰写测评和"种草"笔记，进一步留住客户。这些新兴的口碑运营技术，为只习惯传统营销而不熟悉数字营销的企业，提供了有益借鉴。

（三）对分享者的影响

分享行为给分享者本人带来的影响表现在多个方面。最为直接的影响表现在分享行为可能让消费者从业余分享者，成为专业的关键意见消费者（key opinion consumer，KOC）

和 KOL。分享者通过在网络上分享自己购买或使用产品的经历,吸引到足够多数量粉丝的关注。当粉丝数达到一定数量时,分享者可以成为某领域内的关键意见消费者、关键意见领袖,这样便可以为品牌做广告,实现流量变现,促进自身的职业发展。

分享行为除了给分享者带来直接的职业发展前景之外,普通消费者的分享行为还会促成自身在他人心目中的印象、调节情绪,并建立与社会的联结等。我们将在接下来的第三节详细分析这些影响。

第三节 消费者分享动机

为什么分享成为数字时代消费者行为的重要内容?解答这一问题有助于激发消费者分享,并引导分享行为给企业、给信息接收者和分享者自身带来积极效果。根据动机理论,我们可以把消费者分享行为的动机分为内在和外在两种。接下来,我们详细讲述消费者分享的这两种动机。

(一)消费者分享的内在动机

内在动机一般是指由人们自发产生的动机,人们做出特定行为只因为他或她想这么做,或者这样做是为了获得自身内心的满足感[33]。消费者分享的内在动机可以分为印象管理、情绪调节、社会联结、利他等方面。

1. 印象管理

印象管理(impression management),又称作自我呈现管理(self-presentation management),是指人们试图管理和控制他人对自己所形成的印象的过程。消费者经常会选择性地表达自己期望能传达自身身份的信息,并避免传达自己不想要的身份。如前文所说,消费者分享新奇的东西是因为他们想传达自己潮流前卫的形象或身份。具体而言,信息分享可以通过自我增强(self-enhancement)和身份传达(identity-signaling)两个方面来促进消费者的自我呈现管理[34]。①自我增强。自我增强的倾向是个人的基本渴望,消费者想通过分享正面和积极的事物,避免分享负面的信息来向他人呈现一个正面的自我,从而增强自尊。有研究表明,比起呈现积极的自我形象,人们更有动机避免分享负面的信息,从而避免给他人留下负面的印象[35]。②身份传达。身份传达是指消费者通过分享信息,让他人把自己归类为某一类人群中的专家或意见领袖,也即通过信息分享达到身份信息传达的目的。一个人经常在小红书等社交软件上分享自己的化妆品选购、使用经验,就会让人觉得他是一个"美妆达人";如果一个人经常分享一些旅游经历,则会让人觉得他是一个"旅行家";如果有人经常分享电子产品的选购、使用经验,就会让人觉得他是电子产品的"发烧友"。例如,明星张雨绮曾在网上分享自己选购钻石的经验,并大胆直言"碎钻不值钱",让大家对张雨绮留下"耿直""钻石达人"等印象,这也是珠宝品牌 I DO(钻戒品牌)曾于 2021 年 3 月邀请了张雨绮作为自己品牌的代言人的重要考量之一。

印象管理是消费者信息分享的重要内在动机,它会影响消费者分享的内容。通常来说,出于印象管理目的的消费者分享的内容,会和自己希望呈现的自我形象高度吻合。一个希望传达自己很有社会影响形象的消费者,就可能会经常分享自己出席社交活动的经历，会避免分享自己"接地气"的日常生活消费经历。

网络的出现和流行极大地增强了消费者分享时的印象管理动机。就如美国漫画家彼得·施泰纳（Peter Steiner）在漫画里描述的那样："在互联网上，就算你是只狗也没人知道"，互联网使得人与人可以不见面地进行交流，也导致人们可以从自己本身的形象中解放出来，扮演任何想要的角色[36]。人们可以通过自己发布的文字、图片和视频等塑造一个全新的形象。此外，网络的出现也使得分享者对自己分享的内容的控制能力下降，分享的内容更容易被转发和引用。因此，在网络上进行分享时，人们也会更加注重自己的印象管理。

2. 情绪调节

情绪调节（emotion regulation）是指消费者出于调节或宣泄情绪的目的而进行信息分享的过程。例如，如果某人感觉受到餐厅服务员的轻视时，就会感到愤怒，就极有可能在朋友圈或者其他社交平台分享这次消费经历来表达自己的愤怒情绪。有研究表明，对于情绪不太稳定的人来说，把自己的情绪和经历分享到社交平台上可以提高他们的幸福感[37]。

和他人分享信息能以多种方式促进调节情绪，包括获得社会支持、情绪发泄、重温情绪和报复等[34]。①获得社会支持。这是指消费者在经历不好的消费体验时，会通过和他人分享交谈，期望获得他人的支持和安慰，以此缓解自己的情绪。②情绪发泄。这是指消费者单纯通过宣泄自己的情绪来调节情绪的方式。比如，当我们内心存在消极情绪时，哪怕只是通过简单的宣泄，并没有获得社会支持，也能达到情绪调节的目的。③重温情绪。这是指当消费者有愉快的消费经历时，通过与他人分享和交谈，可以让分享者重新体验愉快的感觉。④报复。这是指消费者通过分享企业的负面信息来惩罚企业，从而达到调节情绪的目的。报复和情绪发泄有些类似，但仍存在一定区别。报复的目的是惩罚企业，而情绪发泄的目的更多的是让自己感觉更好。

情绪调节也会影响消费者分享的内容。以情绪调节为目的的消费者在分享信息时，可能会更多地分享自己情感方面的体验信息，而较少分享产品在实际使用或消费过程中的细节信息。因此，出于情绪调节而分享的内容在客观性和有用性方面可能存在局限性。

3. 社会联结

消费者分享行为的第三个内在动机是社会联结（social bonding）。人类对社会关系有着天然的渴望，而人际沟通可以满足这一需求，它可以帮助我们与他人建立联结，加强社会联系。有研究表明，在人们发的短信里，过半数的内容并不是在传递实用价值的信息，而是在与接收者建立社会关系[38]。

消费者在分享信息过程中可以找到志同道合的人，在和他们交谈的过程中，会强化彼此的共同观点，消除内心的孤独感和社会排斥感，从而增强社会联结。在网络社区中的分享行为也可以增强分享者的社区意识和群体身份意识。例如，某个追星的人，加入了一位正能量明星的粉丝团。在粉丝团组建的群聊里，粉丝们会热衷于分享该明星积极而又有趣的品质，表达出自己喜欢明星的某个特征。通过这些分享，群聊的成员们对该正能量明星的喜欢程度更加强烈，成员们之间志同道合的感觉也强化了。

此外，由于增强社会联结会强化消费者彼此之间的共同观点，公司通过强化品牌社区里成员们之间的社会联结，就能使成员们成为品牌的倡导者。品牌社区里的关系越紧密，社区成员传播和分享品牌的意愿会越强。可见，品牌通过建立自己的品牌社区，能达到更好的品牌建设效果。

社会联结的动机会影响消费者分享的内容。以建立社会联结为分享目的的消费者们会更愿意分享他们共同的观点，避免提出不一致的意见。因为和他人谈论共同的话题有利于建立关系。同样地，他们在分享过程中，也会更多地表达自己的情感，因为分享情感更有利于与他人建立关系。前沿研究 11-2 探讨了消费者在线上社区的信息分享和购买行为受到哪些因素的影响，深入分析了消费者线上分享的内在动机。

前沿研究 11-2

社会传染：消费者游戏内购买受到什么影响？

4. 利他主义

消费者分享信息不只是出于为自己服务，也存在利他动机。上述提到的印象管理、情绪调节和社会联结都属于利己的动机，都认为消费者是为了满足自身个人需求而进行分享。利他动机（altruism）是指有时候消费者会出于无私的、不求回报的目的而进行分享行为。有数据表明，日常生活中，有超过20%的口碑传播都是出于利他的目的[39]。想象一下，当人们见到他人经历了不好的消费体验时，有可能会通过分享自己的类似经历来安慰别人，这种出于利他动机进行信息分享的情形很普遍。

利他作为消费者分享行为的动机，具有两个特点。①与其他三种动机存在交叉边界。例如，上述出于安慰别人而进行分享的行为，有时也可能是出于社会联结或印象管理的动机。因为，通过安慰别人可以让自己的心情变得更好，从而有助于建立更好的社会关系。同时，也可以让别人觉得分享者是一个友善的人，分享者获得了更好的印象。②利他动机内部可进一步细分。由于利他主义动机不能纯粹或完美地解释消费者的分享行为，有必要将利他主义进一步细分为纯粹的利他主义和互惠的利他主义。所谓纯粹的利他主义是指当消费者对他人产生同理心时的利他行为。而互惠的利他主义是指帮助别人是为了别人在未来也能帮助自己。因此，消费者分享行为中的利他动机存在很多值得研究的未来方向。

利他动机也会影响消费者分享的内容。当人们出于利他目的进行信息分享时，他们会更关注分享对象的态度或需求并依此调整自己分享的内容。消费者出于利他动机进行信息分享时会更真实地表达自己的想法，分享的内容也是受众真正需要的内容。

（二）消费者分享的外在动机

消费者分享的外在动机一般是指由外部提供的经济刺激所引起的分享行为倾向。比如，许多商家推出分享到群聊或朋友圈"集赞"即可获得优惠券或折扣等类似的活动，就是激发分享的经济刺激例子之一。在国内，美团外卖经常不定期地实施分享链接到群领红包的优惠活动；拼多多也推出将营销信息分享给朋友，让他们帮忙"砍一刀"来获得免费产品的促销活动。当消费者受到外在经济刺激而进行信息分享时，其分享内容一般都是受到商家的影响，甚至就是由商家预设好的，因而，分享内容并不是消费者真实的感受和想法。

如何看待外在经济刺激促使消费者信息分享行为的效果呢？这确实需要一分为二地看待这种分享行为的效果。一方面，外在刺激促使的消费者分享行为能提高消费者对产品的购买意愿和评价。有研究表明，奖励分享行为的营销活动，有利于消费者建立对该品牌的品牌至爱（brand love）。具体来说，分享正面信息有利于加强消费者的品牌至爱；即便奖励消费者分享负面信息，这种奖励分享行为也可以减少分享者本人对品牌至爱的负向变化程度[40]。此外，对于品牌商而言，消费者分享的内在动机具有自发性和不可掌控性，而外在动机却是可以更好地被人为激发的。因此，品牌商应该好好研究如何利用经济刺激促进消费者分享，要避免消费者在得到促销优惠后做出类似于删除分享内容等对品牌无益的举动，实现消费者真正意义上的信息分享。

另一方面，也需要认识到，外部经济刺激并不能真正达到分享口碑的目的。许多消费者分享时会注明分享内容属于广告，这样受众可能不会认真留意分享内容。特别是在集体主义观念强的市场条件下，消费者行为深受社会规范的影响，消费者可能害怕自己分享促销优惠行为会打扰他人，倾向于采用分享给自己的"小号"，朋友圈设置仅自己可见等形式。这种分享方式并不能达到品牌商希望传播产品信息的目的，会使企业经济刺激策略略付之东流。

正如洞察案例 11-2 所示，瑞幸咖啡充分利用了消费者分享的各种动机，让自己的新品"椰云拿铁"在网上声名大噪。

洞察案例11-2

瑞幸×椰树：形象反衬跨界引发社交裂变

2022 年 4 月 11 日，新晋咖啡品牌"瑞幸咖啡"和国民老牌"椰树"推出一款名为"椰云拿铁"的联名产品。产品一经推出，便获得了消费者的极力追捧，不仅在首日创下 66 万杯的极高销量，还在网络和社交平台刮起一阵"土潮风"。"瑞幸咖啡"和"椰树"都是我国家喻户晓的品牌。但瑞幸咖啡不久前刚经历负面财务事件，椰树则号称是消费者"从小喝到大"的老品牌。"瑞幸咖啡"和"椰树"的品牌风格大相径庭，二者联名如何俘获消费者芳心？品牌方到底做何想法？

1. "拿捏"顾客心理，玩转社交营销

早在联名款咖啡上架前三天，瑞幸的官方微博便率先发出一则消息："倒计时 3 天！这个合作品牌 34 年来首次联名"。同时，还配了一张联名海报图，海报左边是瑞幸经典的咖啡杯造型，右边则是一大团充斥着黑、红、黄、蓝四种颜色的马赛克。吸引了大批用户关注，吊足了消费者的胃口——消费者都好奇这四种颜色的马赛克到底掩盖的是什么。

"椰云拿铁"上架后，瑞幸的微博通过"转发免费喝咖啡""晒照有奖"等活动，鼓励消费者在微博分享"椰云拿铁"相关内容。

除了用分享有奖的方式鼓励消费者分享之外，瑞幸在该联名款包装上也下足了功夫来刺激消费者分享。在与椰树牌的此次联名中，瑞幸咖啡大胆参考椰树牌"PPT 风"的包装设计,推出一款定制的"椰树牌"杯套和两款限定纸袋。这款独特的包装设计,唤起了消费者对传统老牌椰树的印象,快速地增加了消费者对新品的好感。不少消费者并不嫌弃这略显土气的新包装,在购买咖啡时都明确表示要最新款的纸袋,以便他们分享到朋友圈。

2. 顾客争相分享,话题热度高涨

"椰云拿铁"上市后,消费者在社交媒体上掀起了 UGC 营销的浪潮。不少消费者和博主们为了紧跟潮流热点,获得他人点赞和关注,在朋友圈、小红书、抖音、视频号、快手等知名线上社交渠道分享自己此次购买联名产品的经历和感受,有效助力了品牌的二次传播,引起了病毒式的话题传播。据千瓜数据显示,小红书上关于#瑞幸椰云拿铁#的话题在 4 月 12 日达到了第 12 名,2022 年 4 月 11 日至 4 月 17 日的全国周榜也达到了第 127 名的优异表现,消费者们二次创作的热情持续高涨。

在新品"椰云拿铁"上架后,不少消费者在社交平台上通过晒图、打卡等方式分享了他们关于咖啡口感本身的感受和对独特包装的看法,也有美食博主分享如何在家自制"椰云拿铁"的教程等。如抖音博主"今天喝了莓"分享的椰云拿铁的教程便得到了 15.7 万次的点赞和 2.5 万次的收藏;小红书博主"能吃八两草莓"分享的椰云拿铁制作视频也得到了 1.5 万次的点赞……一时之间,"椰云拿铁"火爆全网。

除了分享测评经验,不少消费者为了蹭"椰云拿铁"热度获得更多关注和点赞,还发起了一阵"椰云拿铁"舞蹈热潮。原版舞蹈来源于韩国女团 IVE 的新歌 LOVE DIVE,由于在该歌的编舞中,有的动作和椰树椰汁外包装上印着的代言人徐冬冬的姿势高度相似,网友们便恶搞了这首歌曲的舞蹈,在网络上争相模仿与转发。在网友们创作的视频中,他们高举瑞幸的新品"椰云拿铁",跳着韩国女团的新潮舞蹈,用椰树牌的经典"PPT 风"来配字,把"土潮"发挥到了极致。

4 月 11 日,#瑞幸咖啡#词条的抖音话题当日播放量突破 601 万次,#椰树椰汁我从小喝到大#的播放量 213 万次。次日两个话题更是达到了日播放量 1172 万次、358 万次的超高曝光。上线一周,"椰云拿铁"便为瑞幸带来了 495 万杯的销量和 8100 万元人民币的总销售额,品牌直播间在 11—14 日期间的观众数量和销售额激增,这几天里,有超过 661 万人次涌入瑞幸官方直播间,为品牌带来了 46 万单订单,总 GMV 超过 1402 万。此外,不同于其他联名款和季节限定款的短暂上架期,直到 2022 年 7 月 1 日,"椰云拿铁"依旧可以在瑞幸各大门店购买到,并且是大部分门店销量位居第一的产品,成为名副其实的明星单品。"椰云拿铁"已经不仅是一款新口味咖啡,更是消费者获得流量和关注的关键。"瑞幸咖啡"和"椰树"的此次联名,抓住了消费者的心理,实实在在地"火出圈"了。

3. 反衬跨界为何能击中消费者神经?灵感刺激论

"椰云拿铁"何以能引发消费者如此强烈的关注或融入?这看似怪异的跨界却能引起消费者实实在在的强烈参与、热烈分享。这其中有何理论逻辑?其实,近年来,国内外品牌实践中频繁地出现在品牌层面和产品层面在关联性、相似性、匹配性、互补性等方面看似很弱的跨界联合,却取得突出的营销成功。例如,2018 年 9 月大白兔奶糖和美加净联名推出了一款大白兔奶糖味的润唇膏,第一批上线的 920 支润唇膏一秒之间售罄;2019 年 5 月,大白兔奶糖再次与气味图书馆联名,推出大白兔奶糖系列香薰,上架仅半天猫销量破万。又如，2018年六神花露水与 RIO 鸡尾酒推出的花露水味的鸡尾酒，首发上架仅 17 秒即售罄；2018年6月喜茶与欧莱雅推出的喜茶色口红，上线不久，微博上#妆出喜茶色#话题阅读量已超过90万，喜茶《想送你，喜茶色的口红》的微信推文阅读量达到10万+。看来，"椰云拿铁"只是众多看似怪异、实则有理的跨界案例中的经典之一。

品牌战略管理专家王海忠教授认为，当前正处于新旧消费风潮交替之际，新与旧、时尚与土味、全球与本地等品牌形象强烈离散或对比反衬的品牌之间的跨界联盟，反倒能引起市场的注意力，企业应该深入洞察当前社会风尚交替时代的消费心理，创新营销思路。我们认为，上述几个形象强烈对比、反衬的品牌跨界合作之所以能成功，原因之一是这样的跨界能激活消费者灵感。个人灵感的激发是由外部认知事件触发的，当外部事件的信息越让人意想不到，就越有可能激发消费者灵感。当消费者看到两个反衬（即在产品或品牌形象方面存在较大差异）的品牌进行联名时，就会对联名产品产生更多意料之外的感知，从而激发出更多消费者灵感。此外，反衬的品牌联名可以扩展消费者的眼界并让他们产生新想法，导致这种消费者灵感还进一步正向提升消费者的积极态度，以及购买行为和购后品牌忠诚。看来，在新旧消费心理交替之际，找到与自身形象反差很大但又存在某些关键属性关联的品牌进行跨界，不失为创新又实效的营销策略。

参考文献

[1] 李华清，对话王海忠：中国品牌的全球坐标，经济观察报，2021年5月10日（第18版）.
[2] 网红饮品椰云拿铁，跨界联名"土潮风"玩转社交营销|新传热点，2022-04-20.
[3] 王子谣. 瑞幸+椰树联名款爆单椰子+咖啡赛道有多热？| 新海南财经观察，2022-04-11.

第四节 分享对象对消费者分享行为的影响

消费者分享行为会受到分享对象的影响。分享对象的差异既可以从分享者与受众之间不同维度的比较来刻画，也可以从受众群体自身的特性来刻画。本节将从关系强弱、地位高低、规模大小3个维度区分分享对象，并讨论分享者面对不同分享对象时如何调整分享动机和分享内容。

一、分享对象的关系

人与人之间的关系强弱指他们之间联系的紧密程度。根据分享者与分享对象的关系强弱，我们可以把分享对象区分为强关系和弱关系的对象。强关系的分享对象一般指我们熟悉、信任或者经常交谈的人，如家人、好友或亲密同事等；弱关系的分享对象指我们较为陌生的、不经常交谈的人，如一般网友、路上偶遇的陌生人等。与交流对象的关系强弱会影响分享者的动机及其分享内容，主要表现在以下几方面。

第一，当面向弱关系对象时，分享行为更多受印象管理驱动。一般而言，分享者面对弱关系分享对象时更可能启动印象管理机制。因为强关系的分享对象（如朋友）已经很了解分享者了，可以从多方面（而不仅仅是某种信息分享）了解分享者。但弱关系的分享对象就不同，他们对分享者的真实特质并不清楚，而且只能从分享者的分享内容来了解、认知分享者。因此，当分享者面对弱关系分享对象时，会更注重自己的印象管理，分享内容也会聚焦于更有利于建立想要传达的"人设"。

第二，当面对强关系分享对象时，分享行为更多受情绪调节所驱动。人们在经历了不好的情绪后，很想找关系亲密的家人、朋友分享，以此倾诉自己的情绪，获得他们的支持与安慰，最终调节情绪。因此，分享内容也会更多地包含情绪化语音和文本等信息。但值得注意的例外是，当分享者只是单纯想发泄情绪或报复商家时，他们也可能向弱关系的对象分享信息。

第三，无论面对强关系还是弱关系的分享对象，分享者都会想和他们建立社会联结。但分享者一般更倾向于和强关系的对象建立社会联结。因为强关系对象与自己更加相似，与他们交谈应当更容易加强双方的观点，从而建立起社会联结。不过，其实无论跟强关系还是弱关系的分享对象分享信息，都可以起到减少孤独感和社会排斥的作用。因此，分享者有时候也会选择跟弱关系的对象分享[34]。此外，消费者在不同情境下，会选择与不同关系强弱的对象分享信息，以期建立社会联结。例如，消费者在流动的情境下（如旅行），会倾向于在网上写旅行日志来向弱关系的对象分享，以此寻找社会联结，但旅行结束，博客很少会被更新，甚至会被删除[41]；而在稳定的情境下（如停留在住所），会倾向于更多向强关系的人分享。

二、分享对象的规模

分享对象的规模大小不同，消费者希望从分享行为中获得的利益或价值也会有差异。因此，分享对象的规模会调节消费者分享的动机，并影响相应的分享内容。

第一，面向大规模对象时分享行为的倾向性及分享内容。首先，当面对大规模对象分享信息时，消费者会更注重自己的印象管理。因为这种大规模分享会唤起消费者对自我呈现的关注，而且分享行为的影响范围广，人们就会更倾向于分享一些让自己看起来更积极的东西。其次，面对大规模的分享对象时，分享者也更有可能通过获得社会支持和报复商家等方式来进行情绪调节。因为把消息分享给更多的人，更有可能获得更多人的关注与支持，从而达到报复商家的目的。最后，分享对象规模的增加并不有利于社会联结的建立。对同一件事，不同的人都有不同的看法。因此，随着分享对象数量的增加，不同的意见也有可能增加，大家很难达成共识，这并不有利于社会联结的建立。

第二，面向小规模对象时分享行为的倾向性及分享内容。首先，在面对小规模的分享对象时，消费者往往会更不重视自己的印象管理。因为向小规模对象分享会唤起分享者对他人感受的关注，且分享内容的影响力较小，分享者则会减少自我呈现的内容，更关注分享对象和分享的内容本身，会向受众展现更多他们需要的实用的信息。其次，分享对象的规模也会影响分享者情绪调节的动机。虽然当分享者想要报复商家或获取社会支持时往往会选择向大规模的分享对象，但若分享者想进行深入的情绪交流，往往会选择小规模的分享对象进行倾诉。此时，消费者分享的内容也更有可能是他们的真情实感。最后，由于向小规模的对象分享信息时，分享者可以更深入地分享事情的细节，分享双方也可以更好地交流看法和情绪。因此，小规模的分享对象有利于分享者建立社会联结。

三、分享对象的地位

消费者跟比自己地位高的人（如老板、老师等）、地位低的人（如下属、学生等）和地位相近的人（如同学、同事等）分享信息时，其动机和内容也会不一样。

第一，面向平行地位的分享对象时分享行为的倾向性及分享内容。当消费者面对地位与自己相当的分享对象时，会更容易把分享对象当作朋友，因此不那么注重自己的印象管理，而更倾向于展现真实的自己。同时，分享者在面对与自己地位相当的分享对象时，也更倾向于通过分享来达到情绪调节和社会联结的目的。

第二，面向非平行地位的分享对象时分享行为的倾向性及分享内容。当分享者面对与自己地位不相当的人时，会更注重自己的印象管理。原因是，分享者会希望给比自己地位高的人留下良好的印象，而在比自己地位低的人面前，分享者也会想维持自己的形象。因此，分享者更有可能向与自己地位不相当的人分享积极信息，避免分享消极信息。但是，消费者并不大可能向与自己地位不相当的人分享自己的情绪，或是与他们建立社会联结。分享者需要确保自己在上级和下级面前的形象，因此会减少情绪性和不确定性的内容的分享。

综上，本节分析了分享者与分享对象的关系强度、与分享对象的地位相对高低，以及分享对象的规模等，对消费者分享行为的动机的影响。我们将这些影响效应总结在表 11.1 之中。

表 11.1　分享对象对分享动机的调节作用

	印象管理	情绪调节	社会联结
分享对象的关系越强	-	+	+/-
分享对象的规模越大	+	-	-
分享对象的地位越悬殊	+	-	-

注：+ 表示倾向增强，- 表示倾向减弱，+/- 表示都有可能。

第五节　消费者分享方式

移动互联网的发展对消费者分享方式产生了巨大影响。今天，除了传统的口头和书面分享形式，消费者还通过图片、视频或直播等方式进行分享。消费者在移动互联网世界的分享可以选择公开或隐藏自己的身份信息。此外，和现实相比，移动互联网分享中分享者并不能确定受众在哪里、受众是否接收到信息。本节重点讲解消费者分享方式的三类属性对消费者分享的动机和内容的影响。

一、分享的信息形态

消费者分享的信息形态是指消费者是通过面对面的口头交流，还是线上的文字、图片或视频交流。不同形态的信息分享方式会影响分享动机和内容。

第一，口头分享及其对分享动机和内容的影响。口头分享和线上分享的最大区别在于它们的同步性不一样，口头分享是同步性非常高的信息分享形态[42]。就是说，在分享者进行面对面的口头交流时，他们没有太多的时间去思考内容的准确性和适当性，他们必须及时地回复对方。正因为口头分享的高同步性，分享者缺乏时间思考如何表述才能向他人表现自己想要传达的形象，导致分享者此时分享的内容也更贴近于分享者真正的形象。因此，运用口头分享时，分享者较难注重对自己的印象管理。然而，这种高同步性却有利于分享者进行情绪调节，也有利于与分享对象建立社会联结。快速提供即时的反馈可以促进更深层次的对话，更有利于分享者进行情绪交流，导致分享的内容也包含了更多的情感成分。同时，及时的回复也应该更容易强化共同观点并获得相互的社会支持，从而有利于建立社会联结[34]。

第二，线上文字分享及其对分享动机和内容的影响。线上文字分享的同步性比口头分享低，使得分享者有更多的时间去完善自己分享的内容，检查自己的说话内容是否合理，是否符合自己想要维持的形象。因此，当分享者使用线上分享形式时，会更注重对自己的印象管理，从而导致其分享更多有趣的产品和品牌[43]。但是，由于线上文字分享的同步性低，沟通的双方不一定会及时互动回复，容易使情绪消退。而且，网络分享也会抑制消费者进行更深层次的情感分享，难以真正达到情绪调节和建立社会联结的目的。

第三，线上图片和视频分享及其对分享动机和内容的影响。线上图片和视频分享与文字分享一样，都具有低同步性，但它们之间最大的不同点在于，图片和视频分享可以通过视觉刺激进行分享，而文字分享只能通过语言描述进行分享。比起文字分享，图片和视频分享能反映更加全面的信息，增加分享对象对分享者的感知信任[44]。最后，文字分享偏重于刺激被分享者进行离散信息加工，而图片和视频分享可以刺激被分享者的想象加工[45]，给他们带来更多的想象空间，让他们产生更好的身临其境感。由于图片和视频可以反映更多的信息，分享者在使用图片和视频分享时也可以更好地进行印象管理，表达自己想要的形象。此外，图片和视频的分享可以让被分享者更好地身临其境，导致分享者也可以更好地通过图片和视频进行情绪分享，从而实现情绪调节的目的。因此，比起线上文字分享，分享者使用图片和视频分享时会更多地且更到位地表达自己的情绪。

二、分享者的可识别性

分享者的可识别性是指分享者让受众识别出自己分享信息的程度，即分享者是匿名分享还是公开分享。网络的出现，对分享方式产生了许多重大改变，其中之一就是允许消费者进行匿名分享。匿名分享使得受众不能准确地认识和了解分享者的个人特质，因此对消费者的分享动机和内容也产生了显著影响。

第一，匿名分享会使分享者减少对自己印象管理的关注。匿名分享方式可以对分享者产生一种"去抑制效应"，即让分享者有一种隐形的感觉，从而进行更多的自我表露[46]。许多人因这种"去抑制效应"，在网络上进行匿名分享时会展现更真实的自己[47]。因此，当分享者选择用匿名的方式进行分享时，他们并不会很注重对自己印象管理，分享的内容也大多是自己的真实想法。例如，之前网络上流行过的一个热门话题："朋友圈的你和微博的你是同一个人吗？"讨论的就是消费者在大家都互相认识的朋友圈会倾向于分享自己生活中的积极方面，而在互相不认识的微博上则会更倾向于表达真实的自己。但是，也由于这种匿名性，消费者在分享内容时会更无所顾忌，对分享内容的质量和真实性也会更不负责任，从而导致其分享的内容的可信度下降，甚至引发网络暴力等不良现象[48]。

第二，匿名分享会使分享者更愿意进行情绪表达。匿名的分享方式可以使分享者不那么注重自己的印象管理，从而可以更肆意地分享和宣泄自己的情绪。特别是当分享者需要报复商家时，匿名的分享方式还可以使分享者不必担心被商家报复，可以更好地表达自己。此外，匿名的分享方式还可以起到类似于匿名"忏悔"的作用，即让分享者分享自己一些尴尬、糟糕或罪恶的事情，减少其内心的内疚和压抑感，从而帮助分享者调节自己的情绪[46]。

第三，匿名分享不利于分享者建立社会联结。可识别性会加强消费者进行社会联结的目的。非匿名性的分享能给人带来更大的可信度和真诚感，而当受众连分享者的身份都不知道时，他们必然很难与其建立社会联结[34]。

三、分享受众的存在感

分享受众的存在感是指受众在分享过程中的角色是否突出，分享者能否明确感知到他们的存在。显然，在线下进行面对面分享时，受众的存在感则是很强烈的。而在线上分享时，受众的存在感是较弱的，分享者通常是自己对着屏幕进行分享，观众的回复也不那么及时。但不同的线上分享方式也会导致受众存在感的差异。例如，通过直播方式分享可以让分享者及时收到观众的回复，从而增强了观众的存在感。这种受众存在感会对分享者的分享动机和内容产生显著影响。

一方面，分享受众的存在感越强，分享者进行印象管理的动机也越强。受众的数量和反馈可以为分享者提供自我验证[41]，因此，当受众的存在感越强时，分享者就会越审视自己的行为。例如，有研究发现，给正在进行信息分享的人呈现现实的观众反应的视频，可以增强分享者的自我分析倾向，即重新思考要传递的信息的行为[26]。

另一方面，受众的存在感越强，分享者与受众之间越容易建立社会联结，促进情绪调节。但目前，有关"受众存在感"对分享者情绪调节和社会联结等的影响的研究还较少，这是未来值得研究的方向。

本章小结

1. 消费者有时会产生决策后的失调与后悔。
2. 基于认知的满意/不满意判断与以下因素有关：①消费者的看法或期望是否被产品实际性能证实或否定（差异检验范式）；②关于因果关系和责任的看法（归因理论）；③关于公平和公正的看法（公平理论）；基于情感的满意/不满意判断则主要与体验到的情绪及应对和对情绪的错误预测有关。

3. 消费者可以通过投诉、进行负面口碑传播回应不满，消费者在不满意时，对服务补救或产品伤害危机做出反应并不相同。

4. 消费者分享是消费者在消费行为全过程分享其体验的社会化过程。消费者在搜索信息、购买、使用或消费、产品处置等环节都会产生向周围的人分享其经历和感受的动机、行为。

5. 消费者进行信息分享的动机可以分为内在动机和外在动机。消费者分享的内在动机包括印象管理、情绪调节、社会联结、利他等。外在动机主要是经济刺激等。

6. 消费者的分享对象具有不同的划分方式，主要包括：分享者和接收者之间的关系强弱、地位高低，以及接收者规模的大小。消费者面对不同的分享对象时，其分享动机和内容会发生改变。

7. 消费者分享的方式具有不同的划分标准，主要包括：分享的信息形态（文字还是图片、视频等）、分享者的匿名程度（匿名或非匿名）、信息接收者的临场存在感（强或弱）。消费者分享的方式也会影响消费者分享的动机和内容。

实践应用题

研读"开篇案例"，讨论分析回答以下问题：

1. 结合小红书的消费者洞察案例，讨论回答小红书如何通过功能设置鼓励消费者分享？

2. 结合小红书的消费者洞察案例，分析说明小红书和其他社交、电商平台的功能区别，讨论小红书解决现有困境的思路。

3. 结合小红书的消费者洞察案例，思考讨论品牌应该如何利用小红书鼓励消费者分享，从而打造良好口碑？

本章讨论题

1. 除了本章提到的内容，请讨论列举消费者分享还会对信息接收者、企业、信息分享者三方带来哪些益处？

2. 请回想自己的消费分享经验，结合本章内容，分析解释其中的两种或更多的分享动机。

3. 请在本章例子之外，再举出 2~3 个利用消费者分享迅速发展并构筑品牌无形资产或影响力的品牌案例。

即测即练

参考文献

第五篇

消费行为结果

第五篇

米丘林遗传学

第十二章

消费者创新采用与共创

学习目标

本章旨在帮助读者理解消费者创新采用和扩散、消费者共创等方面的知识。
- 理解创新的内涵,掌握创新分类的标准。
- 理解消费者是否采用创新、如何采用创新、何时采用创新。
- 比较两种创新扩散曲线的差异,厘清创新扩散与产品生命周期的区别与联系。
- 了解影响消费者创新扩散的因素。
- 理解数字时代下消费者共创及影响消费者共创的因素。

本章案例

- 微信:满足社交需求,惊人创新扩散
- 传音手机:兼容性创新,成就"非洲手机之王"
- 小米手机:搭建数字平台,促进"米粉"共创

前沿研究

- 抵抗医疗人工智能——独特性忽视的中介作用
- 管理 App 生命周期中的版本控制决策

开篇案例

微信:满足社交需求,惊人创新扩散

2024 年 5 月,腾讯发布第一季度财务报告,数据表明微信(含 Wechat)的全球月活账户数量为 13.59 亿。微信的用户数量在全球社交媒体中排名前五,每天有超过 450 亿条信息交换。微信,2011 年横空出世,从即时通信工具发展成为当下数字生活中的"国民应用"。这款应用洞察了哪些独特的用户需求,又是什么样的创新功能推动了微信的扩散?本案例聚焦微信通过满足用户社交需求实现创新扩散,从微信的持续创新中剖析如

何在数字时代实现用户量的惊人爆发。

1. 洞察新商机,成为移动即时通信第一

微信并非腾讯原创。2010年,加拿大移动即时通信公司 Kik Messager 一个月时间获取100万名用户,其惊人的用户增长速度让人们看到了移动互联网的奇迹。张小龙敏锐洞察到移动互联网的绝好商机。受 Kik 的启发,2010年某天深夜,张小龙给马化腾发了一封邮件,直接表明希望做一款为中国年轻人使用的手机即时通信应用。马化腾立即回复邮件:马上去做,并随后为该项目取名"微信"。

受到 Kik 启发并不只一家企业,小米公司的米聊比微信足足早了40天(微信于2011年1月21日推出)。起初,米聊的用户量一直多过微信。微信1.0版本只有发送文字、图片的功能,用户增加乏力。米聊则模仿香港 Talkbox(语音聊),率先推出语音对讲功能,市场反应更积极。微信2.0版本也推出了"语音消息"功能,但是用户量还是落后于米聊。也许是运气驱使,用户量增加导致米聊的服务器不堪重负,出现了几次宕机。相比之下,微信却更加稳定,加载也更快,为其赢得口碑提供了宝贵机会。

如何趁机推广做大微信呢?答案是:满足陌生人之间的社交需求。微信团队洞察到现有产品主要关注熟人社交,忽略了陌生人的交友需求。因此,2011年8月,微信2.5版本发布了基于位置服务(location based service,LBS)的近距离寻友功能——"查看附近的人",该功能直接突破熟人沟通的边界,进入陌生人交友的应用区间。"查看附近的人"把不认识的人圈到一起,成为微信用户量几何级数增长的重要里程碑。2011年10月,3.0版本又新增"摇一摇"功能,借助动作一致性匹配到同时晃动手机的人,形成新的"随机"社交关系。3.5版本推出了一个极具战略价值的创新功能——"二维码",用户通过扫描二维码名片,可以不断拓展微信好友。"摇一摇"和"二维码"功能被业界认为是微信实现绝杀竞争对手的创新。至此,微信构筑起自己"社交"应用的清晰、独特、强有力定位。到2012年3月,微信用户数顺利突破1亿,超越米聊。微信推出仅一年,就在消费者心目中确立了移动即时通信应用第一的地位。

2. 打造社交平台

微信并没有止步于聊天通信。如何在更广泛的人群中扩散,进一步巩固自己移动"社交"第一的地位?答案是:社交平台。"朋友圈"和"公众号"为微信构建社交平台功不可没。

(1)"朋友圈",激发社交互动。2012年5月,微信4.0版本上线具有社交属性的功能——"朋友圈",它是微信一次极致创新。张小龙曾用"广场"来比喻"朋友圈"。当你从广场走过,会看到一群人在聊不同主题的事情;你可以停下来参与任何一个小圈子的讨论,也可以参与一下就转身离开,还可以什么都不参与,只是点个赞就走了……这样,当你把朋友圈看完的时候,你把整个广场也就逛完了。朋友圈里能看到共同好友的动态。比如,当你在朋友圈看A好友发的信息时,B好友给予了评论,包括你在内有三个人看到同一信息并参与了讨论。这就符合"三个人以上比单聊更加丰富"的社交体验。影响创新扩散的重要因素之一是创新的可观察性。当用户看到越来越多身边人在"朋友圈"分享有趣生活时,微信的用户量也就随之增长了。

(2)"公众号",打造舆论生态。2012年5月,微信推出"公众号"。该功能推出后,写作爱好者和专长者敏锐发现，这一模式更适合沉浸式写作，能经由熟人朋友圈发动，在社交环境中实现更为强大和高效的传播。同时，经由订阅而产生的粉丝（订户）有更强忠诚度，易于管理互动。很快，越来越多的写作者开通了自己的"公众号"，它们被称为"自媒体"。"公众号"可以称得上微信在国际范畴内具有渐进性创新水平的概念。随后几年里，报纸、杂志等媒体出现式微趋势，全新舆论生态在微信平台上赫然出现。微信"公众号"标志着微信的社交维度完成了从单纯的社交互动到舆论生态的升级。

3. 构筑移动数字生活场景

如何基于用户社交需求，提供全方位数字化体验？微信在奠定社交平台和舆论生态之后，通过跨界扩展，成功打造了移动数字生活场景。下面我们以微信的两个产品为例，解析如何成就移动生活场景。

（1）"微信支付"。2013年12月，微信5.0版本新增核心功能"微信支付"，它可以绑定银行卡。从此，用户通过扫描二维码就能实现一键支付。随后，在春节期间，微信重磅推广"微信红包"，以"四两拨千斤"方式成功推广了"微信支付"。"微信红包"这一创新功能为何能快速扩散？①切合中国"红包"文化。微信精准地选择中国最大传统节日"春节"来引爆"微信红包"。春节期间，数以亿计的用户采纳了用"微信红包"给亲朋好友发红包、送祝福的新方式。"微信红包"的创新在于突破了物理限制，亲友之间虽相隔千里，却可以共享"天涯若比邻"的欢乐。"微信红包"惊人的创新扩散证明，价值是用户接纳创新的基础，文化习俗则是创新扩散的"催化剂"。②微信庞大用户群是微信红包迅速扩散的基础。"微信红包"具有社交和娱乐属性。微信用户之间信任基础提升了"微信红包"的参与度。用户使用"微信红包"不仅是为了发红包，也是在参与社交游戏。人们参与"抢"的活动，比几块钱甚至几毛钱的红包货币价值，要有趣得多。"微信支付"重塑了国人的生活方式，改变了各行各业的商业形态。

（2）"小程序"。2017年1月9日，微信6.0版本推出了"小程序"功能。对于个人用户来讲，小程序是一种不需下载、安装即用的应用程序，它满足了应用随处可用，但无须安装卸载的用户需求。用户扫一扫或者搜一下就能打开应用，实现了用完即走的理念。小程序比现有APP更加灵活，更加唾手可得。对于企业用户来讲，"小程序"满足了企业移动互联网时代，将服务线上化的需要。"小程序"同样能服务于政务民生。"小程序"促进了个人、企业、政务等社会方方面面的数字化和信息协同沟通，提高了整个社会的治理水平。

综上，微信源于精准洞察消费者新的社交需求，从移动即时通信入手，持续创新超越，打通了人、服务和信息之间的连接，不断创新扩散，最终成功为用户构筑起移动数字生活场景。微信成为移动数字生活应用的代名词。

资料来源：

[1] 罗仲伟，任国良，焦豪等. 动态能力、技术范式转变与创新战略——基于腾讯微信"整合"与"迭代"微创新的纵向案例分析[J]. 管理世界，2014(8): 152-168.

[2] 许泽浩，周甜甜，张玉磊. 颠覆性创新演化和实现过程——基于腾讯微信纵向单案例[J]. 科技管理研究，2022, 42(9): 8-14.

[3] 李超凡. 微信十年，从"数字化生存"到"数字化生活"[EB/OL]. (2021-01-12) [2024-07-30]. https://www.ifanr.com/1393802.

引 言

现代管理学之父彼得·德鲁克认为，创新和营销是企业有且只有的两个基本功能。创新对企业的发展起着至关重要的作用。开篇案例让我们看到，正是对创新的深刻理解和消费者需求的深入洞察，微信推出的创新功能点燃了消费者的使用热情，让微信成为移动数字生活中的"国民应用"。然而，许多公司推出的新产品却石沉大海，其重要原因之一是遇到了消费者不采用甚至抵制。本章从消费者视角出发，帮助读者理解创新的内涵及其分类标准，介绍消费者创新采用的前提、过程和时机；理解创新扩散的内涵、影响创新扩散的因素，以及创新扩散曲线与产品生命周期之间的关系；本章还将介绍数字时代消费者共创的内涵，以及影响消费者共创的因素。图12.1描绘了第十二章的内容要点及其在全书中的位置。

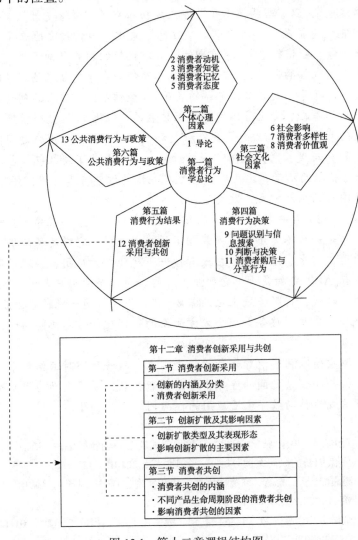

图 12.1 第十二章逻辑结构图

第一节　消费者创新采用

一、创新的内涵及分类

（一）创新的内涵

创新（innovation）或创新产品是指市场上新的提供物。创新可以是任何产品、服务、属性或观念等，它们须被某一细分市场的消费者认可为新且对现有消费模式产生影响。[1] 例如，在酒店业，最近兴起的直播销售，以及引入服务机器人就属于创新；在环保领域，社会倡导消费者自带购物袋和无纸化办公等也属于创新。为了对创新有全面的认识，我们从以下三方面进一步解释创新的市场营销含义。

第一，只有消费者认可产品、服务、属性、包装和观念等是新的才能称之为创新。可见，创新具有消费者感知的属性。尽管产品进行了客观改进，作为新产品在市场上进行销售，但如果消费者不认为该产品能提供任何新的独特利益点，那么这种产品就没有被消费者认可为创新产品，就有可能以失败告终。

第二，细分市场的边界是界定是否创新的重要因素之一。对于同一件创新产品，不同国家的消费者对其是否创新的认知也会存在差异。例如，无氟环保空调在欧美、日本等国家已得到普及，因而空调品牌要在这些地区强调其 R410A 无氟技术，消费者就不会感知其有何创新，但在广大发展中国家甚至新兴市场，因为很多家用空调采用的是 R22 传统制冷剂氟利昂制冷剂，所以对无氟技术就感知非常创新。当然，发达市场的消费者认为是创新的产品，在某些发展中市场，也可能早已普及而并不显得创新。例如，中国或印度的消费者可能早于欧洲或日本的消费者更广泛地使用移动支付服务。

第三，创新会改变消费者在产品获取、使用或消费、处置等方面的行为模式。例如，拜互联网技术所赐，线上购物迅速发展，这就使购物变得更加快捷化，无论是标准化产品（如衣物、洗护用品等），还是个性化定制产品，消费者都可以通过手机、电脑等设备，指尖轻轻一点，商品就能快速送达。互联网技术创新照样改变了消费者的产品处置行为。例如，在闲鱼平台，消费者通过手机让闲置宝贝以高效、便捷的方式投奔到新的主人。

创新：
被某一细分市场消费者认可为新且对现有消费模式产生影响的提供物。

（二）创新的分类

我们可以根据三种方式对创新进行分类，它们是：创新的新颖程度、创新提供的利益点、创新的广度。下面分别加以介绍。

1. 根据创新的新颖程度的分类

通过产品所描述的创新对现有消费模式的改变程度，创新可以分为三类。[2] ①连续型创新（continuous innovations）。那些对现有消费模式影响有限，使用方式与现有产品基本相同的创新就属于连续性创新。市场上大多数创新产品都属于连续型创新。②动态连续型创新（dynamically continuous innovations）。那些对现有消费模式有显著改变但又同属一个产品类别的创新产品就属于动态连续性创新。通常这类创新产品在原有产品基础上增加了某些新的技术成分。例如，智能手表（如苹果手表、三星手表等）就是一种动态连续型创新，因为它改变了消费者的手机使用行为，人们不能在传统手机上记录运动轨迹，但却能够在智能手表上收发信息和使用应用程序从而记录运动轨迹。但智能手机仍归属于移动通信设备这样的产品大类。③突破型创新（discontinuous innovations）。那些消费者之前从未了解到的新产品属于突破型创新产品。飞机和互联网服务曾是突破型创新，它们极大地改变了消费者行为。当下时代，人工智能和元宇宙也是突破型创新，它们将会极大地改变消费者行为。例如，元公司（Meta Platforms）推出的 VR 头戴设备 Oculus，营销人员围绕 Oculus 推出了用来观看影片、游戏和工业应用等的应用程序，这种创新带来的周边产品正在改变消费者行为。

综上，根据新颖程度，创新可以分为三种类型，突破型创新的新颖程度最高，对消费者行为的改变最大；而连续型创新的新颖程度最低，对消费者行为的改变最小。

连续型创新：

对现有消费模式影响有限的一种创新。

动态连续型创新：

对现有消费行为有显著影响但仍能归属于现有产品大类的创新产品，通常会涉及新的技术成分。

突破型创新：

消费者以前从未了解过的创新产品及消费行为。

2. 根据创新提供的利益点进行分类

根据创新为消费者提供的利益点，创新可以分为以下三类。①功能型创新（functional innovations）。这是指相对于现有替代品，那些可以提供更好功能优势的创新产品。例如，混合动力型汽车提供了比汽油动力型汽车更低的油耗成本，这种优势不仅可以减少消费者的油费支出，还可以降低对环境的污染。一般而言，功能型创新对消费者能产生利益点的前提是它通常采用了某种创新技术。②享乐型或美学型创新（hedonic or aesthetic innovations）。这是指迎合消费者在审美、享乐或感官需求方面的创新。[3]服装的某种新款式就可以归类于享乐型或美学型创新。③象征型创新（symbolic innovations）。这是指使用和拥有某种产品能产生新的社会意义的创新。在某些情况下，象征型创新是指专门为特定消费群体提供的新产品。因此，使用该创新可以表达该消费群体成员的身份。在一些情况下，"新"产品指的是意义而不是产品本身。

功能型创新：

能提供与现有替代品不同的或比现有替代品更好的功能利益的新产品。

 享乐型创新：

能迎合消费者审美、寻求愉悦或感官需要的创新，又称为美学型创新。

 象征型创新：

能带来某种新的社会意义的产品。

3. 根据创新的广度进行分类

创新可以根据其广度，也就是创新产品的适用范围和用途，来进行分类。举例来讲，烘焙苏打粉这项新技术的生命周期很长，部分原因是其创新的广度，它可以广泛用作烘焙原料、牙齿抛光剂和冰箱除臭剂等。又如，新一代智能手机也具有广泛创新的特点，不仅拥有拍照、定位导航、日历等功能，还是人们社交的重要设备。还有，本地生活服务 APP 美团也具有广泛创新的优点，其业务涵盖团购、外卖、共享单车、酒旅等，为人们的众多生活服务提供了支持。

二、消费者创新采用

鉴于创新产品对公司的重要性，营销人员需要了解消费者或家庭是如何选择采用一项创新的。接下来，我们将介绍消费者是否采用创新（adoption）、如何采用创新，以及采用创新的时机等重要问题。

（一）消费者是否采用创新的问题

采用创新的前提是消费者对创新没有抵制（resistance）。如果消费者抵制创新，那他就会选择不购买该项创新产品。消费者为何抵制创新？有时消费者抵制创新是因为使用一个熟悉的产品对他们来说更为简单或者说更合适。如果消费者认为使用新产品涉及风险，他们就会抵制创新。例如，电动汽车刚刚发展的时候，消费者因为担心行驶里程过短，这就影响了他们采用电动汽车这一创新产品。表 12.1 表明，当消费者认为使用新产品带来的负面影响高于其带来的正面影响时，消费者就会抵制创新。研究还表明，相比于对变化需求高和认知需求高的消费者而言，变化需求低和认知需求低的消费者更可能抵制创新。[4]除此之外，当消费者认同某一品牌时，他们通常会抵制另一个定位完全相反或价值主张完全对立的品牌推出的创新产品。[5]

创新采用和创新抵制是相互独立的概念。消费者可能并没有经过采用这一过程，就抵制一项创新产品，而且一直持抵制态度。也有可能，消费者采用一件产品是克服了之前的一切阻力才产生购买该产品的行为的，也就是说虽先产生了抵制态度但后来又采用了该新产品。营销人员需要了解消费者创新采用的前提、过程和时机。因为如果消费者抵制创新的态度很强烈，那该产品就会失败。在医疗领域，AI 的融入给医疗保健带来了革命性的创新。尽管在某些情况下，AI 医疗保健提供者的表现优于人类医疗保健提供者，但消费者还是持抵制的态度。前沿研究 12-1 提出独特性忽视是消费者抵抗医疗 AI 的主要原因，以此探索在医疗 AI 推广方面可行的方案。

通常，营销人员可以使用多种策略来减少消费者对创新的抵制。表 12.1 列举了消费者面对技术产品常常表现出来的八个方面的两难决策。本章后面将要解释说明那些影响消费者创新抵制的因素（如创新属性、消费者所在的社会体系及企业的营销策略等）。

表 12.1 新技术产品带来的八个"两难"

矛盾	描述
控制/混乱	新技术可以促进监管或秩序，也可能导致动荡或混乱。
自由/奴役	新技术可以促进独立或减少限制，也可能导致依赖或更多限制。
新/老	新技术为用户提供了科学领域的最新研发成果，但新技术进入市场后又会很快过时。
实力/无力	新技术可以促进人们的智慧或效能感，但也可能导致人们的无知感或无能感。
高效/低效	新技术可以减少耗费某些活动的精力或时间，但也可能让某些活动耗费更多精力或时间。
满足需求/创造需求	新技术能促进需求或欲望的实现，但也能让人们发现或认识到以前未实现的需求或欲望。
同化/孤立	新技术可以促进人心凝聚，也可能导致人心离散。
融入/疏离	新技术能促进参与、流畅或活跃，也能导致断开、中断或被动。

创新采用：

个体消费者或家庭对创新产品的购买或使用。

创新抵制：

消费者不购买创新产品的意愿，即使面对压力时也不购买的强烈负面态度。

（二）消费者如何采用创新的问题

前沿研究 12-1

抵抗医疗人工智能——独特性忽视的中介作用

消费者是选择采用还是抵制创新会受到一系列因素的影响，在此我们主要讲解高努力和低努力决策如何影响创新采用。首先，高努力效应等级（high-effort hierarchy of effect）决策过程。在高努力效应等级下，消费者会先知晓一项创新，再进行思考、收集信息，并根据这些信息形成一种态度。如果是赞许的态度，消费者就会尝试该产品。如果获得了良好的试用体验，消费者就会进而决定采用该新产品。消费者的动机、能力和机会决定了高努力采用过程的出现。当消费者察觉到创新不仅带来相关利益点，还会带来心理的、社会的、经济的、财务的或者安全的风险时，高努力采用过程通常就会产生。当面对突破型创新时（相比于连续型创新），消费者倾向于经历高努力决策过程，因为消费者对该突破型创新了解甚少，需要付出努力去了解它。新手消费者需要更多信息，才能理解和欣赏突破型创新的好处。此外，当决策涉及许多人时（如家庭或组织中），消费者也可能使用高努力采用过程。[6]高努力等级效应下的创新采用决策过程如图 12.2 中的上半部分所示。

其次，低努力效应等级（low-effort hierarchy of effect）决策过程。当新产品涉及较低的风险（如连续型创新）及购买过程中涉及的人较少时，消费者会进行低努力效应等级（low-effort hierarchy of effects）决策（图 12.2 中的下半部分所示）。试用产品前，消费者会投入较少努力来分析思考和研究该产品，消费者会根据试用情况形成态度。如果是积极态度，消费者就可能会采用创新。在低努力效应等级决策中，从知晓创新到试用、采用创新之间经历的时间会很短。例如，微信小程序对于很多成长于互联网背景的消费者来说就属于低努力效应等级决策情境，用户通过微信页下滑或搜索，就能找到微信小程序入口并下载，节省了众多额外 APP 的下载，大有"微信在手天下我有"的畅快感。好友之间分享微信小程序也很方便。可见，相对于一般的 APP，微信小程序让用户以较少努力实现 APP 同样的功能体验。

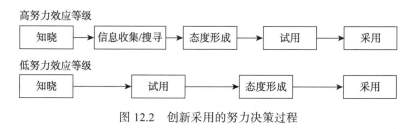

图 12.2　创新采用的努力决策过程

  努力效应等级：

购买一项创新产品需要让消费者付出努力的程度，它影响创新采用决策。

（三）消费者何时采用创新的问题

消费者创新采用的时机存在差异。根据消费者创新采用的时机，可以识别出五个采用者群体（如图 12.3 所示）。[7]我们将前 2.5%的创新采用者称之为创新者，之后的 13.5%的创新采用者称之为早期采用者，随后的 34%的创新采用者为早期大众，再之后的 34%为晚期大众，最后的 16%为落后者。现分别介绍不同类型采用者群体的特征及其相关应用。

1. 创新采用者群体的特征

创新采用者表现出不同的特征（图 12.3），现解释如下。①创新者。这类创新采用者一般属于技术爱好者，他们喜欢或希望成为最早使用新科技产品的人，即使这些产品存在一些问题和缺陷。例如，苹果手机 iPhone 新品发布时，那些成为第一批用户的消费者就是创新者，他们愿意精心安排出时间去抢购到新产品。②早期采用者。这类采用者一般是产品类别中的远见者。他们欣赏技术创新产品，这不仅因其技术特性，还因其创新产品所具有的革命性、突破性的创新能力。③早期大众。这类采用者是实用主义者，他们追求在现有技术基础上进行渐进式的、可预测改进的创新。由于不喜欢冒险，所以他们十分在意创新产品的制造商和公司的声誉。他们关注创新产品与自身当下生活方式及拥有物的匹配程度。同时，他们关心创新产品的可靠性。他们对价格也很敏感。当竞争对手进入市场时，他们会很高兴，因为这样他们就可以比较不同品牌之间的产品特点，从而确定最终购买的产品。④晚期大众。这类采用者更加保守，他们对技术进步持谨慎态度，更加依赖传统。他们通常对新科技产品感到恐惧，购买新科技产品的目的是为了不落伍。⑤落后者。这类采用者对一切都倾向于持怀疑态度。他们是最慢采用创新产品的消费者群体。尽管落后者可能抵制创新，但营销经理人可以通过理解这个群体怀疑创新的原因并从中获取洞察。例如，为什么有些消费者不愿意购买电动汽车作为出行工具呢？他们是担心续航里程及其安全性吗？他们是不是不愿意费力去适应驾驶电动车？洞察到这些问题并加以解决和传播，可以帮助企业更有效地向类似的消费群体开展有效的营销传播推广活动。

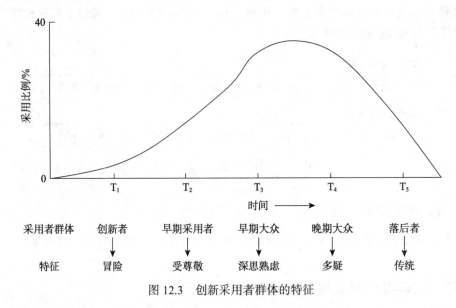

图 12.3　创新采用者群体的特征

2. 创新采用者群体分类的灵活应用

一项创新产品要在市场上扩散，它就必须对每一个群体都要有吸引力。这是创新采用者群体分类给我们的重要应用启示。然而，很多公司因为没有认识到上述各类采用者群体的特征，一些有巨大潜在用处的创新产品并没能获得大众市场的青睐，因而未能成为有影响力的产品。上述创新采用者分类框架可以让公司观察到消费者创新采用的时机。然而，上述五类创新采用者及其所占比重，展示的是一种虽然有用但也相当理想化状态的创新采用模式。特定产品类别里还存在不同的创新采用者分类模式。

因此，图 12.3 所展示的创新采用者"闹钟型曲线"，并不能适用于所有行业或情境。例如，时尚界的创新采用曲线的形状可能存在正向倾斜，也就是说创新采用模型图的峰顶可能会左移。这是因为，时尚界的创新产品会在投放市场初期就急剧增长，但人们对潮流的追随又会快速变化，因而市场很快又呈急剧下降态势。而医药健康相关行业的创新采用模型就可能出现峰顶往右边移的情形，存在负向倾向斜率形状，因为在这样的行业，创新产品投放到市场之后，在初期只能迎来缓慢的增长；但同时，一旦它爬行到高峰之后，下降态势也会很缓慢。因此，除了图 12.3 由五类采用者比例形成的闹钟型曲线之外，某些产品很可能将前1%的采用者归为创新者，之后的60%都归为早期采用者，再后的30%归为早期大众，随后的5%归为晚期大众，最后的4%归为落后者。当然，五类创新采用者所占比例也存在其他可能情形。总之，公司营销经理人要灵活使用创新产品采用的五类人群分类方式，以及创新采用曲线图。

第二节 创新扩散及其影响因素

一、创新扩散类型及其表现形态

随着市场上采用某项创新产品的消费者不断增加，该项创新就在市场上进行传播或者扩散。创新采用反映了消费者的个体行为，而创新扩散（diffusion）则反映了消费者对创新的群体行为。更具体地说，创新扩散反映的是特定时间点上采用一项创新产品的人口比例。营销人员尤其需要重视创新扩散涉及的两个问题：创新如何在市场上扩散、创新扩散的速度。[8]

> **创新扩散：**
> 特定时间点上采用一项创新产品的消费者人口比例及该比例变化状况。

（一）创新扩散类型

一项创新产品在市场上是如何扩散的？通过观察创新产品的采用随时间的变化轨迹，就可以得出创新扩散的形态。从营销人员的角度来讲，最理想的创新扩散状态就是创新产品一经上市，每个消费者很快都采用了该项产品。但是，这种情况是十分罕见的。接下来，我们介绍两种主要的创新扩散模式。

1. S形扩散曲线

一些创新扩散的模式属于"S形扩散曲线"（S-shaped diffusion curve），它如图12.4所示。[9]开始时，创新产品的采用者增长变化十分缓慢。如图所示，在时间点 T_1 和 T_2 之间，市场上只有很少比例的消费者采用了该创新产品。但是，经过一段时间后，市场

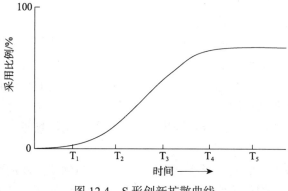

图12.4 S形创新扩散曲线

上采用创新产品的消费者比例急剧上升。如图所示，在时间点 T_3 和 T_4 之间，消费者采用创新产品的比例急剧上升。然后，消费者对创新产品的采用则以递减的方式增长，最后扩散曲线逐渐变得平缓。

2. 指数扩散曲线

"指数扩散曲线"（exponential diffusion curve）如图 12.5 所示。[10]不同于 S 形扩散曲线，指数扩散曲线表明创新产品在刚开始时扩散得非常之快，产品一上市，市场上很大比例的消费者都采用了该项创新产品。然而，随着时间的推移，消费者创新采用率的增速逐渐趋缓。

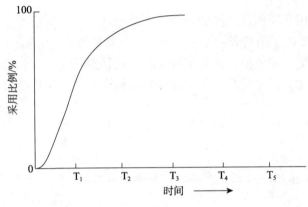

图 12.5　创新的指数扩散曲线

> **S 型扩散曲线：**
>
> 采用创新产品的消费者数量在初期呈缓慢增长，但随后呈现快速增长的创新扩散模式。
>
> **指数扩散曲线：**
>
> 采用创新产品的消费者数量在初期呈快速增长，而后呈趋缓态势的创新扩散模式。

（二）创新扩散表现形态

首先，S 形扩散模式的表现形态。通常，当创新与某些社会、心理、经济、绩效或生理风险相关时，营销人员预期创新产品会呈现 S 形扩散曲线。此时，消费者先作为旁观者，表现出观察其他消费者的创新采用情况，然后再做出反应。当消费者对产品的持续销售能力存疑且采用该产品的转换成本较高时，投放市场的初期其扩散速度是十分缓慢的。例如，电动汽车的扩散就服从于 S 形扩散曲线。当消费者之间的地理位置相隔很远，不与他人讨论创新产品，或者不分享相关的创新采用信息时，创新产品就可能呈现 S 形扩散模式。

其次，指数扩散模式的表现形态。与以上不同，当创新涉及的风险很小，转换成本很低，消费者之间享有相似价值观，或者人们经常讨论该创新产品并通过社会系统传播创新知识时，创新产品就会按照指数扩散曲线模式迅速扩散。需要明确的是，这两种曲线反映的是市场中消费者采用某一创新产品的比率，而不针对创新产品采用的特定时间段进行分析。换言之，S 形扩散曲线或者指数扩散曲线可以反映 1 年的产品扩散情况，也可以反映 30 年期间的产品扩散情况。此外，这两种曲线同时适用于功能型、享乐型、象征型等产品的创新扩散情境。

（三）创新扩散与产品生命周期的关系

产品生命周期（product life cycle）是指产品从作为新产品进入研发，到投放市场，再到成长、成熟，最后到衰弱并退出市场，所经历的时间及其销售额、利润额，以及相应的市场营销活动的变化轨迹。新产品投放到市场的过程中，起初会经历导入期；随着竞争者进入，更多消费者开始使用新产品，产品就进入快速增长期；接着竞争激烈，弱小竞争者被淘汰，产品销售逐渐平缓；然后，在某一时间点，消费者采用率开始下降，产品销售下降。产品生命周期变化轨迹如图 12.6 所示。

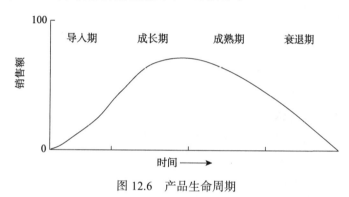

图 12.6　产品生命周期

产品扩散与产品生命周期是两个相互关联但又存在区别的概念。产品扩散关注的重点是采用创新产品的消费者所占比例。当市场上 100%的消费者购买了创新产品，扩散也就结束了。但产品生命周期关注的重点是随着时间推移而变化的产品销售额、利润额及背后市场营销战略策略的调整。所以，当 100%的消费者都购买了新产品时，新产品也许还仅仅处于产品生命周期的成长期，因而产品生命周期还远未结束。此外，扩散曲线通常是累积曲线，也就是说，随着时间变化的扩散曲线会持续增加，至少会保持或恒定在相同水平上。但产品生命周期曲线图可能会下降，当消费者决定未来不再购买该类产品时，产品销量就会下降。例如，原来老式的按键手机就被后来的触摸屏智能手机所替代。21 世纪，App 行业蓬勃发展。数字产品 App 的生命周期变化和变化中的版本控制决策是一个非常值得研究的问题。研究前沿 12-2 首次较为全面地探讨了 APP 免费版本和付费版本随时间及 APP 类型变化的动态交互关系。

> **产品生命周期：**
>
> 产品从导入市场到退出市场所经历的所有阶段，一般包括导入期、成长期、成熟期、衰退期。

二、影响创新扩散的主要因素

创新产品在市场上的扩散速度有时慢，有时快。营销人员需要理解影响创新扩散的主要因素。我们将这些因素划分为三个主要类别，即与创新属性相关、与消费者相关、与环境相关的因素。

前沿研究 12-2

管理 App 生命周期中的版本控制决策

（一）与创新属性相关的因素

与创新属性有关的因素主要包括创新本身的特征、不确定性、合法性与适应性等方面。

1. 创新特征

影响创新扩散的创新特征包含了创新的感知价值、感知利益和成本等。①感知价值。只有当一项创新比现有的替代品能提供更多的利益或更低的成本，消费者才会感知到该项创新的价值。消费者感知创新产品的价值越高，就会越容易采用该产品。例如，智能手机作为创新产品被消费者快速采用，是因为消费者能感知到智能手机不仅可以作为沟通的工具，还可以下载应用程序，用来观看电影、玩游戏、听音乐和看电子书等。这种集多种功能于一身的设备，比单一功能的产品（如电子书、游戏机、音乐播放器等）的感知价值有了显著的提升。②感知利益。消费者对一项创新产品的感知相对优势（relative advantage）会影响创新的感知价值。相对优势是指该项创新提供的利益与现有产品高出的程度。新产品可以为消费者提供相对优势的前提是，它可以帮助消费者规避风险，满足消费者需求，解决消费者问题，达到消费目标。创新产品的优势是其取得市场成功的重要影响因素之一。需要注意的是，相对优势是指创新产品能提供给消费者的利益，而不是仅仅站在企业角度的产品本身性能指标上的优势。例如，丰田的普锐斯混动汽车的相对优势并不是指车本身的性能更好，而是指使用该汽车可以给消费者带来节省油费等经济利益，以及保护环境带给消费者社会责任感等社会利益的总体感知。相反，如果消费者没有感知到新产品的产品优势，或者说这种优势对消费者而言并不重要，那么创新就会受到消费者的抵制。但是，消费者往往难以具体想象购买和使用一件全新产品的情境，因此，能将利益点具象化的公司或品牌，会赢得消费者对创新产品的更高评价。如果消费者在不同情境下都能使用某创新产品，那么他们会认为该产品更有价值。使用创新性（use innovativeness）就是指用一种新的、创造性的方式或情境来使用产品。③感知成本。这是指创新产品的各类成本，包括金钱、时间及采用创新产品所付出的努力等。产品的购买成本越高，消费者抵制也越强，创新产品扩散的速度就会越缓慢。转换成本是指消费者从现有产品转换到新产品的成本，转换成本是消费者购买新产品的总成本的一部分。例如，从苹果手机 iPhone 的 ios 系统转换成华为手机的 Android 系统，消费者可能需要更换其电子配件（如智能手表等），这就是转换成本的要素之一。

 创新相对优势：

创新产品相对于现有产品，能提供给消费者更多利益的程度。

使用创新性：

创新产品能提供比现有产品现有用途差异化的、新的、更多的使用方式或便利性的总称。

2. 创新不确定性

创新不确定性（uncertainty）的影响主要表现在几个方面。首先，担心创新产品能否成为行业标准。其次，担心创新产品的相对优势需要消费者做出重大行为改变才能获得。消费者通常会对突破型创新（相比于连续型创新）的有用性持更强的不确定性态度。同时，结合了新界面和新功能的高科技产品，相对于只是提供新功能的高科技产品，尽管给了消费者更多的信息，但反而让消费者抱有不确定性。这是因为消费者十分关注新界面，在处理信息的时候就会推断采用该产品可能产生的负面后果。最后，担心产品生命周期能有多长。相比于时尚和经典，消费者更可能抵制时髦产品。例如，在购买衣服时，如果认为该款式很快过时，消费者就会放弃购买。对产品生命周期不确定性的担忧在服装和高科技行业中表现得特别明显，因为这些产品高频率地发生改变或改进。

3. 合法性与适应性

合法性与适应性会影响创新扩散，尤其对于象征型和美学型创新。[3]合法性（legitimacy）是指创新遵循该类别中合适原则的程度。过于激进的创新或者不是来源于合法前身的创新就会缺乏合法性。适应性（adaptability）是指创新与现有产品或风格相适应的程度，它是影响创新扩散的另一个影响因素。例如，当下小米的智能家居具有高度的适应性，因为它可以与小米的智能音箱相适应，消费者可以通过智能音箱控制所有的小米智能家居。

 创新合法性：

创新产品遵循该类产品中合适、得体等原则的程度。

 创新适应性：

创新产品与现有产品在功能或风格方面相匹配或相容的程度。

（二）消费者因素

影响创新扩散的消费者因素主要包括：创新产品是否与消费者社会规范相兼容；消费者是否能试用；消费者是否感到复杂。

1. 兼容性

当消费者的需求、价值观、规范和行为与创新产品不兼容时，他们就会抵制创新产品。[11]创新产品与消费者价值观、规范、行为越兼容（compatible），消费者就越不会抵制创新，创新产品也更容易扩散。创新与消费者的价值观、目标和行为不相兼容可能会产生一些严重的后果。因此，创新产品与消费者社会规范之间的兼容性能够有助于产品获得良好市场反应。洞察案例12-1表明,传音手机品牌在非洲市场之所以能成就"非洲手机之王",根本缘于其产品创新与当地社会的信息通信环境高度兼容。

> **创新兼容性:**
>
> 创新产品与消费者的需求、价值观、社会规范或行为方式相一致的程度。

洞察案例12-1

传音手机:兼容性创新,成就"非洲手机之王"

传音手机,2020年全球手机销量排行榜第四名,占据整个非洲大陆50多个国家和地区近半数的市场份额,被业界称为"非洲手机之王"。作为一家成立于2006年的中国公司,面对国内外手机豪强华为、苹果、三星、诺基亚等,传音手机如何推动创新,突破重围,成为"非洲手机之王"?

1. 勇做非洲手机市场"拓荒牛"

2006年是国产手机最艰难的一年。在诺基亚等国际品牌和山寨手机的双重挤压下,曾有"手机中的战斗机"之称的波导手机开始走下坡路。熊猫、南方高科等品牌也随之销声匿迹。那一年,波导手机海外市场负责人竺兆江离开波导,创立了传音手机。不同于其他国产品牌,传音手机成立伊始,就将目标市场确定为非洲大陆。竺兆江曾对数十个国家和地区进行了考察调研,凭借对海外市场的深刻洞察,以及敏锐嗅觉,他认定自己到非洲市场可以发挥的巨大空间。

非洲作为一个整体,并不是一个统一市场。非洲大陆有50多个国家和地区,民族、语言、宗教等十分复杂。同时,当时的非洲国家间发展程度差异巨大,经济发展水平普遍低下,基站等通信基础设施建设滞后。可见,一般人难以看到非洲移动通信或手机普及推广的潜力。非洲确实没能引起国内手机厂商和海外巨头(如苹果、三星等)的兴趣。而这,恰恰给了传音手机难得的机遇。公司成立当年,传音在尼日利亚发布了旗下首个手机品牌传音(TECNO),开启传音在非洲大陆的传奇征途。传音的战略决策非常清晰而坚定:是要创建一个非洲品牌,而不是中国品牌出海。

2. 兼容性创新,触动人心

聚焦非洲这块待开发之地,传音如何创建卓越品牌呢?传音在"创建一个非常品牌"的思想指引下,决定将自己的产品技术创新与当地消费者需求做到极致兼容,以此确立自己在非洲市场的独特竞争优势。至今,传音手机的极致兼容性创新,突出体现在"智能美黑""四卡四待""手机低音炮"……正是这一个个深植非洲用户需求的本土化创新,成为传音的撒手锏。

(1)"智能美黑"。当手机有了摄像头后,自拍便成为全人类的钟爱,但一般的手机自拍对于黑肤色的非洲人却不太友好。为此,传音手机结合深肤色影像引擎技术,定制了摄像机(camera)硬件,专门研发了基于眼睛和牙齿来定位的拍照技术,并加强曝光。这一"智能美黑"黑科技，让更多非洲人拍出了满意的自拍照，甚至晚上也能自拍，一下子就俘获了众多非洲用户的心。

（2）"四卡四待"。区别于国内移动通信的统一市场，以及移动、联通、电信三家主流运营商提供服务的情形，非洲大陆有50多个国家和地区，而绝大多数国家或地区的面积不大，人口不多，同一个国家内部有着为数众多的运营商，不同运营商之间的通话资费很贵。因此，一个非洲消费者需要兜里随时装着三四张电话卡，这才方便移动通信。为了解决非洲用户的这个痛点，传音先是将国内特有"双卡双待"机型引入非洲，随后破天荒地为非洲市场开发了"四卡四待"机型——一个手机配备四个卡槽，可以放四张电话卡。这一兼容性、接地气的创新，再次获得非洲用户的青睐。

（3）"手机低音炮"。了解非洲人热爱音乐和跳舞，传音就专门开发了"Boom J8"等机型，把手机音响纯纯地变成了低音炮，即使在很嘈杂的大街上，也能让他们随着手机的歌曲起舞。传音还贴心地为手机配备了头戴式耳机。据悉，该款手机发布的时候，尼日利亚知名的18位巨星一起为其站台，创造了巨大轰动效应和万人空巷奇效。

3. 传音创新启示录

从一个名不见经传的新企业品牌，经历10年，成就"非洲手机之王"。传音的成功，有哪些带有普遍经验可学习与借鉴？

一方面"别嫌弃市场，别低看用户"。十多年来，传音全面聚焦非洲等新兴市场，深入洞察当地消费者需求与偏好，持续调整产品，做到与当地市场实际情形兼容。"别嫌弃市场，别低看用户"被认为是传音成功法则的第一条。市场营销学家王海忠教授认为，传音在非洲市场总结出的"别嫌弃市场，别低看用户"营销原则，为国际商界贡献了中国品牌的智慧。例如，除了上述三大兼容性创新之外，传音也注重在细微处体察当地消费者之需。针对非洲部分地区经常停电问题，传音针对性地开发了低成本高压快充技术；针对非洲早晚温差大、天气普遍炎热等气候环境，传音开发出耐磨耐手汗陶瓷新材料和防汗液USB端口等。可见，科技与创新要致力于为世界尽可能多的人带来美好生活，绝不应该成为少部分人的专利。

另一方面，善于借助国内供应链优势与成熟市场经验。这可以说是传音在非洲崛起的底座和根基。传音能将传统功能机单价定在100元左右、智能机单价定在500元左右，却依然能实现近30%的利润率，这背后与中国国内强大的产业链供应和制造能力密不可分。近年来，传音又把中国当下火热的软件应用引入到非洲，针对非洲市场特点进行针对性再开发。腾讯、阅文集团等国内互联网巨头的成熟生态系统为传音在非洲市场为智能手机配置软件与应用，提供了不可多得的底气。

资料来源：

[1] 吴清. 传音手机：一年一亿部称雄非洲的背后，中国经营报. [EB/OL]（2022-01-10）[2022-05-20]. http://www.cb.com.cn/index/show/bzyc/cv/cv135140381648.

[2] 王海忠. 建设世界一流品牌要跨越"四道坎"，新华社客户端，2022年5月9日.

[3] 证券之星. 传音控股：手机界的"非洲之王"[EB/OL] (2021-03-24) [2022-05-20]. https://baijiahao.baidu.com/s?id=1695106333556841706&wfr=spider&for=pc.

2. 可试用性

可试用性（trialability）是指在正式采用创新产品之前，消费者可以有限度试用该产品的程度。例如，超市会针对一些食物进行试吃；软件公司提供有限次数的试用版本软件；等等，都是消费者购买之前可以试用、体验创新产品的常见情形。但是，类似激光眼科手术的创新就不具备可试用性。可试用性能让消费者评估产品的相对优势和潜在风险，所以可试用性强的产品在市场上扩散得也更快。可试用性对于创新者和早期大众尤其重要，因为他们可以通过这种方式来了解创新的价值。对于晚期大众来说，可试用性就不那么重要了，因为他们已经从其他消费者那里知道了创新产品的效果。

 创新可试用性：

创新产品在被正式购买使用之前，可以让消费者有限度试用的程度。

3. 复杂性

当消费者认为很难理解和使用某创新产品时，这种创新产品的扩散就会很慢。有多重性能的创新产品看似有用，但如果其多种性能让消费者感到其产品过于复杂（complexity），消费者就不愿意接受。事实上，消费者可能对复杂产品产生更低评价，因为他们认为去理解这些新的属性花费了太多时间。[12]消费者往往会低估他们处理产品复杂性的能力。这就为公司的市场营销战略与策略提供了很有创新的方向，加强顾客教育可以大大增强消费者处理产品复杂性能的自信心，从而拓展创新产品的市场空间。

 创新复杂性：

消费者感知理解或使用创新产品的困难程度的总称。

（三）环境因素

1. 社会关联性

社会关联性（social relevance）影响创新扩散主要通过可观察性和社会价值等驱动机制。可观察性是指消费者可以观察到他人使用创新产品的普遍性程度。通常，消费者看到正在使用创新产品的人越多，他们越有可能去采用创新产品。例如，当看到越来越多的消费者通过直播购物时，其他消费者也愿意使用直播这种购物渠道。可观察性对创新扩散的影响，会受到产品的公开性和私密性的影响。对于公开性产品，品牌商通过创造"打卡"购买或消费氛围，传播其创新扩散流行度，往往容易带来消费者在购买行为上的积极反应；但是，对于私密性产品，品牌商则只能通过大数据来洞察消费者对其创新扩散的态度了，因为消费者不会趁着热度去"打卡"购买。

社会价值是指创新产品具有社会标记功能的程度，它意味着创新产品具有社会赞许性和合适性，从而会引起他人的模仿，加速扩散。例如，消费者有时采用美学创新也是因为采用该创新能让他人推断出使用者的社会声望。尽管社会价值可以提高创新扩散，但是基于声望形象的扩散也可能会减少它的产品生命周期，因为一旦创新产品被大多数人快速采用了，它就不再拥有声望价值了。这是创新产品社会价值传递潜在的负面效应。

社会关联性：

一项创新可被观察到或让他人认为该创新具有社会标记作用的程度。

2. 社会体系的特征

创新扩散的速度，部分受到产品本身特征的影响，部分还受到创新所在的社会体系（social system）的影响。社会体系对消费者创新采用的影响主要体现在以下几方面。①现代性（modernity）。现代性是指社会体系中消费者对变化持有积极态度的程度。现代性越高社会体系中的消费者更加重视科学、技术和教育，在产品生产和劳动力技术方面以技术为导向。社会体系的现代性越高，消费者越容易采用创新，创新扩散的速度越快。②物理距离。当社会体系中成员之间物理距离越近时，创新扩散的速度就会越快。同样地，当消费者之间相互在地理上隔离时，创新产品的扩散会更慢。③趋同性。当市场上的消费者之间的教育背景、价值观、需求、收入及其他维度越相似时，创新扩散的速度就会越快。[13]趋同性是一种相似性，也是一种亲密度。为什么相似性会影响创新扩散的速度？首先，消费者背景越相似，他们就越可能拥有相似的需求、价值观和偏好。其次，相似的消费者之间更愿意进行互动及信息传播。最后，相似的消费者之间更容易相互模仿。同样，趋同性越高，规范影响的作用也会越大，这些因素增强了创新采用的压力和扩散的速度。④意见领袖。可信度越高的人（如专家或者意见领袖），对消费者的创新采用和扩散的影响越大，因为他们更有可能向他人传播积极或者消极的产品信息。有趣的是，当意见领袖在他们的社会网络中处于中心位置时，他们既会影响他人，也会受到他人信息的影响——这意味着他们在网络中有很多联系，并在网络中与个人联系。[14]⑤文化视角。不同文化下，创新扩散的速度也存在显著的差别。一般而言，个人主义文化（相比于集体主义）下的消费者更愿意接受变化，因而创新扩散越快。研究表明个人主义文化中的消费者更愿意购买突破式创新产品，而集体主义文化中的消费者更愿意购买渐进式创新产品。[15]

 消费现代性：

社会体系中消费者对变化持积极态度的程度。

第三节　消费者共创

一、消费者共创的内涵

传统上，创新是由公司控制的。公司根据顾客需求和购买模式、已有技术、相似的市场投入等因素来决定新产品开发。[16]然而，当前创新更多是通过共创（cocreation）来实现的。共创是指公司在新产品开发和其他营销活动中，让消费者积极地参与到价值创造过程。参与创新的消费者享受共同创造的体验，并从亲历这些想法转化为创新产品的过程中获得满足感。[17]从公司角度看,让那些了解大众市场产品概念的消费者参与创新,是非常有价值的。例如,创立于中国广州的名创优品,定位为"生活好物集合店",它在商品研发时会让用户参与前端的产品研发过程,从新品企划、选品调研、样品打样,都会结合用户的直观感受与建议;在产品宣传推广阶段,名创优品也会聆听用户的真实体验反馈,基于用户痛点不断升级、改良,将产品做到极致。依托优质的产品和服务,名创优品持续为全球数以亿计的消费者创造美好、高品质的生活体验。如今,名创优品已经成功进入全球 100 个国家和地区,在全球范围内拥有超过 5000 家门店,遍布纽约、洛杉矶、巴黎、伦敦、迪拜、悉尼、伊斯坦布尔等全球知名城市核心商圈。

互联网和社交媒体为营销人员和消费者之间的互动提供了方便、无障碍的渠道,从而加速了共创趋势。消费者共创的其中一种方式是提交新产品创意,并对其他消费者的创意进行投票。

消费者共创具有的潜在优点主要包括以下几方面[18]。
- 来自消费者共创的创新产品更符合消费者需求。
- 通过社交媒体或网站收集消费者的想法相对来说既快捷又便宜。
- 让消费者参与共创可以强化公司与消费者之间的关系纽带。
- 参与共创的消费者对购买产品的需求或愿望更高,他们对产品有心理所有权感。

 消费者共创:

公司在新产品研发及其相应营销活动中,让消费者积极参与新产品价值共创的行为。

二、不同产品生命周期阶段的消费者共创

在产品生命周期的不同阶段,消费者共创的侧重点有所不同。接下来我们从创意形成与产品开发、产品商业化与发行两个阶段,来看看消费者共创的具体内容存在哪些差异。[19]

(一)创意形成与产品开发阶段

创意形成和产品概念开发阶段的消费者共创,对新产品成功和公司业绩有显著影响。[28]传统上,在新产品开发的早期,公司使用较为成熟的营销研究技术,让消费者参与共同创造价值。例如,公司通常使用焦点小组,引导用户聚焦构思产品概念。然而,这些技术的成本高,而且消费者与企业的互动有限。与互联网相关的新技术使消费者与企业、消费者与消费者之间的交互更加便捷,这极大地改变了价值共创的格局。企业现在可以利用互联网相关技术以更全面、更有效的方式让消费者参与共创。在创意阶段,企业可以使用社交媒体让消费者为新产品提供更多信息,强化消费者参与新产品共创。总之,让消费者参与早期阶段的新产品开发可以降低新产品失败的风险。

(二)产品商业化与推向市场阶段

在产品商业化和推向市场之后,消费者参与共创的情况也是常见的。例如,许多商业软件(如 SAS 和 Stata 等)在发布后,因消费者参与共创,其产品开发不断更新优化。社交媒体与数字技术(如在线客户社区、社交网站、即时通信等)为企业产品开发和商业化阶段的消费者共创提供了条件。具体来说,新技术为购买过程的 3 个阶段(知晓、试用、重复购买)都提供了消费者参与价值共创的宝贵机会。

(1)知晓。这一阶段是任何新产品成功的关键。传统上是通过广告和促销活动来提高新产品知晓度的。然而,当下也可以通过向消费者社区发布信息,或通过社交媒体产生产品或服务方面的内容,从而有助于实现广告或传播目标。利用消费者与企业之间的关系来为公司的新产品提高知晓度,这样可以为公司节省大量的广告和促销费用。创新产品的知晓度越高,传播速度就越快,成功可能性就越大。

(2)试用。当消费者知晓创新产品并对其感兴趣之后,就要鼓励消费者试用。让消费者参与到新产品开发过程中,可以通过降低消费者新产品试用相关的风险,刺激试用能带来更积极的销售反应。鼓励消费者与消费者之间交流创新产品的试用体验,可以帮助许多消费者理解创新产品及其使用方式。这能进一步促进公司与终端消费者之间的关系。消费者试用及体验过程中提供的信息,比公司提供的信息对潜在买家更有参考意义;也有助于公司管理好消费者对创新产品潜在的负面看法。因此,卓越营销公司通过推动消费者分享试用体验,来提高消费者的价值共创感。洞察案例 12-2 表明,小米手机通过打造消费者共创的"舞台",优化创新产品的功能,提升了创新产品推出之后的用户体验,从而取得了成功。

(3)重复购买。消费者通过移动和社交媒体的反馈可以帮助公司找到提高顾客重复购买的方法。例如,公司可以通过在数字移动、社交媒体上的"早期预警系统"对推出产品后的顾客抱怨做出前瞻性洞察与反应,将抱怨的负面效果尽早消除,提高重复购买率。

洞察案例12-2

小米手机:搭建数字平台,促进"米粉"共创

小米目前是全球第四大智能手机制造商,在 30 余个国家和地区的手机市场的占有率进入了前五名。小米手机的发展过程中,消费者共创是其重要战略之一。小米通过与用户高频率的互动,聚集粉丝用户,并让用户参与产品创意、设计、研发、品宣等环节,共创出符合消费者需求的手机产品。那么,小米手机是如何落实消费者共创的营销战略?

1. 洞察核心用户,构建数字共创平台,成就 MIUI 系统

小米创立之初,可谓是"三无公司"——无产品、无用户、无知名度。创始人雷军选择从消费者入手,深入洞察他们的需求,首创了用户参与开发改进 MIUI 系统(小米手机操作系统)互联网模式。

一方面,定位发烧友。首先,小米在各个手机论坛、微博等平台,通过技术手段找

到能清晰表达对当时主流品牌（如苹果、三星）不满意之处的用户。其次，小米再次筛选出这一类用户中最活跃的人群，也就是目标客户群里的意见领袖。再次，小米针对目标人群推出自己的理念——"为发烧而生"。最后，小米员工通过评论、回帖、私信等形式与他们进行沟通，与这些最活跃人群建立良好的互动关系，并告诉他们"你们就是我们要找的全中国最懂手机的人"。开发 MIUI 操作系统时，小米团队邀请了 100 个技术发烧友，参与到 MIUI 软件开发测试中。

另一方面，通过 MIUI 论坛共创开发 MIUI 系统。早期的 Android 系统不完善，使用体验不流畅，界面设计粗糙，最突出的问题是没有考虑中国用户的本土化需求。2010 年 8 月，第一版 MIUI 系统发布时，被邀请的 100 名用户对 MIUI 系统的使用体验进行分享交流、全方位吐槽、提各种修改意见等。小米手机工程师则对用户反馈的信息进行数据分析，与用户互动共创实现 MIUI 系统，每周进行迭代更新升级，最终打造出符合中国用户需求和使用习惯的 MIUI 系统。MIUI 系统的成功，与用户参与共创密不可分。为了感谢参与共创的用户，小米手机将最初参与 MIUI 系统反馈最多的前 100 名发烧友的姓名放在 MIUI 第一版的启动屏幕上。这 100 位发烧友，也是"小米手机的 100 个梦想赞助商"，成为小米口碑传播的第一批最珍贵的种子用户。2019 年，MIUI 论坛并入小米社区，成为更全方位的线上交流社区。现在，小米社区已经成为"米粉"的线上大本营，对小米手机品牌成长起着关键作用。

2. 借助社媒扩展用户群，激发消费者共创，优化迭代产品

利用社媒与顾客高频互动，扩展用户群参与共创。除了自建的小米社区，小米在多种社交媒体平台（微博、微信、直播间、QQ 空间等平台）通过一系列的活动，扩大品牌知名度，鼓励用户参与问题讨论，激发更广大的用户群体共创。

特别重视微博。微博是小米手机激发消费者共创的重要阵地。首先，提供与用户直接对话的渠道。小米公司上至高管（如公司创始人雷军），下至普通员工几乎都开通微博与用户进行互动，以诚恳的态度与米粉交流。其次，小米手机设计转发评论抽奖、晒图赢福利等活动调动米粉积极性，积极跟进热点嵌套产品活动，柔和地完成宣传营销过程。同时，小米手机在微博征集用户需求及用户反馈，再反哺到自身产品的更新迭代，最终输出高人气的新产品。小米手机利用微博拉近与消费者之间的距离，消费者直接参与产品设计，迭代优化，赋予了消费者神圣的责任感及与品牌的亲密感。

此外，小米也非常重视直播间。小米手机注重倾听用户的声音。2021 年 1 月 1 日，小米集团创始人、董事长兼 CEO 雷军在抖音进行了专场直播。和其他电商直播不同，雷军表示在直播间更看重与用户的交流，"想和朋友们聊聊天"。当晚的直播成绩非常优秀，雷军向观众介绍产品、带去众多秒杀福利；同时拉近了小米手机与消费者之间的距离。小米手机积极采纳用户的想法。在 2021 年 8 月的一次直播中，有粉丝提出想要雷军签名版的手机，雷军听到这个想法后，在小米 11 的研发过程中，用心去设计了一款雷军签名款的小米 11，满足了米粉的愿望。在接下来的直播中，签名款的小米 11 仅仅上架五秒，就被一抢而空。

小米手机的绝妙之处在于其粉丝不仅仅是普通的消费者，也是设计的参与者，还是品牌的传播者，这使得小米手机和"米粉"之间存在某种难以动摇的特殊情感。

3. 线下联动，增强共创活跃度

小米没有只停留在线上社区，而是同步走向线下，构建了同城会和小米之家。鼓励顾客共创，强化与"米粉"之间的情感联系，增强客户黏性。

一方面，组建以城市为单位的同城会。小米以城市为单位，组织"米粉"线下参加活动。仅半年的时间，同城的"米粉"自发组织的线下活动就达 735 次之多。几乎在中国的每一个城市都有小米同城会，定期或不定期地开展声势浩大的线下活动，"米粉"由小米手机结缘相识，相互分享手机使用体验，面对面的交流拉近"米粉"之间距离。小米手机已经成为他们彼此的身份代码，同城会让"米粉"与小米手机共创品牌文化。通过同城会，"米粉"可以尽情展现个人风采，他们不仅自己认同小米品牌的精神、文化，还会感染身边的人，形成口碑效应。

另一方面，打造社区性的小米之家。2021 年 10 月 30 日，小米之家第 10 000 家店在深圳欢乐海岸正式营业。小米之家的开设速度可谓疯狂，在短短的一年内，小米之家就开设了近 8000 家线下门店。越来越多小米之家的开设可以最大化地提升用户的购物体验，甚至可以让消费者即时参与到产品共创中来。比如，小米之家提供免费镭射雕刻服务。如果消费者想要一款专属产品，可以在就近的小米之家享受免费的镭射雕刻，将自己心仪的内容雕刻在产品金属表面上，即刻拥有共创专属产品。

综上，小米手机通过自建小米线上社区、借助社媒平台、线上线下联动等为消费者搭建了产品共创舞台，"米粉"们积极参与共创为小米手机品牌建立市场地位作出了独特贡献。

资料来源：

[1] 张洪，江运君，鲁耀斌，等. 社会化媒体赋能的顾客共创体验价值：多维度结构与多层次影响效应[J]. 管理世界，2022, 38(2).

[2] 周文辉，马波. 小米如何创造价值？[J]. 中国管理案例共享中心，2013.

三、影响消费者共创的因素

影响消费者共创的因素有很多，我们重点从消费者和公司两个层面进行介绍。[18]

（一）消费者层面

对于消费者来说，参与共创是一种积极的学习过程。在参与共创的过程中，消费者会投入时间、资源、体力和心理。因此，消费者层面的经济因素、社会因素、技术因素、心理因素都会影响消费者共创行为。

（1）经济刺激。经济刺激可以分为直接和间接刺激两种形式。直接刺激是直接以货币或者产品利润分成的形式分发给消费者；间接刺激是指消费者可以获得创新产品共创的知识产权，或者通过参与共创获得曝光度。经济刺激会影响消费者参与共创的行为。例如，抖音平台上的用户通过发布视频内容参与创新产品共创，优质的视频内容既能为抖音平台带来流量，也能让发布内容的用户获得曝光。发布优质视频内容的用户，能借助抖音平台获得的曝光度产生新的商业合作机会，从而将视频创作技术变现。

（2）社会收益。社会收益是指公司对创新产品共创过程中做出特别贡献的消费者给予认可,甚至通过颁发头衔来体现这种认可。于是,消费者从中获得了社会收益,包括提高在专业领域的地位、获得社会尊重、加强与其他相关人的联系。社会收益会影响消费者共创,包括影响消费者参与共创的动机。例如,自2018年起,哔哩哔哩(B站)每年都会推出百大UP主名单,B站将推出百大UP主这一事件做得极富仪式感。B站向外界推荐这些UP主们,大大提高了UP主们的社会声誉;也让百大UP主成为B站的金字招牌,激励UP主们进行优质内容创作。

（3）知识收益。知识收益是指消费者在共创过程中,通过参加由制造商运营的论坛和开发小组等来获得相关技术(产品、服务)的知识收益。

（4）心理收益。影响消费者共创的心理因素有许多。首先,消费者共创活动中的创造性追求会大大强化消费者内在动机、自我表达感、自豪感。其次,有些消费者参与新产品共创可能纯粹出于利他主义。最后,有些消费者参与共创是因为对现有产品的不满意,这种情况下,参与共创(相对于不参与共创)的消费者更可能将不满意转换成满意甚至忠诚。

（二）公司层面

消费者参与共创的程度会受到公司层面的制度或行为因素影响,主要表现为影响消费者共创的公司层面的刺激因素或阻碍因素。

1. 公司层面刺激消费者共创的因素

（1）通过提高消费者参与共创的获得感,来刺激消费者共创。企业可以制定如上所述的物质或精神刺激方法,提升消费者共创的积极性。公司可采用多种激励措施(如经济的、社会的、技术的和心理的),刺激消费者参与共创。

（2）通过减少消费者参与共创的成本,来刺激消费者共创。降低成本的一种方法是提供用户工具包,它简化了消费者参与创造新想法、新产品以及新营销方案的过程。降低成本的另一种方法是将新产品开发过程模块化。这样,消费者就被分配到或者主动选择不同模块,从而专注于新产品开发中他们最擅长和最有兴趣的特定模块,这样消费者能更有效地完成共创任务。

2. 公司层面阻碍消费者共创的因素

（1）保密担忧。共创需要公司方面具有相当大的透明度,公司需要向消费者披露新产品开发的规划、发展轨迹或相关想法等信息,这些信息可能通过消费者传递到市场之外甚至直接竞争对手那里。因此,在新产品开发过程需要严格保密的情形下,公司不大可能实施密集且广泛的消费者共创活动。

（2）知识产权。共创活动要求企业解决知识产权的问题。尽管有些消费者愿意匿名将自己的技能和劳动成果交给实施共创的公司,但有些消费者希望保留知识的全部所有权。知识产权政策缺乏统一性、一致性可能对共创活动中的消费者造成不公平感知,甚至可能造成法律纠纷。因此,强调保留知识产权的公司较少实施消费者共创活动。

（3）信息过载。共创活动要产生大量的消费者输入,有时足以导致信息过载。消费者共创过程中要产生好的创意是一件非常困难的事情,往往需要通过筛选上百万个创意才能收获一个好创意,甚至一个也没有。在新产品开发构思的最后阶段面临着期限的压力时,信息过载是一个很大的挑战。

（4）生产力不可行。尽管共创过程中消费者可能提供创新想法，但公司无法将这些想法转化、落实成为产品。这个挑战可以解释为何有些公司在产品早期和市场推出阶段没有大规模实施消费者共创方案。但是，在产品商业化阶段（原型测试和市场开发阶段），公司更有条件实施消费者共创，此时消费者会对创新产品的上市提供有价值的想法，这些想法能比较高效地投入生产活动之中。

本章小结

1. 我们需要从三个方面准确理解创新的内涵。只有消费者认可某产品是创新的，该产品才称得上创新；创新可以是针对特定细分市场而言的；创新会改变消费者在产品获取、使用或消费、处置等方面的行为模式。

2. 消费者创新采用的前提是消费者不抵制创新。在消费者创新采用的过程中，相比于高努力效应等级，低努力效应等级从知晓创新到采用创新之间经历的时间更短。

3. 根据消费者创新采用的时机可以区分识别出五类典型的创新采用者组别，它们是：创新者、早期采用者、早期大众、晚期大众、落后者。不同产品类别或市场，五个典型的创新采用者组别所占的百分比高低是不同的，企业需要灵活运用创新采用者模型。

4. 创新扩散曲线分为 S 型和指数型两种。创新扩散与产品生命周期是相互关联但存在区别的概念，创新扩散关注的是采用创新产品的消费者比例，而产品生命周期关注的是产品销售额、利润额及其支持性营销活动，如何随产品上市时间的推移而发生相应的变化。

5. 影响创新扩散的三类因素是指创新属性相关的、消费者相关的以及环境相关的因素。

6. 当前的很多创新是公司通过消费者共创来实现的。影响消费者共创的因素有消费者层面的和公司层面的因素。

实践应用题

研读"开篇案例"，讨论分析回答以下问题：
1. 结合创新内涵的知识点，谈谈微信属于何种类型的创新？为什么？
2. 结合微信案例中具体的一个或多个产品，谈谈消费者采用创新的前提。
3. 从创新扩散的视角，谈谈微信创新扩散的影响因素有哪些？以微信案例中的具体素材为例，谈谈微信是如何善用创新扩散的影响因素的？

本章讨论题

1. 选择 3 家具有突破型创新产品或服务的公司，谈谈它们的突破型创新产品的发展历程，分析讲解该突破型创新如何改变我们的生活的？
2. 列举 3 个你了解的失败的创新产品,解释为什么当时该创新产品未被消费者采用？
3. 举例 1~2 家成功出海的中国公司，谈谈它们如何进行本土化兼容性创新赢得当地市场？
4. 列举 1~2 家推出具有象征性创新产品的公司，介绍其象征性创新产品，分析其目标市场群体的特征。

5. 请你分享在本章例子以外的 1～2 个成功开展消费者共创的品牌案例，谈谈哪些创新产品适合消费者共创，请说明理由。

即测即练

扫描此码 自学自测

参考文献

第六篇

公共消费行为与政策

第六章

必然視される民主

第十三章

公共消费行为与政策

学习目标

本章旨在帮助读者理解公共消费领域的消费者行为。
- 了解公共消费的定义与特征，理解公共消费品的内涵。
- 了解公共消费行为及其分类，理解公共消费行为的助推策略。
- 了解三种典型的公共消费行为：亲环境消费行为、健康消费行为与数字共享消费行为。
- 了解消费者权益保护的内涵及其重要意义。
- 了解消费者数据合规和隐私保护的主要内容以及相关政策。

本章案例

- 消费券：特殊时期增加公共消费的妙方
- 丁香医生"没毛病"IP：健康消费行为场景化传播创新

前沿研究

- 算法转移：政务AI失误对人们的影响
- 类人机器人"大行其道"，竟会引起消费者补偿性反应？

开篇案例

消费券：特殊时期增加公共消费的妙方

商务部将2023年确定为"消费提振年"，3月成为"全国消费促进月"。国家为提振内需，适当增加公共消费，鼓励各地推出消费券政策。消费券作为政府或企业发放给居民的未来消费支付凭证，能在经济不景气时期拉动内需、振兴经济。2024年4月人民网报道，截至2023年，内蒙古包头市财政局累计发放政府消费券32期，发券数量68.5万张,发放金额 1648 万元,2023 年包头市限额以上消费品零售额较上年增长 15.4%。其中,商品零售额增长 14.2%,餐饮收入增长 28.4%。此外,香港特区自由党主席张宇人表示,早在 2008 年金融危机后就倡议消费券的概念,认为可以通过"滚雪球效应"带动经济复苏。并且,2021 年香港特区政府为缓解疫情冲击接纳了张宇人提出的向香港特区发放电子消费券的建议。消费券具有一定的乘数效应,能够以较小的投入撬动较大的消费市场,过去经验反复证明可以有效促进消费、拉动经济。消费券凭什么获得公众青睐,政府又该如何在特殊时期用好这一法宝?本案例将从消费券的起源入手并探究解析应如何精准投放消费券,聚焦国内各重点行业,剖析如何针对各行业的差异而调整政策。

1. 消费券的前世今生

消费券最早起源于 1939 年的美国,当时叫"食品券",是美国政府为食品短缺的底层人民提供营养供给的有效手段,一定程度上刺激了消费。消费券一般为经济衰退阶段由政府为主体向民众发放,用以刺激消费恢复经济的一种手段。例如,香港消费券便是中国香港特别行政区财政司面向七百二十多万名市民、十多万户商家,结合不同应用场景而推出的消费券。此外,陈茂波在 2022 年 10 月就表明香港消费券在刺激消费市场及提振经济方面,效用显著。并且,证券时报在 2023 年 4 月 27 日的报道中指出,香港过去两次派发消费券对当月消费额有明显贡献,甚至会带动一个季度的消费。港府当局预期 2023 年消费券计划对香港 GDP 将有 0.6% 的提升。此外,2024 年 7 月以来浙江、四川、广东等地结合本地特色发放文旅等领域消费券,加大补贴力度,以此推动消费市场。例如,成都市发放 3000 万元"暑来成都 乐游天府"文旅消费券,广东省发放总计 800 万元的文旅消费惠民补贴。事实证明,消费券利用成本相对较低的优势,给消费者带来实惠的同时,也让潜在消费需求获得有效激发,从而拉动消费。如今,消费券更紧密联系互联网优势通过微信公众号、APP、银联云闪付、美团等数字平台发放,显示出时代特色,线上线下多种渠道作用下,小小的消费券发挥出了突出作用。

消费券之所以能得到政府的"青睐",主要得益于消费券的"乘数效应"。北京大学光华管理学院与蚂蚁集团研究院联合发布报告称,政府 1 元消费券投入能带动 3.5 元以上的新增消费。可见,消费券充分释放了被抑制的消费需求,能带动产品链上下游产值,有"四两拨千斤"之效。

2. 数字化助力精准投放

消费券作为公共消费的一种表现形式,其特点是政府补贴,其主要受益群体是居民尤其是收入不足的居民。数字化技术为实现消费券的精准投放提供了条件。

(1) 电子消费券应运而生。电子消费券借助投放渠道多、发放速度快、成本低、使用方便、效率高和便于统计等优势迅速成为政府刺激消费、拉动内需的主流手段。一方面,数字消费券能识别个体信息,利于对困难群体制定相应的消费券发放政策。例如,对低收入人群发放食品购物券、对中高收入人群发放满减券、定向发放低保、特困、建档立卡贫困人口部分金额等方法,能更好地帮扶困难群体,实施特殊发放政策。另一方面，电子消费券能根据发放对象通过支付宝、微信等平台实现精准投放。"平台公司对每个客户都留存了大量的消费数据信息，可以通过技术根据不同群体、用户设计不同的消费券。"

（2）借助大数据信息。可以针对不同类型工作的群体发放不同类型的消费券，避免资源浪费。比如，给在外打拼的公司职工发放交通类消费券，给有孩子家庭发放教育类消费券……，这样消费券"发有所用"。除了面向公众群体，还考虑到小微企业在疫情中举步维艰的情况，对小微企业发放消费券具有纾困作用。不同城市消费券发放力度不尽相同，在发放过程中需要考虑到多方面因素，兼顾个体和企业、效率和公平，真正做到用于民、利于民，最大程度上发挥消费券的作用。

3. 聚焦重点行业，多管齐下

消费券在发放之前，政府会通过协商和自主报名的形式确定消费券覆盖的行业和商户，最后根据居民需求推出具有针对性的消费券品类。据统计，目前发放的消费券品类共分为七种，包括餐饮、零售、文旅、汽车、家电、体育和信息。

（1）餐饮。大部分发放的消费券品类集中在餐饮和旅游两个方面。在中国"民以食为天"的消费观念下，餐饮券成为政府刺激消费的首选。餐饮消费券主要用于线下实体门店的满减消费，部分消费券也支持消费者在饿了么、美团等外卖平台进行直接抵扣。此外，餐饮消费券对刺激餐饮行业消费有明显的效果，对行业内的中小微企业给予了大力帮助，让它们能够更好地抵御风险。

（2）生活必需品。根据2020年发放消费券结果统计，72%的地方政府发放零售券。受疫情影响，居民开始选择囤积生活必需品（如牙膏、牙刷）。热心市民李女士说，"反正这些都是必需品，都是平时可以用到的，正好凑着满减券多买点。"消费券的出现让商家快速清理库存，恢复正常运营，降低疫情带来的影响。

（3）旅游。疫情期间各地政策限制出行，导致旅游业及其上下游产业链损失严重，国内注销停业的旅行公司高达上万家。为了拉动旅游业消费，政府也在积极开展一系列措施，如发放文旅消费券。该消费券主要用于酒店住宿、景区门票的满减优惠。文旅消费券的发放主要集中在江苏、浙江、海南等以旅游业为支柱产业的省市。随着全面放开，国内旅游业出现报复性反弹。而文旅券的发放更加放大了这一效果。数据显示，2024年一季度，国内出游人次达到14.19亿，比上年同期增加2.03亿，同比增长16.7%。此外，旅游业的回温带动周边产业共同恢复，地方政府也会在发放消费券时会考虑不同品类间的联动效应，争取多赢。

（4）汽车。汽车已然成为全世界最主要的交通出行工具。为促进汽车领域的消费，汽车电子消费券进入大众视野。汽车消费券包括购车券和加油券。购车券形式多样，如以旧换新、降低购车补贴门槛等。消费券的出现成为尚在观望中的消费者的助推剂。例如，2024年北京朝阳区为推进节能降碳工作，提升新能源汽车消费券对汽车消费市场的撬动作用，朝阳区商务局牵头拟发新能源汽车消费券。在国家购车减税、政府消费券补贴等政策加持下，汽车销量呈现环比上升的良好势头。此外，汽车优惠政策方面还有其他的政策辅助。2022年3月，"国内新一轮油价调整将开启"的话题一时间冲上各大平台热搜榜，油价一度成为大家口中的调侃对象。眼看油价一年比一年高，汽车加油券的出现在一定程度上减轻了买车者的负担。加油券在加油时作为现金直接抵扣，也能够起到刺激市民出行的效果。

除上述领域的消费券之外，家电券、体育券和信息券等消费券也相继推出。总之，消费券作为政府刺激公共消费的一种支付凭证，在发放过程中要兼顾各类群体，以地方为主因地制宜制定发放政策；发放方式多样化，借助数字化实现精准投放；覆盖领域也综合考虑社会背景、城市、居民需求等因素，政府消费券将拉动数倍于消费券面额的消费增加，为市场注入强有力的信心，真正起到了拉动经济的效果。

资料来源：
[1] 江聃,贺觉渊. 20省市合发超34亿元消费券乘数效应最高逾20倍[N]. 证券时报,2022-05-12(A01).
[2] 熊德志. 三派消费券促香港经济向好[N]. 证券时报,2023-04-27(A03).
[3] 林李钰. 论发放消费券、现金对宏观经济的影响[J]. 中国市场,2024,20: 5-8.

引　言

如开篇洞察所述，在特殊时期，政府借助数字化技术、多领域、分层次地发放消费券，以此带动居民消费，拉动经济增长。这种方式正是公共消费的体现。公共消费包括国家行政管理和国防支出，教科文卫事业支出，社会救济和劳动保险方面的支出等，是一种与消费者日常生活息息相关的消费形式。公共消费和居民消费密切相关，扩大公共消费可以促进居民消费水平与质量的提高，而公共消费的不足则会导致居民消费处于相对萎缩状态。因此，营销人员需要了解公共消费的内涵，清晰公共消费和个人消费之间存在的关系，以及这种关系如何影响消费者行为。本章将介绍公共消费的主体对象及公共消费行为两个方面，首先明确公共消费的定义与特征，公共消费品的内涵；其次，还将分析社会生活当中三种常见的公共消费者行为及公共消费行为的助推策略。此外，消费者在市场中的弱势地位决定了需要对其进行专门的保护。加强消费者权益保护，有利于释放消费潜力、践行好新发展理念，更好地满足人民美好生活需要。数字时代呼吁消费者权益保护需要引进新技术，完善保护政策。中国近些年出台了相关的法律法规去保护消费者个人信息或数据权益，如《中华人民共和国个人信息保护法》(简称《个人信息保护法》)，本章的最后部分将聚焦于消费者权益保护与政策。图13.1描绘了第十三章的内容要点及其在全书的位置。

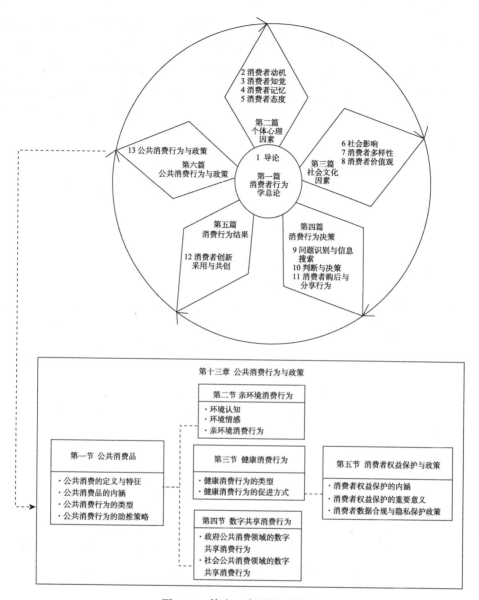

图 13.1 第十三章逻辑结构图

第一节 公共消费品

一、公共消费的定义与特征

(一) 公共消费的定义

公共消费 (public consumption) 亦称"社会公共消费"或"集体消费",它是为满足人们共同需要的消费,由社会集体及居民团体等消费单位进行的对物质消费品和劳务的消费活动，它也是社会消费的一种基本形式①。一般而言，公共消费由政府和为居民服务的事业单位、社会组织承担费用，具体包括政府自身消费和社会性消费两类。政府自身消费，指的是政府机构正常运转所需的人力和物力等消耗；社会性消费，主要包括社会公众消费的公共服务和公共物品，如教育、医疗、养老、育幼、文化等社会保障和社会事业支出。本章关于公共消费的论述主要围绕社会性消费展开，它是一种与消费者日常生活息息相关的消费形式。

（二）公共消费的特征

为了更好理解公共消费，下面介绍公共消费的四个主要特征，包括集合性、消耗性、公平性和变动性。

1. 集合性

公共消费的"集合性"主要体现在其服务对象的"群体性"与其服务内容的"层次性"。其中，群体性是由公共消费的本质"公共"决定的。不同于个体消费服务对象仅针对特定的少数人群，公共消费的服务对象具有广泛性与普遍性。这就要求公共消费在实施过程中，必须以公共权力作为保障，落实其决策的民主化。同时，应注意公共消费不是个体消费的简单拼凑，公共消费的"集合性"体现在一种有序的综合有机的整合。无论在前期的决策实施阶段，还是在后期的监管、维护阶段，都需要一套完整规范的，体现公共利益的制度保障。此外，在服务内容方面，公共消费涉及文化教育、医疗卫生、政府行政、公共设施与公共事业等多个领域，是多层次消费内容的集合。

2. 消耗性

消耗性是由公共消费的本质"消费"所决定的。公共消费通常不以积累财富与扩大现金流为目的，而增加社会效用往往是其核心目标。值得注意的是，此处我们所提及的"消耗性"是对事物的客观描述，不带任何感情色彩，不能用传统思维将"消耗"性质的行为等同于铺张浪费。举例而言，政府为社会公众提供运动健身的场地和器械，公众可以免费或低价使用，随着时间的推移与消费频次的增加，公众在获得强身健体（即社会效用增加）的同时势必会造成健身场地及器械的消耗。

3. 公平性

公平性是公共消费的典型特征。"公共"的本质要求公共消费的服务群体必然是普遍的社会公众，不以个体消费者或部分消费者的消费需求为转移，这使得公共消费具有平等、正义、博爱等特征。当然，公共消费的"公平"并不表明其在城乡之间、区域之间、群体之间和个体之间的绝对平等，这主要是因为公共消费公平性作用的发挥，还要受到发展阶段和相关制度的制约。然而，这与公共消费天然具有公平属性并不冲突。

4. 变动性

公共消费的变动性主要体现在它的外延项目方面。尽管公共消费的内涵是稳定的，但是其外延消费项目可能会随着社会的变迁与公众的需求变化不断推陈出新、不断发展。

---

① 注释：厉以宁.市场经济大辞典[M].北京：新华出版社，1993.

然而，无论公共消费的内容如何变化，其本质目标与主体对象却相对稳定。

二、公共消费品的内涵

（一）公共消费品的概念

前面我们介绍了公共消费的相关概念，提及消费不可避免需要涉及消费的对象，即消费的产品或服务。正如我们所知，私人消费的消费对象是私人物品。相应地，公共消费的消费对象即为公共物品（public goods）。从其性质来看，公共物品可以分为公共生产资料与公共消费资料。本章针对公共消费的论述重点主要围绕消费者个人的公共消费行为展开，主要是指直接和间接为消费者生活服务的公共消费，属于公共消费资料范畴。因此，那些涉及社会公正、道德伦理与社会稳定，为维护社会公共生活的正常秩序而要求人们必须遵守的行为规范，或者具有非经营性质的制度形态，比如产权制度和实施产权的程序，虽然属于公共物品，但不是我们本章讨论的重点。

本章重点关注公共物品中公共消费资料部分，即公共消费品。我们认为公共消费品是消费者在个人或家庭消费过程中，用来满足其公共需要，作为消费资料的物品（或服务）。常见的公共消费品包括：图书馆、博物馆、公园、卫生防疫服务、大气环保服务等。

 公共消费品：

消费者在个人或家庭消费过程中用以满足其公共需要，作为消费资料的物品（或服务）。

（二）公共消费品的特征

公共消费品与公共物品的特征基本相同，在同私人物品的特性比较中，可将公共消费品归纳为以下两个基本特征，包括消费的非竞争性、利益的非排他性。

1. 消费的非竞争性

消费的非竞争性（non-rivalness），是指某一消费者对公共消费品的享用，不会妨碍其他消费者对其的同时享用，也不会因此而减少其他消费者享用该种公共消费品的数量或质量。也就是说，增加一个消费者不会减少任何一个人对公共消费品或服务的消费量；或者说，增加一个新消费者，其边际成本等于零。比如，城市为治理雾霾而投放控制空气污染的服务系统（如"城市道路智能抑尘除霾系统"），一个人由此得到呼吸新鲜空气的好处并不会减少或干扰该市其他市民享受同样的好处。

2. 利益的非排他性

利益的非排他性（non-excludability），是指物品在消费过程中，在技术上没有办法将拒绝为之付款的消费者排除在享受公共消费品带来的利益之外；或者这种排除在技术上可行，但成本过高。从另一个角度说，公共消费品不能由拒绝付款的消费者加以阻止，任何人都不能用拒绝付款的办法，将其所不喜欢的公共消费品排除在其享用范围之外。

以一个国家的国防为例,如果在全国范围内提供了国防服务,则要想排除任何一个生活在该国的人享受国防保护是极端困难的,即使是不愿为国防费用纳税的人,也仍然处在国家安全保障范围之内。这种情况在私人物品上就不会发生,私人物品在利益上是必须具有排他性的。因为只有在利益上具有排他性的物品,人们才愿意为之付款,生产者也才会通过市场来提供。例如,如果消费者喜欢一部新款手机,那么他可以在付款后得到它;如果拒绝付款,那么就得不到新款手机,从而被排除在使用该手机的受益范围之外。需要说明的是,非竞争性与非排他性之间存在着某种相关性。一方面,在某些消费品上,可能同时具备这两种特征,如国防、海上的灯塔;另一方面,对某些消费品而言,可能只具有两种特征中的一种。比如,作为公共设施的城市道路具有非排他性,但当行驶车辆达到拥挤的程度时,就具有竞争性了。此时城市交通管理局如果要维持道路所应具有的非竞争性,以保持城市交通系统的正常运转,就不得不使用诸如设立收费处、提高车辆行驶牌照费、限制特定牌照车辆在特定日期行驶等排他性的办法。

三、公共消费行为的类型

公共消费行为,即消费者对公共消费品的消费行为过程。一般而言,个体消费者的公共消费行为会对其他社会成员乃至整个社会产生公共性影响。在本部分中,我们首先介绍两类与消费者日常生活息息相关的公共消费行为,即社会保障类公共消费行为与基础设施类公共消费行为。接着,我们选取当前社会比较流行且重要的三种公共消费行为,即亲环境消费行为、健康消费行为与数字共享类消费行为进行简要介绍。由于这三种典型的公共消费行为内容较为重要而且丰富,我们将在本章的第二、三、四节对具体内容展开详细介绍。

 公共消费行为:

消费者对公共消费品的消费行为过程。

(一)社会保障类公共消费行为

社会保障类公共消费品是指社会成员因年老、疾病、失业、下岗、生育、工伤、死亡、灾害等而遇到生活困难时,从国家、社会获得可免费或基本免费享用的物品或服务。现阶段我国从制度层面上提供 6 个方面的保障:养老保险、医疗保险、工伤保险、失业保险、生育保险、农村社会保险。消费者对社会保障类公共消费品的消费行为,我们称社会保障类公共消费行为。

(二)基础设施类公共消费行为

基础设施指为社会生产和居民生活提供公共服务的物质工程设施。其中,为居民生活提供公共服务的基础设施是本章关注的重点。它包括城市基础设施和农村基础设施。城市基础设施一般包括能源系统、给排水系统、交通系统、信息系统、防护系统、环境系统;农村基础设施主要包括水利、交通、通信、电网、涵养土壤、治理荒漠、植被造林。此外,广义的基础设施还应包括教育、医疗保健、体育、文化娱乐、商业服务、银行信贷等。消费者对基础设施类公共消费品的使用与消费行为,我们称基础设施类公共消费行为。

(三)亲环境消费行为

亲环境行为(pro-environmental behavior,PEB)是人们为了保护环境、促进生态环境可持续发展,采取的一系列的环境保护行动或尽量减少人类活动对生态环境产生负面影响的行为[1-3]。亲环境消费行为又称环境友好消费行为,是指行为主体自发采取的与环境相关并且有益于环境的消费行为活动。这种行为对实施者自身有益,对他人有益,同时有利于改善环境质量,对整个社会有益。生活中,人们的亲环境消费行为表现形式多种多样,如绿色消费、低碳消费、循环利用消费等。

亲环境消费行为:

又称环境友好消费行为,是指行为主体自发采取的与环境相关并且有益于环境的消费行为活动。

(四)健康消费行为

健康消费行为是消费者为实现或维持健康而对健康目标实现相关的产品(或服务)进行购买或使用的一种消费行为。随着人民生活水平逐渐提高,健康消费理念日益深入人心。人们对于健康的理解由原来"身体健康"的局部性认知,逐渐发展到如今包含"身体健康、心理健康、社会健康以及环境健康"的整体性概念。与之对应的健康消费需求也由单一的医疗保健消费逐步扩大到健康食品、文化旅游、体育运动、环保节能等多元化的健康消费。现如今,健康作为一种特殊的个体资本,不仅是人民福祉的本质所在,也是社会生产力的重要组成部分。因此,关注与促进健康消费行为是公共消费行为研究的重要组成。

健康消费行为:

消费者为实现或维持健康而对健康目标实现相关的产品(或服务)进行购买或使用的一种消费行为。

(五)数字共享消费行为

在数字共享经济背景下,消费领域随之发生新的变化、产生新的消费现象,进而影响消费者行为。这种在数字共享经济背景下产生的消费行为我们称数字共享消费行为。本章重点关注公共消费领域的数字共享消费行为。我们将其划分为两种类型:其一,在政府公共消费领域数字政府的应用;其二,在社会公共消费领域,消费者对远程教育、互联网医疗及智慧社区的消费。

数字共享消费行为：

在数字共享经济背景下，消费领域随之发生新的变化、产生新的消费现象，进而影响消费者行为。这种在数字共享经济背景下产生的消费行为。

四、公共消费行为的助推策略

公共消费并非社会消费的简单组成部分，与私人消费相比，它不仅有利于进一步扩大消费总量和规模，推动国民经济持续健康增长，而且有利于政府强化公共服务职能，化解社会消费风险，促进社会公平正义。为了鼓励消费者做出合理的公共消费行为选择，本部分我们将从公共消费的供给方与需求方两个视角介绍公共消费行为的相关助推策略。

（一）供给方视角

基于供给方视角，我们从公共消费基础设施建设水平与服务保障能力、公共消费制度建设体系、公共消费产品与服务提供方式三个方面分析公共消费行为的助推策略。

第一，提高公共消费基础设施建设水平与服务保障能力，有助于推动消费者的公共消费行为。城市基础设施建设水平与服务保障能力直接影响消费者公共消费行为的选择。例如，数字经济新基建的建设在很大程度上影响着居民新型公共消费行为的实现。2019年12月，"健康江苏"智慧医疗服务云平台的正式上线，在政府部门、医疗机构与消费者之间架起新的桥梁，为消费者提供全方位全周期的健康服务，促进医疗资源均衡化和医疗健康信息化的同时推动了广大消费者选择线上医疗的消费方式。

第二，完善公共消费均等化制度体系，以公共消费均等化推动公共消费高质量增长。公共消费的公平性特征表明公共消费的服务群体必然是普遍的社会公众，而非个别的少数群体。公共消费不平衡将会制约公共消费效应的充分发挥，只有实现公共消费均等化目标才能推动消费者公共消费高质量增长。具体而言，一方面，加快户籍改革的步伐，逐步消除公共消费的户籍捆绑制度。例如，2020年福建省在"推进户籍改革制度，促进基本公共服务均等化"的过程中，就提出"以居住证为主要依据的随迁子女义务教育入学政策"，使非户籍常住居民能在居住地享受同等的公共消费权利。另一方面，建立统一的公共消费均等化标准。尽管当前基本公共服务体系已经在全国范围内初步建立，然而不同地区之间结构性非均等化问题依然突出。优质的公共消费资源主要集中在发达城市和地区，城乡公共消费差异较大。应逐步建立统一的公共消费均等化标准，消除地区间的公共消费差异，推进一体化的公共消费制度改革。

第三，基于消费者行为特征提供公共消费产品与服务，有助于推动消费者的公共消费行为。政府或相关部门在向消费者提供公共产品或服务时，应该充分考虑消费者的行为特征，"投其所好"，以更好、更有效的方式为消费者服务，满足消费者的需要。针对消费者购买行为具有周期性的特点，在提供公共消费品（或服务）时，可遵循这一规律"应时应季"高效供给。例如，2022年北京冬奥会和冬残奥会期间，面对纯电动汽车无法满足低温作业的运输任务，北京奥组委大规模示范应用氢燃料电池汽车，在圆满完成运输任务的同时累计减碳2200亿t，实现了整个奥运赛季碳中和、零碳排放的目标，践行了绿色奥运理念。针对消费者购买行为具有发展性的特点，在提供公共消费品（或服务）时，应与时俱进，不断满足消费者的新需要。例如，在人口老龄化背景下，为了能让老年群体享受数字生活带来的便利，无锡公共服务类APP"灵锡"充分考虑老年人的使用习惯与实际困难，开发适老化设计界面，助力老年人跨越数字鸿沟。

（二）需求方视角

近年来，随着我国投入公共消费品（或服务）的数量与范围不断增长，居民公共消费时所暴露出的消费问题日渐突出。我们难免看到，消费者在公共消费中爱护公共生产与服务设施的自觉性依然缺乏，破坏、偷盗公共设施等不良行为时有发生。为何会产生这种现象呢？自改革开放以来，在公共物品与私人物品界限日益分明的背景下，居民开始对个人拥有的私有财产越来越珍视，但是对公共消费品部分居民则抱有"不直接占有就不是自己的，个人无需爱护与珍惜"等狭隘私有观念。长此以往，自家窗明几净、一尘不染，而楼梯过道、城市公园等公共区域垃圾成堆、过度消费的景象屡见不鲜，由此引发"公地悲剧"①。公共消费对每一个居民来说具有私人家庭消费不可替代的福利效果。实际上，一个人在公共消费中的不良行为，在损害他人利益的同时最终也损害了自己的公共消费权益。如果不能从根本上纠正居民在公共消费中的错误观念与行为，将严重阻碍我国公共事业的发展。基于此，我们从公共消费品需求方视角，探究驱动其做出公共消费行为的因素。本节主要聚焦基于个体层面的驱动因素，包括心理所有权和公共意识两个方面介绍公共消费行为的助推策略。

第一，心理所有权。心理所有权（psychological ownership）指个体将目标物或其一部分视为"自己的"一种心理状态，其本质上是消费者与目标物之间的一种心理联结，强调消费者对与消费有关的目标物的一种拥有感[4]。研究表明，消费者对公共利益心理所有权的增加，可触发个体的主人翁意识，进而促使其对公共资源做出诸如保护、捐赠等行为[5]。在公共消费领域，一方面，通过邀请消费者参与公共消费品的生产环节（如命名、设计等），使消费者将个人精力投入其中，产生拥有自己所生产出的产品感觉，进而引发消费者的心理所有权。另一方面，通过消费者与目标物的密切联系来增强其心理所有权。这种密切联系，可以是消费者对新产品或产品相关专业知识的了解，也可以是消费者在一个地方或目标中经历多次良好的体验而建立起来的生活关系[7]。例如，消费者很可能感觉自己经常去的公园是"自己的"。利用这一心理特点，研究者发现当公园标志牌展示"欢迎来到您的公园"相比于"欢迎来到公园"更能引发消费者对公园的心理所有权，进而导致消费者更加爱护公园设施，也更愿意参与公园的环境保护工作[5]。

第二，公共意识。公共意识（public consciousness）是由公共规范意识、公共利益意识、公共环境意识及公共参与意识组成。公共意识既包括尊重他人权利，遵守公共秩序，维护公共利益；同时，也包括自我意愿的表达与个人正当利益的尊重和维护。社会美好目标的实现有赖于每一位社会成员公共意识的提高。具体而言，我们认为可以从以下三

---

① 注释：对公共资源的忽视在经济学中被称为"公地悲剧"。

个方面提升社会成员公共意识。其一,合理设置公共设施、完善管理制度是提升公共意识的前提。基于此,消费者才能在公共消费时有法可依,有章可循。其二,营造良好的公共文化环境,为提升公共意识创造舆论氛围。充分发挥互联网、广播影视、微信、报刊等新闻媒体的宣传作用,引导消费者对公共意识形成潜移默化的认知观念和文化理念,形成公共场合人人守规矩、讲秩序,尊重他人、尊重制度的良好氛围。其三,激发公民内心责任感与公共精神是提升公共意识的关键。营造良好的公共文化环境需要每一个社会成员积极行动起来,唯有每一位社会成员摆正"自我"和"他人"的关系,增强自我责任意识、道德意识和公共参与意识,才能形成良好的价值观和公共精神。

第二节 亲环境消费行为

通过前面章节的学习,我们了解到消费者行为的形成是一个过程,一般会经历"认知""情感""行为"三个阶段。有鉴于此,本节介绍亲环境消费行为时,我们从环境认知、环境情感与亲环境消费行为三个角度展开。

一、环境认知

环境认知(environmental cognition)是指人们对环境刺激的储存、加工、理解及重新组合,从而识别和理解环境的过程。消费者环境认知包括环境知识和环境意识两个方面,其中,环境知识是消费者对资源环境及相关问题解决方案的系统认知,环境意识则是指消费者对环境问题的内在警觉。

 环境认知:

环境认知是指人们对环境刺激的储存、加工、理解及重新组合,从而识别和理解环境的过程。

(一)环境知识

环境知识(environmental knowledge)是指人们对环境状态、气候变化及生产消费对环境影响等相关问题的认知[8]。环境知识是消费者做出亲环境消费行为的前提。因此,学校和社会都应当加强对民众环境知识方面的教育,但有时这种教育并不是完全有效的。比如,尽管学校多次教育强调授粉动物对环境的重要性,然而还是有部分学生做出伤害蜜蜂的行为,违背了亲环境行为[9]。为何会产生这种现象呢?因为学校教育所传授的环境知识更侧重介绍关于"是什么"的知识,即"与生态环境如何运行与环境问题相关"的系统知识。这种外部的环境知识,无法有效地将个体知识内化,形成"如何做",即"指导个体实施具体行动或行为选择"的行动知识,以及"哪种方法更有效",即"与行为结果相关"的效用知识[10]。相比于抽象的环境知识,具体的环境行为知识可能更有利于预测消费者亲环境消费行为。因此,在环境知识教育传授时,应注意系统知识、行动知识与效用知识的有机统一。

环境知识：
指人们对环境状态、气候变化及生产消费对环境影响等相关问题的认知。

（二）环境意识

环境意识（environmental awareness），也称为环保意识，它反映了消费者对环境问题与环境保护的认识水平和理解程度[11][12]。消费者的高水平环境意识会驱动其更倾向于做出亲环境消费行为。因此，为进一步推动消费者亲环境消费行为，各地政府在提高消费者环境意识方面进行了一系列的探索。在我国"2030年碳达峰""2060年碳中和"的背景下，北上广等地积极探索碳普惠激励机制，意图通过为消费者的节能减碳行为赋予价值，提高其环境意识，进而推动其亲环境行为。比如，上海建立区域性个人碳账户，将个人衣、食、住、行、用等生活中有效的低碳行为进行核算，纳入个人"碳积分"，提升公众对自身节能降碳行为的感知。通过对接碳交易市场、各个商业消费平台，让市民通过低碳行为获得实惠。

同时，消费者的高水平环境意识也会影响企业绿色生产和绿色投资。随着消费者环境意识逐渐提高，从仅关注自身能源使用成本转向在关注自身使用成本的基础上，关注低碳制造。即开始关注企业在产品制造环节对环境的影响。因此，为了遵守碳排放规制与更好地迎合消费者，企业不但需要关注产品在使用阶段的碳排放问题，同时也应关注产品在非使用阶段（如制造阶段）的碳排放问题。例如，在绿色使用方面，海尔集团创造的无氟变频空调与丰田公司在混合引擎方面的创新，不仅使消费者节约了能源支出还有效地降低了碳排放量；在绿色制造方面，苹果公司全线实现100%绿色能源供电、惠普公司通过原料与制造流程创新有效降低制造阶段的碳排放量，提升产品能源使用效率，减少了使用阶段的碳排放量。显然，随着消费者对环保问题认识的深入，现如今产品的使用价值已经不再是消费者购买产品的唯一关注点，产品多层面的环境价值逐步走向大众视野。

环境意识：
也称为环保意识，它反映了消费者对环境问题与环境保护的认识水平和理解程度。

二、环境情感

在促进消费者做出亲环境消费行为时，有时我们不但需要"晓之以理"，更需要"动之以情"。环境情感（environmental affection）是人们对保护环境问题或利于环境行为是否满足自身需要而产生的态度体验或情绪反应[13]。情感对人们的行为起着重要的作用，情感是行为的动机，直接影响消费者的行为和决策。这也是为何政府总是选用一些社会知名的正能量人士作为环保大使的原因——利用公众对名人的积极情感（如喜爱、欣赏等）推动其做出亲环境行为。比如，青年演员张一山被联合国环保等多家机构授予"中华环保名誉形象大使"称号，他作为北京绿色出行主题宣传活动的形象代言人，向广大北京市民发出绿色出行文明交通倡议。很多消费者由于喜爱张一山而对其所倡导的亲环境行为更加认同，积极参与到绿色出行的行动中。

> **环境情感：**
>
> 人们对保护环境问题或利于环境行为是否满足自身需要而产生的态度体验或情绪反应。

三、亲环境消费行为

本部分我们将从亲环境消费行为的分类、影响因素和激励措施三个角度展开对亲环境消费行为的介绍。

（一）亲环境消费行为的分类

关于亲环境消费行为的分类，由于学者们关注的领域不同，分类标准也不尽相同。本书我们从亲环境消费行为的行为成本、行为方式和行为主体三个方面对亲环境行为进行划分。

第一，亲环境消费行为的行为成本方面。依据消费者参与亲环境消费行为付出的代价与成本划分，可以将亲环境消费行为分为：高成本亲环境消费行为与低成本亲环境消费行为。比如，消费者愿意为环保材质的服饰、鞋类花费更多的金钱，相对来说这种亲环境的购买行为就属于高成本亲环境消费行为；消费者积极参与垃圾分类行动，这种行为不需要耗费人们过多的时间和金钱，可以说是消费者的举手之劳，属于低成本亲环境消费行为。

第二，亲环境消费行为的行为方式方面。根据亲环境消费行为的行为方式，可以将亲环境消费行为分为：直接亲环境消费行为与间接亲环境消费行为。其中，直接亲环境消费行为指那些可以直接起到改善环境作用的消费行为，这种消费行为对环境的影响更加凸显，往往是即时发生的行为[14]。比如，消费者选择公共交通绿色出行方式，将直接减少碳排放量。间接亲环境消费行为指那些需要借助社会资本力量，通过鼓励他人或组织采取直接行为而实现亲环境目的的消费行为。这种消费行为成本相对较高但影响深远，属于长久性的行为[15]。比如，企业构建环保变革型领导模式，领导在工作时经常做出诸如节约用纸、节约用电等亲环境行为，为员工树立良好的环保榜样，进而激发员工审视自身行为并潜移默化表现出更多的亲环境行为。

第三，亲环境消费行为的行为主体方面。依据亲环境消费行为的行为主体不同，可以将亲环境消费行为分为：私人亲环境消费行为与公共亲环境消费行为[16]。其中，私人亲环境消费行为包含个体、家庭与企业三个维度做出的亲环境消费行为。个体或家庭选择节能低碳的消费方式；企业选择减耗减排等消费方式，例如，伊利企业选择从"零碳工厂"到"零碳牛奶"的生产消费方式。公共亲环境消费行为主要指社会组织甚至国家主导的社会性质的亲环境行为，如环保法律法规制定、社会公益环保行动等。通常，私人亲环境消费行为对环境改善的作用更为直接，它是公共行为作用发挥的基础；公共亲环境消费行为产生的环境效益相对间接，能够示范引导私人环境消费行为。

（二）亲环境消费行为的影响因素

在亲环境消费行为的影响因素部分，本书主要从人口学变量、外部变量、内部变量三个层面展开介绍。

1. 人口学变量

影响亲环境消费行为的人口学变量主要包括性别、年龄、受教育水平、收入水平等因素。在以往的研究中，探究各种社会人口变量与亲环境态度及行为的关系是研究亲环境消费行为的一个重要方面。学者们一般认为年龄小、收入高、学历高的女性消费者更加关心环境，更容易做出亲环境消费行为。然而，这一结论也遭到不少学者质疑，在考虑社会文化差异、参与亲环境行为领域（公共领域或私人领域）等因素后，可能得出不一样的结论。因此，在分析人口学变量对亲环境行为影响的同时，应结合社会文化差异等具体背景综合分析。

2. 外部变量

影响亲环境消费行为的外部变量主要包括制度因素、经济因素和社会文化因素等方面。在制度因素中，主要包括补贴政策、政府法律法规等。现实生活中，消费者的亲环境消费行为与制度因素密切相关。比如，城市垃圾分类投放制度的落地，极大地促进了人们的亲环境行为；政府对绿色环保企业的政策补贴，加速了传统耗能企业的绿色转型。

经济因素对亲环境行为的影响表现得相对宏观。一般而言，在不同的经济体系进程中，人们表现出不同的环境态度和亲环境消费行为。研究表明，处于发达经济体下的个体往往更重视环境问题，亲环境消费行为发展更为广泛。而在新兴经济体中，经济增长是发展的首要任务，伴随着经济增长引发的一系列环境问题往往得不到重视，从而导致了环境问题的增加。因此，经济发展水平低下会对环境态度及亲环境消费行为的形成产生一定的阻碍。然而这并不表示，随着经济发展水平的提高就一定能够促进亲环境消费行为。

社会文化因素往往通过影响环境价值观、行为偏好、社会规范等，影响亲环境消费行为的实施。研究表明，在不同的文化背景下，影响亲环境消费行为的因素有所不同。在集体文化背景下生活的消费者更容易受到外部社会规范的影响，进而做出亲环境消费行为，而在个体文化背景下生活的消费者做出亲环境消费行为则更多的是受内部个人环境意识、环境价值观的影响。

3. 内部变量

内部变量主要包括推动消费者做出亲环境消费行为的动机因素及心理变量。其中，心理变量包括消费者认知层面的环境知识、环境意识、环境价值观等；情感层面的环境情感、环境态度等因素。本节第一、第二部分已详细介绍环境认知与环境情感的相关内容，因此本部分对此内容不再赘述，重点为读者介绍影响亲环境消费行为的动机因素。

动机是激发消费者做出亲环境行为的内部驱动力。它可分为无意识动机与有意识动机。无意识动机指动机产生时，个体在没有意识或没有清楚意识（即潜意识）的情形下，以某种习惯的方式对刺激做出反应。生活中很多情况下，消费者的亲环境行为是在潜意识的引导下做出的。比如，在旅店消费者毛巾复用率的研究中，研究者发现习惯因素是消费者重复使用毛巾的重要原因之一[17]。有意识动机指行为者可以察觉到，并对其行为内容有明确认识的动机。现实中，个人及社会需要是推动消费者做出亲环境行为选择不可忽略的因素。我们不妨从经济人与社会人两个假设角度分析。从经济人假设出发，消费者在实施亲环境行为时，总是做出理性的选择，选择低成本、高收益的方案。此时收益与成本是消费者考虑的首要因素。从社会人假设出发，消费者在实施亲环境行为时，会优先考虑其社会属性，考虑其所处社会对生态环境的社会规范、价值观及态度等因素。此时道德与规范在亲环境行为中发挥重要作用。

（三）亲环境消费行为的激励措施

亲环境行为往往伴随着消费者为了集体或环境的长期利益而做出的牺牲，它是利他行为与亲社会行为的一种表现形式。实际上，鼓励消费者积极参与亲环境行为尤其重要，故有必要分析亲环境消费行为的激励措施。亲环境行为的激励本质上是一种积极的亲环境行为的干预。因此本部分从亲环境的干预策略入手，重点关注亲环境行为积极正向的干预手段，即激励措施。依据是否改变亲环境行为选择的外部情境，我们将亲环境消费行为的激励措施划分为信息性策略和结构性策略两类[18]。

1. 信息性策略

信息性策略是一种以改变消费者认知、动机、知识和社会规范为手段，不改变消费者行为选择外部情境的干预策略。一般来说，这种策略实现起来比较容易，并且成本相对低廉。学术界多数学者持信息策略能有效激励消费者采取亲环境行为的观点。

消费者对环境保护问题的认知、动机及知识属于个体亲环境价值体系塑造的内容。通常，环境教育是我们改变消费者亲环境价值体系的有效途径。通过环境教育可以促进消费者形成端正的环境态度，提升其环境认知水平，增强其环境情感卷入度。在环境教育落实方面，应注意学校、家庭与社会的有机统一。其中，学校是开展环境教育的重要依托，它可以保证环境教育的全面性、规范性。家庭是养成环境习惯的重要场所。值得注意的是，在家庭环境教育中需把握正确的教育方式。研究表明，民主型家庭更有利于初中生养成良好的低碳环保消费行为习惯。社会是实践环境教育的重要保障，通过建立、推行环境教育认证制度，使环境教育逐渐走向专业化。

在以社会规范为手段干预消费者行为方面，戈德斯坦（Goldstein）等通过研究社会规范①对酒店消费者的影响，探究信息策略是否能改变消费者的行为。研究人员将具有社

---

① 注释：社会规范通常被认为是一个群体或社会共有的行为标准。它是在没有法律强制执行的情形下对消费者行为的约束和指导。在现实生活中，人们往往希望通过遵守社会规范获得社会的认可，以此规避潜在社会批判。

会规范性质的信息（"酒店大多数客人都会重复使用毛巾"）标志牌向住宿的旅客展示，观察毛巾重复利用率。结果发现，该酒店毛巾重复利用率显著高于行业平均水平[19]。研究结论印证了信息策略能有效改变消费者的行为。

2. 结构性策略

在某些情况下，外部情境阻碍了亲环境行为的实施，使得亲环境消费行为实施起来不仅价格昂贵，而且过程复杂困难。此时需要改变行为决策制定的外部情境，我们将这种行为干预策略称为结构性策略。关于如何改变行为决策的外部情境，我们具体从情境因素、制度因素、反馈与奖励三个方面展开，论述结构策略下的亲环境消费行为的激励措施。

第一，情境因素。情境因素指能够对亲环境行为产生影响的特定情形、环境或外界因素。研究发现，专业化的回收设施、完善的公共交通系统、合理的定价机制都可能极大地促进个体的亲环境消费行为。比如，拥有完善公共交通系统的新加坡，以其便捷的交通路线和优质的公共服务，使公共交通成为多数居民出行的首要选择。

第二，制度因素。亲环境行为的激励措施还包括制度层面，这一因素是导致亲环境消费行为地区差异的主要原因。研究表明，政府政策及其在环保项目的投资力度直接影响人们对环境问题的看法。例如，北京市自 2020 年 12 月实施"限塑令"以来，全市塑料购物袋销售数量明显下降。据北京市发改委和生态环境局调查，目前有近七成的市民购物时主动自带购物袋。因此，制定有针对性的激励或约束制度，将有利于助推消费者的亲环境行为。

第三，反馈与奖励。反馈和奖励也是结构策略中常见的干预手段。反馈频率与内容对消费者亲环境消费行为影响效果不同。根据研究，反馈频率越高越有效；给予相关组织机构信息反馈比个人信息反馈更有效。其次，反馈的内容要直观明了。比如，镇江市本地服务类 APP "镇合意"，2021 年 10 月上线碳积分打卡活动，引导市民关注并参与"双碳行动"。市民可通过绿色出行、光盘行动、清洁环保等板块打卡，将抽象的节碳行为转换为具体的碳积分。消费者在自己的 APP 账号中可以直观地观看到自己的碳积分情况，而且利用碳积分还能在积分商城模块进行商品兑换。奖励与积极的情感、支持行为变化的态度相关，因此相比惩罚，这是一种更有效地鼓励亲环境消费行为的手段，尽管奖励的效果是短暂的，不稳定的。例如，为鼓励消费者绿色出行，政府推出地铁票价一折优惠，此时客流量明显比平时增多。当优惠活动结束时，客流量又恢复了往日的水平。

第三节　健康消费行为

本节重点关注公共消费领域的健康消费行为，具体从健康消费行为的类型与健康消费行为的促进方式两个方面展开论述。在健康消费行为的类型方面，主要包括食品消费与医疗消费、体育消费以及文化消费与旅游消费；在健康消费行为的促进方式方面，我们从提高消费者健康意识、营造健康消费氛围和采用政策干预三个角度具体展开介绍。

一、健康消费行为的类型

本部分我们将介绍五种与消费者健康息息相关的消费行为,包括食品消费与医疗消费、体育消费、文化消费与旅游消费。它们之间的逻辑关系在于:食品消费与医疗消费偏向关注消费者身体健康属性;体育消费在增强消费者体质的同时可以为其带来精神愉悦,兼具身体健康与心理健康两种属性;文化消费与旅游消费偏向关注消费者心理健康属性。

(一)食品消费与医疗消费

1. 食品消费

食品消费关系到人类的生存和发展,在健康人力资本投资、积累及代际传递过程中发挥重要作用。现如今,个人健康和饮食营养已成为国家和个人共同关注的问题。健康食品泛指为机体提供基本营养,具有特定或普适性,能够促进健康或者改善、降低疾病风险的食品。健康食品消费行为主要体现在食品消费的结构合理性与食品消费的层次等级性。

食品消费的结构合理性指消费者在食品消费过程中注重食物摄入的营养充足与均衡。具体表现为关注食物的营养、口味、色泽、卫生等个体食物成分搭配,以及肉类、果蔬、杂粮、粗粮等整体摄入食物的平衡。合理的饮食结构可以有效促进个体的身体健康。通过卫生部门监测,我国食品消费近年来呈现"膳食脂肪供能比持续上升,食用油和食用盐的摄入量远高于推荐值,水果、豆类、豆制品和牛奶消费不足"等特点。

食品消费的层次等级性指随着人们健康需求的增强,食品消费层次等级不断发展、提高的过程。通常,根据食品生产产地、过程、质量、成本等标准不同,将食品等级依次划分为普通食品、无公害食品、绿色食品和有机产品。相对于普通食品,安全是后三类食品突出的共性。其中,有机食品是规格最高的安全食品,它完全不含任何人工合成化学成分,可以满足消费者健康、环保与口味等多种需求。因此,有机食品相对其他几种类型的食品价格较高,这在一定程度上制约了人们的购买消费。

2. 医疗消费

医疗消费指消费者为了满足个人健康需要,购买和使用医疗保健产品或服务的消费行为。根据消费需求不同,我们可以将其划分为满足基本需求的医疗消费行为、满足保健需求的医疗消费行为和满足审美需求的医疗消费行为三类。其中,满足审美需求的医疗消费行为属于个人消费行为范畴。因此,在公共消费领域,我们重点关注满足基本需求和满足保健需求的医疗消费行为。

医疗基本需求即消费者身体因体质或外界因素的影响,身体健康受到威胁必须进行正规医疗诊治的需要。为更好地满足消费者基本需求的医疗消费,近年来,国家在医疗、医药行业采取了一系列的改革。例如,2021年12月3日,国家医保目录调整结果公布,治疗罕见病脊髓性肌萎缩(spinal muscular atrophy,SMA)的"特效药"诺西那生钠注射液由69.7万元/针降至3.3万元/针;2022年1月1日,诺西那生钠注射液正式纳入医保报销。这一举措在医保基金承受范围内最大程度惠及罕见病患者,同时体现了基本医保的公平性与普惠性。

医疗保健需求即消费者为了维持和促进健康而消费保健产品或服务的需要。随着消费者对于自身及家人健康关注度的提高，从"医疗"转向"健康"、从"治病"转向"防病"，满足保健需求的医疗消费日益增长。以健康体检行业为例，据中华人民共和国国家卫生健康委员会（简称国家卫健委）统计，2020年，我国健康体检人数由2016年的4.5亿增至6.4亿，年均复合增长率高达9.2%。

（二）体育消费

体育消费对于促进消费者身体健康，缓解工作压力，以及建立和谐社会关系具有重要作用。它主要包括三种形式：实物型消费、观赏型消费和参与型消费。其中，实物型消费与观赏型消费主要涉及消费具有使用价值的体育产品或具有观赏价值的体育节目、体育赛事等。参与型消费指由直接参与的体育运动所衍生出来的消费行为，如参加游泳、溜冰等培训班的费用。体育消费作为公共健康体系建设的重要环节，在国家促进全民健身和体育消费政策的推动下，地方政府积极响应，为体育消费市场注入一剂强心剂。例如，为培育青少年的体育兴趣爱好，帮助其掌握1至2项运动技能，武汉市每年暑期开展夏令营免费技能培训和免费游泳服务。据统计，2021年受益于武汉夏令营游泳公益服务的青少年达23万人次。

（三）文化消费与旅游消费

文化消费与旅游消费能够满足消费者精神层面的心理健康需求，属于较高层次的消费形态。第一，文化、旅游产品具有情绪改善的功能。随着工作、生活压力的增强，当消费者身心处于疲劳状态时，会影响生物系统功能变化，进而影响身体健康。此时，消费者可借助文化、旅游消费中积极的心理体验来调节情绪，缓解生活中的焦虑感。第二，文化、旅游产品具有精神激励的功能。这一功能可以让身处逆境的个体获得精神慰藉，从而促进心理健康发展。比如，当人们身处逆境时，聆听贝多芬的音乐作品、参观司马迁祠，此时跨越了时空的限制，人们与前辈先贤建立情感共鸣，从而对自身产生精神激励。

文化消费与旅游消费是提升国民幸福感的重要途径。各地政府多措并举推动公众文化、旅游消费，促进社会精神文明建设。例如，为促进疫情后旅游业复苏、增强旅游市场活力，2022年5月19日"中国旅游日"，全国各地广泛联动、线上线下共同发力，推出一系列内容丰富、形式多样的旅游产品和服务。据统计，此届"中国旅游日"全国共推出六大类近5000条旅游惠民措施，吸引广大消费者参与。

二、健康消费行为的促进方式

在"健康中国"战略背景下，为了有效促进广大人民群众的健康，需要广泛借助政府和社会力量的作用。本部分我们将介绍三种有效促进健康消费行为的方式，分别为提高消费者健康意识、营造健康消费氛围与采用政策干预。

（一）提高消费者健康意识

提高消费者健康意识，有助于促进个体健康消费行为的选择。消费者健康意识是指消费者对其健康的感知和关注。它具体表现为健康的基本知识和理念、健康生活方式与行为、健康的基本技能。研究表明，健康意识由健康威胁评估和健康应对评估两方面组成[20]。一方面，当消费者感知到疾病或健康问题的易感性及危害性时会提升健康意识。比如，新冠疫情的暴发，使人们更加关注所处环境的卫生，更加注意食品安全等健康问题，疫情后人们的健康意识得到有效提高。另一方面，当消费者感知到健康消费的收益也会提升其健康意识而主动购买健康产品。比如，当浏览到一些健康产品的广告后，一些消费者会主动购买护肝片、钙片等功能性保健品。

（二）营造健康消费氛围

消费者健康消费行为还会受健康消费氛围的影响。在现代社会，人们对消费的理解已经不仅仅是一种单纯的经济行为，更多地被赋予一定的社会意义。在消费过程中，个体与社会建立联系和互动，从而获得一种"身份的认同和建构意义"。消费社交化成为潮流，消费者更加注重消费内容和消费方式背后的社交意义，消费从个人行为向社群传播。随着网络社交工具的广泛使用，消费者获取消费信息的途径由熟人圈向广义"朋友圈"拓展，微博、抖音、小红书等信息分享平台逐渐成为消费者获取消费信息的渠道，影响人们的消费决策。在信息分享平台，不同社会经济地位的意见领袖所表现出的健康消费行为模式会以社会网络传播的方式影响其"粉丝"。例如，2022年4月，在上海居家隔离的刘畊宏带着家人在抖音平台直播燃脂健身操，成为直播界的"现象级"博主。他凭借"健身博主""好丈夫"人设及正能量、简单有趣的健身内容迅速爆红。其直播间所传达出的健康消费理念也对"粉丝"产生深远影响。刘畊宏分享运动健身内容的同时，他的妻子王婉霏则开始在小红书分享起"ViVi健身厨房"系列，介绍少油少盐、低卡美味的健康料理及轻食，在用户之间形成一股"健康饮食风潮"。

（三）采用政策干预

采用有效的政策干预方式，是促进消费者健康行为选择的常见手段。在行为公共政策的视角下，"助推"和"助力"以其独特的优势成为行为干预的两大"法宝"。通常，人们在做出决策时会采用两套不同的思维系统，即基于直觉的自动系统（系统1）和基于理性的分析系统（系统2）。助推旨在对人们的思维系统1进行干预，它强调不依赖于明显的经济刺激或行政手段，在保持个体选择自由的前提下，以一种非强制性的干预方式，利用人们直觉所带来的认知偏差，设计、调整信息架构和外部环境，引导人们的行为朝着预期的方向改变[21]。例如，通过短信提醒的方式提高公民对新冠疫苗的接种率；将健康食品的名称印制在菜单的显眼位置，以此吸引消费者注意力来引导健康饮食等。不同于助推，助力旨在对人们的思维系统2进行干预，它重在培养个体做出更好决策的能力而非行为本身，通过干预行为认知或决策环境等方式，使人们能够发挥自身的主观能动性，做出真正符合自身意愿的选择[22]。

助推和助力因其认知基础不同，在进行消费行为干预时，干预侧重点及干预效果也不尽相同。一方面，从政策成本角度分析，助推策略相较助力策略成本更低廉。这主要是因为助力策略的实施伴随着个体能力的塑造，这一过程需要投入更多的时间、精力与物资。另一方面,从政策效果持续性角度分析,助推策略的实施并不过多涉及个人内在能力的改变,其旨在短期内改变人们的行为,产生立竿见影的效果,助推对象的行为一般是在政策制定者的精心架构中被动进行的;反观助力,通过助力对象的主动参与,改善其现有能力甚至建立起新的能力(如通过学习营养知识,选择更健康的食物),这种能力的塑造通常更能经得起时间的考验。因此,助推的政策效果往往是即时而短暂的,而助力的政策效果缓慢但长久。

通过以上分析,我们了解到两种干预策略各有所长,二者互为补充。基于此,在公共政策的运用时,应将两者加以结合,因时因地制宜,使之在适用的政策情境下充分发挥效用。例如,一方面,使用助推策略,在超市设置健康食品货架吸引消费者注意,促进有机食品的消费;另一方面,结合助力策略,张贴有机食品生产流程及其对人体健康作用的宣传海报,塑造消费者对健康食品的认知,培养其长期消费的习惯。

第四节 数字共享消费行为

随着数字经济的快速发展,数字共享技术的应用正在以前所未有的速度改变着人们的消费行为。本节重点介绍数字共享经济背景下的公共消费行为,具体从政府公共消费领域与社会公共消费领域两个角度展开论述。在政府公共消费领域,主要介绍数字政府相关的内容;在社会公共消费领域,我们为大家介绍三种数字共享时代典型的公共消费行为,包括远程教育、互联网医疗和智慧社区。

一、政府公共消费领域的数字共享消费行为

数字政府(digital government)是指在现代计算机、网络通信等技术支撑下,政府机构日常办公、信息收集与发布、公共管理等事务在数字化、网络化的环境下进行的国家行政管理形式。数字政府作为数字中国的重要组成部分,是推动数字中国建设、助力经济高质量发展和优化营商环境的重要引擎。2019年党的十九届四中全会首次从国家层面提出"推进数字政府建设,加强数据有序共享"的建设要求,标志着我国进入数字政府建设快速发展阶段。在数字共享经济背景下,本书主要从数据共享、信息共享与资源共享三个层面具体介绍政府公共消费领域的具体表现。

(一)政府建设数据共享平台

一方面,政府数据共享平台建设,有助于推进服务型政府的"智慧"之路。保障数据信息在不同政府部门之间自由流通,建设政务数据开放共享,有利于提高社会治理精准化水平和公共服务供给质量,使政府决策更加安全可控。

另一方面,政府可以利用数字技术实现有效的经济调控与市场监管。在经济调控上,利用数字技术能够探知经济实时状况,并通过不同来源数据的交叉复现,揭示事态真相。例如,为掌握疫情之后各地基础设施建设复产复工情况,可通过通信数据平台和就业者密集的网络平台了解农民工返回就业状态;同时,可通过数字化工程机械平台的"挖掘机"指数,即设备开机工作时长,了解工地复工状况。这些数字指标不仅实时精准,而

且能相互印证，可信度高。在市场监管上，针对线下监管手段成本较高、效率较低，容易产生不作为、寻租及腐败行为等弊端。大数据、云计算、AI等数字技术手段可以根据市场主体的多方面信息，筛选出需要重点跟踪的企业和产品，并与更多的已知信息进行交叉比对，识别出异常现象，及时发现那些违规违法可能性较高的市场主体，有针对性地加强监管。

（二）政府建设信息共享平台

近年来，"互联网+政务服务"逐渐成为政府信息收集与发布的常态化模式和重要窗口。通过技术手段实现不同版式程序的重构、衔接，避免线下办理业务的来回奔波和材料重复提交，必然要求加大政务信息化建设统筹力度，持续深化政务信息系统整合，布局建设经济治理、市场监管、公共安全、生态环境等重大信息系统，提升跨部门协同治理能力。这种跨部门协同治理，使得企业在申请行政许可时不需要重复提供跨部门可查询的企业信息，增强行政许可的便利性。并且，多个部门的信息共享，也使得行政征收和行政检查的效率大大提升。

（三）政府通过资源共享提升组织效率

共享经济为政府带来了新的机遇。对于政府而言，共享经济的优势在于减少浪费，提高组织效率。它将原本闲置的资源（包括物品、服务、人力资源等）灵活地与有需求的其他组织机构共享，以获取成本效率和更广泛的可持续性利益。政府在治理中利用基于数字技术和终端设备搭建的平台网络来传递信息、提供服务，在数字政府基础上开展平台型政府建设。其中，平台可支持多元主体参与，包括政府、公众、企业及非政府组织等，形成"平台+用户端=服务"的运作模式。借助共享经济，数字政府平台可以充分利用资产来实现内部组织效率和增强外部公共服务。下面重点介绍政府利用共享平台在内部管理和外部公共服务两个方面的具体实践。

首先，在内部管理方面，政府机构不需要过多拥有和管理资产，可根据需要在平台共享与租用，在减少未充分利用自有资产库存的同时最大限度地使用资产。例如，2021年，安徽省政府借助数字化技术，通过搭建网上虚拟公物仓，打通资产供需双方信息屏障，解决实体公物仓信息不对称、仓内资产二次闲置等问题，实现共享资产数字化、精细化管理，减少流通损耗，有效降低公物仓管理成本。同时，积极探索开展跨部门、跨级次、跨地区的资产共享共用试点工作，打通国有资产无法跨地区调剂使用的痛点，推动闲置资产由省本级调剂使用的"小循环"，到贯通省市县立体式"大循环"，唤醒"沉睡"资产，在更大范围内推动国有资产调剂使用，最大限度提高资产使用效率。

其次，在外部公共服务方面，政府机构还可以与共享平台合作，以提高公共服务质量。例如，2021年，在虚拟公物仓基础上，成都政府开展现代公物仓试点工作。现代公物仓通过共享平台的打造，推动服务资源共用共享，有效落实政府向社会力量购买服务的相关要求。在覆盖传统办公物资保障的同时，还扩大到服务类（如物联网云平台服务）、文化类（如非遗公益课堂）产品的输出，有效提高公共服务质量。

除了机遇之外，数字化技术也为政府带来了挑战。建设数字政府并非一帆风顺。前沿研究13-1探讨了政府中AI失败的消极结果，指出AI系统的故障信息更容易被转移到另一个 AI 系统，这给建立数字政府提供了警示：政府在利用 AI 时需要加强对算法的验证，从而增强人们对数字政府的信任。

二、社会公共消费领域的数字共享消费行为

本部分我们为大家介绍数字共享时代下，社会公共消费领域三种典型的消费行为，包括远程教育、互联网医疗和智慧社区。它们的出现极大地方便了人们的生活，改变了人们的消费习惯，使人类文明迈向数字文明新时代。

前沿研究 13-1

算法转移：政务 AI 失误对人们的影响

（一）远程教育

远程教育是数字共享时代公共消费的一个热点。2020 年新冠疫情的暴发，线上授课成为各大院校、培训机构普遍选择的教学方式，进一步推动了远程教育的普及与消费。中国大学 MOOC、智慧树等在线教育平台在此背景下得到飞速发展。随着使用频率与使用时间的增加，人们对线上授课方式越来越认可。在"后疫情时代"，即使学校教学以线下授课方式为主，远程教育依然以其独有的教学优势成为师生教学与学习的主要辅助方式。

目前，国内的远程教育同线下授课相比，仍存在诸多不足。比如，以当前的通信技术条件，远程教育无法完全达到线下教育师生间、生生间交流互动的效果。未来，可以将 5G、VR、AR 等技术运用到远程教育中，在增强课堂交流互动的同时，还可以进一步提升音乐、体育等需要多感官联动课程的教学效果。

（二）互联网医疗

互联网医疗是数字共享时代公共消费的热点之一，它为医疗服务方式提供了新的思路。当前互联网医疗主要有互联网医院与在线健康社区两种形式。互联网医院是实体医院将线下的诊疗服务延伸至线上的一种网络医疗服务模式；在线健康社区是在线社区的一种特殊形式，它是由患者和医生在网络平台聚集、互动形成的社会网络。目前，我国规模较大的在线健康社区有丁香园、好大夫在线、春雨医生等。这些社区可以为用户提供丰富的医疗信息、经验分享、问答咨询和社会支持，极大地方便了用户获取医疗知识，进行健康自测和专家咨询。互联网医疗可以有效克服患者就医面临的时空约束。2020 年新冠疫情的暴发更是激发了人们利用互联网医疗获取健康服务和健康信息的需求。同时，互联网医疗降低了患者信息搜索成本，增加了人们就医问诊、学习健康知识的新途径。因此，这一数字共享时代下公共消费领域的新产物——互联网医疗，得到广大消费者的广泛认可与参与。

（三）智慧社区

智慧社区是智慧治理在社区中的应用，是数字共享时代借助智慧技术对社区治理的重塑和再造。随着信息技术的发展，数据观测分析日益渗透到社区安全、社区公共卫生、疾病预防及智慧医养等多层面的治理中，为社区智能化建设提供长期支持与服务。在智慧社区，广泛布设消防占道、垃圾堆放、高空抛物、人脸识别等多种 AI 算法和高清摄像头，社区工作人员通过智慧平台在线"视频巡逻"，发现异常可及时协同相关人员处理，

巡逻范围是实地巡逻的三倍以上,为工作人员减负的同时也极大地提高了工作效率。此外,建设宜居社区、长者乐园,是智慧社区的应有之义。各地为此展开了积极的探索,创新智慧社区合作新模式。例如,2021年,广州越秀区政府在智慧社区医养建设方面,尝试由"政府+企业"联合运营模式,将政府、运营商、服务商三方角色进行资源整合、平台互通、数据共享,推动社区居家养老可持续发展,实现共建共治共享共赢。智慧社区作为连接政府和居民的纽带,是政府公共服务在社会民生领域的具体应用。它的普及与推广,充分体现了公共消费的集合性与公平性。

洞察案例13-1

丁香医生"没毛病"IP:健康消费行为场景化传播创新

"丁香医生"作为知名的在线医疗健康服务平台,树立了权威、全面、实用的"家庭医生"形象。然而,传统的健康科普往往通过晦涩难懂的医学刊物或电视节目中的座谈会等形式传播,造成受众窄、难以形成规模效应等问题。为了让健康理念真正流行起来,丁香医生通过打造"没毛病"IP品牌,挖掘用户真实需求,围绕不同主题打造健康生活方式的沉浸式体验场景,将健康知识生活化,趣味化,用一种更新潮,更好玩的方式打破了传统健康科普"一本正经"模式的桎梏。"丁香医生"是如何抓住大众需求,创新性地将健康消费行为进行场景化传播,从而获得大家青睐和追捧的呢?这能为其他企业提供诸多有益借鉴。

1. 将"专业"趣味化、可视化

丁香医生是为大众传播医学知识、提供医疗健康服务的平台。当谈到医学知识,人们的印象往往是"专业""听不懂"。然而,"没毛病知食超市"的出现打破了这一刻板印象。丁香医生将专业枯燥的医学知识运用到超市场景中,为追求健康饮食的人们打开了新大门。"没毛病知食超市"根据对人群的观察,将五种具有不同饮食态度的吃货打造成不同的知食分子身份,一进超市,就可以看到划分出的5个不同主题区,分别是乐天、较真、精打细算、世界和平和特立独行知食分子区。例如,乐天知食分子的标语是"嘴里享受,心里想瘦",这代表了那些想要吃甜品等食物却又想减肥的一类人群。因此乐天区会对食品的热量和含糖量进行标记提醒。不同消费者可以根据自身需求在不同区域学习健康知识并选择合适的食物。此外,超市中的趣味标签,都围绕常见问题进行科普答疑,如网络训练营区的"荠菜是补钙小能手""春笋是缓解便秘小能手""生姜擦头不能生发""海鲜和水果可以一起吃"……,凡此均将健康饮食知识用趣味形式传递给消费者。

2. 线上+线下多渠道互动

2020年6月20日"没毛病知食超市"开业当天,不少顾客被现场气氛和别出心裁的装饰风格吸引而来,人群参与热情高涨。超市中布置了大量的趣味娱乐活动,如消费者通过有奖竞猜,答题兑换产品,吸引了大量顾客。不少网红小姐姐在社交平台上直播打卡,让"没毛病知食超市"在网络平台上狠狠地火爆了一把。据悉,"没毛病知食超市"快闪店活动期间,整体传播声量破亿,在微博、盒马社区等平台上的话题阅读量超7000万次;探店视频播放量高达2000万次;微信端图文阅读量超400万次;共计200多家主流媒体助阵报道。

丁香医生还围绕"没毛病知食超市"开展了线上辟谣大会,在空中发布会中为朋友圈中不能吃的食物正名、采用恶搞视频揭秘"0 碳水""0 热量""0 脂肪"薯片,直击吃货"好吃不胖"的痛点,大大激发了消费者好奇心和兴趣,让其在体验中主动学习并自发传播健康饮食知识。随后,"没毛病知食超市"还针对性地推出了"零"系列商品,围绕安心买菜、减脂瘦身两个核心场景,将对健康的关注落到了消费者的"吃"方面。线上+线下互动渠道互补,使得消费者能够身临其境地学习健康饮食知识,有利于消费者培养新的消费习惯。

3. 多元化的健康场景体验

"没毛病知食超市"并非丁香医生塑造 IP 的首次尝试。2019 年年底,丁香医生在广州打造了首家"没毛病俱乐部"。该俱乐部从视觉和嗅觉入手,针对饮食、朋克健身、护肤美容、睡眠和基于年轻人健康行为的 5 个洞察主题的场景体验空间,为年轻人缓解健康焦虑问题,并获得一致好评。随着"没毛病俱乐部"的成功落地,丁香医生也将"没毛病"IP 以长期品牌项目的形式保留,并根据社会背景及粉丝洞察每年进行更新。随后,就有了上述丁香医生联合盒马鲜生,共同打造"没毛病知食超市"快闪店的案例。

上述两种快闪活动可以看出,健康知识场景化的玩法是丁香医生 IP 塑造的绝佳方式。"没毛病"表意为"没问题""挺好的",彰显的是一种积极乐观、轻松风趣的心理状态。丁香医生希望借助年轻人的表达方式,与年轻人建立同一种沟通语境,让粉丝感受到一个更加鲜活、饱满的丁香医生及丁香医生所倡导的生活方式。"没毛病"系列以丁香医生为依托,围绕健康知识,将场景不断延伸和拓展到各个领域,在这个过程中,原本单向度、扁平化、直线型的专业知识灌输,变得立体化、生活化、场景化、具象化,提高了健康传播效果。

"没毛病俱乐部""没毛病知食超市"……丁香医生打造"没毛病"IP 时,敏锐地站在年轻人的视角做内容洞察,以年轻人喜闻乐见的交互式娱乐场景,将专业化、难懂的"健康"话题转化为社交货币,让其在年轻人社交中流行起来,激活了年轻人的健康行为意识。丁香医生"寓教于乐"的健康消费行为传播创新,值得更多企业借鉴学习。

资料来源:

[1] 丁香医生×盒马"没毛病知食超市"快闪店:饮食有道,健康可靠. 数英 DIGITALING[EB/OL]. (2020-06) [2022-07-01].

[2] 刘照龙. 专访丁香医生吕妍:聚焦院外健康场景,做健康生活方式向导[J]. 国际品牌观察, 2020(32): 21-22.

第五节　消费者权益保护与政策

一、消费者权益保护的内涵

(一)消费者权益的定义

消费者权益是指消费者在有偿获得商品或接受服务时,以及在此后一定时期内依法享有的权益。从广义上来说,消费者权益是指消费者依法享有的权益及该权益受到保护时而给消费者带来的应得利益。消费者权益是一定社会经济关系下适应经济运行客观需要而赋予商品最终使用者享有的权益,因此对消费者乃至社会来说都极具重要性。1983年国际消费者组织联盟确立每年3月15日为国际消费者权益日,这一天全球各地消费者组织都举行相关活动,宣传消费者权益。我国于1984年12月经国务院批准成立了中国消费者协会,中国消费者协会于1987年9月被国际消费者组织联盟接纳为正式会员。1994年1月1日我国正式实施《中华人民共和国消费者权益保护法》。可见,消费者权益问题已引起全社会的重视。

为了准确理解消费者权益,在此需要特地指出,消费者权益是消费者在消费全过程享有的权益保障。市场上,有些商家执行"出门概不负责"之类的做法,错误地将消费者权益狭隘地限定为在购买活动发生当时的权益,这本质上是想推脱自己本该履行的责任,会侵害消费者权益。消费者消费全过程的权益具体是指贯穿在消费行为四个基本环节中的权益。其一,购买前享有获得真实信息的权益。可见,企业在产品广告宣传阶段,不得使用虚假的和夸大的信息欺骗消费者。其二,产品获取环节的公平交易权益。其三,产品使用消费环节享有被告知正确使用的权益。其四,产品使用之后的求偿权、处置权等。消费者权益涵盖消费行为全过程,意味着这些消费环节的各参与主体需要肩负尊重保护消费者权益的道义、责任与义务[23]。

 消费者权益:
消费者在有偿获得商品或接受服务时,在消费全过程依法享有的权益保障。

(二)消费者权益的具体内容

消费者的权益具体包括哪些内容呢?1962年3月15日美国时任总统约翰·肯尼迪在美国国会发表了《关于保护消费者利益的总统特别咨文》,首次提出了著名的消费者"四项权益",即有权获得安全保障;有权获得正确信息;有权自由决定选择;有权提出消费意见。肯尼迪总统提出的这四项权益,此后逐渐为世界各国消费者组织所公认,并作为基本的工作目标。以此为基础,国际消费者联盟于1960年代末,确立了消费者权益的以下主要内容[24]。

(1)安全保障权。这是指消费者在购买、使用商品或接受服务时,所享有的保障其人身、财产安全不受损害的权益。具体包括人身安全权和财产安全权。

(2)真情知悉权。这是指消费者有权益知悉其购买、使用的商品或者接受的服务的真实情况的权益。

(3)自主选择权。这是指消费者享有自主选择商品或者服务的权益。

(4)公平交易权。这是指消费者在购买商品或者接受服务时所享有的获得质量保障和价格合理、计量准确等公平交易的权益。

(5)依法求偿权。这是指消费者因购买、使用商品或接受服务受到人身、财产损害时,依法享有的获得赔偿的权益。

(6)求教获知权。这是从真情知悉权中引申出来的一种消费者权益,是指消费者所享有的获得有关消费和消费者权益保护方面的知识的权益。

（7）依法结社权。这是指消费者享有的依法成立维护自身合法权益的社会团体的权益。

（8）维护尊严权。这是指消费者在购买商品或者接受服务时所享有的其人格尊严、民族风俗习惯得到尊重的权益。

（9）监督批评权。这是指消费者享有的对商品或服务以及保护消费者权益工作进行监督的权益。

《中华人民共和国消费者权益保护法》（以下称《消费者权益保护法》）为中国消费者设立了与上述九项内容相似的权益。我国主要通过立法、行政管理、惩处违法犯罪行为等方式来实施消费者合法权益的保护。而消费者权益保护的有关机构主要有两类：行政执法机关和行业主管部门，其中，行政执法部门包括工商行政管理部门、技术监督部门、卫生监督管理部门、进出口商品检验部门等。表13.1列出了工商行政管理部门在保护消费者权益方面的主要职责。

表 13.1　工商行政管理部门消费者权益保护的主要职责

1. 通过对市场经营主体的监督管理，制止违法经营，防止损害消费者权益行为的发生。
2. 通过对各类市场的监督管理，查处各种市场违法行为，维护市场交易秩序，为消费者提供公平、安全的消费环境。
3. 通过对广告的监督管理，查处虚假广告和引人误解的宣传行为，维护消费者的选择权和合法权益。
4. 通过商标管理，查处商标假冒行为，为消费者选购优质商品创造条件。
5. 通过制止各种不正当竞争行为，打击和查处各种侵害消费者权益的行为。
6. 指导消费者协会的工作。

二、消费者权益保护的重要意义

历史上，商品的市场交换行为中就发生过侵害消费者权益的现象。食物掺假是其中一个很早就出现又害人至深的问题。早在中世纪，欧洲就已经颁布了关于市场规制、商品销售重量、食品保质方面的部分法规。但是，涉及面广、内容丰富的现代消费者权益保护法，在国际上是20世纪后半叶才产生的。这是为了应对后工业化时代，消费者更加富裕、需求更加复杂、商品及服务种类日益增多、商品技术含量日益提高、市场交易手段日益多样化等形势而诞生、发展和不断丰富的。随着消费内容（如数字消费）、市场交易手段（如网络购买、移动支付等）的快速变化，消费者权益保护也要及时更新，不断丰富完善。

（一）消费者权益保护的必要性

为什么现代社会特别强调要保护消费者权益？"问渠哪得清如许，为有源头活水来"。事实上，生产经营者和消费者，是共同构成市场主体的两端，两者缺一不可。但是，世界各国在谈及经济发展时，却更多地习惯性关注生产经营者。本质上，只有当市场上的生产供给、购买消费两端都能受到同等关注、享有平等权益时，这个市场才能释放出最大潜力，才能激发出最大活力。相对于生产经营者（市场一端），现代社会有必要通过立法对单个消费者（市场另一端）在市场交易中应该享有的权益加以保护，这主要基于以下理由[23]。①实力悬殊。在商品交易中，以个体身份独立从事交易的消费者与作为经营者的大公司、大企业相比，其经济实力极为弱小，造成了买卖双方交易能力的不平衡。例如，在制定消费合同时，销售商往往利用订立合同时的先期优势，制定一些不可商议的格式化合同，优先保障了公司的利益。②知识欠缺。消费者为了满足生活需要而购买品种多、范围广的多类商品，经营者以营利为目的而专营特定的商品，两者在商品知识方面存在着固有的差异。加之科学技术飞速发展，生产技术和工艺日益高度复杂化，消费者越来越难以对所购商品的整体品质做出判断，不得不形成对经营者的全面依赖。产品日益复杂化也使得消费者对于这些产品的性能和风险的了解越来越难。③双方立场不同。消费者购买商品不具有营利性，故其购买中缺乏经营者的理性，而会受个人兴趣和心理情绪等影响来选购商品。这些心理上的弱点最易被拥有现代营销手段的经营者所利用而导致权益受损。④缺乏组织。消费者在购买中力量本来就弱小，又缺乏组织，难以通过团体力量来与经营者组织体相抗衡，容易成为市场买卖中的从属者。

可见，在现代经济体系中，消费者在强大的企业面前呈现明显的无力状态，公共治理需要对处于相对弱势的消费者一方进行立法保护[25]。颁布和实施《消费者权益保护法》能增强消费者的权益地位。

（二）保护消费者权益的重要意义

1. 保护消费者权益有利于鼓励公平竞争，限制不正当竞争

损害消费者权益的商业行为本质上是不正当竞争行为，必须加以严厉限制和打击。如果法制上不能保护消费者免受经营者损害，那也会使广大合法、诚实的经营者的利益受到损害，从而破坏了整个市场的竞争环境。

2. 保护消费者权益有利于提高人民生活水平和生活质量

过去在短缺经济条件下，商品供应短缺，消费者很难顾及商品质量，也不会对服务水平提出高要求。这是经济发展和生活水平低下的表现。在现代市场经济条件下，通过健全消费者权益保护，努力创造条件让消费者能购买到称心如意的商品和服务，这将提高人民的总体生活质量。

3. 保护消费者权益有利于提高企业的和全社会的经济效益

国内市场还存在着部分假冒伪劣产品充斥及服务质量不高的现象，其原因虽然是多方面的，但缺乏强有力的消费者权益保护是其中的重要因素之一。只要公共治理政策能切实保护消费者权益，那些靠制造假冒伪劣产品，靠欺骗消费者谋利的企业或个人就无法生存下去。这样，大多数合法经营的企业的权益也得到了充分认可和保护，全社会就形成靠正当经营、正当竞争来提高经济效益的良好商业环境。企业和整个社会的经济效益就能得到进一步提高。

4. 保护消费者权益有利于践行新发展理念

当前，社会上仍然存在着对保护消费者权益的重要性理解不全面、认识不深入等问题。例如，相当长一段时间内，我国不少地方政府存在将消费者权益保护与GDP增长对

立看待的认识局限性,认为健全消费者权益保护会降低经济发展速度。正确的认知逻辑是重视健全消费者权益保护,有利于践行新发展理念,有利于促进经济高质量发展,有利于迈向新发展格局[23]。①重视消费者权益保护,有利于践行"共享发展"。共享发展是新发展理念的核心内容;保护消费者权益,让消费者从市场交易中有获得感,这是切实践行新发展理念的表现。"共享发展"是解决社会公平正义的问题。我们承认在共享改革发展成果上还有不完善的地方,要不断健全。市场主体本质上是由生产经营者、消费者共同构成的,两者缺一不可,他们分别位于天平的两端,只有当两端享有的权益达到均衡时,市场活力与潜力才能被激活。但消费者的个体属性,天然使其在市场天平上处于不平等地位,必须通过法律对其进行保护。可见,健全消费者权益保护,将促进市场主体的双方——生产经营者、消费者均衡发展,消费者才能从市场中享有更大获得感,"共享发展"才能落到实处。②健全消费者权益保护,有利于促进更高质量发展。只有保护好消费者权益,才能更加释放个人、家庭的消费潜力,才能扩大内需,激发消费活力,推动形成以国内大循环为主体、国内国际双循环相互促进的新发展格局。③健全消费者权益保护,有利于促进市场经济的可持续发展。保护消费者权益,有利于提高人民生活质量,不断激发人民对美好生活的向往。这样,才能推动中国市场建设成为全球最大的消费市场,这是中国经济可持续发展的重要途径。

三、消费者数据合规与隐私保护政策

数据如同工业时代的石油,是如今数字时代的重要资源,正在被视为社会经济生活中的重要生产要素。因此,数据这种新资源的采集、存储、传输、归属、使用、销毁、保护应当制定相应的规范,必须保护消费者的信息数据权益。我国于2021年11月1日施行《个人信息保护法》,为个人以电子或者其他方式记录的与已识别或可识别的自然人有关的各种信息的权益保护,提供了法律保障。

(一)数据安全问题

大数据产业领域的企业,在数据采集、存储、传输、归属、使用、销毁、保护等每个环节都可能存在潜在的数据安全问题。比如,采集环节有可能出现超出实际需求的过度采集,或是通过非法渠道购买数据;传输环节中,数据可能被第三方恶意劫持;在共享、流通环节,数据可能存在被无限制随意购买、交换,造成侵犯用户权益的现象;在销毁环节,如果企业不能彻底清理淘汰服务器中的数据,就容易导致数据泄露。数据安全的合规问题不再只是从属于网络安全,而具有区别性的独立研究价值[26]。为了规范数据产业的发展,有必要制定相应的政策法规,为数据产业各环节的数据安全,提供规范化运行指南。

互联网平台在消费者数据采集、传输、使用、处置等环节的安全保护方面,已经发现了相关问题,引起社会关切。具体而言,平台企业在保护消费者数据安全方面,存在4个方面的问题。①平台在数据收集时,自由裁量权过大,没有充分保障消费者自由选择的权益。②对数据的内部管理不透明,跨行业跨主体使用消费者数据缺少规范。这样,一旦出现消费者数据泄露，就极易造成风险链条传播；难以查出数据泄露的源头，致使消费者陷入维权困境。③平台对第三方收集消费者数据信息的监管不到位。例如，平台上往往有很多第三方小程序，但平台对这些合作方收集使用消费者信息数据的监测和管理严重不到位。④平台对数据的开发利用缺少合规。近年来，依据消费者数据形成的算法反过来伤害消费者的现象不断出现。算法歧视、算法黑箱、算法绑架等严重损害了消费者数据权益。2018年元旦发生的"支付宝年度账单事件"，就是侵害消费者数据权益的代表性事件。2018年第二个工作日，支付宝推出了用户个性化年度账单，其中的"服务协议"设置了默认选项，允许支付宝收集用户信息特别是用户在第三方保存的信息。《中国消费者报》质疑支付宝此种默认设置做法侵犯了消费者的知情权、选择权。随后，1月3日，"芝麻信用"官方微博就此事表达歉意，但仍旧引来许多消费者的不满。中华人民共和国国家互联网信息办公室（简称国家网信办）约谈了支付宝与芝麻信用的有关负责人，要求其采取有效措施，防止类似事件再次发生。

（二）数据合规实践探索

在大数据时代，数据成为宝藏资源，但数据作为新的资源形态，如何合规使用是一个新的课题。以下就数据合规使用，提出几点主要建议。

第一，为促进数据合规使用，有必要建立正规的数据交易市场。自2015年起，我国的北京、上海、武汉、贵阳等地诞生了一批数据交易所。截至2021年7月，全国已设立17家数据交易平台。这些平台主要由政府或科技企业发起成立，主要满足本地数据开放共享。不过，促进数据公开公平的交易，还有很多问题未完全解决。管辖权、交易权、所有权、使用权、分配权等有待进一步明晰。同时，数据托管机构、数据评估机构、数据审计机构、数据经纪机构等新型参与主体的作用也不容忽视[27]。

第二，加强数据监管，为数据合规提供重要保障。2021年6月10日，《中华人民共和国数据安全法》（以下简称《数据安全法》）正式发布并于2021年9月1日实施。数据作为"关键要素"首次写入我国的法律，从立法上确认了对"数据权益"的保护，将"数据分类分级保护制度"上升至国家法律层面。此外，以上提到2021年11月1日起正式实施的《个人信息保护法》，又为个人数据信息保护确立了专定法律，为个人数据资源确权奠定了基础。这两部立法，加之2017年6月1日正式实施的《中华人民共和国网络安全法》，共同构建了我国的数据治理立法框架，共同维护网络安全和数据安全，促进大数据产业的发展，激活数据要素潜能，加快经济社会发展质量变革、效率变革、动力变革。

第三，国家制定的相关政策规定，也对数据合规使用起到积极作用。2021年11月14日，国家网信办对《网络数据安全管理条例（征求意见稿）》向社会公开征求意见；2021年10月29日，国家网信办发布《数据出境安全评估办法（征求意见稿）》；2021年9月30日，中华人民共和国工业和信息化部对《工业和信息化领域数据安全管理办法（试行）（征求意见稿）》向社会公开征求意见；2021年8月16日，国家网信办、中华人民共和国国家发展和改革委员会、中华人民共和国工业和信息化部、中华人民共和国公安部、中华人民共和国交通运输部发布《汽车数据安全管理若干规定（试行）》，用以规范汽车数据处理活动,保护个人、组织的合法权益,促进汽车数据合理开发利用。此外,全国信息安全标准化技术委员会分别就快递物流服务、即时通信服务、网络支付、网络音视频服务、网上购物服务、人脸识别、步态识别、声纹识别、基因识别等领域的数据安全要求向社会公开征求意见。

第四,平台型企业在数据合规使用方面富有经验,能发挥积极作用。其实,在《数据安全法》《个人信息保护法》颁布之前,一些意识超前的地方政府就开始从百度、阿里、腾讯等平台企业采购数据安全服务。国内平台级互联网企业的业务长期和数据相关,一般来说是最早尝试数据合规实践的。在数据安全市场,平台级互联网企业正在成为重要的服务提供商,它们的探索主要分两方面,一是安全治理制度,二是产品技术或解决方案。总之,在我国促进数据合规使用方面,可以充分发挥平台型企业的先期经验,这有利于全国更顺利地建立数据交易合规机制[28]。

(三)消费者数据隐私保护法案

《个人信息保护法》于2021年8月20日第十三届全国人民代表大会常务委员会第三十次会议通过,自2021年11月1日起正式实施。作为国内首部个人信息保护方面的专定法律,它对收集个人信息、大数据杀熟、人脸识别等行为作出了明确规定,也完善了个人信息保护投诉、举报工作机制,以及大型互联网平台企业需承担的个人信息保护特别义务[29]。以下分几点介绍《个人信息保护法》。

1. 个人信息的定义与区分

《个人信息保护法》对一般的个人信息和敏感个人信息进行了定义与区分。个人信息本身是一个宽泛的概念,指以电子或者其他方式记录的与已识别或者可识别的自然人有关的各种信息,不包括匿名化处理后的信息;而敏感个人信息是个人信息中被特殊保护的部分,指一旦泄露或者非法使用,容易导致自然人的人格尊严受到侵害或者人身、财产安全受到危害的个人信息;它包括生物识别、宗教信仰、特定身份、医疗健康、金融账户、行踪轨迹等信息,以及不满十四周岁未成年人的个人信息。

2. 处理个人信息应遵循的原则

《个人信息保护法》提出信息处理者在处理个人信息时应当遵循的原则。这些原则包括:合法、正当、必要和诚信原则;目的限制、最小必要原则;公开、透明原则;准确性原则;当责原则等。《个人信息保护法》进一步对处理者在处理个人信息时应遵守的规则进行了详细规定,概要梳理如下。

(1)取得同意。原则上,个人信息处理者处理个人信息前应取得个人同意。而作为例外情形,包括"为订立、履行个人作为一方当事人的合同所必需,或者按照依法制定的劳动规章制度和依法签订的集体合同实施人力资源管理所必需"等特殊情况下,个人信息处理者可以在没有个人同意的情况下,处理相关个人信息。但是,个人信息处理者仍应当遵循各项处理原则、规制,不能非法、过度处理个人信息。

在《个人信息保护法》中,众多条款都将"同意"作为基本前提。如第十三条列举的可以处理个人信息的情形中,"取得个人的同意"放在第一位;第十四条规定,"基于个人同意处理个人信息的,该同意应当由个人在充分知情的前提下自愿、明确作出";第二十九条规定,"处理敏感个人信息应当取得个人的单独同意;法律、行政法规规定处理敏感个人信息应当取得书面同意的,从其规定"等。

(2)明确告知。除法定情形外,个人信息处理者在处理个人信息前,均应以显著方式,清晰易懂的语言真实、准确、完整地向个人告知相关事项,包括:①个人信息处理者的名称或者姓名和联系方式;②个人信息的处理目的、处理方式,处理的个人信息种类、保存期限;③个人行使权力的方式和程序;④其他应当告知的法定事项。并且,在相关事项变更时,个人信息处理者应当将变更部分告知个人,如通过制定个人信息处理规则的方式告知相关事项的,处理规则应当公开,并且便于查阅和保存。"明确告知"也就是要保证个人对信息处理"充分知情",应该以显著的方式、清晰易懂的语言让个人知道谁在处理他的信息、信息被怎样处理、可能对他造成何种影响,以及怎么要求更正、查询、删除个人信息等。

3. 个人信息处理者的义务

个人信息处理者除了应遵守上述个人信息处理的原则、规则等外,还应当履行《个人信息保护法》规定的特定义务。该义务实质上对企业的合规提出了具体要求,包括:①采取合规管控措施。如制定内部管理制度和操作规程,对个人信息实行分类管理,采取相应的加密、去标志化、操作权限控制等安全技术措施,定期对相关人员进行安全教育和培训,制定并组织实施个人信息安全事件应急预案等。②合规审计。对其处理个人信息遵守法律、行政法规的情况进行定期合规审计。③通报。发生或者可能发生个人信息泄露、篡改、丢失的,应立即采取补救措施,并依法通知主管部门和个人。④个人信息保护影响评估。就处理敏感个人信息等特定情形应事前进行个人信息保护影响评估,并记录处理情况。

前沿研究 13-2

类人机器人"大行其道",竟会引起消费者补偿性反应?

《个人信息保护法》对大型互联网平台设定了特别的个人信息保护义务。这些义务主要包括:按照国家规定建立健全个人信息保护合规制度体系,成立主要由外部成员组成的独立机构对个人信息保护情况进行监督;遵循公开、公平、公正的原则,制定平台规则;对严重违法处理个人信息的平台内产品或者服务提供者,停止提供服务;定期发布个人信息保护社会责任报告,接受社会监督。《个人信息保护法》的这些规定将提高大型互联网平台经营业务的透明度,完善平台治理,强化外部监督,形成全社会共同参与的个人信息保护体系。

前沿研究 13-2 发现,在 AI 智能机器人广泛运用到消费服务场景的今天,和真人服务员相比,接受类人机器人服务的消费者更有可能产生补偿性行为,如增加食物消费。可见,保护消费者权益的公共政策需要应对 AI 智能技术带来的新挑战。

本章小结

1. 公共消费是为满足人们共同需要的消费,由社会集体及居民团体等消费单位进行的对物质消费品和劳务的消费活动,它也是社会消费的一种基本形式。公共消费的主要特征包括集合性、消耗性、公平性和变动性。

2. 公共消费品是消费者在个人或家庭消费过程中，用来满足其公共需要，作为消费资料的物品（或服务）。公共消费品的特征包括：消费的非竞争性、利益的非排他性。

3. 公共消费行为，即消费者对公共消费品的消费行为过程。公共消费行为的类型包括：社会保障类公共消费行为、基础设施类公共消费行为、亲环境消费行为、健康消费行为、数字共享消费行为。

4. 公共消费行为的助推策略：基于供给方视角，包括公共消费基础设施建设水平与服务保障能力、公共消费制度建设体系、公共消费产品与服务提供方式；基于需求方视角，包括心理所有权、公共意识。

5. 环境认知指人们对环境刺激的储存、加工、理解及重新组合，从而识别和理解环境的过程。消费者环境认知包括环境知识、环境意识。环境情感是人们对保护环境问题或利于环境行为是否满足自身需要而产生的态度体验或情绪反应。

6. 亲环境消费行为又称环境友好消费行为，是指行为主体自发采取的与环境相关并且有益于环境的消费行为活动。亲环境消费行为的分类：依据消费者参与亲环境消费行为付出的代价与成本划分，包括高成本亲环境消费行为与低成本亲环境消费行为；依据亲环境消费行为的行为方式，包括直接亲环境消费行为与间接亲环境消费行为；依据亲环境消费行为的行为主体不同，分为私人亲环境消费行为与公共亲环境消费行为。

7. 亲环境消费行为的影响因素包括：人口学变量、外部变量、内部变量。其中，人口学变量包括性别、年龄、受教育水平、收入水平等因素；外部变量包括制度因素、经济因素和社会文化因素；内部变量包括推动消费者做出亲环境消费行为的动机因素及心理变量。

8. 亲环境消费行为的激励措施包括信息性策略和结构性策略。信息性策略是一种以改变消费者认知、动机、知识和社会规范为手段，不改变消费者行为选择外部情境的干预策略。在某些情况下，外部情境阻碍了亲环境行为的实施，使得亲环境消费行为实施起来不仅价格昂贵，而且过程复杂困难。这时需要改变行为决策制定的外部情境，我们将这种行为干预策略称为结构性策略。

9. 健康消费行为是消费者为实现或维持健康而对健康目标实现相关的产品（或服务）进行购买或使用的一种消费行为。健康消费行为的类型包括食品消费、医疗消费、体育消费、文化消费与旅游消费。健康消费行为的促进方式包括提高消费者健康意识、营造健康消费氛围、采用"助推"与"助力"相结合的政策干预方式。

10. 在数字共享经济背景下，消费领域随之发生新的变化、产生新的消费现象，进而影响消费者行为。这种在数字共享经济背景下产生的消费行为我们称数字共享消费行为。数字共享经济背景下公共消费行为，包括数字政府在政府公共消费领域的应用；在社会公共消费领域，消费者对远程教育、互联网医疗及智慧社区的消费。

11. 消费者权益是指消费者在有偿获得商品或接受服务时，以及在以后的一定时期内依法享有的权益。保护消费者权益需要企业、政府和社会多方共同努力。

12. 在数据成为稀缺资源的今天，必须重视消费者数据的保护和合规使用，中国已经出台法律法案为保障消费者数据隐私提供法律保障。

实践应用题

研读"开篇案例",讨论分析回答下列问题:
1. 结合本章相关知识点,请分析消费券符合公共消费的哪些特征?
2. 请讨论消费券在不同时期的消费行为变迁过程。
3. 查找资料,找出除消费券之外的公共消费并谈谈其属于哪种消费行为。

本章讨论题

1. 什么是公共消费行为?
2. 为什么要助推公共消费行为?
3. 请运用提高消费者心理所有权的策略,为城市图书馆设计宣传标语。
4. 请运用助推与助力相结合的政策干预方式,提高社区对适龄妇女的"两癌"筛查比率。
5. 请在本章介绍的典型公共消费行为之外,再分享2~3种常见的公共消费行为。
6. 你认为国际消费者联盟确立的九个方面消费者权益内容中,哪几项更可能受到侵犯?请列举出相关理由。

即测即练

参考文献

附　录

附录 1　新时代健全完善消费者权益保护的五项原则

王海忠，新时代健全完善消费者权益保护的五项原则，人民论坛网，2022 年 03 月 15 日发布

导读：自 1983 年开始，国际消费者联盟组织正式确立每年的 3 月 15 日为国际消费者权益日（World Consumer Rights Day）。2022 年 3 月 15 日，由人民日报社主管的人民论坛网（被誉为"中国第一思想理论门户"）刊发了本教材第一主编王海忠教授的专稿"新时代健全完善消费者权益保护的五项原则"。该文有利于读者重新认识消费者对建成全国统一大市场和消费内需拉动型经济发展新格局的重要作用。

以下是该文的文字全文，请读者扫描二维码阅读。

附录 2　人工智能时代下的消费者权益保护

江红艳、王海忠，人工智能时代下的消费者权益保护，人民论坛，2023 年 3 月（上）发表

导读：2023 年 3 月 15 日来临之际，由人民日报社主管的《人民论坛》期刊 3 月（上），发表了本教材两位主编的论文"人工智能时代下的消费者权益保护"。该文有助于认识理解数智时代涌现的消费者行为新特征，为健全完善消费者权益保护具有重要政策借鉴意义。

请读者扫描以下二维码，阅读论文全文。

附录 3　建设世界一流品牌要跨越"四道坎"

王海忠，建设世界一流品牌要跨越"四道坎"，新华社客户端 2022 年 5 月 9 日发布

导读：在第六个中国品牌日来临之际，新华社客户端 2022 年 5 月 9 日发表王海忠的专稿"建设世界一流品牌要跨越'四道坎'"。该文强调遵循海外市场的消费者行为规律，通过当地市场营销创新来实现创世界一流品牌目标。该文在新华社客户端的社会浏览量已突破 150 万次，并被今日头条、企鹅号、搜狐、"南方+"等新媒体转载。

请读者扫以下二维码阅读全文。

教师服务

感谢您选用清华大学出版社的教材！为了更好地服务教学，我们为授课教师提供本书的教学辅助资源，以及本学科重点教材信息。请您扫码获取。

》 教辅获取

本书教辅资源，授课教师扫码获取

》 样书赠送

市场营销类重点教材，教师扫码获取样书

 清华大学出版社

E-mail: tupfuwu@163.com
电话：010-83470332 / 83470142
地址：北京市海淀区双清路学研大厦 B 座 509

网址：https://www.tup.com.cn/
传真：8610-83470107
邮编：100084